대용량 데이터베이스 솔루션 Ⅱ

대용량 데이터베이스 솔루션 II

이화식 지음

대용량 데이터베이스 솔루션 Ⅱ

이화식 지음

1 판 1 쇄 인쇄 1998 년 05 월 20 일
1 판 24 쇄 발행 2021 년 01 월 25 일

발행처 / (주) 엔코아

발행인 / 이화식
등록번호 / 제 22-1435
등록일자 / 1998 년 10 월 16 일

값 38,000 원

ISBN 89-950629-1-6 13560

서울시 서초구 서초대로 46 길 42 엔코아타워(서초동)
전화 754-7301 / 팩스 754-7305

Copyright ⓒ 이화식 1998

※ 저자와의 협약으로 인지는 생략 합니다.
본서의 무단복제는 법으로 금하고 있습니다.

※기술상담 및 내용문의는
㈜엔코아로 해주십시오.
http://www.en-core.com

著者序文

　먼저 대용량 데이터베이스 솔루션Ⅰ에 많은 성원을 보내 주신 독자 여러분들께 깊은 감사의 말씀을 전하고 싶다. 더불어 곧 이어 Ⅱ권을 내기로 했던 약속을 이제서야 지키게 된 것을 지면을 빌려 사죄 드리고자 한다.

　저자가 Ⅰ권을 낸 후 "바쁜데도 불구하고 책을 써주어서 고맙다"는 격려의 전화를 가장 많이 받았다. 그럴 때마다 정말 힘든 작업이었지만 참으로 가슴 뿌듯하고 큰 보람을 느낄 수 있어서 항상 독자 여러분들께 감사하고 있다. 그 다음으로 많이 받은 전화는 "언제 Ⅱ권이 나오느냐?"라는 질문이었다. 그 덕택에 저자는 항상 무거운 짐을 지고 살아가는 기분으로 지냈다.

　항상 느끼는 것이지만 책을 쓴다는 것은 참으로 쉽지 않다는 것을 뼈저리게 느낀다. 한줄 한줄을 수많은 눈동자가 지켜보고 있다는 중압감과 어떻게 하면 보다 좋은 내용을 보다 명확하게 전달할 수 있을까를 항상 고민하였다. 특히 이 책에서는 단순한 사실이나 규칙을 전달하는 것이 아니라 상황에 따라 미묘하게 변하는 현실 요소들을 감안한 솔루션을 제시해야 하므로 더욱 고심하지 않을 수 없었다.

　솔루션이란 주어진 상황에 따라, 보는 각도에 따라 전혀 달라질 수도 있으므로 어느 한쪽에 치우치지 않고 종합적이고 복합적이며 지극히 현실적인 해결책을 제시하고자 했다. 특히 여러분의 이해를 돕기 위해 가능한 실제 사례를 통해 설명하고자 애를 썼고, 그러면서도 단순한 사례의 소개가 아니라 근본적인 원리를 이해하고 실무에 곧 바로 활용할 수 있도록 하는 데 초점을 맞추었다.

　관계형 데이터베이스는 스스로 살아서 움직이는 생명체와 같다. 우리는 결과를 요구하고 처리방법은 데이터베이스가 생성한다. 우리는 숙제를 하는 학생이 아니라 숙제를 내는 선생님이 된 것이다. 좋은 숙제를 내려고 해야지 왜 학생처럼 직접 숙제를 하려고 하는가?

　이 책을 충분히 이해하면 새로운 세계가 보인다. 자신이 애써 어려운 문제를 풀려고 하지 말고 데이터베이스가 많은 일을 효율적으로 할 수 있도록 요구하는 방식으로 접근해야 한다. 이것이 관계형 데이터베이스를 제대로 활용하는 기본 원칙이다.

이를 위해서는 우리의 사고를 전환하지 않으면 안 된다. 머리 속을 어지럽히는 절차형 사고에서 하루 빨리 벗어나 체계적이고 집합적인 사고로 거듭나야만 새로운 세계가 보인다. 그러나 대부분의 사람들은 이러한 집합적인 사고에 익숙해 있지 않다. 상황이 변할 때마다 좌회전·우회전을 하는 방식이 아니면 한 발자국도 전진하기가 힘이 든다.

이 책은 여러분들이 이러한 사고를 전환시키는데 많은 도움을 줄 것이다. 눈에 익은 많은 사례들을 통해 자신의 접근방법과 다른 점을 대비해 보면서 시각의 차이를 느낄 수 있고 새로운 접근방식을 이해할 수 있으리라 믿는다.

정보 시스템이란 결국은 '데이터를 처리'하는 것이다. 데이터는 매우 복잡하게 연결되어 있고 난해한 가공을 필요로 한다. 데이터를 자기 손안에서 마음대로 할 수 있어야 비로소 품질이 있고, 생산성이 있으며, 성공이 보장된다.

데이터 처리는 데이터베이스가 담당한다. 그렇다면 데이터베이스에 우리를 맞추어야 그들의 우수한 기능을 100% 활용할 수 있다. 그렇게 하려면 그들의 특성에 대한 이해가 선행되어야 한다. 그러나 이러한 특성은 깊숙이 감추어져 있기 때문에 찾아내어 이해한다는 것은 결코 쉬운 일이 아니다.

이 책은 감추어진 원리들을 상식선에서 파헤친다. 그러면 '허와 실'이 본래의 모습을 드러낸다. 이것을 파악하면 확실한 활용 원칙이 수립되며 자신의 것으로 완벽하게 소화하면 한 차원 높은 세계가 펼쳐진다. 이것이 바로 이 책이 추구하는 목표이다.

바둑의 정석은 오랜 기간 동안 실전에 활용되어 검증되었고 나름대로 장단점을 가지고 있다. 그러나 주변 상황에 따라 어떤 정석을 선택하느냐는 판세를 크게 좌우한다. 바로 이것이 활용 능력의 차이다. 전문기사의 세계에서는 정석을 많이 외우고 있다고 해서 기력이 높은 것이 아니지만 정석을 전혀 모르는 사람이 높은 기력을 가질 수 있겠는가?

우리의 세계도 이와 조금도 다르지 않다. 정석의 본질을 정확히 이해하고 상황에 따라 적절한 활용 및 응용을 할 수 있어야 한다. 이 책에서는 이러한 정석의 본질을 체계적으로 규명하고 사례를 통한 활용 방법과 실전에 응용할 수 있는 방법을 제시하였다.

이 책은 고급 활용 방법에 주안점을 두었기 때문에 대부분의 내용들이 데이터베이스와 깊은 연관을 가지지 않을 수 없다. 물론 어떤 데이터베이스 제품에서나 동일하게 나타나는 기능을 활용한 것이 대부분이다. 그러나 더 깊이 들어가면 데이터베이스의 핵심이라 할 수 있는 옵티마이져(Optimizer, 최적기)의 특성을 이해하고 우리가 원하는 처리절차로 제어해야 하므로 제품에 따라 약간의 차이는 발생할 수 있음을 알려둔다.

그러나 저자가 확인한 결과, 거의 모든 제품에서 유사한 기능을 가지고 있어 구문(Syntax) 상의 차이만 극복하면 모든 부분에서 적용할 수 있다. 하지만 모든 제품마다 서로 다른 구문으로 소개할 수가 없는 관계로 오라클을 기준으로 통일하였지만 오라클에서만 사용 가능한 것은 결코 아니라는 점을 다시 한번 밝혀둔다.

제1장에서는 SQL의 다양한 고급 활용방법이 다루어진다. 여기서 우리는 과연 SQL이 얼마만큼 확장될 수 있는가에 놀라움을 금치 못할 것이다. 엄청난 분량의 절차형 언어로 개발되었던 애플리케이션이 단 십여 줄에 의해 처리된다. 뿐만 아니라 웬만한 온라인 애플리케이션은 90% 이상을 SQL 하나가 담당할 수 있도록 할 수 있다.

정보를 처리한다는 것은 결국 자기 정보, 참조할 여러 주변 정보, 상수, 함수들을 이용하여 다양한 경우의 수(IF)에 따른 연산이나 가공을 하는 것일 뿐이다. SQL에는 이러한 모든 기능을 삽입할 수 있으므로 어떠한 복합적인 처리도 가능하다. 그러나 이러한 수준에 도달하는 것은 그리 쉽지 않다. 절차형 접근방식을 과감하게 버리고 집합적인 사고로 전환해야만 가능하다.

이 장에서는 확장된 SQL을 활용하는 원리와 다양한 실무 사례를 제공하며 여러분의 사고전환에 크게 도움을 줄 수 있으리라 확신한다.

제2장은 다양한 데이터 연결 방법을 설명한다. 정보란 독립적으로 존재할 때 보다 복합적으로 연결되어 가공될 때 비로소 가치있는 정보로 탄생한다. 거의 대부분의 처리는 하나이상의 테이블을 필요로 하며 대부분의 사용자들은 데이터 연결은 곧 조인(Join)이라고 생각한다.

그러나 이것은 크게 잘못된 생각이다. 데이터를 연결하는 방법은 조인뿐만 아니라 'UNION, GROUP BY'를 사용할 수도 있고, 인라인뷰(Inline View)나 서브쿼리(SubQuery), 그리고 사용자지정 저장형함수(User Defined Stored Function)를 사용할 수도 있다.

이들은 매우 독특한 장단점을 가지고 있어 우리가 원하는 목적에 따라 그 쓰임새와 효율은 큰 차이가 난다. 세상에는 매우 다양한 도구가 있다. 물론 어떤 도구가 없다면 다른 것으로 대체할 수는 있겠지만 모든 것은 나름대로 어떤 목적에 가장 잘 맞도록 만들어져 있다.

우리가 구현하려는 목적에 따라 적절한 방법을 선택하는 것은 매우 중요하다. 적절하지 못한 방법으로 억지로 처리하면 구현도 어렵고 생산성과 효율도 얻을 수 없다. 정보 시스템이란 곧 데이터 처리를 의미하고, 데이터 처리란 곧 복합적인 연결을 의미하는 것이므로 이 책은 우리의 목적에 따라 어떤 방법을 어떻게 활용해야 하는가에 대한 명쾌한 해답을 줄 것이다.

제3장은 인라인뷰의 고급 활용 방법을 다루었다. 인라인뷰란 오라클에서 사용하는 방법이다. 그러나 다른 데이터베이스에서도 구문상의 차이가 있기는 하지만 이와 거의 유사한 기능을 가지고 있으므로 활용하는 데는 전혀 문제가 없다. 다만 데이터베이스별로 각각 설명하는 것은 너무 복잡하므로 오라클 기준으로 설명하게 됨을 양지하기 바란다.

SQL에서 복합적인 결과를 얻기 위해서는 처리 단계별로 임의의 중간 집합을 생성해 둘 필요가 있다. 적절한 중간 집합을 어떻게 만드느냐에 따라 복잡한 현실 세계의 업무 처리를 매우 단순·명료하게 표현해낼 수 있다. 이것이 바로 집합을 이용하여 로직을 처리하는 원리이며, 우리의 절차형 사고를 전환시킬 수 있는 구체적인 방법이다.

인라인뷰가 출현한 이후로 많은 애플리케이션이 SQL 위주로 처리 방법이 바뀌어 가고 있는 것은 바람직한 일이지만 대부분의 개발자들은 본질을 이해하지 못하고 마치 수학을 잘 못하는 학생이 함부로 괄호( )를 치는 것처럼 사용하고 있다. 저자가 검증했던 많은 SQL들이 마치 COBOL이나 C를 사용한 절차형 애플리케이션처럼 작성되어 있었다.

그로 인해 SQL은 소설책처럼 장황해졌고 우리의 불쌍한 옵티마이져는 양호한 실행 계획을 만들지 못하여 수행속도가 심각하게 저하된 것이 너무 많았다. 이러한 문제를 해결하고자 이 책에서는 10가지의 중요한 활용 유형별로 다양한 실무 사례와 함께 활용원칙과 응용방법을 제시하였다.

제4장에서는 논리합(OR, IN) 연산자에 대한 활용방법들을 제시한다. AND와 OR는 논리적으로도 극과 극의 차이가 있다. 이것이 처리방법에 미치는 영향은 실로 엄청나다. 이 책에서는 이러한 논리합 연산자가 액세스 효율에 미치는 영향을 상식적으로 설명하려 애썼고, 문제가 발생하지 않도록 적용하는 방법들과 활용기준들을 제시한다.

특히 우리가 액세스 효율의 향상을 위해 가장 많이 사용하는 인덱스의 효율적인 액세스를 위해 의도적으로 IN조건을 추가하여 불필요한 범위를 액세스하지 않도록 '징검다리'를 놓아줌으로써 단 몇 줄의 추가만으로 현격하게 수행속도를 향상시키는 비법들을 소개한다.

적절하지 못하게 정의된 현재의 테이블이나 인덱스 구조를 그대로 두고서 단 몇 줄의 추가로 상상하기 어려운 수행속도의 개선을 보고서 마치 마술처럼 신기하게 생각하는 경우를 자주 보아왔다. 이 책에서는 이러한 비법들을 모두 공개한다. 활용해 보면 바로 그 놀라운 효과에 크게 감탄할 것이라 확신한다.

이 밖에도 여러 장(章)들을 집필해 두었으나 지면이 부족한 관계로 약간의 내용을 추가하여 곧 이어 출판할 Ⅲ권에서 다시 만나기로 하겠다. 참고로 Ⅲ권에서 제시할 솔루션들을 간략하게 살펴보면,

- 각 데이터베이스별로 근간에 출시된 새로운 기능들의 '허 와 실', 그리고 최선의 활용방법들을 제시할 것이다. 예를 들면, 현저한 조인 속도를 개선해 주는 해쉬(Hash) 조인, 스타(Star) 조인, 비트맵(Bitmap) 인덱스 등의 개념 및 활용방법들을 각종 사례와 더불어 상세한 솔루션을 제시한다.
- 저자가 수 많은 시스템을 접하면서 어떤 시스템에서도 나타날 수 있는 중요한 사례들을 수집하고 유형별로 통폐합하여 집합적으로 접근한 구현방법들을 매우 다양한 형태로 제시할 것이다. 이러한 솔루션을 바탕으로 조금만 더 응용한다면 거의 모든 애플리케이션의 표준 유형이 되도록 엄선하였다. 저자는 여기에 제시된 활용방법으로 인해 지금까지 적용하던 구현방법이 대대적인 변화의 물결을 타게 될 것으로 확신한다.
- 실무에서 나타난 다양한 문제점을 TRACE의 분석을 통해 원인을 규명하고 해결책을 찾도록 한다. 전문의가 아니면 쉽게 병을 진단하고 처방전을 내리지 못한다. 그러나 이 장에서는 저자가 그 동안 개선해온 많은 사례를 중심으로 문제의 원인을 즉시 찾아내고 개선의 핵심을 도출할 수 있는 길을 제시한다. 기대해도 좋을 것이다.
- 우리가 구축하는 시스템의 대부분을 차지하는 온라인 애플리케이션에서는 사용자의 조건이 매우 다양하게 부여된다. 상황에 따라 조건이 부여거나 되지 않을 수도

있고 처리범위나 연산자도 다양하게 부여된다. 관계형 데이터베이스의 인덱스는 이러한 변화에 매우 취약하다. 너무나 빈번하게 발생하는 이러한 문제를 해결하지 않고서는 더 이상의 효율은 기대할 수 없기 때문에 이 장에서는 정적SQL, 동적 SQL의 구체적인 활용원칙을 제시한다.

- 복잡한 현실의 업무를 단순·명료하게 하려면 잘 응축된 데이터 모델이 필수적이다. 이러한 데이터 모델을 만들기 위해서는 순환(Recursive) 관계를 잘 활용하는 것이 하나의 방법이다. 그러나 이러한 모델을 실무에서 구현하기란 결코 쉽지 않다. 그것은 데이터베이스 제품에 따라 접근방법이 다르고 약간의 제약사항으로 인해 구현상의 문제나 수행속도의 문제가 발생하기 때문이다.

더구나 데이터베이스가 제공한 매뉴얼에는 그 활용방법이 자세하게 언급되지 않아 많은 사용자들이 고통을 받아 왔다. 여기서는 데이터 모델링을 언급하고자 하는 것이 아니라 이러한 모델의 구현에 확신을 가짐으로써 자신있게 데이터 모델을 단순화시키고 구현상의 고민을 해결해 주고자 함이다.

이 책에서 제시한 다양한 솔루션은 여러분이 즉시 활용하여 놀라운 효과를 얻을 수 있을 것이다. 그러나 거듭 강조하지만 아무리 좋은 '약'이라도 잘못 사용하면 '독'이 될 수도 있으므로 정확한 활용 원리를 소화한 후 적용하기 바란다.

끝으로 이 책이 나오기까지 도와주신 대청미디어 손형민 사장님, 그리고 자료수집 및 원고 교정을 도와준 명재호 책임, 이길내 과장, 삼호물산 김은정 대리에게 심심한 감사를 드린다.

1998년 4월
(주)엔코아컨설팅
저자 이화식

제1장 SQL의 활용

1. **SQL과 옵티마이져** ·· 1-3
   1.1. 옵티마이져와 우리의 역할 ·· 1-5
   1.2. 옵티마이져의 최적화 절차 ·· 1-10
   1.3. 옵티마이져의 형태 ·· 1-19
      1.3.1. 규칙기준 옵티마이져 ·· 1-21
      1.3.2. 비용기준 옵티마이져 ·· 1-26
   1.4. 옵티마이져의 한계 ·· 1-31
   1.5. 개발자의 역할 ·· 1-35

2. **SQL 활용의 당위성** ·· 1-38
   2.1. SQL 수행 횟수의 차이 ·· 1-39
   2.2. 랜덤 액세스 발생량의 차이 ·· 1-41
   2.3. 처리경로 최적화의 차이 ·· 1-44
   2.4. 클라이언트/서버 환경에서 SQL의 역할 ····································· 1-46
   2.5. 처리경로 개선의 용이성 ·· 1-51
   2.6. 병렬처리에서 SQL의 역할 ·· 1-57
   2.7. 처리 과정의 파라미터 활용 ·· 1-60
   2.8. 단순성, 유지보수성, 생산성 ·· 1-63

3. **SQL 활용도 향상 방법** ·· 1-67
   3.1. DECODE 함수를 이용한 IF 처리 ··· 1-69
   3.2. SUM(DECODE…)의 활용 ·· 1-77
      3.2.1. SUM(DECODE…)의 기본형 ·· 1-78
      3.2.2. SUM(DECODE…)의 확장 ··· 1-82
         가. 전체 집합의 확장 ··· 1-82

나. 대분류의 확장 · 1-84
  다. 중분류의 확장 · 1-85
  라. 로우단위 처리의 확장 · 1-92
  3.2.3. SUM(DECODE…) 사용시 주의사항 · · · · · · · · · · · 1-100
  가. NULL 값의 처리 · 1-101
  나. 반복 DECODE의 감소 · · · · · · · · · · · · · · · · · · · 1-104
  다. SUM(DECODE…)와 GROUP BY 비교 · · · · · · · 1-114
  라. COUNT(DECODE…)의 활용 · · · · · · · · · · · · · · · 1-120
  마. GROUP BY 문에서 MIN의 활용 · · · · · · · · · · · 1-122
  바. SQL을 어떻게 공부할 것인가? · · · · · · · · · · · · · 1-124

3.3. UPDATE 문의 활용 · 1-128
  3.3.1. 확장 UPDATE 문 · 1-129
  3.3.2. 수정가능 조인뷰(Modifiable Join View) · · · · · · · · · 1-142
  가. 수정가능 조인뷰의 제한사항 · · · · · · · · · · · · · 1-143
  나. 키보존(Key Preserved) 테이블이란? · · · · · · · 1-147
  다. 수정가능 조인뷰의 활용 · · · · · · · · · · · · · · · · · 1-153

차례

제 2 장 데이터 연결의 다양한 방법

1. 조인을 활용한 데이터 연결 · 2-3
   - 1.1. 카테시안(Cartesian) 곱을 이용한 조인 · 2-13
       - 1.1.1. 나열된 컬럼을 여러 레코드로 생성 · · · · · · · · · · · · · · · · · · · 2-15
       - 1.1.2. 첨자 LOOP 형 처리 · 2-17
   - 1.2. 관계가 없는 테이블간의 조인 · 2-20
   - 1.3. 처리결과를 고정된 양식에 맞추는 조인 · 2-24
   - 1.4. 조인을 이용한 소계 처리 · 2-27

2. UNION, GROUP BY를 이용한 데이터 연결 · 2-31
   - 2.1. 개념 및 특징 · 2-32
   - 2.2. 양쪽 OUTER 조인의 해결 · 2-40
   - 2.3. 특이한 활용 사례 · 2-48
       - 2.3.1. 이종(異種) 로우들의 고정양식 출력 · 2-48
       - 2.3.2. 전후(前後)간의 로우 비교 · 2-54
       - 2.3.3. 추출 컬럼의 특이한 가공 · 2-58

3. 저장형 함수를 이용한 데이터 연결 · 2-65
   - 3.1. 개념 및 특징 · 2-66
       - 3.1.1. 절차형 처리 · 2-68
       - 3.1.2. 독립적인 오브젝트 · 2-70
       - 3.1.3. 단일값을 리턴 · 2-72
       - 3.1.4. 로우단위별 실행 · 2-75
   - 3.2. 조인과의 비교 · 2-79
   - 3.3. 유형별 활용 · 2-80
       - 3.3.1. 1:M 조인을 1:1 조인으로 · 2-81

  3.3.2. M:M조인의 해결 · 2-89
  3.3.3. 부분범위처리로의 유도 · 2-93
    가. M집합 체크 시의 부분범위처리 · · · · · · · · · · · · · · · · · · · 2-94
    나. 전체범위처리로 수행되는 필터처리 해결 · · · · · · · · · · · 2-98
    다. 특정 부분만 부분범위처리로 유도 · · · · · · · · · · · · · · · · · 2-99
  3.3.4. 배타적 논리합(Exclusive OR) 관계의 조인 · · · · · · · · 2-104

4. 서브쿼리(Subquery)를 이용한 데이터 연결 · · · · · · · · · · · · · · · · · · · 2-112
 4.1. 개념 및 특징 · 2-113
  4.1.1. 먼저 수행하는 서브쿼리의 조인과의 차이 · · · · · · · · · · 2-113
  4.1.2. 나중 수행하는 서브쿼리의 조인과의 차이 · · · · · · · · · · 2-120
 4.2. 서브쿼리의 실행계획 · 2-124
  4.2.1. 서브쿼리의 실행 순서 · 2-127
  4.2.2. SORT MERGE 형태의 수행 · 2-132
  4.2.3. 필터(Filter) 형식으로 처리되는 경우 · · · · · · · · · · · · · · 2-134
 4.3. 유형별 활용 · 2-138
  4.3.1. M:M 관계의 비교 · 2-138
  4.3.2. 부정형(Anti) 조인 · 2-140
  4.3.3. 부분범위처리로의 유도 · 2-146
  4.3.4. ANY, ALL을 활용한 서브쿼리 · 2-149
  4.3.5. 발생 데이터의 목록처리 · 2-152
  4.3.6. 액세스 효율화를 위한 서브쿼리 · · · · · · · · · · · · · · · · · · · 2-155
 4.4. 서브쿼리 활용시 주의사항 · 2-156
  4.4.1. 조인문에서 서브쿼리의 실행순서 · · · · · · · · · · · · · · · · · · 2-157
  4.4.2. MIN,MAX 값을 가진 로우 액세스 · · · · · · · · · · · · · · · · · 2-160

제3장 인라인뷰의 활용

1. 단계적인 조인을 위한 활용 · 3-3

2. 순환(RECURSIVE)관계 전개시의 조인 · 3-8

3. 방사형 조인의 해결 · 3-13
    3.1. 방사형 조인의 문제점 · 3-14
    3.2. 인라인뷰를 이용한 해결 · 3-18
    3.3. GROUP BY된 인라인뷰의 조인 문제점 · · · · · · · · · · · · · 3-20
    3.4. GROUP BY된 인라인뷰의 NESTED LOOPS 조인 · · · · · · · · · 3-26
    3.5. 방사형 조인의 기타 해결방법 · 3-29

4. OUTER 조인시의 처리 · 3-32
    4.1. OUTER 조인과 조인 실패의 원인 · · · · · · · · · · · · · · · · · 3-32
    4.2. OUTER 조인 실패의 해결 · 3-34
    4.3. OUTER 조인의 실행계획 · 3-38
    4.4. 하나 이상 집합과의 OUTER 조인 · · · · · · · · · · · · · · · · · 3-41

5. 실행계획의 제어 · 3-44

6. 부분범위처리로의 유도 · 3-51

7. 사용자지정 저장형 함수 사용시의 활용 · 3-58

8. SQL 기능확장을 위한 중간집합 생성 · 3-64

9. 상이한 집합의 통일 · 3-68
9.1. 유사한 집합의 통일 · · · · · · · · · · · · · · · · · 3-69
9.2. UNION을 사용한 인라인뷰의 주의사항 · · · · · · · · · · · · · · · 3-74

10. 기타 특이한 형태의 활용사례 · 3-81
10.1. 실행계획의 분리 · 3-81
10.2. 배치 집계처리로 온라인 액세스 · · · · · · · · · · · · · · · · · 3-85

제 4 장 논리합 연산자의 액세스 효율화

1. 논리합(OR, IN) 연산자의 이해 · 4-3
   1.1. OR와 IN의 비교 · 4-4
   1.2. AND와 OR 연산자의 특성 · 4-6
   1.3. 논리합 연산자의 실행계획 · 4-8
   1.4. OR 연산자 사용시의 주의사항 · 4-13
      1.4.1. 실행계획 분할 방법 · 4-14
      1.4.2. OR 연산자의 해소 · 4-18
      1.4.3. 데이터모델링 시의 유의사항 · · · · · · · · · · · · · · · · · · · 4-25

2. IN을 활용한 액세스 효율화 · 4-33
   2.1. IN의 결합처리 실행계획 · 4-34
   2.2. 실행계획 개선의 유형 · 4-41
      2.2.1. 상수값을 이용한 IN 조건 추가 · · · · · · · · · · · · · · · · · · 4-41
      2.2.2. 서브쿼리를 이용한 IN 조건 추가 · · · · · · · · · · · · · · · · · 4-45
         가. 현존하는 테이블을 활용하는 방법 · · · · · · · · · · · · · · · 4-46
         나. 모조(Dummy) 테이블을 활용하는 방법 · · · · · · · · · · · 4-48
         다. ROWNUM을 활용하는 방법 · 4-52
         라. 임의의 집합을 생성하는 방법 · · · · · · · · · · · · · · · · · · · 4-54
   2.3. IN 조건에서의 상수와 변수의 차이 · 4-58
   2.4. IN 조건 대상 컬럼의 선정 · 4-63
   2.5. 결합인덱스 컬럼 수에 따른 차이 · 4-67
   2.6. 동일한 실행계획의 처리범위 차이 · 4-70

3. 중복된 IN 조건의 활용 · 4-75
   3.1. 중복 사용된 상수값 IN 조건의 실행계획 · · · · · · · · · · · · · · · · 4-76

    3.2. 서브쿼리를 포함한 중복 IN 조건의 실행계획 ········· 4-79
    3.3. 결합처리 실행계획이 불가능한 형태의 해결 ········· 4-83
    3.4. IN 활용 시의 주의사항 ········· 4-87
        3.4.1. IN 서브쿼리로 인한 메인쿼리의 중복 처리 ········· 4-87
        3.4.2. 공급자 역할을 못하는 서브쿼리의 해결 ········· 4-91
        3.4.3. 논리합 연산자에서 'STOP KEY' 의 비효율 ········· 4-95

4. IN을 고려한 결합 인덱스의 선정 ········· 4-101
    4.1. 액세스 유형의 파악 ········· 4-102
    4.2. 인덱스 선정시의 IN 조건 활용 ········· 4-104

제1장
SQL의 활용

1. SQL과 옵티마이져
2. SQL 활용의 당위성
3. SQL 활용도 향상 방법

제 1 장

SQL의 활용

관계형 데이터베이스를 사용함에 있어서 SQL이 차지하는 비중은 그 무엇보다 크다고 하겠다. SQL의 매력과 참맛을 아는 사람이야말로 정말 관계형 데이터베이스를 제대로 사용하고 있는 사람이라고 할 수 있겠다.

혹자는 이렇게 말할지도 모른다. "SQL은 매우 쉽다. 기껏해야 2~3일, 길어도 1주일이면 충분히 자유자재로 사용할 수준이 된다.", 혹은 "SQL은 테이블에서 데이터를 읽어(Read) 오거나 쓰기(Write)를 하라는 명령어가 아니냐? 결국 데이터의 복잡한 처리는 사람이 할 수밖에 없지 않느냐?"라고 반문할 수도 있다. 그러나 이런 사람들은 결코 SQL의 진면목을 보지 못한 사람이라고 단정짓고 싶다.

만약 여러분들이 그렇게 생각하고 있었다면 이 단원을 충분히 이해하고 체득한 후에 다시 한번 생각해 보기 바란다. 다시는 그러한 말을 하지 않을 것이라 저자는 장담한다.

우리가 데이터를 처리하는 모든 경우는 최종적으로 SQL을 통해서만 데이터베이스에 접근할 수 있다. 우리가 설사 어떤 개발 툴을 사용하여 직접 SQL을 작성하지 않고 결과를 얻을 수 있었다고 하더라도 사실은 툴이 내부적으로 SQL을 생성시켜 처리한 것이다. 그러므로 결국 최적의 수행 방법을 얻기 위해서는 데이터에 접근하는 부분의 최적화를 제쳐 두고서는 아무것도 이룰 수가 없음을 알아야 한다.

SQL은 단순한 명령어가 아니라 그 자체가 하나의 애플리케이션이다. 그러므로 활용방법에 따라 확장성이 매우 높다. 처리경로의 최적화 단위는 SQL이므로 SQL을 최적화해야만 전체의 최적을 얻을 수 있다. 그러나 집합 개념을 바탕으로 한 비절차형 언어이므로 절차형 언어에 익숙해져 있는 개발자들이 쉽게 적응하지 못하고 자꾸만 절차형 언어처럼 사용하려는 경향이 많다. 따라서 개발자의 응용력에 따라 개인차가 크게 나타난다.

여러분들은 이 단원을 통하여 집합적인 개념을 통해 단순하면서도 많은 부분을 처리할 수 있는 방법을 익힘으로써 지금까지의 사고 방향을 바꾸는 좋은 계기가 되기를 바란다.

1. SQL과 옵티마이져

우리는 이 책의 전권인 '대용량 데이터베이스 솔루션 I'에서 인덱스나 클러스터와 같은 옵티마이징 팩터(Optimizing Factor)들이 옵티마이져에 어떤 영향을 미치고 있는지를 살펴보았다. SQL의 실행계획에 영향을 미치는 요소는 인덱스와 클러스터뿐만이 아니다. 이 밖에도 옵티마이져 모드, 수립된 통계 정보, SQL 문장의 상태, 네트워크 부하, 옵티마이져 버전 등이 종합적으로 감안되어 실행계획이 결정된다.

인덱스의 활용 단원에서 알아보았듯이 컬럼과 연산자가 어떻게 사용되었는지에 따라 이미 존재하는 인덱스나 클러스터의 적용이 달라진다. 뿐만 아니라 비교한 값이 상수값이냐 변수값이냐에 따라서도 달라질 수가 있으며, 동일한 SQL이라 하더라도 비교한 상수값의 분포도에 따라 실행계획은 달라진다. 또한 클러스터, 테이블, 인덱스 등에 대한 통계 정보의 생성 주기나 각각의 생성 시점의 차이, 생성했는지의 여부에 따라서도 실행계획은 달라질 수 있다.

DBMS 제품이나 옵티마이져의 버전에 따라서 적용되는 통계 정보에는 약간의 차이가 있다. 옵티마이져가 참조하는 통계 정보는 아주 다양하지만 그 중에서도 선택성(Selectivity)에 가장 중요한 영향을 미치는 정보는 컬럼값들에 대한 차별적인 분포도와 액세스의 물류 단가 - 즉, 클러스터링 팩터 - 라 할 수 있다. 다시 말하면 어떻게 하면 가장 최소량을 처리하도록 할 것인가에 대한 문제와 가장 싼 값으로 운반할 수 있느냐에 대한 문제가 가장 큰 영향을 미친다는 것이다.

옵티마이져는 아주 복잡하게 되어 있지만 궁극적인 목표는 어느 길로 가면 처리 주관 범위(Driving Range)를 가장 최소화시킬 수 있고, 보다 싼 운반 단가로 처리할 수 있는가를 찾으려고 애쓰는 것일 뿐이다. 그러나 처리해 보기 전에 판단해야 하기 때문에 선택된 처리 방법이 항상 최적이라고는 할 수 없다는 데 문제가 있다.

어쨌든 분포도가 좋은(낮은) 범위를 처리 주관 범위로 하여 처리한다면 일단 처리해야 할 일량은 최소가 된다. 물론 이 방법으로 처리하는 것이 가장 최적이 아닐 수는 있다. 그것은 운반 단가가 감안되지 않았기 때문이며, 앞서 우리가 자세히 살펴보았던 부분 범위 처리 개념이 도입되었을 때는 전혀 달라질 수도 있다.

그러나 일반적으로 최소 범위를 처리 주관 범위로 하는 것이 가장 유리한 경우가 대부분이므로 어떻게 하면 처리 범위를 최소화하느냐가 최대의 관건이라 할 수 있다.

WHERE 절에 사용한 컬럼들에 대한 인덱스의 결합 형태와 사용된 연산자, 비교한 상수값이나 변수값을 감안하여 가장 최소의 처리 범위를 가진 경우가 선택되어지기만 한다면 우리가 원하는 최적의 실행 경로를 얻을 수 있을 것이다.

이 말은 일견 최적의 경로 선택에 대한 책임이 옵티마이져에게만 있는 것처럼 들린다. 그러나 사실은 사용자의 책임이 훨씬 크다. 왜냐하면 사용된 조건의 형태와 인덱스의 구성 형태, 클러스터링 여부에 따라 처리해야 할 범위는 엄청난 차이가 나기 때문이다. 그러므로 우리가 다양한 사용 경우를 대비해서 어떠한 유형의 인덱스나 클러스터를 생성하였느냐가 더 큰 영향을 미친다.

물론 옵티마이져에 따라 가끔은 엉뚱한 실행계획을 수립하는 경우가 나타난다. 그러나 그러한 부분은 상대적으로 많지는 않다. 이러한 경우는 DBMS의 오류(Bug)일 수도 있고 참조하는 통계 정보의 정도에 따라 정확성에 차이가 있기도 하다.

흑백논리로만 풀 수 없는 경우라면 어느 한쪽이 유리할 때 다른 쪽은 상대적으로 불리해진다. 그렇지만 어느 한가지를 반드시 결정하지 않을 수 없다고 한다면 우리는 어떻게 할 것인가? 결국 평균적으로 유리한 방법으로 결정할 수밖에 없을 것이다.

이와 같이 결정된 처리 방법이 모든 경우에 대해 유리해질 수는 없기 때문에 옵티마이져도 이와 같은 딜레마에 부딪히는 경우가 빈번하게 발생한다. 어떤 경우에는 옵티마이져의 훌륭한 판단에 놀라워 하기도 하지만 또 어떤 경우에는 그 바보스러움에 실망을 금치 못하기도 한다.

어쨌든 우리가 관계형 데이터베이스를 사용하는 한 옵티마이져의 영향권 안에 있을 수밖에 없으므로 이에 대한 이해가 바탕이 되지 않고서는 아무리 세월이 흐르더라도 더 이상의 발전은 기대할 수가 없다. 이러한 의미에서 좀더 옵티마이져에 대해 자세한 내용을 알아보기로 한다.

1.1. 옵티마이져와 우리의 역할

옵티마이져를 이해하기 위해서는 먼저 옵티마이져의 존재 이유와 그 역할에 대해서 알아보는 것이 순서일 것이다. 관계형 데이터베이스의 출현 배경에는 여러 가지가 있겠지만 그 중에서 가장 중요한 사항은 데이터들 간에 물리적인 연결고리가 없어도 논리적인 연결 고리만 있으면 원하는 데이터를 액세스할 수 있다는 점이라 하겠다.

이것은 비록 물리적인 연결고리를 가지고 있지 않더라도 논리적 방법에 의해 원하는 데이터를 찾을 수 있도록 하는 장치가 반드시 필요하다는 것을 의미한다. 더구나 관계형 데이터베이스는 사용자가 처리절차를 기술하는 것이 아니라 단지 요구서에 불과한 SQL을 표준언어로 채택했기 때문에 이러한 사용자의 요구에 따라 다이나믹하게 '길(처리절차)'을 찾아 주어야만 하게 되었다. 이 역할을 책임지는 장치가 바로 옵티마이져(Optimizer, 최적기)인 것이다.

상식적으로 생각해 보더라도 이미 닦아 놓은 길을 가는 것에 비해 가고자 하는 순간에 길을 닦아서 가는 것은 무척 어려울 것이며 수행속도가 나빠질 수밖에 없다는 것은 자명한 이치라 하겠다. 그러나 이러한 문제를 해결하지 않고서는 단지 이론적으로 가능하다는 의미만 있을 뿐이지 현실적으로는 적용이 불가능해질 것이다.

과거 초창기의 관계형 데이터베이스 제품은 물리적인 연결고리를 가지지 않고서도 자유로운 액세스가 가능하다는 이론을 증명한 수준에 불과했지만 그리 길지 않은 세월만에 현재의 제품들은 이러한 문제를 충분히 극복하였을 뿐만 아니라 과거에 비해 훨씬 우수한 성능을 보장함으로써 실로 방대한 부문에서 적용되고 있다.

이러한 진보적인 발전은 매우 다방면에 걸쳐 이루어졌지만 그 중에서 '핵'이라고 할 수 있는 옵티마이져의 놀라운 발전은 이를 더욱 공고히 하는 데 충분히 일조하였다. 관계형 데이터베이스의 구조적인 단점이 충분히 개선됨으로써 그 본래의 장점인 융통성은 더욱 빛을 발하게 되었고 이제 새로 시작하는 대부분의 개발 프로젝트는 관계형 데이터베이스를 활용하게 되었다.

그러나 수많은 사용자가 오랜 세월 동안 사용하고 있음에도 불구하고 옵티마이져에 대해 제대로 알고 적용하는 사용자는 극소수에 불과하다. 과연 그 이유는 어디에 있는가? 그것은 바로 옵티마이져의 역할이 너무 깊이 숨어 있어 우리 눈에 잘 보이지 않기 때문일 것이며 액세스의 효율을 무시한다면 이 옵티마이져를 알지 못하더라도 우리가 원하는 결과를 얻는 데는 전혀 문제가 되지 않기 때문일 것이다.

그야말로 SQL의 문법만 잘못되지 않았다면 무조건 결과는 얻을 수 있다. 특히 소량의 데이터로 처리했을 때는 그 처리 방법이 아무리 비효율적이라 하더라도 순식간에 원하는 결과를 얻을 수 있기 때문에 개발자들은 문제의 심각성에 매우 둔감해진다. 더구나 숨겨져 버린 옵티마이져의 역할은 우리가 일부러 확인하지 않으면 그냥 덮여 버리고 만다.

뿐만 아니라 논리적인 방법에 의해서 결정되는 옵티마이져의 실행계획은 너무나 많은 요소들에 의해 영향을 받고 있으므로 그 오묘함은 말로 형언할 수 없을 만큼 복잡하고 다양하다. 그럼에도 불구하고 대부분의 데이터베이스 제품의 매뉴얼에는 옵티마이져가 최적화를 하는 다양한 원리들이 제대로 언급되어 있지 않다.

이러한 사실들은 필연적으로 사용자와 데이터베이스의 사이에 작용하는 옵티마이져의 존재를 모호하게 만든다. 너무나 많은 변수를 가지고 있어서 사용자 또한 이를 이해하려 노력하지도 않는다. 물론 우리가 아무런 걱정을 하지 않고 필요한 요구만 하더라도 항상 최적의 효율을 얻을 수만 있다면 구태여 머리 아픈 고민을 할 필요가 있겠는가?

문제의 초점은 옵티마이져가 전지전능하지 않다는 것에 있다. 아무리 벤더들이 감언이설로 현혹하더라도 절대로 모든 것을 해결해 주는 옵티마이져는 논리적으로도 존재할 수 없음을 우리는 알아야 한다. 옵티마이져는 존재하지 않는 길을 '개척'해 주는 존재가 아니다. 단지 이미 존재하는 길 중에서 하나를 '선택'해 주는 역할을 할 뿐임을 명심하기 바란다.

여기에 바로 우리의 역할과 옵티마이져의 역할이 나뉘어진다. 우리가 미리 다양한 경우를 대비한 최적의 물리적인 '길'을 만들어 두지 않고서는 결코 옵티마이져에게 최적을 선택해 달라고 강요할 수는 없다. 다양한 형태로 도전해 오는 적(액세스 요구)을 무찌르기(만족시키기) 위해서는 다양한 무기(옵티마이징 팩터)가 필요하다.

전투는 옵티마이져가 하지만 무기는 사용자가 사전에 제공해야 한다. 아무리 우수한 전략가라 하더라도 충분하지 않고 적절하지 못한 무기로 싸울 수 있는 방법은 많지 않다. 이와 반대로 만약 우리가 충분하고 적절한 무기를 사전에 공급했다면 우수한 전략가는 어떠한 적에 대해서도 훌륭히 임무를 완수할 수 있을 것이다.

그럼에도 불구하고 대부분의 사용자들은 자신이 제대로 무기를 공급해 주지도 않았으면서 전투에서 지리멸렬한 장수들만 나무란다. 만약 옵티마이져가 말을 할 수 있었다면 개발자들에게 엄청난 불만을 토로했을 것이 틀림없다.

우리가 옵티마이징 팩터를 최적화해야만 한다는 사실과 그 전략적인 부여 방법은 '대용량 데이터베이스 솔루션 I'의 전편에 걸쳐 상세히 설명했으므로 여기서는 더 이상 언급하지는 않겠다. 단지 여기서는 옵티마이져의 역할과 그 한계, 그리고 우리의 역할이 무엇이며 우리가 작성한 SQL과의 관계에 대해 좀더 언급하기로 한다.

조금 심하게 말하면 SQL은 애플리케이션을 작성하기 위해 사용하는 명령어가 아니다. SQL은 개발자가 자신이 처리해야 할 결과를 얻기 위해서 데이터베이스에게 필요한 데이터의 액세스를 요구하거나 처리된 결과의 저장을 부탁하기 위해 사용하는 명령어가 아니라는 것이다.

SQL은 사용자가 데이터베이스에게 애플리케이션의 작성을 부탁하는 요구서라고 하는 것이 보다 정확한 표현이라 할 것이다. 다른 측면에서 한가지 비유를 들어보자. 학생 시절에는 선생님이 숙제를 내면 배운 것을 총동원하여 열심히 숙제를 해야 했다. 다음과 같은 집합 문제가 숙제였다고 가정하자.

집합A = $\{x \mid x \in$ 정수, $x \in 2$의 배수, $x < 10\}$

이 문제를 풀기 위해서 우리는 상식과 공식을 동원하고, 때로는 남에게 물어보기도 하며 자습서를 참고하기도 하여 문제를 해결하면 다음과 같은 결과를 얻는다.

$\{2\}, \{4\}, \{6\}, \{8\}$

숙제를 내는 사람은 선생님이고 숙제를 하는 사람은 학생이다. 그러나 이제 세상이 바뀌었다. 관계형 데이터베이스에서 우리는 더 이상 학생이 아니고 숙제를 내는 선생님이 되었다. 문제에 해당하는 '집합A'에 대한 정의는 다음과 같이 이제 우리가 하게 된 것이다.

SELECT X
FROM 정수
WHERE X < 10
    and MOD(X,2) = 0 ;

이 문제를 해결하는 역할은 우리 자신이 아니라 데이터베이스가 담당한다. 우리는 숙제를 내는 사람이다. 다행히도 숙제를 해결하는 능력은 우리 자신에 비해 데이터베이스가 탁월하다. 데이터베이스는 아무리 어려운 숙제라도 논리적으로만 가능하다면 충실하게, 예외 없이 해결해 준다. 이는 숙제를 내는 사람이 얼마나 많은 요구를 하느냐에 따라서 얼마든지 많은 양을 해결할 수 있음을 의미한다.

이제 우리는 숙제를 내는 선생님이다. 논리적으로 가능한 문제를 낸다면 어떠한 문제라도 풀어내는 매우 똑똑한 학생을 가진 선생님이다. 그렇다면 이제 우리는 숙제를 내는 선생의 입장에서 생각을 하고 판단을 해야지 아직도 학생처럼 행동해서는 안 된다. 그러나 현실은 어떤가? 직책은 선생인데 선생답게 행동하는 사람들을 찾아보기가 어렵다. 너무 많은 숙제를 내면 학생들이 힘들까봐 걱정이 되어서 그렇게 하는가? 데이터베이스가 불쌍해 보여서 자신이 직접 숙제를 하려는 것인가?

자, 이제 생각을 바꾸어 보자. 힘들여 자신이 숙제를 하려고 하지 말고 좋은 숙제를 내려고 애써 보라! 좋은 숙제란 학생들이 밤을 세워 공부해야만 해결할 수 있도록 하는 것이 아니다. 가령 숙제를 내는 목적이 학생들의 문학성을 배양하기 위해서라면 좋은 책을 읽고 "독후감을 쓰라"는 숙제를 내야지 밤세워 해야 할 "책을 처음부터 끝까지 10번씩 쓰라"는 식의 숙제를 내서는 안 된다는 뜻이다.

좋은 선생이라면 내가 이 숙제를 내었을 때 학생들이 어떻게 해결할 수가 있으며 그 효과가 무엇인지를 알고서 지시한다. 동일한 결과를 얻을 수 있다고 해서 수십, 수백 배의 불필요한 노력을 요구하는 숙제를 내서는 안 된다는 것이 학생이 아닌 선생으로서 지켜야 할 도리라 할 것이다. 학생들이 무식한 선생을 향해 얼마나 원망을 할 것인가를 생각해 보라!

우리가 데이터베이스를 활용하는 것 또한 이와 전혀 다르지 않다. 옵티마이져에 대해 전혀 모르고 결과를 요구한다면 그러한 결과가 나올 수밖에 없는 것은 너무나 당연하다. 다만 학생들은 불만을 토로할 수가 있지만 데이터베이스와, 컴퓨터는 묵묵히 땀을 흘리고 있다는 차이가 있을 뿐이다.

최소의 노력으로 최대의 효과를 얻도록 하는 것이 선생의 도리이듯이 최소의 시스템 자원으로 최대의 효과를 얻도록 하는 것이 개발자의 도리이다. 시스템의 자원은 유한하며 자원은 곧 '돈'이다. 제한된 자원에서 많은 처리가 수행되기 위해서는 최소의 자원으로 최대의 효과를 내야 한다. 이것이 바로 우리가 할 일이자 도리라 하겠다.

1.2. 옵티마이져의 최적화 절차

옵티마이져의 궁극적인 목표는 사용자가 요구한 결과를 가장 최소의 자원으로 처리할 수 있는 방법을 찾아내는 것이다. 가장 효율적인 처리방법을 찾아낸다는 것은 참으로 어려운 일이다. 더구나 처리를 해보기 전에 찾아내야 하며 매우 빠른 시간에 찾아야만 한다. 처리를 해보기 전에 찾아내야 한다는 것은 미래를 예측해야 한다는 것을 의미한다.

미래를 현재 상태에서 정확히 예측해내기란 정말 쉽지가 않다. 판단을 위한 많은 참조 정보가 필요할 것이며 이러한 정보를 논리적으로 분석할 수 있는 많은 원칙들이 필요하다. 옵티마이져는 수학적이고 통계적이며 논리적인 방법으로 가능한 최선의 방법을 예측하기 위해 고심한다. 그러나 많은 문제점과 한계를 분명히 가지고 있다. 이러한 옵티마이져의 한계는 뒤에서 별도로 설명하기로 하고 여기서는 옵티마이져가 최선의 길을 찾기 위해 수행하는 절차에 대해 살펴보겠다.

옵티마이져의 최적 경로 선택을 위한 수행 절차를 먼저 그림을 통해 간략하게 살펴보자.

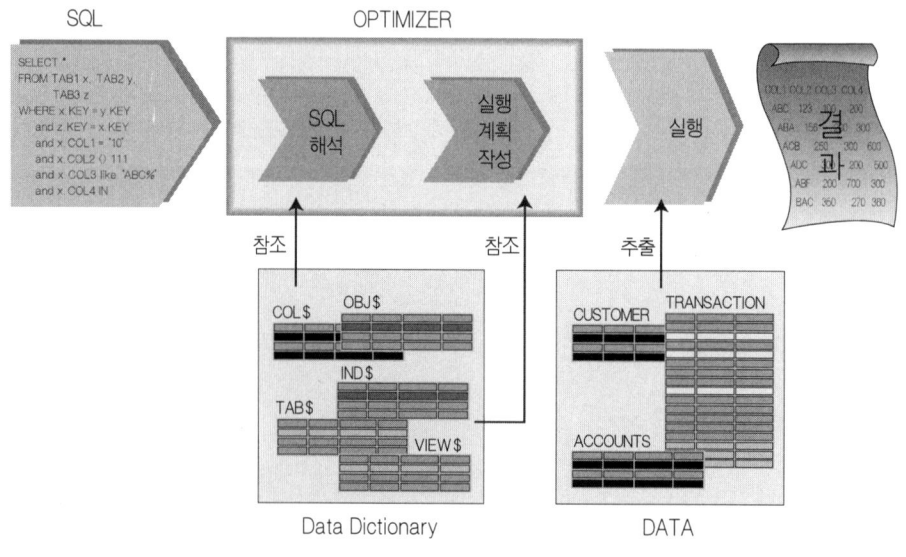

그림 1-1-1

① 사용자가 요구한 SQL을 데이터 딕셔너리의 관련 정보를 참조해서 해석한다. 옵티마이져는 SQL을 해석하여 사용자의 요구를 이해하였으므로 가장 최소의 비용으로 처리할 수 있는 방법을 찾으려고 한다.
② 가장 최소의 비용으로 처리하는 방법을 찾기 위해서 자신이 사용할 도구(인덱스 구조, 클러스터링 여부, 각종 통계정보)들이 어떻게 제공되어 있는지를 데이터 딕셔너리에서 참조한다.
③ 사용자의 요구사항과 이를 지원해 줄 수 있는 도구들을 이용하여 처리형태를 선택한다. 여기서 처리형태라 함은 매우 다양하다. 가령 조인을 하였다면 NESTED LOOPS 조인을 할 것인지, SORT MERGE 조인을 할 것인지, 그것도 아니면 HASH 조인을 할 것인지 등을 선택한다.
④ 선택된 처리형태에 따라 구체적인 처리절차를 결정한다. 예를 들어 NESTED LOOPS 조인방식의 처리형태라면 가장 먼저 처리할 집합을 선택한다. 이 조인 방식에서는 가장 먼저 수행되는 집합이 어느 것이냐가 전체 속도를 좌우하므로 치열한 경합을 통해 선행(Driving) 집합을 선택하게 되는 것이다. 만약 SORT MERGE 조인에서라면 머지할 각각의 집합에 대해서 어느 인덱스를 사용할 것인지에 대해 경합하게 될 것이다.
⑤ 1차적인 처리방법이 결정되었으면 거기에 따르는 다음 처리 방법이 어떻게 전개되는 것이 보다 유리한 지를 검토하게 되며 이러한 방법으로 전체적인 처리절차가 정해진다. 가령 NESTED LOOPS 조인으로 수행된다면 선행 집합이 수행됨으로써 발생되는 상수값을 이용하여 두번째 수행되는 것이 가장 유리한 집합을 찾아낸다. 만약 아직도 조인할 집합이 남아 있다면 이러한 작업은 계속된다. 우리가 GROUP BY와 같은 요구를 하였다면 또 다른 2차 가공처리를 위한 처리절차를 수립하게 될 것이다.
⑥ 이와 같이 처리 형태별로 처리 비용을 예측해 보는 작업은 대부분의 경우 여러 가지를 검토해 보고 그 중 가장 유리한 형태를 최종적으로 선택하게 된다.
⑦ 선택한 처리 방법에 따라 실행계획이 수립되고 이 실행계획에 의해서 관련된 데이터를 액세스하여 필요한 가공을 거친 후 최종결과를 사용자에게 제공한다.

물론 위에서 기술한 처리 절차에 비해서 옵티마이져가 수행하는 내용은 훨씬 복잡하다. 그러나 아무리 복잡한 방법으로 처리한다고 하더라도 개략적으로 본다면 이와 같은 절차로 수행한다고 할 수 있겠다.

여기서 옵티마이져가 수행하는 가장 중요한 부분인 ③, ④, ⑤번에 대해 좀더 상세히 알아보겠다. 그렇지만 SQL의 형태나 실행계획의 구조에 따라 너무나 다양한 처리 방법이 나타나기 때문에 모든 경우에 대해 설명한다는 것은 불가능하므로 여기서는 특정한 SQL이 NESTED LOOPS 조인을 수행하는 경우를 예로 들어 설명하겠다.

사용자가 다음과 같은 조인문을 수행시켰다고 가정해 보자.

```
SELECT *
FROM TAB1 x, TAB2 y, TAB3 z
WHERE x.KEY = y.KEY
    and z.KEY = x.KEY
    and x.COL1 = '10'
    and x.COL2 <> 111
    and x.COL3 like 'ABC%'
    and x.COL4 IN ( '1' , '5' , '7' )
    and y.COL5 between '10' and '50' ;
```

옵티마이져가 데이터 딕셔너리에서 필요한 정보를 참조하여 이 SQL을 해석하여 실행계획을 수립하고자 할 때 크게 다음과 같은 3단계의 처리를 수행한다.

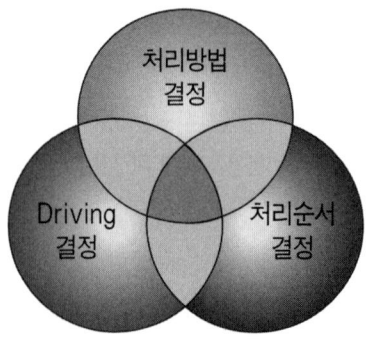

그림 1-1-2

처리방법과 선행집합의 결정, 조인 순서 결정은 서로 밀접하게 연관되어 있다. 처리방법에 따라 선행집합은 하나일 수도, 여러 개가 될 수도 있다. 뿐만 아니라 연결할 집합이 더 있다면 나머지 집합들의 처리 순서도 매우 중요한 영향을 미치게 된다.

이러한 처리방법에 따라 결정되는 상태를 좀더 자세하게 알아보기 위하여 다음 그림을 살펴보기로 하자.

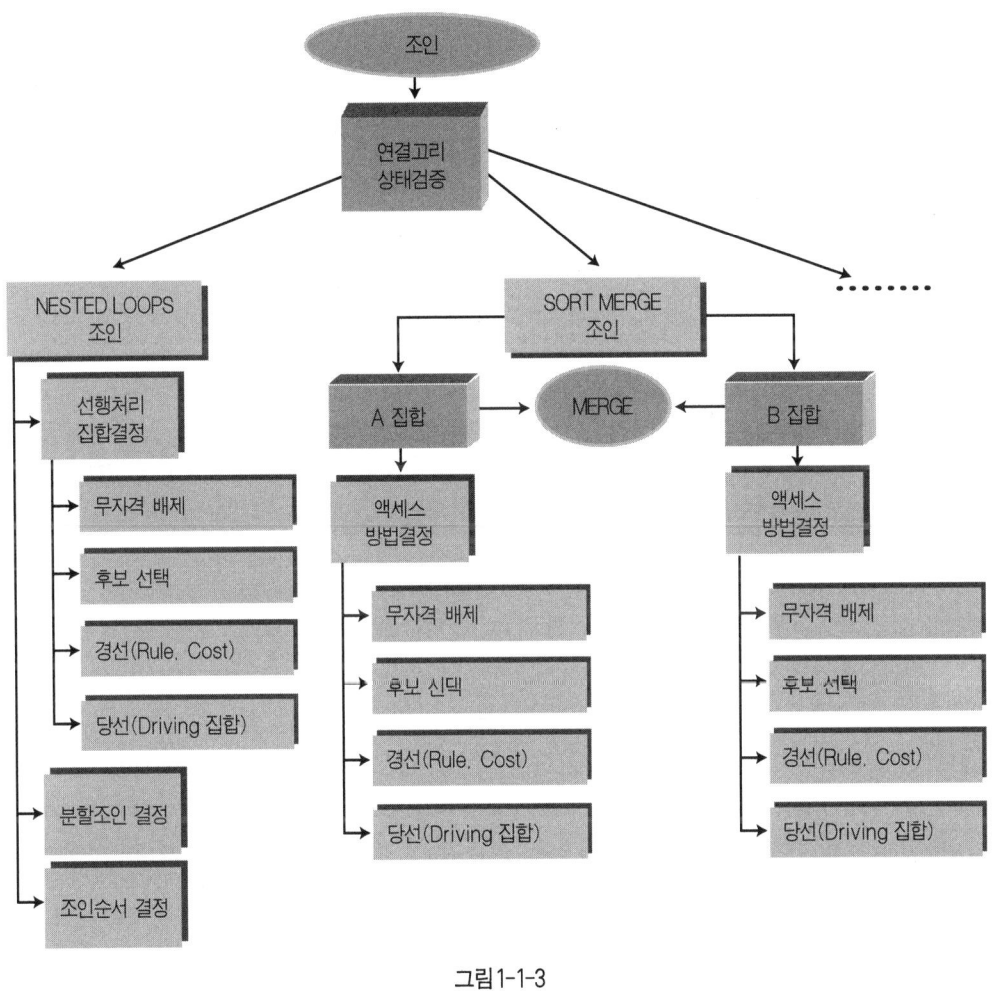

그림1-1-3

조인을 처리하는 방법은 매우 다양하다. 우리가 잘 알고 있는 전통적인 방법으로는

NESTED LOOPS 조인, SORT MERGE 조인이 있다. 뿐만 아니라 데이터베이스 제품에 따라 보다 다양한 방법들이 제공되고 있으며 앞으로 계속 추가되어질 것이다. 가령 해쉬(Hash) 조인, 스타(Star) 조인, 부정형(Anti) 조인 등이 있으며 여기에 대한 설명은 Ⅲ권에서 다루기로 하겠다.

옵티마이져는 주어진 문장에 대해서 가능한 방법들을 시뮬레이션 한다. 즉, 다음에 설명할 조인 순서, 사용 인덱스, 처리범위 등으로 판단한 시뮬레이션 결과를 놓고 그 중에서 가장 유리한 경우를 선택하게 된다. 여기서는 옵티마이져가 NESTED LOOPS 조인과 SORT MERGE 조인에 대해 검토하는 경우에 대해서만 설명하겠다.

① 먼저 연결고리의 인덱스 유무를 조사한다. 예를 들어 x.KEY와 y.KEY를 선두로 하는 인덱스가 각각 존재하고 있다면 NESTED LOOPS 조인을 하기 위한 결격사유는 없다. 만약 어느 한쪽 테이블의 KEY가 인덱스를 가지고 있지 않다면 인덱스를 가지지 않는 쪽의 집합이 먼저 처리되는 NESTED LOOPS 조인만 남고 그 반대 방향으로 조인하는 경우는 탈락한다. 만약 양쪽 모두의 KEY에 인덱스가 정의되어 있지 않으면 NESTED LOOPS 조인 자체가 경쟁에서 탈락할 확률이 높다. SORT MERGE 조인은 우리가 잘 알고 있듯이 연결고리의 인덱스에 전혀 영향을 받지 않는 방법이므로 연결고리 유무에 의해서는 탈락하지 않는다.

② NESTED LOOPS 조인방법이 아직 유효하다면 다음과 같은 절차로 진행된다.
   ◆ NESTED LOOPS 조인은 연결고리 상태에 문제가 없다면 처리범위를 가장 많이 줄여줄 수 있는 집합을 선행처리 집합으로 하는 것이 최선의 방법이 된다. 그렇다면 현재 보유하고 있는 상수값을 가진 조건(전체 테이블 스캔, 먼저 수행되는 서브쿼리가 있다면 서브쿼리 수행 결과인 상수집합도 포함) 중에서 인덱스 구조 등을 감안했을 때 가장 좁은 처리범위를 가지고 있는 집합을 골라내는 것이 필요하다.
   ◆ 이러한 선택은 먼저 무자격 컬럼을 배제시키고 후보들을 선택하며 경선을 통하여 최종 당선자를 결정한다. 이러한 절차는 우리가 자주 경험하는 '선거'와 거의 동일하게 진행된다. 상세한 진행 절차를 살펴보자.
   ◆ 무자격 컬럼들에는 다음과 같은 형태가 있다.

- 인덱스를 가지고 있지 않은 컬럼
- NOT을 연산자로 사용한 경우
- IS NULL이나 IS NOT NULL로 비교한 경우
- 컬럼에 변형이 발생한 경우

◆ 이러한 경우는 마치 '금치산자'나 '한정치산자'처럼 피선거권을 갖지 못하므로 후보가 될 자격을 상실한 컬럼들이다. 가령 위의 SQL에서 TAB1의 상수조건을 가지는 컬럼들 중에서 "COL2 〈 〉 111" 조건은 여기에 해당한다. 만약 COL3가 독자적으로나 다른 상수조건들과 결합했을 때도 사용할 인덱스를 가지지 않았다면 마찬가지로 무자격컬럼에 해당한다.

◆ 일단 피선거권을 가지는 컬럼이라고 해서 컬럼 자체가 피선거권을 가지는 것은 아니다. 피선거권은 컬럼이 가지는 것이 아니라 우리가 앞서 '무기' 혹은 '도구'라고 표현했던 '인덱스(클러스터 포함)'나 '전체 테이블 스캔'과 같은 액세스 형태를 말한다.

◆ 선행처리 집합을 결정하는 선거방법은 각 정당이 '경선'을 통해 각각 대통령 후보를 결정하고 이러한 예선을 거쳐 선발된 대표들에 대해서 다시 투표하는 방식으로 수행된다. 다시 말해서 각 테이블별로 경선을 하여 가장 효율적인 처리방법을 결정하고 이 결과끼리 다시 경합하여 최종 당선자(선행 테이블 및 선행 테이블의 처리방법)를 결정한다.

◆ 여러분들의 이해를 좀더 쉽게 하기 위해서 위에서 실행시킨 SQL을 토대로 설명하겠다. 만약 현재 TAB1 테이블에 생성되어 있는 인덱스가 'KEY', 'COL1+COL3+COL5', 'COL4+COL3', 'COL5+COL4'로 되어 있다고 가정해 보자.

◆ 'KEY' 인덱스는 연결고리 상태를 판정하는 데 사용하며 지금 실시하는 경합 대상은 아니다. 'COL1+COL3+COL5' 인덱스는 비록 COL5가 조건을 가지고 있지 않지만 COL1과 COL3가 상수값을 가지고 있으므로, 즉 무자격자가 아니므로 후보가 된다. 마찬가지로 'COL4+COL3' 인덱스도 후보가 된다.

◆ 그러나 'COL5+COL4' 인덱스는 COL4는 상수조건을 가지고 있으나 선두 컬럼인 COL5가 상수조건을 가지지 않으므로 후보가 되지 못한다.

◆ '전체 테이블 스캔' 방법은 언제나 가능한 방법이므로 일단 후보 자격을 가진다.

◆ 이 후보들을 대상으로 경선을 하게 된다. 이 경선방법은 크게 규칙기준(Rule_based)과 비용기준(Cost_based) 방법이 있다. 이 방법들은 너무 복잡하고 다양하며 많은 특징을 가지고 있으므로 다음 장(1.3 옵티마이져 형태)에서 상세하게 언급하도록 하겠다. 경선방법에 따라

결과는 달라질 수 있지만 어쨌든 TAB1에서는 결선투표에 참가할 대표선수가 결정되었다.

◆ 마찬가지 방법으로 TAB2의 대표선수를 선발한다. 만약 COL5를 선두 컬럼으로 하는 인덱스를 가지고 있다면 이 인덱스와 '전체 테이블 스캔'이 경선을 벌리고 한가지를 결정한다. 다른 테이블들은 전혀 상수조건을 가지고 있지 않으므로 '전체 테이블 스캔'만이 대표선수가 된다.

◆ 선발된 각 대표선수들 간에 마지막 결선투표를 실시하여 당선된 집합이 선행처리 집합이 되고 당선자는 조인의 처리주관(Driving) 조건이 된다. 선거에서 탈락한 다른 조건들은 무자격자로 탈락했든지 선거에 참여했다가 탈락했든지 상관없이 모두 야당(Check 조건)이 된다.

◆ 선행처리 집합과 처리주관 조건이 확정되었더라도 아직 남아 있는 다른 집합들에 대한 조인순서의 결정은 최적화에 매우 큰 영향을 미친다. 이에 대한 자세한 내용은 '대용량 데이터베이스 솔루션 I, 2.1 조인효율 향상의 원리(Page 86~88)'를 참조하기 바란다. 나머지 집합의 조인순서를 결정하는 방법은 선행처리 집합을 결정할 때와 다르지 않다.

◆ 1등이 정해졌으므로 2등을 위해 다시 경합한다. 이때 1등을 한 집합은 먼저 액세스가 일어났으므로 모든 컬럼들을 상수값으로 인정한다. 그러므로 원래 가지고 있던 상수조건과 1등에서 받은 값을 포함해 경선에 나선다. 그러나 이 경선은 의외로 간단하다. 왜냐하면 1등에서 값을 받은 경우 대부분 타의 추종을 불허하는 성능을 가진 기본키가 선수로 등장하기 때문에 의외로 경선은 싱겁게 끝나는 경우가 많다.

◆ 이러한 이유로 인해 2등 이하의 경선은 주로 먼저 수행된 집합에서 상수조건을 받았는지 여부에 좌우된다. 다시 말해서 지금까지 앞서 수행된 집합에서 아직 상수값을 받지 못했다면 계속 뒤로 밀려나게 된다는 것이다.

◆ 조인순서까지 결정이 되었더라도 아직 몇 가지 결정이 남아 있다. 가령 앞서 결정된 선행처리 집합이 TAB1이고, 선택된 주처리 범위가 'COL4+COL3' 인덱스라고 가정해 보자. 여기서 사용된 COL4는 IN('1', '5', '7')으로 비교되었으므로 액세스 효율화를 위해 주처리 조건을 COL4 = '1' and COL3 like 'ABC%'로 하는 SELECT 문과 COL4 = '5' and COL3 like 'ABC%'로 하는 SELECT 문, 그리고 COL4 = '7' and COL3 like 'ABC%'로 하는 SELECT 문으로 나누어 각각 조인을 수행하고 그 결과를 다시 결합하는 것이 훨씬 유리하다. 즉, 결합처리(Concatenation) 실행계획을 수립할 것인지를 결정하는 것을 말하며 여기에 대한 구체적인 설명은 추후에 상세히 언급하겠다.

◆ 이와 같이 경우에 따라 여러 개의 조인으로 분할하여 처리할 것인지를 추가로 결정하게 된다. 그 밖에도 조인된 결과를 2차로 가공하기 위해 ORDER BY나 GROUP BY 등의 추가적인 가공에 대한 처리방법을 결정한다.

③ 이번에는 SORT MERGE 조인으로 처리되는 형태에 대한 결정 절차를 살펴보기로 하겠다.

◆ 3개 이상의 집합을 조인할 때 모든 경우가 반드시 한가지 형태로 조인되는 것은 아니다. 가령 TAB1과 TAB2는 SORT MERGE 조인으로 수행되고 이 결과와 TAB3는 NESTED LOOPS 조인으로 수행한다거나 TAB3와 TAB1이 NESTED LOOPS 조인으로 수행되고 그 결과와 TAB2가 SORT MERGE 조인이 될 수도 있다는 것이다. 물론 다른 형태의 조인도 가능하나 여기서는 TAB1과 TAB2가 SORT MERGE 조인을 한다고 가정했을 때 처리되는 절차를 살펴보기로 한다.
◆ SORT MERGE 조인은 각 집합의 수행결과가 상대에게 전혀 영향을 미치지 않으므로 각자 독자적으로 액세스되어 SORT까지 수행하고 머지 작업을 위해 상대 집합의 처리가 종료되기를 기다린다. 여기서는 머지작업 이후의 처리에 대해서는 언급하지 않겠다.
◆ SORT MERGE 조인의 최적화는 각각의 집합을 얼마나 효율적으로 액세스하였느냐에 달려 있다. 두 집합은 서로 독립적으로 수행되므로 이 중에서 한가지만 설명해도 충분할 것이다. 어느 한 집합의 액세스를 최적화하는 방법은 조인이 아닌 하나의 집합을 액세스할 때와 전혀 차이가 없다. 단위 집합의 최적화를 위해 처리주관 조건을 선정하는 경선방법은 앞서 설명한 NESTED LOOPS 조인의 경선방법과 동일하다. 무자격자를 배제하고, 피선거권이 있는 후보들 간에 경합을 시켜 가장 유리한 후보를 당선시킨다.
◆ 당선된 후보가 처리주관 조건이 되며 나머지 조건은 모두 야당이 된다. 처리주관 조건에 의해 액세스된 로우들은 야당조건들에게 확인을 부탁하고 통과된 로우들만 모아 두었다가 머지를 위해 SORT를 실시한다.
◆ 또 다른 집합도 독립적으로 경선을 하여 동일한 방법으로 수행한다.

이것이 바로 옵티마이져가 우리가 요구했던 SQL을 최적화하는 절차이다. SQL에 따라 매우 다양한 처리형태가 있지만 대부분의 경우 결국은 경선에 의해 누가 선택되느냐에 달려 있게 된다. 뷰나 인라인뷰를 이용해 중간 집합이 생성되고 이 결과를 이용해 다음 처리를 하는 복잡한 경우들도 결국은 이러한 절차의 판단이 복합적으로 일어나는 것일 뿐이다.

문제의 초점은 개발자가 이렇게 다양한 형태의 최적화 절차를 이해하고 그들의 복잡 미묘한 경선규칙을 파악하여 우리가 요구한 SQL이 어떠한 절차로 수행될 것인지 예측할 수 있는 능력을 어떻게 배양할 수 있는지에 있다고 하겠다.

여러분들이 옵티마이져를 공부하는 데는 많은 어려움이 따를 것이다. 어느 제품의 매뉴얼에도 이에 대한 상세한 내용이 나와 있지 않고, 너무나 많은 경우의 수에 의해 미묘하게 변하며, 또 이러한 방법들이 계속적으로 추가되거나 변화해간다.

그러나 옵티마이져는 결국 이미 논리적으로 존재하는 최적의 방법을 찾아 주는 것에 불과하므로 우리는 옵티마이져를 이해하기에 앞서 논리적으로 가장 유리한 경우를 찾는 원리를 소화하는 것이 먼저라고 하겠다. 이러한 원리는 '대용량 데이터베이스 솔루션 I, II'를 통틀어 폭넓게 설명되고 있으므로 먼저 이에 대한 이해에 치중하는 것이 좋을 것이다.

이러한 이해를 바탕으로 많은 경우의 SQL에 대한 실행계획을 제어해 보면서 하나하나 자신의 것으로 만들어가기 바란다.

1.3. 옵티마이져의 형태

옵티마이져의 형태를 크게 분류한다면 규칙기준 옵티마이져와 비용기준 옵티마이져가 있다고 앞서 언급했다. 이 두가지 옵티마이져의 가장 큰 차이점은 경선을 하여 최적의 처리방법을 선택하기 위해 판단의 근거가 되는 평점을 어떤 방법으로 산정하느냐에 있다.

앞서 일부 설명했듯이 옵티마이져는 주어진 조건에 대해 사용할 수 있는 인덱스가 여러 가지가 있더라도 그 중에서 가장 유리하다고 판단되는 한가지만 사용하고 나머지는 취할 것인지 버릴 것인지를 판단하는 야당역할(Check 조건, 확인조건)로 사용하게 된다. 물론 경우에 따라 하나 이상의 인덱스를 사용하는 경우(인덱스 머지)도 있으나 대개의 경우 오히려 불리해진다.

선택된 처리주관 인덱스 - 즉, 드라이빙(Driving) 인덱스 - 가 처리범위를 주관하게 되고 이 처리범위가 곧 일의 양을 좌우한다. 선택된 인덱스의 처리범위가 넓지 않거나 부분범위 처리가 가능하다면 문제가 되지 않으나 그렇지 않을 때는 빠른 수행속도를 보장받을 수가 없다.

만약 넓은 범위를 처리주관 범위로 하고 확인조건에서 많은 양을 버리게 되었다면 불필요한 일이 많이 발생하였음을 뜻하는 것이다. 이러한 비효율적인 일은 대부분의 시스템에서 가장 빈번하게 발생하고 있다. 만약 확인조건에 있는 다른 인덱스가 처리주관 조건으로 선택되었을 때 처리량이 줄어든다면 옵티마이져가 잘못된 판단을 하였음을 뜻한다.

반대로 현재 사용되고 있는 처리주관 컬럼과 확인조건의 어떤 컬럼이 결합 인덱스로 생성되어 있다면 이러한 비효율은 현저히 줄어들고 수행속도는 훨씬 개선될 것이다. 그러나 결합 인덱스로 생성되어 있다고 하더라도 결합된 컬럼의 순서나 사용된 비교 연산자에 따라 처리 범위에 미치는 영향은 크게 달라진다는 사실은 Ⅰ권에서 자세하게 언급하였다. 또한 부분범위 처리 방식으로 수행된다면 경우에 따라서는 전혀 다른 수행속도를 얻을 수도 있다.

이와 같이 조건에 사용된 컬럼들이 어떤 것이냐, 혹은 사용된 연산자가 어떤 것이냐,

데이터의 분포도가 어떠했느냐, 인덱스 구조가 어떻게 되어 있느냐 등에 따라 옵티마이져는 매우 민감하게 반응해야 한다.

뿐만 아니라 처리하기 전에 그것도 매우 짧은 시간 내에 판단해야 하기 때문에 옵티마이져는 나름대로의 판단기준을 가지고 있다. 액세스를 위해 사용할 도구에 해당하는 인덱스, 클러스터링의 상태와 사용된 연산자의 형태에 따라 순위(Ranking)를 부여하고 가장 좋은 순위를 가지는 형태가 가장 최적이라고 판단하는 것이 '규칙기준 옵티마이져'이다.

이 옵티마이져의 치명적인 약점은 테이블의 크기, 인덱스내 상수값들의 분포도 등의 통계정보를 전혀 이용하지 않고 판단한다는 점이다. 이러한 모순점을 해결하기 위해 다양한 통계정보를 이용하여 실제로 원가를 계산해 보고 가장 최소의 비용이 드는 처리형태를 선택하는 것이 바로 '비용기준 옵티마이져'이다.

물론 이론적으로 본다면 비용기준과 규칙기준 옵티마이져는 비교 상대가 되지 않는다. 그러나 여기에는 참으로 복잡한 문제가 연루되어 있어 꼭 그렇다고만 말할 수 없다는 데 현실적인 아픔이 있다. 그러면 지금부터 옵티마이져 형태에 따른 특성과 안고 있는 문제점, 그리고 우리의 접근방법에 대해 알아보기로 하자.

1.3.1. 규칙기준 옵티마이져

규칙기준 옵티마이져는 원래 관계형 데이터베이스가 추구하는 이상형이 아니고 현실을 감안해 관계형 데이터베이스를 상품화하려는 사람들에 의해 만들어진 임시형이라는 표현이 맞을지도 모르겠다. 그러나 세월이 많이 지난 지금에도 특정 데이터베이스에서는 현실적으로 더 많이 애용되고 있다는 사실은 의미하는 바가 크다.

물론 그들의 비용기준 옵티마이져의 성능이 상대적으로 낮기 때문이라고 할 수도 있겠지만 그럴 만한 이유는 충분히 있다고 본다. 그 이유는 차차 상세히 설명하게 될 것이다.

규칙기준 옵티마이져는 인덱스 구조나 사용한 연산자에 따라 부여되는 순위가 정해져 있다. 이 순위를 몇 가지 나열해 보면 대략 다음과 같다.

① ROWID로 1 로우 액세스
② 클러스터 조인에 의한 1 로우 액세스
③ Unique HASH Cluster에 의한 1 로우 액세스
④ Unique INDEX에 의한 1 로우 액세스
⑤ CLUSTER 조인
⑥ Non Unique HASH Cluster Key
⑦ Non Unique Cluster Key
⑧ Non Unique 결합 인덱스
⑨ Non Unique 1 컬럼 인덱스
⑩ 인덱스에 의한 범위처리
⑪ 인덱스에 의한 무범위처리
⑫ SORT MERGE 조인
⑬ 인덱스 컬럼의 MIN, MAX처리
⑭ 인덱스 컬럼의 ORDER BY
⑮ 전체 테이블 스캔

물론 판단을 할 때는 어떤 유형의 인덱스를 어떤 연산자로 사용하였느냐에 따라 순위에 차이가 있다. 어쨌든 현실의 모든 통계정보를 무시한 채 순위만으로 최적을 가리는 방식은 어떻게 생각하면 매우 원시적인 방법이 아닐 수 없다. 그러나 이 방법에 대한 장·단점을 파악해 보면 이 방법도 중요한 장점을 가지고 있어 나름대로의 활용가치를 인정하지 않을 수 없다.

먼저 단점부터 알아보자.

단점은 앞서 언급했듯이 통계정보라는 현실요소를 무시함으로써 발생하는 판단의 오차가 크게 나타날 수가 있다는 것이다. 예를 들어 1,000,000로우를 가지는 TAB1 테이블과 100로우를 가지는 TAB2 테이블의 로우 수를 알지 못하기 때문에 어느 쪽을 '전체 테이블 스캔'하는 것이 유리한 지를 구별할 수 없다는 것이다.

만약 2종류의 값만 가지고 있어 평균 분포도가 50%인 컬럼A로 구성된 인덱스와 1,000종류를 가지고 있어 0.1%의 평균 분포도를 가진 컬럼B로 구성된 인덱스가 있다고 가정해 보자. 조건에서 A = '10' and B = '123'을 주었을 때 B컬럼을 처리주관 조건으로 선택하는 것이 훨씬 처리하는 범위가 적다고 하더라도 이를 구별할 수 있는 방법이 없다.

이는 마치 실제로 시험해 보지도 않고 '키가 큰 사람이 농구를 잘한다'거나, 혹은 바둑을 두어보지 않고서도 '단이 높은 사람이 무조건 이긴다'고 판단한다는 것과 다르지 않다. 현실적으로 그렇게 될 개연성은 충분히 있지만 과연 그렇게 판단해도 좋으냐는 문제는 큰 의문으로 남지 않을 수 없다.

이러한 단점에도 불구하고 규칙기준 옵티마이져는 나름대로의 장점을 가지고 있다. 그 장점은 옵티마이져의 판단이 매우 규칙적이고 분명하며 사용자가 정확히 예측할 수 있다는 것이다. 이 장점을 과소 평가해서는 안 된다. 이러한 장점은 사용자가 문제점을 미리 예측하고 자신이 원하는 방법으로 실행계획을 정확히 제어할 수 있음을 뜻한다.

이것은 현실적으로 볼 때 매우 중요하다. 어차피 100% 정확히 예측해주는 옵티마이져는 논리적으로도 존재할 수 없다. 그렇다면 사용자가 실행계획을 알고서 SQL을 작성하고 잘못된 부분을 자신이 원하는 방법으로 자유롭게 유도할 수 있다는 것은 생각보다 큰 의미를 가진다.

물론 이러한 제어는 사용자가 옵티마이져의 특성을 이해하고 있을 때의 일이다. 규칙기준 옵티마이져는 원리가 단순·명료하기 때문에 약간의 숙달기간을 거치면 어느 정도 제어가 가능하다. 저자는 이 부분을 강의할 때 자주 "규칙기준 옵티마이져는 수동 카메라이며, 비용기준 옵티마이져는 자동 카메라와 유사하다"라고 비유한다.

자동 카메라가 수동 카메라보다 발전된 형태인 것은 분명하다. 그러나 아직도 수동 카메라는 사용되고 있다. 그것은 필시 가격 문제만은 아닐 것이다. 작품사진을 찍고자 하는 사진 전문가가 자동 카메라를 사용하는 것을 보았는가? 자동 카메라는 작가의 미묘한 작품세계를 그대로 반영해 줄 수가 없다. 자동 카메라는 천편일률적인 규칙에 의해서 카메라가 스스로 판단해 주는 규칙에 따를 뿐이다.

자동 카메라는 사진에 문외한이라도 원하는 피사체를 향해 셔터만 눌러주면 우리가 두고 두고 앨범에 보관할 정도의 사진을 얻을 수 있다. 그러나 수동 카메라는 날씨, 조명의 정도에 따라 적절한 셔터 속도와 거리를 맞추어 주어야 한다. 이것이 제대로 되어있지 않으면 작품은 고사하고 전혀 쓸모없는 사진이 나올 것이다.

여러분이 지금 카메라를 가지고 있다면 셔터속도를 얼마에 맞추어야 하는지 알고 있는가? 아마 정확히 말할 수 있는 사람이 많지 않을 것이다. 그러나 사진 전문가에게 물어보면 너무나 쉽다고 말할 것이다. 뿐만 아니라 일반인들은 사진을 현상해 보아야 알게 되겠지만 전문가들은 현상해 보지 않고서도 자신이 제어한 상태가 장차 어떠한 작품으로 나타날지 미리 알고 사진을 찍는다.

이와 마찬가지로 자신이 옵티마이져(카메라)의 특성을 알고 자신이 원하는 방법(노출정도, 거리 등)으로 제어함으로써 현상해 보지(SQL을 실행해 보지) 않고서도 어떠한 사진이(실행계획이, 수행속도가) 나올 것인지 알 수 있는 것이다. 우리 모두가 사진 전문가가 되는 것은 현실적으로 어렵지만 사진 동호인의 한 사람은 충분히 될 수가 있다. 우리는 바로 사용자를 위해 정보시스템을 구축해 주는 전문가들이기 때문이다.

규칙기준 옵티마이져의 또 하나의 장점은 이 규칙의 보편 타당성에 있다. 앞서 단점으로 지적했던 말을 다시 한번 생각해 보자. "키가 큰 사람이 농구를 잘한다"는 말은 물론 절대적인 규칙은 결코 아니다. 그러나 현실적으로 볼 때 키가 큰 사람이 키가 작은 사람보다 농구를 잘할 수 있을 확률은 절대 낮지 않으며 이러한 보편 타당성은 움직일 수 없는 사실이다.

아무리 많은 정보를 미리 알고 있다고 하더라도 논리적인 한계로 인해 옵티마이져는 결코 100% 정답을 줄 수 없다. 단지 그 확률을 얼마나 높일 수 있느냐의 문제일 뿐이다. 비용기준 옵티마이져가 현실 통계정보를 감안한다 하더라도 여러 가지의 한계로 인해 현실적으로는 그 확률이 우리가 생각하는 것처럼 높지 못하다.

우리가 바라는 것은 어찌 되었거나 높은 확률로 정답에 근접할 수 있느냐에 있을 뿐이다. 규칙기준 옵티마이져는 사용자가 부여한 기준(인덱스 구조, SQL 등)이 어떤 영향을 미치게 될지를 명확히 알 수 있음으로 해서 이에 대한 적절한 전략을 미리 세울 수가 있다. 만약 이러한 전략이 적절했다면 일반적인 보편 타당성의 규칙이 맞을 확률은 훨씬 증가한다는 사실이다.

예를 들어 그냥 "키가 큰 사람이 농구를 잘한다"로 하는 것이 아니라 "농구를 한 경력이 있고 키가 큰 사람은 농구를 잘한다"로 규정한다면 이 규칙이 맞을 확률은 보다 증가하게 된다는 것이다. 그러나 분명히 예외 경우가 있다는 것은 부정할 수 없다. 이러한 부분은 추후에 실제 선수가 경기하는 모습을 지켜본 후에 다시 조정하면 거의 정답을 얻을 수가 있을 것이다.

이와 마찬가지로 최대의 보편 타당성을 부여한 후 - 전략적인 인덱스 구조, 잘 구현된 SQL을 사용한 후 - 일정기간 실무에서 실행하여 그 결과를 TRACE로 출력하면 많지 않은 예외 경우를 쉽게 찾아낼 수가 있다. 이런 부분만 별도의 조정을 통해 우리가 원하는 방법으로 유도한다면 아주 쉽고 명확하게 전체의 최적화에 도달할 수 있는 것이다.

여러분은 어떻게 생각하는가? 저자의 의견에 동조하는가? 물론 쉽지 않은 접근 방법이다. 이 접근 방법의 성공을 보장하는 열쇠는 자신이 카메라를 제대로 다룰 수 있는 능력을 가지고 있느냐에 있다. 아직 이러한 접근 방법에 자신이 없다면 여러분들은 옵티마이져의 특성을 파악하기 위해 한층 노력을 기울여야 한다. 그리고 전략을 세울 수 있어야 한다. 인덱스 구조에 대한 원리 및 전략수립 방법은 '대용량 데이터베이스 솔루션 I'의 '제1장 액세스 효율의 향상' 부분을 참고하기 바란다.

규칙기준 옵티마이져의 이러한 장단점으로 인해 이 옵티마이져를 가지고 있는 제품은 과거부터 자주 "다음 버전에서는 더 이상 규칙기준 옵티마이져를 지원하지 않을 것"이라고 발표를 했지만 최근에 나온 버전에서도 없애지 못했으며 그들이 만든 패키지조차 규칙기준 옵티마이져를 사용하고 있다는 것이 무엇을 의미하는지 한번 곰곰이 생각해볼 일이다.

한가지 고민이 있다. 최근 버전에 있는 규칙기준은 과거의 규칙기준 그대로가 아니라 많이 변해 버렸다. 과거에는 기준이 명확했기 때문에 사용자가 판단한 결과와 옵티마이져가 판단한 결과가 거의 동일했다. 그러나 지금의 규칙기준 옵티마이져는 그 기준이 많이 흔들리는 상태다. 도무지 원칙을 알 수 없는 경우가 자주 발생한다.

저자가 생각하기에 그것은 아마 규칙기준 옵티마이져가 과거처럼 순수한 순위에만 의존하지 않고 통계정보를 생성하지 않더라도 알 수 있는 테이블의 크기 등을 참조하거나, 비용기준 옵티마이져를 사용했더라도 일부 오브젝트에 대한 통계정보가 누락되어 그 고정된 가중치를 사용할 수밖에 없을 때 처리하는 규칙이 규칙기준 옵티마이져에 반영되었기 때문이 아닌가 생각한다.

어쨌든 규칙기준 옵티마이져의 최대 장점이라고 할 수 있는 명확한 기준이 흔들려 오히려 이것도 저것도 아닌 어정쩡한 상태로 변질된 것은 저자와 같이 항상 이들을 제어하게 되는 사람들의 큰 불만이라 하겠다.

우리가 수동 카메라를 사용하기 위해서는 반드시 최소한의 규칙을 알아야 이상한 사진이 나오지 않도록 할 수 있듯이 규칙기준 옵티마이져를 사용하려 한다면 반드시 이 옵티마이져에 대한 이해가 바탕이 되어야 한다. 그렇지 않다면 전체 테이블을 모두 읽는 것보다도 10배 이상 나쁜 수행속도가 나타날 수도 있다는 것을 명심하기 바란다.

1.3.2. 비용기준 옵티마이져

비용기준 옵티마이져는 원래 관계형 데이터베이스가 추구하는 이상형이며 대부분의 관계형 데이터베이스 제품은 비용기준 옵티마이져만 보유하고 있다. 비용기준 옵티마이져는 말 그대로 처리방법들에 대한 비용을 산정해 보고 그 중에서 가장 적은 비용이 들어가는 처리방법을 선택한다.

이를 위해서 미리 작성해둔 다양한 통계정보를 참조하게 되며, 통계정보의 형태나 종류는 제품에 따라 차이가 있다. 가령 테이블의 로우 수, 블록 당 평균로우 수, 로우의 평균길이, 컬럼별 상수값의 종류, 분포도, 물류단가, 인덱스의 깊이(Depth), 최대·최소값, 리프(Leaf) 블록 수, 값당 평균 리프블록 수 등 매우 다양한 정보를 보유한다.

여기서는 이러한 각각의 요소를 이용해서 어떻게 최적화를 하느냐에 대해서는 언급하지 않는다. 그것은 너무나 방대한 내용이고 자주 변경되며, 제품에 따라 상이할 뿐만 아니라 그들만의 노하우에 해당하므로 오픈되어 있지도 않다. 만약 우리가 그 모든 것을 알고 있다고 하더라도 실제 데이터 값에 따라 어떤 결과가 나올지 일일이 계산해 보지 않고서는 알 수 없기 때문에 굳이 알 필요도 없을 것이다.

비용기준 옵티마이져는 사전에 작성된 통계정보를 토대로 현실적인 요소를 감안해서 판단하기 때문에 규칙기준 옵티마이져보다 이론상 보다 진보된 형태의 옵티마이져임에는 틀림이 없다. 그러나 100% 믿을 수 있는 수준이라고 생각하는 것은 잘못된 생각이다. 그들이 가질 수 있는 통계정보에는 분명히 한계가 존재할 수밖에 없으므로 때때로 통계정보들을 이용한 통계적 확률을 계산하여 판단할 수밖에 없기 때문이다. 비용기준 옵티마이져의 장·단점을 살펴보자.

먼저 장점부터 살펴보기로 한다. 비용기준 옵티마이져의 최대 장점은 현실을 감안한 판단을 할 수 있다는 것이다. 앞서 예를 들었던 2 종류의 값만 가지고 있어 평균 분포도가 50%인 컬럼A로 구성된 인덱스와 1,000 종류를 가지고 있어 0.1%의 평균 분포도를 가진 컬럼B로 구성된 인덱스가 있는 경우를 가정해 보자.

조건에서 A = '10' and B = '123'을 주었을 때 규칙기준으로 볼 때는 동일한 순위에 해당하지만 비용기준으로 볼 때는 분명히 B조건이 A조건보다 적은 범위를 처리하므로 옵티마이져는 B인덱스를 처리주관 조건으로 선택한다. 만약 A = '10' and B like '12%'인 경우에는 어떻게 판단될 것인가?

규칙기준 옵티마이져는 순위에 차이가 있으므로 무조건 A인덱스를 선택하지만 비용기준 옵티마이져는 통계정보를 이용해 분포도를 감안했을 때 B인덱스가 유리하다면 B인덱스를 선택하게 된다. 이것이 가장 큰 차이점이라 할 수 있다.

많은 통계정보 중에서 역시 가장 중요한 정보는 '분포도'라 하겠다. 분포도란 '대용량 데이터베이스 솔루션 I'의 '1.3 인덱스의 선정(Page 31~33)'에서 자세히 설명하였으니 참조하기 바란다. 분포도가 좋다(좁다)는 것은 처리할 범위가 좁다(적다)는 것을 의미하므로 일의 양을 결정하는 가장 중요한 요소가 아닐 수 없다.

비록 통계정보를 이용한다고 하더라도 이 분포도를 정확히 알아내는 것은 결코 쉬운 일이 아니다. 단 하나의 컬럼으로 생성된 인덱스라면 수월하겠지만 여러 컬럼으로 구성된 결합 인덱스를 각 컬럼마다 다양한 연산자로 사용하였을 때 이를 정확히 예측한다는 것은 매우 어렵다.

더구나 '대용량 데이터베이스 솔루션 I'의 '1.3 인덱스의 선정(Page 38~46)'에서 설명했듯이 사용된 연산자의 종류와 컬럼의 결합된 순서가 미치는 복합적인 원리를 감안했을 때 이에 대한 정확한 분포도 및 처리범위를 예측하기란 정말 어렵고 그만큼 오차가 발생할 수밖에 없는 것이 현실이다.

특히 컬럼의 모든 값들에 대해 일일이 그 분포도를 가진다면 좀더 정확해지겠지만 그렇게 되면 배보다 배꼽이 더 커지는 일이 발생한다. 이러한 문제를 해결하기 위해 사용자가 정하는 컬럼값의 '범위별'로 분포도를 보유하는 방법을 사용한다. 컬럼값에 저장할 분포도의 종류는 버켓(Bucket)의 개수에 따라 결정된다.

버켓에 저장할 분포도는 컬럼값의 최소치와 최대치에 대해 균등한 범위로 분할하여 각 범위별로 보유한 로우의 수를 보관하는 넓이균형 히스토그램(Width_balanced Histogram)과 총 로우 수를 버켓 수만큼으로 나누어 각 버켓에 저장되는 값의 범위를 기록하는 높이균형 히스토그램(Height_balanced Histogram)이 있다.

이러한 방법들은 컬럼값의 구성에 따라 장·단점이 있으며 일반적으로 컬럼값의 종류가 적거나 분포도의 편차가 심하지 않은 경우에는 넓이균형 히스토그램이 유리하며 분포도의 차이가 심한 경우나 존재하지 않는 컬럼값이 많은 경우에는 높이균형 히스토그램이 유리하다. 그러나 일반적으로 분포도나 컬럼값의 편차가 심한 경우에 주로 문제가 발생되므로 높이균형 히스토그램이 더 유리하다고 하겠다.

이 두가지 방법은 옵티마이져에 따라 정해져 있으며 사용자가 선택할 수는 없다. 여러분들이 보유한 DBMS의 구현 방법을 알아내어 컬럼값의 상태에 따라 적절한 버켓 수를 지정하는 것은 매우 중요하다.

또 하나의 장점은 자동 카메라를 사용했을 때는 비록 전문지식이 없더라도 앨범에 꽂아두고 보관할 만한 수준의 사진을 손쉽게 얻을 수 있듯이 비용기준 옵티마이져를 사용하면 사용자의 실수로 인해 매우 나빠지는 실행계획은 어느 정도 피해갈 수 있다는 것이다.

그러나 비록 비용기준 옵티마이져가 다양한 통계정보를 토대로 현실을 감안한 최소비용을 산정하여 최적화를 한다 하더라도 모든 권한과 책임을 옵티마이져에게 미루는 것은 곤란하다. 앞서 언급했듯이 어떤 형태의 옵티마이져도 없는 길을 만들어 주는 것이 아니라 논리적으로 이미 존재하는 길을 보다 높은 확률로 찾아주는 것에 불과하기 때문이다.

많은 사람들이 이 부분을 착각하여 비용기준 옵티마이져는 스스로 알아서 훌륭한 처리방법을 만들어줄 것이라는 망상에 사로잡혀 있다. 논리적으로 가장 효율적인 길이 존재할 수 있도록 전략적인 인덱스를 구성하고 효율적인 SQL을 사용해야 하는 우리의 본연의 임무는 조금도 달라지지 않음을 명심하기 바란다.

비용기준 옵티마이져의 단점에 대해서 알아보자. 단점을 한마디로 말하면 나타날 실행계획을 예측하기가 너무 어렵다는 것이다. 자신의 SQL에서 사용한 테이블과 컬럼의 통계정보를 알고 있다고 하더라도 개발자가 예측한 결과대로 나타난다는 보장이 없다. 더구나 조건의 비교 값에 상수값을 지정했느냐 변수값(예 :code)을 지정했느냐에 따라 차이가 난다.

만약 SQL에 사용된 테이블이나 인덱스 중에서 일부를 재생성하였으나 통계정보 생성이 누락되었다면 갑자기 과거와 다른 실행계획이 나타날 수도 있으며 통계정보 생성 주기에 따라 실행계획이 변해버릴지도 모른다. 결국 사용자가 실행계획을 예측할 수 없으므로 애플리케이션 작성시 미리 적절한 대응을 하기 어렵고 종합적인 전략을 수립하기도 곤란하다.

마치 럭비공처럼 어디로 튀어 버릴지 종잡을 수가 없기 때문에 함부로 판단하고 예측하기가 어렵다는 것이다. 이러한 단점은 전문가가 자신이 원하는 작품사진을 찍을 수 없음을 의미한다.

비용기준 옵티마이져의 성능은 데이터베이스 제품에 따라서 차이가 분명히 있다. 특히 규칙기준 옵티마이져를 이용해 오던 제품은 상대적으로 성능이 훨씬 떨어진다. 이것은 비용기준 최적화에 대한 접근이 늦었고 규칙기준 옵티마이져가 많은 부분을 대신하고 있었기 때문일 것이다.

이 제품은 최근에 와서야 비로소 비용기준 옵티마이져에 가장 중요한 판단 기준인 히스토그램 정보를 삽입하고 있다. 그러나 충분한 검증이 되지 않아 도저히 이해할 수 없는 실행계획이 너무 많이 나타나고 있어 실망을 금치 못한다. 그래도 다른 제품들은 오로지 비용기준 옵티마이져만 가지고 있으므로 오랜 기간 동안 많은 예외적인 경우들에 대해 보완하고 새로운 개념들을 추가시켜 왔기 때문에 많이 안정되어 있는 것은 사실이다.

대부분의 사용자가 어떠한 실행계획이 최적인지를 모르고 그냥 옵티마이져가 생성해 주는 실행계획을 수동적으로 사용해왔기 때문에 그 치부가 드러나지 않고 있을 따름이다. 그러나 저자와 같이 전문적으로 실행계획을 다루는 입장에서 보면 그 '허 와 실'은 가히 상상을 초월하고도 남는다.

비용기준 옵티마이져를 최적화 목표에 따라 분리하면 '초기결과 최적화'를 목적으로 하는 데 시뮬레이션 초점을 맞춘 'FIRST_ROWS' 개념과 '전체결과 최적화'를 처리하는 데 목적을 둔 'ALL_ROWS' 개념이 있다.

이는 마치 선형계획법(Linear Programming)을 이용하여 최적화 모델을 시뮬레이션할 때 '순이익 최적화'를 시뮬레이션한 결과와 '매출 최대화'를 시뮬레이션한 결과가 유사할 수도, 다를 수도 있는 것처럼 목표를 어디에 두느냐에 따라 시뮬레이션의 결과는 달라지기 때문에 필요한 개념이다.

가령 어떤 온라인 조회를 할 때 주어진 조건범위가 10,000로우라고 했을 때 화면에 나타날 20건을 먼저 찾기 위한 방법과 10,000로우를 모두 액세스하여 배치처리를 하는 경우의 최적화는 다를 수 있다는 것이다. 이것은 매우 중요한 개념이며 반드시 필요한 개념이다. 그러나 데이터베이스 제품에 따라 이러한 개념을 가지고 있는 제품도 있지만 그렇지 않은 제품도 있다.

이러한 개념은 그렇지 않아도 예측하기 힘든 비용기준 옵티마이져의 실행계획을 한층 더 복잡하게 만들어 주기도 하므로 대부분의 개발자들은 실행계획에 대한 제어를 거의 포기하고 있는 실정이다.

사용자는 자신이 원하는 옵티마이져의 목표를 다양한 방법으로 선택할 수 있다. 데이터베이스를 가동시키는 데 사용하는 파라미터에서 기본 목표(optimizer_mode)를 지정할 수도 있고 특정 세션(Session)별로도 가능하며 힌트를 사용하여 특정 SQL에만 지정할 수도 있다. 제품별로 지정하는 상세한 방법은 매뉴얼을 참조하기 바란다.

이 밖에도 비용기준 옵티마이져는 여러 가지의 논리적인 한계로 인해 우리가 원하는 만큼의 최적화 성공률을 제공하지 못하고 있다. 이 부분에 대한 상세한 설명은 다음 장에서 언급하기로 한다.

비용기준 옵티마이져를 사용할 때 우리의 접근 방법은 규칙기준 옵티마이져를 사용할 때와 마찬가지로 먼저 전략적인 인덱스 구성과 효과적인 SQL을 사용하는 것이 가장 우선이다. 이것이 전제된 후 각 테이블별로 히스토그램 버켓 수를 결정하고 적절한 통계정보 수립 주기를 설정하여 양호한 통계정보를 공급한다. 이것만이 옵티마이져의 성공률을 높이는 방법임을 명심하기 바란다.

시스템 가동 후 적절한 시기에 TRACE 정보를 추출하여 효율적이지 못한 실행계획을 찾아내 원인을 분석한 후 적절한 대책을 수립한다. 이때 특정 경우를 해결하기 위해 함부로 옵티마이징 팩터들을 수정하면 큰 혼란을 야기할 수도 있으므로 매우 주의하여야 할 것이다.

1.4. 옵티마이져의 한계

우리가 만약 내일을 정확히 예측할 수 있다면, 아니 몇 시간, 단 몇 분 후라도 예측할 수가 있다면 아마도 엄청난 일을 할 수가 있을 것이다. 지나온 과거는 수많은 가능성 중에서 한가지로 결정되지만 다가올 미래는 항상 수많은 가능성 속에 묻혀 있는 것이다.

비록 지금 아무리 많은 정보를 가지고 있다고 하더라도 어떤 회사의 내일 주가가 정확히 얼마가 될지는 지금으로서는 결코 알 수가 없다. 그러나 내일이 지나고 나면 누구나 알 수 있는 정보가 된다. 다만 우리가 미래를 예측할 수 있는 많은 정보를 가지고 있다면 유사한 결론에 도달할 수 있는 확률이 증가한다는 사실만이 우리에게 위안을 줄 수 있을 뿐이다.

우리는 남이 하는 일에 대해서 세월이 지난 후에 그들의 무지함을 탓하는 경우가 자주 있다. 그러나 돌이켜 생각해 보라! 자신이 만약 그 상황에 있었던들 지금 과거를 볼 때처럼 확실한 판단을 할 수 있었겠는가? 이러한 의미에서 우리는 옵티마이져의 입장을 이해해 주어야 한다.

규칙기준 옵티마이져의 한계는 너무나 분명하다. 내용은 다르지만 비용기준 옵티마이져 또한 분명한 한계를 가지고 있다. 그 중에 가장 대표적인 한계는 역시 통계정보를 토대로 정확한 처리범위를 예측할 수 있느냐에 대한 한계이다.

같은 컬럼 내에 있는 값이라 하더라도 동일한 분포도를 갖지는 않는다. 극단적인 경우 몇몇 특정한 값은 아주 높은 분포도를 갖지만 어떤 값들은 아주 낮은 분포도를 가질 수도 있다. 이러한 경우 동일한 처리 방법으로 실행했을 때 그 속도의 차이는 크게 나타날 수밖에 없다.

만약 비교되는 각각의 값에 대한 정확한 분포도를 알 수 있다면 보다 정확한 실행계획을 수립할 수 있을 것이다. 그러나 모든 값들에 대한 분포도를 일일이 보유한다는 것은 불가능한 일이다. 설사 각각의 값에 대한 분포도를 보유하고 있다고 하더라도 '='이 아닌 'LIKE, 〈, 〉, BETWEEN' 등을 사용하였다면 이미 정확한 분포도를 구하기는 매우 어려워진다.

그래서 모든 컬럼값들이 평균적으로 고르게 분산(Uniformly Distributed)되어 있다고 가정한다면 그 오차는 너무 크게 발생한다. 최근에 출시된 버전에서는 바뀌었지만 어떤 옵티마이져는 이러한 방법으로 분포도를 계산함으로써 경우에 따라 매우 오차가 심한 결과를 내기도 하였다.

이런 이유로 인해 등장한 히스토그램에 대해서는 앞서 설명한 바 있다. 그러나 비록 범위별로 서로 다른 분포도를 보유하고 있더라도 비교한 값이 상수가 아니라 변수인 상태에서 실행계획이 수립되어야 한다면 이것마저도 활용가치가 없어진다.

실제 수행할 때 어떠한 값이 결합(Binding)되어 실행될지 알 수 없기 때문에 옵티마이져는 특정한 값을 위해서만 실행계획을 수립할 수는 없는 노릇이다. 결국 컬럼값에 따라 차별된 분포도를 가지고 있다고 하더라도 이러한 경우에는 어쩔 수 없이 무용지물이 될 수밖에 없다.

더구나 실제 현실에서는 상수값을 비교하는 경우보다 변수 상태로 비교하는 경우가 훨씬 많다. 그렇다고 해서 항상 상수값을 먼저 결합한 후에 SQL이 수행된다면 매번 동적(Dynamic) SQL을 사용해야 하므로 번거로울 뿐만 아니라 동일한 실행계획임에도 불구하고 실행할 때마다 새롭게 SQL을 파싱한다면 이는 더욱 큰 문제를 일으키게 된다. 이것이 옵티마이져의 어쩔 수 없는 한계이다.

비용기준 옵티마이져의 또 한가지의 한계는 결합된 컬럼에 대해 일일이 분포도를 보유할 수 없다는 데서 출발한다. 컬럼들이 모여 결합 인덱스를 구성할 때 어떤 컬럼은 하나 이상의 인덱스에서 사용될 수 있다. 가령 어떤 테이블의 인덱스 구성이 'A+B', 'B+D+A', 'C+D'로 되어 있다고 가정해 보자. 이 컬럼들은 하나 이상의 인덱스의 구성요소가 되며 그 위치 또한 다양하다.

D컬럼이 B컬럼과 결합했을 때의 분포도와 C컬럼과 결합했을 때의 분포도는 크게 차이가 날 수 있다. 결합이란 참으로 오묘한 것이다. 결합에 의한 분포도는 산술적인 계산에 의해서 결정될 수 없으며 궁합에 따라 천양지차가 난다. 예를 들어 '흑인'이라는 집합과 '한국인'이라는 집합을 결합했을 때 각각의 집합은 매우 크지만 흑인이고 한국인은 많지 않다. 반대로 300가지의 '부서'와 10가지의 '사업장'을 결합하면 3,000종류가 되

는가? 일반적으로 부서는 사업장에 종속적이므로 결합된 종류는 부서 종류와 동일한 300가지가 된다.

이와 같이 결합은 그 데이터의 현실적인 특성에 따라 전혀 다른 분포도를 가지게 된다. 결코 산술평균이나 산술적인 곱에 의해서 산출될 수 없다는 것이다. 그럼에도 불구하고 이 모든 결합형태에 대한 히스토그램 정보를 모두 보유할 수 없기 때문에 옵티마이져는 각각의 컬럼이 가지고 있는 히스토그램 정보들을 통계학적으로 연산하여 결합된 분포도를 산정할 수밖에 없다.

이런 이유에서 옵티마이져가 산정한 분포도와 실제의 분포도 사이에는 큰 오차가 충분히 발생할 수 있다. 이것 또한 옵티마이져의 어쩔 수 없는 한계이다. 뿐만 아니라 인덱스 컬럼의 결합 순서와 사용된 연산자에 따라 인덱스 처리범위는 매우 심하게 변화하기 때문에 이러한 산정된 분포도의 오차는 더욱 크게 나타날 수가 있는 것이다.

가령 'A+B+C' 인덱스와 'B+C+D' 인덱스가 있을 때 다음과 같은 SQL에서 각각의 컬럼별 히스토그램으로 산정한 분포도가 정확할 수 있느냐는 것이다.

```
SELECT *
FROM TAB1
WHERE A = '10'
    and B like 'A%'
    and C = '111'
    and D between '100' and '1000' ;
```

결합 인덱스는 순서와 연산자에 따른 액세스 범위의 차이가 크게 나타나므로 만약 이러한 경우 정확한 판정을 할 수 있는 옵티마이져라면 매우 훌륭하다고 할 수 있을 것이다. 좀더 치밀한 사용자라면 컬럼의 분포도의 편차를 다양하게 하고 비교하는 값을 여러 가지로 조정했을 때 옵티마이져가 유리하다고 판단하는 분기점의 오차를 판별해 보는 것도 매우 재미있는 일일 것이다. 여러분도 자신이 사용하고 있는 데이터베이스가 얼마나 민감하게 반응하는지를 한번 조사해 보기 바란다.

만약 생각보다 정확하게 반응한다고 하더라도 우리는 아직 만족할 수가 없다. 앞서 언급했듯이 다음과 같이 사용하였다면 이러한 미묘한 반응을 할 수 있는 옵티마이져조차 무용지물이 될 수 밖에 없다는 것 때문이다.

```
SELECT  *
FROM TAB1
WHERE A = :A
    and B like :B||'%'
    and C = '111'
    and D between :STARTVAL and :ENDVAL ;
```

그러나 현실은 대부분 이와 같은 방법으로 SQL을 사용해야 한다는 것이 우리의 아픔이자 옵티마이져의 어쩔 수 없는 한계인 것이다. 그렇다면 결국 가장 중요한 것은 '인덱스의 활용' 단원에서 상세하게 언급했던 바와 같이 다양한 사용 형태를 만족할 수 있도록 종합적이고 전략적인 차원에서 적절한 인덱스나 클러스터링을 결정하는 것이다.

이러한 전략적인 조치야말로 옵티마이져가 수립하는 실행계획을 보다 양호하게 할 수 있는 지름길이라 할 수 있겠다. 여기서는 인덱스가 수행속도나 옵티마이져에 미치는 영향이나 전략적이고 종합적인 인덱스를 생성함으로써 애플리케이션의 수정 없이 수많은 애플리케이션의 수행속도가 놀랍게 향상시키는 방법은 더 이상 언급하지 않을 것이므로 여러분들은 Ⅰ권을 충분히 숙지하고 실무에 적용시켜 본 후, 이 책을 읽으면 보다 수월하게 이해할 수 있을 것이다.

1.5. 개발자의 역할

　이미 사용한 SQL의 실행계획을 개선시켜 수행속도를 향상시키는 것도 중요하지만 우리는 무엇보다도 먼저 SQL을 잘 활용하는 방법을 익혀 두는 것이 필요하다. SQL을 잘 사용한다는 사실은 상당히 많은 의미를 내포하고 있다.

　제대로 SQL을 활용한다는 것은 어쩌면 지금까지 구현해왔던 거의 모든 처리 방법의 근본적인 변화를 의미한다. 처리과정에 대한 접근방법뿐만 아니라 사고의 혁신이 필요하다. 그렇지 않으면 결국 SQL의 역할은 과거의 READ나 WRITE를 대신하게 된다. 그것은 어쩔 수 없이 처리과정을 복잡하게 하고 과거에 비해 오히려 오버헤드를 훨씬 증가시킨다.

　그러나 대부분의 개발자들은 처음 정보시스템을 접하면서부터 지금까지 절차형으로 처리하는 방법만 접해왔기 때문에 비절차형이면서 집합적으로 처리하는 방법에 대해서는 매우 낯설다. 또한 그들은 애플리케이션이라면 당연히 한 레코드씩 차례로 읽어 가면서 각각의 경우에 따라 마치 곡예를 하듯이 모든 처리 방법을 일일이 자신이 기술해야만 한다는 그릇된 책임감을 버리지 못하고 있다.

　우리가 이제 이러한 생각을 버리지 않는다면 결코 참다운 관계형 데이터베이스의 세계로 들어 올 수 없으며 그 위력이나 가치를 경험할 수도 없을 것이다. SQL은 우리가 지금까지 사용해왔던 단순한 명령어가 아니다. 그 자체가 하나의 애플리케이션이다.

　오랫동안 정보시스템을 개발해온 사람들은 "현실의 업무는 대단히 복잡하다. 각각의 레코드가 가진 값에 따라 처리 방법이 달라질 수밖에 없고 사용자의 요구에 따라서도 당연히 다양한 처리 경우가 발생하게 된다. 그러므로 필연적으로 일정량 이상의 코딩을 하지 않을 수가 없다. SQL의 성능이 아무리 우수하다고 하더라도 결코 복잡한 현실의 업무를 단 몇 줄로 모든 경우를 처리하지는 못할 것"이라고 말한다. 물론 충분히 이해가 되는 말이다. 그러나 그것은 과거에 처리했던 처리 방법을 고수했을 때의 일이다.

다음과 같은 비유를 들어 보자.

자동차를 타고 육로를 이용하여 목적지까지 가고자 한다면 운전 솜씨의 차이나 지름길을 얼마나 잘 이용했느냐에 따라 얼마간의 효과를 볼 수가 있다. 그러나 그 차이는 그렇게 크게 나지 않을 것이다. 아주 우수한 선수라면 좀더 차이가 날 수도 있겠지만 모든 사람들이 일류 선수가 될 수는 없다.

그렇다면 보통 사람들이 현재보다 수십 배, 수백 배의 향상을 얻을 수 있으려면 어떤 방법을 사용해야 할 것인가? 방법은 한가지밖에 없다. 그것은 비행기를 타고 날아서 가는 것이다. 하늘을 날아서 이동한다면 육로에서와 같이 길의 모양에 따라 좌회전, 우회전을 할 필요가 없다. 즉, 육로를 이용할 때는 누가 운전을 하든지 간에 길의 모양에 따라 회전해야 하지만 하늘로 날아갈 때는 아예 그런 경우의 수가 나타나지도 않는다는 것이다.

자동차를 타고 갈 때는 마음대로 쉬어 갈 수도 있고 원하는 길을 골라서 다닐 수도 있다. 그만큼 자유롭게 운전자의 의지를 살릴 수가 있다. 이와 마찬가지로 단순한 명령어들을 이용해 절차형으로 기술하는 방법에서는 개발자가 필요에 따라 마음대로 처리방법을 기술하였다. 그러나 목적지에 도달하는 시간이 많이 소요되고 운전자가 피곤하다.

비행기를 타고 간다면 대개의 경우 직접 조종을 하지 않는다. 이미 정해진 조종사가 정해진 항로에 따라 다수의 사람을 단시간에 목적지로 이동시킨다. 대신에 탑승자 마음대로 쉬어갈 수도 없고 원하는 길로 갈 수도 없다. 여기서 비행기 조종사는 관계형 데이터베이스라 할 수 있으며 탑승자는 개발자라 할 수 있겠다. 그러므로 탑승자(개발자)는 항공사(데이터베이스)의 규정과 규칙을 준수하여 이용해야 한다.

지금까지 우리는 주로 운전자의 위치에서 개발하였지만 이제부터는 탑승자의 입장에서 개발해야 한다. 우리가 비행기를 타고서도 육로에서와 같이 길의 모양에 따라 빈번히 좌·우 회전을 한다면 마음대로 되지도 않을 뿐더러 불필요한 오버헤드가 급격히 증가할 것이다.

그러나 불행히도 대개의 개발자들은 이와 같은 잘못을 저지르고 있다. 그것은 비행기를 타고서도 아직 자신이 운전자라고 생각하여 필요에 따라 함부로 핸들을 꺾으려 하기 때문이다. 우리는 하루 빨리 이러한 절차형 사고 방식에서 벗어나야 한다.

비행기의 핸들을 자동차에서처럼 자유롭게 조절할 수 없다고 불평만 할 일이 결코 아니다. 만약 목적지가 공항에서 떨어져 있다면 탑승자는 공항까지만 비행기를 이용할 수 있으므로 나머지 부분은 본인이 다른 이동 수단을 빌려야 한다. 이와 같이 SQL(비행기)을 어떻게 이용하였느냐에 따라서 바로 목적지(결과)로 갈 수도 있고 또 다른 이동편(추가적인 사용자의 처리)을 이용해야 할 수도 있다.

이것이 SQL을 잘 활용해야 하는 중요한 이유라 하겠다. 우리의 목적과 원하는 시간을 잘 감안해서 비행기(관계형 데이터베이스)를 이용한다면 보다 먼 거리(많은 데이터)를 보다 빠른 시간에 이동(처리)할 수가 있다.

집합의 개념과 비절차형 처리를 근간으로 하는 SQL은 정보 시스템을 시작하면서부터 지금까지 오로지 그 길밖에 없다고 생각하면서 개발해온 많은 개발자들이 쉽게 적응할 수 없도록 하고 있다. 대부분의 사람들은 집합개념에 익숙해져 있지 않다. 복잡하고 어려운 미분·적분 문제는 쉽게 해결하면서도 집합 문제는 손을 대지 못하는 경우가 대부분이다.

대학을 졸업한 사람들이라도 초등학교 고학년의 집합 문제를 자신 있게 해결할 수 있는 사람은 많지 않을 것이다. 저자는 순수 수학을 전공했는데 3학년까지는 강의 내용은 이해를 했으면서도 정작 집합을 이용해서 자신의 논리를 펴보려고 해도 어디서부터 어떻게 풀어가야 할지 막막했다. 공식을 이용하여 숫자를 풀어가는 것은 어떻게 해서라도 해결할 수가 있겠으나 집합을 이용하여 풀어가는 것은 도대체 방향조차 잡기가 어려워 수업 시간마다 소화불량에 걸릴 지경이었다.

그러나 기초를 확실하게 하고 많은 응용문제를 해결해 보면서 집합을 이용하는 눈을 뜨게 되었다. 이와 같이 처음에는 어렵더라도 많은 생각을 통해 그 원리를 정확히 이해하게 되면 자신이 원하는 대로 복잡한 처리라도 집합을 이용하여 간단하게 해결할 수가 있는 것이다.

2. SQL 활용의 당위성

어떤 처리를 위해 여러 번의 SQL을 반복 수행시키거나 여러 가지 SQL을 사용하는 것은 한두 가지의 SQL로 처리되도록 하는 것보다 불리하다. 이것은 단지 SQL 수행 횟수에 대한 차이 외에도 훨씬 다양하고 중요한 이유들을 가지고 있다.

다음에 설명할 내용들을 여러분들이 충분히 이해한다면 왜 우리가 SQL을 잘 활용해야만 하는가에 대한 해답을 얻게 될 것이다. 모든 일에는 기초가 중요하듯이 SQL 활용 능력이 충분히 길러진다면 우리가 하고자 하는 아주 복잡한 처리 과정도 단순하게 표현될 수 있고, 아주 빠른 수행속도를 얻게 할 수가 있다.

관계형 데이터베이스를 제대로 쓰고 있다고 하기 위해서는 이러한 능력을 키우는 것이 가장 우선적으로 선행되어야 할 과제이다. 저자가 프로젝트를 할 때에는 직원들에게 여러 번의 시험을 보고 그 결과를 다른 부서원들이 볼 수 있도록 공시를 하였다.

물론 많은 사람들은 "여기가 대학이냐?"라는 불평들이 이만 저만이 아니었다. 그러나 이러한 기초가 제대로 잡혀 있지 않은 상태에서 프로젝트를 수행해간다면 일주일에 수백 개씩 개발되는 애플리케이션의 품질이나 생산성에 미칠 치명적인 결함들을 생각한다면 이 정도의 거부감은 두려워하지 말고 과감하게 밀어부쳐야 한다고 생각한다.

SQL의 중요성이나 활용 방법은 다음에 좀더 구체적으로 설명하기로 하고 먼저 SQL 수행 횟수를 줄이고 한번 수행에서 보다 많은 과정이 처리되도록 해야 하는 당위성에 대해 알아보기로 한다.

2.1. SQL 수행 횟수의 차이

우리가 10,000건의 데이터를 처리하기 위해 한건씩 읽어내는 SQL로 10,000번을 수행한 경우와 하나의 SQL로 10,000건을 범위 처리로 수행한 경우를 서로 비교해 보자.

이 두가지의 경우는 처리 방법의 차이만 있을 뿐이지 처리한 로우의 수는 동일하다. 그러나 SQL이 수행된 횟수만 놓고 비교해 보면 10,000배의 차이가 난다. 지금까지 사용해 왔던 일반적인 명령어들이라면 큰 차이가 없겠지만 SQL은 아주 큰 차이가 난다. 그 이유는 관계형 데이터베이스가 SQL을 실행하는 메커니즘에 기인한다.

SQL은 기존의 언어에서 했던 컴파일을 하지 않아도 원하는 결과를 얻을 수 있다. SQL은 일반적인 명령어라고 할 수 없다. 그렇다고 마크로(Macro)도 아니며 그 자체가 기계어도 아니다. 또한 지금까지 그렇게 해왔듯이 처리 과정을 직접 기술한 것이 아니라 단지 원하는 집합을 요구만 한 것에 지나지 않는다.

다시 말하면 실질적인 처리 방법이나 처리 과정은 전혀 기술하지 않았지만 문법에 어긋나지만 않았다면 우리가 원하는 결과를 언제나 추출해준다. 그 이유는 우리가 기술한 집합을 옵티마이져가 자료사전에 있는 정보를 참조하여 가장 최적의 방법으로 실제 처리 과정을 생성하고 컴파일하여 실행까지 한 후 그 결과를 제공해 주도록 되어 있기 때문이다. 이 과정을 파싱(Parsing)이라고 부른다.

만약 다른 언어와 같이 사용하여 컴파일을 하였더라도 SQL만은 우리가 기술한 원문 그대로 보관되어 있다. 그러므로 애플리케이션이 수행되다가 SQL을 만나게 되면 데이터베이스에게 부탁하여 해결할 수밖에 없다.

이 과정을 데이터베이스 호출(DBMS Call)이라고 하며 오버헤드의 중요한 원인이 된다. 따라서 한번 수행되어 10,000건을 처리한 경우보다 10,000번의 SQL을 수행한 경우가 훨씬 나빠지는 것은 지극히 당연하다고 할 수 있겠다.

SQL이 파싱되는 시점은 항상 실행 순간에 파싱하는 것은 아니다. 데이터베이스 제품에 따라서 SQL이 다른 언어가 컴파일될 때 같이 파싱되는 경우도 있다. 그러나 이러한 경우도 항상 같이 컴파일되는 것은 아니며 또 반드시 유리하다고 할 수도 없다. 왜냐하면 SQL은 통계정보 등의 다양한 자료사전 정보를 감안하여 실행계획을 수립하므로 이러한 사항이 빈번하게 변경된다면 또 다른 문제를 일으키게 되며 융통성이 감소한다.

참고로 원문 그대로 보관되어 있던 SQL이 실행 순간에 파싱되는 것을 실행시간 파싱(Run Time Parsing)이라고 하며, 애플리케이션을 컴파일할 때 같이 파싱되는 경우를 컴파일 시간 파싱(Compile Time Parsing)이라고 부른다.

만약 SQL이 반복적으로 수행될 때 보관커서(Hold Cursor)로 지정해 둔다면 불필요한 파싱은 줄어들지만 이 보관커서는 파싱의 모든 단계를 감소시켜 주는 것은 아니므로 어찌하든 SQL의 수행횟수가 늘어나면 그만큼 불리하다. 보관커서를 지정하는 방법은 Ⅰ권에서 이미 소개되었으므로 여기서는 생략한다.

2.2. 랜덤 액세스 발생량의 차이

동일한 양의 데이터를 여러 번의 SQL을 수행하여 액세스한다는 것은 바로 랜덤 액세스 양이 증가한다는 것을 의미한다. 랜덤 액세스는 처리량이 적은 경우에는 무시할 수도 있으나 그렇지 않은 경우에는 오버헤드의 가장 큰 주범이 된다. I권에서 액세스 형태를 설명할 때 자주 등장했던 그림들 중에서 한가지를 좀더 자세하게 살펴보기로 하자.

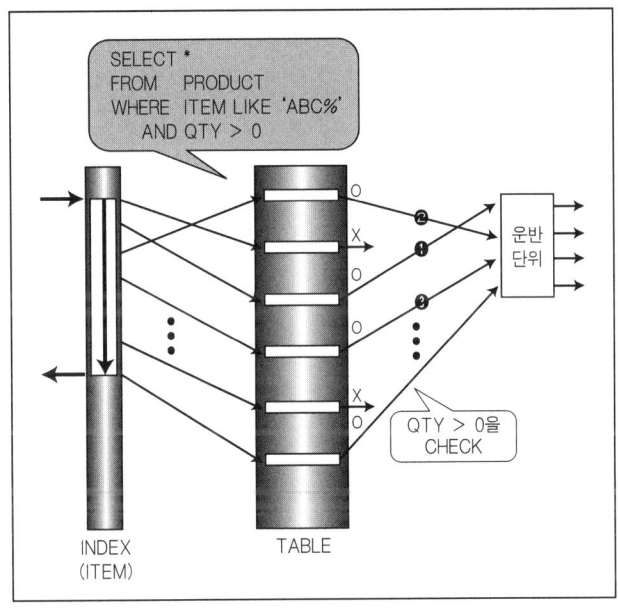

좌측 그림을 자세히 살펴보자. 이 그림은 'PRODUCT' 테이블에서 원하는 조건의 로우들을 액세스하기 위하여 두가지의 조건 중에 'ITEM' 인덱스를 처리 주관 컬럼으로 하여 해당되는 범위에서 차례로 인덱스를 스캔하고 있다. 읽혀진 인덱스에는 테이블에 있는 로우의 위치 정보를 나타내는 'ROWID'가 있으며 이 정보를 이용해 테이블의 로우들을 랜덤 방식으로 액세스한다.

액세스된 로우들이 'QTY 〉 0' 조건을 만족하는지 확인하여 성공한 것들만 운반단위에 태운다. 지정된 운반단위가 채워지거나 처리할 범위가 모두 완료되면 데이터가 추출된다.

여기서 각 단계별 처리 방식을 비교해 보면 인덱스는 정렬되어 있으므로 첫번째 로우를 찾을 때만 랜덤 방식으로 액세스되고 계속해서 스캔 방식으로 다음 로우들을 읽어 가다가 비교한 값보다 큰 값이 나오면 종료한다.

스캔 방식으로 읽혀지는 인덱스 액세스는 적중률이 100%가 된다. 즉, 액세스된 블럭 내에 있는 모든 로우들은 우리가 처리하고자 하는 로우들인 것이다. 게다가 일반적으로 인덱스 로우는 길이가 매우 짧으므로 한 블럭을 액세스했을 때 처리되는 로우의 수는 아주 많다. 이것은 범위 처리를 했을 때 인덱스의 액세스가 전체에 미치는 영향은 크지 않다는 것을 의미한다.

테이블 액세스를 살펴보자. 그림에서 보는 바와 같이 클러스터링 되어 있는 테이블이 아니라면 어쩔 수 없이 랜덤 액세스를 하게 된다. 그러나 인덱스에서 읽혀지는 ROWID의 블럭 번호가 서로 유사하게 모여 있다면 - 즉 인덱스의 정렬 순서와 테이블의 로우의 순서가 비슷하다면 - 또 다른 의미로 말하여 클러스터링 팩터가 양호하다면 랜덤 액세스의 부담은 훨씬 감소하게 된다. 모여있다는 것은 그만큼 운반단가가 저렴해지기 때문이다.

이번에는 만약 동일한 처리 범위를 여러 번의 SQL을 반복하여 수행하였을 때의 처리 방법을 살펴보기로 한다. 다음 그림을 보자.

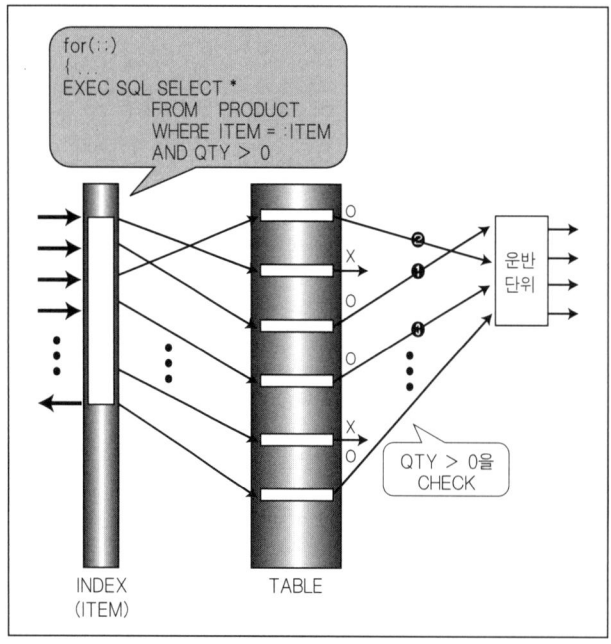

앞의 예와 차이점은 인덱스를 액세스하는 방식에서 나타난다. 그림에서 보는 바와 같이 한 로우를 찾는 SQL이 여러 번 수행되므로 각각의 SQL이 수행될 때마다 인덱스는 랜덤 방식으로 액세스된다.

이것이 바로 SQL이 지금까지 3세대 언어에서의 'READ'와 근본적으로 다른 이유이다. 비록 인덱스가 정렬되어 있어 액세스할 로우가 바로 다음에 있지만 결코 스캔 방식으로 처리되지 못한다.

관계형 데이터베이스의 수행속도에 가장 많은 영향을 미치는 경우는 인덱스를 경유하여 넓은 범위의 데이터를 처리하고자 할 때이다. 그 이유는 인덱스를 액세스하는 부담 때문이 아니라 인덱스에 있는 ROWID로 테이블을 랜덤으로 액세스하기 때문이다. 만약 우리가 위의 예와 같이 인덱스까지도 랜덤으로 넓은 범위를 액세스한다면 이미 수행속도의 향상은 도저히 기대할 수가 없을 것이다.

혹자는 한건을 랜덤 액세스 방식으로 찾는 것은 아주 짧은 시간에 일어나기 때문에 그러한 약간의 차이가 큰 영향을 미치지 못할 것이라고 말할 지도 모른다. 그러나 그것은 아주 잘못된 생각이다. "티끌도 모이면 태산이 된다"고 했다. 한번의 차이는 0.01초 밖에 나지 않는다고 하더라도 10,000번, 혹은 1,000,000번, 그 이상 수행된다고 생각해 보라. 그 차이는 몇 백초, 몇 시간의 차이로 나타날 수 있는 것이다.

2.3. 처리경로 최적화의 차이

어떤 복잡한 처리를 여러 번의 SQL을 사용하여 처리한다는 것은 곧 SQL 사이에 많은 사용자의 로직(Logic)이 들어간다는 것을 의미한다. 이것은 단순하게 처리 과정이 길어진다는 것만 의미하는 것이 아니라 처리되는 전반적인 과정이 비효율적일 확률이 높다는 것을 의미한다.

옵티마이져가 최적화된 실행계획을 수립하는 단위는 SQL 단위이다. 다시 말하면 아무리 완벽한 옵티마이져라 해도 SQL과 그 사이에 기술된 사용자의 로직을 감안해서 전체적인 최적화를 달성하는 실행계획을 수립할 수는 없다는 것이다.

각각의 최적화가 전체의 최적일 수는 없다. 가령 생산자의 입장에서 최적은 판매가 되든 말든 지속적으로 다량을 생산하는 것이 가장 최적일 것이요, 판매자의 입장에서 보면 구매자가 요구하는 다양한 제품을 즉시 생산해 주는 것이 최적일 것이다.

'사'의 입장이라면 가장 싼 임금으로 많은 일을 시키는 것이 최적이며 '노'의 입장에서는 회사가 망하든지 말든지 높은 임금을 받는 것이 최적일 것이다. 그러나 전체적으로 볼 때 그것은 바로 공멸의 길이 될 것이다.

이와 같이 전체적인 입장에서의 최적이 아니라 특정 부분에 대한 최적이 강요되면 오히려 전체적인 최적화에 역행되는 경우가 많다. 우리가 원하는 것은 전체적인 처리가 최적화되는 것이지 특정한 단계의 최적화는 아니다.

가령 손익분기점 이상의 범위를 액세스할 때 전체를 모두 처리해야 하는 입장에서는 '전체 테이블 스캔(Full Table Scan)' 방식이 최적이다. 그러나 유일(Unique) 인덱스를 이용하여 그만큼의 범위를 반복해서 액세스한다면 한번 수행되는 SQL의 입장에서는 최적의 방법이 되겠으나 전체적인 처리에서는 훨씬 손해가 된다.

옵티마이져는 SQL 단위로 최적화된 계획을 수립하므로 이미 SQL이 여러 개로 분리되어 있다면 옵티마이져에게 전체 처리에 대한 최적화를 기대할 수는 없다. 반면에 하나의 SQL에서 모든 처리가 가능해지도록 구사했다면 옵티마이져는 전체 처리에 대한 최적화 실행계획을 수립하게 된다.

　좀더 다른 측면에서 살펴보자. 대다수의 관계형 데이터베이스에는 SQL을 묶어 절차형으로 표현할 수 있는 언어들을 가지고 있다. 왜냐하면 SQL이 아무리 우수하다고 하더라도 하나의 SQL로 현실의 복잡한 업무를 모두 처리할 수는 없기 때문이다. 이런 이유로 'IF ... THEN .. ELSE, LOOP' 등을 사용하여 여러 개의 SQL을 절차형으로 처리할 수 있도록 하였다.

　그런데 많은 사용자들이 이러한 절차형 SQL을 사용함으로써 많은 수행속도의 향상을 가져올 수 있다고 믿고 있고 매뉴얼에도 그렇게 쓰여 있다. 물론 얼마간의 수행속도 향상은 분명히 있다. 그러나 그 실체를 정확히 알아보면 이것이 수행속도의 향상에 기여하는 부분은 액세스 경로를 최적화하는 것은 아니라는 사실을 알 수 있다.

　절차형 SQL로 묶여진 SQL은 그 전체가 한번 데이터베이스를 호출한다. 그러므로 각각의 SQL을 만날 때마다 호출이 일어나는 것에 비해 오버헤드는 줄어든다. 그러나 데이터베이스 내에서는 절차형 처리를 실행하는 부분과 SQL을 실행하는 부분이 다시 나뉘어진다.

　이것은 아무리 절차형으로 SQL이 묶여 있고 동시에 데이터베이스가 처리한다고 하더라도 결국 SQL은 별도로 실행됨을 의미한다. 다시 말하면 옵티마이져의 최적화 작업은 각각의 SQL 단위로 일어나므로 묶여진 전체를 최적화하는 실행계획은 결코 수립될 수가 없다는 것이다.

　이러한 절차형 SQL은 데이터베이스 호출을 줄여주는 만큼의 유리한 점은 분명히 있다. 그러나 전체를 최적화하기 위해서는 SQL의 역할을 최대로 활용하지 않으면 안 된다는 사실을 반드시 명심하기 바란다.

2.4. 클라이언트/서버환경에서 SQL의 역할

요즈음 관계형 데이터베이스를 이용하여 개발되는 대다수의 시스템은 클라이언트/서버 구조를 기반으로 하고 있다. 최종 사용자에게 제공되는 대부분의 인터페이스는 클라이언트가 담당하고 데이터의 가공 처리는 서버가 담당하는 이 구조에서는 SQL의 적절한 활용이 더욱 강조된다.

왜냐하면 수행속도의 대부분은 서버에서 처리되는 일의 양에 의해서 좌우되고 이 일의 양은 거의 SQL에 의해서 처리되기 때문이다. 물론 3층형(3-Tier) 구조에서는 SQL 이외의 처리도 서버에서 수행되지만 SQL의 활용은 마찬가지로 중요하다.

2층형(2-tier) 구조에서도 저장형 프로시저나 데이터베이스 트리거 등을 사용한다면 SQL 이외의 절차형 처리를 서버에서 수행되도록 할 수가 있으나 '2.3. 처리경로 최적화의 차이'에서 설명했듯이 SQL의 중요성은 동일하다고 할 수 있겠다. 만약 2층형 구조의 클라이언트/서버 애플리케이션에서 다음과 같은 처리를 해야 한다고 가정해 보자.

제품코드가 'A'로 시작하는 제품들을 읽어서 'A1,A2'를 '제품1', 'A3,A5,A6'을 '제품2', 'A4'를 '제품3'으로 하고, 나머지는 '기타'로 모아서 '제품4'로 한다. 각각의 제품 단위에 대해 생산일이 '1~5일'을 1주기, '6~15일'을 2주기, '16~25일'을 3주기, '26~말일'을 4주기로 하여 1월부터 6월까지의 일별 평균 생산량의 추이를 분석해 보자.

제품그룹	주기	1월	2월	3월	4월	5월	6월	전체평균
제품1	1	2321	2354	2267	2289	2319	2810	2378
	2	2455	2478	2387	2412	2523	2543	2432
	3	3422	3123	3324	3098	3465	3311	3268
	4	2434	2478	2543	2467	2389	2419	2438
제품2	1	4319	4087	3976	4098	4165	4527	4218
	2	1534	1876	1652	1986	1726	1981	1826
	3	8722	7927	8172	7710	8527	9817	8346
	4	6528	7160	5428	6728	5918	6281	6419

이 그림은 분석할 내용을 좀더 명확하게 설명하기 위해서 분석된 추이를 추출한 결과를 보여주고 있다. 이와 같은 결과를 추출하기 위해 테이블에서 액세스해야 할 로우 수는 100,000 건이라고 가정하자.

대부분의 개발자들은 하나의 SQL로 위와 같은 결과를 추출하기가 어려우므로 일단 100,000 로우를 서버로부터 액세스하여 클라이언트로 옮긴다. 또 어떤 개발자는 먼저 제품별, 일자별로 'GROUP BY' 한 결과를 클라이언트로 옮길 것이다.

그렇게 하더라도 만약 대상 제품이 100종이라면 약 18,000 로우가 될 것이다. 이렇게 다량의 데이터가 네트워크를 타고 클라이언트로 내려 온다면 네트워크 트래픽이 증가될 것이며 상대적으로 처리속도가 늦은 클라이언트에서 다량의 데이터를 원하는 모양으로 가공한다면 최종 사용자가 느끼는 수행속도는 좋을 수가 없다.

이러한 문제를 해결하기 위해 다음과 같은 SQL을 생성해 보자.

```
SELECT '제품' ||ITEM,
         decode(floor(DD/6),0,1,
             decode(floor(DD/16),0,2,
                 decode(floor(DD/26),0,3, 4))),
         round(sum(decode(MM, '01' ,qty)) / sum(decode(MM, '01' ,1)),2),
         round(sum(decode(MM, '02' ,qty)) / sum(decode(MM, '02' ,1)),2),
         round(sum(decode(MM, '03' ,qty)) / sum(decode(MM, '03' ,1)),2),
         round(sum(decode(MM, '04' ,qty)) / sum(decode(MM, '04' ,1)),2),
         round(sum(decode(MM, '05' ,qty)) / sum(decode(MM, '05' ,1)),2),
         round(sum(decode(MM, '06' ,qty)) / sum(decode(MM, '06' ,1)),2),
         round(sum(qty) / count( * ),2)
FROM(SELECT decode(substr(제품코드,2,1), '1', '1', '2', '1', '3', '2', '5', '2', '6', '2', '4', '3', '4' )
             as item,
         substr(생산일,5,2) as mm, substr(생산일,7,2) as dd,
```

```
                sum(수량) as qty
        FROM 생산테이블
        WHERE 생산일 between '19980101' and '19980630'
            and 제품코드 like 'A%'
        GROUP BY decode(substr(제품코드,2,1), '1','1','2','1','3','2','5','2','6','2','4','3','4'),
            substr(생산일,5,2),
            substr(생산일,7,2))
GROUP BY ITEM,
        decode(floor(DD/6),0,1,
            decode(floor(DD/16),0,2,
                decode(floor(DD/26),0,3, 4))) ;
```

 이 SQL의 수행 절차를 자세히 살펴보자. 먼저 FROM 절의 인라인뷰에 기술된 SQL이 먼저 수행되어 생산 테이블에 있는 6개월 분인 100,000 로우를 액세스하여 제품 그룹별(4 종류), 일자별(약 180 종류)로 'GROUP BY' 하여 약 720 로우를 생성한다. 이 집합을 대상으로 생산일의 지정된 주기별로 다시 'GROUP BY' 하여 월별로 모아 16개의 로우를 추출하여 클라이언트로 보낸다.

 이 방법은 앞서 소개한 방법에 비해 엄청난 차이가 있음을 우리는 알 수 있다. 네트워크 트래픽이 수십~수백 배로 감소하였고, SQL 실행 횟수는 그 이상으로 감소하였다. 더구나 상대적으로 빠른 처리를 하는 서버에서 필요한 연산이나 'IF' 처리를 모두 하였으므로 수행속도는 더욱 향상될 것이다.

 더구나 한 SQL에서 최종 결과까지 모두 처리되었으므로 클라이언트에서 작성할 로직이 거의 없어져 버렸다. 이러한 장점은 개발 생산성이나 향후의 유지·보수성 또한 크게 증가시킬 것이 분명하다.

 만약 향후에 보다 빠른 수행속도를 위해 제품별, 생산일별로 집계된 테이블을 추가하였다면 우리는 단지 위의 SQL에서 FROM 절에 기술된 SQL만 약간의 변경을 함으로써 해결된다는 것을 알 수 있다. 뿐만 아니라 인덱스를 적절하게 개선하거나 클러스터링을 해준다면 전혀 애플리케이션을 수정하지 않고서도 상당한 수행속도의 향상을 얻게 된다.

앞에서 비행기를 타고 자동차를 운전하듯이 해서는 안 된다고 강조했었다. SQL을 단지 필요한 데이터를 찾아오거나 데이터베이스에 저장하라는 명령어로만 사용한다면 당연히 복잡한 가공이 사용자의 몫으로 돌아가게 되고, 이것은 필연적으로 여러 번의 SQL이 수행되도록 하여 시스템 오버헤드를 증가시킨다. 결국 수행속도가 심각하게 저하될 것이며 애플리케이션의 코딩량이 크게 늘어나 생산성과 유지·보수성이 매우 나빠질 것은 너무나 자명한 일이다.

현재 사용자들이 이용하고 있는 클라이언트 개발 툴이나 미들웨어들은 매우 다양하고 그들마다 매우 독특한 특성을 가지고 있다. 이들의 생존전략 중에는 여러 가지가 있겠지만 특히 강조되는 것이 아마도 어떤 DBMS에도 적용할 수 있어야 한다는 점일 것이다.

시중에 판매되고 있는 대부분의 관계형 데이터베이스 제품들은 근본적인 개념이 매우 유사하고, 많은 기능이 유사하지만 좀더 깊이 들어가보면 상당히 독특한 부분이 많다. 각 데이터베이스들의 이러한 차이점을 해결하기 위해서 그들은 나름대로 자신의 스타일에 맞추도록 하는 부분을 가지고 있다.

이것을 위해서 어떤 개발 툴이나 미들웨어는 사용자가 보낸 SQL을 자신이 다시 여러 개의 단순한 표준형 SQL(ANSI standard SQL)로 분리하여 데이터베이스로 보내기도 한다. 이 과정에서 참으로 웃지 못할 일이 발생하기도 한다. 가령 4개의 테이블을 조인한 하나의 SQL을 4개의 SQL로 분리하여 각각 액세스한 후 클라이언트에서 자신이 조인을 하는 툴도 있다.

또 어떤 툴은 10,000건을 읽어서 100건으로 GROUP BY하는 SQL을 보냈더니 수행된 100건이 클라이언트로 오는 것이 아니라 10,000건을 받아서 자신이 클라이언트에서 GROUP BY를 하기도 하였다.

이러한 문제가 특히 심한 것은 요즘 한창 주가를 높이고 있는 유명한 ERP 패키지에서도 발생한다. 그들은 자신들이 개발한 프로그래밍 언어를 가지고 있다. 그러나 모든 데이터는 결국 관계형 데이터베이스에 저장된다. 이 말은 모든 데이터 처리를 자신의 언어로서는 할 수가 없고 데이터베이스의 SQL을 사용해야 함을 뜻한다.

그래서 이들은 자신의 절차형 언어에 SQL과 매우 비슷하게 생긴 구문(Syntax)을 가지고 있다. 그렇지만 이 구문은 결코 그대로 데이터베이스로 보내지지 않는다. 거의 대부분 여러 개의 단순 SQL로 분리되어 보내지며, 특히 조인 문장이 보내지는 일은 극히 찾아보기 어렵다.

이 말은 조인에 의해서 데이터를 연결하는 것이 아니라 각각의 집합을 별도로 읽어 자신의 절차형 언어로 처리한다는 것을 의미한다. 이것은 매우 중요한 문제를 가지고 있다. 누차 강조했지만 SQL이 분리되면 그 사이에는 엄청난 깊이의 계곡이 파여 있는 것과 같아서 수많은 사용자의 절차형 처리가 있어야 메워지게 되어 있다.

결국은 관계형 데이터베이스의 모든 장점을 무시하고 단지 읽기와 쓰기를 위해서만 사용한다는 것이다. 물론 이미 개발되어 있는 패키지의 모듈은 이러한 단점에도 불구하고 사용자가 적용할 수 있는 수준에 이르도록 갖은 수단을 동원하였기에 큰 문제로 부각되지는 않는다. 그러나 패키지는 누구에게나 적용할 수 있도록 일반화되어 있으므로 어떤 회사에 적용할 때는 반드시 자신에게 맞도록 개별화(Customizing)를 하게 된다.

저자는 이러한 패키지의 개별화로 인해 심각한 문제가 발생한 몇 개 회사의 튜닝을 한 적이 있었다. 관계형 데이터베이스의 장점을 살리려면 반드시 대부분의 처리를 데이터베이스가 가장 효율적으로 처리하도록 종합적인 SQL을 만들어야 하겠는데 도대체 이러한 SQL을 사용할 수가 없게 만들어져 있으니 참으로 난감하지 않을 수 없었다.

패키지의 버전에 따라 사용자가 작성한 SQL을 그대로 데이터베이스로 보내주거나 뷰를 통해 사용이 가능한 경우에는 그런대로 어렵게 해결할 수가 있었지만, 이러한 돌파구마저 막혀 있는 패키지는 정말 힘이 들었다.

이와 같이 클라이언트/서버 환경하에서는 SQL이 어떤 역할을 하도록 하느냐에 따라 개발 생산성이나 수행속도에 매우 큰 영향을 미친다. 특히 네트워크 부하는 엄청나게 증가할 수가 있다. 그러므로 여러분들은 자신이 사용하고 있는 개발 툴이나 미들웨어, 패키지의 특성을 면밀히 조사하여 SQL을 어떻게 활용해야 하는지에 대한 대책수립이 개발 전에 반드시 선행되어야 할 것이다.

2.5. 처리경로 개선의 용이성

바로 앞에서 언급을 했었지만 SQL의 활용도를 높여 개발한 애플리케이션은 약간의 옵티마이징 팩터의 조정만으로도 지금까지 수행되던 처리경로보다 훨씬 양호한 처리경로를 얻을 수가 있다.

즉, 인덱스나 클러스터링을 적절히 조정하거나, 보다 기능성이 좋도록 SQL을 변형시킴으로써 전혀 다른 처리경로를 손쉽게 얻을 수 있다는 것이다. 처리경로를 사용자가 일일이 기술하지 않았으므로 수정할 양은 당연히 적을 것이며, 우리가 액세스를 효율화시키는 기법을 잘 알고 있다면 보다 쉽게 최적화된 경로를 만들어낼 수 있다.

저자가 여러 프로젝트를 지원하면서 수행속도가 심각한 상태에 직면해 있는 경우를 많이 접해왔다. 문제를 분석하기 위해서 SQL_TRACE를 출력해 보면 문제의 원인들이 적나라하게 나타난다.

비록 문제는 있지만 SQL의 활용을 제대로 한 경우에는 문제의 핵심만 찾아내어 액세스 효율을 개선해주면 수 배에서 많게는 수백 배의 효율이 쉽게 향상된다. 그 원리를 잘 알지 못하는 사람들이 보면은 "마치 마술을 하는 것 같다"고 감탄을 한다. 어떻게 몇 단어나 몇 줄만 수정을 했는데 이토록 큰 차이가 날 수 있느냐고 놀라워 하는 경우를 무수히 많이 겪어 왔다.

그러나 이런 마술 같은 방법도 단순 기능으로만 사용된 SQL을 사용자의 로직으로 복잡하게 반복 수행시킨 경우에는 무용지물이다. 왜냐하면 하나 하나의 SQL을 살펴보면 전혀 실행 경로에 문제를 발견할 수가 없기 때문이다.

한번의 SQL 수행은 최적화되었으나 수행한 횟수를 보면 천문학적인 숫자가 나와 있는 것이 보통이다. 아무리 한번 수행에 0.01초 이하로 최적화되었더라도 이것이 10,000, 100,000, 1,000,000번 수행되었다면 티끌이 모여서 태산이 된다.

이러한 경우의 치료 방법은 이러 이러한 방법으로 다시 애플리케이션을 작성하라고 지적해 주는 것밖에 다른 방법이 없다. 어떤 프로젝트에는 조인이 전혀 없는 곳도 있으며 더욱 놀라운 것은 'GROUP BY'가 전혀 없는 곳도 있다는 것이다.

과연 이 시스템에는 여러 건을 모아서 분석하는 경우가 전혀 없었을까? 놀랍게도 애플리케이션에서 첨자를 사용하여 일일이 덧셈을 하고 있었다.

절차형으로 작성된 복잡한 애플리케이션을 자세히 살펴보면 모든 처리가 반드시 있어야만 하는 것처럼 보이지만 대다수는 궁극적으로 자신의 정보와 참조해야 할 정보를 찾아 경우에 따라서 'IF'로 특별 처리를 해가며 상수와 함수를 동원해 필요한 연산을 하는 것일 뿐이다.

자동차를 운전하는 방법을 사용했기 때문에 필연적으로 그러한 처리가 필요해진 것이지 비행기를 타고 가는 방법을 사용했다면 애초부터 그러한 방법이 필요조차 없을 것이다. 이러한 사실을 설명하기 위해 한가지 재미있는 사례를 들어보기로 하자.

어떤 통신 회사에서는 지난 달 사용자의 사용 실적에 따라 매월 청구 작업을 하고 있다. 월 사용료는 정액제로 계산되나 사용자의 특별한 사유에 따라 다양한 경우의 감액 요인이 발생한다.

예를 들어 장애자에 대한 감액, 연체에 의해 강제로 사용 정지를 당했을 때의 감액, 분실로 인해 일정 기간 사용이 중지된 경우의 감액, 본인의 의사에 따라 일정 기간 사용 정지가 요청된 경우의 감액 등이 있다. 빈번하게 발생하지는 않겠지만 이러한 감액 요인은 월 중 임의의 기간에 중첩되어 발생할 수 있고 여러 번 반복해서 발생하기도 한다.

장애자에 대한 감액을 제외하고는 몇 가지가 중첩되어 발생하였더라도 한 가지의 감액 요인으로 간주한다. 장애자인 경우에는 장애 기간 중에 다른 감액 요인이 발생하지 않았다면 정액의 20%, 다른 감액 요인이 있는 날인 경우는 감액 계산 후의 20%를 할인 받는다. 장애가 아닌 경우의 감액률은 90% 이며 고객수는 대략 5,000,000명이다.

위의 내용을 좀더 쉽게 설명하기 위해서 임의의 고객에 대한 감액대상이 발생한 경우를 그림을 통해 살펴보기로 하자.

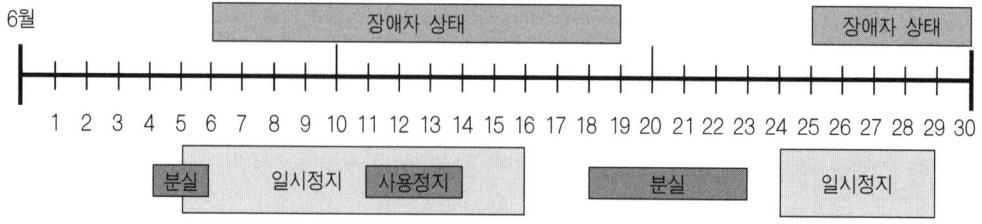

이와 같은 상황에서 우리는 어떠한 방법으로 처리해야 할 것인가? 이 책을 통해 좀더 많은 것을 얻고자 하는 독자라면 지금부터 책을 덮고 자신이 처리한다면 어떤 방식으로 처리할 것인지를 연구한 다음에 아래의 내용을 읽어보기 바란다.

과거에 그들이 처리하던 방법은 다음과 같았다.

먼저 전체 고객들 중에서 청구대상 고객을 하나씩 차례로 읽어간다. 읽혀진 고객에 대해 고객상태의 변화 정보가 기록되어 있는 여러 테이블을 읽어 각각의 상태가 지속된 기간을 찾는다. 그 다음은 일자 수(30일)만큼의 루프를 수행하여 여러 가지의 'IF'를 동원하여 각각의 일자가 감액되어야 할 방법을 결정하고 감액 종류별로 집계하여 감액률을 곱하여 더한다. 계산이 완료되었으면 그 결과를 테이블에 저장한다. 이와 같은 방법으로 전체 고객이 끝날 때까지 반복하여 수행한다.

여러분이라면 다른 어떤 방법으로 처리할 것인가? 만약 더 좋은 방법이 있다면 그 방법대로 수행한 일의 양을 추적, 분석해 보자.

사용자 수가 5,000,000명이라고 가정했다. 고객 테이블은 하나의 SQL에 의해 '전체 테이블 스캔' 방식으로 처리되며 어차피 그만큼을 읽어야만 하므로 크게 잘못된 것은 없다. 그러나 각 고객의 상태변경 정보를 여러 개의 테이블에서 읽어와야 한다면 여기서 수행되는 SQL의 처리 횟수는 엄청나다.

가령 4개의 테이블을 액세스해야 한다면, 비록 읽었을 때 대상을 찾지 못했다 하더라도 20,000,000번의 SQL이 수행된다. 각각의 수행 시마다 0.01초가 소요되었다 하더라도 필요한 정보를 찾는 데만 20,000초, 즉 5시간 30분 이상이 소요된다.

게다가 30회의 루프 내에서 저장할 값을 계산하는 시간을 무시한다고 하더라도 감액 대상자를 테이블에 저장하는 시간도 만만치 않다. 가령 1/5인 1,000,000명이 감액 대상이라고 한다면 1,000,000번의 INSERT가 수행되어야 한다.

일반적으로 INSERT, UPDATE, DELETE는 SELECT보다 5~10배 이상 소요된다. 그렇다면 최소한 다시 5시간 이상의 작업시간이 필요하게 된다는 것을 말한다. 결국 10시간 이상이 걸려야 작업을 완료할 수 있게 된다.

이 정도의 작업은 다음과 같은 방법으로 수행한다면 단 하나의 SQL로 10분 이내에 완료할 수 있다.

```
        SELECT 고객코드,
①              SUM(950 * NVL(감액률1,1) * NVL(감액률2,1)) 감액금액,
②              COUNT(감액률1||감액률2) 감액일수
        FROM ( SELECT x.고객코드,
③                     AVG(decode(상태코드,'분실',0.9,'사용정지',0.9,'일시정지',0.9) 감액률1,
④                     MIN(decode(상태코드, '장애자상태', 0.2)) 감액률2
⑤              FROM (SELECT 고객코드, 상태코드,
⑥                     GREATEST('19980601', 상태시작일) 시작일,
⑦                     LEAST('19980630', 상태종료일) 종료일
                    FROM 고객상태변경정보
                    WHERE 상태코드 IN('분실','사용정지','일시정지','장애자상태')
⑧                     and 상태종료일 >= '19980601'
                      and 상태시작일 <= '19980630' ) x, COPY_T y
⑨              WHERE y.NO between SUBSTR(x.시작일,7,2) and SUBSTR(x.종료일,7,2)
                GROUP BY x.고객코드, y.NO )
        GROUP BY 고객코드 ;
```

이 SQL이 과거의 절차형으로 복잡하게 작성된 처리절차를 대신한다고 본다면 그에 비해 매우 단순하게 작성되어 있다. 그렇지만 고객의 상태가 아무리 복잡하게 변경되어 있는 경우에도 전혀 문제없이 원하는 결과를 얻을 수 있다. 단순해 보이지만 이해하기 힘든 부분이 있으므로 중요한 부분만 좀더 자세히 설명하기로 한다.

먼저 ⑤의 인라인뷰에서는 '고객상태변경' 테이블에 있는 감액대상이 되는 집합을 액세스한다. 이때 어떤 고객의 상태는 매우 오래 전부터 지속되어 왔을 수도 있을 것이며, 이미 당월 이전에 변경상태가 완료된 것들도 많이 있을 것이다. 뿐만 아니라 당월에 시작했다가 아직 종료되지 않았거나 당월에 종료되어 버린 경우도 있을 것이며 작업시

점에 따라 이미 작업월의 다음 달에 발생한 상태변경 데이터도 입력되어 있을지 모른다.

이러한 모든 경우는 매우 복잡한 경우일 것 같지만 ⑧과 그 다음 라인의 비교조건으로 이러한 문제는 깨끗이 해결된다. 감액대상이 되는 고객의 상태는 앞서 그림에서 보았듯이 여러 가지가 복잡하게 중복되어 있을 수 있다. 이러한 상태를 임의의 '일자' 입장에서 생각해 보자. 고객상태의 지속기간에 따라 어떤 일자에는 여러 가지의 감액요인이 중복될 수도 있고 어떤 일자는 한가지만 혹은 전혀 없을 수도 있을 것이다.

이러한 경우의 수를 규칙적인 방법으로 판별하기 위해 먼저 ⑥과 ⑦에서 해당월의 감액기간을 결정한다. ⑥에서 GREATEST('19980601', 상태시작일)의 의미는 고객상태의 시작일이 당월초 이전일 때는 감액대상 시작일이 당월 1일부터 시작되며, 당월 중에 발생한 경우는 발생한 '상태시작일'부터 시작되도록 한 것이다. 마찬가지 방법으로 ⑦에서 감액종료일을 구해둔다.

감액대상 기간만큼 일자별로 로우를 분할하기 위해서 ⑨에서는 복제용 테이블인 COPY_T와 BETWEEN 조인시켰다. 각각의 감액대상 기간을 일자로 분할하여 다시 일자별로 GROUP BY하면 해당일자에 여러 가지의 감액대상이 모인다. 이렇게 모여진 일자별 감액대상들을 ③에서는 장애자 감액이 아닌 일반 감액대상의 적용률을 구했다. AVG 함수를 사용한 것은 여러 가지의 일반 감액대상들이 중복되더라도 90%의 감액률만 적용되도록 하기 위한 조치이며, 장애자 감액률은 일반 감액률을 적용한 결과에 다시 20%를 감안해야 하므로 ④에서 장애자 감액대상이면 0.2가 되도록 한 것이다.

③과 ④에서 대상이 없는 경우는 NULL이 된다. 이를 이용해 ①에서는 950(일별 단가)에 NVL(감액률1,1)과 NVL(감액률2,1)을 곱하였다. 이것은 중요한 의미를 가지고 있다. 논리적으로 일자별로 감액률1,2가 모두 없을 수는 없으므로(모두 없다면 해당 일자의 로우가 발생하지 않음) 경우의 수는 감액률1,2가 모두 있거나 둘 중에 하나가 없을 수 있는 3가지 경우만 존재한다.

감액대상이 없는 경우, 즉 NULL인 경우는 1로 치환했으므로 금액에 변화가 생기지 않는다. 가령 감액률1이 없는 경우는 '950 * 1 * 감액률2'가 되고, 감액률2가 없는 경우는 '950 * 감액률1 * 1'이 된다. 둘 다 존재하는 경우는 당연히 '950 * 감액률1 * 감액률2'가 된다. 이렇게 일자별로 구한 값을 고객별로 SUM하였으므로 우리가 찾고자 하는 해당월의 감액금액을 얻게 되었다.

②에서 감액일수를 구할 때 '감액률1||감액률2'를 한 것은 COUNT 함수는 NOT NULL인 값을 가진 경우만 처리하므로 둘 중에서 하나라도 NULL이 아니면 결합된 값은 NOT NULL이 되므로 우리가 원하는 감액일수를 구할 수가 있는 것이다.

위에서 소개한 SQL은 물론 고객별 청구금액을 구한 것은 아니다. 그렇지만 청구금액 산정방법이 '정액법'이므로 감액을 무시한 고객별 청구금액 계산은 매우 간단하다. 즉 청구대상 시작일과 종료일 사이의 일수를 구해 일별 단가를 곱하여 구한다. 이 집합과 우리가 구해 둔 감액대상을 같이 처리하면 최종 청구내역을 구할 수 있다. 이 처리방법은 더이상 언급하지 않겠다.

물론 지금 소개한 사례는 실제보다는 약간 간략하게 만든 것이다. 그렇지만 매우 복잡한 경우의 수를 처리하기 위해서는 반드시 절차형식의 처리방법을 사용해야 하는 것이라는 생각은 잘못된 생각임을 충분히 보여주었다고 생각한다.

만약 위의 사례보다 훨씬 다양한 감액상태가 있고, 감액률의 적용이 보다 복잡하더라도 ③,④에서 적절한 값으로 치환해서 우리가 원하는 구분값을 만들 수만 있다면 충분히 해결할 수가 있는 것이다.

이와 유사한 사례는 얼마든지 만들어낼 수가 있다. 만약 SQL이 대부분의 처리를 하도록 작성되었음에도 불구하고 수행속도가 늦다면 우리는 간단한 방법으로 이를 해결할 수가 있기 때문에 SQL이 복잡하게 만들어진다고 해서 너무 겁을 낼 필요는 없다. 액세스를 효율화시키는 방법은 '대용량 데이터베이스 솔루션 I'의 전편에 걸쳐 설명되었으므로 여기서는 다시 언급하지 않겠다.

그렇지만 여러분들은 이러한 내용을 충분히 숙지한 상태에서 이 책을 읽어보면 도처에서 여러분들이 실무상에서 빈번하게 접할 수 있는 사례들의 다양한 해결책을 발견하게 될 것이다.

2.6. 병렬처리에서 SQL의 역할

　병렬처리란 여러 개의 CPU를 가진 H/W에서 어떤 SQL을 처리함에 있어 다수의 프로세서가 동시에 병렬로 작업을 분담하여 수행함으로써 하나의 프로세서에서 처리하는 것보다 거의 1/N로 수행속도를 향상시킬 수 있는 처리 방법을 말한다.

　물론 CPU 개수와 병렬처리 프로세서의 수는 절대적인 관계는 없다. 즉, 하나의 CPU에서도 10개의 프로세서로 병렬처리를 할 수도 있다는 것이다. 그러나 어느 한사람에게 너무 많은 종류의 일을 시키면 오히려 효율이 감소하듯이 적은 CPU를 보유하고 있으면서 너무 많은 병렬 프로세서로 수행시키는 것은 오히려 나빠진다. 그렇다고 CPU 개수보다 항상 같거나 적게 병렬 프로세서를 지정할 필요는 없다.

　병렬처리의 수행속도를 좌우하는 요소에는 여러 가지 요인이 있지만 정렬 작업이 포함된 경우라면 가장 중요한 것은 정렬 영역의 크기(Sort Area Size)에 많은 영향을 받는다. 이를테면 어떤 작업을 수행시키는데 정렬 영역의 크기를 10M로 하고 8개의 병렬 프로세서를 지정한 것보다 15M로 6개의 병렬을 지정했더니 더 빨라지는 경우 등이 발생할 수 있다.

　이러한 튜닝은 보유하고 있는 시스템의 크기나 가용한 메모리의 양, I/O의 효율 등에 따라 약간씩의 차이가 나므로 반드시 어느 것이 유리하다고 할 수는 없다. 어쨌든 적절히 튜닝을 하였다면 거의 병렬로 프로세서를 지정한 비율만큼 수행속도를 향상시킬 수 있다는 것이다.

　병렬 처리의 수행속도에 큰 영향을 주는 요소는 정렬 영역뿐만 아니라 데이터가 물리적으로 얼마나 잘 분산되어 있어 I/O의 경합을 피할 수 있느냐는 것도 매우 중요하다. 데이터의 분산을 위해서 데이터베이스에 따라 데이터를 분산 저장하는 방법이 서로 다르다. 분산을 위한 데이터의 저장 방법은 크게 정적 분산(Static Partitioning) 방법과 동적 분산(Dynamic Partitioning) 방법으로 나눌 수 있다.

　고정적 분산은 분산된 데이터 파일에 특정 값을 지정하여 저장할 수 있으므로 여러 가지 유리한 점이 많다. 이를 테면 자주 사용하지 않는 특정 데이터 파일을 오프라인(Off line)시켜 두었다가 필요시 온라인(On line)시켜 사용할 수가 있으며 각각에 대해 데이터나 인덱스를 재생성시킬 수도 있으므로 대용량의 데이터 관리에 유용하다. 그러나 당연히 불리한 점도 있다.

예를 들면 전체 테이블을 모두 스캔하는 경우는 상관이 없겠지만 특정한 부분만 액세스해야 한다면 불리할 수도 있다. 또한 병렬 프로세서가 할당된 처리를 먼저 완료하였더라도 다른 프로세서를 도와줄 수가 없다. 일반적으로 특정 값으로 분산시켰을 때 각 데이터 파일의 크기는 동일하다고 볼 수 없으므로 데이터량의 편차가 심하다면 더욱 불리해질 것이다.

비록 동일한 양의 데이터를 할당받았다고 가정하더라도 처리에 소요되는 시간이 동일하다고 할 수 없다. 왜냐하면 우리는 데이터를 액세스만 하는 것이 아니라 데이터 값에 따라 추가적인 가공을 하게 되므로 어떤 부분은 다른 부분에 비해 훨씬 많은 처리가 일어날 수 있기 때문이다.

동적 분산은 물리적으로 분산된 여러 개의 데이터 파일에 임의의 로우가 저장되도록 하는 방법이다. 이러한 방법은 특정한 값에 대해 확률적으로 보았을 때 고르게 분산이 된다고 볼 수 있다. 이 방법은 어떤 특정한 값을 가진 로우를 특정 데이터 파일에 지정하는 것이 아니므로 어떤 데이터 파일만 오프라인을 시킬 수도, 재생성시킬 수도 없다.

이 방법은 데이터를 액세스할 때 9:3:1의 방법으로 분할하여 처음에는 9/13를 각각의 프로세서에게 할당하고 먼저 처리가 완료된 프로세서에게 3/13을 할당하며 최종적으로 1/13을 할당하는 방법으로 처리함으로써 먼저 완료된 프로세서가 놀고 있지 않도록 한다.

이러한 두가지의 저장 방법은 나름대로 장점과 단점을 가지고 있다. 각 데이터베이스 벤더(Vender)들은 자사의 처리 방식이 더 유리하다고 주장한다. 그러나 가장 이상적인 방법은 데이터베이스가 이러한 두가지 방법을 모두 제공하여 사용자가 적절하게 선택하도록 하는 것이다.

그러나 아직 이 두가지 방법을 모두 보유하고 있는 데이터베이스는 거의 없다. 오라클은 버전 8에서 이 두가지를 모두 제공하고 있다.

지금까지 I/O 경합을 줄이기 위한 데이터 분산 저장 방법에 대해 간략히 알아보았다. 그러나 비록 어떤 분산 방법이 더 유리하다고 할지라도 그것이 전체적인 작업에 미치는 차이는 그렇게 큰 것은 아니다.

정말 보다 중요한 것은 SQL을 어떻게 사용하였느냐에 있다. 병렬처리는 SQL 단위로 수행된다. 우리가 해야 할 전체적인 처리 중에서 얼마나 많은 부분이 SQL로 통합되었느냐가 결국 얼마나 많은 처리를 병렬로 처리할 수 있느냐의 관건이 된다. "동일한 데이터 100만 건을 단순하게 액세스만 하거나 정렬을 하는데 어떤 데이터베이스가 조금 더 빠르더라"라는 사실은 그렇게 중요한 것이 아니다.

우리가 처리할 일반적인 업무는 그렇게 단순하지가 않다. 주변의 다른 테이블을 참조하여 다양한 경우의 수, 즉 'IF' 처리를 해야 하며 복잡한 연산이 필요할 때도 있다. 이러한 처리 중 일부가 SQL 밖으로 나갈 수밖에 없다면 제 아무리 여러 개의 CPU를 가지고 있고 빠른 병렬 처리를 할 수 있는 데이터베이스라고 하더라도 로우가 천만 건이면 천만 번의 반복 수행을 해야만 할 것이다.

그렇다면 우리는 자신이 해야 할 처리를 SQL 내로 통합할 수 있도록 연구를 해야 할 것이며 그러한 처리가 가능하도록 데이터베이스의 우수한 SQL 기능을 제공하는 것이야말로 병렬 처리의 수행속도 향상에 보다 큰 비중을 차지한다고 하겠다.

'대용량 데이터베이스 솔루션 I'에서 소개했고 또 바로 앞에서 몇 가지 사례로 들었던 인라인뷰들을 잘 활용하거나 앞으로 설명될 SQL의 다양한 활용을 여러분들의 것으로 소화한다면 쉽게 이러한 SQL을 만들어낼 수가 있을 것이다.

2.7. 처리 과정의 파라미터 활용

SQL은 우리가 단지 요구만 하는 것이지 내부의 처리 방법을 기술하지는 않는다. 다시 말하면 요구를 하고 그 결과를 받을 뿐이지 그 처리 과정의 값을 다른 처리에 활용할 수 없다는 것이다. SQL의 이러한 특징이 바로 우리가 지금까지 사용해오던 언어와의 가장 큰 차이라고 할 수 있으며 우리가 쉽게 적응하지 못하는 중요한 이유라고 할 수 있다.

지금까지 우리가 어떤 복잡한 처리를 하고자 할 때는 반드시 처리 과정에 있는 어떤 값에 따라 다양한 경로로 분기하여 처리할 수밖에 없었다. 그러나 SQL을 사용했다면 그 과정에 있는 어떤 값에 따라 다양한 경로로 분기하여 처리하기가 매우 어렵다. 만약 우리가 어쩔 수 없이 처리 과정의 어떤 값에 따라 처리경로를 분기할 필요가 있다면 우리는 눈물을 머금고 SQL이 그 앞 단계까지만 수행하도록 분리하는 수밖에 없다.

이것이 바로 SQL의 역할을 자꾸만 왜소하게 하는 중요한 이유가 된다. 대포나 항공기를 가지고 있으면서 소총 전술을 사용해서는 안 된다. 다시 말하면 우리가 하고자 하는 목표를 이루기 위한 구현 전술을 지금까지와는 다른 각도에서 접근해야 한다는 것이다.

일단 SQL을 대포처럼 사용하기 위해서는 조인을 잘 활용해야 한다. 조인은 분할된 SQL을 하나로 모아 주는 역할을 한다. 이것은 단순히 SQL의 수행 횟수가 감소한다는 의미보다는 같은 SQL 속으로 통합됨으로써 처리 과정 중에 있는 서로의 값을 이용해 더 복잡한 처리를 가능하게 하여 SQL의 역할을 증대시킨다는 중요한 의미가 있는 것이다.

사람도 혼자서 살게 되어 있지 않듯이 우리가 처리하고자 하는 대부분의 업무도 하나의 테이블의 정보만으로 처리되지는 않는다. 모든 정보는 복합적인 관계를 가지게 마련이며 조인을 사용함으로써 이들의 처리를 하나의 SQL 환경 안으로 끌어들일 수가 있다. 그러나 많은 사용자들은 조인을 사용했을 때 수행속도가 저하되는 것을 너무 두려워한다.

조인을 사용한다고 해서 수행속도가 나빠진다는 것은 잘못된 생각이다. 특이한 몇 가지 경우에는 조인이 불리하기도 하지만 대부분의 경우에는 조인이 유리할 수밖에 없다. 조인의 수행속도에 영향을 주는 원리와 이를 개선, 향상시킬 수 있는 자세한 방법은 이미 '대용량 데이터베이스 솔루션 I'에서 상세하게 언급하였기 때문에 여기서는 더 이상 언급하지 않겠다.

SQL의 역할을 증대시키기 위해서 필요한 또 다른 중요한 기능은 조인을 통하여 복합적으로 모아 둔 정보를 다양한 경우의 수에 따라 분기하는 – 마치 'IF' 처리와 같은 – 방법이 반드시 필요하다. 우리가 사용하던 언어에 'IF'라는 개념이 없다고 가정해 보자. 처리 과정을 기술하는 일이 얼마나 어렵겠는가? 아마 상상도 할 수 없을 것이다.

이러한 'IF' 개념이 없다면 아무리 조인을 통하여 복합적인 정보를 액세스해 두었더라도 나머지 처리는 다른 일반 언어를 통해 처리한 후 다시 SQL을 이용하는 수밖에 없다. 그러나 처리 과정에 있는 데이터가 테이블에 저장되어 있지 않은 상태, 즉 애플리케이션 버퍼에 있는 상태라면 SQL을 이용하여 다시 읽어낼 수가 없다.

결국 마지막 쓰기작업(Write)을 하는 부분만 'INSERT'나 'UPDATE'를 사용하여 저장하는, 다시 말해서 SQL을 3세대 언어의 'READ', 'WRITE'로 이용하는 방법을 벗어나지 못하게 된다.

SQL 내에서 'IF' 처리를 할 수 있는 방법은 크게 두가지로 나눌 수 있다. 한가지는 'DECODE'를 활용하는 방법이다. 이 함수를 잘 활용하면 하나의 SQL 내에서 아주 많은 부분을 처리할 수 있다. 활용 방법과 적용 사례, 주의 사항 등은 다음 단원에서 상세히 다루도록 하겠다. 그러나 이 'DECODE' 함수는 오라클에서만 제공하고 있지만 다른 데이터베이스에서도 이러한 개념을 사용하는 데는 전혀 문제가 없다.

사이베이스와 DB2는 DECODE보다 오히려 유리한 CASE 문을 제공하고 있고 인포믹스는 사용자지정 저장형 함수(User Defined Stored Function)를 생성하여 동일한 방법으로 사용할 수가 있다. 만약 인포믹스 사용자 중에서 DECODE와 동일한 기능을 수행하는 사용자지정 저장형 함수를 생성하는 문장을 알지 못한다면 벤더측에 문의해 보기 바란다. 사용자지정 저장형 함수를 이용하는 경우에는 데이터베이스가 제공한 내장형(Built_in) 함수에 비해 오버헤드가 심하므로 주의해서 사용하는 것이 좋다.

다른 한가지 방법은 사용자지정 저장형 함수를 활용하는 방법이다. 이 방법은 데이터베이스가 보유하고 있는 절차형 SQL 언어를 이용하여 사전에 저장형 함수를 생성하고 이를 SQL 내에서 사용한다. 그러나 이 저장형 함수는 액세스된 각각의 로우에 대해서 한번씩 수행되고 수행된 결과는 반드시 하나의 값만을 돌려(Return)주므로 오버헤드가 발생하기 쉽다.

만약 여러 개를 사용해야 할 때나 저장형 함수로 사용된 컬럼은 이미 인덱스를 사용할 수 없으므로 처리할 범위가 넓은 경우에는 더욱 부담이 되므로 주의해야 한다.

사용자지정 저장형 함수의 다양한 활용방법은 뒤에서 많이 다루게 될 것이다. 자세한 내용을 원하는 사람들은 '제2장 데이터 연결의 다양한 방법, 3. 저장형 함수를 이용한 데이터 연결(Page 2-65~2-111)'를 참조하기 바란다. 앞으로 이외에도 다양한 부분에서 많은 활용사례가 소개될 것이다.

2.8. 단순성, 유지보수성, 생산성

SQL을 단순한 명령어의 역할로 사용하는 수준을 넘어 하나의 애플리케이션을 대신하는 수준으로 활용하게 되면 그렇게 길게 기술해야 하던 처리 문장이 아주 단순·명료해진다. 이러한 SQL을 만드는 것이 어렵지만 일단 작성하고 나면 누구나 이해할 수 있고 수정하기 쉬운 형태가 된다.

SQL은 결과를 요구만 하는 것이지 그 처리 과정은 기술하지 않는 것이므로 복잡할 수밖에 없는 처리 과정이 없어지고 우리가 최종적으로 얻고자 하는 내용이 한눈에 나타나게 된다. 앞서도 설명했지만 처리 과정을 보다 효율적으로 변경시키기 위해서도 SQL에는 많은 변화가 일어나지 않는다. 인덱스나 클러스터 등의 옵티마이징 팩터의 적절한 변경만으로도 대부분의 처리경로를 변경시킬 수 있기 때문이다.

경우에 따라서는 '힌트(Hint)'를 사용하거나 '사용제한(Suppressing)'을 하는 등 약간의 수정으로도 원하는 처리경로를 얻게 된다. 만약 새로운 테이블이 추가되었거나 변경이 일어났더라도 우리가 최종적으로 얻고자 하는 결론은 동일하므로 역시 많은 수정이 일어나지 않는다.

그러나 우리가 SQL을 단순한 명령어로 사용하고 사용자가 일일이 처리 과정을 기술하였다면 데이터 모델의 변경이 발생했을 때 많은 수정이 불가피할 것이다. 정보 공학에서 많이 강조하듯이 개발에 소요되는 자원보다 훨씬 많은 자원이 유지·보수에 투입되기 때문에 SQL을 어떻게 사용하였느냐는 단순히 생산성 향상을 할 수 있다는 의미보다 훨씬 더 중요한 가치를 지닌다고 해야 할 것이다.

지금까지 우리가 SQL을 잘 활용해야만 하는 이유를 길게 설명한 이유는 대부분의 개발자들이 SQL의 중요성을 간과하고 있기 때문이다. 대다수의 사람들은 기초를 충실히 하는 것을 귀찮아 하고 자신은 충분히 알고 있다고 자만해 버린다. 그러나 결코 그래서는 안 된다.

막 테니스에 입문한 초보자들도 백 보드를 열심히 치는 것보다 코트에서 시합을 하고 싶어한다. 아직 기초를 중시해야 할 중·고등학교 야구 선수들이 직구보다는 커브를 주로 던진다. 그래서 주니어 대회에서는 세계를 제패하는데 막상 성인 무대에서는 하위를 맴돈다.

　기초를 경시하는 이러한 잘못된 풍조들이 관계형 데이터베이스를 이용하여 개발하는 대부분의 프로젝트에서 예외 없이 일어난다. 초보자가 SQL 기본 교육을 며칠간 수료하면 이것이 바로 기초의 전부가 된다. 그리고는 기존의 3세대 언어를 사용하던 방법에 SQL을 끼워 맞춘다. 이것이 우리의 실정이다.

　요즈음은 자신이 관계형 데이터베이스를 사용해온 경력을 어깨의 견장처럼 여긴다. 그러나 저자가 경험한 그들은 아직도 SQL을 최대한 활용하지 못하고 있었으며 더욱이 처리경로까지 꽤 뚫고 있는 사람은 거의 찾아보기가 어려웠다. 그래서 저자는 "여러분이 작성한 어떤 애플리케이션이라도 1/10로 코딩량을 줄일 수 있고 10배의 수행속도를 향상시킬 수 있다"고 감히 장담해 왔다.

　이제 우리는 눈을 돌려 다른 방향을 바라보아야 한다. 사시가 아니라면 옆이나 뒤를 보려면 고개를 돌려야 한다. 그러기 위해서 우리가 가장 먼저 해야 할 일은 SQL을 눈으로 공부해서는 안 된다는 것이다. SQL은 쉽다. 초보자라도 누구나 며칠만 공부하면 알 수 있다. 그러나 착각해서는 안 된다. 이해하는 것과 표현할 수 있는 것과는 큰 차이가 있다.

　5~6급의 실력이면 9단들이 착점한 수를 이해는 할 수 있다. 그렇지만 자신이 그러한 수를 생각해낸다는 것은 결코 쉽지 않다. 수학 공식을 달달 외웠다고 해서 본고사 문제가 저절로 풀리지는 않는다.

　이와 같이 매뉴얼에 있는 내용을 모두 이해했다고 해서 자신이 SQL을 제대로 활용할 수 있다고 장담해서는 안 된다. 저자가 프로젝트를 하면서 평이한 문제를 하나의 SQL로 생성시키는 시험을 쳐 보았더니 50점 이상을 얻는 사람들이 거의 없었다. 만약 여러분들이 한 차원 높은 SQL 실력을 원한다면 당장 여러분들이 지금 개발하고 있는 애플리케이션에 눈을 돌려보라.

　지금까지 작성해왔던 방법을 무시하고 하나의 SQL로 60~90%의 처리를 담당할 수 있는 SQL을 만들기 위해서 며칠 동안 고민을 해보라. 도저히 안 될 것 같은, 안 된다고 생각했던 부분에 목표를 세우고 수많은 방법을 동원해 보고 식사를 하면서도, 세수를 하면서도, 아니 잠을 잘 때에도 생각을 해보라.

어렴풋하고 희미한 생각의 끈을 잡고 끝까지 연구를 해보면 참으로 많은 것을 얻게 될 것이다. 자신이 발견한 방법이 최선의 방법인지 아니면 도저히 방법이 없었던 것인지를 확인하고 싶다면 저자에게 팩스를 보내기 바란다. 최선을 다해 여러분의 고민을 도울 것을 약속한다.

저자가 교육을 통해 많은 사용자와 접하면서 단순한 문제를 한가지 내었는데 아직까지 풀었다고 해답을 주는 사람들이 거의 없었다. 여러분들도 다음과 같은 문제를 풀어보기 바란다.

다음과 같은 4개의 로우를 가진 테이블이 있다.

COL1	COL2
A	10
B	20
C	10
D	30

단 하나의 SQL을 사용하여 다음과 같은 결과를 추출해 보자.

A	10	10
B	20	30
C	10	40
D	30	70

여기서 세번째 컬럼은 앞에 추출된 로우들의 합이다. 이러한 결과를 3세대 언어로 작성한다면 너무나 쉬운 문제가 되겠지만 SQL의 특징상 하나의 SQL만으로 이러한 결과를 얻는 것은 생각보다 무척 어렵다.

저자가 이 문제를 내는 이유는 이러한 해결 방법이 애플리케이션에 자주 활용되기 때문이 아니다. 단 한가지의 이유는 이 문제를 해결하는 SQL을 작성하기 위해 많은 생각을 해보게 하고 그 응용력을 기르게 하기 위함이다.

SQL의 활용 능력을 키우는 것과 동시에 우리는 SQL만 보고도 처리경로를 알아 낼 수가 있고 자신이 최적의 처리경로를 제어할 수 있는 실력을 키워야 한다. SQL은 단지 요구만 하는 것이므로 요구한 SQL의 문법이 잘못되지만 않았다면 데이터베이스는 언제나 원하는 결과를 제공한다.

동일한 결과를 내게 하는 처리경로는 무수히 많다. 중요한 것은 결과만이 아니라 최적의 처리경로로 실행되었느냐에 있다. 과거에는 선생님이 문제를 내고 내 자신이 숙제를 하는 입장이었지만 SQL에서는 자신이 문제를 내고 데이터베이스가 숙제를 하는 방법이므로 자신이 숙제를 하지 않아 편하기는 하지만 제시된 방법은 자신이 원하는 것이 아닐 수도 있다는 것이다.

SQL을 사용해서 제대로 답을 얻었다고 좋아하는 사람은 바보 같은 사람이다. 숙제는 데이터베이스가 했고 실력은 데이터베이스의 실력이지 자신의 실력이 아니다. 그러므로 답이 중요한 것이 아니라 처리 과정이 어떻게 되었느냐가 더욱 중요하다.

아주 비효율적인 처리경로를 단계별로 설명하면서 당신의 우둔함 때문에 아무리 말 못하는 기계지만 이렇게 고생시켜서야 되겠느냐고 가끔 농담을 한다. 웃을 일이 아니다. 정말 말도 안 되는, 웃지 못할 처리경로로 수행되는 경우가 너무나 많다.

여러분들이 '대용량 데이터베이스 솔루션 I'을 충분히 숙지했고 이 책에서 그 활용 방법에 익숙해졌다면 이제 더 이상 그러한 농담을 듣지 않아도 좋을 것이라 확신한다.

3. SQL 활용도 향상 방법

앞서 우리가 관계형 데이터베이스를 사용하면서 왜 SQL을 잘 활용해야 하는가에 대한 여러 가지 당위성을 설명하였다. 그러나 이러한 당위성을 알고 있더라도 절차형 언어에 익숙해져 있는 상태에서 이러한 SQL을 만들어낸다는 것은 무척이나 어렵다.

여기서는 우리가 이러한 SQL을 보다 쉽게 생성할 수 있도록 하기 위해 몇 가지 기본적인 유형과 그 응용 방법에 대한 사례를 들어 설명하기로 하겠다. SQL 중에서 우리가 가장 잘 활용해야 하는 것은 'SELECT' 문이다. SELECT 문은 우리가 원하는 집합을 추출해준다. 여기서 우리가 원하는 집합이란 단순히 원하는 데이터의 추출만을 의미하는 것이 아니라 원하는 가공 처리까지 완료된 결과의 집합을 의미한다.

지금까지 몇번에 걸쳐 언급했지만, SELECT는 단지 원하는 데이터를 읽어달라는 문장이 아니라 데이터를 읽어 필요한 가공 처리를 한 후 <u>그 결과를 요구하는 문장인 것이다</u>. 그렇다면 우리가 어느 선까지 가공 처리된 SELECT 문장을 생성할 수 있느냐에 따라 SQL의 역할은 크게 달라진다.

우리가 원하는 집합을 하나의 SELECT로 찾았다면 INSERT를 별도로 수행시킬 것이 아니라 다음과 같이 SELECT 위에 덮어 씌워서 수행시킬 수가 있다. 'INSERT INTO table_name SELECT ...'로 수행되는 SQL은 우리가 SELECT 문에서 조인, 뷰, 인라인뷰, 서브쿼리, UNION, MINUS, INTERSECT, GROUP BY, HAVING, DECODE와 같은 다양한 기능을 이용하여 원하는 모든 가공 처리를 할 수만 있다면, 그렇게 완성된 집합을 일거에 'WRITE'까지 완료시켜 준다.

'UPDATE' 문장 또한 이미 가공된 결과를 단순히 '갱신'만 하는 문장이 아니다. SELECT와 잘 결합하여 사용한다면 처리해야 할 모든 데이터들의 주변 정보를 참조하여 다양한 가공 처리를 한 후 저장까지 완료하는 배치 프로그램과 거의 유사하게 구현할 수가 있다.

또한 'DELETE'도 'DELETE FROM table_name WHERE primary_key IN (SELECT ....)' 형식으로 사용함으로써 지정한 한 건을 삭제시키라는 단순 명령어로 사용되는 것이 아니라 SELECT와 결합되어 원하는 전체를 하나의 SQL로 처리할 수가 있다.

이와 같이 SELECT를 잘 활용하는 방법을 체득하였다면 이미 SQL의 70~80%를 마스터한 것이나 진배없다. 이런 이유로 앞으로 소개되는 대부분의 유형이나 사례는 SELECT가 주류를 이루게 될 것이다.

그러면 지금부터 SELECT의 중요한 유형별로 그 생성 원리와 활용 방법, 주의 사항 등을 가능한 우리 주변에서 자주 발생하는 사례를 통해 자세히 알아보기로 하겠다.

3.1. DECODE 함수를 이용한 IF 처리

'DECODE' 함수는 오라클에만 적용할 수 있는 함수로 절차형 언어에 있는 'IF .. THEN .. ELSE'에 해당하는 기능을 가지고 있다. 좀더 엄격히 말한다면 'IF .. THEN .. ELSE' 보다는 기능이 많이 부족하다. 예를 들면 'IF A = 10 OR 20 ...' 처럼 'OR' 방법으로 표현할 수 없다거나, 'IF A 〉 10 THEN ..' 처럼 부등호로 비교할 수도 없다.

오로지 '='로만 비교되어야 하며, 함수를 수행한 결과는 항상 하나의 값만 가질 수 있을 뿐만 아니라 표현 방법도 훨씬 자유롭지 못하다. 만약 SELECT-LIST에서 다음과 같이 기술하였을 때

SELECT DECODE(A, 10, 1, 20, 2, 3) ....

이 문장을 절차형 언어에서 처리하였다면 다음과 같은 뜻을 가진다.

IF A = 10 THEN 1
ELSE IF A = 20 THEN 2
　　　ELSE 3
END IF
　여기서 1, 2, 3은 추출(Return)되는 결과 값이다.

위의 예에서 알 수 있듯이 비교 연산자는 항상 '='을 의미하며 비교되는 컬럼(여기서는 A) 뒤의 인자들은 항상 '짝(Pair)'으로 기술하여 비교되는 상수값과 추출되는 결과 값이 된다. 만약 '짝'을 이루지 못한 마지막 값이 있다면 그 값은 'ELSE'에 해당되는 결과 값이 된다.

여기서 비교하는 컬럼은 반드시 테이블에 있는 컬럼이 되어야 하는 것은 아니며 비교되는 상수값이나 추출되는 결과 값 또한 SQL 내에 사용할 수 있는 모든 경우의 표현이 가능하다.

예를 들면 다음과 같이 사용할 수 있다.

SELECT DECODE(ROUND((:A - 10) / 100, 2), ROUND(COL1/25,2), COL2+0.85 ....
　　　여기서 :A 는 호스트 변수이며 COL1, COL2는 테이블에 있는 컬럼이다.

또한 'ELSE' 가 없는 'IF' 문장이 있을 수 있듯이

SELECT DECODE(A, 10, COL1), ...

으로 사용하여 'A = 10' 인 경우만 비교할 수가 있다. 물론 위의 경우에서 A가 10이 아닌 경우에는 NULL 값이 추출된다. 우리가 IF 문을 사용할 때 자주 사용하게 되는 'IF A = 10 OR 20 OR 30 THEN ...' 형식의 표현은 다음과 같이 나열식으로 표현하여 해결할 수 있다.

SELECT DECODE(A, 10,1, 20,1, 30,1, ...

그러나 위의 예처럼 추출되는 결과 값이 '1' 과 같이 단순한 상수값이 아니라 복잡한 연산이 반복된다면 다음과 같이 사용할 수밖에 없어 매우 비효율적이고 번거롭다.

SELECT DECODE(A, 10, TO_CHAR(CEIL((:A - 10) / 100)) || SUBSTR(COL1,1,4),
　　　　　　　　　20, TO_CHAR(CEIL((:A - 10) / 100)) || SUBSTR(COL1,1,4),
　　　　　　　　　30, TO_CHAR(CEIL((:A - 10) / 100)) || SUBSTR(COL1,1,4), ...

그러나 다음과 같은 인라인뷰를 사용한다면 보다 간편하고 효율적으로 사용할 수가 있다.

SELECT DECODE(A, 10, B, 20, B, 30,B, ...
FROM(SELECT A, TO_CHAR(CEIL((:A - 10) / 100)) || SUBSTR(COL1,1,4)) as B, ...

```
        FROM table_name
        WHERE conditions );
```

우리가 IF 문에서 반드시 필요한 또 한가지의 기능은 'IF A > 10 THEN ...'과 같이 부등호로 비교해야 하는 경우이다. 만약 반드시 '='로만 표현할 수밖에 없다면 10보다 큰 경우가 10,000가지가 있다고 한다면,

```
    SELECT DECODE(A, 10,1, 11,1, 12,1, ...., 10000,1)......
```

와 같이 10,000번을 기술할 수밖에 없다는 뜻이 된다. 만약 비교할 값에 소수점까지 있다면 이것은 그야말로 천문학적인 비교를 해야 하는 경우가 발생한다. 이것은 우리가 도저히 사용할 수 없다는 뜻이 된다. 그러나 간단한 방법으로 이와 같은 문제를 해결할 수 있다.

첫번째 해결 방법은 다음과 같이 'SIGN' 함수를 사용하는 방법이다.

```
    SELECT DECODE( SIGN(A - 10), -1, ...
    혹은
    SELECT DECODE( SIGN(10 - A), 1, ...
```

'SIGN' 함수는 부호를 출력해 준다. 예를 들어 SIGN(10)을 처리한 결과는 1이 되고, SIGN(-10)의 결과는 -1이 된다. 0(Zero)의 SIGN 값은 0이 된다. 이와 같은 성질을 이용하여 우리는 '>' 혹은 '<' 뿐만 아니라 '>=' 나 '<=' 도 표현할 수가 있다.

위의 예는 A의 값이 10보다 적은 경우는 음수이므로 -1이 되며 10인 경우는 0이 된다. 그러므로 -1인 경우만 취했으므로 'IF A < 10'과 동일한 뜻이 되며 당연히 'ELSE' 부분은 'A >= 10'이 된다. 비교되는 값들이 정수라면 10 대신에 11을 사용함으로써 '>=' 이나 '<=' 처리를 할 수 있다.

우리가 만약 'ELSE' 부분만을 취하고자 한다면 다음과 같이 가능한 'IF'를 만족하는 부분은 'NULL'로 처리하는 것이 불필요한 연산을 줄일 수 있어 유리하다.

SELECT DECODE(SIGN(10 - A), 1, NULL, your_result_value), ...

물론 이러한 차이는 한 로우씩을 처리할 때는 차이가 나지 않는다. 그러나 다음과 같이 사용하는 경우라면 많은 차이가 날 수 있다.

SELECT SUM(DECODE(SIGN(10 - A), 1, NULL, your_result_value)), ...
FROM table_name
WHERE conditions
GROUP BY columns

위의 예에서 NULL 대신 0을 사용해도 결과는 동일하지만 SIGN 값이 1인 경우에도 불필요하게 0을 더하는 연산이 발생한다. 만약 여러분들 중에 위의 예에서 연산에 NULL 값이 있으므로 잘못된 결과가 추출될 것으로 우려되는 사람이 있다면 '대용량 데이터베이스 솔루션 I' 의 'NULL 공포증의 해소' 부분을 자세히 읽어보기 바란다.

SIGN 함수를 좀더 활용하면 IF 내에 다시 IF가 사용되는 연속(Nested) IF 처리도 가능하다. 우리가 다음과 같은 절차형 언어로 표현하고자 하는 문장이 있다면 어떻게 DECODE로 표현할 수 있는지 알아보기로 하자.

IF A < 10 THEN 1
ELSE IF A < 20 THEN 2
    ELSE IF A < 50 THEN 3
        ELSE 4

여기서 결과로 1을 출력하는 경우는 'A < 10' 경우이고, 2를 출력하는 경우는 '10 <= A < 20'은 경우이며, 3은 '20 <= A < 50', 4는 'A >= 50'인 경우이다. 위의 문장을 DECODE를 사용하여 표현해 보자.

SELECT DECODE(SIGN(A - 10), -1, 1,

                    DECODE(SIGN(A - 20), -1, 2,
                            DECODE(SIGN(A - 50), -1, 3, 4))), ……
    FROM table_name …………

그러나 DECODE가 연속해서 사용되어 깊이가 깊어지면 수행속도에 나쁜 영향을
미친다. 이러한 단점을 해결하는 방법은 뒤에서 별도로 다루기로 하겠다. SIGN 함수를
사용하지 않고 'FLOOR'라는 함수를 사용하여도 이와 같은 효과를 얻을 수 있다.
FLOOR 함수는 '절사'된 값을 추출하는 함수이다. 예를 들어 FLOOR(0.01)은 0을
출력하고 FLOOR(0.99)도 0을 출력한다.

이와 같은 성질을 이용하여 위의 문장은 다음과 같이 표현할 수 있다.

    SELECT DECODE(FLOOR(A / 10), 0, 1,
                    DECODE(FLOOR(A / 20), 0, 2,
                            DECODE(FLOOR(A / 50), 0, 3, 4))), ……

물론 FLOOR 함수는 앞서 소개했던 단순 비교에도 동일하게 사용할 수 있다. 이
FLOOR 함수와 유사한 'CEIL'이라는 함수를 사용하면 '<='을 ELSE 부분이 아닌
IF 조건을 만족하는 부분에 사용할 수 있다. CEIL 함수는 '절상'된 값을 출력한다.

예를 들어 CEIL(0.01)이나 CEIL(0.99)는 모두 1을 출력한다. CEIL(1)은 동일하
게 1을 출력하지만 CEIL(1.0001)은 2를 출력한다. 이러한 성질을 이용하면 다음과 같
은 문장을 처리하려고 할 때 CEIL이 유리하다.

    IF A <= 10 THEN 1
    ELSE IF A <= 20 THEN 2
        ELSE IF A <= 50 THEN 3
            ELSE 4

CEIL 함수를 이용하여 표현해 보자.

```
SELECT DECODE(CEIL(A / 10), 1, 1,
              DECODE(CEIL(A / 20), 1, 2,
                     DECODE(CEIL(A / 50), 1, 3, 4))), .....
```

숫자에 대한 부등호를 비교할 때뿐만 아니라 약간의 제약은 있지만 문자에 대한 부등호 비교도 가능하다. 다음과 같이 문자에 대한 부등호를 이용한 비교를 하고자 한다면 어떻게 해야 하는가?

```
IF A 〈 'C' THEN 1
ELSE IF A 〈 'F' THEN 2
     ELSE 3
```

다음과 같은 'ASCII' 함수를 이용하여 해결할 수 있다. ASCII 함수는 해당 문자의 핵사 데시멀 값을 출력한다. 비록 여러분이 사용하고 있는 O/S 가 'EBCIDIC' 코드로 되어 있더라도 함수는 ASCII를 사용하며 단지 출력되는 코드 값만 달라질 뿐이다.

```
SELECT DECODE(SIGN(75 - ASCII( A) ), 1, 1,
              DECODE(98 - ASCII(A) ), 1, 2, 3) ), .......
FROM table_name ................
```
   여기서 75와 98은 'C' 와 'F' 의 ASCII 코드 값이다.

이 방법의 문제점은 한자리의 문자에서만 적용할 수 있다는 것이다. 그러나 걱정할 필요가 없다. 다음과 같이 'GREATEST' 나 'LEAST' 함수를 사용하면 간단히 해결할 수가 있다.

GREATEST 함수는 비교하는 두개의 인자 중에서 큰 것을 가려내는 함수이며, LEAST는 적은 것을 가려내는 함수이다. 이 함수들의 가장 큰 장점은 비교되는 값들의 데이터 타입에 전혀 영향을 받지 않는다는 것이다. 뿐만 아니라 SIGN이나 CEIL, FLOOR 와는 달리 연산을 하지 않으므로 부하도 훨씬 적다.

```
SELECT DECODE(LEAST(A, 'ABC'), A, 1,
              DECODE( GREATEST(A, 'DEF'), A, 3, 2 ))
FROM table_name ................
```

이 문장을 절차형 언어로 표현한다면 다음과 같다.

```
IF A <= 'ABC' THEN 1
ELSE IF A >= 'DEF' THEN 3
     ELSE 2
```

이 방법은 매우 편리하다. 모든 데이터 타입에 적용될 수 있으며, 길이에도 전혀 영향을 받지 않는다. 특히 '>='나 '<='와 같은 비교에 매우 유리하다. A <= 'ABC'를 표현하고 싶으면 DECODE(LEAST(A, 'ABC'), A, ...)로 사용하고, A >= 'ABC'를 표현할 때는 DECODE(GREATEST(A, 'ABC'), A, ...)를 사용한다. 만약 '='인 경우를 제외하고 싶으면 다음과 같이 처리한다.

```
SELECT DECODE(LEAST(A||' ', 'ABC'), A||' ', 1,
              DECODE(LEAST(A, 'DEF'), A, 2, 3 ))
FROM table_name ................
```

이 문장을 절차형 언어로 표현한다면 다음과 같다.

```
IF A < 'ABC' THEN 1
ELSE IF A > 'DEF' THEN 3
     ELSE 2
```

이와 같이 비교할 컬럼에 공백을 붙여 비교(||' ')하거나 비교할 상수값의 끝자리에 'A'를 한자리 더 기술하는 방법도 있을 것이다. 어쨌든 DECODE를 자유자재로 사용

할 수 있어야 컬럼의 다양한 가공이 가능해진다. 그러나 DECODE를 반복해서 사용하지 않도록 많은 연구를 해야 할 것이다.

앞으로 DECODE를 줄일 수 있는 여러 가지 방법을 소개하겠지만 저자가 접하는 대부분의 시스템에서 항상 너무 많은 DECODE를 만나게 된다는 것은 사용자들이 너무 방만하게 사용하는 것 같아 주의할 것을 당부하고 싶다.

이러한 DECODE의 활용 방법은 SELECT-LIST에서 뿐만 아니라 WHERE 절, GROUP BY, ORDER BY 절에서도 당연히 사용할 수 있다. 우리는 앞으로 이러한 부분에 대한 다양한 활용 방법을 알아보게 될 것이다.

3.2. SUM(DECODE...)의 활용

DECODE를 가장 빛나게 해주는 활용 방법은 바로 SUM 함수와 함께 사용하는 경우라 해도 지나치지 않다. 이 방법은 우리가 SQL로 읽어둔 데이터를 수많은 절차형 언어로 다시 가공해야 하는 번거로움을 현격히 줄여준다.

특히 다양한 정보를 가공해야 하는 거의 대부분의 통계·분석용 처리에서 활용할 수 있다고 해도 과언이 아니다. 왜냐하면, 이러한 프로그램은 숫자들을 가공하는 경우가 대부분이기 때문이다. 실무에서는 우리가 읽어들인 원시 데이터를 그대로 집계하는 경우보다 상황에 따라 다양한 경우의 수를 처리해야 하는 경우가 훨씬 많다.

SUM 함수는 같은 분류에 속하는 여러 개의 로우들을 하나의 값으로 압축해 주는 역할을 담당하며, DECODE는 다양한 IF 처리를 가능하게 하므로 이 두가지가 서로 만나면 큰 힘을 발휘할 수가 있는 것이다.

이 방법을 활용하여 해결할 수 있는 경우는 너무나 많이 있으며 오라클을 사용하는 개발자라면 최소한 한번씩은 사용해 보았을 것이다. 사실 이 방법은 매뉴얼에는 없었다. 저자가 1989년도에 처음으로 개발하여 그 활용방법을 미국 오라클 본사에 보내 전파를 당부했고, 그 후로도 지금까지 여러 경로를 통해 상당히 널리 전파되어 매우 일반적인 사용 방법으로 적용되고 있는 실정이다.

그러나 원작자의 의도가 정확히 전달되지 않아서 그런지 각종 부작용도 상당히 많이 나타나고 있다. 처리에 필요하다면 앞뒤 가릴 것 없이 조인을 하고 마치 절차형 언어를 사용하듯이 DECODE를 남발하여 이건 아예 SQL이 아니라 COBOL 프로그램처럼 되어 버리는 경우도 있었다.

기술하지 않아도 될 항목을 굳이 사용하여 불필요한 부하를 자초하기도 하며, 최근에는 자유롭게 원하는 집합을 만들 수 있는 인라인뷰가 등장하자 더욱 엄청난 분량을 가진 SQL이 남발되고 있는 실정이다.

이런 이유 때문에 이 장에서는 기초적인 개념부터 다시 정립하고자 하며, 그 다양한 활용 방법과 확장 방법, 우리가 빠져들기 쉬운 주의사항을 상세히 언급하도록 하겠다.

3.2.1. SUM(DECODE...)의 기본형

그룹함수인 SUM, MAX, MIN, COUNT 등은 마치 압축기로 압축을 하는 것처럼 GROUP BY한 컬럼들로 데이터를 모을 수 있게 한다. 여기에 다양한 경우의 수를 처리할 수 있는 DECODE를 같이 사용하게 되면 압축될 대상 로우들 중에서 우리가 처리하고 싶은 것들만 골라서 처리할 수 있는 중요한 기능을 가지게 된다.

데이터를 취합하여 보다 높은 의미를 가지는 정보들은 대부분 이러한 기능을 필요로 한다. 단순히 데이터를 입력하고, 수정하고, 확인하는 데 목적이 있는 것이 아니라면 이러한 기능은 장차 우리가 고급정보를 생성하는 데 있어서 매우 유익한 역할을 담당하게 될 것이다. 이러한 의미에서 앞으로 보다 확장된 기능으로 확장시키기 위해서 먼저 근본적인 원리를 파악해 보기로 하겠다.

다음과 같은 SQL을 수행시켜 보자.

```
SELECT item, DECODE(mm, '01', qty) M01,
             DECODE(mm, '02', qty) M02,
             DECODE(mm, '03', qty) M03,
             ............................
             DECODE(mm, '12', qty) M12
FROM table_name
WHERE conditions ;
```

이 결과는 세로로, 즉 로우 형태로 되어 있는 데이터를 옆으로 펼치게 할 수는 있지만 다음과 같이 낱개의 형태로 출력된다.

ITEM	M01	M02	M03	M04	M05	M06	M07	M08	M09	M10	M11	M12
AAB		100										
AAB			300									

AAB		800	
AAB	200		
AAB			700

이 출력물의 형태는 우리가 원하는 결과가 아니다. 그러나 이 결과를 하나의 테이블로 생성시켰다고 생각해 보자. 그렇다면 여러분들은 이 테이블을 ITEM으로 GROUP BY시키고 각각의 컬럼을 SUM으로 집계하여 ITEM 종류별로 개월마다 집계가 된 형태로 한 라인씩을 출력할 수 있을 것이다.

그러나 위의 결과를 굳이 테이블에 저장하지 않아도 상관이 없다. 그대로 DECODE 앞에 SUM을 붙이고 GROUP BY를 해도 동일한 결과를 얻을 수 있기 때문이다. 그것은 SELECT하여 가공한 것도 하나의 집합이고, 테이블을 그대로 액세스한 것도 마찬가지로 하나의 집합이기 때문이다.

좀더 실무적인 사례를 한가지 들어보자. 다음과 같은 생산 계획 테이블이 있다.

PROD	ITEM	PLAN_YM	DEPT	PLAN_QTY	PLAN_AMT	....
PD	HA100	9601	2410	2400	86500000	....
PD	HA100	9602	2410	3200	98650000	....
...	.....	....	....	....	....	....
PD	BA200	9601	3110	200	6801000	....
...	.....	....	....	....	....	....
FA	FC-200	9601	3220	350	7780900	....
...	.....	....	....	....	....	....

이 테이블의 정보를 이용해서 다음과 같은 2차원 결과를 출력한다면 다음과 같은 첨자 형태의 필드에 값들이 집계되어서 출력될 것이다.

제품	1월	2월	3월	4월	5월	6월	7월	....	11월	12월	소계
AC	(1,1)	(1,2)	(1,3)	(1,4)	(1,5)	(1,6)	(1,7)	.....	(1,11)	(1,12)	(1,13)
CB	(2,1)	(2,2)	(2,3)	(2,4)	(2,5)	(2,6)	(2,7)	.....	(2,11)	(2,12)	(2,13)
FD	(3,1)	(3,2)	(3,3)	(3,4)	(3,5)	(3,6)	(3,7)	.....	(3,11)	(3,12)	(3,13)
...	.....	.....	.....	.....	.....	.....	.....	.....	.....	.....	.....
PB	(N,1)	(N,2)	(N,3)	(N,4)	(N,5)	(N,6)	(N,7)	.....	(N,11)	(N,12)	(N,13)

이러한 결과를 얻기 위해 우리가 지금까지 해오던 방법은 어떠했는가? 처리해야 할 로우들을 차례로 읽어가면서 가로 첨자와 세로 첨자를 구해 값을 더하고 해당 세로 첨자의 우측에 있는 소계에도 더하였다. 이러한 방법은 새로운 제품에 변경이 생긴다면 어쩔 수 없이 애플리케이션을 수정해야 했다. 집계할 항목에 따라 다르겠지만 만약 항목 종류의 최대 개수를 모른다면 참으로 불안하기 짝이 없다.

SQL에서는 첨자를 사용할 수 없으며, 더욱이 절차형 언어가 아니므로 이러한 결과를 얻기는 매우 어려워 보인다. 물론 처리할 집합을 SQL로 선언해두고 하나씩 패치(Fetch)해 가면서 3세대 언어에서와 같이 작성할 수는 있겠으나 이 방법은 SQL을 오직 'READ' 개념으로만 사용한 것에 지나지 않는다.

위의 결과는 다음과 같은 SUM(DECODE...) SQL을 사용한다면 단 한번의 수행으로 모든 처리가 완료되며 원하는 형태 그대로 출력된다.

```
SELECT ITEM,
       SUM(DECODE(substr(plan_ym,3,2), '01', plan_qty)), /* 1월분 생산계획 */
       SUM(DECODE(substr(plan_ym,3,2), '02', plan_qty)), /* 2월분 생산계획 */
       SUM(DECODE(substr(plan_ym,3,2), '03', plan_qty)), /* 3월분 생산계획 */
       ..............................................................
       SUM(DECODE(substr(plan_ym,3,2), '12', plan_qty)), /* 12월분 생산계획 */
       SUM(plan_qty)                                     /* 소계 */
FROM 생산계획테이블
WHERE plan_ym like '96%'
```

GROUP BY ITEM :

　이 예제는 SUM(DECODE...) 용법의 가장 기본적인 형태이다. 이 기본 형태를 잘 활용하면 아주 광범위한 형태로 활용 영역을 확장시킬 수가 있다. 처리할 대상의 전체 집합을 마음대로 확장할 수 있으며 처리 영역 또한 얼마든지 조절할 수 있다.

　뿐만 아니라 처리 종류나 추출하고 싶은 단위를 마음대로 할 수도 있으며 그 속에 있는 각각의 로우에 대해서도 자유롭게 가공 처리할 수 있다. 이것이 가능하다면 우리가 원하는 것이 무엇이라도 못할 것이 어디 있겠는가!

3.2.2. SUM(DECODE...)의 확장

정보를 가공한다는 것은 어디 하늘에서 떨어진 것이나 갑자기 땅에서 솟은 정보로 처리 하는 것이 아니다. 결국은 자신의 정보와 참조해야 할 다른 정보들에 대하여 각종 경우의 수에 따라 상수, 함수, 변수 등을 이용해 연산이나 기타 다양한 가공을 하는 것일 뿐이다. 그렇다면 우리가 이러한 모든 처리를 SQL 내에서 할 수 있다면 SQL에서 못할 것이 없을 것이다.

가. 전체 집합의 확장

SQL 처리의 기본이 되는 전체 집합은 테이블이나 뷰, 인라인뷰가 된다. 그렇다면 이 전체 집합을 늘이는 방법은 조인을 사용함으로써 간단히 해결된다. 여기서는 일단 수행 속도는 무시하자. 이 말은 수행속도가 중요하지 않다는 의미가 아니라 '대용량 데이터베이스 솔루션 I'에서 조인에 대한 속도의 원리나 향상 방안을 충분히 언급했기 때문에 여기서는 더 이상 언급하지 않겠다는 의미에서 한 말이다.

그렇다면 우리는 정보의 가공에 필요한 정보와 추가적인 처리 영역을 필요로 한다면 얼마든지 늘여서 SQL 내로 끌어들일 수 있다. 다음 그림을 보자.

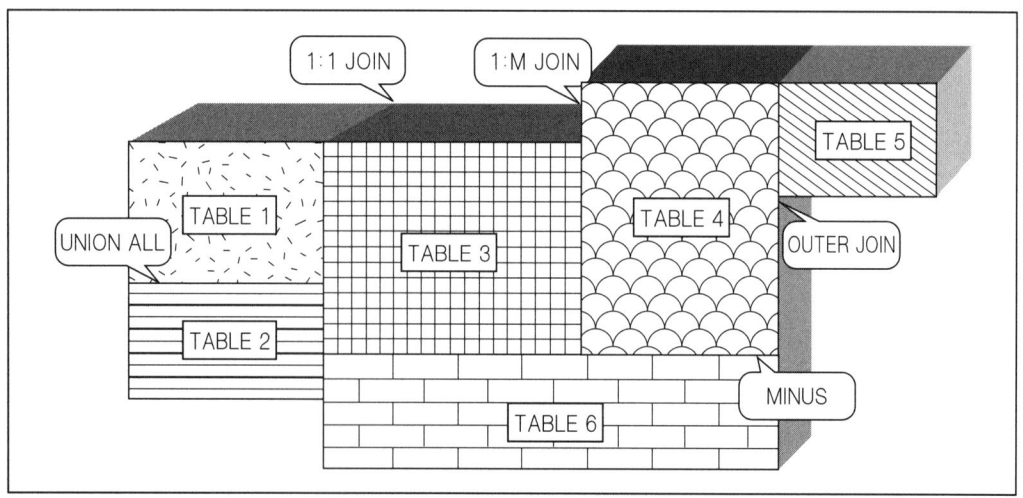

그림 1-3-1

이 그림에서 볼 수 있듯이 최초의 전체 집합이었던 TABLE1에 TABLE2를 'UNION' 혹은 'UNION ALL'을 하거나, TABLE3와 같이 1:1인 집합, 혹은 자기 집합의 로우 수를 증가시키지 않은 부모 관계의 테이블과 조인하거나, TABLE4와 같이 자기 집합의 로우 수를 증가시키는 1:M 조인을 할 수도 있을 것이다. 경우에 따라서는 TABLE5와 같이 특정 집합에 있을 수도 있고 없을 수도 있는 경우라면 'OUTER' 조인을 하면 해결될 것이다.

뿐만 아니라 TABLE6와 같이 'NOT EXISTS', 'NOT IN' 등을 서브쿼리와 함께 사용하거나 'MINUS', 'INTERSECT' 등을 이용하여 차집합이나 교집합을 구함으로써 원하는 전체 집합을 생성할 수도 있다. 이 밖에 인라인뷰를 이용하여 먼저 어떤 집합들을 가공하여 1차 집합을 생성하고, 그 집합과 다시 다른 집합을 조인하여 2차 집합을 생성하기도 한다.

뷰나 인라인뷰를 사용하여 먼저 1차 집합을 만들 때 상수값, DECODE, SUBSTR 등의 함수와 SUM, MAX, MIN 등의 그룹 함수, GROUP BY 등을 이용해 적당한 형태로 분류를 하거나 가공을 해두면 2차 가공에서 매우 요긴하게 사용할 수 있다. 여러분들이 이런 방법에 통달한다면 SQL의 진면목을 발견할 수 있고 관계형 데이터베이스의 참맛을 느낄 수 있을 것이다.

이러한 예는 너무나 많고 앞으로 자주 등장하겠지만 참고로 간단한 사용 예를 한가지 소개하기로 한다. 뷰나 인라인뷰는 근본적으로는 거의 동일하므로 여기서는 인라인뷰를 이용한 예를 소개하기로 한다.

```
SELECT ........, SUM(DECODE( tab_type,1, b_amt * y.unit)),
                SUM(DECODE( tab_type,2, b_amt * y.qty)), .........
FROM ( SELECT A, SUM( B * DECODE(B,1,0.02, 2,0.05, 0.09)) as b_amt,
              '1' as tab_type
         FROM TAB1
         WHERE conditions
         GROUP BY A
       UNION ALL
```

```
            SELECT A, B as b_amt, '2' as tab_type
            FROM TAB2
            WHERE conditions ) x, TAB3 y
    WHERE x.A = y.A
        and conditions
    GROUP BY ............ ;
```

이 예에서 우리가 주의 깊게 살펴보아야 할 것은 UNION으로 합쳐지기 전의 원래의 집합을 구분하기 위해 실제 테이블에는 존재하지 않지만 상수값을 이용해 마치 그러한 컬럼이 존재하는 것처럼 만드는 방법이다. 뷰 내에서는 하나의 상수값에 불과했지만 뷰 전체가 하나의 집합으로 인정받는 경우에는 그 상수값도 엄연히 컬럼 명칭을 가지는 즉, 일반 테이블의 컬럼과 동일한 형태로 사용할 수 있다는 점이다.

또 한가지는 인라인뷰에서 1차 가공된 집합을 다시 조인하여 우리가 원하는 전체 집합을 생성하고 있다는 점이다. 이러한 방법을 잘 활용하면 마치 절차형 언어에서와 같이 특정한 집합에 대한 처리를 먼저 수행시키고 차례로 다음 처리를 할 수 있다. 이것은 곧 SQL의 제한 사항을 많이 극복할 수 있다는 점에서 그 활용 가치는 아주 크다고 하겠다.

위의 예에서는 서로 상이한 집합을 단순 합집합으로 모은 후 다시 다른 형태로 분류(GROUP BY)되어 DECODE에 의해서 각각이 자신이 가공될 부분에만 적용되도록 되어 있다. 다시 말하면 집합의 이합집산을 자유롭게 처리할 수 있다는 것을 주의해서 살펴보기 바란다.

나. 대분류의 확장

위에서 설명한 방법으로 생성한 전체 집합에 대하여 우리가 처리하고자 하는 대상 집합의 영역은 WHERE 절을 이용하여 다시 선별해낼 수가 있다. 만약 이 처리 영역이 너무 복잡하고 독립적이라면 UNION을 이용하여 몇 개의 다른 집합으로 분리할 수도 있다. 이렇게 분리된 집합은 아직도 SQL 내에 있으므로 다음 처리는 걱정하지 않아도 괜찮다.

다음 그림은 확장한 전체 집합에서 WHERE 절에서 선별한 처리할 영역을 표시한 것이다. 앞으로 이것을 '대분류'라고 하자.

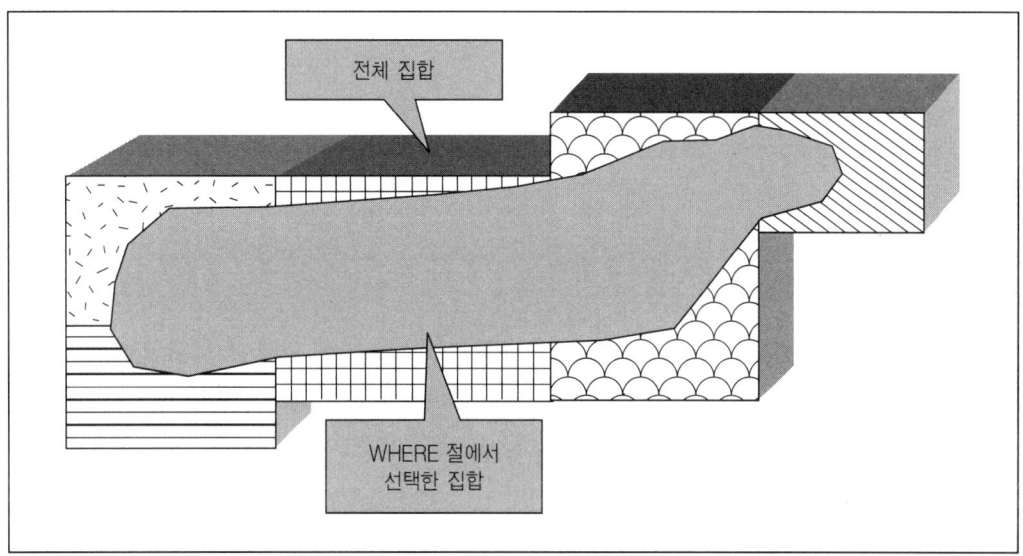

그림 1-3-2

WHERE 절의 처리에 대한 내용은 우리가 잘 알고 있기 때문에 여기서는 더 이상의 언급을 하지 않기로 한다.

다. 중분류의 확장

전체 집합에 모여진 로우들에 대해서 선별된 작업 영역의 모든 데이터들은 다양한 형태의 단위 집합으로 모여야 한다. 앞으로 이것을 '중분류'라고 하자.

중분류는 작업 영역인 대분류 내의 대상 로우들 중에서 'GROUP BY'를 사용하여 분류하며, 필요에 따라 'HAVING'을 사용하여 다시 선별할 수 있다. 그러나 실무에서는 단순하게 특정 컬럼만으로 된 중분류를 요구하는 경우는 많지 않다. 상황에 따라서 매우 불규칙한 분류를 요구할 수도 있다.

그렇다고 해서 이러한 불규칙성을 해소하기 위해 추가적인 코드를 생성하거나 절차형 언어를 이용해 IF 처리로 해결할 수는 없는 노릇이다. 그러나 걱정할 필요는 전혀 없다. 연산이나 DECODE 등의 함수를 이용하여 규칙을 가진 논리적인 컬럼을 가공해낼 수만 있다면 바로 이 컬럼으로 GROUP BY함으로써 간단하게 해결된다.

중분류의 확장은 바로 이 규칙을 가진 가공된 컬럼을 여하히 만들어낼 수 있느냐에 있다. 여기에는 산뜻한 아이디어가 필요하다. 앞으로 여러분들이 복잡한 실무의 처리에 적용할 수 있는 활용 능력을 배양할 수 있도록 가능한 많은 활용 형태를 소개하도록 하겠다.

다음 그림은 어떤 특정 컬럼을 'GROUP BY'하여 분류한 것이다. 매우 쉽겠지만 상황에 따라 아주 다양한 형태가 요구될 수도 있다.

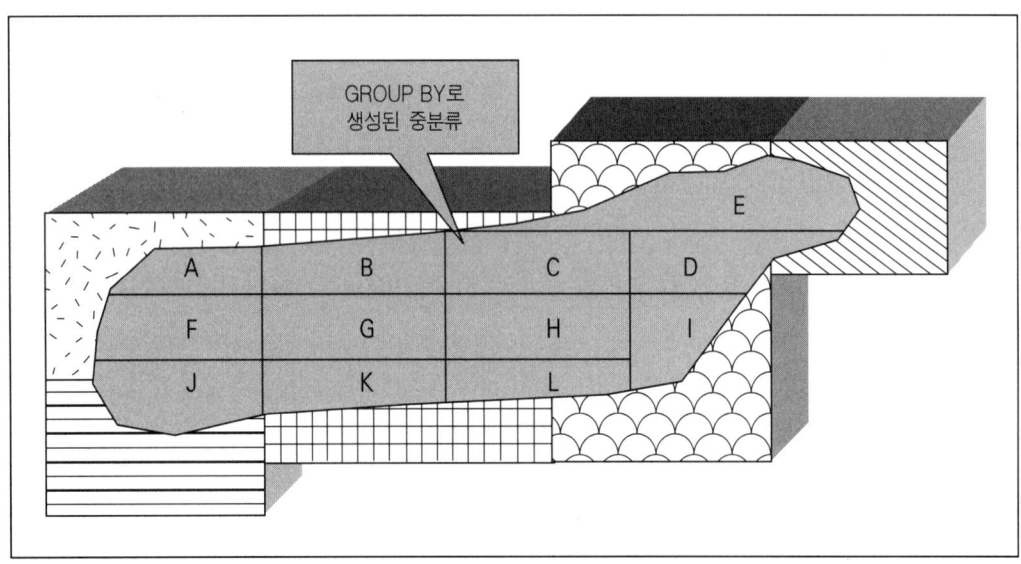

그림 1-3-3

가령 위의 그림에서 'A,B,C'를 하나로 묶고, 'D'는 더 상세하게 분할되기를 원하며 나머지를 모두 모아 '기타'로 분류하고자 한다면 어떻게 해야 할 것인가? 만약 상황에 따라 이와 다른 분류 형태가 다양하게 나타난다면 어떻게 할 것인가?

먼저 결론부터 말하면 하고자 하는 어떠한 비정형적인 분류도 우리가 원하는 대로 하나의 SQL 내에서 할 수 있다. 그 이유는 우리가 원하는 형태로 자유롭게 'GROUP BY' 해야 할 항목을 가공할 수 있기 때문이다.

전체 집합에는 자신의 정보와 참조할 정보가 모두 제공되어 있다. 그러므로 이 정보를 DECODE, SUBSTR 등의 모든 함수와 SUM, MAX, MIN 등의 그룹 함수, 상수, 변수 등을 이용하여 원하는 분류 형태가 출력될 수 있도록 가공만 하면 되는 것이다.

중분류의 다양한 가공에 대한 몇 가지 사례를 들어보자. 먼저 우리가 'GROUP BY'를 잘 활용해야 하는 이유를 웅변적으로 나타내 주는 사례부터 살펴보겠다.

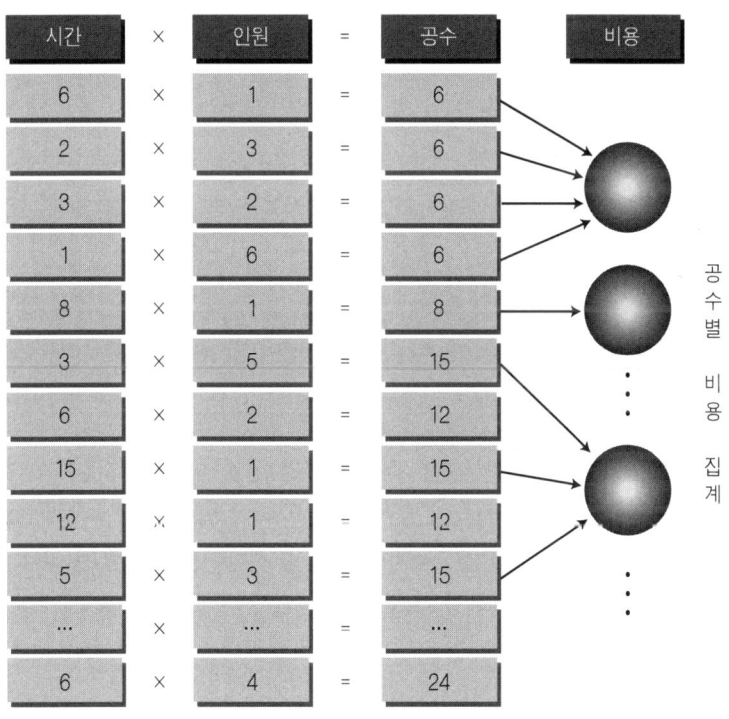

그림 1-3-4

그림에 나타난 '시간'은 'TAB1'에 있고 '인원'은 'TAB2'에 있다. 우리가 처리하고자 하는 것은 액세스한 정보들을 그대로 처리하는 것이 아니라 모여진 정보들을 토대로 어떤 연산들을 수행하여 그 결과를 이용하여 비용을 분석하고자 한다. 그림에는 단순한 곱셈을 했지만 좀더 복잡한 연산이 일어날 수도 있을 것이다.

이와 같은 상황에서 3세대 언어에 익숙해져 있는 대다수의 사람들은 다음과 같은 방법으로 처리하려는 경향이 많다.

① 먼저 어떤 테이블을 읽어가면서 관련된 다른 테이블의 정보를 찾는다.
② 모아진 정보를 이용해 필요한 연산을 한다.
③ 연산된 결과를 2차원의 애플리케이션 버퍼에 첨자를 생성하여 저장한다.
④ 이와 같은 처리를 해당 범위가 끝날 때까지 계속한다.

만약 이런 방법으로 수행한다면 애플리케이션은 매우 복잡해지고 길어질 것이며 수행속도 또한 나빠질 것이다. 설사 원하는 결과를 얻었더라도 매우 불안정한 상태에 있다. 왜냐하면 첨자를 찾아 저장하기 위해서는 저장할 2차원 배열의 크기를 정확하게 지정해야 하겠지만 연산된 값(공수)의 종류가 몇 개인지를 알 수 없기 때문이다.

〔그림1-3-4〕에서 알 수 있듯이 '6 * 1'은 6이고 '2 * 3'도 6이다. 뿐만 아니라 '3 * 2', '1 * 6'도 동일하다. 다시 말해서 이러한 결과를 내게 하는 경우의 수가 얼마나 있을지를 알 수 없으며 결과의 종류(아래 예에서는 6, 8, 12, 15, 24 등)가 얼마나 될 수 있는지 알기 힘들다.

이와 같은 처리 방식의 틀을 벗지 못하는 이유는 애플리케이션이란 모름지기 데이터를 읽어 개발자가 일일이 처리를 해주어야 한다는 잘못된 책임감을 버리지 못하고 있기 때문이다. "말 한마디로 천냥 빚을 갚는다"라는 속담이 있듯이 말만 잘하면 – 즉, SQL로 적절하게만 요구하면 – 천냥 빚은 데이터베이스가 갚아 준다.

SQL은 첨자나 LOOP를 사용할 수 없지만 이런 기능이 전혀 없더라도 다음과 같은 간단한 방법으로 훨씬 완벽하고, 짧고, 수행속도가 빠른 애플리케이션을 충분히 생산할 수가 있다.

다음과 같은 SQL을 생성해 보자.

```
SELECT 시간 * 인원, SUM(비용)
FROM TAB1, TAB2
WHERE TAB1.KEY = TAB2.KEY
    and other_conditions
GROUP BY 시간 * 인원
```

물론 이와 같이 단순한 방법을 모르지는 않을 것이라 믿는다. 그렇지만 조금 더 복잡한 경우에는 이러한 방법을 활용하지 못하는 것을 의외로 많이 접할 수 있다. 테이블이라는 집합에 있는 컬럼은 당연히 GROUP BY 컬럼이 되겠지만, 여러 가지 정보를 이용해 생성한 논리적인 컬럼도 SQL 환경하에서는 <u>똑같은 자격을 가지는 컬럼이</u> 된다는 사실을 명심하기 바란다.

왜 자신이 직접 가공 처리를 해야 한다는 생각을 버리지 못하고 있는가? SQL을 통하여 원하는 요구만 제대로 하면 데이터베이스가 알아서 내부적으로 첨자도 만들고 필요한 저장 공간도 알아서 증가시키고 있지 않은가?

이러한 집합적인 시각을 기반으로 하여 처리 과정을 보는 훈련이 충분히 되어 있다면 SQL 활용 능력은 자연적으로 크게 신장될 것이라 확신한다. 여러분들이 이러한 방법에 익숙해지기 위해서는 다음과 같은 절차를 밟아 생각해 보는 과정이 필요하다.

① 어떻게 처리할 것인지를 먼저 생각하지 말고 무엇을 할 것인지를 먼저 파악하라.
② 그러한 결과를 얻기 위해 어떤 집합이 필요한지를 찾아라.
③ 필요한 집합이 논리적으로 가능한지를 확인한다. 그러나 그 집합을 구체적으로 어떻게 생성할 것인지는 아직 생각하지 마라. 구체적인 생성 방법은 나중에 해도 충분하다.
④ 원하는 집합이 생성 가능하다면 그 전체 집합을 마치 하나의 테이블로 간주하라. 다시 말하면 원하는 집합을 테이블에 넣었다고 생각하라. 그러면 지금부터는 하나의 테이블에 있는 정보를 가공 처리하는 단순한 형태가 된다.
⑤ 추출되어야 할 결과 집합의 로우 단위를 명확히 하라. 즉, 어떤 단위로 중분류를 해야 하는가 (GROUP BY 형태)를 결정하라.
⑥ 한 레코드씩 추출될 추출 단위(중분류)별로 내부에 속한 실제 로우들의 가공 처리 방법을 결정한

다. 각각의 레코드마다 여러 개의 실제 로우가 모여서 한 레코드가 되는 것이므로 여러 개의 실제 로우를 경우에 따라 각각 어떤 방법으로 가공시키라는 것은 곧 SUM(DECODE(xxxxx)) 문에서 'xxxxx'로 표시된 부분에 각 로우마다 해당되는 경우의 수를 처리 하라는 것이다.

⑦ 추출한 항목(Select List)이 완성되었으면 남겨 두었던 전체 집합을 구할 방법을 구체적으로 생각한다. 조인이나 'UNION' 등을 활용하되 액세스 경로의 양호한 정도를 감안한다.

⑧ SQL을 수행시켜 가면서 약간의 보정을 통해 결론에 도달한다. 이때 수행속도에 대한 대비책도 같이 테스트해야 한다.

중분류의 다양한 가공에 대한 좀더 실무적인 사례를 한가지만 더 들어보자. 다음의 예는 우리가 실무에서 흔히 접할 수 있는 형태를 핵심적인 내용만 설명하기 위해서 단순화시킨 것이지만 이와 같은 방법을 토대로 실무에 적용하면 대단한 위력을 발휘할 수 있을 것이다.

아래의 그림을 보자. 제품과 등급, 매출 일자를 기본키로 하는 어떤 테이블이 있다. 사용자는 그림과 같이 매출액을 분석하는 단위를 서로 다르게 집계하고자 한다.

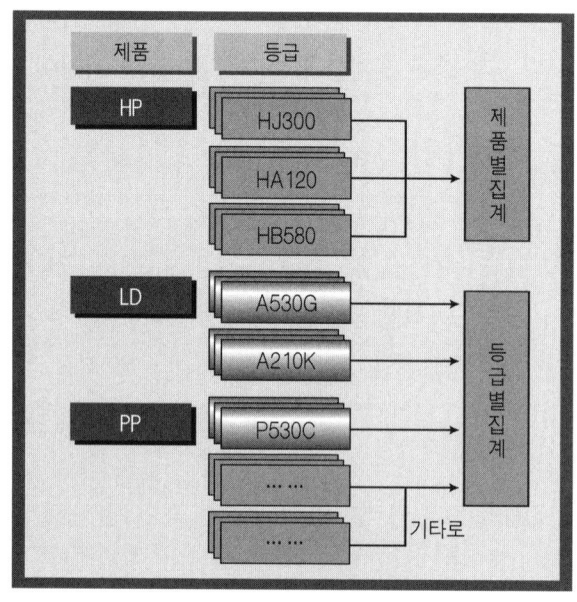

그림 1-3-5

이를 테면 [그림1-3-5]에서 'HP'라는 제품은 너무 많은 등급을 가지고 있어 제품별로 분석하기를 원하고, 'LD'라는 제품은 등급의 수가 적고 중요하므로 등급별로 분석하기를 원하며, 'PP'라는 제품은 다양한 등급을 가지고 있으나 'P530C'라는 등급은 전략적으로 관리하고자 하여 등급별로 분석하고, 나머지는 '기타'로 모아주기를 원한다고 생각해 보자.

이러한 상황은 실무에서 매우 빈번하게 발생할 수 있다. 만약 여러분들이라면 이런 경우 어떤 방법으로 처리하겠는가?

어떤 사람은 처리할 범위를 한건씩 패치해 가면서 첨자를 구해 해당하는 애플리케이션 버퍼에 저장할 것이며, 또 어떤 사람은 'GROUP BY'의 유형별로 몇 개의 SQL을 나누고 'UNION'으로 합집합을 구하는 방법을 사용할 수도 있을 것이다. 그러나 이러한 방법은 만약 제품의 종류가 매우 많거나 분류하는 방법이 매우 다양하다면 아주 번거로운 절차를 통해 처리해야 한다.

다음과 같은 SQL을 사용해 보자.

```
SELECT DECODE(제품, 'HP',제품, 'LD',등급,
        DECODE(등급, 'P530C',등급, '기타')),
        SUM(수량), SUM(매출액), ............
FROM 매출테이블
WHERE 매출일자 LIKE '9808%'
GROUP BY DECODE(제품, 'HP',제품, 'LD',등급,
        DECODE(등급, 'P530C',등급, '기타')) ;
```

이 하나의 SQL로 비정형적인 형태의 분류가 규칙을 가진 정형적인 형태로 바뀌었으며 우리가 원하는 최종적인 결과를 출력해 준다. 앞서 몇 번 언급했지만 SQL 내에서는 테이블의 컬럼이나 가공 처리된 논리적인 컬럼이나 모두 동일한 자격을 가진다고 했다.

DECODE를 사용한 바로 이 논리적인 컬럼에는 제품이 'HP'이면 제품 컬럼의 값을 가지고, 'LD'이면 등급 컬럼의 값을 가진다. 그 외의 제품을 가진 것들 중에 만약 등급이 'P530C'라면 등급 컬럼의 값을 가지고 그 외는 '기타'라는 단어를 값으로 가진다.

이러한 값을 가진 컬럼으로 GROUP BY 해달라고 요구했기 때문에 당연히 우리가 원하는 단위로 분류되어 추출되는 것이다. 그 밖에 더 다양한 사례가 많으나 앞으로 소개할 사례들에서 다시 접하게 될 것이므로 여기서는 더 이상의 사례를 언급하지 않겠다.

라. 로우단위 처리의 확장

SUM(DECODE(...)) 문장을 자세하게 살펴보면 같은 SQL 내에 기술한 내용들이지만 내부적으로 수행되는 횟수에 차이가 있다. SUM을 하는 단위는 중분류의 단위이므로 중분류마다 한번씩만 수행한다. 예를 들면,

```
SELECT SUM(DECODE(COL1, 1, COL2 * 10)) * COL3, .......
FROM table_name
WHERE conditions
GROUP BY columns ;
```

와 같이 수행하였다면 SUM을 한 결과와 COL3를 곱하는 처리는 중분류 단위 - 즉, GROUP BY 단위-마다 한번씩 수행되고, DECODE() 내에 있는 'COL2 * 10'의 연산은 로우 단위로 수행된다. 그렇다면 위의 문장은 아주 비효율적으로 수행되고 있다는 것을 알 수 있을 것이다. 당연히 다음과 같이 기술해야 처리 횟수가 줄어든다.

```
SELECT SUM(DECODE(COL1, 1, COL2)) * COL3 * 10, .......
FROM table_name
WHERE conditions
GROUP BY columns ;
```

사실 위의 예는 오버헤드를 감소시킬 수 있는 방법을 설명하자는 것이 아니라 기술한 위치에 따른 수행 방법의 차이를 명확히 알아두라는 것이다. 이처럼 DECODE 내에 기술한 내용이 로우마다 한번씩 수행된다면 이것은 과거 3세대 언어에서 'READ'를 한 후의 가공 처리와 동일한 상태라는 것을 뜻한다.

자! 그렇다면 하나의 SQL 내에서 전체 집합을 마음대로 확장할 수 있었고, 대분류, 중분류도 자신이 원하는 대로 분류할 수 있었다. 게다가 각각의 로우에 대해서 까지 자유롭게 처리할 수 있다면 하나의 SQL에서 못할 것이 무엇이 있겠는가?

우리가 분류한 중분류 내에는 다음 그림과 같이 그 중분류에 속하는 로우들이 존재한다. 이 각각의 로우들은 SUM(DECODE(...)) 내에서 상황에 따라 자유롭게 가공 처리할 수 있다.

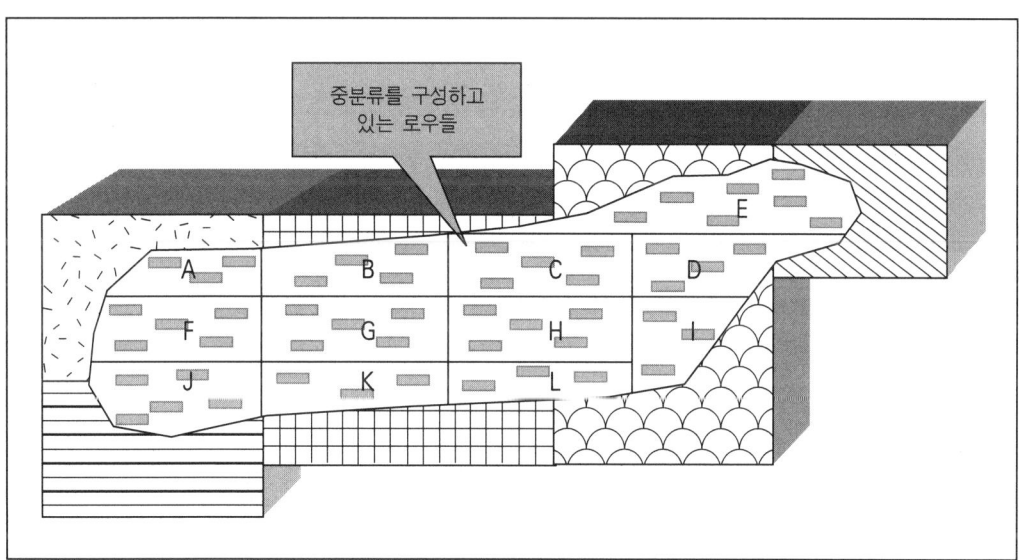

그림 1-3-6

SUM(DECODE(...)) 내에서 수행되는 각각의 로우들에 대한 가공 처리 방법은 앞서 DECODE를 설명할 때 몇 가지 소개한 바 있다. 여러분들이 중분류 내의 로우들을 처리할 때 처리 경우의 수가 다양하다면 먼저 해야 할 일은 가장 단순·명료한 규칙이 만들어질 수 있도록 하기 위해서 어떻게 DECODE를 사용해야 할 것인가를 연구하는 것이다.

지금부터 앞서 설명했던 DECODE의 활용 방법을 토대로 SUM(DECODE(...)) 내에서 로우들을 가공 처리하는 방법을 다양한 사례를 통해 알아보기로 한다. 다음에 소개할 내용은 가장 기본적인 형태의 활용 방법이다. 먼저 이러한 기본형태에 대해 자세히 검토해본 후에 좀더 실전적이고 자주 접하게 되는 활용 사례들을 몇 가지 소개하기로 하겠다.

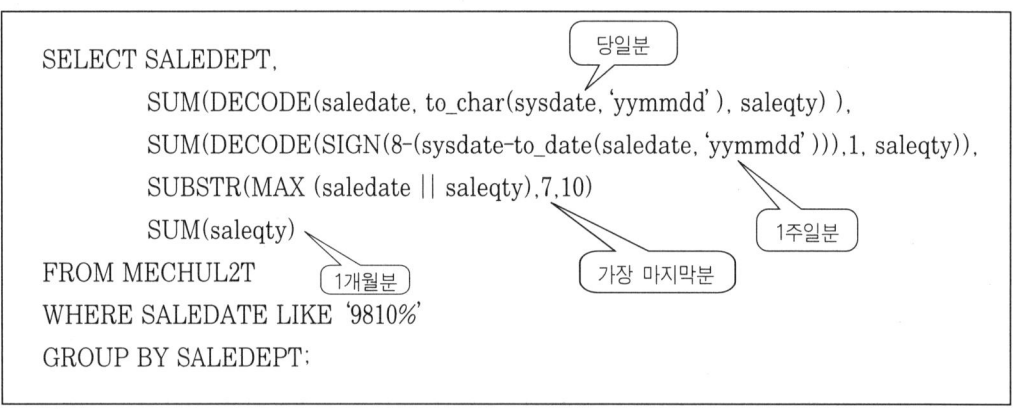

그림 1-3-7

이 SQL은 매출 테이블에서 매출일자가 98년 10월인 데이터를 읽어서 각 부서별로 '당일 매출수량', '현재일부터 1주일간의 매출수량', '월간 합계', '각 부서별로 가장 마지막에 발생한 일자의 매출수량'을 구하는 문장이다.

이 SQL은 대분류가 1개월간이고 중분류가 부서별이므로 최종적으로 추출되는 결과는 부서별로 한 레코드씩 생긴다. 바꾸어 말하면 하나 하나의 레코드를 만들기 위해서는 그 부서의 1개월 분의 로우가 대상이 된다는 것이다.

이 말은 SUM(DECODE(.....)) 내에서 있는 로우들은 모두 같은 부서를 가진다는 뜻이며, 우리는 각 로우들의 일부나 혹은 전부를 DECODE로 선별할 수 있고 원하는 별도의 가공 처리를 할 수 있다.

위의 예는 각 부서의 1개월 분의 로우 중에서 당일 분만 골라내어 처리하거나, 일주일간, 혹은 월간에 해당하는 범위에 대해 별도의 가공을 하고 있다. 먼저 당일 분의 처리에 대해 살펴보자.

'saledate'가 'yymmdd' 형식의 문자 타입으로 저장되어 있다면 TO_CHAR 함수를 이용하여 오늘(Sysdate)을 문자 타입으로 바꾸어 비교하였다. 1개월 분의 로우들 중에서 오늘에 해당하는 로우들만 이 컬럼에 'saleqty'를 SUM한다. 이 DECODE 문에서는 'ELSE' 조건에 대한 처리를 기술하지 않았다. 'ELSE'가 없는 'IF' 문이 있을 수 있듯이 DECODE 문에서도 불필요한 'ELSE' 부분을 생략하는 것이 훨씬 유리하다. 여기에 대한 자세한 설명은 '3.2.3. SUM(DECODE(…)) 사용시의 주의사항 (Page 1-100~1-103)'에서 다루기로 하겠다.

1주일 분의 집계를 구하는 문장을 살펴보자. 우리는 현 시간부터 7일전까지 발생한 범위를 집계하고자 한다. 문장을 살펴보면 'saledate'를 DATE 타입으로 바꾸어 'SYSDATE'와 감산(-)을 하였다. DATE 타입은 마치 숫자처럼 '+, -'가 가능하므로 이 연산의 결과는 일수로 계산되어 소수점 자리까지 출력된다. 가령 36시간의 차이가 있으면 '일'로 환산한 1.5가 되고 만 8일이 되지 않았다면 예를들어 7.999999와 같은 값이 나타날 것이다. 물론 'saledate'에 시간이 저장되지 않았다면 소수점은 나오지 않을 것이다.

이 결과가 8 이상이면 8에서 뺀 결과의 부호(Sign 값)는 -1, 같다면 0, 8보다 작다면 +1이 출력된다. 위의 문장은 +1인 경우만 취했기 때문에 오늘보다 만 8일이 넘지 않은 매출 건들만 여기에 집계된다. 경우에 따라 이와는 조금 다르게 7일간의 데이터를 집계하는 것이 아니라 금주(今週)의 데이터를 집계하는 경우도 이 방법을 조금만 더 활용하면 쉽게 처리할 수 있다. 금주의 실적을 처리하도록 바꾸어 보자.

```
SELECT ………………,
       SUM(DECODE( to_char(to_date(saledate, 'yymmdd'), 'ww'),
                   to_char(sysdate, 'ww'), saleqty)), …………
```

TO_CHAR 함수 중에 'WW'는 1월 1일을 1주로 하여 12월 31을 52나 53주로 할 때 어떤 일자가 연간 몇째 주에 속하는지를 출력해 준다. 이 함수를 이용하여 매출일자가 금주인 것만 골라낸다. 여기서 주의할 사항은 우리가 지정한 대분류, 즉 WHERE 절에서는 이번 달 데이터만 액세스했기 때문에 위의 결과는 그 달 내에서의 주간 집계이며 7일간의 집계는 아니라는 사실이다.

만약 우리가 그 주의 모든 데이터의 집합을 원한다면 TO_CHAR 함수를 이용하여 WHERE 조건을 변경시켜야 한다. 물론 월간 집계 또한 그대로 SUM을 해서는 안되므로 SUM(DECODE...)를 사용해야 할 것이다.

이번에는 좀 특이한 경우를 살펴보자. 지금까지 우리가 사용해 오던 비교 방법은 항상 'IF A = 10 ...' 문장에서와 같이 비교하는 'A'가 있고 비교되는 상수 '10'이 있었다. 그런데 만약 비교되는 값이 상수값이 아니라 얼마인지를 알 수 없는 변수 상태이거나 경우마다 비교해야 할 값이 달라진다면 어떻게 해야 할 것인가?

이런 경우의 처리는 절차형인 3세대 언어에서도 표현하기가 여간 어렵지 않다. 그렇지만 우리는 하나의 SQL 내에서, 그것도 다른 처리와 병행하여 간단한 방법으로 처리할 수가 있다.

다음과 같은 데이터가 있다고 가정해 보자.

고객명	입금일	입금액	입금구분
홍길동	97/10/05	3,000	A
	97/10/25	10,000	A
	97/10/30	4,000	C
박문수	97/10/12	30,000	A
	97/10/23	2,000	F
김정훈	97/10/18	8,000	D
	97/10/27	40,000	F

우리가 원하는 결과는 특정한 일자나 기간이 아니라 각 고객마다 최종으로 입금한 날짜에 입금한 금액을 찾고자 한다면 어떻게 해야 할 것인가? 데이터를 살펴보면 각 고객마다 마지막으로 입금한 날짜가 서로 다르다는 것을 발견할 수 있을 것이다. 그렇다고

해서 우리가 SUM(DECODE(...)) 내에 각 고객의 최종일을 다르게 비교할 수는 없는 노릇이다. 게다가 먼저 읽어 보지 않으면 어떤 고객의 최종 입금일이 어떤 날짜인지를 알 수도 없다.

SUM(DECODE(...))의 중분류는 고객이므로 DECODE 내에서 처리되는 모든 로우들은 같은 고객을 가진다. 그렇다면 어떤 고객의 최종 입금일은 당연히 입금일 중에 최대치인 MAX 함수로 추출한 결과일 것이다. 그러나 우리가 찾고자 하는 것은 입금일자의 최대치가 아니라 최대 입금일자를 가진 날의 입금액을 찾는다는 사실에 유의해야 한다.

입금일자가 가장 크다고 해서 입금액이 가장 크지는 않다. 만약 우리가 하나 이상의 로우를 가진 집합에서 두가지 컬럼의 MAX를 취하면 추출된 값은 서로 같은 로우에 있다는 보장이 없다.

약간 설명이 빗나가는 것 같지만 여기에 관련된 문제는 실무에서 매우 자주 발생하고 있고 대부분 비효율적인 방법으로 처리하고 있기 때문에 여기서 좀더 자세하게 짚고 넘어가기로 한다.

실무에서는 어떤 최대값을 가진 로우의 정보를 찾아서 사용해야 하는 사례가 상당히 자주 발생한다. 그러나 대부분은 이러한 문제를 해결하기 위해 다음과 같이 서브쿼리를 사용하여 최대값을 먼저 찾고 이 값을 이용하여 다시 같은 테이블을 액세스하는 메인쿼리를 수행시키는 방법을 사용하고 있다.

```
SELECT columns ................,
FROM table1
WHERE primary_key IN ( SELECT MAX(primary_key)
                       FROM table1
                       WHERE conditions );
```

물론 주어진 조건에서 최대치를 찾아 그 값을 가진 한 건만을 필요로 한다면 크게 비효율적이지는 않겠지만 만약 최대치를 가진 로우뿐만 아니라 다른 로우들도 처리에 필요하다면 이와 같은 방법은 아주 불리해진다.

여기에 대한 해결 방법 또한 지금 설명하려고 하는 최종 입금일자의 입금액 찾는 방법을 활용하면 가능하다. 가공 처리를 한 컬럼도 SQL 환경하에서는 일반 컬럼과 동일한 자격을 가진다고 했으므로 입금일자 컬럼과 입금액 컬럼을 결합(||)한 컬럼의 MAX 값을 취하면 입금액의 크기에 상관없이 앞에 위치한 입금일자가 가장 큰 값을 가진 데이터가 추출될 것이다.

이 결과를 SUBSTR 함수를 이용하여 뒤에 있는 입금액만 잘라내면 우리가 원하는 고객마다 서로 다른 최종 입금일의 입금액을 출력할 수 있는 것이다.

만약 MAX를 취해야 할 컬럼이 고정길이가 아니라면 결합한 컬럼의 MAX 결과가 달라질 수 있고 설사 결과를 찾았더라도 SUBSTR 함수로 잘라와야 하는 위치가 일정하지 않게 된다. 이러한 문제를 해결하기 위해 다음과 같은 방법을 사용해 보자.

숫자 타입이라면 TO_CHAR 함수를 사용한다.

SELECT SUBSTR(MAX(TO_CHAR(col1, '09999999') || col2), 10, 6), ...

여기서 출력 형태의 첫번째 자리에 '0'을 사용한 것에 유의하기 바란다. 이 방법은 지정한 길이보다 컬럼값의 길이가 짧다면 나머지 부분에 '0'을 채워 넣는다. 또한 SUBSTR에서 잘라올 위치를 10으로 한 것은 TO_CHAR 함수가 숫자에 적용되면 부호를 나타내기 위한 한자리가 추가되기 때문이다. 만약 문자 타입이라면 아래의 사용 예와 같이 RPAD 함수를 사용한다.

SELECT SUBSTR(MAX(RPAD(col1, 8) || col2), 9, 6), ...

이 예에서 '8'은 컬럼값의 최대 길이를 의미한다. RPAD(col1,8)은 col1 내의 데이터 길이가 8자리 이하라면 우측에 공백을 채워 8자리의 고정길이 결과를 출력한다. 이와 유사한 LPAD 함수를 사용하면 숫자 타입도 고정길이로 출력할 수 있다.

여기서 반드시 주의해야 할 사항은 만약 컬럼의 값이 NULL인 경우에는 고정길이를 출력하지 않고 그 결과가 NULL이 되므로 MAX는 뒤에 결합된 컬럼값으로 처리된다는 사실이다. 그러므로 NULL이 있을 수 있는 컬럼은 NVL(col1,' ')처럼 사용해야 한다.

SQL 내에 다양한 함수를 사용하는 것에 대한 오버헤드를 지나치게 두려워할 필요는 없다. 물론 H/W에 따라 약간의 차이는 있겠지만 이러한 함수로 인해 미치는 시간은 10만번 수행되었을 때 약 0.2~0.3초 정도 소요된다.

이번에는 간단한 아이디어를 추가함으로써 다른 면모로 활용되는 예를 한가지 소개하겠다. 앞서 예제로 사용했던 도표를 보면 '입금구분'이라는 항목이 있다. 입금구분은 'A'부터 'F'까지의 6가지 유형으로 구분된다. 만약 입금구분이 'A'인 경우가 있다면 다른 입금일자에 관계없이 입금구분이 'A'인 것 중에서 최종입금일을 구하고, 'A'가 없다면 입금구분이 가장 큰 경우의 입금일을 구하려고 한다.

이 사례는 단순해 보이지만 매우 까다롭다. 어떤 고객이 입금구분이 'A'인 경우를 가지고 있는지 여부를 확인하려면 어느 한 로우를 읽는 것으로는 판단할 수 없다. 이 말은 처리 범위 전체를 읽어 본 후에야 판단이 가능하다는 것이고 설사 있다, 없다를 판단했다 하더라도 그 결과에 따라 다시 액세스를 해서 나머지 처리를 해야 한다.

다음과 같은 SQL을 사용해 보자.

SELECT SUBSTR(MAX(REPLACE(입금구분, 'A', 'Z') || 입금일), 2, 8), ...

이렇게 간단한 방법으로 모든 문제가 해결된다. 입금구분이 'A'면 가장 큰 값인 'Z'로 치환시켜 입금일과 결합하여 MAX를 취했다. 만약 고객이 'A'를 가지고 있다면 이 값이 'Z'로 변했으므로 MAX에 의해 추출된다. 'A'를 가지고 있지 않다면 자연스럽게 가장 큰 입금구분의 입금일이 추출된다.

이와 같이 컬럼을 필요에 따라 적당히 치환함으로써 임의의 위치에 있던 특정 로우를 선택해낼 수가 있다. 이 방법은 매우 활용 가치가 있으므로 잘 음미해 두기 바란다.

3.2.3. SUM(DECODE...) 사용시 주의사항

절차형 언어를 사용하던 방식으로 관계형 데이터베이스를 사용해 오던 사람들이 SUM(DECODE...) 방식에 어느 정도 익숙해지면 이제 더 이상 길고 복잡하게 절차형 언어로 처리하려 하지 않는다. 그러나 SQL의 실행계획이나 수행속도에 대한 안목이 없는 상태에서 대책 없이 함부로 사용하는 경향이 많이 나타난다는 사실이 문제가 되고 있다.

가령 전체 집합을 넓히기 위해 함부로 조인을 한다든지 엄청나게 많은 DECODE를 반복해서 사용하여 심각한 오버헤드가 발생하는 경우를 자주 보아왔다. 저자가 본 가장 많은 조인을 한 경우는 35개의 테이블을 하나의 SQL 내에서 조인한 것이었다. 500라인이 넘게 작성된 SQL도 많이 보았다. 마치 SQL 내에 절차형 애플리케이션을 작성한 것 같았다.

이러한 모든 경우는 조금만 더 생각하여 핵심적인 아이디어를 찾아낸다면 수십 분의 일로 코딩량을 줄일 수 있고 그만큼 오버헤드를 줄일 수 있다. 어떤 화학 실험을 한다고 생각해 보자. 좀처럼 반응을 하지 않는다고 계속해서 온도를 올리거나 계속해서 압력을 높여간다면 언젠가는 반응을 할 수도 있을 것이다.

그러나 이러한 방법은 많은 위험 부담을 안게 되고 또한 많은 비용이 들게 될 것이다. 만약 우리가 적절한 촉매를 찾을 수만 있다면 훨씬 낮은 온도와 압력으로도 충분히 반응하게 할 수 있을 것이다.

이와 같이 우리는 방법이 없을 것처럼 보인다고 수백 줄의 SQL을 코딩하거나 수십 개의 테이블을 조인해서는 안 된다. 무엇인가 방법이 있을 것이라는 냄새가 나면 그 냄새를 쫓아 며칠이라도 투자하는 자세를 먼저 가져야 한다.

나중에 자신이 개발한 애플리케이션을 후배들이 보았을 때 그들이 한심해 하는 소리가 두렵지 않은가? 저자는 아무리 복잡하고 난해한 어떤 경우라도 우리가 무릎을 칠 수 있는 기가 막힌 아이디어가 반드시 존재한다고 확신을 하면서 살아왔다. 냄새의 끝에는 반드시 해결 방법이 존재한다.

그런 의미에서 잘못 사용하고 있는 몇 가지 사례를 해부해 봄으로써 이러한 문제를 해결해 보기로 하자.

가. NULL 값의 처리

우선 가장 많이 실수하고 있는 부분이 DECODE 내에서의 NULL 값의 처리이다. 관계형 데이터베이스를 사용하고 있는 많은 사람들이 NULL 값에 대한 공포증을 가지고 있다. NULL 값은 어떤 값보다 크지도 작지도 않으며 NULL 값과의 연산 결과는 무조건 NULL 값이 된다.

조건에서 어떤 컬럼을 비교했을 때 NULL 값이 있는 경우는 아예 처리 대상에서 제외된다. 이런 이유로 자신도 모르는 사이에 '로직의 구멍'이 생긴다. 이것이 두렵다. 그래서 많은 사람들이 함부로 NVL 함수를 사용하여 NULL 값을 없앤 후 처리를 하려고 한다.

NULL 값의 공포증을 해소하기 위한 방법은 '대용량 데이터베이스 솔루션 I'의 인덱스 활용 단원에 언급되어 있으므로 참고하기 바란다.

우리가 함부로 NVL 함수를 사용하면 비효율이 발생한다. 가장 비근한 예가 다음과 같이 DECODE 내의 컬럼에 NVL 함수를 사용하는 경우이다.

SELECT SUM(DECODE(NVL(col1,0), 1, NVL(col2,0))), ...

먼저 NVL(col1,0)을 살펴보자. 사실 여기에 기술한 NVL 함수는 전혀 의미가 없다. 물론 col1이 NULL 값을 가진 경우는 비교 대상에서 제외되지만 NULL을 '0'으로 바꾸어 비교해도 어차피 '1'은 아니기 때문이다. 이러한 착각은 NULL 공포증이 얼마나 심각한가를 웅변적으로 나타내 주고 있다.

비교를 위해서 반드시 NVL 함수를 사용해야 한다고 하더라도 col1에서와 같이 비교에 사용된 경우는 그리 큰 오버헤드가 발생하지는 않는다. 그러나 가능한 사용하지 않을 수 있는 경우라면 사용하지 말아야 한다. 만약 여러분들이 NULL 값을 가진 경우를 처리하고자 한다면 반드시 다음과 같이 사용해야 한다.

SELECT SUM(DECODE(col1, **NULL**, NVL(col2,0))), ...

만약 NULL 대신에 ' '을 사용하면 안 된다. 많은 사람들이 데이터를 INSERT할 때

NULL을 사용하는 것이나 ''을 사용하는 것이나 동일한 결과가 나온다고 생각해서 NULL이 곧 ''와 같다고 생각한다.

NVL(col2,0)의 경우를 살펴보자. 이 컬럼은 SUM 함수에 의해서 연산이 된다. 그러므로 NULL 값이 있다면 전체 결과가 NULL 값이 될까 두려워 이렇게 사용했다면 이것은 아주 잘못된 생각이다.

단일 컬럼이 함수에 의해서 연산이 될 때는 NULL 값은 연산의 대상에서 제외된다. NULL 값이 연산을 하지 않았으므로 결과는 절대 NULL 값이 되지 않는다. 만약 여러분이 위의 사용 예와 같이 NVL 함수를 사용하여 NULL 값을 가진 경우를 '0'로 바꾸어 연산하면 물론 결과는 동일하다. 그러나 불필요한 연산이 많이 증가했다.

'0'을 더하는 것은 연산이 아닌가? 예를 들어 SUM을 할 대상 로우가 10만이고 그 중 NULL 값을 가진 경우가 9만이라고 한다면 불필요한 연산을 9만번이나 더 수행한 것이 된다.

사실 이와 같은 잘못을 저지르는 이유는 NULL 값의 연산에 대한 무지라기보다는 최종으로 추출되는 결과가 NULL 값인 경우에 화면에 공백이 추출되어 보이므로 이를 '0'으로 채우고 싶어서 그렇게 한 경우가 오히려 많다.

그렇다면 더욱 이렇게 사용하는 것은 잘못이다. 당연히 다음과 같이 사용해야 한다.

SELECT **NVL**(SUM(DECODE(col1, 1, col2)), **0**), ...

이 문장은 앞의 경우와 큰 차이가 없어 보이지만 처리할 일의 양에는 큰 차이가 난다. 앞서 언급했듯이 SUM 바깥에 사용한 경우는 중분류 단위마다 한번씩 수행되고 SUM 내부에 있는 처리는 로우마다 수행되기 때문이다.

조금 전에 가정했듯이 중분류마다 10만 건이 수행된다면 만약 전체 값이 NULL 인 경우 위의 예는 한번도 연산을 하지 않고 '0'을 출력했지만 DECODE 내에 NVL 함수를 사용한 경우는 10만 번이나 '0'을 더하는 연산을 하여 '0'을 출력하였다.

또 다른 잘못된 사용 예를 들어보기로 하자. 앞서 소개한 예와는 다르게 어쩔 수 없이 SQL 내에서 연산한 결과를 SUM해야 한다면 다음과 같이 사용할 수밖에 없다고 생각할 수 있다.

SELECT SUM(DECODE(col1, 1, **NVL(col2,0)** + **NVL(col3,0)**)), ...

이러한 경우에 만약 우리가 NVL 함수를 사용하지 않았다면 col2와 col3 중에 어느 하나가 NULL 값을 가졌을 때 연산한 결과가 NULL이 되므로 우리가 원하는 결과를 얻을 수 없다. 그렇지만 다음과 같이 수식을 전개하듯이 사용해도 같은 결과를 얻을 수 있다.

SELECT NVL(SUM(DECODE(col1, 1, **col2**)) , 0) +
       NVL(SUM(DECODE(col1, 1, **col3**)) , 0) ....

이 문장은 SUM(DECODE...)가 오히려 하나 더 늘어났지만 수행속도는 유리할 수가 있다. 그 이유는 로우 단위의 연산이 줄어들었고 각각 최소량을 연산한 후에 그 결과를 중분류마다 한번씩 더했기 때문이다.

col2나 col3가 거의 NULL 값을 가지지 않는다고 해도 그 위의 방법이 유리하지 않다. 어느 쪽이 더 많은 연산을 하게 되는지 곰곰히 따져보기 바란다.

이번에는 DECODE의 'ELSE' 부분에 대한 잘못된 사용 예를 소개하겠다. 이 예는 앞서 소개했던 사례보다 시스템 부하에 훨씬 많은 영향을 미친다. 다음의 SQL을 살펴 보자.

SELECT SUM(DECODE(col1, 1, col2 , **0**)), ...

이 SQL은 DECODE의 'ELSE' 부분에 '0'을 기술하였다. 일견 당연해 보이지만 매우 비효율적인 처리가 발생하였다. 'IF' 문은 'ELSE'가 없을 수 있다고 했다. 마찬 가지로 DECODE 또한 'ELSE' 부분 없이 사용할 수 있다.

큰 차이가 없을 것으로 막연히 생각하여 이렇게 사용하면 NVL 함수에서와 유사하게 조건을 만족하지 않는 경우에도 굳이 '0'을 더하는 연산을 발생시킨다.

나. 반복 DECODE의 감소

지금까지 소개한 사례는 여러분이 조금만 주의하면 해결될 수 있는 문제이다. 그렇지만 앞으로 소개할 사례는 정말 여러분들이 사고하는 자세를, 문제를 보는 시각을 고치지 않으면 해결하기가 어렵다. 그래서 좀더 자세한 해결 방법을 제시하기로 한다.

SUM(DECODE...) 용법에서 가장 오버헤드를 주는 부분은 DECODE 문을 연속해서 사용하는 경우이다. 즉, SUM(DECODE(col1, 1, 'A', 2, 'B', 3, 'C', ...))처럼 하나의 DECODE 내에 여러 개의 비교를 연속해서 사용하는 경우보다 SUM(DECODE(col1, 1, 'A', DECODE(col2, 1, 10, DECODE(......))))와 같이 DECODE 내에 다시 DECODE가 반복되는 형식이 훨씬 오버헤드가 크다.

이와 같이 사용한 경우는 DECODE 문의 깊이에 따라 기하급수적으로 오버헤드가 증가한다. 그러므로 우리는 어떤 획기적인 방법을 동원해서 단순 DECODE 형태로 만들어 주어야 한다. 앞서 화학 반응에서 촉매의 역할을 강조했는데 바로 이 부분에서 여러분들은 그러한 촉매를 찾아야 한다. 몇 가지 사용 예를 들어 보자.

```
SELECT SUM( DECODE(
            market, 'D', DECODE(
                    type, 1, DECODE(unit, 'A', 0.2 * qty,
                                          'B', 0.5 * qty,
                                          'C', 0.9 * qty),
                          2, DECODE(unit, 'A', 0.3 * qty,
                                          'B', 0.6 * qty,
                                          'C', 0.8 * qty)),
                    'L', DECODE(
                    type, 1, DECODE(unit, 'A', 0.1 * qty,
                                          'B', 0.4 * qty,
                                          'C', 0.6 * qty),
                          2, DECODE(unit, 'A', 0.2 * qty,
                                          'B', 0.7 * qty,
```

```
                                              'C', 0.8 * qty)),
            'E', DECODE(
                    type, 1, DECODE(unit, 'A', 0.1 * qty,
```
....

모든 일에 있어서도 마찬가지겠지만 무엇인가 비슷한 모습이 계속 반복된다면 그것은 반드시 어떤 공통 인자에 의해 통합이 되어야 한다. 발생할 수 있는 경우의 수만큼 나열식으로 표현해서는 안 된다. 이 SQL을 살펴보면 무엇인가 분명히 규칙이 있는 것 같으나 꼭 집어서 이것이 공통 인자라고 말하기는 어려워 보인다. 그렇다고 이와 같이 장황하게 나열한다는 것은 정말 자존심이 상하는 일이다.

위의 SQL에 있는 DECODE 처리를 단순화시키기 위해 좀더 효율적인 공통 인자를 찾을 수도 있겠지만, 다음과 같이 그냥 결합한 컬럼으로만 비교하더라도 충분히 단순 DECODE로 변화시킬 수가 있다.

```
SELECT SUM( DECODE( market || type ||unit, 'D1A', 0.2 * qty,
                                            'D1B', 0.5 * qty,
                                            'D1C', 0.9 * qty),
```
....

이번에 어느 회사에서나 발생할 수 있는 매우 일반적인 형태를 한가지 소개하기로 한다.

제조업을 하고 있는 ㈜청산은 자재수급이 원활하지 않아 생산에 많은 차질을 빚고 있었다. 그 원인을 분석하기 위해 우선 다음 그림과 같이 거래선별로 발주에서 입고까지 소요되는 구매 리드타임(Lead Time)을 다양한 범위별로 집계해 보고자 한다.

구매 리드타임은 발주일에서 입고일 사이의 기간을 말하며 아직 입고가 되지 않은 건은 오늘까지의 기간을 적용한다. 설명을 간단하게 하기 위하여 여기서 사용된 일자들은 DATE 타입으로 정의되어 있으며 일자에 '시분초'는 입력되지 않았다고 가정한다.

구매 리드타임을 집계하는 단위는 그림에서 볼 수 있듯이 매우 불규칙하게 정의된 기간이다. 이러한 처리를 위해서는 앞서 설명했던 SIGN이나 GREATEST, LEAST 함수를 사용하여 부등호를 처리하면 가능하겠지만 DECODE가 반복되고 구문이 길어진다. 우선 화면을 살펴보기로 하자.

거래처	0 ~ 1일	2 ~ 7일	8 ~ 14일	15 ~ 30일	31 ~ 60일
삼화공업사	3,112	2,210	2,300	4,200	289
신신산업	560	2,000	3,235	1,120	2,860
성립기계	1,560	670	234	2,420	340
정도부품	400	340	750	738	520
창신공업사	850	1,534	868	659	135
천일산업	448	920	289	916	988
청운기계부품	640	145	820	90	54
태성정밀기계	700	140	910	40	20
태진정밀	523	823	640	98	90
한국부품종합	340	520	1,234	760	83

그림1-3-8

화면에 있는 기준년월은 자재 발주가 발생한 년월을 말한다. 가장 기본적인 방법인 SIGN과 DECODE를 사용한다면 다음과 같은 방법으로 처리할 수 있을 것이다.

SELECT 거래처,
①   SUM(decode(nvl(입고일,trunc(sysdate)) - 발주일, 0, 수량, 1, 수량)),
           ....
②   SUM(decode(SIGN(61-(nvl(입고일,trunc(sysdate))-발주일)), 1,
               decode(SIGN(30-(nvl(입고일,trunc(sysdate))-발주일)), -1, 수량)),
           ....
FROM 구매발주

```
WHERE conditions ..................
GROUP BY 거래처 ;
```

기간이 '0~1일' 인 경우는 일자가 두가지뿐이므로 ①과 같이 기간을 구하여 그 값이 0과 1인 경우만 집계해도 무방하다. 그러나 이러한 방법은 '31~60일' 인 경우에는 30개를 나열해야 하므로 너무 번거롭고 길지만 굳이 그렇게 하겠다면 할 수도 있겠다. 그렇지만 만약 이보다 훨씬 많다고 가정한다면 우리는 이 방법을 도저히 수용할 수가 없다.

그래서 ②와 같이 SIGN을 사용하여 부등호 처리를 하였다. 사실 이 방법이 나쁘다고 나무랄 수는 없을 것이다. 그러나 여러 번의 DECODE가 사용되었고 불필요한 연산도 중복되었다.

보다 단순하게 처리할 수 있는 규칙을 만들어 보자.

```
        SELECT 거래처,
①              SUM(decode(일수, 0, 수량, 1, 수량)),
                ........................................................
②              SUM(decode( abs(31-일수)+abs(60-일수), 29, 수량)),
                ........................................................
        FROM (SELECT 거래처,
                     (nvl(입고일,trunc(sysdate)) - 발주일) 일수,
                     SUM(수량) 수량
              FROM 구매발주
              WHERE conditions ..................
              GROUP BY 거래처, (nvl(입고일,trunc(sysdate)) - 발주일) )
        GROUP BY 거래처 ;
```

이 SQL은 뒤에서 별도로 설명되겠지만 DECODE의 부하를 줄이기 위해 적절한 중간집합을 GROUP BY를 이용하여 생성한 후 수식을 만들어 불규칙한 분류를 규칙적인 형태로 만들어 분류하였다.

이 SQL에서 ①은 일수의 종류가 많지 않으므로 앞서 제시한 방법을 그대로 사용했고 ②에서 사용한 'decode(abs(31-일수)+abs(60-일수),29,수량)'을 살펴보기로 하자.

기하학적으로 볼 때 어떤 두 점의 사이에 있는 점은 어느 위치에 있거나 항상 그 점과 범위의 최대치, 최소치 사이의 간격을 합한 값은 '최대치 - 최소치'와 같아진다. 이러한 사실은 그 점이 범위 밖에 있어도 동일한 결과를 얻는다. 그 이유는 그 점이 범위 밖에 있을 때는 어느 한쪽만으로도 '최대치 - 최소치'보다 크게 되지만 다른 쪽이 음수가 되므로 숫자상으로는 같을 수 있다.

우리가 원하는 것은 범위 내에 속하는 점들이므로 음수에 의해 같아지는 것을 막기 위해 절대값(abs) 함수를 사용하였다. 여기서 DECODE의 비교값으로 사용된 '29'란 값은 최대치(60)에서 최소치(31)를 뺀 값이다.

이와 같이 DECODE의 나열을 하지 않고서도 비정형적인 데이터를 우리가 원하는 정형적인 값으로 바꿀 수 있는 방법은 매우 많다. 과거 우리가 학창시절에 배웠던 단순한 수학지식을 조금만 더 활용한다면 무작정 나열하는 어리석은 일은 하지 않을 수 있다고 믿는다.

혹자는 저자가 예를 들었던 방법이 마음에 들지 않을 수도 있을 것이다. 저자는 특정한 방법을 소개하자는 것이 아니라 우리가 어떤 방향으로 생각하고 활용해야 하는가를 주장하고 있는 것임을 이해하기 바란다. 우리는 이러한 규칙을 생각해 내는 데 시간과 노력을 투자해야지 장황한 코딩을 위해 손을 고생시켜서는 안 된다. 그것은 전산 노무자가 되는 지름길이기 때문이다.

이러한 규칙성을 찾는 사례를 한 가지만 더 들어보자. 어떤 은행에서 고객과 관련된 주변의 복잡한 정보를 참조하여 금액 범위별로 어떤 분석을 하고자 한다. 분석을 하고자 하는 금액의 분류는 다음과 같다.

- ◆ 1 등급 : 　　　　　　1 ～ 　100,000,000
- ◆ 2 등급 : 　100,000,001 ～ 　500,000,000
- ◆ 3 등급 : 　500,000,001 ～ 1,000,000,000
- ◆ 4 등급 : 1,000,000,001 ～ 1,500,000,000

◆ 5 등급 :   1,500,000,001   이상

고객이 투자한 금액은 천차만별일 것이다. 어떤 고객은 12,345원일 수도 있고, 어떤 고객은 9,012,101,123을 보유하고 있을지도 모른다. 과연 어떤 방법을 사용하면 어떠한 금액을 가지고 있는 경우라도 간단하게 원하는 등급으로 분류할 수 있을까?

이 사례는 어떤 신용은행의 실례이며 개발자는 사용자 지정 저장형 함수를 생성하여 해결하였으나 생각보다 오버헤드가 많이 발생하였다.

자! 여러분들이라면 어떻게 해결할 것인가? 다음에 저자가 제시한 모범 답안을 보기 전에 한시간만 투자해 볼 것을 당부한다. 분명히 좋은 방법이 다양하게 생각날 것이라 믿는다.

```
SELECT DECODE( CEIL(col1/100000000), 1, '1',
        DECODE(CEIL(col1/500000000), 1, '2', 2, '3', 3, '4', '5' ))||'등급', ......
FROM table_name, .......
WHERE conditions ...................
GROUP BY DECODE( CEIL(col1/100000000), 1, '1',
        DECODE(CEIL(col1/500000000), 1, '2', 2, '3', 3, '4', '5' )) ;
```

반복하여 사용되는 DECODE는 SQL을 길고 복잡하게 만들고 수행속도를 현저하게 떨어뜨리므로 이를 감소시키는 재미있는 사례를 한가지 더 들어보기로 하겠다.

어떤 자동차 보험회사에서는 신규로 가입한 고객들의 유형별 현황을 다음과 같이 집계하는 애플리케이션을 개발하고자 한다. '고객' 테이블과 1:M 관계를 가지는 '가입내역' 테이블은 기본키가 '고객번호＋일련번호'로 되어 있다. 테이블에 있는 가입상품은 '대인(대인 배상), 대물(대물 배상), 자손(자기신체 사고), 자차(자기차량 손해), 무보험(무보험차 상해)'으로 나뉘어진다. 이 컬럼에는 고객의 '가입유무'가 'Y,N'로 표시되어 있다고 가정해 보자.

지금 우리가 찾고자 하는 것은 '상품별'로 집계하려는 것이 아니라 아래 그림에 있는

'구분'과 같이 고객들이 가입한 형태별로 집계하려고 한다. 여기서 우리가 주의해야 할 것은 '가입내역' 테이블에서 해당 범위의 데이터를 상품별로 그냥 집계해서는 안 된다는 것이다.

어떤 고객의 가입상품 형태를 알기 위해서는 그 고객이 가입한 상품들을 확인해 보아야 한다.

구 분	총가입자	1월 가입자	2월 가입자	3월 가입자	4월 가입자
대인	23,000	3,210	2,300	4,200	2,289
대인+대물	28,560	2,000	3,235	2,120	2,860
대인+자손	16,560	2,670	2,200	2,420	8,000
대인+자차	7,400	340	750	738	920
대인+무보험	8,450	1,534	868	659	935
대인+대물+자손	4,248	920	289	916	988
대인+대물+자차	6,140	1,400	820	930	854
대인+대물+무보험	7,000	1,340	910	645	820
대인+자손+자차	5,700	800	640	980	970
대인+자손+무보험	3,240	520	530	760	863

그림1-3-9

예를 들어, 가입형태가 '대인+대물'인 고객에 대한 집계는 '대인'과 '대물'에 가입한 고객들이라고 해서 그냥 집계해서는 안 된다. 반드시 '자손, 자차, 무보험' 상품에는 가입되어 있지 않아야 한다는 것이다.

상품의 가입형태는 상품들이 서로 결합할 수 있는 '경우의 수'만큼 발생하겠지만 '대인'은 반드시 가입해야 한다고 가정하면 나머지 4개의 상품이 결합될 수 있는 경우만큼 가입형태가 나타날 것이다.

개발자가 최초에 생성한 처리 방법은 무수한 DECODE를 사용하여 작성하였는데 데이터 액세스는 2초밖에 소요되지 않았으나 SELECT-LIST에서 DECODE로 처리한 부하가 30초를 넘었다.

이 SQL의 주요 부분만 살펴보면 다음과 같이 작성되어 있었다.

```
SELECT SUM(DECODE(
        대인, 'Y', DECODE(대물,
            'N', DECODE(자손,
                'N', DECODE(자차, 'N', DECODE(무보험,'N',1,  'Y', 2),
                                  'Y', DECODE(무보험,'N',3,  'Y', 4)),
                'Y', DECODE(자차, 'N', DECODE(무보험,'N',5,  'Y', 6),
                                  'Y', DECODE(무보험,'N',7,  'Y', 8))),
            'Y', DECODE(자손,
                'N', DECODE(자차, 'N', DECODE(무보험,'N', 9, 'Y',10),
                                  'Y', DECODE(무보험,'N',11, 'Y',12)),
                'Y', DECODE(자차, 'N', DECODE(무보험,'N',13, 'Y',14),
                                  'Y', DECODE(무보험,'N',15, 'Y',16))),
        ...........................................................................
  FROM table_name, .......
```

이 방법은 그야말로 어떤 고객이 가입할 수 있는 상품 형태의 모든 경우의 수를 DECODE로 일일이 구분하였다. 이렇게 반복된 DECODE는 예상보다 훨씬 부하가 크게 나타난다. 설사 수행속도에 문제가 없었다고 하더라도 만약 상품이 한가지만 늘어나더라도 DECODE 횟수는 크게 증가할 것이며 SQL을 새로 작성해야 한다.

만약 상품 종류가 10여 가지가 넘는다고 생각해 보라! 얼마나 많은 DECODE가 생기게 되는지, 정말 상상조차 할 수 없는 일이다. 이렇게 비효율적으로 나열하지 않더라도 초등학교에서 배운 수학실력이면 얼마든지 간단하게 해결할 수가 있다.

가령 각 상품들을 어떤 '숫자'로 치환하여 더하면 변별력이 생긴다. 예를 들어 '대인'은 0으로, '대물'은 1로, '자손'은 2로, '자차'는 5로, '무보험'은 9로 치환하여 더한다. 만약 이 값이 3이었다면 이 고객은 반드시 '대인+대물+자손'에 가입한 사람이다. 7이었다면 '대인+자손+자차'에 가입한 사람일 수밖에 없는 것이다. 상세한 SQL은 여러분이 직접 작성해 보기 바란다.

또 다른 방법도 얼마든지 있을 것이지만 가장 간단한 방법은 다음 SQL에서처럼 각 컬럼을 그대로 결합하여 GROUP BY해도 전혀 문제될 것이 없다.

```
SELECT decode(substr(형태,1,1), 'Y', '대인') || decode(substr(형태,2,1), 'Y', '+대물') ||
       decode(substr(형태,3,1), 'Y', '+자손') || decode(substr(형태,4,1), 'Y', '+자차') ||
       decode(substr(형태,5,1), 'Y', '+무보험') 구분,
       총가입자, 1월가입자, 2월가입자, 3월가입자, 4월가입자, 5월가입자, 6월가입자
  FROM (SELECT 대인||대물||자손||자차||무보험            형태,
               count(*)                                     총가입자,
               count(decode(substr(가입일,5,2), '01',1)) 1월가입자,
               count(decode(substr(가입일,5,2), '02',1)) 2월가입자,
               count(decode(substr(가입일,5,2), '03',1)) 3월가입자,
               count(decode(substr(가입일,5,2), '04',1)) 4월가입자,
               count(decode(substr(가입일,5,2), '05',1)) 5월가입자,
               count(decode(substr(가입일,5,2), '06',1)) 6월가입자
          FROM 가입내역
         WHERE 가입일자 between '19980101' and '19980630'
           and 가입구분 = '신규'
         GROUP BY 대인||대물||자손||자차||무보험 ) ;
```

인라인뷰 밖에 있는 SELECT-LIST에는 비록 여러 개의 DECODE가 있으나 이미 GROUP BY에 의해서 충분히 로우가 줄어든 결과를 처리하므로 전혀 부하와는 상관이

없다. 이 밖에도 만약 가입상품 내역이 제1정규화에 의해 자식 테이블로 분리된 경우라면 앞서 숫자로 치환한 방법을 사용하거나, 비트(Bit) 형식으로 만들어 처리하는 방법도 있을 것이다.

예를 들어 상품코드가 '대인'은 '10000', '대물'은 '01000', '자손'은 '00100', '자차'는 '00010', '무보험'은 '00001'로 치환하여 고객별로 SUM한 결과를 GROUP BY하는 방법이다.

이와 같이 이 사례보다 훨씬 더 비정형적인 경우에도 변별력이 발생하도록 교묘한 숫자로 치환하여 적절한 가공을 한다면 매우 단순화시킨 방법으로 해결할 수 있을 것이다.

다. SUM(DECODE...)와 GROUP BY 비교

우리가 비정형적인 규칙을 각종 함수나 치환을 통해 아무리 단순하게 정형화시켰다 하더라도 그것은 단위 컬럼 내에서의 문제였다. 그렇지만 SUM(DECODE...)를 이용해 추출할 단위 컬럼이 지나치게 많다면 그 오버헤드는 어떻게 감소시킬 것인가?

가령 다음과 같은 사용 예는 실무에서 가끔 발생한다. 이 SQL은 어떤 부서의 부서원들이 1개월간 특근을 한 실적 현황을 출력한 경우이다.

```
SELECT empno,
       SUM(DECODE( SUBSTR(work_dt,7,2), '01', amt )), /* 1일자 특근비 */
       SUM(DECODE( SUBSTR(work_dt,7,2), '02', amt )), /* 2일자 특근비 */
       SUM(DECODE( SUBSTR(work_dt,7,2), '03', amt )), /* 3일자 특근비 */
       SUM(DECODE( SUBSTR(work_dt,7,2), '04', amt )), /* 4일자 특근비 */
       ................................................
       SUM(DECODE( SUBSTR(work_dt,7,2), '31', amt ))  /* 31일자 특근비 */
  FROM 근무실적테이블
 WHERE dept = :dept
   and work_dt like '199810%'
 GROUP BY empno ;
```

이 SQL은 각각의 일자별로 하나씩의 SUM(DECODE...)를 가지고 있으므로 각 처리 대상 로우마다 31번씩의 DECODE가 수행된다. 물론 'ELSE' 부분이 없으므로 해당 일자에서만 연산이 발생하겠지만 그래도 오버헤드는 발생한다. 무엇인가 비슷해 보이는 것이 반복되면 반드시 공통 인자가 있게 마련이라고 했다.

여기서의 반복되는 것은 'SUM(DECODE(SUBSTR(work_dt,7,2)'로 기술된 부분이다. 이 말은 곧 'SUBSTR(work_dt,7,2)'가 GROUP BY에 삽입될 수 있다는 것을 의미한다. SUM 함수는 SELECT-LIST에 그대로 남고 DECODE로 각각의 날짜를 구분한 것은 GROUP BY가 처리하게 된다.

다음과 같은 SQL을 작성해 보자.

```
SELECT empno, SUM(DECODE(dd, '01', amt)),
               SUM(DECODE(dd, '02', amt)),
               ............................................,
               SUM(DECODE(dd, '31', amt))
FROM ( SELECT empno, SUBSTR(work_dt,7,2) dd, SUM(amt) amt
       FROM 근무실적테이블
       WHERE dept = :dept
          and  work_dt like '199810%'
       GROUP BY empno, SUBSTR(work_dt,7,2) )
GROUP BY empno;
```

이 SQL이 수행된 결과는 그 위의 경우와 동일하다. 차이점은 하나는 일자별로 옆으로 나열되어 출력되고 다른 한가지는 세로로, 즉 각각의 일자가 로우 단위로 집계되었다가 마지막에 옆으로 펼쳐졌다는 것이다. 그러나 수행속도는 나중에 소개한 SQL이 훨씬 유리하다.

SQL 문장에서도 알 수 있듯이 인라인뷰 내에서 원시데이터를 가공하는 부분은 31개의 DECODE 문이 모두 없어지고 GROUP BY 컬럼이 하나 늘어났다. 비록 GROUP BY에 컬럼이 추가되었더라도 없었던 경우에 비해 거의 차이가 없다. 왜냐하면 어차피 empno의 GROUP BY를 위해 한번은 정렬 작업을 해야 하므로 정렬작업에 컬럼 하나가 늘어났다고 해서 눈에 띌 정도로 수행속도에 차이가 나지는 않기 때문이다.

물론 우리가 원하는 최종적인 결과는 사원별로 한 줄에 31일간의 실적이 출력되기를 원하므로 인라인뷰의 결과를 다시 31개의 DECODE를 사용해서 옆으로 펼쳐야 하지만 이미 일자별로 GROUP BY하여 로우수가 줄어든 다음에 처리하므로 거의 오버헤드는 없다고 보아도 무방하다. 그러나 인라인뷰에서 GROUP BY한 결과가 로우수를 감소시키지 않는다면 유리할 것이 없다. 이러한 경우는 일단 SQL에서 세로로 추출한 후 프로그램에서 처리하는 것이 바람직하다.

이와 같이 <u>DECODE와 GROUP BY는 서로 주고받을 수 있는 관계</u>에 있으므로 만약 지나치게 많은 DECODE가 SELECT-LIST에 반복된다면 이러한 방법을 사용해 주는 것이 바람직하다.

우리는 옆으로 펼쳐야 한다는 생각만 앞서 무조건 원시 데이터를 DECODE로 바로 펼치려고 해서는 안 된다. 먼저 최대한 GROUP BY를 이용해 중간집합을 만들어 로우 수를 줄여준 다음에 옆으로 펼쳐도 늦지 않다. 우리는 항상 집합의 로우 수를 줄일 수 있는 중간집합이 어느 선까지 가능한지에 촉각을 곤두 세워야 할 것이다.

특히 SELECT-LIST에 DECODE를 해야 할 항목이 매우 많은 경우에는 반드시 이러한 중간집합을 찾는 노력이 필요하다. 여기서 말하는 중간집합은 반드시 모든 가공이 끝나고 옆으로 펼치기 직전 상태일 필요는 없다.

아직 처리할 가공이 남았더라도 로우 수를 충분히 줄여줄 수 있다면 일단 GROUP BY하여 중간집합을 만들고 다시 필요한 다른 집합과 조인하거나 남아 있는 가공을 하면서 DECODE로 처리한다. SUM(DECODE..)에서 DECODE는 항상 현재 집합의 로우 단위로 수행되기 때문에 집합을 줄인 후에 처리하는 것이 매우 중요하므로 한가지 예를 더 들어보기로 하겠다.

다음은 수출보험의 지역별 가입실적을 연별로 집계하여 증가 추이를 조회하는 사례이다.

실적 데이터는 '보험가입실적' 테이블에 저장되어 있으며 기본키는 '국가+종목+가입년월+담보유형'으로 되어 있다고 가정하자. '종목'은 10가지로 되어 있으며 종목코드의 첫 자리가 1이면 단기, 2이면 장기로 구분한다. 금액은 외화로 입력되어 있으며 원화 환산은 가입년도 말일의 환율을 기준으로 하고 장기는 '매매기준율', 단기는 '매매기준율'에 0.25%를 적용한다.

지역별 보험가입 실적

지역	구분	~ 1993	1994	1995	1996	1997
아시아	단기	312,045,670	110,748,920	123,456,000	124,567,890	145,789,000
	장기	181,020,000	88,974,330	98,123,000	99,123,000	99,123,120
중동	단기	42,080,000	21,060,000	28,870,120	29,100,330	31,670,100
	장기	8,010,000	10,070,000	12,080,100	14,119,870	15,278,240
유럽	단기	48,000,020	25,990,020	29,100,200	30,776,880	32,190,870
	장기	15,020,000	12,980,020	14,100,921	16,123,459	16,789,900
북미	단기	94,092,000	20,928,000	22,420,450	24,229,780	25,120,220
	장기	20,010,060	9,918,060	9,330,260	9,988,770	10,110,287
중남미	단기	51,000,000	10,989,940	12,960,120	13,001,390	14,150,200
	장기	22,000,000	7,000,000	2,349,100	2,567,890	2,789,120
아프리카	단기	8,010,000	4,990,000	1,789,120	1,987,765	1,998,150

그림1-3-10

'국가' 테이블에 '통화구분'이 있으며, 통화는 국가별로 다를 수 있다. '환율' 테이블에서 일자와 통화코드로 적용환율을 찾을 수 있다.

이러한 조건을 가지고 위 화면의 처리를 하나의 SQL로 처리한다면 어떻게 하는 것이 가장 효율적이겠는가? 먼저 가장 일반적인 처리 방법으로 생각해 볼 수 있는 것은 다음 SQL처럼 필요한 조인을 한 후 지역별로 GROUP BY하여 연도별로 나열하거나, 종목별 환율적용 구분을 DECODE로 처리하는 방법일 것이다.

SELECT y.지역, substr(종목,1,1),
       sum(decode(greatest(가입일자, '199312'), '199312',
           외화금액 * decode(substr(종목,1,1), '1', 0.25, 1) * z.매매기준율)),
       sum(decode(substr(가입일자,1,4), '1994',
           외화금액 * decode(substr(종목,1,1), '1', 0.25, 1) * z.매매기준율)),

```
            sum(decode(substr(가입일자,1,4), '1995',
                외화금액 * decode(substr(종목,1,1), '1' ,0.25,1) * z.매매기준율)) ,
            sum(decode(substr(가입일자,1,4), '1996',
                외화금액 * decode(substr(종목,1,1), '1' ,0.25,1) * z.매매기준율)) ,
            sum(decode(substr(가입일자,1,4), '1997',
                외화금액 * decode(substr(종목,1,1), '1' ,0.25,1) * z.매매기준율)) ,
            sum(decode(substr(가입일자,1,4), '1998',
                외화금액 * decode(substr(종목,1,1), '1' ,0.25,1) * z.매매기준율))
FROM 보험가입실적 x, 국가 y, 환율 z
WHERE y.국가코드 = x.국가코드
    and z.적용일자 = substr(x.가입일자,1,4)||'1231'
    and z.통화코드 = y.통화코드
    and x.가입일자 between '199001' and '199812'
GROUP BY y.지역, substr(종목,1,1) ;
```

이 SQL에서 발생한 비효율을 찾아보기로 하자. 첫번째로 우리 눈에 확연하게 드러나는 것은 WHERE 조건을 만족한 모든 로우들에 대해 DECODE 처리와 환율 계산을 위한 연산이 반복적으로 수행된 것이다. 내용상으로 볼 때 이러한 처리는 단기,장기구분이나 연도별로 데이터가 집계된 후에 처리해도 무방하다는 것을 우리는 알고 있다.

두번째로 나타난 비효율은, '국가'와 '환율' 테이블은 '국가'와 '가입년도'로 집계된 후에 조인해도 관계가 없으므로 로우 수가 많은 '보험가입실적' 테이블에서 조인할 필요가 없었다는 것이다.

이러한 비효율적인 부분을 없애기 위해 다음과 같이 적절한 중간집합을 먼저 생성한 후 나머지 조인과 DECODE 처리를 하는 SQL을 생성해 보자.

```
SELECT y.지역, x.구분,
        sum(decode(greatest(년,'1993'),'1993',금액 * decode(구분,'1',0.25,1) * 매매기준율)),
        sum(decode(년,'1994',금액 * decode(구분,'1',0.25,1) * 매매기준율)) ,
```

                sum(decode(년, '1995', 금액 * decode(구분, '1',0.25,1) * 매매기준율)) ,
                sum(decode(년, '1996', 금액 * decode(구분, '1',0.25,1) * 매매기준율)) ,
                sum(decode(년, '1997', 금액 * decode(구분, '1',0.25,1) * 매매기준율)) ,
                sum(decode(년, '1998', 금액 * decode(구분, '1',0.25,1) * 매매기준율))
FROM (SELECT 국가, substr(종목,1,1) 구분, substr(가입일자,1,4) 년, sum(외화금액) 금액
        FROM 보험가입실적
        WHERE 가입일자 between '199001' and '199812'
        GROUP BY 국가, substr(종목,1,1), substr(가입일자,1,4)) x, 국가 y, 환율 z
WHERE y.국가코드 = x.국가코드
    and z.적용일자 = 년||'1231'
    and z.통화코드 = y.통화코드
GROUP BY y.지역, 구분 ;

이 SQL의 마지막에 처리되는 SELECT-LIST의 DECODE는 실제로 줄어든 것이 없는 것처럼 보이지만 DECODE를 처리할 대상집합이 많이 줄어들었으므로 당연히 수행횟수는 줄어든다. 더구나 '국가' 테이블과 '환율' 테이블의 조인횟수도 같이 줄어들었으므로 그 차이는 훨씬 크다고 하겠다.

지금까지 몇 가지 사례를 들면서 SUM(DECODE...) 용법을 설명했다. 이 용법을 충분히 소화한 후에 지금 여러분들이 작성하고자 하는 애플리케이션을 다시 한번 면밀히 검토해 보라! 분명히 보다 효율적인 다른 방법을 찾을 수 있을 것이다.

이 용법을 활용한 보다 실무적인 사례는 Ⅲ권에서 다양하게 소개할 예정이다.

지금까지는 SUM을 사용한 형태를 주로 설명하였지만 경우에 따라서 COUNT, MAX, MIN, AVG 등의 그룹 함수를 SUM 대신 DECODE와 결합하여 사용해도 무방하다. 개념은 유사하기 때문에 별도의 적용 사례는 생략하겠다.

다만 COUNT나 MAX, MIN을 특수하게 사용하는 경우가 있는데 이의 활용 가치가 매우 높으므로 다음 단원에서 설명하고자 한다.

라. COUNT(DECODE...)의 활용

GROUP BY를 이용한 통계·분석용 SQL의 SELECT-LIST에서 단지 조건에 맞는 '개수'를 집계하고자 하는 경우가 자주 발생한다. 대부분의 개발자들은 이러한 경우에도 굳이 SUM(DECODE..)를 이용하고 있다. 이것은 COUNT(DECODE..)에 비해 비효율적이다.

만약, DECODE를 사용하지 않고 순수하게 함수의 부하만 비교한다면 COUNT는 SUM에 비해 약 30%~50% 정도 유리하다. 다음의 예를 통해 COUNT와 SUM을 비교해 보자.

```
SELECT COUNT(amt)              SELECT SUM(amt)
FROM TAB1                      FROM TAB1
WHERE conditions...... ;       WHERE conditions...... ;
```

이 비교를 위해서 COUNT(amt)를 COUNT(*)로 했다면 더 큰 차이가 난다. 그러나 이것은 정확한 비교라고 할 수 없다. 왜냐하면 COUNT(*)의 '*'는 그 테이블에 있는 모든 컬럼을 말하는 것이 아니라 WHERE절을 만족하는 로우를 지칭하는 '대명사'에 불과하므로 경우에 따라서는 테이블을 액세스할 필요가 없다.

예를 들어 인덱스 'INDEX1'이 'A+B' 컬럼으로 구성되어 있을 때 다음과 같은 SQL을 수행시켜 보자.

```
SELECT COUNT(*)
FROM TAB1
WHERE A = '111'
   and B = 'ABC' ;
```

이 SQL은 COUNT에 '*'를 사용하였지만 테이블을 액세스하지 않고 'INDEX1' 인덱스만 읽어내려 간다. 여기에서 '*' 대신에 'A'나 'B'를 사용했더라도 물론 인덱스만 액세스한다. 그러나 수행속도나 결과에는 약간의 차이가 나타난다. 그 이유는 함수 내에 어떤 입력값을 주었을 때 그 값이 NULL인 경우에는 처리를 하지 않기 때문이다.

특히 우리가 COUNT(*)를 했다면 로우를 읽지 않고 데이터 블록(Block) 내에 있는 로우 딕셔너리(Row Dictionary)만 액세스하게 되므로 훨씬 유리해진다. 여기서의 '*'는 로우를 대표하는 의미로 사용된 것이다. 가끔 '*'는 모든 컬럼을 의미한다고 생각하여 어떤 특정 컬럼을 주는 것이 유리하다고 생각하는 사람들이 있는데 이것은 잘못된 생각임을 밝혀둔다.

```
        SELECT .....................
①          SUM(decode(col1, 'A', 1, 0)),
②          SUM(decode(col1, 'A', 1)),
③          COUNT(decode(col1, 'A', 1, 0)),
④          COUNT(decode(col1, 'A', 1)),
⑤          COUNT(decode(col1, 'A', 'C'))
        FROM TAB1
        WHERE conditions ........... ;
```

이 SQL이 수행한 결과를 비교·분석해 보자. 결과부터 말하면 ③을 제외한 다른 모든 함수들의 결과는 동일하다. 그러나 앞서 설명했듯이 ①은 ELSE 부분에 0을 주어 연산량이 증가했으므로 ②에 비해 불리하다. ③, ④, ⑤는 COUNT를 사용했으므로 SUM을 사용한 경우보다 유리하다.

여기서 ③의 결과가 다른 이유는 비교한 COL1값이 'A'거나 'A'가 아니거나 모두 COUNT 되었기 때문이다. 이 말은 COUNT는 SUM과 달리 처리할 값이 NULL이 아니면 항상 처리한다는 것을 의미한다. 우리가 처리하고자 하는 것은 조건을 만족하는 경우이므로 ③과 같은 방법을 사용해서는 안된다.

④와 ⑤를 비교해 보자. ⑤는 숫자가 아닌 'C'라는 임의의 문자값을 부여했지만 결과는 1을 준 경우와 동일하다. 이는 COUNT는 연산을 하지 않는다는 것을 말하고 있다.

이상에서 알아보았듯이 우리가 단순히 '개수'만 찾고자 한다면 SUM(DECODE..)를 사용하는 것보다 COUNT(DECODE..)를 사용하는 것이 훨씬 유리하다는 것을 알았다.

마. GROUP BY 문에서 MIN의 활용

GROUP BY 문을 사용할 때 우리가 반드시 준수해야 할 문법 중에 한가지는 그룹함수를 사용하지 않은 컬럼들은 반드시 GROUP BY 절에 기술되어야 한다는 것이다. 그렇기 때문에 숫자 컬럼은 SUM 등의 함수를 통해 얼마든지 원하는 값을 출력시킬 수 있지만 문자 타입인 경우는 원하는 값을 출력하기 위해서 어쩔 수 없이 GROUP BY 절에 모두 기술해 주어야 했다.

물론 이것은 당연한 일이라고 할 수 있다. 그러나 경우에 따라서는 GROUP BY 절에 이러한 컬럼을 모두 기술하였다면 우리가 원하는 결과를 얻지 못할 수도 있다는 것이 문제이다. GROUP BY 절에 기술된 컬럼은 앞으로 생성될 집합의 기본키에 해당한다.

예를 들어 수행속도 향상을 위해 상위 테이블의 주요 컬럼을 이중화시킨 컬럼에 일관성(Integrity)이 제대로 지켜지지 않아서 일부 로우에 NULL이 들어 있는 컬럼이 있다고 가정해 보자. 만약 이 컬럼을 GROUP BY 절에 기술하였다면 NULL인 경우와 NULL이 아닌 경우의 로우가 별도로 생기게 된다. 다음과 같은 SQL을 살펴보자.

```
SELECT 사번, 입사일, SUM(본봉)
FROM 근태
WHERE 부서코드 = '1110'
    And 일자 between '19980301' and '19980331'
GROUP BY 사번, 입사일 ;
```

정상적으로 처리하였다면 발생하지 않겠지만, 만약 어떤 사원의 입사일이 3월 10일에 입력되었고 그 전에 처리된 로우들의 '입사일' 컬럼에는 소급처리를 하지 않았다면 위의 SQL은 한 사원에 대해 두개의 로우를 추출할지도 모른다. 물론 정말로 우리가 원하는 결과가 그럴 수는 있겠지만 일반적으로 위의 집합은 '사번' 만으로도 기본키가 되므로 '입사일' 의 값으로 인해 로우가 증가할지도 모른다는 것은 문제가 아닐 수 없다.

실제로 실무에서 과거 데이터를 분석해 보면 일관성을 지키지 않은 이러한 형태의 데이터가 생각보다 많이 발생되어 있는 실정이다. 더구나 어떤 테이블의 기본키가 아닌 일반적인 컬럼들을 모아서 GROUP BY하는 집합이라면 위의 SQL처럼 단지 값을 추출할 목적으로 GROUP BY 절에 함부로 기술한다면 만에 하나 원하지 않는 집합을 얻을 수 있다는 불안요인을 항상 가지게 되는 것이며, 이러한 집합이 다른 집합과 조인을 한다면 M:M 조인의 불안까지 가중되는 것이다.

이와 같은 문제점을 해결하는 방법은 매우 간단하다. 위의 SQL을 다음과 같이 바꾸어 보자.

```
SELECT 사번, MIN(입사일), SUM(본봉)
FROM 근태
WHERE 부서코드 = '1110'
    And 일자 between '19980301' and '19980331'
GROUP BY 사번 ;
```

우리는 무의식적으로 그룹함수는 숫자에만 적용하는 것이라는 편견을 가지고 있다. SUM이나 AVG 등은 당연히 숫자타입에만 적용되지만 MIN,MAX 등은 어떤 타입이라도 전혀 관계가 없다. '본봉'을 SUM하는 것이나 '입사일'을 MIN하는 것이나 다를 것이 없다.

여기서 MIN 대신에 MAX를 사용해도 결과는 동일하다. 혹자는 NULL이 있으므로 결과가 다를지도 모른다는 걱정에 NVL 함수를 적용해야 한다고 생각할지도 모른다. 그러나 전혀 그런 걱정은 할 필요가 없다. 왜냐하면 NULL 값을 가지는 경우는 함수의 처리대상에서 제외되므로 NULL인 경우는 아예 무시되어 버리기 때문이다.

그렇다면 MIN이나 MAX 중에서 어느 함수를 사용하는 것이 유리하겠는가? 아주 적은 차이가 나지만 MIN을 사용하는 것이 더 유리하다. 그 이유는 MIN, MAX의 처리방식의 차이로 인해 나타나는 현상이다. 여기서는 그 처리방식의 차이는 설명하지 않기로 한다.

바. SQL을 어떻게 공부할 것인가?

지금까지 SQL의 가장 큰 부분을 차지하고 있는 SELECT 문의 활용 범위를 크게 확장할 수 있는 방법에 대해 설명했다. 거듭 강조하지만 데이터베이스에게 사용자가 원하는 처리를 부탁하는 유일한 통신 수단은 SQL이다. 그 중에서 어느 시스템에서나, 어떤 처리방식에서나 가장 중요한 부분은 역시 SELECT라 할 수 있겠다.

여러분들이 이 SELECT를 단지 '읽어낸다'는 입장에서 '읽어서 처리한다'는 입장으로 인식을 전환시키지 않고서는 결코 관계형 데이터베이스를 사용하는 참맛을 안다고 할 수 없을 것이다.

아무리 복잡한 문장이라도 남이 작성해 놓은 것을 이해하는 것은 그리 어렵지 않다. 비록 정보시스템 분야에 종사하지 않는 사람들이라 하더라도 1주일, 아니 3일만 공부하면 이해하는 데 어려움은 없을 것이다.

그러나 '보고 이해하는 것'과 '만들어 내는 것'에는 매우 큰 차이가 있다. 어떤 학자가 평생을 바쳐 연구한 결과를 나중에 공부하는 사람들은 그 사람이 소비한 수십 분의 일만의 시간으로도 이해할 수는 있다. 그렇다고 해서 이해한 사람과 연구해 낸 사람이 같은 선상에 있다고 할 수 있겠는가?

정보시스템을 개발하는 사람들은 항상 '이해하는 자'가 아니라 '만들어 내는 자'에 속한다. 그러므로 현실에 산재해 있는 복잡하고 비정형적인 처리를 어떻게 단순·명료하고 효율적인 절차로 처리할 수 있느냐는 항상 우리의 몫이다.

저자는 프로젝트를 수행할 때 관리자를 설득해서 SQL 시험을 자주 치른다. 개발자들은 "여기가 무슨 대학교냐?"는 불만을 토로하지만 전혀 개의치 않는다. 기초가 튼튼하지 않으면 앞으로 개발해야 할 무수한 애플리케이션의 품질이 크게 차이가 나는 것은 불을 보듯이 확실하기 때문이다.

시험 결과를 분석해 보면 재미있는 점을 발견하게 된다. 단순한 4지 선다형 문제는 대부분 높은 점수를 얻지만, 실무에서 자주 발생할 수 있는 '읽기+처리'를 해야 하는 문제를 내면 많은 시간을 소비하고서도 평균 30점을 넘지 않는다는 사실이다. 이런 실정이니 당연히 SQL은 '읽기' 역할만 하고, '처리'는 3세대 언어에서처럼 열심히 로직을 사용해서 처리하는 형태의 애플리케이션이 나타난다.

바로 이러한 이유에서 세월이 아무리 흘러도 활용 수준은 제자리 걸음을 하고 있으며 복잡해진 애플리케이션으로 인한 유지·보수의 백록(Backlog)이 쌓여 매일 늦게까지 열심히 일하지만 노력에 비해 기술력은 성장하지 않는 것이다.

저자는 SQL 공부를 다음과 같은 방법으로 하라고 권하고 싶다.

첫째, <u>어려운 문제를 많이 풀어보라.</u> 과거 우리가 학교에서 수학공부를 하는 방법을 살펴보면 두가지 부류의 사람들이 있다. 한가지는 해법과 원리를 익히기보다는 해법을 보면서 예상문제를 많이 풀어 봄으로써 점수를 높이려는 사람들이다. 또 한 부류의 사람들은 어려운 문제를 놓고 많은 시간을 소비하더라도 고심을 하면서 끝까지 해법을 찾아 보려는 사람들이다.

현실적으로 보면 그 시절에는 전자에 속하는 사람들이 높은 점수를 받는 경우가 많았고, 또 대부분 그런 방법으로 공부를 한다. 그러나 지금 돌이켜 보라. 어떤 방법으로 공부를 한 사람들이건 간에 어차피 다 잊어버린 것은 마찬가지일지도 모른다. 그렇지만 저자는 결코 그렇게 생각하지 않는다.

후자에 속하는 사람들에게는 영원히 지워지지 않는 무형의 '분석력', '응용력', '문제해결', '돌파 능력'들이 자기세계의 든든한 주춧돌 역할을 하고 있는 것이다. 저자는 이 사실을 믿어 의심치 않는다. 그리고 지금도 자주 그것을 느끼고 그 힘의 가치에 대해 자신도 놀라워 한다.

사실 우리는 너무나 표면적인 현상에만 집착해 왔고, 그 속에 숨어 있는 것을 알려고도 하지 않는다. 조금만이라도 표면을 들추어 보라. 그 안에는 반드시 내가 알지 못했던 중요한 핵심들을 많이 발견할 수 있을 것이다.

여러분들이 어떤 애플리케이션을 작성하고자 할 때 도저히 불가능할 것 같은 처리도 하나의 SQL로 만들어 보겠다는 '어려운 숙제'를 스스로에게 부여하라. 그리고 그 해법을 찾지 못한다면 '자신을 용서하지 않겠다' 라는 생각으로 접근해 보라. 뜻이 있는 곳에 길이 있다고 했다. 얼마간의 시행착오와 혼란의 시간을 넘기고 나면 분명히 한 차원 다른 해법이 자신도 놀랄 정도로 다가와 줄 것이다.

여기서 주의할 것은 복잡하고 어려운 문제를 풀겠다고 해서 처리방법이 같이 복잡하고 길어져서는 안 된다는 것이다. 복잡한 것을 복잡하게 풀어내는 것은 큰 의미가 없다. 어떻게, 어떤 아이디어를 내면 복잡한 것이 단순·명료해지는가에 생각의 초점을 맞추어야 한다.

둘째, 원리와 기본에 충실하라. 적절하고 효율적인 방법을 찾기 위해서는 각각의 기능 - 예를 들어 조인, 인라인뷰, 서브쿼리 등 - 의 미묘한 개념차이를 명확히 해둘 필요가 있다. 그래야 상황에 따라 적절한 '정석'을 사용할 수 있다.

바둑의 고수들을 보라. 그들이 두는 수들 중에서 많은 부분은 이미 과거에 만들어진 정석을 그대로 사용하거나 상황에 따라 응용하고 있다. 그들도 바둑을 두는 순간에 모든 수들을 창안하는 것은 결코 아니라는 것이다.

확실한 '원리'와 정제된 '기본'을 밑바탕에 두고 조금의 응용력만 가미한다면 쉽게 최적에 도달할 수가 있을 것이다. 그러기 위해서 여러분들은 이 책에서 소개한 사례에만 집착하지 말고, 사례를 통해 저자가 설명하고자 한 원리나 기본개념의 차이에 초점을 두어야 할 것이다.

셋째, 항상 SQL의 실행계획을 염두에 두라. 우리가 작성한 SQL은 처리절차가 아니라 데이터베이스에게 처리를 부탁하는 '요구서'에 지나지 않는다. 그렇다면 요구서가 중요한 것이 아니라 그 요구를 받아서 만들어진 '실행계획'이야말로 진정한 '프로그램'이라 할 것이다. 그런데도 불구하고 우리가 이 실행계획을 전혀 도외시한다는 것은 도저히 있을 수 없는 일이다.

그러나 현실은 어떠한가? 저자가 교육을 할 때 교육생들을 대상으로 실행계획을 확인하면서 개발하는지 여부를 조사해보면 10% 이상인 경우는 거의 없었다. 관계형 데이터베이스가 적용된 지가 10년의 세월이 흘렀음에도 불구하고 아직도 그러하다. 문제는 해가 바뀌어도 그 비율이 증가하지 않는다는 데 있다.

이런 비유를 들어보자. 우리가 테니스를 배우고 있다고 생각해 보자. 자신이 친 공이 어디로 가는지를 전혀 보지 않고 계속 라켓을 휘두르기만 한다면 실력이 향상될 수 있겠는가? 참으로 있을 수 없는 일이 아닌가! 그런데도 불구하고 대부분의 사람들은 이러한 방법으로 SQL을 공부하고 있다.

　물론 실행계획을 확인하고 자신이 원하는 방법이나 절차대로 처리되도록 유도하는 방법은 쉽지는 않다. 그러나 그것이 아무리 어렵고 힘이 든다고 할지라도 어찌 '공'이 가는 방향을 보지 않을 수가 있겠는가!

　실행계획을 확인하거나, 문제점을 찾아내어 분석하고 해결하는 방법은 Ⅲ권에서 다양한 형태의 사례를 중심으로 상세히 설명하게 될 것이다.

　실행계획을 확인할 때 우리가 반드시 지켜야 할 사항이 있다. 절대로 먼저 '답'을 보아서는 안 된다는 것이다. 작성한 SQL이 어떠한 방식으로 처리될 것인지를 미리 파악하고 그것을 확인하기 위해서 실행계획을 조회해야 한다. 그래야만 실행계획을 예측할 수 있는 '눈'이 생기고, 옵티마이져의 오묘한 세계에 접근해 갈 수가 있다.

　만약 적절하지 못한 실행계획이 나왔다면, 어떠한 변화를 주면 어떤 실행계획이 나올 것이라는 자신의 결론을 먼저 내리고 과연 옵티마이져가 그러한 실행계획을 수립하였는지를 확인하는 수단으로 실행계획을 사용해야 실력이 향상된다.

　이것은 마치 자신이 먼저 수학문제를 푼 다음 제대로 풀었는지를 답을 보고 확인해야 하는 것과 마찬가지라고 하겠다. 비겁하게 먼저 답이나 해법을 슬쩍 보고 아이디어를 얻은 다음에 문제를 푸는 방법은 결코 자신의 판단력을 향상시켜 줄 수 없음을 명심하기 바란다.

3.3. UPDATE 문의 활용

우리는 지금까지 SELECT 문의 다양한 활용 방법에 대해 알아보았다. SQL은 하나의 애플리케이션 역할을 할 수 있다고 했다. 물론 이 중에서 가장 빈번하게 사용되는 것은 SELECT 문이지만 UPDATE 문도 똑같은 SQL인데 단순한 쓰기(Write) 용도로만 사용한다는 것은 참을 수가 없다.

UPDATE 문도 SELECT 문처럼 다량의 처리 범위를 대상으로 관련된 주변의 정보를 참조하여 경우에 따라 다양한 연산이나 가공 처리를 하고 쓰기 처리까지 완료하는, 마치 절차형 언어에서와 같이 활용할 수 있다.

UPDATE 문의 확장에 대해서는 '대용량 데이터베이스 솔루션 I'의 제2장에서 일차 언급한 바 있다. 그렇지만 이 장에서는 UPDATE 문의 보다 종합적인 활용 방법을 언급하고자 하며, 또 처음 이 책을 접하는 독자들도 있으리라 생각하여 다시 한번 상세하게 설명하고자 한다.

또한 이 책에서 좀더 상세하게 언급할 것이라고 전편에서 약속하였기 때문에 여기서는 활용의 원리와 적용 사례, 튜닝의 포인트, 최근에 새롭게 추가된 기능인 '수정 가능 조인 뷰(Modifiable Join View)'를 활용하는 방법 등을 추가로 다루기로 하겠다.

3.3.1. 확장 UPDATE 문

여기서 확장 UPDATE 문이라고 지칭하는 UPDATE 문의 형태는 과거에도 사용할 수는 있었지만 최근에 와서야 매뉴얼에 언급된 문법이다. 저자는 90년도에 이 문법을 발견하여 많은 시스템에 적용해 왔는데 그 효과는 하나의 UPDATE 문이 애플리케이션을 대신할 수 있을 만큼 대단하였다.

물론 아직도 이러한 UPDATE 문을 사용할 수 없는 데이터베이스도 있다. 설사 사용할 수 있다고 하더라도 DECODE와 같이 IF 처리를 할 수 있는 함수를 가지지 않았다면 그 활용도는 매우 낮아질 수밖에 없다. 그러므로 여러분이 사용하고 있는 데이터베이스의 매뉴얼에는 나와 있지 않더라도 사용이 가능한 지를 테스트해 보기 바란다.

이 UPDATE 문은 처리할 다수의 대상을 선정하고 각각의 처리 대상 건마다 자신과 연관된 정보를 참조하여 다양한 가공 처리를 한 후에 쓰기 작업까지 완료하므로 서브쿼리, 조인, 각종 함수와 같은 SQL의 기능을 최대한 활용하면 마치 절차형 언어에서 처리하듯이 사용할 수가 있다.

먼저 기본 문형을 살펴보도록 하자.

```
UPDATE table_name SET
        (column1, column2, ...., columnN)
      =(SELECT any_style_logical_columus, ...
          FROM other_table1, ,,,,, other_tableN
          WHERE join columns
              and other_conditions ..........)
WHERE columns IN (SELECT join_colums
              FROM tables
              WHERE ..........);
```

높은 기능성을 가진 UPDATE 문을 생성하기 위해서 우리가 가장 먼저 염두에 두어야 할 것은 UPDATE할 대상 집합을 명확히 하는 것이다. 대상 집합은 물론 WHERE 절에 기술된다. 우리는 어떤 상수값과 비교를 할 때도 있겠지만 어떤 집합과 비교해야 할 때도 자주 발생한다. 이런 경우는 적절한 서브쿼리를 통해 해결할 수 있을 것이다.

UPDATE의 수행속도 향상을 위해서는 WHERE 절의 조건을 만족하는 집합의 크기를 확인해 볼 필요가 있다. 이 집합의 크기는 바로 UPDATE할 대상이므로 결국 UPDATE의 일량을 좌우한다. 뿐만 아니라 SET 절에 서브쿼리를 사용하였다면 반복 수행되고 있는 서브쿼리의 수행 횟수도 같이 결정된다.

WHERE 절에 있는 서브쿼리는 다음에 별도로 언급하겠지만 경우에 따라서 먼저 수행될 수도, 나중에 수행될 수도 있다. 만약 서브쿼리가 나중에 수행되는 경우는 주로 'EXISTS'를 사용하는 경우가 대부분이며, 이 경우는 처리범위를 줄여 주는 '제공자'의 역할이 아니라 조건의 만족 여부를 체크해 주는 '확인자'의 역할을 담당한다. 그러므로 UPDATE할 대상을 줄여 줄 수는 있으나 액세스해야 할 범위를 줄여 주지는 않는다.

그렇다면 우리는 WHERE 절에 'EXISTS'나 'NOT EXISTS'를 사용한 서브쿼리가 있을 때 UPDATE 대상 집합은 액세스하는 처리주관 범위에서 제외시켜 생각해야 한다. 가령 'EXISTS' 외에 다른 조건이 없다면 '전체 테이블 스캔' 방식으로 처리된다고 생각하면 된다.

WHERE 절에 있는 서브쿼리가 먼저 수행된다면 이 결과는 상수들의 집합이 되므로 WHERE 절의 처리 범위를 줄이는 데 일조를 할 수 있다. 이는 물론 인덱스의 결합 형태나 사용 방법에 따라 처리 범위는 달라진다. 이러한 방법으로 우리는 UPDATE 문의 WHERE 절에서 처리할 대상을 먼저 확정하고, 그 조건의 액세스가 양호한지를 먼저 확인해야 한다.

일반적으로 UPDATE는 데이터의 액세스에 대한 부담보다도 액세스된 데이터를 수정하여 저장하는 작업에 대한 부하의 비중이 훨씬 크다. 그러므로 가공을 위해 필요한 참조 정보가 어디에 있는지, 어떻게 얼마나 필요한지, 가공할 수 있는 방법은 무엇인지에 촉각을 곤두 세워야 한다.

이 가공 부분은 우리가 앞서 예측해 두었던 UPDATE 대상 집합만큼 반복 수행될 것이므로 이 두가지를 파악하고 있다면 대략적인 소비 시간을 예측할 수 있을 것이다. 만약 가공 부분이 무겁다면 전체적인 부하는 크게 증가하므로 여기에 대한 대비책이 필요하다.

복잡한 관계에 있는 많은 정보들을 참조하여 다양한 처리를 하는 UPDATE 문을 소개하기 위해 다음과 같은 데이터 모델을 가정해 보자.

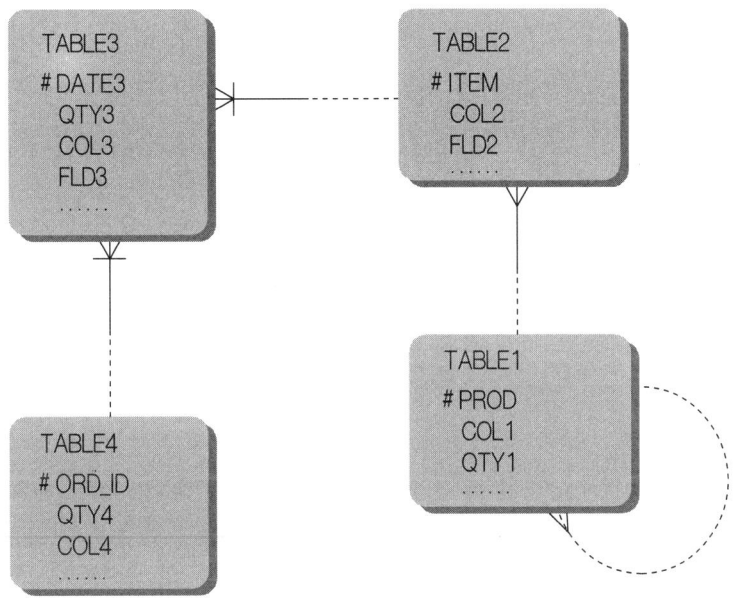

그림1-3-11

우리가 알고 있는 정보는 TABLE1에 있는 PROD뿐이며 처리되어야 할 테이블은 TABLE3라고 하자. 이 테이블을 가공 처리하기 위해서는 TABLE2, TABLE4의 정보를 참조해서 다양한 처리를 해야 할 것이다. 우리가 알고 있는 것은 TABLE1의 PROD 뿐이므로 처리해야 할 TABLE3의 로우가 어떤 것인지, 얼마나 되는지도 알지 못한다.

또한 우리가 알고 있는 PROD는 우리가 처리할 PROD들의 부모(Parent)이며 실제 처리할 PROD들은 이것을 전개시켜야만 알 수가 있다. 우리가 처리할 PROD들의 세부적인 ITEM들은 TABLE2에서 찾을 수 있으며, TABLE3에 있는 이 ITEM들에 대해 필요한 가공 처리를 해야 한다.

아무리 복잡한 배치 처리를 하는 애플리케이션이라고 하더라도 대개는 이러한 정도의 처리를 하게 될 것이다. 이 처리를 위해서 앞서 소개한 방법을 사용한다고 하더라도 대부분의 개발자들은 다음과 같은 방법으로 애플리케이션을 구축할 것이다.

```
. . . . . . . . . . . .
    EXEC SQL DECLARE c1 CURSOR FOR
        SELECT ITEM, ORD_ID, LOC3, . . . . . , , t3.ROWID
        FROM TABLE3 t3
        WHERE ITEM IN ( SELECT ITEM
                        FROM TABLE2
                        WHERE PROD IN ( SELECT PROD
                                        FROM TABLE1
                                        CONNECT BY PROD = PRIOR MPROD
                                        START WITH MPROD = :PROD ) ;
        . . . . . . . . . . .
EXEC SQL OPEN c1;
for(;;)
{
    EXEC SQL FETCH c1 INTO :v_item, :v_ord_id, :v_loc3, . . . . . , :v_rowid;
    if(sqlca.sqlcode = = 1403) break;
    EXEC SQL SELECT FLD2, nvl(QTY2,0), . . . . INTO v_fld2, :v_qty2, . . . . .
            FROM TABLE2
            WHERE ITEM = :v_item;
    if(v_fld2 = = '1' ) { v_val2 = v_qty2 * 0.01;
        } else {
            if(v_fld2 = = '2' { v_val2 = (v_qty2 * 0.05) / v_qty2 - v_qty3 );
                } else {
                v_val2 = . . . . . . . . . ;
```

```
                    }
                }
            }
            EXEC SQL SELECT col4, . . . . INTO :v_col4, . . . . .
                    FROM TABLE4
                    WHERE ORD_ID = :v_ord_id;
            . . . . . . . . . . . . . . .
            EXEC SQL UPDATE TABLE3 SET qty3 = :v_val2,
                                       gubun = '1',
                                       . . . . . . . . .
                    WHERE ROWID = :v_rowid;
        }
        EXEC SQL COMMIT WORK RELEASE;
        EXEC SQL CLOSE c1;
```

위에서 소개한 내용은 처리할 대상을 찾아 하나씩 읽어 가면서 참조해야 할 다른 정보들을 액세스하여 필요한 가공을 한 후 다시 테이블에 UPDATE하는 전형적인 3세대 언어 형식의 애플리케이션이다.

그러나 이러한 방식은 가공처리를 하는 모든 로우만큼 SQL이 수행되어야 하므로 많은 시스템 오버헤드를 발생시킨다. 누차 언급했듯이 SQL은 단순한 명령어가 아니라 하나의 애플리케이션이다. 가령 하나의 SQL에서 10,000건을 UPDATE한 것과 SQL이 10,000번 수행되면서 한건씩 처리한 것과 비교하면 큰 차이가 난다.

만약 우리가 위의 예제에 있는 처리를 하나의 UPDATE 문장으로 구현할 수 있다면 단 한번의 DBMS 호출로 모든 작업이 수행된다. 이러한 방법은 SQL 수행 횟수가 감소한다는 단순한 의미뿐만 아니라 각 로우를 처리할 때마다 작업에 필요한 로우가 일일이 애플리케이션 버퍼로 패치될 필요가 없음을 뜻하기도 한다.

즉, 하나의 SQL 문장으로 구성되어 있으므로 옵티마이져가 수립한 실행계획에 따라 DBMS가 내부적으로 수행한다. 물론 데이터가 처리되기 위해서는 디스크에 있던 데이터가 메모리 내로 액세스 될 수밖에 없는 것은 동일하지만 애플리케이션 버퍼로 일일이 패치되지 않는다는 것은 큰 의미를 가진다.

하나의 SQL로 처리되는 경우는 다중처리 단위에 의해 한번에 액세스되는 양이 정해지는 것이 아니라 INIT.ORA에 지정된 디스크와 메모리 I/O 단위에 의해 이루어지는 것이다. 처리된 로우가 다시 디스크에 쓰여지는 작업은 사용자 애플리케이션과는 전혀 무관하게 LRU 알고리즘과 동시 쓰기작업 단위(_DB_BLOCK_WRITE_BATCH)에 의해 결정된다.

앞서 소개한 3세대 언어 형식의 처리를 어떻게 하나의 SQL로 처리할 수 있는지 살펴보자.

```
UPDATE TABLE3 t3 SET
    (COL3, FLD3, QTY3, ..........) =
    (SELECT decode(COL2, '1', substr(COL4,1,4), . . . . ),
            nvl(FLD3,0) + nvl(QTY2,0) * 100 / nvl(QRY4,1),
            decode(FLD4, '1', nvl(QTY2,0) * 0.01,
                         '2', nvl(QTY2,0) * 0.05 / (nvl(QTY2,0)-nvl(QTY3,0),
                    . . . . . . . . . . . . . . . . . . . . ),
            . . . . . . . . . . . . . . . . . . . .
    FROM TABLE2 t2, TABLE4 t4
    WHERE t2.ITEM = t3.ITEM
        and t4.ORD_ID = t3.ORD_ID )
WHERE ITEM IN ( SELECT ITEM
                FROM TABLE2
                WHERE PROD IN ( SELECT PROD
                                FROM TABLE1
                                CONNECT BY PROD = PRIOR MPROD
                                START WITH MPROD = :PROD ) ;
```

이 UPDATE 문의 SET 절은 마치 SELECT 문에 있는 WHERE 절에서 하나 이상의 컬럼을 서브쿼리와 비교할 때 사용하는 비교 형식과 매우 유사하다. 그러나 아직 이 문법을 적용할 수 없는 데이터베이스가 있으니 여러분들은 확인해보기 바란다.

먼저, UPDATE해야 할 모든 컬럼을 SET 절에서 괄호로 묶는다. 물론 TABLE3의 컬럼만으로 가공할 수 있거나, 상수로 처리할 수 있는 컬럼도 포함시킨다. SET 절에 있는 서브쿼리에는 UPDATE할 컬럼을 가공하는데 필요한 모든 테이블들을 조인시킨다.

이때 UPDATE되는 TABLE3의 컬럼은 메인쿼리에 있으므로 서브쿼리의 조인에 포함시키지 않아도 서브쿼리에서 자유롭게 사용할 수가 있다. 그러므로 서브쿼리에는 TABLE2와 TABLE4만 조인시키면 우리가 원하는 모든 가공을 할 수 있게 된다.

서브쿼리의 SELECT-LIST에는 SET 절에 괄호로 묶여 있는 각각의 컬럼과 차례로 대응시켜 준다. 가공에 필요한 모든 정보가 있으므로 상수, 함수, IF 처리, 연산 등을 통해 각각에 대응되는 값을 만드는 것은 그리 어려운 일은 아니다. 그러나 서브쿼리는 '='로 비교되었으므로 메인쿼리 각각의 로우마다 반드시 단 하나의 결과를 추출해야 한다. 그렇지 않으면 에러가 발생한다.

만약 서브쿼리에서 가공을 위해 하나 이상의 로우가 추출된다면 SUM, MAX, MIN 등의 그룹 함수를 사용해야 한다. 그러나 이 서브쿼리는 메인쿼리의 작업대상 로우 수만큼 반복 수행되므로 처리 범위가 아주 좁아야 한다. 그렇지 않으면 수행속도가 매우 늦어지게 될 것이다. 만약 서브쿼리에서 처리되는 범위가 매우 넓거나 수행속도가 좋지 못하다면 다중처리 기법을 사용하는 것이 바람직하다.

이 UPDATE 문은 하나의 SQL에 불과하지만 내부적인 수행 절차를 살펴보면 마치 절차형으로 기술된 3세대 언어처럼 수행된다. 먼저, 서브쿼리에서 우리가 조건으로 부여한 PROD의 값으로 TABLE1의 자식(Child) PROD를 순환구조의 전개 방법으로 찾는다. 이 서브쿼리의 수행 결과는 제공자의 역할을 하여 TABLE3에 있는 PROD가 가진 ITEM들을 찾는다.

이로써 우리가 처리해야 할 TABLE3의 대상 집합은 결정되었다. SQL이 수행한 결과는 동시에 처리된 것처럼 보이지만, 내부적으로는 처리되어야 할 모든 로우들이 하나씩 차례로 수행하게 된다.

처리할 TABLE3의 첫번째 로우가 액세스되면 해당 로우의 모든 컬럼은 상수값이 된다. 이 상수값들은 서브쿼리에 파고들어 한번의 서브쿼리가 수행한다. 즉, TABLE3의 ITEM과 ORD_ID는 상수값이 되어 TABLE2와 TABLE4를 조인한다. 이제 가공에 필요한 모든 값이 액세스되었으므로 SELECT-LIST에 기술한 가공 처리가 완료된 후 그 결과는 읽어두었던 TABLE3의 첫번째 로우에 UPDATE된다.

이제 한건이 완료되었으므로 자동적으로 TABLE3의 다음 대상 건에 대해 위의 작업이 반복되며 작업할 모든 로우가 처리될 때까지 계속된다. 결국 3세대 언어에서 처리되는 것과 동일한 방법으로 수행되는 것이다. 그러나 몇 가지 주의해야 할 사항이 있다.

첫째, 하나의 SQL로 처리되기 때문에 전체 작업이 완료되었을 때만 커밋이나 롤백을 할 수 있으므로 너무 많은 로우를 처리할 때는 사용하지 않는 것이 좋다. 이러한 경우에는 아주 큰 롤백세그먼트를 필요로 할 것이며, 변경된 블록이 너무 많이 발생하므로 다른 작업에 영향을 미칠 수가 있다.

둘째, 처리 시에 발생되는 개별 로우에 대한 에러를 선별하기가 곤란하다는 것이다. 그러나 이러한 에러 사항은 WHERE 조건이나 DECODE를 적절히 활용하면 충분히 선별해낼 수가 있다.

셋째, 한번 가공된 결과를 이용하여 여러 개의 다른 테이블을 UPDATE할 수 없다는 것이다. UPDATE 테이블과 가공을 위한 참조 테이블이 하나의 SQL로 묶여 있기 때문에 수행과정에서 발생한 내용을 유지시킬 수 없음은 너무나 당연한 일이다.

그러나 실무에서는 간혹 한번 가공한 값을 여러 개의 다른 테이블에 적용해야 하는 경우가 나타나기도 하는데 이런 경우는 하나의 UPDATE 문으로 구현하는 것이 바람직하지 않다. 물론 가공에 대한 부담이 매우 적다면 적용할 수도 있을 것이다. 그러나 이러한 경우는 가급적 다중처리 기법을 활용하기 바란다.

넷째, 만약 서브쿼리가 실패했을 때 - 즉, 서브쿼리 조건을 만족하는 로우가 하나도 없어 'No Rows Selected'가 되었을 때 - 는 SET 절에 기술한 UPDATE 컬럼들에는

NULL 값이 UPDATE되어 버린다는 것이다. 이것은 매우 주의해야 할 사항이다. 이러한 실수는 여러분들의 귀중한 데이터를 지워버릴지도 모른다.

    이러한 문제를 해결하기 위해 비록 다음과 같이 NVL 함수를 사용하여 NULL인 경우를 처리했다고 하더라도 결과는 마찬가지가 된다는 사실에 주의하기 바란다.

```
UPDATE TABLE3 t3 SET
    COL3 = ( SELECT COL3 + NVL(COL2,0)
             FROM TABLE2 t2
             WHERE t2.ITEM = t3.ITEM
               and .............. )
WHERE ......... ;
```

이러한 문제를 피하기 위해 많이 사용하는 방법 중에 한가지는 'EXISTS'를 활용하여 처리 대상 집합에서 먼저 골라내는 방법이 있다.

```
UPDATE TABLE3 t3 SET
    COL3 = ( SELECT COL3 + NVL(COL2,0)
             FROM TABLE2 t2
             WHERE t2.ITEM = t3.ITEM
               and ........ )
WHERE ..............
  and EXISTS ( SELECT 'X'
               FROM TABLE2 t2
               WHERE t2.ITEM = t3.ITEM
                 and .............. );
```

이 방법은 SET 절에 있는 서브쿼리가 실패하지 않도록 조치하였으므로 우리가 원하는 결과를 얻을 수 있다. 그러나 메인쿼리와 SET 절의 서브쿼리에서 한번씩 동일한

SQL이 반복해서 수행되어야 하므로 너무 억울하다.

그러나 경우에 따라서는 이러한 방법도 하나의 해결책이 될 수도 있다. UPDATE는 메인쿼리에 있는 'EXISTS' 서브쿼리가 성공했을 때만 SET 절의 서브쿼리가 수행된다. 만약 'EXISTS'에 의해 상당히 많은 처리 대상을 줄여 줄 수 있었다면 그렇게 손해를 보지는 않았다. 이 경우에는 EXISTS 서브쿼리가 여러 번 수행되기는 하였지만 제 몫을 하였고, 성공한 로우가 많지 않으므로 상대적으로 SET 절의 서브쿼리는 수행횟수가 격감하였기 때문이다.

그러나 이러한 경우는 큰 문제가 없겠지만 만약 서브쿼리가 부담이 되는 경우라면 다른 방법을 강구해야만 한다. 또 한가지의 문제가 있다. 이 문제는 UPDATE 문의 중요한 특성 중에 한가지인 선행(Driving) 테이블이 항상 UPDATE 대상 테이블이 되어야 한다는 제약에서 발생한다. SELECT 문의 조인은 상황에 따라 선행 테이블을 자유롭게 조절할 수 있다. 물론 앞의 예처럼 제공자의 역할을 하는 서브쿼리를 이용하면 선행 테이블을 바꿀 수도 있겠지만 불행하게도 이 서브쿼리에서 수행한 결과를 UPDATE 처리를 위해 다시 사용해야 한다면 불필요한 액세스가 중복되어야 한다.

이러한 문제는 다음 장에서 설명할 수정가능 조인 뷰를 이용해 해결할 수 있다. 이 설명은 다음 장에서 자세하게 언급하도록 하겠으며, 여기서는 NULL 값이 UPDATE되는 것을 막는 또 다른 방법을 소개하기로 하겠다.

데이터가 존재하지 않을 때 NULL 값이 UPDATE되는 것을 방지할 수 있는 또 한가지의 방법이 있다. 이것은 데이터가 존재하지 않더라도 SQL이 실패하지 않도록 하여 수행 결과가 NULL이 되는 것을 막는 방법이다.

먼저, SQL의 실패(Failure)와 NULL 값의 미묘한 관계를 알아보기로 하자. 대부분의 사용자들이 이들간의 미묘한 차이점을 알지 못하여 많은 잘못을 저지르고 있다.

다음 두가지 SQL을 수행시켜 보자. 이 SQL의 WHERE 조건을 만족하는 로우는 당연히 하나도 없을 수밖에 없다.

① SELECT COL3, **NVL(QTY3,0)**
   FROM TABLE3
   WHERE 1 = 2 ;

②   SELECT MIN(COL3), ------------- ⓐ
            MAX(QTY3), ------------- ⓑ
            SUM(QTY3), ------------- ⓒ
            COUNT(QTY3), ---------- ⓓ
            NVL(MIN(QTY3),0) ------- ⓔ
      FROM TABLE3
      WHERE 1 = 2 ;

이 두가지 SQL을 수행한 결과에 대한 리턴 메시지는 서로 다르다. ①을 수행시키면 'No Rows Selected' 라는 메시지가 발생한다. 이 SQL이 수행한 결과를 값으로 받는다면 당연히 NULL이 된다. 그렇다면 'NVL(QTY3,0)'와 같이 NVL 함수를 사용하면 0이 출력되는가? 결과는 마찬가지로 NULL이 된다.

왜 이러한 결과가 나타나는가? 그 이유는 SQL이 성공적으로 수행하여 그 결과가 NULL이 된 것이 아니라, 실패하였기 때문에 SELECT-LIST에 NULL이 추출되는 것이 아니라 SQL전체가 실패로 인해 공집합(NULL)이 되었기 때문이다.

에러(Error)와 실패(Fail)는 확실히 다르다. 에러는 SQL이 수행되지 않았음을 뜻하고 실패는 수행은 하였으되 결과가 공집합이 되었음을 뜻하는 것이다. SELECT-LIST에 결과(NULL 포함)를 리턴하기 위해서는 반드시 하나 이상의 추출 로우가 있어야 한다. 따라서 ①의 SQL이 수행한 결과는 하나의 로우도 리턴하지 못하였기 때문에 SELECT-LIST에서는 아무런 값도 출력할 수가 없는 것이다.

그러나 ②가 수행한 결과는 '1 row selected.'로 나타난다. 이것은 매우 큰 의미를 가진다. 비록 이 SQL도 WHERE 절을 보면 절대로 성공할 수 없도록 되어 있지만 <u>수행 결과는 실패가 아니라는 것</u>을 말하고 있다.

이것이 바로 그룹 함수의 특징이다. 그룹 함수가 사용되면 비록 처리할 대상 집합이 공집합이라 하더라도 논리적인 결과는 존재한다고 보는 것이다. 그러므로 비록 결과로 NULL을 리턴해야 할지라도 수행 결과는 결코 공집합이 되지 않는다.

결국 이 말은 SELECT-LIST에 어떤 값을 리턴할 수 있음을 의미하기 때문에 ①에서와는 다르게 ⓔ와 같이 NVL 함수를 사용하면 우리가 원하는 값으로 바꿀 수가 있는 것이다.

그룹 함수를 사용하면 SQL은 결코 실패하지 않는다는 것을 알아보았다. 그러나 이 그룹 함수마다 그 수행 결과는 약간의 차이를 가진다. 먼저, ⓐ와 ⓑ에 있는 MIN과 MAX를 비교해 보자. 이 두개의 그룹 함수는 동일한 결과인 NULL을 리턴한다.

만약 WHERE 절이 공집합이 아니고 컬럼 중에 NULL이 포함된 경우에도 결과는 동일하다. 우리는 그 이유가 NULL인 경우는 그룹 함수의 수행대상에서 아예 제외되기 때문이라는 것을 알고 있다. 이런 경우에는 MIN이 미세하나마 유리하다고 앞서 언급했었다.

이번에는 ⓒ와 ⓓ를 비교해 보자. 물론 SUM과 COUNT는 다른 의미의 함수이지만 WHERE 절을 만족하는 로우가 없으므로 다를 것이 없다. 그러나 그 수행 결과는 다르다. ⓒ를 수행한 결과는 NULL이지만, ⓓ를 수행한 결과는 0이 된다. 이 결과의 의미는 무(無)를 SUM한 결과는 NULL로 보는 것이 NULL의 개념에 합당하겠지만, 무(無)의 개수는 확실하게 0개로 간주할 수 있다는 논리적인 입장에서 나타난 결과로 이해하기 바란다.

지금까지 나타난 결론을 바탕으로 서브쿼리가 절대로 NULL을 리턴하지 않도록 조치하는 것은 매우 간단해졌다. 만약 UPDATE할 필요가 없는 컬럼이라면 다음과 같이 사용하여 NULL 값의 UPDATE를 막을 수 있다.

```
UPDATE TABLE3 t3 SET
    COL3 = ( SELECT COL3 + NVL(SUM(COL2),0)
             FROM TABLE2 t2
             WHERE t2.ITEM = t3.ITEM
               and . . . . . . . . )
WHERE . . . . . . . . . . . . . ;
```

여기서 서브쿼리에 있는 COL3는 메인쿼리의 컬럼이므로 - 즉, 서브쿼리 내에서 볼 때는 상수값에 지나지 않으므로 - 이 컬럼에 대해서는 MIN이나 MAX를 사용하지 않아도 서브쿼리는 실패하지 않는다.

서브쿼리 수행 결과는 어차피 한 개의 로우이므로 MIN을 했다고 해서 수행속도에는 영향을 미치지 않는다. 물론 반드시 MIN을 해야 하는 것은 아니다. 경우에 따라서는 MAX, AVG, SUM, COUNT 등을 사용할 수도 있을 것이다.

그러나 이와 같이 항상 서브쿼리가 성공하도록 하는 것이 유리한 것만은 결코 아니다. 서브쿼리가 수행되었다는 것은 UPDATE가 수행되었다는 것을 의미하므로 비록 동일한 값을 UPDATE했다 하더라도 UPDATE 처리는 일어난다는 사실이다.

앞서 EXISTS를 사용하는 예에서 언급했듯이 변경사항이 없어 동일한 값을 그대로 UPDATE해야 하는 경우가 많이 발생한다면, EXISTS를 이용하여 메인쿼리에서 미리 골라내는 것이 유리하다.

다섯째, 만약 서브쿼리에서 가공을 위해 추출해야 하는 로우들이 많을 때는 수행속도가 늦어지므로 다중처리 방법을 이용해야 한다. UPDATE 문은 항상 UPDATE되는 테이블이 선행(Driving) 테이블이 되고 SET 절 내의 서브쿼리는 항상 나중에 반복 수행하게 된다고 했었다.

메인쿼리는 한번만 수행되지만 서브쿼리는 반복해서 수행한다. 그러므로 서브쿼리의 속도가 전체에 미치는 영향은 매우 크다. 가벼운 처리가 반복 수행되어야 한다는 것은 너무나 당연한 상식일 것이다. 저자가 어떤 회사를 컨설팅하면서 몇 가지 샘플을 만들어 주면 이러한 방식에 관성이 붙어 무조건 이 방식을 고집하는 사람들이 있다.

UPDATE 문을 마치 3세대 언어를 사용한 것처럼 길고 복잡하게 사용한다. 저자가 정말 부탁하고 싶은 것은 제발 이런 자세로 접근하지 말아 달라는 것이다. 뭔가 한가지 괜찮다 싶으면 온통 그 방법으로 전체를 채색하려고 한다.

모든 솔루션에는 미묘한 차이가 있고 상황에 따라 어떤 정석을 선택하였느냐에 따라 전체가 달라진다는 것을 명심하여 각각의 처리 방식이 가지는 본질적인 원리를 소화하고 그 허와 실을 정확히 이해한다면 보다 한 차원 높은 활용이 그리 어렵지 않으리라고 믿는다.

3.3.2. 수정가능 조인뷰(Modifiable Join View)

지금까지 대부분의 데이터베이스에서 뷰는 주로 SELECT에서 사용하기 위해서 적용해 왔다. 물론 과거에도 몇 가지 제한사항만 준수한다면 뷰에서도 INSERT, UPDATE, DELETE를 할 수가 있었다. 그러나 그 제약이 너무 심하여 이러한 목적으로 활용한 경우는 찾아보기가 어려웠다. 참고로 여기서 말하는 '수정가능'이란 말은 UPDATE만을 의미하는 것이 아니라 INSERT, DELETE를 포함하는 뜻임을 밝혀둔다.

지금까지는 데이터의 변경이 가능한 뷰가 되기 위해서는 반드시 하나의 테이블만 가져야 하고, 컬럼이 절대로 가공되지 않아야 하는 제약 때문에 과거에는 주로 SELECT문을 도와주기 위해 사용하였다. 특별히 변경을 가할 수 있게 해야 하는 경우의 적용은 주로 보안관리를 목적으로 할 때 사용하였다.

뷰에 대한 활용 방법은 '대용량 데이터베이스 I, 제5장 뷰의 특징과 활용(Page 424~470)'을 참조하기 바란다.

지금 여기서 설명하고자 하는 수정가능 조인뷰도 모든 제약이 없어진 것은 결코 아니다. 단지 추가된 기능은, 몇 가지 논리적으로 어쩔 수 없는 제약조건만 지켜 준다면 조인이 된 뷰도 변경을 할 수 있도록 해주겠다는 것이다. 그러나 비록 이러한 개념의 확장이 되었음에도 불구하고 그 활용의 목적이 분명하지 않아 실제로는 크게 사용되지 못하고 있는 실정이다.

이러한 의미에서 이 장에서는 수정가능 조인뷰의 제한요소를 면밀하게 살펴보기로 하며, 제한사항에도 불구하고 우리가 어떻게 활용해야 그 진정한 의미를 살릴 수 있는지를 알아보는 데 중점을 두기로 하겠다.

가. 수정가능 조인뷰의 제한사항

오라클 버전 7.3 이상에서 적용할 수 있는 수정가능 조인뷰는 FROM 절에 하나 이상의 테이블이나 뷰가 위치하는 조인이 된 뷰를 수정을 할 수 있게 하였다. 그러나 다음과 같은 사항이 포함되어 있을 때는 수정이 불가능하다.

- ◆ DISTINCT 처리가 포함된 경우
- ◆ 그룹함수를 사용한 경우 : SUM, MIN, MAX, AVG, COUNT, STDDEV, VARIANCE, GLB 등
- ◆ 집합 처리 : UNION, UNION ALL, INTERSECT, MINUS
- ◆ GROUP BY나 HAVING을 사용한 경우
- ◆ 순환관계 전개 처리 : CONNECT BY ... START WITH 구문
- ◆ ROWNUM을 사용한 경우
- ◆ 만약 생성된 뷰가 또 다른 여러 개의 뷰와 조인한 경우라면 실행 시 이 뷰들은 반드시 최종 뷰 내로 병합(Merge)이 가능해야 한다. '뷰의 병합'이란 말은 좀 어렵기 때문에 다음 페이지에서 다시 설명하기로 하겠다.
- ◆ 조인된 테이블 중에서 반드시 '키보존(Key Preserved) 테이블'만 수정을 할 수 있다. 여기에 대한 자세한 내용은 다음 장에서 설명하기로 한다.

사실 위에서 언급한 제한사항은 기술적인 문제라기보다는 논리적인 문제로 보는 것이 타당하다. 가령 DISTINCT나 GROUP BY를 했다면 원래의 집합은 없어지고 가공된 결과의 집합으로 변해버리므로 거기에 있는 어떤 값을 수정했을 때 원래의 로우에 어떻게, 무슨 규칙을 가지고 수정을 할 수 있겠는가?

만약 이러한 처리를 가능하게 했다면 오히려 많은 혼란을 초래할 것이 분명하다. 데이터의 일관성이 깨어지기가 매우 쉬울 것이며, 사용자의 약간의 착각에 의해 우리의 귀중한 데이터의 원형을 잃어버리게 될지도 모른다. 그러므로 여러분들은 이러한 제한사항에 너무 연연해 할 필요는 조금도 없다.

수정이 가능하지 않다고 해서 뷰의 원래의 기능이 약해지는 것은 아무 것도 없다. 그

냥 과거에 적용했던 것처럼 사용하면 될 것이다. 다만 특수한 경우 이 기능이 매우 필요한 경우가 있으므로 뒤에서 그 활용 방법을 언급할 때 자세히 설명하기로 한다.

수정이 가능한 테이블은 조인된 테이블 중에서 반드시 키보존 테이블이라 불리는 테이블에만 허용된다. 이 테이블은 집합적으로, 논리적으로 볼 때 조인된 전체 집합의 기준이 되는 테이블이다. 좀 애매한 말인 것 같지만 다음 장에서 키보존 테이블의 개념을 정확하게 파악하면 충분히 이해할 수 있을 것으로 생각된다.

'뷰의 병합'에 대해서 좀더 자세히 알아보자.

우리가 뷰를 생성하면서 'AS SELECT……' 절에 있는 SELECT 문은 데이터 딕셔너리에 있는 뷰를 관리하는 테이블에 그 문장이 그대로 저장된다. 이 SELECT 문을 앞으로 뷰쿼리(View Query)라고 부르기로 하고, 이 뷰를 이용해 데이터를 액세스하는 SQL을 액세스쿼리(Access Query)로 부르기로 한다.

액세스쿼리에서 사용된 오브젝트 중에 뷰가 있으면 옵티마이져는 데이터 딕셔너리에 있는 뷰쿼리를 읽어와서 이 두개의 쿼리를 병합하는 작업을 하여 실행계획을 수립한다. 이러한 병합은 두가지 방법으로 처리된다. 한가지는 뷰쿼리를 액세스쿼리로 병합하는 방법이고, 다른 하나는 액세스쿼리를 뷰쿼리로 병합하는 방법이다.

먼저, 뷰쿼리를 액세스 쿼리로 병합하는 경우를 살펴보기로 한다. 다음과 같은 뷰를 생성해 두자.

```
CREATE or REPLACE VIEW EMP10 AS
    SELECT empno, ename, job, mgr, hiredate, sal, comm, deptno
    FROM EMP
    WHERE DEPTNO = '10' ;
```

이 뷰를 이용하여 다음과 같은 액세스쿼리를 수행시킨다고 생각해 보자.

```
SELECT empno, ename
FROM EMP10
WHERE sal between 1000 and 3000 ;
```

이 경우에는 뷰쿼리가 액세스쿼리로 병합되어 다음과 같은 SQL이 내부적으로 생성되어 실행계획이 수립된다.

```
SELECT empno, ename
FROM EMP
WHERE deptno = '10'
    and  sal between 1000 and 3000 ;
```

이번에는 액세스쿼리가 뷰쿼리로 병합되는 경우를 살펴보자. 이러한 형태로 수행되는 경우는 뷰쿼리 내에 다음과 같은 내용을 포함할 때 일어난다. 이 내용은 앞서 수정 가능 조인뷰의 제한요소와 동일하다.

- ◆ DISTINCT 처리가 포함된 경우
- ◆ 그룹함수를 사용한 경우 : SUM, MIN, MAX, AVG, COUNT, STDDEV, VARIANCE, GLB 등
- ◆ 집합 처리 : UNION, UNION ALL, INTERSECT, MINUS
- ◆ GROUP BY나 HAVING을 사용한 경우
- ◆ 순환관계 전개 처리 : CONNECT BY … START WITH 구문
- ◆ ROWNUM을 사용한 경우

다음과 같은 뷰를 생성시켜 보자.

```
CREATE or REPLACE VIEW EMP_UNION AS
    SELECT empno, ename, job, mgr, hiredate, sal, comm, deptno
    FROM EMP_1
  UNION ALL
    SELECT empno, ename, job, mgr, hiredate, sal, comm, deptno
    FROM EMP_2 ;
```

이 뷰는 이원화되어 있는 사원정보 테이블을 통합하기 위해서 생성한 뷰이다. 가령 정규 사원을 관리하는 '사원' 테이블과 나중에 추가로 관리하게 된 '협력사 사원' 테이블을 통합하여 사용하기 위해 이러한 뷰를 생성시켜 두는 것은 좋은 활용방법이라 할 것이다. 어쨌든 다음과 같은 액세스쿼리를 수행시킨다고 생각해 보자.

SELECT empno, ename
FROM EMP_UNION
WHERE deptno = '20' ;

이번에는 액세스쿼리가 뷰쿼리로 병합되어 다음과 같은 SQL이 내부적으로 생성되어 실행계획이 수립된다.

SELECT empno, ename FROM EMP_1 WHERE deptno = '20'
UNION ALL
SELECT empno, ename FROM EMP_2 WHERE deptno = '20' ;

액세스쿼리를 사용했을 때 뷰쿼리와 어떤 방법으로 병합되건 간에 최종적으로는 테이블들을 액세스하는 SQL로 병합되어진다. 우리의 관심은 여기에 있다. 반복 사용된 뷰는 최종단계의 뷰까지 일어나는 병합이 반드시 뷰쿼리가 액세스쿼리로 병합되어야 한다.

다시 말하면 병합에 의해서 최종적으로 만들어진 SQL 내에 수정가능 조인뷰의 제한사항이 들어 있지 않아야 수정이 가능해진다는 것이다. 또 다른 말로 설명하면 우리가 여러 단계의 뷰를 사용했을 때 각 단계에 있는 뷰쿼리 내에 이러한 제한사항이 전혀 포함되어 있지 않아야 함을 뜻한다.

이와 같이 우리가 수정할 조인뷰에는 비록 제한사항이 들어 있지 않더라도 전 단계의 뷰에라도 제한사항이 들어 있으면 수정이 가능하지 않게 되므로 우리는 복잡한 가공이 들어 있는 뷰는 수정이 불가능하다고 보아야 할 것이며, 이런 형태로 활용 방법을 찾아서는 효과를 얻기가 어려울 것이다. 그러므로 너무 욕심을 내지 말고 뒤에서 소개하는 활용 방법 정도를 적용하는 것이 바람직하겠다.

나. 키보존(Key Preserved) 테이블이란?

키보존 테이블이란 말 그대로 조인으로 인해 변화가 일어난 집합의 논리적인 기본키가 자신의 기본키대로 유지되는 테이블을 말한다. 좀더 쉽게 말하면 조인을 했을지라도 자기 집합의 키 레벨은 전혀 변하지 않는 테이블을 말한다.

우리가 조인을 했을 때 조인하는 다른 집합과의 관계형태에 따라 자신의 집합은 변할 수도 있고 그대로 유지될 수도 있다. 예를 들면 1:1 관계의 집합은 전혀 자신의 키 레벨이 변하지 않는다. 만약 1:M 관계에 있다면 조인 결과는 M쪽 집합의 키 레벨이 되므로 M쪽 집합은 원래의 키 레벨이 변하지 않으나 1쪽의 집합은 M쪽 집합만큼 늘어나므로 이제 더 이상 조인 집합의 기본키가 될 수 없다.

만약 M:M 관계를 조인한다면 카테시안 곱만큼의 집합이 생기게 되므로 어느 집합도 더 이상 조인결과 집합의 기본키 레벨이 되지 않는다. 그렇다면 1:1 관계의 조인에서는 양쪽 모두가 키보존 테이블이 될 자격이 있는 것이며, 1:M 관계에서는 M쪽 집합만이 자격이 있다. M:M 관계에서는 아무도 키보존 테이블이 될 수 없는 것은 너무나 당연하다.

이러한 원리는 테이블과 테이블의 조인이나 테이블과 뷰의 조인, 아니면 뷰와 뷰의 조인에서도 동일한 원리가 적용된다. 우리가 아무리 많은 집합들을 서로 조인하였더라도 특수한 목적을 위해 사용된 경우를 제외하고는 항상 동일선(1:1) 상에 있거나 계층형 (1:M)구조를 벗어날 수는 없다. 그러므로 테이블과 뷰가 아무리 여러 개가 복잡하게 섞여 있는 뷰라고 하더라도 키보존 테이블은 그 중에서 최하위의 집합이 될 것이다.

그러나 비록 키 레벨은 변경되지 않았더라도 만약 OUTER 조인에 의해 생성된 집합에서는 최하위 집합의 테이블이 키보존 테이블이 될 수 없을 수도 있다. 다음 SQL을 살펴보자.

```
CREATE or REPLACE VIEW 사원부서뷰_1 as
    SELECT x.사번, x.성명, x.직급, y.부서명, y.지역, y.부서코드
    FROM 사원 x, 부서 y
    WHERE x.부서코드 = y.부서코드(+) ;
```

만약 이 SQL을 뷰로 생성하였다면 비록 OUTER 조인이 되었지만 M쪽 집합이 되는 '사원' 테이블은 키보존 테이블이 된다. 그러나 다음과 같이 M쪽 집합이 OUTER 조인되었다면 이 뷰는 더 이상 키보존 테이블을 가지지 못하게 된다.

```
CREATE or REPLACE VIEW 사원부서뷰_2 as
    SELECT x.사번, x.성명, x.직급, y.부서명, y.지역, y.부서코드
    FROM 사원 x, 부서 y
    WHERE x.부서코드(+) = y.부서코드 ;
```

이 밖에도 키보존 테이블이 될 수 없는 제한사항은 몇 가지가 더 있다. 만약 참조할 1쪽의 집합에 상수값을 조건으로 주어 유일하게 만들었을 때도 키보존 테이블이 될 수 없다. 예를 들면 '가족' 테이블은 '사번+일련번호'를 기본키로 가지고, '급여' 테이블은 '사번+급여년월'을 기본키로 가진다고 가정했을 때, 이들은 M:M 관계에 있다. 그러나 '급여' 테이블의 '급여년월'에 상수값인 '199803'을 조인 조건으로 주어 M:1 관계를 만들어 주었더라도 M쪽인 '가족' 테이블은 키보존 테이블이 아니다.

이러한 문제를 피하기 위하여 '가족' 테이블에 있는 어떤 컬럼을 가공하여 '급여' 테이블의 '급여년월'과 비교하였더라도 결과는 마찬가지이다. 예를 들어, decode(가족.이름, 'X', null, '199803')로 가공하면 조인 결과는 동일하지만 키보존 테이블은 되지 못한다. 결론적으로 키보존 테이블이 되기 위해서는 반드시 그 테이블의 가공되지 않은 컬럼이 참조되는 테이블의 유일 인덱스와 비교되어야 한다.

지금까지 조인 집합들의 관계형태에 따라 키보존 테이블의 자격을 설명했다. 그러나 이러한 자격을 획득했다고 해서 항상 키보존 테이블이 되는 것은 아니다. 조인의 연결고리의 인덱스 상태에 따라 최종적인 결정이 이루어진다.

키보존 테이블이 되기 위해서는 앞에서 설명했던 키보존 테이블의 자격을 보유해야 하고 조인의 연결고리 중에서 조인되는 상대 집합의 연결고리에 반드시 유일 인덱스 (Unique Index)가 정의되어 있어야 한다. 가령 앞서 예를 들었던 '사원부서뷰_1'에서라면 키보존 테이블의 자격을 가진 '사원' 테이블과 조인되는 '부서' 테이블의 연결고리

인 '부서코드'가 반드시 유일 인덱스로 정의되어 있어야 한다는 것이다.

　이 유일 인덱스는 테이블 생성 시에 'PRIMARY KEY'로 지정하여서 만들어졌거나 별도로 'CREATE UNIQUE INDEX dept_pk ON 부서 (부서코드)'로 생성하였거나 전혀 관계가 없다. 마찬가지로 '사원' 테이블의 연결고리인 '부서코드'는 인덱스가 없어도 상관이 없으며 굳이 'FOREIGN KEY'로 지정되어야 할 필요는 더욱 없다. 그러나 꼭 이 부분에 국한될 필요없이 정상적인 조인을 위해서 양측 연결고리에는 반드시 인덱스가 구성되어 있는 것이 바람직하다고 하겠다.

　키보존 테이블에서 조인 후에도 기본키가 그대로 보존된다는 것은 집합적이고 논리적인 측면에서 말한 것일 뿐이며, 반드시 이 테이블의 기본키가 인덱스로 구성되어야 할 필요는 없다. 다시 말해서 키보존 테이블이 되는 '사원' 테이블의 보존키인 '사번'이 반드시 인덱스로 구성되어 있지 않아도 된다는 것이다.

　조인이 되는 대부분의 테이블의 연결고리 컬럼들은 당연히 인덱스로 구성되어 있을 것이므로 실무적으로 보면 여기에 대한 제한사항은 거의 무시해도 좋을 것이다. 다만 사용자에 따라서 유일 인덱스가 분명한데도 불구하고 생성 시에 'UNIQUE'를 빼고 인덱스를 생성시키는 사람들이 가끔 나타나고 있어 주의하라는 당부를 하고자 한다.

　앞으로 설명하는 내용들은 필요한 인덱스가 적절히 구성되어 있다고 가정하고 설명을 진행해가기로 한다. 지금부터는 키보존 테이블이 UPDATE, INSERT, DELETE를 수행하는데 따른 주의사항을 알아보도록 하겠다. 우선 UPDATE 문부터 살펴보기로 하자.

```
UPDATE 사원부서뷰_1
    SET 직급 = '1A'
WHERE 지역 = '경기도'
    and 직급 = '1B' ;
```

　이 문장은 정상적으로 수행된다. UPDATE가 되는 '직급' 컬럼은 원래 키보존 테이블인 '사원' 테이블 소속이며, WHERE 절에는 '사원' 테이블의 '직급'과 '부서' 테이블의 '지역'이 모두 위치하였다.

다음 SQL을 한번 더 살펴본 후에 결론을 내리기로 하자.

UPDATE 사원부서뷰_1
    SET 지역 = '서울'
WHERE 사번 = '12345' ;

이 SQL은 정상적으로 수행되지 않는다. 그 이유는 UPDATE가 일어나는 '지역' 컬럼의 원래 위치는 키보존 테이블이 아닌 '부서' 테이블이기 때문이다. 위의 두가지 수행 결과를 종합해 보면 WHERE 절에는 어떤 소속의 컬럼이 와도 전혀 문제가 되지 않으나 SET 절에는 반드시 키보존 테이블이 와야만 한다는 것을 알 수 있다.

그렇다면 다시 한번 앞서 생성해 두었던 '사원부서뷰_1'에서 양쪽 집합에 모두 존재하는 '부서코드' 컬럼을 살펴보자. SELECT-LIST에 'y.부서코드'로 지정하였기 때문에 비록 양쪽 모두에 있는 컬럼일지라도 이 컬럼은 수정을 할 수 없다. 그러므로 우리는 뷰를 만들 때 가능한 키보존 테이블의 컬럼들을 SELECT-LIST에 지정하는 것이 유리하다고 하겠다.

수정가능 조인뷰의 SQL 수행에 영향을 미치는 요소는 뷰를 생성할 때 부여한 제약조건(Constraints)에 따라 데이터 변경 시 수정이 거부될 수가 있다. 이 내용은 제한사항이라기 보다는 사용자가 특정 목적을 위해 제약조건을 부여하는 것이므로 다음 장에서 '수정가능 조인뷰의 활용'을 설명할 때 언급하도록 하겠다.

이번에는 DELETE 문의 사용에 대해서 알아보기로 한다.

조인뷰가 DELETE될 수 있기 위해서는 반드시 단 하나의 키보존 테이블만 가져야 한다. 앞서 생성해 두었던 '사원부서뷰_1'을 DELETE시켜 보자.

DELETE FROM 사원부서뷰_1
  WHERE 부서코드 = '1110'
    and 직급 = '1A' ;

이 SQL은 정상적으로 수행된다. 이 뷰의 키보존 테이블은 '사원' 테이블 하나만 존재하기 때문이다. 그러나 다음과 같은 1:1 관계의 조인뷰를 생성시켜 보자.

```
CREATE or REPLACE VIEW 사원사원뷰 as
    SELECT x.사번, x.성명, x.직급, y.입사일, y.사원아파트입주구분
    FROM 사원1 x, 사원2 y
    WHERE x.사번 = y.사번 ;
```

이 뷰를 DELETE시키면 에러가 발생한다. 만약 각 테이블의 '사번'이 모두 유일 인덱스로 생성되어 있다면 '사원1'과 '사원2' 테이블은 모두 키보존 테이블이 되므로 하나 이상의 키보존 테이블을 가지게 되기 때문이다.

그렇지만 이 뷰는 UPDATE에는 매우 자유롭다. 두개의 테이블이 모두 키보존 테이블이므로 마치 하나의 테이블처럼 수정할 수 있다는 큰 장점을 가진다. 그러나 불행히도 다음과 같이 SET 절에 양쪽 테이블의 컬럼이 동시에 올 수는 없다는 것이 큰 단점이라 하겠다. 다음 SQL은 에러가 발생한다.

```
UPDATE 사원사원뷰
    SET 직급 = '1A',
        사원아파트입주구분 = 'Y'
    WHERE 사번 = '12345' ;
```

그러나 이러한 약간의 제한사항을 감수하겠다면 물리적 설계시 테이블을 수직으로 분할하고자 하는 경우 감안해 볼 수 있는 기능이라 하겠다. 가령 어떤 테이블에는 매우 많은 컬럼을 가지고 있으며 이 컬럼들의 사용처가 뚜렷이 구분된다면 용도에 따라 수직 분할하고 조인뷰를 생성시켜 사용하는 전략을 세울 수도 있을 것이다.

수정가능 조인뷰의 INSERT는 DELETE와 매우 유사한 제한요소를 가진다. 당연히 단 하나의 키보존 테이블에 대해서만 INSERT할 수 있다. 그러나 이 원칙을 준수하였더라도 입력 테이블이 보유하고 있는 각종 제약조건 – 예를 들어 NOT NULL,

UNIQUE, CHECK 등 - 을 통과해야만 한다. 물론 다른 테이블과 참조 무결성을 맺고 있었다면 이 또한 제약조건으로 작동한다.

만약 조인뷰를 생성할 때 'WITH CHECK OPTION'을 주었다면 INSERT는 원천적으로 봉쇄된다. 논리적으로 볼 때 이 옵션에 의해 생성된 뷰의 집합에는 이제 새롭게 입력할 집합은 아직 포함되어 있지 않으므로 입력이 불가능해지는 것이다.

다. 수정가능 조인뷰의 활용

하나의 테이블을 기반으로 해야 하는 단순한 뷰에서도 처리하기 곤란했던 뷰의 데이터 수정이 이제 조인을 한 뷰에도 적용 가능해졌다는 큰 발전에도 불구하고, 아직 제대로 활용하고 있는 사용자가 드문 실정이다. 그 이유는 앞서 알아보았듯이 아직도 남아있는 각종 제한사항들로 인해 그 적용의 이점을 느끼지 못했기 때문일 것이다.

사실 몇 가지 아쉬운 점이 아직 개선되지 않은 것도 사실이며 이러한 제한사항으로 인해 중요한 활용부분이 아직 적용 불가능한 것은 저자도 참 아쉽게 생각한다. 그러나 현재의 기능만으로도 지금까지 어쩔 수 없이 비효율적인 방법을 사용했던 부분을 해결해 줄 수 있게 되었다.

수정가능 조인뷰를 활용은 크게 세 가지로 나눌 수 있다. 첫번째 활용방법은 보안관리나 EUC(End User Computing)를 위해 다른 사용자 그룹에 어떤 오브젝트의 사용을 승인(Grant)할 때 보다 요구에 적절히 부응한 형태로 제공할 수 있다는 것이다.

둘째로는 수행속도 향상을 위한 테이블의 물리적 설계 단계에서 수직분할을 할 때 과거에 비해 사용상의 부담이 줄어들었다는 것이다.

셋째로는 확장된 UPDATE 문의 활용 폭을 넓혀 주었다는 사실이다. 역시 이 부분이 가장 큰 의미를 가진다고 하겠다.

그러면 각각의 활용 방법의 설명에 앞서 수정가능 조인뷰의 핵심 사안이라 할 수 있는 '수정이 가능한 뷰'를 찾거나 그 뷰 내에서 '수정을 할 수 있는 컬럼'들을 확인하는 방법을 먼저 소개하기로 한다. 데이터베이스가 제공한 데이터 딕셔너리에는 수정가능 조인뷰와 관련된 다음과 같은 뷰들을 제공한다.

VIEW NAME	사용대상	내 용 설 명
USER_UPDATABLE_COLUMNS	자기 USER그룹	자기 USER그룹에 있는 수정 가능한 모든 테이블과 뷰의 컬럼정보까지 조회
ALL_UPDATABLE_COLUMNS	모든 USER그룹	모든 USER그룹에 있는 수정 가능한 모든 테이블과 뷰의 컬럼정보까지 조회

이 외에도 DBA_UPDATABLE_COLUMNS도 있으나 ALL_UPDATABLE_COLUMNS와 동일하므로 설명을 생략한다. 다음과 같은 SQL을 실행시켜 보자.

```
SELECT * FROM USER_UPDATABLE_COLUMNS
WHERE TABLE_NAME = 'ITEM_RESULT_V' ;
```

OWNER	TABLE_NAME	COLUMN_NAME	UPD
SCOTT	ITEM_RESULT_V	ITEM	YES
		GONG_CD	NO
		INSDATE	YES
		SEQ	YES
		INS_CD	NO

SQL이 수행한 결과에서 OWNER와 TABLE_NAME이 하나씩만 출력된 것은 BREAK ON 기능을 지정하였기 때문이니 오해없기 바란다. 항목 중에서 'UPD'는 해당 컬럼의 수정가능 여부를 나타내고 있다.

그러면 지금부터 첫번째 활용 방법인 보안관리나 EUC를 위한 수정 가능 조인뷰를 사용하는 활용예를 살펴보기로 한다. 다음과 같은 데이터 모델을 생각해 보자.

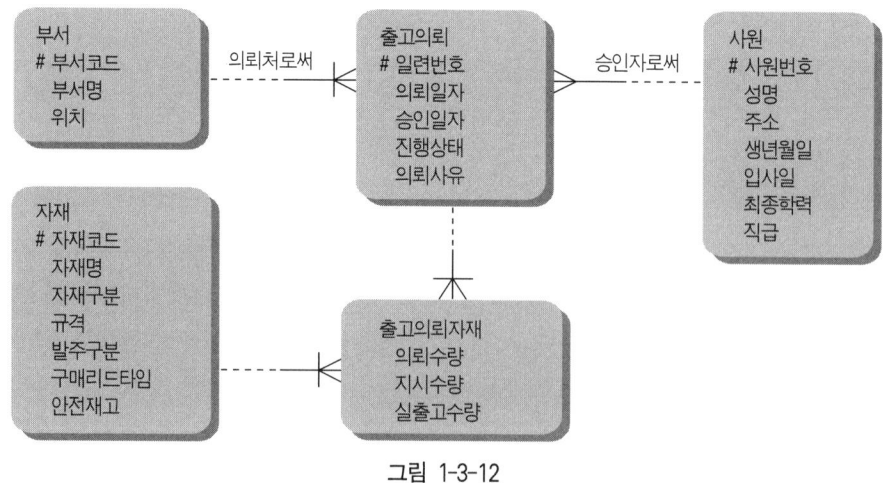

그림 1-3-12

어떤 제조회사의 출고의뢰 관련 데이터 모델이다. 출고의뢰 관련정보는 자재시스템에서 취급하며 실제로 자재를 출고했을 때 물류시스템에서 '실출고수량'을 UPDATE 하게 된다. 물류시스템은 전국 각지에서 다양한 형태의 사용자들과 분산된 운영환경으로 되어 있다고 하자.

실제 출고를 담당하는 사용자들은 단지 실출고수량을 UPDATE해 주는 것에 만족하지 않고 여기에 관련한 다른 정보들도 조회할 수 있기를 희망한다. 그러나 자재 담당자 입장에서는 관련 테이블들의 참조를 허용하기에는 부담이 너무 크다. 가령 '출고의뢰자재' 테이블의 UPDATE를 허용했다가는 다른 컬럼의 값이 함부로 수정될지도 모른다. 더구나 관련된 테이블이 많이 있고 허용해 주어야 할 환경이 매우 복잡하게 구성되어 있으므로 향후 관리도 쉽지 않은 것이 크게 염려된다.

이런 문제를 해결하기 위해 자재 담당자는 다음과 같은 수정 가능한 조인뷰를 만들어 다른 사용자 그룹에 제공하고자 한다.

```
CREATE or REPLACE VIEW 출고의뢰자재_뷰 as
    SELECT a.자재코드, c.부서코드, c.일련번호,
           b.자재명, b.자재구분, b.규격,
①         nvl(a.의뢰수량,0) 의뢰수량,
②         nvl(a.지시수량,0) 지시수량,
           a.실출고수량,
           c.의뢰일자, c.승인일자, c.진행상태,
           d.부서명,
           e.사원번호, e.성명, e.직급
    FROM 출고의뢰자재 a, 자재 b, 출고의뢰 c, 부서 d, 사원 e
    WHERE b.자재코드 = a.자재코드
      and c.부서코드 = a.부서코드
      and c.일련번호 = a.일련번호
      and d.부서코드 = a.부서코드
      and e.사원번호 = c.승인자 ;
```

이 조인뷰는 키보존 테이블을 '출고의뢰자재' 테이블로 하는 수정가능 조인뷰가 된다. 물론 참조 테이블들의 기본키는 모두 유일 인덱스로 구성되어 있어야 한다. 만약 인덱스 생성을 나중에 하였다면 뷰는 새로 생성시켜 주는 것이 좋다.

키보존 테이블의 컬럼 중에서 우리는 '의뢰수량'과 '지시수량'은 수정할 수 없게 해야 하며, '실출고수량'은 수정을 허용해야 한다. 이를 위해서 ①,②에서 강제로 NVL 함수를 이용해 가공시킴으로써 이 컬럼들은 수정이 불가능한 컬럼이 되도록 한 것을 주의 깊게 살펴보기 바란다. 그러나 이러한 목적으로 함부로 컬럼을 가공시키면 나중에 이 컬럼을 조건으로 사용했을 때 인덱스를 사용할 수 없게 된다는 사실을 명심하기 바란다.

모든 조치를 하고 뷰를 생성했으면 우리가 원하는 대로 정의되었는지를 확인할 필요가 있다. 확인 방법은 앞서 설명했던 USER_UPDATABLE_COLUMNS 뷰를 조회한다. 완성된 뷰를 사용승인해 줄 사용자 그룹에 GRANT시킨다. 이때 뷰 내에 들어 있는 테이블이나 뷰에 대한 별도의 GRANT는 할 필요가 없다.

관계형 데이터베이스의 각 오브젝트간에는 종속성(Dependency)을 관리하고 있다. 앞서 우리가 만든 뷰는 그 속에 있는 테이블들을 종속적으로 확보하고 있다. 그러므로 상위 오브젝트인 '출고의뢰자재_뷰'만 사용승인을 해도 이 뷰를 사용하는 데는 아무런 문제가 없다.

뷰 내에 있는 테이블들은 뷰 내에서만 사용승인이 되어 있는 것이므로 이 뷰를 통하지 않고 독립적으로 사용하는 것은 허용되지 않는다. 이러한 개념은 오브젝트 단위로 다른 사용자 그룹에 사용승인을 하는 방법보다 훨씬 완벽하고, 단순하며, 적절한 보안관리를 가능하게 한다. 더구나 특정 컬럼에 대해서만 사용승인을 할 수도 있으므로 우리가 실무에서 매우 유용하게 활용할 수 있는 방법이라 하겠다.

두번째 활용 방법인 '테이블의 물리적 수직분할 시의 활용'에 대해서는 간단하게 언급하기로 하겠다. 논리적 모델링이 완료되면 처리범위나 조인의 깊이, 사용빈도, 컬럼의 길이, 용도, 분산환경 등 많은 물리적 요소를 감안해서 최소의 변경으로 최대의 효과를 얻을 수 있는 물리적 모델링을 해야 한다.

물리적 모델링은 '현실'이라는 요소와 결합해야 하므로 업무, H/W, S/W 등의 현실적 요소를 감안해야 한다. 이는 매우 유동적이고 광범위하므로 여기서는 구체적인 언급을 하지 않겠다.

사실 본서에서 물리적 모델링을 취급하기로 약속했지만 이 부분을 제외하고서도 너무 지면이 많아 다음에 발간할 '데이터베이스 모델링 및 설계'에서 다루기로 할 예정이니 독자 여러분들의 넓은 아량으로 이해해 주기 바란다.

물리적 모델링을 할 때 매우 빈번하게 액세스 되는 어떤 테이블의 로우가 너무 길고, 컬럼이 지나치게 많다면 이 컬럼들의 용도를 분석해 볼 필요가 있다. 만약 업무적으로나 액세스 형태를 분석해 보았을 때 사용 용도가 뚜렷이 구분된다면 '수직분할'을 검토해 볼 수 있을 것이다.

물론 분할 후에 조인이 자주 발생한다거나 변경이 동시에 발생한다면 잘못된 분할일 것이지만 조인을 일으키는 컬럼이 매우 적거나, 특정 컬럼들은 매우 높은 보안관리가 요구되거나, 변경처리가 확실히 구분된다면 해소할 방법이 있다. 우선 조인을 일으키는 원인이 되는 컬럼은 양쪽 모두에 위치시켜 독립된 테이블로 분할한다.

분할된 테이블을 사용형태별로 분류한다. 여기서 분류된 사용형태는 각자 독립적으로 사용되는 경우와 같이 사용해야 하는 경우로 나누어질 것이다. 같이 사용해야 하는 경우는 컬럼별로 좀 더 상세히 분석하여야 한다. 가령 그 중에는 단순 조회만 필요할 수도 있고, 어느 한쪽은 수정 가능해야 하고 다른 쪽은 참조만 해야 할 경우도 있을 것이다. 경우에 따라서는 양쪽 모두 수정이 가능해야 할 수도 있다.

이러한 경우별로 별도의 조인뷰를 생성한다. 뷰는 모든 것을 포함하는 통합된 기능을 만드는 것보다 특정한 경우를 목적으로 하는 여러 개의 뷰를 만드는 것이 바람직하다. 뷰는 논리적으로만 존재하므로 뷰가 많아졌다고 해서 우리에게 부담이 될 이유는 없기 때문이다.

수직으로 분할된 뷰는 1:1 관계를 가지므로 어느 한쪽만 키보존 테이블을 만들고 싶다면 다른 쪽을 강제로 OUTER 조인시킨 뷰를 만들어 해결할 수 있다. 비슷한 방법을 사용해서 특정 컬럼에 대한 수정을 막기 위해서 컬럼을 강제로 가공시킬 수도 있다.

만약 수정은 허용하되 특정 범위이내로 값의 범위를 제한하고 싶다면 WITH CHECK OPTION을 사용하면 간단히 해결할 수 있다. 이 방법은 매뉴얼을 참고하기 바란다.

이러한 조인뷰를 만들 때 특히 우리가 주의해야 할 사항 한가지만 더 언급하고자 한다. 여러 개의 집합이 복잡하게 조인되어 있는 조인뷰는 나중에 액세스 쿼리에서 사용자가 부여한 조건 컬럼이 어느 집합에 속하느냐에 따라 조인의 선행 테이블이 달라질 수 있다. 이때 M쪽 테이블의 기본키를 어떤 순서로 결정하느냐에 따라 조인의 방향에 심각한 문제를 일으키게 된다.

좀더 자세하게 알아보자. 앞서 생성한 뷰에서 M쪽에 해당 하는 테이블은 '출고의뢰자재'와 '출고의뢰' 테이블이다. 만약 선행 테이블이 가장 하위집합에 해당하는 '출고의뢰자재' 테이블이라면 기본키 컬럼의 순서는 문제가 되지 않는다. 그러나 예를 들어 '출고의뢰' 테이블이 선행 테이블이 되었을 때의 연결상태를 조사해 보자.

선행 테이블인 '출고의뢰'의 각 컬럼은 먼저 상수값이 되었다. 이 값으로 자신보다 상위 집합인 '부서', '사원' 테이블을 연결하는 것은 전혀 문제가 없으나, 하위 테이블인 '출고의뢰자재' 테이블은 기본키 컬럼의 순서에 따라 영향을 받는다.

만약 이 테이블의 기본키가 '출고의뢰' 테이블에서 제공하는 외부키가 앞에 위치한 '부서코드+일련번호+자재코드'로 구성되었다면 정상적인 연결이 가능하다. 그러나 '자재코드+부서코드+일련번호'로 구성되었다면 어디서 '자재코드'의 상수값을 제공하기 전에는 인덱스로 연결할 수가 없게 된다. 그렇다면 기본키를 '부서코드+일련번호+자재코드'로 하면 모든 문제는 해결되는가?

그렇지 않다, 만약 선행 테이블이 '자재' 테이블이 되어야 한다면 마찬가지로 문제가 생긴다. 이 경우에는 상수값이된 '자재코드'로 연결할 인덱스가 존재하지 않게 된다. 이러한 문제는 상위 집합에 해당하는 '부서'나 '사원' 테이블이 선행 테이블이 될 때도 역시 일어난다.

이것은 매우 중요한 문제이며, 반드시 감안되어야 할 사항이다. 우리가 논리적으로만 원하는 집합을 만들어 두었다고 해서 마치 하나의 테이블처럼 아무 컬럼이나 조건으로 사용해도 문제가 없는 것이 아니다. 이러한 고려사항이 반영하지 않은 잘못은 거의 모든 사용자에게서 나타나고 있다. 저자가 컨설팅했던 외국의 유명한 패키지에서도 자주 나타나고 있었고, 심지어 데이터베이스 회사가 제공한 데이터 딕셔너리 뷰에서도 나타나고 있는 실정이다.

그렇다면 우리는 어떻게 이러한 문제를 해결해야 할 것인가? 방법은 매우 상식적이지만 종합적이고 전략적인 결정을 필요로 하므로 어렵다.

모든 테이블들의 관계는 복합적으로 맺어져 있지만 결국은 '나'와 '너'의 두 집합들의 모임으로 구성되어 있다. 이 두 집합들간의 사이에는 항상 어느 한쪽의 기본키가 다른 쪽의 외부키로 존재한다. 이때 우리가 검토해야 할 사항은 '장차 조인의 선행 테이블이 어느 한쪽으로 고정되는가?' 아니면 '양쪽 모두에게 부여해야 할 것인가?'를 먼저 결정하는 것이다.

만약 어느 한쪽이 항상 선행 테이블이 된다면 이 선행 테이블의 컬럼값이 참조 테이블의 기본키에서 가장 선두에 위치하도록 해야 한다. 양쪽 모두가 선행 테이블이 될 수 있다면 각 테이블의 연결고리 인덱스는 서로의 선두에 위치해야 한다. 예를 들어 어느 한쪽이 'A+B+C'라면 다른 쪽은 반드시 'A+B'나 'B+A'로 해야 한다. 그러나 'C'를 기본키로 하는 테이블도 양쪽 선행 테이블이 되어야 한다면 'A+B+C'로 된 순서는 적절하지 않게 된다.

이러한 경합을 해결하기 위해서는 좀더 복잡한 조사를 해보아야 한다. 가령 이 테이블이 기본키를 'A+B+C+D'로 가지는 보다 하위 테이블과 연결될 수도 있지 않겠는가? 어쨌든 주변의 관계들을 종합적으로 검토하여 보다 중요하고 자주 발생하는 형태로 먼저 기본키 순서를 결정한다.

이 결정으로 인해 나쁜 영향을 받는 - 예를 들어 위에서 'C'를 기본키로 가지는 - 테이블들과의 연결문제를 해소시킬 수 있는 방법을 연구한다. 반드시 선두에 와야 하는 컬럼(위의 예에서는 'C')과 가장 자주 사용되는 컬럼을 찾아 결합 인덱스를 생성한다. 이때 가능한 이 컬럼만으로 된 독립 인덱스를 생성하지 않는 것이 바람직하다. 물론 파악해 둔 액세스 형태를 가장 효과적으로 감안할 수 있도록 종합적이고 전략적이어야 한다.

여기에 대한 자세한 내용은 '대용량 데이터베이스 솔루션 I, 제1장 인덱스의 활용'에서 상세히 설명하였으므로 더 이상 설명은 생략하기로 한다.

이제부터는 세번째 활용 방법인 '확장 UPDATE 문에서의 활용' 방법을 알아보기로 하자. 우리는 앞서 확장 UPDATE 문을 사용할 때 처리할 값이 없는 경우에 NULL이 UPDATE되는 것을 막기 위해서 EXISTS 서브쿼리를 활용하거나 그룹함수를 사용하였다. EXISTS 서브쿼리를 사용하였을 때는 다시 SET 절에서 또 한번의 서브쿼리가 수행되어야 하는 것을 억울해 하였다.

또한 EXISTS 서브쿼리처럼 '확인자' 역할을 할 때뿐만 아니라 '제공자'로서 서브쿼리가 수행하여 메인쿼리(여기서는 UPDATE 문)에 상수값을 공급해 줄 때도 이러한 억울함은 동일하게 발생한다.

제공자로서의 서브쿼리는 연결고리 역할만 할 수 있을 뿐이며, 자신이 액세스했던 나머지 컬럼들은 메인쿼리에 제공할 수가 없다. 즉, 이 서브쿼리의 정보를 메인쿼리가 다시 사용해야 한다면 또 다시 별도의 서브쿼리가 수행되어야만 한다.

이러한 문제를 속 시원하게 해결해 주는 방법은 바로 수정가능 조인뷰를 활용하는 방법이다. 다음과 같은 확장 UPDATE문을 살펴보자.

```
UPDATE TAB3 t3 SET
    (COL3, FLD3, QTY3, ..........) =
    (SELECT decode(COL1, '1', substr(COL2,1,4), . . . . ),
            nvl(QTY3,0) + nvl(QTY2,0) * 100 / nvl(QRY1,1),
            decode(FLD1, '1', nvl(QTY2,0) * 0.01,
                         '2', nvl(QTY2,0) * 0.05 / (nvl(QTY2,0)-nvl(QTY3,0),
                    . . . . . . . . . . . . . . . . . . . . ),
            . . . . . . . . . . . . . . . . . . .
     FROM TAB2 t2, TAB1 t1
     WHERE t2.ITEM = t3.ITEM
        and t1.ORD_ID = t3.ORD_ID )
```

```
WHERE ITEM IN ( SELECT ITEM
                FROM TAB2
                WHERE COL2 = :val1
                      and FLD2 between :val3 and :val4 ) ;
```

이 UPDATE 문에서 TAB2는 WHERE 절과 SET 절에서 각각 한번씩 수행하였다. 부여한 조건에 대한 처리대상을 찾기 위해 '제공자' 역할을 하는 서브쿼리에서 액세스한 결과는 실제 UPDATE할 값을 찾기 위해 수행하는 SET 절에서는 사용할 수 없다.

SET 절의 가공을 위해서는 TAB1의 정보가 추가로 필요하여 서브쿼리에서 이들을 조인하여 가공처리를 하였다. SET 절에 있는 서브쿼리를 자세히 살펴보면 그룹함수가 사용되지 않았음을 알 수 있다. 이 말은 TAB1과 TAB2는 모두 TAB3보다 상위집합임을 뜻한다. 그 이유는 SET 절의 서브쿼리는 반드시 단 하나의 로우만 추출해야 하기 때문이다.

이러한 구조라면 우리가 수정가능 조인뷰를 만드는 데 제한사항은 없다. 최하위 집합이 UPDATE되어야 할 테이블이므로 참조만 하는 상위 테이블들이 기본키만 인덱스로 구성되어 있다면 TAB3는 키보존 테이블이 될 수 있다. 다음과 같은 조인뷰를 생성시키고 UPDATE 문을 만들어 보자.

```
CREATE or REPLACE VIEW UPT_TEST_VIEW as
    SELECT a.ITEM, a.FLD1, a.COL1, a.QTY1, ......,
           b.COL2, b.QTY2, ......
           c.COL3, c.FLD3, c.QTY3, ......
    FROM TAB1 a, TAB2 b, TAB3 c
    WHERE a.ORD_ID = c.ORD_ID
       and  b.ITEM = c.ITEM ;

UPDATE UPT_TEST_VIEW SET
    COL3 = decode(COL1, '1', substr(COL2,1,4), . . . . ),
```

```
        FLD3 = nvl(QTY3,0) + nvl(QTY2,0) * 100 / nvl(QRY1,1),
        QTY3 = decode(FLD1, '1', nvl(QTY2,0) * 0.01,
                            '2', nvl(QTY2,0) * 0.05 / (nvl(QTY2,0)-nvl(QTY3,0),...),
        . . . . . . . . . . . . . . . . .
WHERE COL2 = :val1
    and FLD2 between :val3 and :val4 ;
```

우리가 만든 조인뷰로 인해 메인쿼리와 서브쿼리의 종속 관계를 가지던 테이블들이 동격 관계로 변했다. 이제 UPDATE 문은 더 이상 서브쿼리를 사용하지 않았으므로 액세스한 결과의 사용에 대한 제한이 없어진다.

이 UPDATE 문은 매우 단순할 뿐만 아니라 불필요한 중복 액세스가 일어나지 않았으므로 매우 효과적이다. 더욱 우리에게 고마운 것은 UPDATE 대상을 찾기 위한 조인의 선행 테이블이 주어진 조건이나 인덱스 구성에 따라 누구나 될 수 있다는 것이다.

우리가 잘 알고 있듯이 UPDATE 문은 무조건 UPDATE되는 테이블이 선행 테이블이 되어야 한다. 물론 제공자 역할을 하는 서브쿼리를 사용한다면 아닐 수도 있겠지만, 이제 SET 절에 위치하는 서브쿼리는 언제나 나중에 수행되어야 한다는 제한요소에서 벗어날 수 있게 되었다.

앞서 소개한 적용사례는 가공을 위해 필요한 참조 테이블이 모두 자신보다 상위집합인 경우에 사용한 방법이다. 이제 이것을 좀더 실무적인 형태로 확장해 보도록 하자.

복잡한 실무에서는 가공에 필요한 집합이 자신보다 하위집합의 데이터를 가공·집계하여 처리하는 경우도 있을 것이다. 그러나 이러한 집합이 단지 SET 절에만 필요하다면 굳이 조인뷰를 이용할 필요는 없다.

다만, 가공이 워낙 복잡하여 몇 개의 테이블은 SET 절과 WHERE 절에 같이 사용되어야 하고 또 일부 테이블은 가공·집계되어서 UPDATE해야 하는 경우의 처리를 어떻게 할 것이냐는 문제가 있을 것이다. 어렵게 생각할 필요가 없다.

SET 절과 WHERE 절에 같이 사용되어야 하는 것만 조인뷰로 만들고 나머지는 과거에 사용하던 방법처럼 SET 절에서 조인하여 처리한다. 그러나 만약 하위집합을 가공·집계한 결과를 WHERE, SET 절에 모두 사용하여야 한다면 조인뷰를 사용할 수 없다. 여기에 대한 솔루션은 한가지밖에 있을 수 없다.

그것은 바로 커서에서 조인한 SQL을 사용하여 필요한 조건 체크나 가공·집계를 하는 것이다. 이 때 UPDATE할 테이블의 ROWID를 같이 패치하여 추후 UPDATE 시 활용하는 것은 중요한 전략이라 하겠다. 커서를 사용하는 방법은 순수한 SELECT이므로 수정가능 조인뷰와 같은 제한사항은 전혀 발생하지 않는다. 이 방식에서는 만약 가능하다면 반드시 다중처리기법을 활용하기 바란다.

지금까지 SQL활용에 대한 확장 방법을 여러 가지 측면에서 다루어 보았다. 여러분이 느꼈듯이 SQL은 데이터베이스가 제공한 단순한 명령어가 아니라 살아 움직이고 있는 데이터베이스에게 자신이 원하는 모든 일을 시킬 수 있는 유일한 '대화 수단'인 것이다.

데이터베이스의 기능은 참으로 폭넓게 향상되고 있으며 날로 그 성능은 차원을 달리하고 있다. 우리는 가능한 이러한 기능들을 최대로 활용해야만 힘들이지 않고 우리의 난제들을 풀어갈 수 있다. 물론 자동차 운전을 배우는 것보다 항공기 운전을 배우는 것이 어렵다. 그렇다고 해서 항공기를 자동차처럼 이용해서야 되겠는가?

생각을 바꾸면 모든 것이 달라진다. 말만 잘하면 저절로 만들어진다. 그러나 기능이 발전할수록 중요한 개념은 속으로 숨어버리고 표면에는 단순한 사용방법만 보인다. 모든 사람들이 숨어 있는 '속'을 알아야 하는 것은 아니지만 조직 내의 리더에 해당하는 사람들은 반드시 알아야 한다.

왜냐하면 성능이 자동화될수록 약간의 미묘한 차이가 매우 큰 차이로 나타나기 때문이다. 고도의 출력을 내는 경주용 자동차의 액셀레이터를 자전거 페달을 밟는 식으로 사용하면 사용능력에 따라 동일한 힘을 가했음에도 불구하고 큰 사고를 낼 수도 있고, 엄청난 속도로 달릴 수도 있다.

바로 이러한 차이는 정확한 활용방법을 알고 사용했느냐의 차이에 기인한다. 정확한 사용방법은 그 개념과 원리의 확실한 이해에서부터 출발한다. 그 이후에는 응용력이다. 이제 여러분들은 어떤 방향으로 나아갈 것인가?

제 2 장
데이터 연결의 다양한 방법

1. 조인을 활용한 데이터 연결
2. UNION, GROUP BY를 이용한 데이터 연결
3. 저장형 함수를 이용한 데이터 연결
4. 서브쿼리(Subquery)를 이용한 데이터 연결

제 2 장

데이터 연결의 다양한 방법

관계형 데이터베이스를 사용하면서 우리가 얻을 수 있는 가장 큰 이점은 보다 쉽게 관련된 정보를 연결할 수 있다는 데 있다고 하겠다. 정보란 독립적으로 존재해서는 의미가 없다. 물론 드물게는 다른 정보와 서로 연결되지 않은 독립정보가 있을 수도 있겠지만 대부분의 정보는 상호 밀접한 관계를 맺고 있기 마련이다.

더구나 관계형 데이터베이스는 2차원의 형태로 저장되므로 보다 철저한 정규화를 거쳐야 하며, 그것은 필연적으로 보다 많은 정보의 연결을 수반하게 된다. 과거 우리는 원하는 정보를 연결할 수 있도록 하기 위해 시스템을 설계할 때부터 많은 고심을 해야 했다. 때론 미처 예상하지 못한 요구를 충족시켜야 하거나 업무의 변화를 수용하기 위해서 약간의 설계를 변경시키기만 하더라도 우리가 애써 개발한 애플리케이션의 얼마나 많은 부분들을 밤 세워 수정해야만 했던가!

새롭게 구축해야 할 시스템은 첩첩산중이지만, 우리는 기존 시스템의 유지·보수에만 매달려 마치 막노동을 하는 노무자와 같이 비효율적이고 비생산적인 일에 물쓰듯 시간을 소비해야 했다. 이러한 연유로 "전산은 3D 직종보다 더 힘들다"라는 자탄의 소리가 나오게 되었고, 밑 빠진 독의 구멍을 메우기에 급급하다 보니 시간과 노력과 정열은 소비했으되 기술적으로 제대로 이룩한 사람을 찾아 보기는 어려울 수밖에 없었다.

이러한 문제를 획기적으로 개선할 수 있게 된 것은 관계형 데이터베이스의 공로로 돌리지 않을 수 없다. 우리가 잘 알고 있듯이 관계형 데이터베이스는 논리적인 연결고리만 있으면 마음대로 연결할 수가 있다. 그러나 이러한 장점에도 불구하고 대부분의 사람들은 정확한 개념을 알지 못하며 적절한 사용 방법을 알지 못하고 있다. 원하는 결과를 얻으려고만 하지 보다 효율적이고 효과적인 방법을 찾으려고 하지 않는다.

데이터의 연결은 응당 조인(Join)을 해야 하는 것이라고 잘못된 생각을 하는 사람들이 참으로 많다. 하지만 결코 그렇지 않다. 데이터의 연결에는 아주 다양한 방법들이 있으며 상황에 따라서 적절한 방법을 사용할 때 비로소 데이터를, 아니 관계형 데이터베이스의 상당 부분을 정복할 수가 있는 것이다.

이 장에서는 우리가 애플리케이션을 개발하는 데 근본이 되는 데이터 연결의 다양한 접근 방법을 이해함으로써 보다 한 차원 높은 관계형 데이터베이스 적용 능력을 향상시킬 수 있도록 할 것이다.

데이터를 연결하는 방법은 우리가 잘 알고 있는 조인뿐만 아니라 'UNION, GROUP BY'를 활용하는 방법이나, 사용자지정 저장형 함수(User defined stored Function)를 활용할 수도 있으며, 서브쿼리(Subquery)나 인라인뷰(Inline View)를 활용하여 보다 간편하고 빠른 수행속도를 보장받도록 할 수가 있다.

데이터 연결을 위해 적절한 방법을 적용하는 것은 마치 바둑에서 정석을 활용하는 것과 같은 이치라고 하겠다. 대부분의 정석은 수십 년간 수많은 사람들에 의하여 연구되고 실증되어 누구도 나무랄 수 없는 훌륭한 수순들이다. 그러나 다 같이 훌륭한 정석이라도 주변 상황에 따라 어떤 정석을 선택하느냐에 따라 그 결과는 매우 달라진다. 이와 같이 우리가 어떠한 상황에서 어떤 방법으로 데이터를 연결하였느냐에 따라 매우 커다란 차이를 얻게 된다.

그런 의미에서 이 장에서는 각 데이터 연결 방법들에 대한 특성과 활용시에 유의할 점들을 알아보고, 우리가 구현하고자 하는 바를 보다 용이하고 강력하게 하는 다양한 활용 방법들을 소개하고자 한다.

1. 조인을 활용한 데이터 연결

조인을 이용하여 데이터를 연결하는 방법은 너무나 일반적이므로 여기서는 굳이 자세한 방법을 설명하지 않겠다. 그러나 대부분의 사람들은 데이터를 연결하기 위해서 반드시 조인을 사용해야만 하는 것으로 알고 있다는 데 문제가 있다. 이러한 잘못된 생각은 복잡하고 비효율적인 SQL을 만들며 수행속도를 아주 나쁘게 할 수 있다.

여기서 먼저 조인의 가장 기본적인 개념을 간단하게 나마 짚고 넘어가기로 하겠다. 이것은 너무 기초적이고 구차스런 설명이 될지 모르겠으나 필자가 그 동안 많은 개발자들과 접해오면서 아직도 조인의 정확한 개념을 알지 못하는 사람들을 매우 많이 만나보았기 때문이다.

조인은 우리가 3세대 언어를 사용할 때 그랬듯이 어떤 정보를 처리하는 과정에서 참조할 다른 정보를 찾아온다는 그런 의미가 결코 아니다. 조인을 하고 있는 집합들에는 주(主)와 부(副)가 따로 구분되어 있지 않다. 즉, 상호 동등한 자격을 가진다는 것이다. 물론 조인이 수행될 때 - 만약 NESTED LOOPS 조인으로 수행된다면 - 그 중 먼저 수행되는 것이 반드시 있겠지만, 먼저 수행한다고 해서 그 집합이 주(主)가 되는 것은 결코 아니다. 그것은 단지 결과를 얻기 위해 내부적으로 수행되는 순서에 불과하다. 수행 순서는 결과에는 전혀 영향을 미치지 않으나 수행속도에는 크게 영향을 미칠 수가 있다.

좀더 생각을 명확하게 하기 위하여 다음 그림을 살펴보기로 하자.

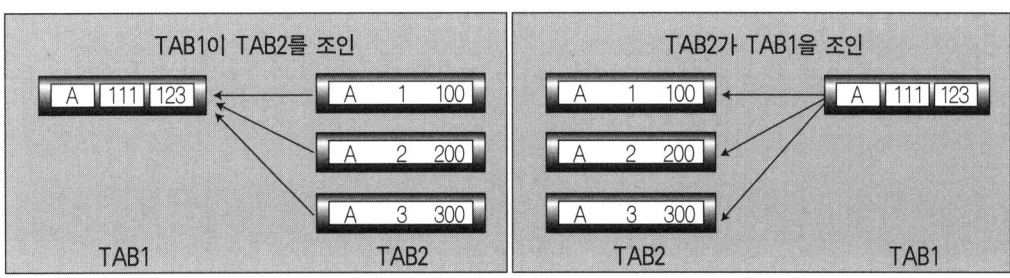

그림 2-1-1

이 그림은 조인을 잘못 표현한 것이다. 앞서 설명했듯이 조인은 위의 그림과 같이 연결 조건을 만족하는 다른 집합의 데이터를 찾아오는 것이 아니다. 언뜻 생각하면 조인의 결과는 당연히 위의 그림과 같이 나타날 것으로 생각되지만 이것은 매우 잘못된 생각이다. 복잡하게 설명할 것 없이 다음 그림과 비교해 보면 그 차이는 명확해진다.

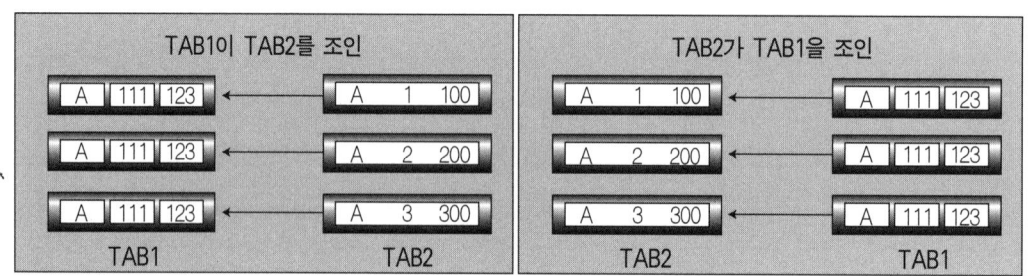

그림 2-1-2

이 그림에서 알 수 있듯이 어느 방향으로 어떠한 관계의 조인이 발생하더라도 양쪽 집합의 개수를 곱한 만큼의 로우가 생기게 된다. M * 1 = M 이 되듯이 1:M 관계에 있는 집합을 조인하면 M개의 로우가 생긴다. 1:1 관계의 조인이라면 1개씩의 로우가 생기며 만약 M : M 관계를 조인하면 곱한 수만큼의 로우가 생긴다.

조인의 결과를 자세히 살펴보면 1쪽에 있는 집합은 M쪽에 있는 집합의 수만큼 늘어나는 것을 알 수 있다. 조인을 한 결과는 서로 다른 집합이 이제 하나의 집합이 되었음을 뜻한다. 그러나 하나의 집합이 되었다고 해서 함부로 사용할 수 있는 것은 아니다.

이제 우리는 조인한 집합에서 1쪽의 집합에 있던 컬럼을 SUM한다면 잘못된 결과를 얻게 된다는 것을 쉽게 알 수가 있다. [그림 2-1-2]에서라면 '111'이 아니라 '333'이라는 틀린 답을 얻게 되는 것이다. 그러나 M쪽 집합에 있는 로우는 조인으로 인해 자신의 집합이 늘어나지 않았으므로 SUM을 해도 문제가 없다. 만약 여러분이 1쪽에 있는 집합을 GROUP BY한 SQL에서 추출하고자 한다면 MAX나 MIN과 같은 함수를 사용해야 한다. 물론 GROUP BY 절에 기술하는 방법도 있지만 필자는 함수 사용을 권장한다.

이와 같이 조인은 자신보다 큰 집합에 의해 로우 수가 증가하므로 조인을 하고자 할 때는 가장 먼저 새로운 조인의 추가로 인해 현재의 집합이 어떤 단위로 증가하게 되는지를 반드시 확인해야 한다. 물론 자신보다 적은 집합과의 조인은 로우 수를 증가시키지 않으므로 걱정하지 않아도 된다. 여기서 적은 집합이란 로우 수가 적다는 뜻이 아니라 관계의 1쪽 집합을 말하는 것이다.

만약 여러분이 조인의 연결고리를 살펴보았을 때 기본키의 일부만 사용하였다면 그것은 반드시 M쪽 집합일 것이며 나머지 조인 집합은 반드시 기본키 혹은 또 다른 유일자를 사용해야 한다. 아주 드물게는 의도적으로 카테시안(Cartesian) 곱이 되도록 하여 원하는 집합을 만드는 경우도 있으며 이 방법에 대한 활용은 별도로 설명할 것이다. 여기서 잠시 우리가 두개 이상의 집합을 조인할 때 자주 범하기 쉬운 오류를 한가지 살펴보고 가기로 한다.

다음과 같은 데이터 모델을 살펴보자.

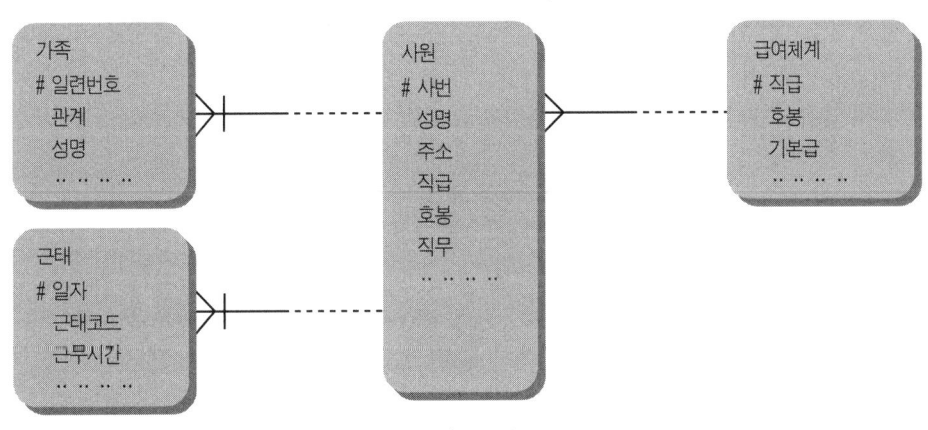

그림 2-1-3

'사원' 엔터티를 기준으로 상위 엔터티인 '급여체계'가 있고 하위 엔터티인 '가족'과 '근태' 엔터티가 있다. 위의 예에서 사원을 기준으로 볼 때 '가족'과 '근태' 엔터티는 방사형으로 되어 있음을 알 수 있다. 물론 실제 급여 작업은 다음의 예보다 훨씬 더 복잡하겠지만 편의상 다음과 같이 네개의 엔터티를 하나의 SQL로 조인하여 구현한다고 가정해 보자.

```
SELECT a.사번, count(distinct 성명) * 10000 가족수당,
       b.기본급, sum(decode(근태코드, '결근', 0, 10000)) 만근수당,
       count(decode(근태코드, '결근', null, '출장', null, 1)) * 3500 중식비, ....
FROM 사원 a, 급여체계 b, 근태 c, 가족 d
WHERE b.직급 = a.직급
  and  b.호봉 = a.호봉
  and  c.사번 = a.사번
  and  c.일자 between '19971016' and '19971115'
  and  d.사번 = c.사번
  and  a.퇴직일 is null
GROUP BY a.사번;
```

물론 이 SQL은 사원으로 GROUP BY를 하였으므로 최종적으로는 사원별로 한 로우씩 추출되는 집합이 된다. 그러나 내부적인 처리 과정은 매우 비효율적으로 수행되었다. 위의 SQL이 수행한 처리 작업이 NESTED LOOPS 조인으로 수행하였다면 다음과 같은 과정으로 수행된다.

① 먼저 '사원' 테이블을 액세스하면서 현재 근무 중인 사원인 지를 확인하여 퇴직한 사원이면 다음 로우를 읽고 근무 중인 사원이면 다음 작업을 수행한다.

② 읽어둔 '사원' 테이블의 '직급'과 '호봉' 값을 이용하여 '급여체계' 테이블에 연결한다. 이때 '급여체계' 테이블은 '사원' 테이블보다 상위 관계에 있으므로 조인 후에도 집합의 크기는 증가하지 않는다.

③ 읽어둔 '사원' 테이블의 '사번' 값을 이용하여 '근태' 테이블의 지정한 일자 범위만큼 연결한다. 이때 '근태' 테이블은 사원별로 하나 이상의 로우를 가지고 있으므로 이 연결 결과는 사원별로 한달 일수(여기서는 30)만큼의 로우를 가지는 집합이 된다. 즉, 각 사원마다 30배로 증가한 각각의 로우마다 이미 읽혀진 '사원' 테이블의 로우가 중복해서 연결된 형태가 된다.

④ 이 증가된 각각의 로우마다 이미 읽어둔 '근태' 테이블의 '사번' 값으로 '가족' 테이블과 연결한다. '가족' 테이블도 사원별로 하나 이상 있을 수 있으므로 이 조인의 결과도 가족 수만큼 증가

한 집합이 된다. 만약 사원들마다 5명의 가족이 있다면 한 사원마다 150개의 로우를 가지는 집합이 만들어질 것이다. 여기서 우리는 최초 읽어둔 '사원' 테이블의 로우는 하나였으므로 위의 SQL에서 연결한 'c.사번' 대신에 'a.사번'으로 연결하면 이러한 로우의 증가가 발생하지 않을 것이라 착각할지도 모른다. 그러나 앞서 밝혔듯이 조인은 상위 관계의 로우를 하위 관계의 로우마다 중복해서 연결시키므로 어떤 '사번' 값으로 연결하였더라도 결과는 동일하다.

⑤ 해당 사원에 대한 연결 작업이 완료되었으면 다음 로우를 읽고 위의 단계를 반복해서 수행한다.
⑥ 모든 '사원' 테이블의 로우에 대해서 연결 작업이 완료되었으면 이 전체 집합을 대상으로 GROUP BY를 수행하고 필요한 연산을 하여 결과를 추출한다.

이와 같이 하나 이상의 로우를 가지는 집합을 방사형으로 여러 개를 조인하면 카테시안 곱만큼의 집합이 생긴다. 그러므로 위 예제의 SQL은 매우 비효율적으로 수행되었을 뿐만 아니라 수행 결과도 잘못되었다는 것을 알 수 있다. 이 SQL에서 SUM, COUNT로 가공한 결과는 원래보다 훨씬 증가한 집합을 대상으로 가공되었으므로 틀린 답을 얻게 된다는 것을 확인하기 바란다.

우리가 현실에서 처리해야 하는 데이터 모델은 이와 같은 방사형을 가지게 되는 경우가 많다. 그렇다면 이러한 경우 우리는 조인을 사용할 수 없으므로 항상 SQL을 분리하여 사용해야만 하는가? SQL이 분리되면 그게 비록 그 바로 다음 라인에 기술되었다 하더라도 이들의 연결을 위해서는 많은 절차형 처리를 해야만 한다. 이러한 방법은 처리를 복잡하게 만들고 수행속도를 저하시킨다.

그렇다면 이러한 방사형 관계를 위한 조인 방법은 없는가? 그렇지 않다. 아주 간단한 방법을 사용하여 조인으로 유도할 수가 있다. 그 원리는 매우 단순하다. M * M을 만들지 않으려면 모든 M을 1로 만든 후에 조인하면 된다. 여기에 대한 구체적인 방법은 효율적인 조인의 활용에 대한 유형별 소개에서 상세히 설명하기로 한다.

이 밖에도 우리가 조인에 대해 잘못된 생각을 가지고 있는 부분은 아직도 많이 있다. 그 중에서 우리가 으레 그럴 것이라고 착각하기 쉬운 중요한 사실에 대해서 알아보기로 한다. 대부분의 사람들이 자신도 모르는 사이에 조인의 연결고리는 반드시 '='이 되어야 한다고 생각하는 경우가 있다. 이러한 생각은 데이터의 연결에 대한 활용 폭을 좁히며 데이터 모델링을 할 때 불필요한 관계(Relationship)를 맺게 한다. 연결고리에 '='

조건을 사용하는 것은 조인 방법 중의 한가지인 이퀴조인(Equijoin)을 말하는 것일 뿐이다.

앞서 조인은 어떤 집합을 기준으로 다른 집합을 찾아오는 것이 아니며 동등한 자격을 가진다고 했었다. 즉, 조인은 동등한 자격을 가진 집합들간에 주어진 연결고리의 조건을 양쪽 모두에 공히 만족하는 결과의 집합이다. 여기서 연결고리의 조건을 만족한다는 말은 연결고리 조건으로 어떤 비교 연산자(Operator)를 사용해도 좋다는 것을 의미한다. 물론 상위 관계에 있는 집합을 함부로 '='이 아닌 'BETWEEN'이나 'LIKE' 등을 사용하면 M:M 조인이 되는 경우가 있으므로 주의해야 할 것이다. 그러나 이러한 조인도 자신의 어떤 목적을 위해 의도적으로 사용할 수도 있으며, '='이 아닌 연산자를 사용했더라도 결과가 유일하다면 조인에도 아무런 문제가 없다.

실무에서는 가끔 이러한 비동치형 조인을 사용하는 것이 훨씬 유리해지는 경우가 있다. 다시 말해서 우리가 억지로 이퀴 조인을 하려고 한다면 매우 복잡하고 어려워지는 경우가 있다는 것이다. 실무에서 자주 나타나는 몇 가지 사례를 살펴보자.

대부분의 회사에서 볼 수 있는 '어음수불' 엔터티와 '지급어음' 엔터티의 관계를 보자. '어음수불' 엔터티는 연속된 어음번호를 가진 어음을 20개씩 묶은 어음책 한권을 하나의 로우로 가지는 집합을 말한다. 이 어음 한권은 아직 전혀 사용하지 않은 것도 있을 것이며 일부 사용했거나 모두 사용했을 수도 있을 것이다. 하나 하나의 어음은 언젠가는 발행되어 별도로 사용될 것이다. 그렇다고 해서 어음책 한권 단위의 로우를 가진 집합을 생성시키지 않고 미리 낱개의 어음 수만큼 로우를 분리한 집합을 만들어 두어야 할 것인가?

굳이 그렇게 못할 바는 아니겠지만 그것은 매우 비효율적인 관리 방법이라 하지 않을 수 없다. 왜냐하면 우리가 관리해야 할 정보 중에는 어음 한장마다 달라지지 않는 - 즉 한권마다 달라지는 - 정보도 많이 있기 때문이다.

예를 들면 어음책을 받아온 날짜라든지 발행은행, 담당자, 어음시작번호, 어음종료번호, 소진 여부 등은 어음책 한권마다 발생하는 정보들이다. 물론 모두 소진되었는지에 대한 판단은 낱개의 로우로 관리하더라도 각 로우마다 어음책의 시작번호인지 종료번호인지를 구분하고 마지막 번호에 소진되었음을 표시하는 기호를 억지로 가져간다면 가능할 수도 있겠지만 이는 매우 비효율적이고 복잡한 처리를 수반하므로 결코 바람직한 방법이라고 할 수는 없다.

　이와 같이 비록 별로 중요하지 않는 정보를 가지고 있는 엔터티라 하더라도 그 엔터티가 자식 엔터티를 가진다면 반드시 엔터티로 정의해야 한다. 그렇지 않고 특정 자식 엔터티에 중복해서 관리하면 향후 이 정보를 찾고자 할 때 M:M 조인이 일어나게 되므로 엔터티를 줄인다는 미명하에 함부로 자식 엔터티에 정보를 이관해서는 안 된다.

　이런 이유로 인해 어음책 한권마다 하나의 로우를 가지는 '어음수불' 엔터티를 가져가기로 했다면 내용적으로는 하위 정보인 '지급어음' 엔터티와 1:M의 관계를 가진다. 그렇다고 해서 다음과 같은 관계를 맺는 것은 바람직한 판단인가?

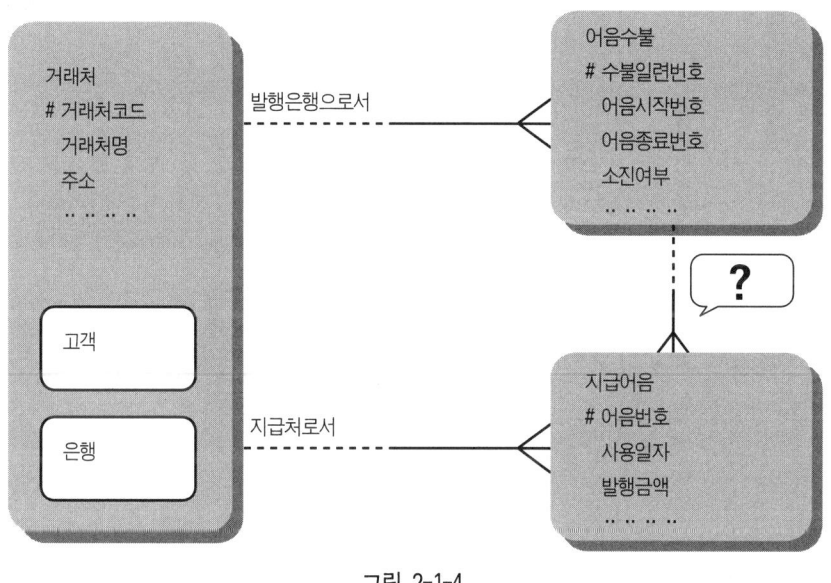

그림 2-1-4

　우리가 만약 이 관계를 맺어 준다면 '지급어음' 엔터티엔 '수불일련번호'가 외부키로 생성되어야 하는 것을 의미한다. 그러나 이렇게 하지 않아도 이미 이들간에는 관계가 맺어져 있다. 하위 엔터티의 '어음번호'는 상위 엔터티의 '어음시작번호'와 '어음종료번호'로 인해 이미 연결 관계를 가지고 있으므로 굳이 상위 엔터티의 기본키를 외부키로 가지지 않더라도 1:M 관계를 유지하고 있는 것이다.

왜냐하면 상위 엔터티의 '어음시작번호'와 '어음종료번호'는 어음책들 간에 중첩된 부분이 절대로 존재할 수가 없으므로 비록 하위 엔터티의 어음번호로 상위 엔터티를 BETWEEN으로 조인했더라도 반드시 상위 엔터티의 유일한 로우와 연결되어지기 때문이다.

```
SELECT ............
FROM 어음수불 x, 지급어음 y
WHERE y.어음번호 BETWEEN x.어음시작번호 and x.어음종료번호 ;
```

위의 사례와 유사한 예는 필자가 자문했던 많은 회사에서 나타나고 있었으며 여러분의 시스템에도 이러한 경우가 있을 것 같아 다시 한 번 간단히 소개하고자 한다.

요즈음 각광을 받고 있는 산업인 어느 정보통신회사의 사례이다. 이 회사는 고객이 가입을 하면 전화번호를 부여하게 되는데 그 회사가 보유한 모든 번호를 미리 낱개의 로우로 분할하여 관리하고 있었다. 그 덕분(?)에 약 2,000만 로우의 로우를 가진 테이블이 만들어졌다. 대부분의 고객들은 가입을 할 때 자신이 좋아하는 번호를 원하게 된다. 이런 경우는 물론 번호의 상태를 - 즉 미사용 중인지, 해지 중인지, 아니면 사용 중인지를 나타내는 컬럼을 - 이용하여 쉽게 원하는 번호를 찾게 해줄 수는 있다. 그런데 대리점이 연속된 임시번호를 미리 할당받고자 할 때 심각한 문제가 발생하고 있었다.

만약 어떤 대리점이 어떤 번호부터 50개의 연속된 번호를 할당받고자 한다면 계속해서 순차적으로 읽어가면서 연속된 번호의 개수를 누적하다가 중간에 이미 사용 중인 번호가 있으면 다시 누적을 시작하여 원하는 개수의 연속점이 나타날 때까지 수행하고 있었다. 게다가 어떤 대리점이 작업 중에 다른 대리점이 그 번호들을 할당받고자 시도할 수도 있기 때문에 미리 락(Lock)을 발생시킨 후에 수행하고 있었으니 그 문제점의 정도가 어느 만큼인지는 충분히 상상할 수 있을 것이다.

지금까지 이 회사의 최대 난제가 바로 여기에 있었다. 특히 월말이나 월초가 되면 전 회사의 업무가 마비될 지경에 이르렀다. 이 문제를 해결하기 위해 다음과 같은 모델링을 하였다. 이 데이터 모델은 아직 미사용 중인 번호는 BETWEEN으로 관리하다가 각 할당 건마다 - 그것이 한 건이든, 여러 건이든 간에 - 마치 아메바가 분할하듯이 로우가 나누어진다.

	국번호	시작번호	종료번호	개수	사용상태	골든번호등급
①	123	1000	1999	1000	미사용	5
②	123	2000	2000	1	사용	2
③	123	2001	2100	100	미사용	5
④	123	2101	2101	1	사용	5
⑤	123	2102	2221	120	미사용	5
⑥	123	2222	2222	1	미사용	1

여기서 어떤 대리점이 2,000번 대의 50개의 연속된 번호를 할당받고자 한다면 다음과 같이 사용상태가 '미사용'인 것들 중에서 '개수' 인덱스를 이용하여 개수가 50 이상인 로우를 찾는다.

SELECT 국번호, 시작번호, 종료번호, 개수, 골든번호등급
FROM 전화번호
WHERE 사용상태 = '미사용'
    and 개수 >= 50
    and 시작번호 >= 2000
    and 종료번호 <= 2999
    and ROWNUM = 1 ;

이 SQL의 수행 결과는 단 하나의 ③번 로우만 추출된다. 만약 우리가 원하는 번호가 2020번에서 2069번까지라면 이 로우는 다음과 같이 분할된다.

국번호	시작번호	종료번호	개수	사용상태	골든번호등급
123	2001	2019	19	미사용	5
123	2020	2069	50	사용	5
123	2070	2100	31	미사용	5

앞서 언급했듯이 일반적인 조인은 우리 모두가 잘 알고 있는 사항이므로 설명을 생략하기로 하고 여기서는 조인을 좀더 다른 특수한 방법으로 활용하는 예들을 몇 가지 다루기로 한다. 우리가 마치 3세대 언어에서 루프(Loop)를 사용하는 것처럼 활용할 수 있는 카테시안 곱을 이용한 조인, 전혀 관계가 없는 테이블들 간에 적용하는 조인, 처리된 결과를 고정된 양식에 맞추도록 하는 조인, 인라인뷰를 활용한 조인 등을 소개하겠다.

여러분들은 이러한 활용 사례들을 통해 조인이란 로우를 다루는 것이 아니라 집합을 다루는 것이며, 우리가 조인을 얼마나 더 폭넓게 활용할 수 있는가에 대한 생각을 바꾸는 계기가 되었으면 한다. 데이터의 처리는 관련된 정보를 어떻게 손쉽고 효율적인 방법으로 처리할 수 있느냐에 있으며 그것은 결국 조인의 활용에 많은 영향을 받을 수밖에 없다는 것을 인식하게 될 것이라 믿는다.

1.1. 카테시안(Cartesian) 곱을 이용한 조인

카테시안 곱을 이용한 조인이란 마치 우리가 3세대 언어에서 첨자를 이용하여 루프를 수행하는 것처럼 처리하도록 하는 조인을 말한다. 바둑에서는 초보자에게 빈삼각을 두지 말라고 가르친다. 그러나 고수(高手)들은 빈삼각을 두어 호수(好手)를 만들어낸다. 조인에서 이 빈삼각에 해당하는 것이 바로 연결고리 없이 조인을 하는 것을 말한다. 우리가 조인을 하면서 FROM 절에 하나 이상의 테이블을 기술한다는 것은 곧 WHERE 절에 기술된 연결고리 조건을 만족하는 집합을 연결하겠다는 것을 의미한다.

그럼에도 불구하고 연결고리 조건을 기술하지 않았다는 것은 곧 '조건이 없다' 즉, 무조건(無條件)임을 뜻한다. 이것은 말 그대로 어느 한쪽 집합의 하나의 로우에 대해 다른 집합의 모든 로우가 무조건 만족한다는 뜻이므로 각각의 로우마다 상대 집합이 모두 연결되는, 그야말로 두 집합의 카테시안 곱만큼 연결 결과를 얻게 된다.

카테시안 곱의 위력은 대단하다. 단 10,000건의 로우를 가진 집합들의 카테시안 곱은 1억 건의 로우를 만든다. 그러나 독이 있는 것도 소량을 적절히 활용하면 약이 될 수 있다. 우리가 주기적으로 하는 예방접종도 사실은 약화시킨 소량의 균을 투입하여 면역항체를 생성함으로써 병에 걸리지 않게 하는 것이라고 한다. 이와 같이 우리가 처리하고자 하는 집합을 소량의 연속된 로우를 가진 집합과 연결고리 없이 조인하게 함으로써 그 연속된 집합 수만큼의 반복 효과를 얻을 수가 있다.

여기서 우리가 집합의 다양한 확장을 위해서 앞으로 자주 활용하게 될 테이블을 생성하기로 하자. 이 테이블은 단지 두개의 컬럼과 31개의 로우만 가진다.

```
CREATE TABLE COPY_T (NO, NO2) as
SELECT rownum, substr(to_char(rownum, '09' ),2,2)
 FROM any_table
WHERE rownum <= 31;
```

여기서 any_table은 31개 이상의 로우를 가진 어떤 테이블이라도 좋다. 여기서 NO는 NUMBER 타입으로, NO2는 문자타입으로 생성해 둔 것은 앞으로 상황에 따라 선택해서 사용하기 위함이다. 만약 여러분들이 사용하고 있는 데이터베이스가 인덱스 테이블을 가질 수 있다면 인덱스 테이블을 생성시켜 주는 것이 좋으며 그렇지 않다면 각각의 컬럼을 별도의 인덱스로 만들어 주는 것이 좋다. 그 이유는 비록 적은 로우를 가지는 테이블이지만 인덱스가 없다면 데이터베이스 제품에 따라 조인의 수행 방향이 우리가 원하지 않은 쪽으로 수행될 수 있기 때문이다. 이제 준비가 끝났으면 몇 가지 유형별로 활용해 보기로 하자.

1.1.1. 나열된 컬럼을 여러 레코드로 생성

이 사례는 몇 개의 나열된 컬럼을 여러 개의 레코드로 생성(Insert)시키는 예이다. 예를 들어 어떤 계약번호에 대해 고객이 해약을 하여 정산을 거쳤을 때 고객에게 지불할 보증금반환금과 청구해야 할 위약금, 기기철거비용이 하나의 로우에 있다고 하자. 필요한 다른 처리가 완료된 후 이제 우리는 이 값들을 전표로 발생시키고자 한다. 물론 위의 각 발생 값들은 별도의 로우로 생성되어야 할 것이며 각각 다른 계정과목을 가지게 될 것이다.

```
INSERT into 전표테이블 (생성일자, ... , 계정과목, 금액, ... )
SELECT to_char(sysdate, 'yyyymmdd' ), ... ,
       decode(y.no, 1, '1234' , 2, '5678' , 3, '9876' ),
       decode(y.no, 1, 보증금반환금, 2, 위약금, 3, 기기철거비), ...
FROM 계약정산테이블 x, COPY_T y
WHERE x.해약일 = :input_date
    and y.NO <= 3 ;
```

위의 SQL을 살펴보면 두개의 테이블 간에 각각 자기 집합의 처리 범위를 부여한 조건만 있고 둘 사이를 조인하는 연결고리는 존재하지 않는다. 이 결과는 당연히 카테시안 곱만큼의 조인 결과가 발생할 것이다. 입력받은 날짜에 해약한 모든 고객들마다 3개씩의 로우가 생성되고 필요한 가공을 거쳐 입력된다.

조금 더 실무적인 조건을 추가해 보자. 실무에서는 해약시에 발생하는 정산금액이 고객에 따라 다르게 발생할 것이다. 어떤 고객은 반환할 보증금이 없을 수도 있을 것이며, 또 어떤 고객은 기기철거를 하지 않을지도 모른다. 즉 금액이 0인 경우에는 전표를 발생시키지 말아야 할 것이다. 다음과 같이 SQL을 조금 수정해 보자.

```
INSERT into 전표테이블 (생성일자, ... , 계정과목, 금액, ... )
SELECT to_char(sysdate, 'yyyymmdd'), ... ,
       decode(y.no, 1, '1234', 2, '5678', 3, '9876'),
       decode(y.no, 1, 보증금반환금, 2, 위약금, 3, 기기철거비), ...
FROM 계약정산테이블 x, COPY_T y
WHERE x.해약일 = :input_date
    and y.NO in (decode(보증금반환금,0,null,1),
                 decode(위약금,0,null,2),
                 decode(기기철거비,0,null,3)) ;
```

이 SQL은 그 고객에 대해 처리할 금액이 있는 만큼의 로우만 생성된다. 이처럼 조인이란 '='로만 하는 것이 아니라 적절한 조건을 다양한 방법으로 부여함으로써 우리가 원하는 집합을 얼마든지 만들어 낼 수 있는 것이다.

1.1.2. 첨자 LOOP형 처리

이 사례는 대부분의 회사에서 발생할 수 있는 매출과 관련한 처리의 예이다. 회사는 고객에게 상품과 용역을 제공함으로써 매출이 발생한다. 특히 이 회사는 서비스 용역을 제공하기 전에 대부분의 금액을 고객으로부터 선수로 받는다. 가령 3개월 선수이거나 6개월 선수로 미리 대금을 받게 된다.

회계적인 입장에서 볼 때 미리 받은 대금은 아직 서비스 용역을 제공하지 않은 상태에서 발생한 금액이므로 모두를 매출로 인정할 수 없어 '선수금' 계정으로 처리해야 한다. 그러나 해당 월에 대한 금액은 매출로 보아야 하기 때문에 이 회사에서는 발생된 선수금을 각 월별로 분리해 두었다가 해당 월만을 매출로 대체하고 있다. 이 사례는 어떤 기간에 발생한 각각의 선수금을 월별로 분할하여 레코드를 생성한다.

다음 도표를 보면서 우리가 해야 할 내용들을 파악해 보기로 하자.

일련번호	발생일	시작일	종료일	선수금액	.....
1101	19970501	19970520	19970925	5,000,000	.....
1102	19970601	19970615	19970805	3,800,000	.....
1103	19970701	19970712	19971020	6,780,000	.....
1104	19970501	19970507	19970718	2,890,000	.....

이 테이블은 고객으로부터 미리 선수로 받은 데이터를 저장하는 '선수금' 테이블이다. 첫번째 로우를 살펴보자. 선수금 '5,000,000'은 '19970520'에서 '19970925'에 대한 금액이다. 이 로우는 다음과 같이 5개의 로우로 분할되어야 하며 분할된 각 로우의 적용기간에 대한 일수와 해당 금액을 산정하여 '월별매출' 테이블에 저장되어야 한다.

일련번호	적용월	매출금액	.....
1101	199705	429,687	.....
1101	199706	1,171,875	.....
1101	199707	1,210,937	.....

1101	199708	1,210,937	.....
1101	199709	976,564	.....

물론 이 작업은 '선수금' 테이블의 로우를 하나씩 처리하는 것이 아니라 부여한 조건을 만족하는 모든 로우에 대해서 동시에 처리되어야 한다. 여기서 설명하고자 하는 본질을 희석시키지 않기 위해 '선수금' 테이블의 '시작일'과 '종료일'의 연도는 같은 해로 단순화시켜 생각해 보자. 같은 이유로, 분할된 로우의 '매출금액'의 합과 '선수금' 테이블의 '선수금액'의 차이에 대한 보정은 생략하기로 한다.

이와 같은 처리를 절차형 언어를 사용하여 반복 수행시키지 말고 단 하나의 SQL에서 처리할 수 있도록 해 보자. 보다 적극적인 독자라면 다음에 제시한 방법을 참고하지 말고 스스로 연구하여 답을 얻은 후에 서로 비교해 보라. 이러한 방법으로 공부하는 것은 자신에게 매우 유익할 것이다.

```
INSERT into 월별매출 (일련번호, 적용월, 매출금액, ... )
SELECT 일련번호, substr(:작업월,1,4)||y.NO2,
       (decode(y.NO2, substr(종료일,5,2), substr(종료일,7,2),
        to_char(last_day(to_date(substr(종료일,1,4)||y.NO2, 'yyyymm' )), 'dd' )) -
        decode(y.no2,substr(시작일,5,2),substr(시작일,7,2), '01' ) + 1) *
       (선수액/(to_date(종료일, 'yyyymmdd' )-to_date(시작일, 'yyyymmdd' )+1)),.
FROM 선수금 x, COPY_T y
WHERE x.발생일 like :작업월|| '%'
      and y.NO2 between substr(시작일,5,2) and substr(종료일,5,2) ;
```

'선수금' 테이블의 처리 대상 로우들에 있는 '시작일'의 '월'과 '종료일'의 '월'을 'COPY_T' 테이블의 'NO2'와 'BETWEEN'으로 조인을 하게 되면 그 개월 수만큼의 로우가 복제된다. 이때 복제된 각각의 로우에 있는 'NO2' 값은 각 로우의 '월'을 의미한다.

만약 복제된 로우의 '월'이 시작월과 같다면 '시작일'의 '일자'를 취하고 그렇지 않다면 '01'을 일자로 취한다. 유사한 방법으로, 복제된 로우의 '월'이 종료월과 같다면 '종료일'의 '일자'를 취하고 그렇지 않으면 해당월의 '말일(末日)'을 취한다. 이 두 일자의 차이에 하루를 더하면 우리가 구하고자 하는 각 해당월의 '일수'가 된다. 여기에 선수금액을 '시작일'과 '종료일' 사이의 '일수'를 구하여 나누면 일 단위의 금액이 된다.

마지막으로 각 해당월의 일수와 일 단위 금액을 곱하면 그 달의 매출금액이 된다. 그러나 앞서 말했지만 이 매출금액들의 합은 배부원(配付元)인 선수금액과 일치하지 않을 수가 있다. 그것은 우리가 구한 일 단위의 금액이 반드시 정수가 된다는 보장이 없기 때문이다. 앞서 약속했듯이 이 차이 금액에 대한 보정 방법은 우리가 실무에서 아주 빈번히 활용할 수 있는 방법이므로 Ⅲ권에서 사례를 통해 자세히 설명하기로 한다.

1.2. 관계가 없는 테이블간의 조인

일반적으로 조인이란 당연히 각 테이블들간에 주어진 관계(Relationship)가 있어야 하는 것으로 알고 있고 또 그렇게 하지 않을 수가 없다고 생각한다. 그러나 반드시 그런 것은 아니다. 따지고 보면 바로 앞에서 소개한 카테시안 곱을 이용한 조인도 결국 테이블들간에 관계가 없이 수행한 조인이라고 할 수가 있다.

물론 관계가 없는 테이블들간의 조인은 당연히 카테시안 곱만큼의 로우가 생성된다. 그러나 1이란 숫자는 아무리 여러 번을 곱하더라도 1이다. 이러한 수학적인 성질을 이용하면 우리가 참조해야 할 여러 개의 상위 테이블들간의 연결을 하나의 SQL로 합칠 수가 있을 것이다. 상당히 복잡한 처리를 해야 하는 애플리케이션에서는 종종 이러한 연결 방법이 매우 효과적일 수가 있다.

커서(Cursor)를 선언(Declare)하여 오픈(Open)한 후 루프(Loop) 내에서 반복하여 패치(Fetch)를 하면서 복잡한 처리를 할 때 여러 개의 상위 테이블 정보를 참조해야 원하는 가공 처리를 할 수 있는 경우가 있다고 가정하자.

이러한 경우 대부분의 프로그래머들은 이미 알고 있는 상수값을 조건으로 여러 개의 SQL을 별도로 수행시킨다. 우리가 잘 알고 있듯이 대부분의 개발 툴들은 애플리케이션을 컴파일하더라도 SQL은 원문 그대로 둘 수밖에 없다. SQL은 사용자가 실행할 때 드디어 데이터베이스로 보내져 실행계획을 수립하고 - 툴이나 데이터베이스에 따라 항상 그런 것은 아니지만 - 주어진 상수값을 결합하여 실행한 후 그 결과를 애플리케이션에 보내준다.

이러한 데이터베이스 호출(DBMS CALL)은 시스템 오버헤드의 주범이라 할 수 있다. 더구나 요즈음은 대부분의 개발환경이 클라이언트/서버 환경이므로 이러한 부담은 보다 크게 나타난다. 그러므로 반복 수행되는 구문 내에 여러 개의 SQL이 나열되어 있는 것은 가능한 피하는 것이 좋다.

```
SELECT 고객명 into :cust_name
FROM customer
WHERE 고객번호 = :cust_no ;
```

```
SELECT 부서, 호봉 into :dept, :salegrade
FROM EMPLOYEE
WHERE 사원번호 = :emp_no ;

SELECT 편성금액 into :budget_amt
FROM BUDGET
WHERE 부서 = :dept_no
    and 계정과목 = '1101'
    and 예산년도 = to_char(sysdate, 'yyyy') ;
    ……………………………………
```

이 SQL들을 살펴보면 각 테이블들간에 서로 관련이 있는 정보가 전혀 없다. 그러나 각 SQL에 있는 조건을 살펴보면 모두가 기본키로 비교되고 있다. 즉, 각각의 수행 결과는 하나의 로우가 될 수밖에 없다. 그렇다면 이 SQL들을 그대로 결합한다면 다음과 같이 하나의 SQL로 통합된다.

```
SELECT 고객명, 부서, 호봉, 편성금액
    into :cust_name, :dept, :salegrade, :budget_amt
FROM customer, employee, budget
WHERE 고객번호 = :cust_no
    and  사원번호 = :emp_no
    and  부서 = :dept_no
    and  계정과목 = '1101'
    and  예산년도 = to_char(sysdate, 'yyyy') ;
```

그러나 한가지 주의해야 할 사항이 있다. 이미 우리가 잘 알고 있듯이 조인은 어느 한 집합만 공집합(ϕ)이 되더라도 전체가 공집합이 되어 버리므로 다른 성공한 집합까지 실패하게 된다. 이러한 문제를 막기 위해서 실패할 가능성이 있는 경우는 조인에서 제외시키거나 OUTER 조인을 해야 한다.

이 OUTER 조인을 하는 방법은 데이터베이스에 따라 기술하는 방법이 조금씩 다르지만 사용 목적이나 결과는 동일하다. OUTER 조인에 대한 중요한 사항은 뒤에서 별도로 설명하기로 하고 여기서는 오라클을 예로 들어 설명하기로 한다. 참고로 오라클에서는 OUTER 조인을 하기 위해 아래의 예에서처럼 조인 컬럼에 '(+)' 기호를 넣는다. 위의 SQL에서 만약 'BUDGET' 테이블에 부여한 조건을 만족하는 로우가 없을 수도 있다고 가정해 보고 다음과 같이 사용해 보자.

```
SELECT 고객명, 부서, 호봉, 편성금액
    into :cust_name, :dept, :salgrade, :budget_amt
FROM CUSTOMER, EMPLOYEE, BUDGET
WHERE 고객번호 = :cust_no
    and 사원번호 = :emp_no
    and 부서(+) = :dept_no
    and 계정과목(+) = '1101'
    and 예산년도(+) = to_char(sysdate, 'yyyy') ;
```

언뜻 생각하면 OUTER 조인을 했으므로 해당하는 로우가 없더라도 원하는 결과를 얻을 수 있을 것 같지만 결과는 실패로 나타난다. 그 이유는 성공한 다른 어떤 집합과 OUTER 조인을 한 것이 아니라 상수값과 OUTER 조인을 했기 때문이다. 그런 이유라면 우리는 다음과 같은 간단한 방법을 통해 이를 해결할 수가 있을 것이다. 위의 SQL에서 OUTER 조인을 하고자 하는 임의의 조인 컬럼에 반드시 성공하는 집합의 컬럼을 결과에 영향을 미치지 않도록 가공하여 추가한다.

```
    .................................
    and 부서(+) = :dept_no || SUBSTR(사원번호,0,0)
    .................................
```

SUBSTR(사원번호,0,0)은 NULL 값이 되므로 :dept_no에 붙이더라도 그 결과에는 영향을 미치지 않는다. 즉 이 구문의 추가로 인해 EMPLOYEE 테이블의 수행 결과는 BUDGET 테이블의 수행 결과에 영향을 받지 않는다. 다시 말해서 BUDGET 테이블의 수행 결과가 공집합이 되더라도 다른 테이블의 수행 결과는 정상적으로 추출된다.

1.3. 처리결과를 고정된 양식에 맞추는 조인

SQL의 수행 결과는 항상 성공한 집합만 추출된다. 이것은 너무나 당연한 말이겠지만 이러한 측면은 실무상에서 가끔 우리를 곤란하게 만든다. 데이터가 발생한 실적에 따라서 혹은 우리가 부여한 조건에 따라서 추출되지 않는 로우가 생기는 것은 너무나 당연하다. 발생되지 않은 데이터는 추출하지 않으면 그만이겠지만 그러나 가령 우리가 어떤 제품에 대해 월별 매출집계를 보고자 한다면 매출이 발생하지 않은 달에도 매출이 없다는 것을 알기 위해 0값을 가진 로우를 출력하는 것이 좋을 것이다.

이와 같이 발생한 값의 유무에 관계없이 고정된 양식에 로우를 출력하고자 한다면 생각보다 쉽지 않다. 물론 SQL에서 추출된 결과를 절차형 언어로 다시 가공하여 처리할 수도 있겠으나 가능한 그렇게 하지 않는 것이 좋다. 왜냐하면 앞서도 여러 번 언급했듯이 SQL의 역할이 적어지면 훨씬 복잡하고 불필요한 처리가 추가되어야 하고 대부분의 개발 툴에서 융통성과 확장성이 나빠지기 때문이다.

원가부문별 집계표

사업장: 울산공장　　조회년월: 1998 / 06

	항목	원사	제직	기모	염색	가공
재료비	주재료비	2,345,000	2,342,000	3,511,200	7,320,120	2,124,000
	부재료비	723,000	1,902,300	1,498,000		
	포장재료비	278,560	522,000	126,000		
	소계	3,346,560	2,864,000	3,511,200	8,222,420	3,748,000
제조경비	인건비	1,567,400	987,000	884,750	992,420	765,900
	수선비					
	연구비	2,368,140	1,422,400	233,200	440,830	
	상각비	1,789,000	678,000	890,010	670,000	810,200
	기타경비	2,100,700	1,890,200	2,610,440	1,920,980	2,190,700
	소계	6,036,240	3,555,200	5,807,600	3,816,600	4,207,630

그림 2-1-5

[그림2-1-5]를 살펴보면 '수선비' 계정은 전혀 데이터가 발생하지는 않았지만 이 줄에는 다른 값이 와서는 안 된다. 그러나 'GROUP BY'를 한 SQL을 그대로 출력하면 데이터가 발생하지 않은 '수선비' 난에 '연구비' 항목의 데이터가 위치하게 되므로 잘못된 결과를 얻게 된다.

그렇다고 해서 절차형 언어로 일일이 IF 처리를 하는 것은 너무 번거로울 뿐만 아니라 만약 새로운 항목이 추가된다면 그때마다 프로그램을 수정해야만 할 것이다. 실무상에서는 이와 유사한 사례는 무척이나 자주 발생한다.

이러한 문제를 해결하기 위해 다음과 같은 방법으로 SQL을 사용해 보자.

```
SELECT y.계정명,
       sum(decode(x.공정, '원사', 금액)) 원사,
       sum(decode(x.공정, '제직', 금액)) 제직,
       sum(decode(x.공정, '기모', 금액)) 기모,
       sum(decode(x.공정, '염색', 금액)) 염색,
       sum(decode(x.공정, '가공', 금액)) 가공
FROM (SELECT substr(계정과목,1,2) 항목, 공정, sum(금액) 금액
      FROM 전표테이블
      WHERE 사업장 = '울산공장'
        and 전표일자 like :작업월||'%'
        and 계정과목 between '1234' and '6543'
      GROUP BY substr(계정과목,1,2), 공정) x, 계정테이블 y
WHERE y.계정과목 between '1200' and '6500'
  and y.항목분류 = '1'
  and x.항목(+) = substr(y.계정과목,1,2)
GROUP BY y.계정명;
```

먼저 데이터를 취합할 전표테이블에서 사업장과 작업월, 그리고 집계할 계정을 조건으로 하여 추출한 집합을 우리가 원하는 단위(여기서는 계정과목 2자리로 가정)로

GROUP BY한다. 그러나 이 집합은 데이터 발생 상황에 따라 값이 존재하지 않는 계정과목이 생길 수가 있다. 그래서 위의 예제에서는 계정테이블에서 출력한 로우 단위인 계정들만 추출하여(여기서는 항목분류가 '1'인 것으로 가정) GROUP BY한 집합을 OUTER 조인을 하였다.

어차피 '계정명'을 찾아야 하므로 계정테이블과 조인하는 것은 필요한 처리이다. 그러나 실제 실무상에서는 우리가 추출하고자 하는 로우 단위로 계정코드가 분류되어 있지 않는 경우가 대부분일 것이고 그 출력 순서 또한 계정코드 값의 순서와는 다를 것이다. 이러한 경우는 조금 복잡해지지만 여러 가지 해결 방법이 있다.

첫번째로 우리가 쉽게 활용할 수 있는 방법은 이러한 항목을 관리하는 임시 테이블을 생성하는 방법이다. 일순 생각하기에는 불필요한 테이블을 생성하는 것 같아 선뜻 내키지 않거나 그렇게 하는 것은 나쁘다고 생각하는 사람들도 있을 것이라 생각된다. 그러나 꼭 그렇게만 생각할 필요는 없다. 이러한 항목 유형이 자주 사용된다거나 유사한 형태를 모아 유형별로 구분할 수 있는 항목분류 코드를 부여하여 다양하게 활용한다면 나쁜 방법이라고 말할 수는 없다고 생각한다.

이 방법은 향후에 새로운 형태가 생기거나 항목이 추가되더라도 프로그램을 수정할 필요가 없어진다는 데 큰 매력이 있다. 특히 요즈음 같이 클라이언트/서버 환경하에서는 애플리케이션의 수정이 발생하면 수많은 클라이언트에 있는 애플리케이션 실행 모듈을 모두 바꾸어야 하므로 매우 큰 부담이 된다.

두번째로 우리가 이용할 수 있는 방법은 SQL에서 DECODE와 같은 IF 처리를 통하여 우리가 원하는 값으로 치환하여 처리하는 방법이다. 이 방법은 바로 다음 장의 '조인을 이용한 소계 처리'에서 같이 설명하기로 한다.

1.4. 조인을 이용한 소계 처리

우리가 개발하는 온라인 애플리케이션에서는 검색된 결과에 대한 합계를 출력하고자 하는 경우가 자주 등장한다. 물론 화면의 하단에 별도로 합계를 보여주기 위한 필드를 만들어 추출되는 로우들을 일일이 누적하거나 개발 툴이 제공하는 기능을 이용하여 처리하곤 한다. 물론 이것은 지극히 정상적이고 일반적인 방법이라 할 수 있다. 그러나 만약 추출할 로우 수가 매우 많다면 각각의 데이터를 누적하기 위해서 생각보다 많은 부하가 발생한다. 더구나 전체를 집계하여 마지막에 한번만 출력하는 것이 아니라 어떤 단위별로 집계하여 출력하는, 다시 말해 단위별로 '소계'를 같이 출력하려 한다면 어떻게 할 것인가?

우리가 집계하고자 하는 '소계'는 집계 단위의 값에 따라 몇 개의 로우가 추출된 다음에 위치할지는 알 수가 없다. 더구나 경우에 따라서는 먼저 '소계'가 출력된 후 세부 내역들을 출력하고 싶을 때도 있을 것이다. 이러한 형태로 출력되는 데이터들은 내역들의 로우와 소계한 로우들이 동일한 자격을 가진 하나의 로우이므로 같이 화면이동(Scroll)을 할 수 있다는 중요한 장점을 가지고 있다. 다음의 예제를 살펴보자.

품 목	등 급	생산량	제조원가	판매량	매출원가
PA101	A1	345,000	252,342,000	311,200	212,124,000
	A2	723,000	621,902,300	498,000	451,256,100
	A3	278,560	192,522,000	226,000	168,190,200
	소계	1,346,560	1,066,466,300	1,035,200	831,570,300
PA201	A2	567,400	452,987,000	484,750	398,992,420
	A3	368,140	364,422,400	333,200	324,556,700
	A4	89,000	70,678,000	60,010	48,670,000
	B1	60,700	46,890,200	50,440	39,920,980
	B3	100,700	821,811,450	80,440	67,650,120
	소계	1,185,940	1,756,789,050	1,018,830	879,790,220

사업장: 울산공장 조회년월: 1998 / 06

그림 2-1-6

이 화면은 품목별, 등급별로 GROUP BY된 로우들이 품목이 달라지면 '소계'를 출력한다. 이 '소계'들은 품목이 몇 개의 등급을 가지고 있는지에 따라 소계의 위치가 달라진다. 가령 어떤 품목은 3개의 등급이 출력된 후에 소계가 나타나고, 또 어떤 품목은 2개의 품목이 출력된 후에 소계가 나타날 수도 있을 것이다.

다음 SQL은 이러한 불규칙한 위치에 나타나는 '소계'들을 추출하기 위해 단 하나의 IF나 첨자도 사용하지 않았다.

```
SELECT item, decode(NO,1,GRADE,'소계'),
       sum(m_qty), sum(m_amt), sum(s_qty), sum(s_amt)
FROM ( SELECT item, grade,
              sum(m_qty) m_qty, sum(m_amt) m_amt,
              sum(s_qty) s_qty, sum(s_amt) s_amt
       FROM TAB1
       WHERE yymm = :in_day
         and saup = :saup
       GROUP BY item, grade ) x, COPY_T y
WHERE y.NO <= 2
GROUP BY item, NO, decode(NO,1,grade,'소계') ;
```

여기서 COPY_T 테이블은 앞서 우리가 생성해 두었던 1~31 사이의 값들이 있는 임시용 테이블이다. 위의 SQL을 좀더 자세히 살펴보기로 하자.

인라인뷰 내에 있는 문장을 보면, 우리가 처리해야 할 원시 데이터를 가지고 있는 TAB1 테이블에서 주어진 조건을 만족하는 로우를 읽어 품목(Item)과 등급(Grade)으로 GROUP BY하였다. 예를 들어 어떤 사업장의 1개월분 데이터가 10,000건이었고 이것을 품목과 등급으로 GROUP BY한 결과가 100건이었다고 해보자.

우리는 100건으로 줄어든 결과의 집합을 'X'라 하고, COPY_T 테이블의 NO가 1,2인 로우의 집합과 연결고리가 없는 조인을 하면 NO가 '1'을 가진 100건의 'X' 집합과

NO가 '2'를 가진 100건의 'X' 집합으로 복제된다. 이 복제된 두개의 그룹을 각각 다른 형태로 GROUP BY한다. 즉, NO가 '1'을 가진 집합은 원래대로 '품목'과 '등급'으로 GROUP BY하고 NO가 '2'를 가진 집합은 '품목'은 그대로 두고 모든 등급을 동일한 값(위의 예에서는 '소계')으로 치환한다.

그 결과 '1'을 가진 집합은 'X' 집합 그대로이지만 '2'를 가진 집합은 모든 등급이 동일한 값을 가지므로 '품목'으로 집계된다. 만약 우리가 'DECODE(NO,1,GRADE, '소계')'를 'DECODE(NO,1,'소계', GRADE)'로 바꾸면 먼저 소계가 위치하고 그 아래에 내역들이 위치하게 된다. 지금까지 우리는 당연히 '소계'는 나중에 위치할 수밖에 없다고 생각해 왔지만 이와 같은 간단한 방법으로 얼마든지 추가적으로 불필요한 액세스나 가공을 하지 않고서도 원하는 결과를 얻을 수가 있는 것이다.

특히 이러한 방법은 '소계' 처리를 위해 처리할 범위를 다시 액세스하지 않는다. 일단 처리할 범위를 한번 액세스하여 GROUP BY하면 결과의 로우 수는 현격히 줄어든다. 로우 수가 줄어 든 결과를 복제하여 처리하였으므로 그 오버헤드는 무시할 만하다. 물론 GROUP BY를 해도 로우 수가 매우 많다면 좋은 방법이 될 수 없을 것이므로 주의해야 할 것이다.

저자가 현 업무에서 이 방법을 적용해 본 결과 매우 많은 조회용 애플리케이션에 적용되어 개발 생산성을 높이고 수행속도를 향상시켜 주었다. 그러나 모든 것이 그러하듯이 너무 남용하면 해로울 수밖에 없다. 이 방법에 맛을 들인 설계자나 개발자, 아니 현업의 사용자들까지 거의 대부분의 조회용 애플리케이션에서 '소계' 처리를 원하게 되어 온라인 조회용 화면이 마치 '레포트' 출력처럼 '소계', '중계', '합계'들이 난무하게 되었고, 또한 매우 다량의 로우들을 조회하는 화면까지 모든 종류의 '계'들을 삽입함으로써 지나치게 많은 복제가 일어나 수행속도를 현격히 저하시키는 경우가 많았다.

온라인 화면은 온라인다워야 한다. 출력해 둔 보고서는 3차원 공간에 위치하므로 얼마든지 우리가 원하는 페이지로 바로 이동할 수가 있다. 그러나 화면은 2차원 공간에서 실행된다. 저 뒤에 있는 데이터로 이동하려면 우리는 열심히 스크롤 키를 쳐야만 이동할 수 있다. 이러한 이유로 우리는 2차원 공간에서 3차원 이동을 하려면 화면 구성을 3차원적으로 해야 한다. 즉, 계층구조로 구성해야 할 것이다. 하위정보를 팝업(Pop-up) 윈도우를 띄워 참조하거나 다른 화면으로 다양하게 이동할 수 있도록 하는 것이 필요하다.

물론 한번에 추출되는 로우 수가 지나치게 많지 않고 일일이 팝업 윈도우를 통해 조회하기에는 너무 번거롭다면 한 화면에 추출하여 스크롤 바로 이동하는 것은 고려할 수 있을 것이다. 그러나 이때는 반드시 추출할 데이터 양이나 네트워크 부하를 고려해야만 한다. 만약 사용자가 부여한 조건에 따라 추출되는 로우 수가 많다면 매우 우려되는 상황이 발생할 수도 있다.

2. UNION, GROUP BY를 이용한 데이터 연결

　어떤 집합간에 데이터를 연결하기 위해서는 반드시 조인을 해야만 하는 것은 아니라고 했다. 데이터를 연결한다는 것은 곧 집합간에 대응되는 값이 있다는 것을 의미하며 그 대응되는 값들을 동일선 상에 둔다는 것, 즉 하나의 집합으로 생성시킨다는 것을 말한다. 그렇다면 경우에 따라서는 우리가 굳이 조인을 하지 않더라도 이와 같이 대응되는 값들마다 하나의 로우가 연결되도록 하기만 하면 조인과 동일한 효과를 얻을 수가 있을 것이다.

　이러한 원리를 이용하여 조인의 효과를 얻을 수 있는 방법 중에 가장 대표적인 것이 바로 UNION을 이용하여 합집합을 생성한 후에 대응시킬 값으로 GROUP BY를 하는 방법이다. 이 방법은 조인을 하여 집계하는 것과 동일한 효과를 낼 수 있지만 나름대로의 고유한 특징을 가지고 있다. 특징을 가지고 있다는 것은 곧 장점과 단점을 뚜렷이 가지고 있다는 것을 의미한다.

　동전에 양면이 있듯이 모든 것에 있어서 항상 유리하거나 항상 불리하란 법은 없다. 앞으로 소개할 내용을 통해 이 방법이 가지고 있는 특징과 그로 인해 나타나는 장점과 단점을 자세히 조명해 보고 그 장점을 잘 살림으로써 매우 효과적이고 효율적인 처리를 할 수 있는 기준을 제시하도록 하겠다.

2.1. 개념 및 특징

UNION, GROUP BY 방법의 개념을 확실히 이해하기 위해서는 조인과의 차이점을 비교·분석해 보는 것이 가장 확실한 방법이 될 것이다. 조인은 우리가 너무나 잘 알고 있으므로 이러한 차이점을 비교해 보기 위해서는 조인으로 해결하기 힘든 경우를 기준으로 대비해 보는 것이 보다 알기 쉬울 것이라 생각된다.

조인은 반드시 정해진 연결고리, 즉 기본키와 외부키에 의해서만 연결되어야 한다. 여기서 말하는 기본키나 외부키는 우리가 테이블을 정의할 때 부여하는 'PRIMARY KEY'나 'FOREIGN KEY'로 지정된 컬럼들이어야 하는 것은 결코 아니다. 이러한 정의는 단지 데이터베이스가 제공하는 제약조건(Constraints)일 뿐이다. 이것을 정의하지 않았다고 해서 기본키나 외부키가 될 수 없는 것은 절대 아니다.

여기서 말하는 기본키, 외부키는 논리적인 입장에서 말하는 것이며, 기본키는 어떤 테이블의 로우들을 구분할 수 있는 유일한 식별자를 말한다. 물론 이 키는 하나 이상의 컬럼으로 구성될 수 있으며 하나 이상 존재할 수도 있다. 외부키는 정규화의 입장에서 보았을 때는 자기 테이블의 컬럼이 아니지만 연결을 위해서 이 키를 기본키로 가진 테이블에서 빌려 온 컬럼이다. 당연히 하나 이상의 컬럼으로 구성될 수 있고 다수의 외부키가 존재할 수 있으며 어떤 컬럼은 하나 이상의 다른 테이블의 외부키가 될 수도 있다.

어쨌든 조인되는 집합간에 언제나 어느 한쪽은 반드시 유일해야 한다. 다시 말해서 아주 드물게는 일부러 M:M 조인을 만들어 특수한 처리를 하는 경우도 있겠으나 정상적인 조인은 관계 형태에 상관없이 연결고리 중 하나는 반드시 기본키가 되어야 한다는 것이다.

이것은 조인의 기본적인 철칙임에도 불구하고 생각보다 많은 개발자들이 이렇게 잘못된 조인을 하는 경우가 많이 있다. 이런 규칙이 지켜지지 않으면 M:M 조인이 발생하여 카테시안 곱만큼의 로우가 생겨나 원하지 않는 결과를 얻게 된다. 그래서 결과가 맞지 않는 것을 보고 다시 GROUP BY를 시켜 답을 내도록 하는 비효율적인 일을 한다.

이것은 도저히 있을 수 없는 일이다. 이런 경우를 보고 저자는 가끔 "나중에 후배들이 욕한다. 자기 귀에 들리지는 않겠지만 얼마나 자존심 상하고 부끄러운 일이냐!"라고 농담 반 진담 반으로 나무라곤 한다.

조인이나 'UNION,GROUP BY'나 어떤 공통값을 가진 컬럼들로 연결하는 것은 동일하다. 조인을 하면 이 집합들은 연결고리 값으로 한 몸이 되어 컬럼이 옆으로 나열된다. 이러한 효과는 'UNION,GROUP BY'를 해서도 같은 결과를 얻을 수가 있다. 왜냐하면 'UNION'을 하였으므로 하나의 집합이 되었고 GROUP BY를 하였으므로 공통된 값으로 합쳐졌기 때문이다. 그러므로 그 결과는 조인과 동일할 수밖에 없다.

조인과 'UNION,GROUP BY'를 보다 분명하게 비교하기 위해서 다음 그림을 살펴보기로 하자.

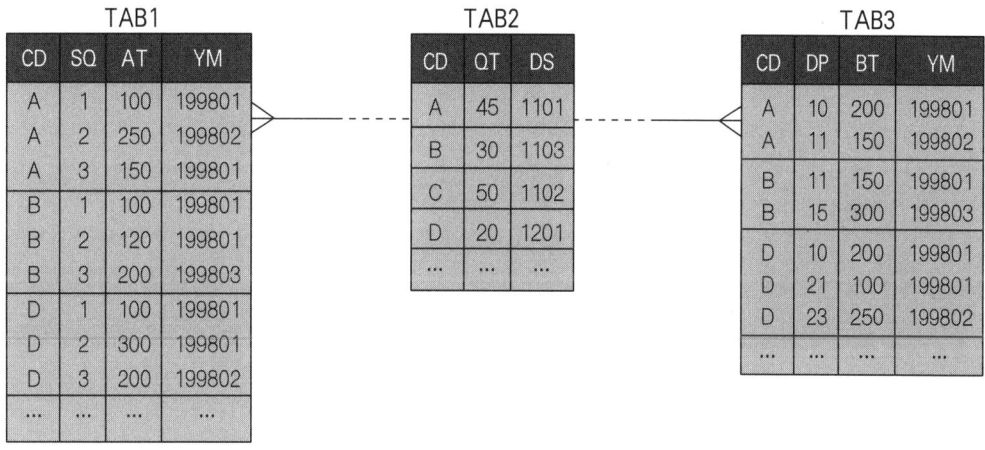

그림 2-2-1

이 테이블들을 이용해서 먼저 TAB1과 TAB2 테이블을 연결고리 컬럼인 'CD'로 집계하는 경우를 조인을 이용하는 방법과 'UNION, GROUP BY'를 사용하는 방법으로 처리했을 때의 현상을 아래 그림을 통해 비교해 보자.

〔그림2-2-2〕에서 알 수 있듯이 조인을 하여 GROUP BY한 결과와 UNION하여 GROUP BY한 결과는 같아진다. 두개의 집합을 UNION을 하여 하나가 된 집합은 아직은 연결되어 있지 않으나 집계를 위해 GROUP BY하면서 연결과 집계처리가 동시에 일어난다. 이것은 상당히 큰 의미를 가진다.

가장 큰 의미는 연결작업을 위해 추가적인 처리를 하지 않아도 된다는 것이다. 그 대신 UNION을 하기 위해 SELECT한 집합을 얼마나 효율적으로 액세스하였느냐가 매우 중요해진다. 이 부분에 대한 조인과의 비교는 다음 장에서 자세히 설명하겠다.

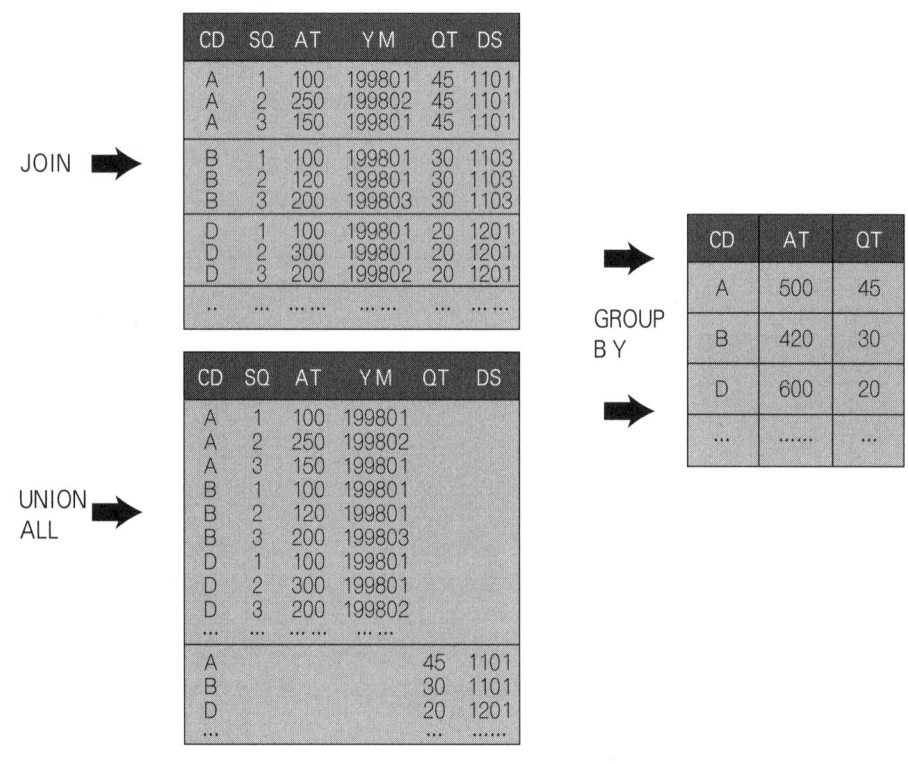

그림2-2-2

다른 한가지의 의미는 앞서 소개했던 예에서 나타났듯이 양쪽 OUTER 조인에 매우 유리하다는 것이다. 여기에 대한 자세한 설명도 뒤에서 별도로 다루기로 한다.

'UNION, GROUP BY'가 조인과 다른 또 하나의 차이점은 우리가 최종적으로 연결하고자 하는 컬럼이 기본키나 외부키와는 무관하다는 것이다. 앞서 그림에서도 나타났듯이 조인은 반드시 기본키와 외부키로만 연결해야 하지만, 이 방법은 합집합을 만들고 나서 어떠한 컬럼으로 연결하고자 해도- GROUP BY 해도- 문제가 되지 않는다.

가령 위의 그림에 있는 테이블 중에 TAB1과 TAB3를 월별로 집계하는 처리를 조인과 'UNION, GROUP BY'를 사용한 경우의 처리를 그림으로 비교해 보자.

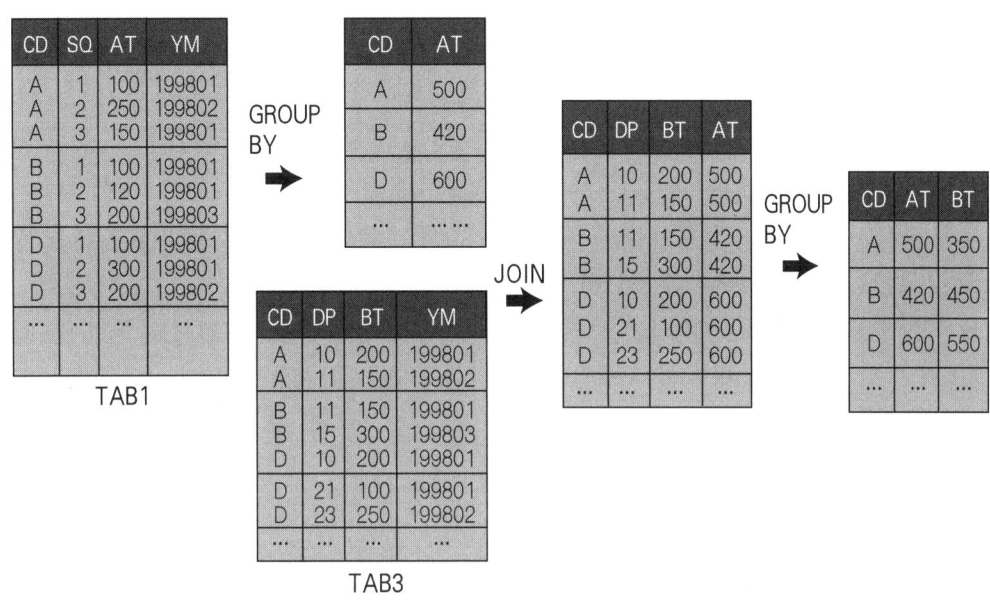

그림 2-2-3

TAB1과 TAB3는 TAB2를 기준으로 방사형 구조로 연결되어 있다. 이 구조를 그대로 조인하면 M:M 조인이 발생하므로 먼저 우리가 생각할 수 있는 방법 중에 하나는 인라인뷰를 사용하여 어느 한 집합을 먼저 조인할 컬럼으로 GROUP BY시켜서 조인 컬럼이 유일한 값이 되도록 해두고 나머지 집합과 조인하여 마지막에 우리가 추출하고자 하는 컬럼들로 GROUP BY하여 결과를 얻는 방법이다.

이렇게 단계적으로 조인하는 방법은 M:M 조인을 피하기 위하여 어느 한 M쪽을 1로 만들어 다시 다른 M쪽과 연결한다. 이렇게 함으로써 비록 조인은 가능해졌지만 불필요한 연결작업이 발생한다. 만약 나중에 조인되는 M쪽의 데이터 양이 많다고 가정해 보라. 어차피 나중에 GROUP BY로 다시 줄어들 것을 괜히 힘들여 조인한 것은 불만이다. 더구나 이러한 M:M 집합이 여러 개라고 생각하면 도저히 참을 수 없다.

그렇다고 해서 이 방법이 항상 나쁜 것만은 아니다. 이러한 단점을 다른 방향에서 접근해 보자. 어느 한쪽 집합을 줄여서 다음 집합에 연결했다는 것은 다시 말해서 다음 집합에게 연결 대상 상수값들을 제공했다는 것을 말한다. 만약 다음에 연결될 집합이 이 상수값을 받아서 해당 범위만 처리하는 것이 상수값을 받지 않고 독자적으로 처리하는 것에 비해 훨씬 액세스 범위가 감소한다면 이 방법은 매우 훌륭한 방법이라 아니할 수 없다.

이와는 반대로 받지 않고 독자적으로 처리해도 무방한 정도라면 매우 나쁜 방법인가? 여기에 대한 답도 절대적이지 않다. 만약 조인이 'SORT MERGE' 조인이나, 해쉬(Hash) 조인으로 수행된다면 유리해질 수 있다. 이와 같이 모든 처리 방법은 주어진 상황에 따라서 아주 미묘하게 유·불리가 달라지는 것이다.

이번에는 좀더 다른 방법을 생각해 보자. 만약 독자적으로 처리범위를 줄일 수 있는 경우라면 다음과 같은 방식의 처리를 생각할 수 있다. 다음의 [그림2-2-4]는 각각의 집합을 먼저 연결할 컬럼으로 GROUP BY하여 1:1을 만든 후에 조인하는 방법이다.

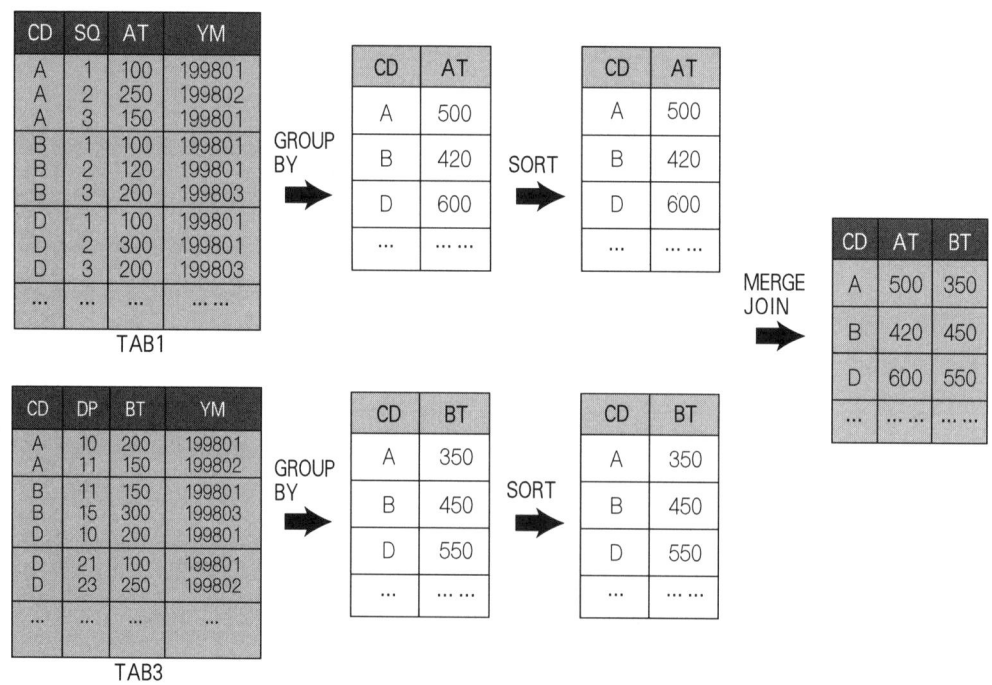

그림 2-2-4

이 방법의 가장 큰 특징은 조인하기 전에 양쪽 집합을 각각 액세스한 것과 GROUP BY로 인해 로우 수가 줄어든 다음에 조인하였기 때문에 조인의 부담이 훨씬 적어졌다는 것이다. 그러므로 앞서 제시한 예에 비해 훨씬 유리한 것처럼 보인다. 그러나 꼭 그렇다고만 할 수는 없다. 다음과 같은 경우를 가정해 보자.

만약 사용자가 TAB1의 'YM'이 '199801'인 것을 요구했을 때 이를 만족하는 로우를 GROUP BY한 결과가 적고, 이 결과를 TAB2가 상수값으로 받아 처리했을 때와 받지 않고 위의 그림과 같이 독자적으로 처리했을 때의 처리량의 차이가 매우 크다면 이 방법은 적절하지 않다. 이런 경우라면 앞서 제시한 조인 방법이 훨씬 더 유리하다는 것은 자명한 일이다.

이와 같이 특히 'NESTED LOOPS' 형태로 처리하는 것이 유리한 경우라면 일반적으로 조인 방법이 유리해진다. 그러나 이와는 다르게 이들이 각자 자신의 범위를 처리하는 데 있어서 다른 쪽의 상수값을 받았을 때나 독자적으로 처리할 때나 유사한 범위를 가진다면 먼저 GROUP BY 후 조인하는 것이 유리하다.

예를 들어서 만약 사용자가 TAB1의 'YM'은 '199801'인 것을, TAB3의 'YM'은 '199802'를 원했다고 가정하면 단계적 조인에 비해 조인을 위한 랜덤 액세스가 줄어들어 이 방법이 유리해진다. 물론 단계적 조인에서도 'SORT MERGE' 방식으로 조인된다면 랜덤 액세스는 줄어들지만 조인을 위한 머지량이 증가한다.

참고로 위의 그림에서 연결할 컬럼으로 GROUP BY한 결과는 이미 그 컬럼으로 정렬이 되어 있지만 데이터베이스 버전에 따라 조인을 위해 다시 정렬 작업이 일어나기 때문에 'SORT'로 표시한 것이다. 이렇게 조인을 위해 불필요한 정렬작업이 추가로 발생한다는 것은 불만일 수밖에 없다.

그렇다면 이번에는 좀더 다른 측면에서 방법을 강구해 보자. 다음 그림은 먼저 조인할 집합을 그냥 UNION한 후, 바로 GROUP BY를 해도 동일한 결과를 얻을 수 있다는 것을 보여주고 있다. 더구나 단지 UNION할 각각의 집합을 액세스하는 일만 있을 뿐이지 그림에 있는 'UNION ALL' 부분의 처리를 위해서는 별도의 처리 부담은 없다.

어차피 처리할 각 집합의 데이터는 읽혀져야 한다. 그러나 각각의 집합이 독자적으로 액세스되는 특징을 가지므로 바로 앞의 'GROUP BY후 JOIN' 하는 방법처럼 다른 집합으로부터 상수값을 제공받지 않고서도 처리범위를 줄여줄 수 있어야 한다는 특징을 가지게 된다.

앞의 경우처럼 각각을 독자적으로 먼저 GROUP BY하는 것이나 UNION으로 결합한 집합을 GROUP BY하는 것이나 GROUP BY를 할 양은 동일하다. 그렇지만 이 방법은 별도의 조인 처리를 할 필요가 없다는 큰 장점을 가진다.

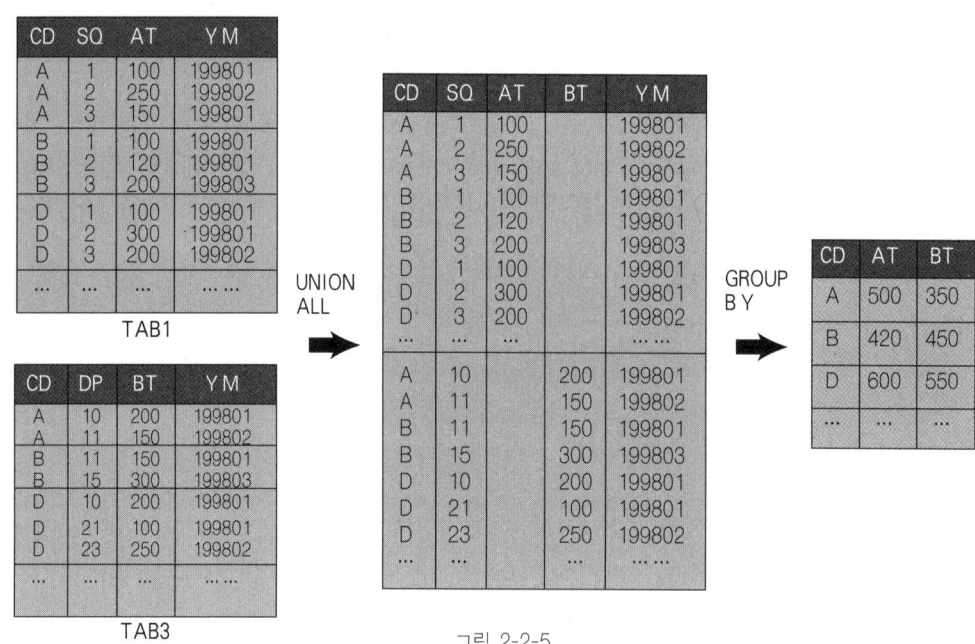

그림 2-2-5

'UNION,GROUP BY'가 가지는 또 한가지의 중요한 특징은 단계적 조인으로는 양쪽 OUTER 조인을 해결할 수 없지만 이 방법은 이러한 문제를 쉽게 해결할 수 있다는 것이다. 이러한 특징은 조인으로서는 해결하기 힘든 처리를 가능하게 해주는 매우 중요한 장점으로 내세울 수가 있다.

또 하나 빼 놓을 수 없는 장점은 연결할 집합들의 연결고리 컬럼이 아니더라도

GROUP BY에 의해서 연결이 이루어지므로 공통 컬럼이 있다면 어떤 컬럼이더라도 마음대로 연결할 수 있다는 것이다.

더구나 조인으로 연결하지 않기 때문에 연결할 컬럼에 인덱스를 가지고 있지 않아도 연결에는 조금도 부담이 되지 않는다는 것이다. 이는 인덱스 구성 전략에도 영향을 미칠 수 있다. 이렇게 공통된 컬럼만 있다면 어떤 컬럼으로도 연결이 가능하다는 것은 활용의 확장성을 보다 더 증가시키는 중요한 의미를 지닌다.

이 말은 설사 테이블에는 공통 컬럼이 존재하지 않더라도 유사한 컬럼이나 어떤 값으로 치환이나 가공한 컬럼을 만들어서도 연결할 수 있다는 것이다. 이것은 우리에게 아이디어만 있다면 얼마든지 무한정으로 활용할 수 있다는 것을 의미한다.

지금까지 '단계적 조인'과 'GROUP BY 후 조인', 'UNION, GROUP BY'의 차이점들을 비교해 보았다. 바둑에서 정석들은 나름대로 매우 훌륭한 수순들이다. 그러나 주변 상황에 따라 어떤 정석을 선택하였느냐는 매우 중요하다. 전문기사들은 누구나 할 것없이 모두가 대부분의 정석들에 통달해 있지만 그들간의 실력차는 분명히 존재한다. 이것이 바로 전략의 힘이다. 그러나 전략 이전에 정석조차 정확히 알고 있지 못하고 있다면 이미 차원이 다른 것이다.

이와 같이 정확한 개념과 특징을 숙지하고 주변 상황에 따라 적절한 방법을 활용하는 것은 무엇보다 중요하다고 하겠다.

2.2. 양쪽 OUTER 조인의 해결

데이터베이스 제품이나 버전에 따라 다소 차이가 있지만 아직 OUTER 조인을 제공하지 못하는 데이터베이스도 있으며, 특히 대부분의 데이터베이스는 양쪽 OUTER 조인을 제공하지 못하고 있다. 저자가 모 데이터베이스를 사용하고 있는 회사를 컨설팅한 적이 있었는데 데이터베이스가 아직 OUTER 조인 기능을 제공하지 못하고 있었다.

여러 가지 책자를 조사하여 해결 방법을 찾아 헤매다가 외국 본사에 있는 한 컨설턴트가 이에 대한 해결책을 제시한 솔루션을 어렵게 발견할 수 있었다. 그런데 매우 놀라운 것은 액세스의 효율을 전혀 생각지 않고 'UNION, MINUS' 등을 사용하여 3회에 걸쳐 전체 테이블을 스캔하도록 한 것이었다. 물론 원하는 결과의 집합은 얻을 수가 있었겠지만 저자는 이것은 결코 솔루션이라 할 수가 없다고 생각한다.

더구나 이러한 방법을 전세계의 사용자들에게 솔루션이라고 자랑스럽게 제공했다는 사실에 더욱 실망하지 않을 수가 없었다. 어떻게 생각하면 그만큼 OUTER 조인의 해결 방법이 어렵다는 것을 말하는지도 모르겠다. 특히 양쪽 OUTER 조인을 해결하기 위해 이상한 방법으로 처리한 개발자들을 매우 많이 접할 수 있었다.

앞서 개념과 특징을 설명할 때 언급했었지만 'UNION, GROUP BY' 방법은 전혀 OUTER 조인 기호를 사용하지 않고서도 저절로 양쪽 OUTER 조인이 해결되는 방법이다. 다음과 같은 어떤 회사의 사례를 살펴보자.

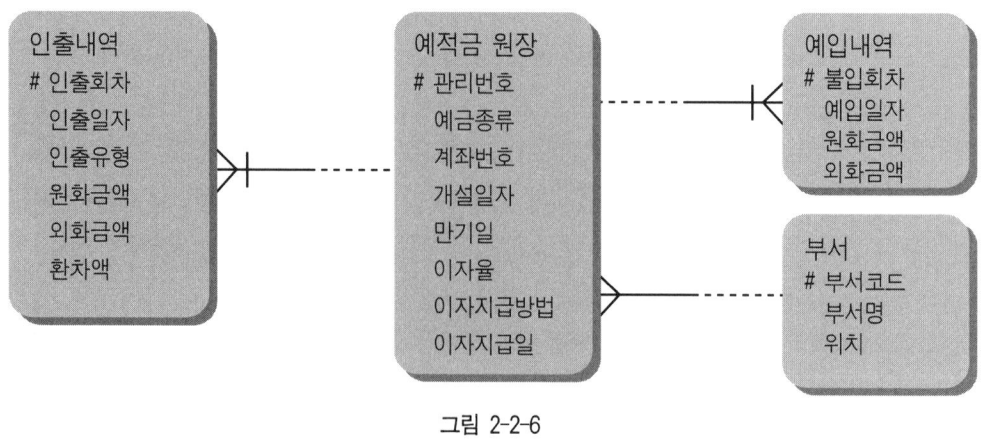

그림 2-2-6

이 데이터 모델을 살펴보면 '예적금 원장'을 기준으로 하여 '예입 내역'과 '인출 내역'이 방사형으로 연결되어 있고 '부서'가 예적금의 예입처로서 상위집합으로 연결되어 있다. 여기에서 우리는 주어진 어떤 부서의 예입금액과 인출금액을 월별로 집계하여 비교해 보고자 한다.

이 테이블들은 방사형 구조로 되어 있고 방사형 구조는 M:M 조인을 발생시키게 되므로 이와 같은 처리를 조인을 사용하여 해결하는 것은 매우 어렵다. 그러나 굳이 조인으로 처리하기 위해 다음과 같은 SQL을 생성하였다고 가정해 보자.

```sql
SELECT 불입년월, SUM(불입금액), SUM(인출금액)
FROM 예적금원장 a,
     (SELECT 관리번호,
             substr(불입일자,1,6) 불입년월,
             sum(원화금액) 불입금액
      FROM 예입내역
      WHERE 불입일자 between :in_date and :end_date
      GROUP BY 관리번호, substr(불입일자,1,6) ) b,
     (SELECT 관리번호,
             substr(인출일자,1,6) 인출년월,
             sum(원화금액) 인출금액
      FROM 인출내역
      WHERE 인출일자 between :in_date and :end_date
      GROUP BY 관리번호, substr(인출일자,1,6) ) c
WHERE b.관리번호 = a.관리번호
  and c.관리번호(+) = b.관리번호
  and c.인출년월(+) = b.불입년월
  and a.부서코드 = :DEPTNO
GROUP BY 불입년월 ;
```

그러나 이 SQL의 수행 결과는 잘못된 답을 얻게 된다. 그것은 인출년월과 불입년월이 연결되지 않는 경우의 처리를 위해 비록 OUTER 조인을 하였더라도 원하는 결과를 얻을 수는 없다. 왜냐하면 인출년월과 불입년월은 양쪽 OUTER 조인을 해야 하기 때문이다. 물론 억지로 이를 해결하려 한다면 다음과 같이 임시 집합을 추가하여 해결할 수는 있다.

```
SELECT yyyymm, SUM(불입금액), SUM(인출금액)
    FROM (SELECT 관리번호, yyyymm
            FROM 예적금원장 a, MONTH_DUAL d
            WHERE a.부서코드 = :deptno
                and d.yyyymm between :in_date and :end_date ) x,
        (SELECT 관리번호, substr(불입일자,1,6) 불입년월, sum(원화금액) 불입금액
            FROM 예입내역
            WHERE 불입일자 between :in_date and :end_date
            GROUP BY 관리번호, substr(불입일자,1,6) ) b,
        (SELECT 관리번호, substr(인출일자,1,6) 인출년월, sum(원화금액) 인출금액
            FROM 인출내역
            WHERE 인출일자 between :in_date and :end_date
            GROUP BY 관리번호, substr(인출일자,1,6) ) c
    WHERE b.관리번호(+) = x.관리번호
        and b.불입년월(+) = x.yyyymm
        and c.관리번호(+) = x.관리번호
        and c.인출년월(+) = x.yyyymm
    GROUP BY yyyymm ;
```

여기서 'MONTH_DUAL' 테이블은 몇 십년 년간의 일자만으로 생성해 둔 일종의 DUMMY 테이블이다. 이 테이블은 앞으로 확장된 SQL 활용이나 튜닝을 위해 자주 사용될 것이다. 보다 활용성을 높이기 위해 DATE 타입으로 된 컬럼과 문자 타입으로 된 컬럼을 하나씩 두고 과거 30년, 향후 30년 정도의 데이터를 생성한다. 물론 이 컬럼들로

인덱스를 생성하는 것이 좋을 것이다.

어쨌든 위의 SQL은 우리가 원하는 결과를 얻을 수 있다. 그러나 매우 복잡하고 처리절차도 문제가 있다. 그렇지만 이와 같은 처리를 'UNION, GROUP BY' 방법을 사용하면 매우 쉽게 해결할 수가 있다. 다음과 같은 SQL을 만들어 보자.

```
SELECT 년월, nvl(sum(불입금액),0), nvl(sum(인출금액),0)
FROM (SELECT 관리번호,
             substr(불입일자,1,6)   년월,
             원화금액              불입금액,
             to_number(null)       인출금액
      FROM 예입내역
      WHERE 불입일자 between :in_date and :end_date
      UNION ALL
      SELECT 관리번호,
             substr(인출일자,1,6)   년월,
             to_number(null)       불입금액,
             원화금액              인출금액
      FROM 인출내역
      WHERE 인출일자 between :in_date and :end_date )
GROUP BY 년월 ;
```

이 SQL에는 OUTER 조인을 하지 않고서도 양쪽 OUTER 조인이 해결되었다. 여기서 해당사항이 없는 금액 컬럼에 0이 아니라 굳이 NULL을 사용한 것은 나중에 SUM을 할 때 보다 유리하기 때문이다. 0을 사용한다면 불필요한 연산이 발생하지만 NULL을 사용하면 <u>연산 대상에서 제외되므로</u> 그만큼 연산처리가 감소한다.

이 방법은 각 SELECT문에 구분값을 두었다가 GROUP BY를 할 때 DECODE를 사용하여 분리하는 것보다 훨씬 유리하며 DECODE 함수를 제공하지 않는 데이터베이스에서도 활용할 수 있는 방법이므로 반드시 숙지하기 바란다.

여기서 to_number(null)을 사용한 것은 NULL 값을 문자 타입으로 간주하므로 TO_NUMBER 함수를 사용하여 데이터 타입을 맞추어 준 것이다. 이 말은 MAX, MIN 등으로 문자타입을 처리하는 경우에는 TO_CHAR 함수를 사용할 필요가 없다는 의미도 같이 포함하고 있다. 이렇게 하는 이유는 잘 알고 있겠지만 UNION은 반드시 상호간에 컬럼 개수와 타입이 일치해야 하기 때문이다.

좀 다른 측면은 있지만 이 SQL에서 우리가 자주 실수하기 쉬운 몇 가지 부분을 언급하고 넘어가기로 한다. 첫번째 잘못된 사례는 문장을 단순화시키기 위해 WHERE 절의 공통 조건을 인라인뷰 밖으로 보낸 경우이다.

```
SELECT 년월, nvl(sum(불입금액),0), nvl(sum(인출금액),0)
FROM (SELECT 관리번호,
             substr(불입일자,1,6)   년월,
             원화금액               불입금액,
             to_number(null)        인출금액
      FROM 예입내역
      UNION ALL
      SELECT 관리번호,
             substr(인출일자,1,6)   년월,
             to_number(null)        불입금액,
             원화금액               인출금액
      FROM 인출내역 )
WHERE 년월 between substr(:in_date,1,6) and substr(:end_date,1,6)
GROUP BY 년월 ;
```

인라인뷰 밖에서 부여한 조건은 지금과 같은 경우에는 각각의 SELECT 문 안으로 파고들어 수행되므로 원하는 결과를 얻을 수는 있다. 그러나 공통 컬럼인 '년월'은 SUBSTR으로 가공된 컬럼이므로 인덱스를 사용할 수 없게 된다. 그러므로 이러한 경우에는 다음과 같이 반드시 인라인뷰 내의 컬럼을 가공시키지 않도록 해야 한다.

```
SELECT substr(년월일,1,6), nvl(sum(불입금액),0), nvl(sum(인출금액),0)
  FROM (SELECT 관리번호,
               불입일자          년월일,
               원화금액          불입금액,
               to_number(null)  인출금액
          FROM 예입내역
        UNION ALL
        SELECT 관리번호,
               인출일자          년월일,
               to_number(null)  불입금액,
               원화금액          인출금액
          FROM 인출내역 )
 WHERE 년월일 between substr(:in_date,1,6) and substr(:end_date,1,6)
 GROUP BY substr(년월일,1,6) ;
```

물론 이와 같은 잘못은 주로 초보자들에게서 나타난다. 그러나 어느 한쪽은 '년월'로 되어 있고 다른 쪽은 '일자'로 되어 있을 때 컬럼을 공통화시기 위해 '일자' 컬럼을 SUBSTR으로 가공하여 '년월'로 맞추는 잘못은 많은 사람들이 범하고 있었다.

이러한 경우는 당연히 '년월'을 '일자'로 공통화시켜야 한다. 그렇다고 해서 '년월' 컬럼에 굳이 '00'을 결합시켜 공통화시킬 필요는 없다. '년월'이나 '일자'는 어차피 BETWEEN 조건에 의해 처리되므로 전혀 문제되지 않는다. 또한 GROUP BY 절에는 SUBSTR 등으로 가공하더라도 인덱스 사용과는 전혀 무관하므로 최종적인 공통화는 GROUP BY에서 이루어지게 하는 것이 바람직하다.

좀더 자세한 내용을 알고 싶다면 "제3장 인라인뷰의 활용 9.상이한 집합의 통일 (Page 3-68~3-80)"를 참조하기 바란다.

다시 본론으로 돌아와서 'UNION, GROUP BY'가 자연적으로 M:M 조인문제와 양쪽 OUTER 조인을 동시에 해결하는 원리를 다음 그림을 통해서 살펴보기로 하자.

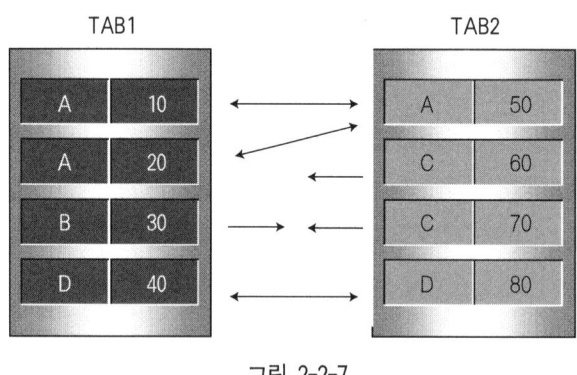

그림 2-2-7

이 그림을 살펴보면 두 테이블간에는 M:M 관계를 가지며, 양쪽 모두 존재할 수도, 그렇지 않을 수도 있는 양쪽 OUTER 조인 관계를 가진다는 것을 알 수 있다. 이 두개의 집합을 'UNION ALL' 하여 'GROUP BY' 하면 다음과 같은 집합이 만들어진다.

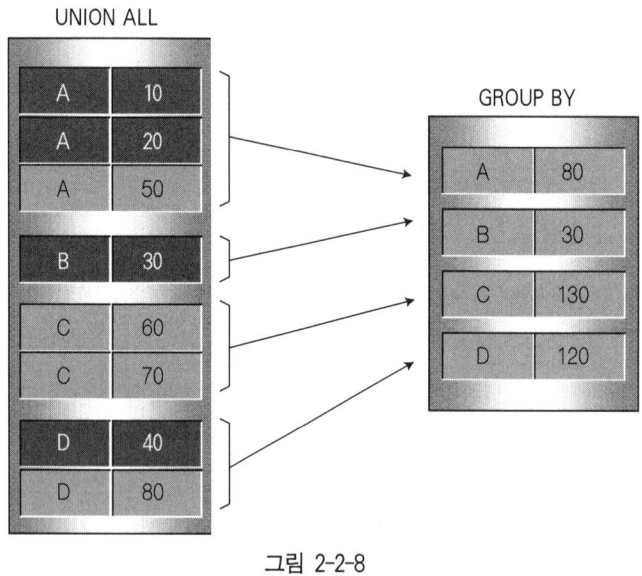

그림 2-2-8

이 그림을 보면 양쪽이 모두 결합할 컬럼에 대해 유일하지 않거나 어느 한쪽이 존재하지 않더라도 최소한 하나의 로우만 있으면 GROUP BY를 한 컬럼별로 무조건 한 로우씩 생성된다. 또한 'UNION ALL'한 집합은 각 집합의 로우를 단지 그대로 모아둔 것일 뿐이므로 M:M 조인처럼 결코 로우 수를 증가시키지는 않는다. 그러므로 M:M 관계를 두려워할 필요가 없다.

다만 앞서 언급했듯이 조인과는 다르게 항상 각각의 집합을 독자적으로 액세스할 수밖에 없기 때문에 주어진 조건에 대한 액세스 범위가 지나치게 넓지 않은지에 주의해야 하며, 필요하다면 인덱스의 추가나 변경을 검토해 보거나 다른 테이블의 컬럼을 이중화시키는 것도 고려해 보아야 할 것이다.

2.3. 특이한 활용 사례

우리가 실무에서 활용할 수 있는 'UNION, GROUP BY'의 활용 사례는 너무 다양하므로 여기서는 일반적인 내용을 생략하기로 하고 좀더 특이한 사례를 통하여 여러분들이 이 방법을 보다 확장시켜 활용하는 데 도움을 주고자 한다.

많은 테이블들의 정보가 복합적으로 가공되는 통계·분석용 애플리케이션을 보다 단순하게 하고, 개발 생산성을 배가시키며, 빠른 수행속도를 보장받을 수 있는 중요한 사례들을 소개할 것이다. 여러분은 사례 자체를 보지 말고 그 사례가 내포하고 있는 활용 원리를 꿰뚫어 보기 바란다. 그렇게 했을 때 여러분들이 조금만 더 응용한다면 실무에서 나타나는 온갖 다양한 처리를 간단·명료하게 해결할 수 있을 것이다.

여기에서는 추출될 로우들간에 관련이 없는 것들을 정해진 양식에 출력한다거나 한 번의 액세스로 앞·뒤 로우들간의 비교 처리를 한다거나, 추출 컬럼의 특이한 가공처리에 대한 사례들을 소개하기로 한다.

2.3.1. 이종(異種) 로우들의 고정양식 출력

어느 회사에서나 전통적으로 사용해온 양식을 가지고 있고 최종 사용자들은 가능한 이러한 형식으로 보는 것을 희망한다. 일반적으로 대부분의 통계·분석 정보는 상급 관리자에게 보고하는 자료로 사용됨으로써 하나의 화면이나 보고서에 매우 복잡하고 다양한 정보가 포함되어 있다.

이러한 자료는 좀처럼 하나의 테이블에서 특정 컬럼으로만 가공한 단순한 형태는 거의 찾아보기가 힘들며, 경우에 따라서는 여러 개에 달하는 테이블에서 여러 단계의 절차를 거쳐 가공해야 하는 경우가 대부분이다. 이런 애플리케이션을 검증해 보면 매우 길고 복잡하게 구현되어 있다. 처리 절차를 따라가 보면 정말 정신이 없다.

이러한 경우 저자는 최종 출력물과 필요한 테이블을 놓고 추출 컬럼마다 가공해야 할 방법을 묻는다. 대개의 경우 하나의 SQL만으로 가장 단순·명료하고 빠른 수행속도를 낼 수 있다. 방법을 설명해도 이해하지 못하면 직접 SQL을 만들어 준다. 이 순간에 이미 애플리케이션 작성은 거의 완료되었다. SQL에서 출력할 형태 그대로 추출해 주면 툴에서는 화면으로 옮기거나 보고서로 인쇄하는 절차만 기술해 주면 되기 때문이다.
〔그림2-2-9〕는 어떤 제조회사의 연간 손익의 추이를 조회하는 화면이다.

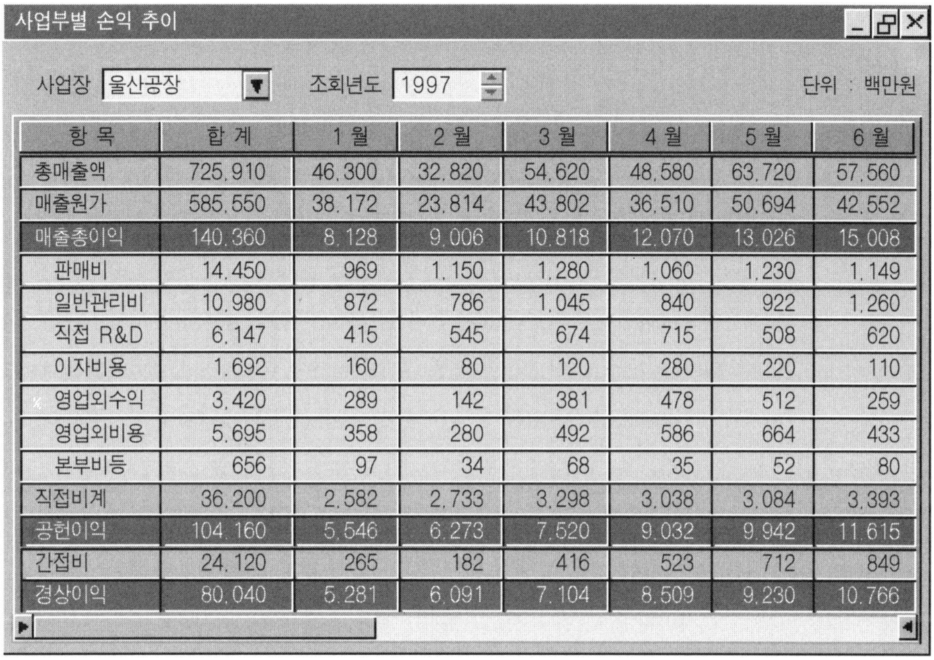

	항목	합계	1월	2월	3월	4월	5월	6월
①	총매출액	725,910	46,300	32,820	54,620	48,580	63,720	57,560
②	매출원가	585,550	38,172	23,814	43,802	36,510	50,694	42,552
③	매출총이익	140,360	8,128	9,006	10,818	12,070	13,026	15,008
④	판매비	14,450	969	1,150	1,280	1,060	1,230	1,149
⑤	일반관리비	10,980	872	786	1,045	840	922	1,260
⑥	직접 R&D	6,147	415	545	674	715	508	620
⑦	이자비용	1,692	160	80	120	280	220	110
⑧	영업외수익	3,420	289	142	381	478	512	259
⑨	영업외비용	5,695	358	280	492	586	664	433
⑩	본부비등	656	97	34	68	35	52	80
⑪	직접비계	36,200	2,582	2,733	3,298	3,038	3,084	3,393
⑫	공헌이익	104,160	5,546	6,273	7,520	9,032	9,942	11,615
⑬	간접비	24,120	265	182	416	523	712	849
⑭	경상이익	80,040	5,281	6,091	7,104	8,509	9,230	10,766

그림 2-2-9

각 항목별로 집계할 데이터는 여러 개의 테이블에 나누어져 있다. 실무적으로는 훨씬 더 복잡하게 되어 있겠지만 내용을 단순화시키기 위해 다음과 같이 가정해 보자.

①의 총매출액은 '매출집계' 테이블에서, ②매출원가는 '매출원가' 테이블에서, ④에서 ⑩에 이르는 직접비와 ⑬의 간접비는 '계정별집계' 테이블에서 얻을 수 있으며, ③, ⑪, ⑫, ⑭는 각 항목들을 합계하거나 연산하여 구할 수 있다. 물론 이 항목들의 값은 툴이 가지고 있는 기능을 활용해서 구할 수도 있겠지만 여기서는 SQL 활용의 확장에 목적이 있으므로 하나의 SQL에서 모든 결과를 구해 보도록 하겠다.

다만 좌측에 있는 항목명은 정해져 있는 값이므로 화면 작성시에 미리 표시해 둔 것으로 하겠다. 직접비 항목 중에서 '영업외수익'은 비용이 아니라 수입이므로 '직접비계'를 구할 때 음수(-)로 연산한다. '간접비'는 관련 계정과목 중에서 '직접비'를 제외한 나머지 계정과목의 합계이다.

여기서 '매출총이익 = 총매출액 - 매출원가'이며, 이 '매출총이익'에 '직접비계'를 제한 값을 '공헌이익'으로 한다. '경상이익'은 '공헌이익'에서 '간접비'를 제한 금액을 말한다. 이 모든 것을 하나의 SQL로 구현해 보자.

① SELECT no, sum(tot * decode(NO-LINE,1,-1,3,-1,1)) tot,
　　　　sum(W01 * decode(NO-LINE,1,-1,3,-1,1)), sum(W02 * decode(NO-LINE,1,-1,3,-1,1)),
　　　　sum(W03 * decode(NO-LINE,1,-1,3,-1,1)), sum(W04 * decode(NO-LINE,1,-1,3,-1,1)),
　　　　sum(W05 * decode(NO-LINE,1,-1,3,-1,1)), sum(W06 * decode(NO-LINE,1,-1,3,-1,1)),
　　　　sum(W07 * decode(NO-LINE,1,-1,3,-1,1)), sum(W08 * decode(NO-LINE,1,-1,3,-1,1)),
　　　　sum(W09 * decode(NO-LINE,1,-1,3,-1,1)), sum(W10 * decode(NO-LINE,1,-1,3,-1,1)),
　　　　sum(W11 * decode(NO-LINE,1,-1,3,-1,1)), sum(W12 * decode(NO-LINE,1,-1,3,-1,1))
② FROM (SELECT LINE, sum(AMT) TOT,
　　　　sum(decode(MM,'01',AMT)) W01, sum(decode(MM,'02',AMT)) W02,
　　　　sum(decode(MM,'03',AMT)) W03, sum(decode(MM,'04',AMT)) W04,
　　　　sum(decode(MM,'05',AMT)) W05, sum(decode(MM,'06',AMT)) W06,
　　　　sum(decode(MM,'07',AMT)) W07, sum(decode(MM,'08',AMT)) W08,
　　　　sum(decode(MM,'09',AMT)) W09, sum(decode(MM,'10',AMT)) W10,
　　　　sum(decode(MM,'11',AMT)) W11, sum(decode(MM,'12',AMT)) W12
③ 　　　FROM (SELECT y.NO LINE, MM, sum(AMT * decode(y.NO * LINE,6,-1,1)) AMT
④ 　　　　　　FROM (SELECT '1' LINE, substr(매출년월,5,2) MM, sum(AMT) AMT
　　　　　　　　FROM 매출집계
　　　　　　　　WHERE 매출년월 LIKE '1997%'
　　　　　　　　GROUP BY substr(매출년월,5,2)
　　　　　　　　UNION ALL
⑤ 　　　　　　SELECT '2' LINE, substr(원가년월,5,2) MM, sum(AMT) AMT
　　　　　　　　FROM 매출원가
　　　　　　　　WHERE 원가년월 LIKE '1997%'

⑥   GROUP BY substr(원가년월,5,2)) x, COPY_T y
⑦   WHERE y.NO IN (LINE, 3)   and y.no <= 14
        GROUP BY y.NO, MM
    UNION ALL
⑧   SELECT y.NO LINE, MM, sum(AMT * decode(y.NO * LINE,88,-1,1)) AMT
⑨   FROM (SELECT decode(substr(계정코드,1,3), '211' ,4, '212' ,5,
                    '213' ,6, '214' ,7, '215' ,8, '221' ,9, '222' ,10, 13) LINE,
                substr(전표일자,5,2) MM, SUM(AMT) AMT
            FROM 전표집계
            WHERE 전표일자 LIKE '1997%'
                and 계정코드 BETWEEN '211' AND '229'
            GROUP BY decode(substr(계정코드,1,3), '211' ,4, '212' ,5,
                    '213' ,6, '214' ,7, '215' ,8, '221' ,9, '222' ,10, 13),
⑩   substr(전표일자,5,2)) x, COPY_T y
⑪   WHERE y.NO IN (LINE,decode(LINE,13,NULL,11)) and y.no <=14
        GROUP BY y.NO, MM)
⑫   GROUP BY LINE) x, COPY_T y
⑬ WHERE y.NO IN (LINE, decode(LINE,3,12, 11,12), decode(LINE,3,14,11,14,13,14))
⑭   and y.NO <= 14
    GROUP BY y.NO ;

이 SQL은 상당히 복잡하고 특수한 처리들이 포함되어 있기 때문에 중요한 부분들은 자세히 설명하도록 하겠다.

◆ ④에 있는 SELECT문은 '매출집계' 테이블에서 월별로 집계하여 라인번호를 '1'로 부여한다.
  ⑤에 있는 SELECT문은 '매출원가' 테이블에서 월별로 집계하여 라인번호를 '2'로 부여한다.
◆ 이 두개의 집합을 UNION으로 묶어 인라인뷰로 만들고 ⑥의 COPY_T와 카테시안 곱이 되도록 조인하여 인라인뷰의 결과를 복제한다. 이 때 y.NO를 (LINE, 3)로 비교한 것은 이 SQL의 매우

핵심적인 아이디어이다. COPY_T 측 집합의 두개의 로우 중 하나는 라인번호와 동일하게 하고, 다른 하나는 '3'을 부여하면 '1' 라인은 '1'과 '3'을, '2' 라인은 '2'와 '3'을 번호로 가진 4개의 로우가 생긴다. 이 번호로 GROUP BY하면 '1','2','3'의 세개의 로우가 생긴다. 복제를 할 때 y.NO를 LINE과 비교한 것은 '원본'이고 '3'과 비교한 것은 '복제본'을 의미한다.

◆ '3' 라인은 '1' 라인값에 '2' 라인값을 제한 값이므로 '3'이 될 '2' 라인값은 음수(-)가 되어야 한다. 즉, '3'과 '2' 라인을 곱한 결과는 '6'이므로 (3)과 같이 이때만 '-1'을 곱하여 SUM을 한다. 이렇게 '3' 라인을 미리 구해둔 것은 앞으로 다른 라인의 연산에 자주 사용되기 때문이다.

◆ ⑦에 있는 and y.no <= 14 를 추가한 이유는 나중에 설명하기로 하겠다.

◆ ⑨에 있는 SELECT문은 '전표집계' 테이블에서 세부 항목별 '직접비'를 구하고 '간접비'는 하나로 집계하여 '13'을 부여하였다. 여기서 '계정코드'를 SUBSTR하여 DECODE한 것은 집계를 위한 계정코드 단위가 이렇게 부여되었다고 가정한 것이다.

◆ ⑩에서 COPY_T를 사용하여 ⑨에서 추출한 결과를 복제한다. 이때 ⑪과 같이 '직접비' 항목들은 '직접비계'를 구하기 위해 하나씩 복제하여 '11'을 부여하고, '간접비'는 집계가 필요없으므로 복제하지 않는다.

◆ '영업외수익'은 비용이 아니므로 자기 라인에는 양수(+)로 나타나지만 '직접비계'를 구할 때는 음수(-)로 작용하여야 한다. 즉, ⑧과 같이 '8' 라인이 '11'의 직접비계를 구하는 경우(8 * 11=88)만 음수로 처리한다.

◆ 지금까지 우리는 '12', '14'를 제외한 모든 라인의 값을 구했다. 그러나 DECODE 부하를 줄이기 위해서 아직 월별로 펼치지 않았다. 이제 로우들이 줄어 들었으므로 ⑫에서 라인별로 GROUP BY하면서 ②의 SELECT문에서 월별로 펼쳤다.

◆ 이제 남아 있는 '12', '14' 라인을 위해서 ⑬에서 다시 복제한다. 이때 '3'은 '12'와 '14'에 양수로, '11'은 '12'와 '14'에 음수로 작용해야 하며, '13'은 '14'에만 음수로 작용하면 된다.

◆ 이를 위해 ①에서 decode(NO-LINE,1,-1,3,-1,1) 를 한 것은 '11'이 '12'에 적용될 때(12-11=1), 또 '14'에 적용될 때(14-11=3), 그리고 '13'이 '14'에 적용될 때(14-13=1)만 음수로 처리하기 위한 것이다.

◆ 이제 남겨 두었던 ⑦, ⑪, ⑭에 있는 and y.no <= 14 를 부여한 이유에 대해서 알아보자. 이 조건을 부여하지 않더라도 결과에는 전혀 문제가 되지 않는다. 그러나 데이터베이스 버전에 따라 복제를 위해 부여한 'IN' 조건이 결합처리(Concatenation) 실행계획으로 수립되어 불필요한 액

세스를 중복시킬 수가 있다. 이를 방지하기 위해 이 조건을 추가하여 COPY_T를 범위처리하도록 유도한 것이다.

◆ COPY_T의 인덱스 유무에 따라서 다를 수도 있으며 복잡한 힌트를 사용하여야 원하는 실행계획이 수립될 수도 있다. 이 방법은 COPY_T에 'NO'로 인덱스가 있을 때 복잡하게 힌트를 사용하지 않기 위해서 사용한 방법이다. 어쨌든 실행계획에 'CONCATENATION'으로 여러 개의 처리가 중복처리되어 결합하는 실행계획이 나오지 않도록 해야 하며 가능한 다음과 같은 실행계획이 생성되도록 해야 한다. 그렇지 않으면 애써 개선한 결과가 오히려 더 나빠질 수도 있기 때문이다.

```
SELECT STATEMENT
  SORT (GROUP BY)
    NESTED LOOPS ─────────────────────────────────────────────┐
      VIEW ─────────────────────────────────────────────────┐ │
        SORT (GROUP BY)                                     │ │
          VIEW                                              │ │
            UNION-ALL                                       │ │
              SORT (GROUP BY)                               │ │
                NESTED LOOPS ─────────────────────────────┐ │ │
                  VIEW                                    │ │ │
                    UNION-ALL ──────────────────────────┐ │ │ │
                      SORT (GROUP BY)                   │ │ │ │
                        TABLE ACCESS (BY ROWID) OF '매출집계'
                          INDEX (RANGE SCAN) OF '매출년월_IDX'
                      SORT (GROUP BY)                   │ │ │ │
                        TABLE ACCESS (BY ROWID) OF '매출원가'
                          INDEX (RANGE SCAN) OF '원가년월_IDX'
                  INDEX (RANGE SCAN) OF 'COPY_PK' (UNIQUE)
              SORT (GROUP BY) ───────────────────────────┐
                NESTED LOOPS
                  VIEW
                    SORT (GROUP BY)
                      TABLE ACCESS (FULL) OF '전표집계'
                        INDEX (RANGE SCAN) OF '전표년월_IDX'
                  INDEX (RANGE SCAN) OF 'COPY_PK' (UNIQUE)
      INDEX (RANGE SCAN) OF 'COPY_PK' (UNIQUE)
```

2.3.2. 전후(前後)간의 로우 비교

실무에서는 참으로 다양한 형태의 처리가 있다. 그 중에서 지금 소개하고자 하는 내용은 주로 통계・분석 정보를 처리하는 경우에 자주 발생하는 형태이다. 가령 전월과 당월을 비교하거나 데이터 발생 기간을 비교하고자 할 때 사용하는 방법으로서 비교해야 할 전월 데이터나 직전 데이터를 다시 액세스하지 않고 비교하여 가공할 수 있다.

다음 그림을 살펴보자. 조건으로 받은 사업장의 조회년도 매출 데이터를 집계하여 당월과 전월의 차이와 증감률을 구한다. 우측에 있는 윈도우는 좌측의 월별 데이터를 클릭하면 해당월의 품목별 상세 내용을 추출한다. 여기서는 이 윈도우에 대한 설명은 생략하기로 한다.

사업장별 매출 전월 대비

사업장 [1공장] 조회년도 [1997]

구 분	당 월	증감액	증감률
1월	312,045,670	-10,748,920	-3.45
2월	381,020,000	68,974,330	18.10
3월	412,080,000	31,060,000	7.54
4월	392,010,000	-20,070,000	-5.12
5월	428,000,020	35,990,020	8.41
6월	415,020,000	-12,980,020	-3.13
7월	394,092,000	-20,928,000	-5.31
8월	420,010,060	25,918,060	6.17
9월	431,000,000	10,989,940	2.55
10월	462,000,000	31,000,000	6.71
11월	428,010,000	-33,990,000	-7.94
12월	472,860,000	44,850,000	9.49

품목	매출액
FIO2	7,025,670
FTY	1,060,000
HFYSD	16,089,000
KTY	7,010,000
KIOS-1	3,000,020
MIP200	5,020,000
MK20	44,088,000
PK800	9,050,060
PTDT100	36,080,000
RIT001	7,044,000
ROTO200	6,080,000
TMO410	76,899,000
WQT300	8,670,000
ZX10	8,810,050

그림 2-2-10

이 문제를 해결하기 위해서 억지로 조인을 하려고 해서는 안 된다. 복제된 데이터로는 조인을 할 수 없으며, 굳이 조인을 하려면 두번의 액세스를 해야 한다. 물론 '당월' 데이터를 추출한 후에 툴에서 첨자를 사용하여 전월과의 차이나 증감률을 구할 수도 있겠지만 손해 없이 하나의 SQL에서 모든 결과를 얻을 수 있다면 훨씬 바람직한 방법이 될 것이다. 여기서 '1월'의 전월 데이터는 전년 '12월'의 데이터를 말한다.

앞서 사용했던 COPY_T를 이용한 복제 방법과 'UNION,GROUP BY'를 활용하여 다음과 같은 SQL을 만들어 보자.

①   SELECT rpad(월,2)||'월'   구분,
           sum(당월)   당월,
           sum(당월 - 전월)   증감액,
②   to_char(sum(decode(당월,0,null,round((당월-전월) * 100/당월,2))), '990.90') 증감률
③   FROM (SELECT decode(NO, 2, MM+1, MM+0) 월,
               nvl(sum(decode(NO,1,AMT)), 0) 당월,
               nvl(sum(decode(NO,2,AMT)), 0) 전월
④   FROM (SELECT decode(매출년월, '199612', '00', substr(매출년월,5,2)) MM,
                   sum(AMT) AMT
             FROM 매출집계
             WHERE 사업장 = '1공장'
                and 매출년월 between '199612' and '199712'
⑤   GROUP BY decode(매출년월, '199612', '00', substr(매출년월,5,2))) x,
⑥   COPY_T y
⑦   WHERE NO between decode(MM, '00',2,1) and decode(MM, '12',1,2)
⑧   GROUP BY decode(NO, 2, MM+1, MM+0)
⑨   UNION ALL
⑩   SELECT NO 월, 0 당월, 0 전월
       FROM COPY_T
⑪   WHERE NO <= 12)
  GROUP BY 월 ;

이 SQL에도 재미있고 특별한 처리들이 많이 포함되어 있기 때문에 중요한 부분들은

자세히 설명하도록 하겠다.

◆ 먼저 ④에 있는 SELECT문에서 '매출집계' 테이블을 전년 '12'월부터 액세스한 것은 '1월'의 전월 비교를 하기 위해서이다.
◆ ⑤의 GROUP BY에서 전년 '12월'을 '00' 월로 한 것은 나중에 복제한 데이터의 '월'에 +1을 하여 '1월'과 연결을 도모하기 위해서 치환한 것이다.
◆ 이제 전년 '12월'부터 당해년도 '12월'까지 하나씩의 로우로 집계되었다. ⑥의 COPY_T를 이용해 이 집합을 복제한다.
◆ 복제하는 방법을 주의 깊게 살펴보아야 한다. ⑦에서 MM이 '00'인 경우(전년말)는 2에서 2까지, 즉 하나의 로우만 생기고 y.NO는 2를 가진다. 비슷한 방법으로 MM이 12인 경우(당년말)는 1에서 1까지, 즉 하나의 로우만 생기고 y.NO는 1을 가진다. 나머지(MM이 2 ~ 11)는 1에서 2까지 연결되므로 y.NO를 1과 2를 가지는 두개씩의 로우가 만들어진다.
◆ 이 결과는 아래 그림과 같이 y.NO가 1인 경우는 MM이 1~12까지의 12개 로우가 생기게 되며 우리는 이 집합을 '당월'로 간주하기로 한다. y.NO가 2인 경우는 MM이 0~11까지의 12개 로우가 생기며 ⑧에서처럼 MM에 1을 더하면 전월의 MM이 당월의 MM과 동일하게 된다. 이것을 MM으로 GROUP BY하면 전월과 당월 데이터는 같은 라인에 위치시킬 수 있다.

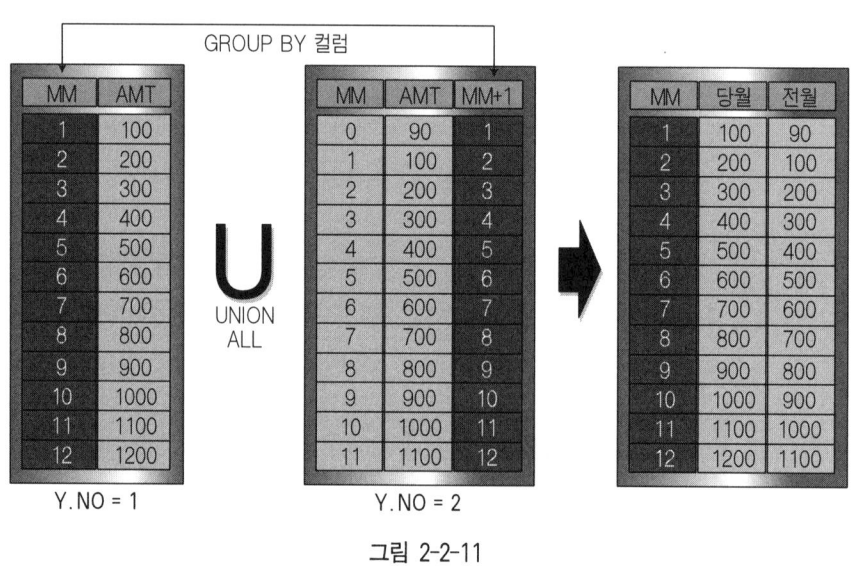

그림 2-2-11

- 이때 NO가 1인 경우에 굳이 0을 더한 것은 강제로 연산을 시켜 숫자 타입으로 바꾸어 주려는 것이다. 왜냐하면 NO가 2인 경우에 1을 더하여 숫자 타입이 되었으므로 데이터 타입을 일치시켜 동일한 값을 만들어야 GROUP BY에 의해 연결될 수 있기 때문이다.
- ⑨에서 ⑩의 SELECT문과 UNION ALL을 한 것은 만에 하나 '매출집계' 테이블에 연속해서 2개월 이상 데이터가 없는 경우 누락되는 월이 생기는 것을 방지하기 위해 삽입한 것이다. 앞서 설명했듯이 'UNION, GROUP BY'는 양쪽 OUTER 조인을 저절로 해결해 주기 때문에 ⑪에서처럼 COPY_T의 12개 로우를 이용해 이것을 해결하였다.
- 최종 연산처리를 ③에서 기술할 수도 있겠지만 복잡해지기 때문에 ③의 SELECT문을 인라인뷰로 만들고 ①의 SELECT을 추가한 것이다. ①에서 RPAD 함수를 사용하여 한자리 월(1,2,...)을 두자리로 통일하였다.
- ②에서 '당월' 금액이 0이면 나눗셈을 할 수 없으므로 NULL로 바꾸었고, 그렇지 않으면 '증감률'을 구해서 ROUND 함수로 소수점 자릿수를 맞추었다.

2.3.3. 추출 컬럼의 특이한 가공

이번에 소개할 형태는 'UNION, GROUP BY'를 사용했을 때 컬럼의 가공을 다양한 형태로 처리하는 방법을 몇 가지 제시하고자 한다. 일반적으로 복잡한 조회 화면이나 보고서들은 각 컬럼마다 매우 독특한 처리를 필요로 한다. 이러한 처리를 위해 SQL을 분리한다면 애플리케이션은 매우 복잡하게 되고, 나중에 유지·보수에도 많은 어려움이 따를 것이다.

UNION에 의해 모여진 로우들은 GROUP BY에 의해 이합집산을 하게 된다. 바꾸어 말하면 이렇게 해서 하나씩 만들어지는 로우는 마치 같은 종류의 여러 개 로우들이 '압축기'로 응축하는 것처럼 만들어진다. 이 응축 과정에 다양한 형태의 처리가 나타난다.

물론 무조건 집계를 한다면 단순하겠지만 실무에서는 매우 다양한 형태의 가공이 일어난다. 가령 특정한 조건을 만족하는 것만 처리한다거나, 어떤 구분값에 따라 상이한 처리를 해야 하는 경우 등 매우 많은 형태가 있을 것이다. 우리가 이러한 처리를 마음대로 할 수 있어야 자신있게 UNION으로 통합된 집합을 만들 수 있다. 다시 말해서 이러한 응용 능력이 배양되어야 매우 복잡한 처리를 단순한 하나의 SQL로 만들 수 있는 힘이 생긴다는 것이다.

UNION할 각 집합에 어떤 구분값(스위치)을 주어 처리할 로우의 출신을 구별하여 유사 시에 활용하거나, 컬럼을 몇 개로 분할하여 필요 시 특정값에 대해서만 처리하기도 하며, 결합(Concatenation,||) 기호를 사용하여 결합된 값을 어떤 상수값이나 다른 가공된 값으로 비교할 수도 있을 것이다. 또한, 컬럼을 어떤 공식으로 연산한 결과를 이용하거나, 복제된 집합별로 복제시 발생된 값(예;copy_t의 no)을 이용해 처리할 대상을 구분할 수도 있다.

이러한 방법들을 적절히 사용하면 매우 복잡한 처리를 단순한 비교로도 처리할 수 있게 한다. 결국은 아이디어 싸움이다. '정석'을 많이 익혀두면 실전에서 쉽게 응용할 수 있듯이 많은 활용 방법을 소화해 두기 바란다.

물론 지금 소개하는 사례에서 이 모든 활용 방법을 보여줄 수는 없다. 그렇지만 가능한 많은 형태를 제시하기 위해 고심했다. 이러한 컬럼의 가공에 대한 활용 형태는 이 책의 대부분의 예제에 포함되어 있기도 하다.

다음에 소개할 그림은 어떤 제조회사에서 공정별로 실시한 품질검사의 결과를 분석한 화면이다.

항목 중에서 '검사'에 관련된 데이터는 '품질검사' 테이블에 있으며, '합격' 데이터는 이 테이블의 자식(Child) 관계를 가지는 '검사결과' 테이블에서 찾을 수 있다. '품질검사' 테이블의 기본키는 '품목+공정+검사일+일련번호'로 구성되어 있으며, '검사결과' 테이블은 부모의 기본키에 '검사항목'이 결합되어 기본키가 되어 있다.

컬럼 중에서 '전월'은 전월의 집계이고 '합계' 컬럼은 당월 데이터의 집계이며 당월 데이터는 주(週)별로 집계한다. 여기서 말하는 '주'는 달력상의 주를 뜻하며 최대 6주까지 존재한다.

공정별 품목 품질검사 현황

공정: PRESS 조회년월: 1998/01

품명	항목	전월	합계	1주	2주	3주	4주	5주
APERTUR	검사	5,910	6,300	820	1,620	1,580	1,720	560
	합격	5,754	6,172	814	1,602	1,510	1,694	552
	율(%)	97.360	97.968	99.268	99.889	95.570	98.488	98.571
G3 BOOT	검사	14,450	14,969	1,650	3,780	4,160	4,530	849
	합격	13,980	14,582	1,626	3,745	4,040	4,322	849
	율(%)	96.747	97.415	98.545	99.074	97.115	95.408	100.000
G5 CAP	검사	692	760	80	120	280	220	60
	합격	620	689	80	120	278	212	59
	율(%)	89.595	90.658	100.000	100.000	99.286	96.364	98.333
HDD CON	검사	2,156	2,497	340	680	535	662	280
	합격	2,092	2,440	316	672	520	654	278
	율(%)	97.032	97.717	92.941	98.824	97.196	98.792	99.286

그림 2-2-12

'율'은 당연히 '(합격건수/검사건수) * 100'을 의미하며, '합격건수'는 '검사결과' 테이블의 '합격'으로 판정된 로우 수를 의미하는 것이 아니다. 왜냐하면 '검사결과' 테이블은 '검사항목'별로 생성된 데이터이므로 '검사건수'와는 단위가 서로 맞지 않기 때문이다.

'합격건수'를 구하기 위해서는 검사등급이 'C' 이하인 것이 하나도 없는 '검사'에 대해서만 집계해야 한다. 예를 들어 어떤 검사 건을 10개의 항목에 대해 품질검사를 하여 모두 'C' 등급 이상이었다면 한 건이 '합격'한 것이고, 그 이하 등급이 하나라도 있다면 해당 검사 건은 '불합격'이다. 편의상 '검사일자'의 데이터 타입은 DATE 타입으로 가정한다.

율(%)은 그림에서와 같이 소수점 3자리까지 나타내고 율을 구할 때 분모가 되는 '검사건수'는 절대 0이 되지 않는다. 그러나 만약 어떤 '품목'이 '합격건수'를 전혀 가지지 않더라도 '합격' 라인은 반드시 출력되어야 한다.

이상과 같은 조건을 가지고 다음과 같은 SQL을 생성해 보자.

① SELECT 품목, Decode(NO,1,'검사',2,'합격','율(%)'),
      Sum(decode(주,0,건수)),
      Decode(no,3,round(sum(분자) * 100/sum(분모),3),sum(분자)+sum(분모)),
      Sum(decode(주,1,건수)), Sum(decode(주,2,건수)), Sum(decode(주,3,건수)),
      Sum(decode(주,4,건수)), Sum(decode(주,5,건수)), Sum(decode(주,6,건수))
② FROM (SELECT 품목, NO, 주,
③   Decode(NO, 3, round(sum(합격수) * 100/sum(검사수),3),
                     sum(합격수)+sum(검사수)) 건수,
                Sum(decode(주, 0,null, 검사수)) 분모,
                Sum(decode(주, 0,null, 합격수)) 분자
④   FROM (SELECT 품목,
⑤   Decode(to_char(검사일, 'yyyymm'), '199712', '0',
⑥   ceil((to_char(검사일, 'dd')+to_char(trunc(검사일, 'mm'), 'd')-1)/7)) 주,
               Count(*) 검사수,
               0   합격수,
               1   SW
            FROM 품질검사

```
              WHERE 공정 = 'PRESS'
                  and 검사일 between '01-DEC-97' and '31-JAN-98'
              GROUP BY 품목,
                      Decode(to_char(검사일, 'yyyymm'), '199712', '0',
                      ceil((to_char(검사일, 'dd')+to_char(trunc(검사일, 'mm'), 'd')-1)/7))
              UNION ALL
⑦            SELECT 품목,
                  Decode(to_char(검사일, 'yyyymm'), '199712', '0',
                  ceil((to_char(검사일, 'dd')+to_char(trunc(검사일, 'mm'), 'd')-1)/7)) 주,
                  0             검사수,
⑧                Count(합격항목수) 합격수,
                  2             SW
⑨            FROM ( SELECT 품목, 검사일,
                      Count(*) 검사항목수,
                      Sum(decode(greatest(grade, 'C'), 'C', 1)) 합격항목수
                  FROM 검사결과
                  WHERE 공정 = 'PRESS'
                      and 검사일 between '01-DEC-97' and '31-JAN-98'
                  GROUP BY 품목, 공정, 검사일, 일련번호 )
⑩            WHERE (검사항목수 = 합격항목수) or (합격항목수 is null and rownum = 1)
              GROUP BY 품목,
                  Decode(to_char(검사일, 'yyyymm'), '199712', '0',
                  ceil((to_char(검사일, 'dd')+to_char(trunc(검사일, 'mm'), 'd')-1) / 7))
⑪            ) x, COPY_T y
⑫            WHERE NO in (SW, 3) and NO <= 3
              GROUP BY 품목, NO, 주 )
       GROUP BY 품목, NO ;
```

앞의 두 예제보다 이 화면은 단순해 보이지만 의외로 복잡한 처리 부분이 많이 내재되어 있다. 특히 컬럼의 가공을 위해 처리한 부분을 주의 깊게 살펴보기 바란다.

◆ 먼저 처리 방법에 대한 개요를 설명하기로 한다. ④의 SELECT문은 '품질검사' 테이블에서 처리할 범위를 액세스하여 '품목'과 '주'로 GROUP BY해 둔다. '합격건수'는 바로 '검사결과' 테이블에서 구할 수가 없으므로 ⑨의 인라인뷰에서 '합격' 여부를 판정한 후 ⑦의 SELECT에서 '품목'과 '주'로 GROUP BY한다. 이제 필요한 원본 데이터는 생성되었으므로 '율(%)'을 구하기 위해서 ⑪에서 COPY_T로 복제한다. 이 집합을 이용하여 우리가 원하는 형태로 만들기 위해서 ②와 ①의 SELECT문에서 가공하여 출력한다.

◆ 중요하게 알아두어야 할 사항들을 항목별로 좀더 상세하게 설명하기로 한다. ⑤에서 '검사일'이 전월인 경우를 0으로 치환한 것은 전월은 주별로 처리하지 않고 하나로 집계해야 하므로 0주로 간주하여 추후 처리의 일관성을 부여하기 위한 조치이다.

◆ ⑥은 '검사일'을 달력상의 '주'로 환산한 것이다. 데이터베이스에서 제공하는 '주'는 해당년도 1월1일을 일요일로 해서 계산한 값이다. 다시 말해서 해당년도의 총일자수(ddd)를 7로 나누어서 구한 값이므로 우리가 원하는 달력상의 주가 아니다. 달력상의 주를 구하는 방법은 해당일자의 '일(dd)'에 해당월의 1일의 '요일숫자-1'만큼을 더하여 7로 나누고 절상(ceil)을 하면 된다. 여기서 '요일숫자'란 TO_CHAR(:date, 'D')를 했을 때 얻어지는 값으로 일요일은 1, 월요일은 2... 로 나타난다. 쉽게 설명한다면 7로 나눌 수 있도록 하기 위해 달력의 해당월 1일자 앞에 있는 빈칸만큼을 채워주었다고 생각하면 된다. 이제 ⑤, ⑥에 의해 모든 검사일은 '주'로 치환되었다.

◆ 그 아래에서 COUNT(*)를 '검사수'로 하고, 굳이 0를 '합격수'로 하여 컬럼을 분리한 이유는 나중에 ③에서 NO가 3인 경우는 '율'을 구하고 나머지는 집계를 하기 위해서 분리해 둔 것이다. 마찬가지 이유로 ⑦의 SELECT문에서는 '검사수'를 0로 하고, COUNT(*)는 '합격수'로 하였다.

◆ 합격 판정을 위하여 ⑨의 SELECT문에서는 등급(Grade)이 'C' 이상인 것을 찾아 집계한다. 여러분들은 '합격항목수'를 구할 때 decode(greatest(grade, 'C'), 'C', 1) 를 사용한 것은 문자 타입의 범위비교를 위해서 적용한 방법이니 잘 음미해 보기 바란다. 여기서 '검사항목수'에서처럼 COUNT를 하지 않고 SUM을 사용한 것은 깊은 뜻이 숨겨져 있다. COUNT는 조건을 만족하

는 집합이 없으면 0이 되지만 SUM은 NULL이 된다. 이렇게 하는 이유는 ⑧과 같이 COUNT를 할 때 컬럼 값이 NULL인 것은 제외하므로 DECODE 처리를 하지 않고서도 합격된 것만 누적되어 '합격수'를 구할 수 있다.

◆ ⑩에서 '검사건'이 합격 판정을 받기 위해서는 '검사항목수 = 합격항목수'이면 되므로 HAVING 조건으로 처리할 수도 있지만, 혹시 어떤 품목의 모든 검사건이 불합격되었다면 '합격' 라인이 없어지는 것을 방지하기 위해서 'or (합격항목수 is null and rownum = 1)'를 추가하였다. 즉, 등급이 'C' 이상이 하나도 없을 때도 하나의 로우는 추출된다. 참고로 GROUP함수(sum, max 등)가 사용되면 조건을 만족하는 로우가 하나도 없더라도 'No Data found'가 나지 않고 반드시 하나의 로우는 추출된다.

◆ 검사결과 처리를 위해 ⑨의 인라인뷰를 거친 것은 우리가 구하고자 하는 것은 '검사결과' 테이블의 로우 수가 아니라 '합격판정'된 로우 수를 구해야 하기 때문이다. 이렇게 해서 이제 우리는 각 품목별로 '검사'와 '합격' 라인의 정보를 얻었다. 이 정보를 세번째 라인에서 단순히 집계만 한다면 복제하여 SUM을 하면 간단히 해결할 수 있겠지만, 여기서는 '율'을 구해야 하므로 만만하지 않다.

◆ 위의 집합을 복제하기 위해 ⑪에서 COPY_T를 사용하였다. 이때 ⑫에서 NO를 (SW, 3) 로 연결하여 SW가 1이면 1,3이 생기고 2이면 2,3이 생기게 하였다. 이들은 나중에 NO로 GROUP BY했을 때 우리가 원하는 품목별 1,2,3 라인을 얻게 해준다.

◆ 이제 모든 라인은 생성되었지만 추출할 항목들을 가공해야 하므로 아직도 우리가 갈 길은 멀다. ②의 인라인뷰를 사용한 이유는 라인별로 처리방법이 다른 것을 억지로 DECODE를 사용하여 해결하려면 매우 복잡해지기 때문에 컬럼을 주별로 옆으로 나열하기 전에 중간 가공 집합을 생성하여 단순화시킨 것이다.

◆ ③에서는 앞서 분리해 두었던 '검사수'와 '합격수'를 이용해 NO가 3인 경우(율 처리)는 이들을 나누어 율을 구하여 ROUND로 소수점 자릿수를 맞추고, 나머지 경우(검사,합격)는 이 컬럼들을 더한다. 이 '합격수'와 '검사수'는 NO가 3일 때는 양쪽 모두 집계되어 있지만 그 외의 경우는 어느 한 쪽만 값이 있고 나머지는 0이므로 더해도 문제가 되지 않는다.

◆ 그 아래에 있는 내용은 '주'가 0(전월)일 때를 제외한 '검사수'와 '합격수'를 구해 '분모,분자'로 명명해 둔다. 이 값은 '당월합계' 컬럼의 처리를 위해 사용한다. 언뜻 생각하면 다른 '주'와 마찬가지로 SUM(DECODE…)를 사용하여 전월인 경우만 제외하고 처리하면 될 것처럼 보이지

만 결코 그렇지 않다. 만약 그렇게 처리했다면 '율'은 각 '주'의 합계가 나타날 것이다. 그렇다면 앞서 ③에서 처리했던 방법과 유사하게 처리해야 할 것이나 시차가 다르다. 일단 당월 합계를 구한 후에야 이 방법을 사용할 수 있기 때문에 ②의 SELECT에서는 합계만 구해둔 것이다.

◆ 마지막 결과를 출력하는 ①의 SELECT에서 '합계' 컬럼 처리시만 이 '분모, 분자' 값을 이용하여 처리하고, 나머지 경우에는 ③에서 구해 두었던 '건수'를 DECODE를 이용해 주별로 나누어 집계한다.

3. 저장형 함수를 이용한 데이터 연결

집합들간에 데이터를 연결하기 위해 우리가 유용하게 활용할 수 있는 또 한가지 방법에는 사용자지정 저장형 함수(User Defined Stored Function)를 사용하는 방법이 있다. 사용자가 자유롭게 생성할 수 있는 이 저장형 함수는 절차형 언어를 사용할 수 있기 때문에 매우 복잡한 형태의 처리를 단순화시킬 수가 있다. 그러나 그에 못지 않은 부담을 가지고 있으므로 정확한 개념을 숙지하여 사용해야 할 것이다.

모든 사물에는 나름대로의 존재가치가 있듯이 이 방법은 매우 고유한 특성을 가지고 있으므로 활용이 유리한 경우와 그렇지 않은 경우가 뚜렷이 구분된다. 저자가 실무에서 많은 개발자들과 접하면서 느낀 것은 어떤 방법을 사용할 때 관성이 붙어서 나머지들도 앞서와 동일한 방법으로 억지로 꿰어 맞추어 보려는 속성을 가지고 있다는 것이다.

동일한 결과를 얻을 수 있는 방법은 매우 다양하게 존재한다. 그러나 효율적인 방법은 그리 많지 않다. 우리 인간들이 쓰는 '도구'들도 그렇지 않은가? 군대 냄새가 나기는 하지만 좀 자극적인 예를 들어보자.

소총과 대포 중에서 어느 것이 좋은 무기인가? 위력이야 대포가 훨씬 낫겠지만 반드시 그렇다고 할 수 있겠는가? 바로 앞에 있는 적과 대적하기엔 대포는 적당하지 않다. 왜냐하면 본인도 다치기 때문이다. 그렇다고 소총만 가지고서 전투를 할 수야 없지 않겠는가!

이와 같이 최적의 솔루션을 찾으려면 최고의 방법을 찾을게 아니라 최적의 방법을 찾을 수 있어야 한다. 최적을 찾기 위해서는 현재의 상황을 정확히 꿰뚫을 수 있는 혜안이 필요하다. 여기서부터 사고가 시작되어야 하는 것이다. 다음에 필요한 것은 각 도구들의 정확한 특징을 파악하고 있어야 한다. 손자병법에서 적을 알고 나를 알면 백전 백승이라 하지 않았던가!

저장형 함수는 그 독특한 특성을 살린다면 상황에 따라 매우 요긴하게 이용할 수 있다. 그러나 함부로 사용하면 그 단점이 많은 오버헤드를 가져 다 줄 것이므로 지금부터 설명할 내용을 정확히 소화하여 사용하여야 할 것이다.

3.1. 개념 및 특징

저장형 함수의 가장 큰 특징은 절차형 처리를 SQL 내로 끌어들였다는 점이다. 이것은 매우 커다란 의미를 가진다. SQL은 비절차형 언어이므로 복잡한 처리를 하기에는 적합하지 않다. 물론 아주 우수한 활용 능력을 가진 개발자들은 실무의 복잡한 처리를 매우 단순한 SQL로 구현해내기도 하지만 그런 사람을 만나기란 정말 흔치 않은 일이다.

더구나 대부분의 개발자들은 절차형 언어에 익숙해져 있어 집합적이고 비절차형 사고로 전환하는데 많은 어려움을 느끼고 있다. 그런 이유에서 개발자들은 어떤 처리를 위해서 전체적인 처리의 흐름은 절차형 언어를 사용하고 데이터 처리만 SQL을 사용하는 방법으로 접근한다. 이것은 곧 개발자가 작성해야 할 처리 로직이 줄어들지 않는다는 것을 의미하며, 실제 프로젝트에서 생각처럼 생산성이 향상되지 않는 주된 이유라 하겠다.

애플리케이션이란 본질적으로 절차형의 처리 형태라 할 수 있겠다. 이것을 비절차형으로 풀어내는 것이 쉽지 않은 것은 너무나 당연하다. 이를 위해서 데이터베이스에서 제공하는 절차형 언어(예; PL/SQL)나 클라이언트, 혹은 미들웨어에서 제공하는 언어, 또는 기존의 3세대 언어에 SQL을 내장시켜(Embedded) 사용한다.

다시 말하면 전체적인 틀은 절차형이고 비절차형인 SQL은 특정 부분만 담당하게 된다. 그러나 이것은 바람직하지 못하다. 왜냐하면 관계형 데이터베이스가 지원해 주는 대부분의 우수한 기능들은 SQL 단위로 제공되기 때문이다. 어떤 처리절차가 SQL 내에 있느냐, 밖에 있느냐는 비록 같은 결과를 얻었다 하더라도 그 차이는 매우 크다. 여러분이 아직 이 차이를 느끼지 못했다면 아직은 활용 수준이 낮다고 보아야 할 것이다.

직급이 높아지면 직접 실무를 잘하는 것보다 예하 직원들이 최고의 능력을 발휘하도록 이끌어내는 사람을 유능하다고 한다. 마찬가지로 관계형 데이터베이스와 4세대 언어를 사용하는 경우는 직접 처리 로직을 잘 만들려고 하지 말고 데이터베이스가 최선의 효율로 처리하는 방법을 만들어낼 수 있도록 이끌어내는 사람이 유능한 것이다.

이러한 요구는 주로 SQL을 통해서 이루어지므로 문제의 핵심은 우리가 과연 어떻게 하나의 SQL에 보다 많은 처리를 요구하느냐에 있을 것이다. 복합적인 요구를 하고 우리의 요구에 대해서 데이터베이스가 가장 효율적인 처리방법을 만들어 내도록 하는 것, 바로 이것이 우리의 할 일이다.

처리할 내용을 여러 개의 SQL로 분리하였다면 데이터베이스는 이미 전체의 최적을 만들어줄 수가 없다. 그 사이에는 수많은 사용자의 처리절차가 필요해진다. 그렇다면 절차형 언어에 SQL을 삽입할 것이 아니라 SQL 내에 절차형 처리를 삽입할 수 있다면 상황은 달라진다. 사용자지정 저장형 함수의 탄생 배경과 활용 가치는 바로 여기에 있다.

사용자지정 저장형 함수를 생성하는 방법은 매뉴얼을 참조하기 바란다. 이 책의 목적은 있는 사실을 그대로 옮겨 놓는 데 있지 않다. 여기서는 여러분이 매뉴얼의 내용을 모두 이해하였다는 전제하에 숨어 있는 중요한 개념과 특징을 파헤쳐보고, 그 기반 위에서 실전적인 활용을 할 수 있는 솔루션을 제시하고자 하기 때문이다.

사용자지정 저장형 함수의 특징을 항목별로 나누어 본다면 다음과 같다.

① SQL내에서 절차형 처리
② 독립적인 오브젝트
③ 단일값을 리턴
④ 로우 단위별 실행

여러분들의 이해를 돕기 위해서 항목별로 좀더 상세한 내용을 설명하기로 한다.

3.1.1. 절차형 처리

저장형 함수는 데이터베이스가 제공하는 절차형 SQL을 이용해 생성한다. 이 저장형 함수 내에는 하나 이상의 SQL이 존재할 수 있음은 물론이고 다양한 연산이나 조건처리, 루프를 처리할 수도 있다. 외부에서 받은 값이나 고정된 상수값을 이용하여 필요한 처리를 하여 단 하나의 결과값만을 리턴한다.

여기서는 데이터베이스가 제공하는 절차형 SQL에 대해서 더 이상 언급하지 않겠다. 다만 우리가 반드시 주의해야 할 사항이라면 3.1.4.에서 자세히 설명하겠지만 해당 집합의 로우마다 실행되므로 처리 속도에 주의해야 한다는 점이다. 일반적으로 절차형 처리는 복잡해지는 경향이 있어 무거워질 수가 있다. 저장형 함수에서 이러한 처리는 치명적이다. 한번 수행하는 시간이 0.01초라고 하더라도 1,000번만 수행되어도 10초라는 계산이 나온다. 그렇다면 이미 온라인이 아니다.

만약 배치 처리 형태의 애플리케이션이라면 굳이 저장형 함수를 사용하지 않는 것이 좋다. 다른 방법으로도 얼마든지 해결할 수 있을 것이다. 그러므로 여러분들은 저장형 함수를 이용하면 SQL 내에서 절차형 처리를 할 수 있다는 데만 현혹되어 저장형 함수 내에 마치 프로그램을 넣어 둔 것처럼 작성해서는 안 된다.

저장형 함수가 절차형 처리를 할 수 있다고는 하지만 그것은 어디까지나 제공받은 값을 이용해 가공 후 리턴할 값을 만들 때까지만을 의미한다. 다시 말해서 단순히 단 하나의 값을 만드는 처리만을 절차형으로 처리할 수 있을 뿐이지 SQL의 전반적인 처리 방식을 절차형으로 할 수 있다는 것은 결코 아니다.

저장형 함수는 사용자가 마음대로 작성할 수 있다는 것 외에는 데이터베이스가 제공한 SUM, SUBSTR 등과 같은 빌트인(Built-in) 함수와 다를 것이 없다. 그러나 저장형 함수는 부하 부담이 훨씬 크다. 빌트인 함수는 3세대 혹은 그 이하의 언어로 작성되어 완전한 컴파일이 끝난 실행·모듈인 반면 저장형 함수는 4세대 언어로 작성한 것이며 단지 일부만 컴파일된 상태(P-code)로 수행되기 때문에 수행속도에서 불리하다.

예를 들어 DECODE 함수를 사용하는 것이 저장형 함수를 사용하는 것보다 수행속도면에서는 유리하다는 것이다. 그러나 저장형 함수는 사용자가 자신의 의지대로 필요한 처리를 할 수 있다는 매우 유용한 장점을 가지고 있다. 데이터베이스 제품이나 버전에 따라 차이가 있지만 앞으로는 빌트인 함수처럼 다른 3세대 언어로 작성하여 컴파일된 실행 모듈을 저장형 함수로 생성시킬 수 있게 된다. 이것은 SQL의 확장성을 대단히 크게 증가시켜 줄 것이다. 아이디어만 있다면 높은 이용 가치가 있는 사용자지정 저장형 함수를 무궁무진하게 활용할 수 있을 것이다.

저장형 함수가 수행속도의 개선을 위해 활용되는 여러 사례는 뒤에서 자세히 설명하기로 하고 여기서 잠시 병렬처리와의 관계를 언급하고자 한다. 병렬처리가 대용량 데이터의 처리를 획기적으로 단축시켜 주었음은 주지의 사실이다. 병렬처리를 이용하여 수행속도를 현저히 개선시키기 위해서는 많은 중요한 요소들이 있겠지만 무엇보다 중요한 것은 전체 처리할 과정 중에서 얼마만큼이 병렬로 처리되었느냐에 있다.

실무에서 대용량의 데이터를 처리하는 애플리케이션은 대부분 복잡한 처리과정을 거쳐야 한다. 그렇지만 병렬처리는 SQL 범위를 벗어나지 못한다. 일부의 SQL을 병렬로 처리했다고 하더라도 천문학적인 횟수로 처리될 나머지 절차형 처리는 병렬로 처리되지 못한다. 만약 우리가 어떤 아이디어를 사용해서 절차형 언어로 처리되던 부분을 병렬처리를 하는 SQL 내로 끌어들였다면 상황은 크게 달라질 수밖에 없다.

바로 이러한 부분을 가능하게 하는 중요한 활용기능 중에 하나가 저장형 함수인 것이다. 지금 당장 여러분들이 작성해 놓은 대용량 데이터를 병렬처리하는 애플리케이션을 다시 한번 살펴보라. 그리고 이 중에 어떤 부분을 병렬처리 SQL로 끌어 들일 수 있는지 찾아보라. 분명히 좋은 생각이 떠오를 것이다.

이와 같이 저장형 함수는 마음대로 절차형 처리를 할 수 있게 한다는 단순한 의미를 넘어 관계형 데이터베이스에게 얼마나 더 역할을 전가할 수 있는지 여부가 오히려 진정한 의미를 가진다 하겠다.

3.1.2. 독립적인 오브젝트

저장형 함수는 테이블이나 뷰와 같이 독자적인 기능을 가지는 독립적인 오브젝트이다. 독립적이라는 것은 다른 오브젝트의 도움 없이도 결과를 낼 수 있다는 것을 의미하며 하나의 공통 모듈로서 여러 곳에서 공유할 수 있음을 말한다.

공유 모듈이라면 말 그대로 여러 애플리케이션에서 사용할 수 있어야 한다. 물론 특수한 경우에는 그럴 수도 있겠지만 대개의 경우 특정 SQL에서 한번만 사용하기 위해 저장형 함수를 만든다는 것은 바람직하지 않다. 그러므로 저장형 함수의 생성은 좀더 전략적이고 설계적인 차원에서 바라보아야 한다.

저자가 많은 회사의 시스템을 컨설팅하면서 자주 느끼는 사항은 '대부분의 개발 종사자들이 너무 인수분해를 잘못하고 있다'는 것이다. 농담삼아 "중학교를 다시 다녀야겠습니다"는 말을 자주 한다. 유사한 내용이 있다면 핵심적인 부분을 찾아내어 공통화를 시켜야 한다. 그냥 손이 가는 대로 나열만 한다면 그게 무슨 모듈이고 애플리케이션이겠는가?

하다가 필요하면 마음대로 만들고 거의 동일한 것이 있음에도 불구하고 다시 만든다. 남이 생성해 둔 것을 활용할 수 있는지, 내가 남에게 제공할 수 있는 것이 있는지 이런 것들은 다 뒷전이다. 실체를 모델링해서 확정한 테이블마저 개발 과정을 거치고 나면 엄청나게 추가되어 있다. 일정 기간 유지·보수 단계를 지나고 나면 더욱 가관이다.

어떤 회사는 3배 이상 테이블이 늘어나 있다. 우리는 이렇게 시스템을 개발하고 있는 것이다. 모두 깊이 반성해야 한다. 복제하고 수정하여 특정 경우의 해결에만 근시안적으로 대처하면 향후 업무의 중요한 부분에 변경이 생기면 시스템 전체가 엄청난 소용돌이에 빠져 버린다. 더구나 나중에 유지·보수를 하는 사람들은 대부분 실제 개발에 참여했던 사람이 아닌 경우가 대부분이다. 그러다 보니 실무의 다양한 변경 요구를 수용하기 위해서는 더욱 미봉책을 쓰게 된다. 세월이 가면 시스템이 개선되는 것이 아니라 썩어 들어간다. 여러분의 시스템은 자신있게 그렇지 않다고 말할 수가 있겠는가?

사실 사고의 전환만 한다면 이런 문제를 해결하는 것은 그렇게 어려운 것만은 아니다. 공통화된 설계, 공유율 높은 모듈, 이런 것들이 잘 되어 있으면 불필요한 중복(Redundancy)이 없어지므로 전체적인 시스템은 훨씬 단순해진다. 그만큼 관리와 변경이 용이해진다. 전체를 보는 시야를 넓히고 요소기술을 좀더 쌓는다면 충분히 가능한 일이다.

저자가 컨설팅한 모 제조회사는 과거 2,000여 개의 파일과 3,000여 본의 애플리케이션을 가지고 있었는데 데이터 모델링과 기능 모델링을 다시 했을 때 260개의 테이블과 400개의 모듈로 모든 업무를 전보다 훨씬 개선된 상태로 개발할 수 있었다. 공통 부분이 있다면 묶어내야 하는 것은 수학에서나 시스템에서나 다를 바 없다. 어쩌면 이것은 <u>우리 정보시스템 요원들이 반드시 지켜야 하는 절대적인 의무에 해당하는 것</u>이 아니겠는가?

그렇다고 해서 저장형 함수를 지나치게 공통화시키려고 해서도 안 된다. 같은 배수를 가지고 있는 여러 분수는 크지 않은 분모 값으로 통분이 되지만 그렇지 않은 분수를 억지로 통분하게 되면 분모가 너무 커지게 되는 것과 같은 이치라 할 것이다. 앞서 강조했듯이 저장형 함수는 매우 가벼워야 한다. 우리는 이 두 마리 토끼를 모두 잡을 수 있도록 지혜를 짜내어야 한다. 나중에 후배들이 물려받았을 때 그 혜안에 경의를 표할 수 있을 정도는 되어야 하지 않겠는가?

3.1.3. 단일값을 리턴

저장형 함수의 최대 맹점은 단 하나의 값만 리턴할 수 있다는 점이다. 실무에서 활용할 때 이러한 단점은 우리에게 참으로 안타까움을 안겨준다. 천신만고 끝에 SQL로 하기 힘든 처리를 해결했어도 우리가 받을 수 있는 것은 하나의 값일 뿐이므로 그럴 수밖에 없다. 그렇다고 해서 여러 번을 수행시킨다는 것은 더욱 참을 수가 없다.

이러한 문제를 해결할 수 있는 방법을 찾아보기 위해 다음과 같은 상황을 가정해보자. 'ITEM_AMT_FUNC'라는 이름의 저장형 함수는 'ITEM'과 'DATE' 값을 받아 여러 가지 가공을 거친 후에 하나의 '금액'을 리턴하는 함수이다. 만약 우리가 다음과 같은 SQL에서 저장형 함수로 구한 값을 여러 번 연산에 사용해야 한다고 가정하자.

```
SELECT item,
       ITEM_AMT_FUNC(item,sysdate)      당일매출,
       ITEM_AMT_FUNC(item,sysdate-1)    전일매출,
       (ITEM_AMT_FUNC(item,sysdate)-ITEM_AMT_FUNC(item,sysdate-1)) * 100 /
       ITEM_AMT_FUNC(item,sysdate)      증감률
FROM 재고자산
WHERE 분류코드 = '110' ;
```

이렇게 여러 번을 사용하면 당연히 저장형 함수는 그만큼 반복해서 수행될 수밖에 없다. 그렇다면 다음과 같이 인라인뷰를 사용하면 어떻게 될 것인가?

```
SELECT item,
       당일매출, 전일매출,
       (당일매출-전일매출) * 100 / 당일매출 증감률
FROM ( SELECT item,
              ITEM_AMT_FUNC(item, sysdate)      당일매출,
              ITEM_AMT_FUNC(item, sysdate-1)    전일매출
```

FROM 재고자산
WHERE 분류코드 = '110');

이 아이디어는 언뜻 보기엔 매우 좋은 방법처럼 보인다. 그러나 그것은 매우 큰 착각이다. 인라인뷰에서 처리된 가공을 하였으므로 저장형 함수는 한번씩 수행되는 것처럼 보인다. 그러나 그것은 우리 생각일 뿐이고 실제로는 이전의 방법과 동일한 횟수만큼 수행된다.

그 이유는 비록 인라인뷰의 결과값으로 연산을 했다 하더라도 그것은 단지 표현상의 문제일 뿐이며 인라인뷰 집합은 실제 물리적으로 존재하지 않았기 때문이다. 그러나 인라인뷰의 집합이 다음과 같이 GROUP BY되면 그 결과의 집합은 SQL이 수행되는 동안은 잠시 물리적으로 존재하게 된다.

```
SELECT item,
       당일매출, 전일매출,
       (당일매출-전일매출) * 100 / 당일매출 증감률
FROM ( SELECT item,
              ITEM_AMT_FUNC(item, sysdate)      당일매출,
              ITEM_AMT_FUNC(item, sysdate-1)    전일매출
       FROM 재고자산
       WHERE 분류코드 = '110'
       GROUP BY ITEM ) ;
```

이 SQL은 각 로우별로 단 한번씩 저장형 함수가 수행된다. 불필요한 추가적인 작업으로 보이는 GROUP BY를 추가했으나 수행속도는 오히려 향상될 수가 있다. GROUP BY를 하면 인라인뷰의 처리 결과가 바로 추출되지 못하고 내부적으로 저장된 후 2차 가공을 거쳐야 운반단위로 옮겨진다. 그러므로 인라인뷰 내에 있던 함수의 수행 결과는 이제 더 이상 함수가 아니라 내부적으로 저장된 집합의 '상수값'이 되는 것이다.

그러나 GROUP BY가 들어감으로써 인라인뷰는 '전체범위처리' 방식으로 바뀌므

로 만약 추가한 GROUP BY가 부담이 된다면 다른 방법을 강구할 수밖에 없다. 이러한 경우 SQL에서는 함수의 수행 결과만 추출하고 나머지 가공은 SQL의 수행 결과를 개발 툴에서 처리하는 것이 바람직하다.

위에서 제시한 방법은 저장형 함수에서 추출한 결과를 여러 번에 걸쳐 사용하는 경우에 대한 해결 방법일 뿐이다. 만약 저장형 함수에서 우리가 추출하고 싶은 컬럼이 여러 개라고 한다면 어떻게 해야 할 것인가?

추출할 여러 컬럼들은 비록 함수 내에서 처리할 모든 내용은 동일하지만 저장형 함수는 단 한개의 컬럼만 리턴하므로 비슷한 여러 개의 함수를 생성해야 한다는 문제가 생긴다. 이것은 단지 여러 개의 함수를 생성해야 한다는 부담에 그치지 않고 동일한 처리를 반복할 수밖에 없다는 것이 더욱 우리를 견딜 수 없게 한다.

이것을 해결하는 방법은 간단하다. 추출할 컬럼들을 하나의 컬럼으로 만들어 리턴시키면 문제는 간단히 해결된다. 즉, 저장형 함수에서 추출할 컬럼값들을 결합하여 하나의 상수값으로 만들어 리턴한다. 이것을 SQL에서 SUBSTR으로 다시 분할하여 최종 출력시킨다. 여기서 주의할 사항이 몇 가지 있다.

첫째, 리턴할 컬럼을 결합할 때 나중에 분할시킬 수 있도록 반드시 고정길이로 해야 한다는 것이다. 이때 주로 TO_CHAR나 RPAD 함수를 사용하면 간단히 고정길이로 만들 수가 있다.

둘째, 리턴된 함수값을 다시 분할하기 위해 함수의 리턴값을 여러 번에 걸쳐 기술해야 하며 이때 앞서와 마찬가지로 함수를 수행시킨 SELECT 문이 GROUP BY되어 있지 않다면 저장형 함수는 반복해서 수행되므로 주의해야 한다.

3.1.4. 로우단위별 실행

저장형 함수는 자신이 속한 집합의 로우 단위별로 실행된다. 사실 자신이 속한 집합이란 말은 참으로 모호한 감이 없지 않다. 가장 기본적인 형태라고 할 수 있는 단일 테이블을 가진 SELECT 문에서라면 당연히 액세스되는 로우별로 실행된다. 그러나 좀더 복잡한 경우를 가정해 보면 그리 단순하지가 않다. 가령 조인을 하였을 때, 인라인뷰 내에 사용되었을 때, GROUP BY 절에 사용되었을 때마다 조금씩 달라진다.

우리가 이러한 실행 내역을 파악하고 있는 것은 앞으로 저장형 함수의 활용 효율성을 판단하는 데 많은 기준을 제공해 줄 것이므로 주요 형태별 실행 상태를 파악해 보기로 하겠다.

```
        SELECT 사번,
①              FUNC_6(사번, col3)
        FROM ( SELECT x.사번,
②                      FUNC_1(x.부서) col1,
③                      Max(FUNC_2(y.col2)) col2,
                       sum(y.본봉) col3
               FROM 사원 x, 급여 y
               WHERE x.사번 = y.사번
④                and  x.부서 = '1100'
⑤                and  y.급여년월 between '199801' and '199806'
⑥                and  FUNC_3(x.사번) > 1000
⑦                and  FUNC_4(y.항목) = 'ABC'
⑧                and  y.COL4 = FUNC_5(sysdate)
⑨                and  y.COL5 > 100
⑩             GROUP  BY x.사번, FUNC_1(x.부서) ) ;
```

◆ 먼저 FUNC_1 함수를 살펴보자. FUNC_1은 ②의 SELECT-LIST에도 있고 ⑩의 GROUP BY에

도 기술되어 있다. 이러한 경우 FUNC_1은 어떻게 수행되겠는가? 결론부터 말하면 ⑩에 있는 함수만 수행되고 ②에 있는 함수는 수행하지 않는다. 좀더 정확히 말하면 ⑩에 있는 함수는 두개의 테이블을 조인하고 WHERE절의 나머지 조건들을 모두 체크하여 성공한 결과의 집합 - GROUP BY할 대상 로우들 - 에 대해서 한번씩 수행된다. ②의 SELECT-LIST에 있는 함수가 수행되지 않는 이유는 다음과 같다. SELECT-LIST는 가장 마지막에 처리하여 추출되므로 이 마지막 처리는 이미 GROUP BY에 의해 내부적으로 저장된 로우에서 처리되므로 ②에 있는 함수는 단지 GROUP BY된 컬럼을 의미하기 때문이다.

◆ ⑥의 FUNC_3의 입력값은 'x. 사번'이다. 만약 위의 SQL이 '사원' 테이블을 먼저 액세스하여 '급여' 테이블을 조인하는 NESTED LOOPS 조인으로 수행되었다면 이 함수는 '사원' 테이블을 액세스한 로우 수만큼 수행된다. 예를 들어 ④의 '부서'에 인덱스가 있어서 이를 경유하여 테이블을 액세스한다면 이 인덱스를 성공적으로 통과하여 테이블을 액세스한 로우에 대해서만 FUNC_3이 수행된다는 것이다. 만약 경유할 인덱스가 없어 전체 테이블을 스캔 한다면 '사원' 테이블의 모든 로우에 대해서 함수가 수행된다는 것에 주의하여야 한다. 이것은 참으로 억울하다. 비록 전체 테이블 스캔을 할지라도 '부서코드' 조건을 먼저 체크하여 성공한 로우들에 대해서만 함수를 수행하는 것이 훨씬 유리하겠지만 그렇게 수행되지 않는다는 데 문제가 있다.

◆ 또 한가지 주의할 사항이 있다. '사원' 테이블과 '급여' 테이블은 '사번'으로 조인되어 있으므로 이 SQL에서 조인에 성공한 로우들은 당연히 같은 '사번'을 가진다. 그렇다면 FUNC_3의 입력값을 'x. 사번'으로 하지 말고 'y. 사번'으로 해도 결과는 동일할 것이다. 그러나 함수의 수행 횟수에는 큰 차이가 생긴다. 이 경우는 조인된 '급여' 테이블의 로우 수만큼 함수가 수행된다. 이 SQL은 1:M 조인이다. 하나의 '사원'은 M개의 '급여'를 가지므로 'y. 사번'을 입력값으로 하는 것은 훨씬 손해라 하겠다.

◆ ⑩에 있는 함수는 WHERE 절을 통과한 결과들에 대해서 수행되므로 비록 'x. 사번'을 사용하였다 하더라도 앞서와 같이 '사원' 테이블을 액세스한 로우만큼만 수행되지 않는다. 즉, 이 경우는 'x. 사번'을 한 경우나 'y. 사번'을 사용한 경우나 수행 횟수는 동일하다.

◆ ⑦의 함수 FUNC_4는 'y. 항목'을 입력값으로 하였으므로 당연히 '급여' 테이블을 액세스한 로우 수만큼 수행한다. 좀더 자세히 말하면 만약 조인되는 '급여' 테이블의 연결고리가 '사번+급여년월'로 되어 있다면 이 인덱스를 경유한 로우들만 함수가 수행될 것이고, '사번'으로만 되어 있다면 모든 급여년월의 로우들에도 함수는 수행된다. 만약 조인 방법이 '급여' 테이블을 먼저 액세

스하고 '사원' 테이블이 연결되는 NESTED LOOPS형 조인이라면 수행 횟수는 달라질 것이다. SORT MERGE형 조인으로 수행되었다면 각각의 집합이 액세스한 로우 수만큼 함수가 수행된다.

◆ ⑧에 있는 함수 FUNC_5는 상수값을 입력값으로 하고 있다. 이 말은 어떤 테이블의 로우를 액세스하지 않고서도 값을 리턴할 수 있다는 것을 뜻하며 만약 이 함수가 먼저 수행되어진다면 우리는 어떤 컬럼에 상수값을 지정한 것과 다를 바가 없을 것이다. 그렇지 않고 액세스 되는 로우마다 불필요하게 함수가 수행된다면 무척 억울할 수밖에 없다. 먼저 수행한다는 것은 단 한번만 수행됨을 의미하고 그 결과를 조건의 비교값으로 사용할 수 있는 것과 로우마다 수행해야 하고 조건의 비교값으로 제공하지 못하는 것은 너무나 차이가 크기 때문이다. 좀더 자세하게 알아보도록 하자.

◆ 어떤 함수의 입력값이 상수값만으로 되어 있다면 비록 논리적으로는 먼저 한번만 수행되는 것이 가능하고 또 가장 유리하겠지만 실제로는 그렇게 수행되지 않는다. 만약 ⑧에 있는 y.COL4의 조건이 단지 체크 조건으로만 사용된다면 테이블을 액세스한 로우만큼 함수가 수행된다. 반대로 이 컬럼이 드라이빙(Driving) 인덱스로 사용된다면 함수는 먼저 한번만 수행되어 y.COL4에게 상수값을 제공하게 된다.

◆ 이번에는 약간 다른 경우를 살펴보기로 하자. 만약 '급여' 테이블이 나중에 연결되고 연결 고리가 되는 인덱스는 '사번+급여년월'로 되어 있으며, ⑤ 라인의 조건을 'AND 급여년월 = FUNC_5(sysdate)'로 했다고 가정해보자. 결론부터 말하면 이 함수는 먼저 수행되어 상수값을 '급여년월'에 제공한다. 그러나 좀더 정확히 말하면 먼저 수행되는 '사원' 테이블의 성공한 로우들이 '급여' 테이블을 연결하러 오는 순간마다 한 번씩 수행한다. 그러므로 이와 같이 상수값으로 처리되는 함수를 SQL 내로 끌어들이는 것은 옳은 방법이 아니다. 당연히 SQL이 수행되기 전에 먼저 별도로 수행시켜 그 결과값을 상수값으로 저장해 두고 SQL에서는 이 상수값과 비교하는 것이 좋다. 이러한 실수는 실무에서 자주 발생하고 있으므로 주의해야 할 것이다.

◆ 조건의 체크 기능으로 사용된 함수는 조건이 기술된 위치에 따라서 수행 횟수가 달라진다. 즉, ⑨의 조건을 ⑦이나 ⑧앞으로 옮기면 함수의 수행 횟수가 달라진다는 것이다. 만약 ⑦,⑧,⑨의 조건이 '급여' 테이블이 액세스된 후에 체크 조건으로 사용되었다면 가장 먼저 ⑨의 조건이 체크되고 성공한 경우만 ⑧의 조건을 체크한다. 물론 ⑦의 조건도 마찬가지로 ⑧의 조건에 성공한 로우들만 체크한다.

◆ 이러한 사실은 매우 중요한 의미를 가진다. 논리적인 측면이나 드라이빙 결정에 대해서는 WHERE 절에 기술한 조건의 순서는 전혀 의미가 없지만 <u>같은 체크 조건들 사이에는 그들만의 순서가 존재한다는 것이다.</u> 그렇다면 우리는 앞으로 함수는 가능한 앞에 기술하는 것이 유리할 것이며 상수값과 비교되는 조건들을 나중에 기술하는 것이 유리하다. 이들간에도 실패할 확률이 높은 - 범위를 빨리 좁혀줄 수 있는 - 조건들을 조금이라도 나중에 기술하는 것이 바람직하다고 하겠다.

◆ ③의 함수는 GROUP BY가 있는 SELECT-LIST에 사용되었으므로 GROUP BY한 결과의 로우마다 수행할 것처럼 보이지만 이 함수는 GROUP BY 절에 기술한 ⑩의 함수와 동일한 횟수가 수행된다. 즉, WHERE 절을 모두 만족한 모든 로우들에 대해 함수가 수행된다. 그러므로 만약 여러분들이 GROUP BY한 결과에 대해서만 함수를 수행시키고자 한다면 지금까지의 집합을 인라인뷰로 묶고 ①의 함수와 같이 마지막 SELECT-LIST에 기술해야만 한다.

◆ 불필요한 함수의 수행을 줄이기 위해서 조치하는 몇 가지 형태를 자세히 알아보고 싶은 독자들은 '제3장 인라인뷰의 활용'에 있는 '7. 사용자지정 저장형 함수 사용시의 활용(Page 3-58~3-63)'을 참조하기 바란다.

3.2. 조인과의 비교

사용자지정 저장형 함수는 특정한 경우 조인에 비해 매우 효과적일 수 있다. 우선 복잡한 절차형 처리를 보다 쉽게 처리할 수 있음은 앞서 설명하였다. 저장형 함수가 조인과 다른 점은 아무래도 절차형 처리를 할 수 있다는 것과 단일값을 리턴한다는 특성에서 찾아야 할 것 같다.

절차형 처리를 할 수 있다는 것은 보다 쉽게 비정형적인 처리를 가능하게 하므로 이를테면 어떤 집합의 로우들이 그 값에 따라 서로 다른 집합과 연결하는 경우도 쉽게 처리할 수 있다. 그러나 조인은 FROM 절에 기술된 집합에 대해 무조건적이고 절대적인 연결을 강요하므로 이러한 경우의 처리에 매우 취약하다. 여기에 대한 자세한 내용은 '3.3. 유형별 활용, 3.3.4. 배타적 논리합(Exclusive OR) 관계의 조인(Page 2-104~2-111)'에서 상세하게 설명된다.

이 밖에도 단일값을 리턴하는 특성을 살려 M 집합을 1 집합으로 바꾸어줌으로써 1:M 조인이나 M:M 조인을 1:1 조인이나 1:M 조인으로 변형시키는 역할을 한다. 이렇게 조인 형태를 변형시킨다는 것은 곧 조인된 결과의 집합이 변형되는 것을 의미하므로 우리가 최종적으로 추출할 집합 레벨에 따라 조인결과의 집합을 원하는 대로 조정할 수 있음을 뜻한다. 이러한 특징은 우리가 원하는 집합을 자유롭게 생성하는 데 많은 융통성을 제공할 것이며 앞으로 우리의 SQL 활용 폭을 넓혀주는 중요한 도구로 사용될 수 있을 것이다.

또한 저장형 함수는 GROUP BY로 인해 전체범위처리가 되는 SQL을 부분범위처리로 바꾸어 주기도 하며 공통적인 업무 규칙을 모듈화시킴으로써 업무의 표준화 및 생산성 향상에 기여할 수 있다. 그러나 하나 이상의 컬럼을 추출하기가 곤란할 뿐만 아니라 함수의 처리과정에서 발생한 값을 다른 처리에 사용할 수 없다는 것과 리턴한 결과값을 여러 번 사용할 때도 처리가 반복될 수 있어 오히려 부하가 증가할 수도 있다는 단점에 유의해야 할 것이다.

조인과의 차이점을 복잡하게 설명하는 것보다 대표적인 활용 형태를 알아보는 것이 보다 명확하고 이해가 빠를 것으로 생각되어 조인과의 자세한 비교는 바로 다음 장인 '3.3. 유형별 활용'에서 구체적이고 실무적인 예를 통해 알아보기로 한다.

3.3. 유형별 활용

　실무는 우리에게 매우 다양한 형태의 처리 방법을 요구한다. 넓은 의미에서 보면 유사한 형태처럼 보이지만 애플리케이션을 구현해 보면 나름대로 '천의 얼굴'이다. 이러한 복잡한 처리 형태 중에서 사용자지정 저장형 함수의 매우 독특한 특성을 이용함으로써 보다 효과적이고 높은 수행속도를 보장받을 수 있는 활용 형태들이 많이 있다.

　여기서는 그 대표적인 활용 방법을 살펴보기로 하겠다. 다음에 제시할 활용 형태들은 어느 시스템에서나 나타나는 형태로서 여러분들이 조금만 더 응용한다면 바로 실무에 적용할 수 있을 것이다.

　예를 들어 1:M 관계의 조인을 하여 다시 1쪽 집합으로 GROUP BY해야 하는 처리나, M:M 관계를 연결하여 분석·통계 정보를 처리하거나, 전체범위처리를 할 수밖에 없는 경우를 부분범위처리로 유도할 수도 있으며, 어떤 테이블이 구분값에 따라서 서로 다른 테이블을 조인해야 하는 배타적 논리합 관계의 조인도 해결할 수 있다.

　뿐만 아니라 매우 복잡한 경우의 수를 처리해야 하거나, WHERE 절에서 복잡한 가공을 거친 값으로 조건 비교를 하는 경우 등 그 활용 범위는 우리가 어떤 아이디어를 내느냐에 따라 실로 무한하다고 할 수 있다.

3.3.1. 1:M 조인을 1:1 조인으로

1:M 관계에 있는 집합을 조인하면 그 결과는 M쪽 집합의 로우 단위가 된다. 그렇지만 우리가 출력하고 싶은 로우 단위는 1쪽이며 M쪽은 단지 몇 가지의 집계·분석 정보만 출력하고자 한다. 그렇다면 우리는 이미 M쪽 단위가 된 조인결과를 다시 GROUP BY하지 않을 수가 없다. 그러나 저장형 함수를 사용하면 간단히 해결할 수가 있다.

다음 SQL은 '사원' 테이블과 '급여' 테이블의 정보를 이용하여 '사원별' 정보를 추출하고자 한다. 추출하는 컬럼의 대부분의 정보는 '사원' 테이블에 있으며 '급여' 테이블에서는 단지 '3개월 평균급여'를 얻고자 한다. 만약 조인을 이용한다면,

```
SELECT x.사번, x.성명, x.직급, x.직책, x.성별, x.주소, x.입사일, .........,
       AVG(y.급여총액) 평균급여
FROM 사원 x, 급여 y
WHERE x.사번 = y.사번
   and  x.부서 = '1100'
   and  y.급여년월 between '199801' and '199803'
GROUP BY x.사번, x.성명, x.직급, x.직책, x.성별, x.주소, x.입사일, ......... ;
```

과 같이 처리할 수 있을 것이다. 물론 GROUP BY 절에 '사원' 테이블의 컬럼을 나열하지 않기 위해 그룹함수를 사용하였다면,

```
SELECT x.사번, MAX(x.성명), MAX(x.직급), MAX(x.직책), MAX(x.성별), .........,
       AVG(y.급여총액) 평균급여
FROM 사원 x, 급여 y
WHERE x.사번 = y.사번
   and  x.부서 = '1100'
   and  y.급여년월 between '199801' and '199803'
GROUP BY x.사번;
```

와 같이 처리할 수도 있겠지만 기술할 내용이 복잡해지고, 불필요한 GROUP BY를 해야 하며, 전체범위처리를 해야만 한다. 이를 피하기 위해 다음과 같은 저장형 함수를 만들어 처리해 보자.

```
    CREATE or REPLACE FUNCTION AVG3_SAL_FUNC
        (v_empno varchar2)
        RETURN varchar2 is
        v_avg_amt varchar2(30);
BEGIN
        SELECT avg(급여총액) into v_avg_amt
        FROM 급여
        WHERE 사번 = v_empno
            and 년월 between '199801' and '199803';
        RETURN v_avg_amt;
END AVG3_SAL_FUNC;

    SELECT 사번, 성명, 직급, 직책, 성별, 주소, 입사일, ………,
            AVG3_SAL_FUNC(사번) 평균급여
    FROM 사원
    WHERE 부서 = '1100';
```

혹자는 이 방법이 오히려 기술할 양을 증가시켰다고 할지 모르지만 그렇게만 생각해서는 안 된다. 우리가 지금 생성한 함수는 일회성이 아니다. 앞으로 다른 애플리케이션에서 언제든지 활용 가능하다. 게다가 함수의 기능을 조금만 더 확장한다면 그 활용도는 크게 증가된다.

간단한 예를 든다면, 이 함수의 입력 항목에 '개월수'를 추가하여 사용자가 부여한 임의의 개월수에 대한 평균급여를 구할 수 있도록 확장했다면 활용도는 더 증가할 것이다. 이러한 확장은 우리가 얼마나 실무의 업무규칙을 면밀히 조사하여 공통분모를 찾았느냐에 따라 크게 차이가 날 것이므로 설계자들의 분발이 필요하다.

그러나 앞서 언급한 적이 있지만 이러한 확장은 함수를 지나치게 무겁게 해서는 안 된다. 적절한 용도에 따라서 몇 개로만 분리하더라도 적당한 크기의 높은 활용성을 가진 공용 함수를 만들 수 있을 것이다.

위의 예는 매우 일반적인 형태로서 특히 하나 이상의 컬럼을 추출해야 하는 경우는 저장형 함수의 단점을 해결하기 위한 별도의 조치가 필요하다. 여기에 대한 자세한 활용 방법과 주의 사항은 '제3장 인라인뷰의 활용'의 '7. 사용자지정 저장형 함수를 사용시의 활용(Page 3-58~3-63)'을 참조하기 바란다.

이번에는 좀더 특이한 응용 형태를 살펴보기로 하자. 1:M 관계에 있는 데이터 모델에서 1쪽의 각 로우마다 관련된 M쪽의 집합 중에서 특정한 조건을 만족하는 단 하나의 로우를 찾고자 한다. 데이터에 따라서 조건을 만족하는 로우가 여러 개가 있을 수 있지만 그 중 하나만을 필요로 한다. 이러한 요구를 조인으로 해결하기엔 매우 곤란하다. 왜냐하면 조인은 주어진 조건을 만족하는 모든 로우들을 추출하므로 그 중 하나씩만 찾아올 수가 없다.

언뜻 생각하면 다음과 같이 인라인뷰에 ROWNUM을 이용하여 해결할 수 있을 것처럼 보이지만 불가능하다.

```
SELECT x.culumns, ..........,
       y.columns, .........
FROM TAB1 x, (SELECT key2, others_columns, ....
              FROM TAB2
              WHERE conditions....
                 and ROWNUM = 1) y
WHERE x.key1 = y.key2
   and x.conditions ............ ;
```

이 SQL의 인라인뷰에 있는 ROWNUM은 TAB1의 각 로우와 연결할 때마다 작용하는 것이 아니라 인라인뷰 내에서만 작용하므로 인라인뷰의 집합은 TAB1에 상관없이 단 하나의 로우만 가지는 집합이 되기 때문에 우리가 원하는 결과를 얻을 수 없다.

다음과 같은 상황을 가정해 보자. '거래처' 테이블과 '입금내역' 테이블은 1:M 관계를 가지며 '입금' 테이블의 기본키는 '거래처+입금일자+일련번호'로 구성되어 있다. 우리는 업종이 '제조업'인 거래처들의 입금내역 중에서 가장 최근에 입금된 일자와 금액을 찾으려고 한다. '거래처' 테이블에서 거래처의 명세들을 같이 출력해야 함은 물론이다.

이를 위해 우리가 생각할 수 있는 가장 기본적인 방법은 '거래처' 테이블과 '입금내역' 테이블을 조인하여 업종이 '제조업'인 거래처에 대한 모든 입금내역을 읽어 '거래처'로 GROUP BY하여 입금일자 및 일련번호의 최대값을 구하고, 이 결과를 서브쿼리로 하여 다시 '입금내역' 테이블의 로우를 액세스하는 방법이다. 그러나 이 방법은 지금까지 각 거래처가 입금한 모든 데이터를 읽어야 하며, 이를 GROUP BY까지 하여 최근 발생분을 구한 후 또 다시 해당 로우를 읽어야 하므로 매우 불만이다.

그렇다면, 다음과 같이 대상 거래처마다 인덱스를 역순(Index_desc)으로 액세스하여 ROWNUM이 1일 때까지만 처리하는 저장형 함수를 생성해 보자.

```
CREATE or REPLACE FUNCTION LAST_AMT_FUNC
    (v_custno in varchar2)
    RETURN varchar2 is
    RET_VAL varchar2(20);
BEGIN
    SELECT /* + index_desc(x PK_입금내역) */
           NVL(MAX(입금일 || 입금액),' ') into RET_VAL
    FROM 입금내역 x
    WHERE 거래처코드 = v_custno
      and ROWNUM = 1 ;
    RETURN RET_VAL ;
END LAST_AMT_FUNC ;
```

이 방법을 사용하기 위해서는 반드시 '거래처코드+입금일+일련번호'로 구성된 인

덱스가 필요하다. 물론 위의 예는 이 컬럼들이 기본키로 구성되어 있다. 여기서 '입금일'에 '입금액'을 결합(||)시킨 것은 하나의 값으로 리턴하기 위함이며 일자는 고정길이므로 나중에 SUBSTR으로 쉽게 분할하여 사용할 수 있다.

추출한 결과에 MAX를 구한 것은 가장 최근의 발생분을 구하기 위해서가 아니라 SQL이 실패하지 않도록 하기 위한 것이다. 물론 실패했을 때는 NULL을 리턴한다. 그러나 버전에 따라 함수 처리 결과가 NULL이면 함수를 실행한 로우가 추출되지 않는 경우가 있으므로 확인하여 필요시 이와 같이 NOT NULL이 되도록 하여 리턴한다.

이 저장형 함수를 사용하면 다음과 같이 간단한 SQL로 우리가 원하는 결과를 얻을 수 있다.

```
SELECT 거래처코드, 거래처명, 업종, 대표자명, 자본금,
        LAST_AMT_FUNC(거래처코드) RET_VAL
FROM 거래처
WHERE 업종 = '제조업';
```

이 방법은 각 거래처별로 '입금내역' 테이블을 단 한번씩 액세스하였으므로 매우 양호한 수행속도를 보장받을 수 있다. 저장형 함수에서 리턴된 결과값은 '입금일'과 '입금액'이 결합된 값이므로 SQL에서 SUBSTR을 이용하여 분리할 수도 있지만 여기서는 추출된 결과를 툴에서 분리하는 방법이 유리하다. 그 이유는 앞서 설명하였듯이 비록 위의 SQL을 인라인뷰로 묶은 후 메인 SELECT-LIST에서 SUBSTR으로 분할하더라도 실제 저장형 함수는 두번에 걸쳐 수행하기 때문이다. 이를 피하기 위해서는 인라인뷰를 GROUP BY한 후에 처리해야 하기 때문에 불필요한 처리가 발생한다.

위의 예를 좀더 활용한 경우를 가정해 보기로 하자. 만약 가장 최근의 입금내역이 아니라 최근 1년간 3회 이상 입금한 실적이 있는지를 판단하려 한다면 어떻게 처리할 것인가?

만약 저장형 함수를 사용하지 않고 해결하려면 해당 거래처의 1년간 발생한 모든 입금내역을 읽어 GROUP BY한 후에 COUNT하여 3회 이상인지를 체크하는 것이다. 그러나 이 방법은 대부분의 거래처가 3회 이상의 입금 실적을 가지고 있고, 또 어떤 거래

처는 매우 많은 실적이 있다고 한다면 불필요한 액세스를 해야 한다.

저장형 함수를 사용하여 해결해 보자. 처리의 핵심인 '1년간 3회 이상 입금 여부'를 체크를 하는 방법은 많이 있겠지만 여기서는 1년간 발생한 입금내역을 역순으로 처리하다가 세번째 오는 로우가 있는지를 체크한다.

이때 'ROWNUM <= 3'을 조건으로 하여 액세스하였다면 최종 결과를 얻기 위해 생각보다 복잡한 처리가 추가로 필요해진다. 가령, 추출된 로우가 3건 이하인지를 체크해야 하며, MAX 처리로는 세번째 오는 로우를 확인하기가 곤란하다. 이러한 문제를 해결할 수 있는 간단한 방법이 있다. 그것은 세번째 로우만 찾는 방법일 것이다. 그러나 문제는 'ROWNUM = 3'이라는 조건은 사용할 수가 없다.

만약 여러분들이 이러한 조건을 부여했다면 원하는 결과는 영원히 나타나지 않을 것이다. ROWNUM은 자신의 조건을 포함한 조건 전체를 만족하는 집합에 대한 '번호'이므로 ROWNUM이 1이 되지 않고서는 영원히 3이 될 수가 없기 때문에 반드시 '= 1'이나 '<= 숫자' 형태로만 사용할 수 있다. ROWNUM에 대해서 좀더 공부하고 싶은 독자들은 '대용량 데이터베이스 솔루션Ⅰ, 마.ROWNUM의 활용(Page 178~183)'을 참조하기 바란다.

그러나 비록 이러한 제한이 있더라도 다음과 같은 간단한 아이디어를 이용한다면 충분히 해결할 수가 있다.

```
CREATE or REPLACE FUNCTION INAMT_COUNT_FUNC
    (v_custno in varchar2)
    RETURN char is
    RET_VAL char(1);
BEGIN
    SELECT NVL(MAX(RNUM), 'X') into RET_VAL
    FROM ( SELECT /* + index_desc(x PK_입금내역) */
                  ROWNUM as RNUM
           FROM 입금내역 x
           WHERE 거래처코드 = v_custno
```

                and 입금일자 between to_char(sysdate-365, 'yyyymmdd')
                        and to_char(sysdate, 'yyyymmdd'))
    WHERE *RNUM* = 3
        and ROWNUM = 1 ;
    RETURN RET_VAL ;
END *INAMT_COUNT_FUNC* ;

　이 함수의 핵심 처리 방법은 앞으로 다른 형태의 처리에 응용할 수 있는 중요한 내용이므로 자세히 설명하기로 한다.

　인라인뷰에서는 단지 ROWNUM을 RNUM으로 치환하여 이 집합의 ROWNUM을 사용자가 정의한 컬럼 형태로 바꾸었다. ROWNUM은 항상 자신이 속한 집합의 논리적인 값이므로 어떤 집합에서 구한 ROWNUM을 다른 집합에 이용하기 위해서는 다른 컬럼으로 치환해야 한다. 이 인라인뷰는 해당 거래처의 1년간 입금내역을 역순으로 추출하여 일련번호를 가지는 집합이 되지만 먼저 이 결과가 처리되는 것은 아니다.

　메인 SELECT-LIST에서 조건 'RNUM = 3'을 주면 세번째 로우만 추출된다. 여기서 주의해야 할 사항은 반드시 추가적으로 'ROWNUM = 1' 조건을 주어야 한다는 것이다. 이 조건이 없으면 비록 RNUM이 3인 로우를 만났더라도 계속해서 인라인뷰의 집합 전체를 처리한다. 물론 논리적으로는 멈출 수가 있겠지만, RNUM은 이미 사용자 컬럼이므로 다른 로우들까지도 모두 확인하려고 한다. 그러나 'ROWNUM = 1'을 추가하면 세번째 로우를 만나는 순간 멈추게 되며, 만약 전체 대상 로우가 3개 이하라면 'RNUM = 3'과 'ROWNUM = 1'을 모두 만족하지 못하지만 최대 3개 로우 이하만 처리되므로 걱정하지 않아도 된다.

　결과를 리턴하기 위해 MAX를 사용한 것은 앞서와 같이 SQL의 실패를 막기 위함이며 이 결과가 NULL인 것은 입금실적이 3회 이하를 뜻하므로 'X'를 리턴하였다. 한가지 주의할 사항은 버전에 따라 PL/SQL 내에 있는 인라인뷰에 사용제한이 있다는 것이다. 만약 SQL만으로는 정상적으로 수행되던 것이 여러분이 사용하고 있는 버전의 PL/SQL에서 에러가 발생한다면 벤더측에 문의해 보기 바란다.

　지금까지는 SQL만으로 처리되는 저장형 함수의 예를 들었지만 좀더 복잡한 경우에는 다양한 절차형 처리를 가미한다면 보다 활용 범위가 넓어질 것이다. 그러나 몇 번이나 강조했지만 이러한 절차형 처리로 인해 저장형 함수가 너무 무거워지지 않도록 주의하기 바란다.

1:M 조인을 하여 1쪽 집합을 리턴하는 구조라고 해서 항상 사용자지정 저장형 함수를 사용하는 것이 유리한 것은 결코 아니다. 앞에서 제시한 예에서처럼 조인을 하여 해결했을 때 불필요한 액세스가 증가하거나, 조인을 함으로써 전체범위처리를 하므로 이를 의도적으로 부분범위처리로 변경시키고자 할 때 사용해야 한다.

배치처리 애플리케이션에서처럼 어차피 전체범위를 모두 처리해야 하는 경우라면 굳이 저장형 함수를 사용하여 오버헤드를 증가시킬 필요는 없다.

3.3.2. M:M 조인의 해결

다양한 처리가 요구되는 실무에서는 반드시 엔터티의 수직 계열인 직접 관계들과의 결합만 일어나지는 않는다. 특히 분석·통계 처리에서는 데이터 모델상으로는 상당히 멀리 떨어져 있지만 업무적으로는 밀접한 관계가 존재할 수가 있다.

이러한 경우 이들간에는 대개 M:M 관계를 가진다. 이 M:M 관계를 억지로 조인으로 풀려고 해서는 안 된다. 이를 해결하는 방법으로는 앞서 'UNION, GROUP BY' 방법을 살펴보았고, 여기에서 제시하는 저장형 함수를 이용할 수도 있다. 뿐만 아니라 그 다음에 설명할 서브쿼리를 활용할 수도 있을 것이다.

아래 그림은 어떤 상사의 매출 실적을 전년 동기와 대비해 보는 온라인 화면이다.

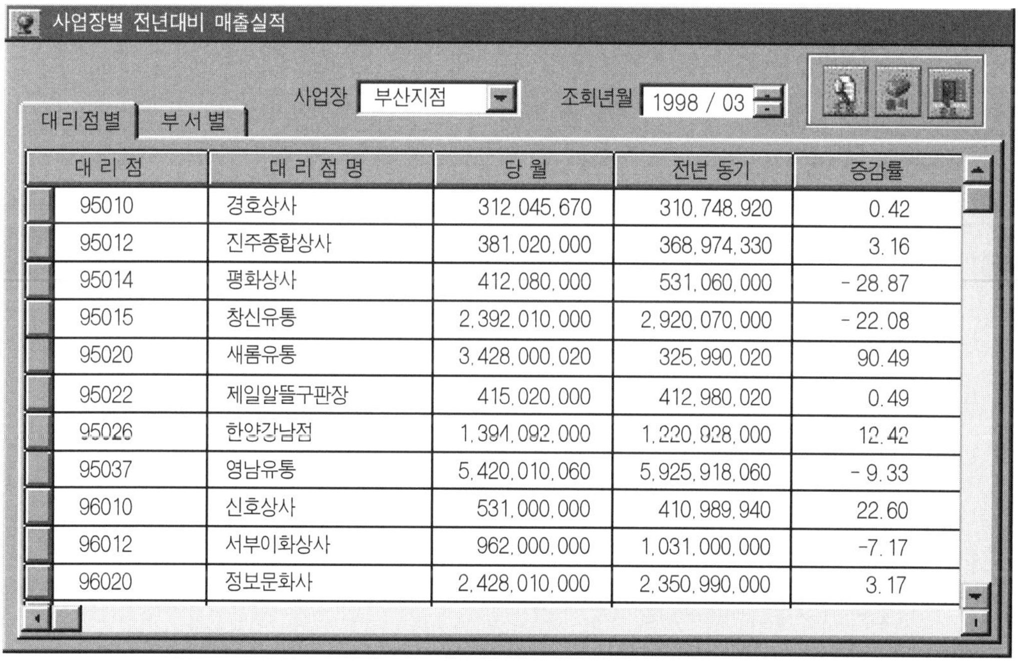

대리점	대리점명	당월	전년 동기	증감률
95010	경호상사	312,045,670	310,748,920	0.42
95012	진주종합상사	381,020,000	368,974,330	3.16
95014	평화상사	412,080,000	531,060,000	-28.87
95015	창신유통	2,392,010,000	2,920,070,000	-22.08
95020	새롬유통	3,428,000,020	325,990,020	90.49
95022	제일알뜰구판장	415,020,000	412,980,020	0.49
95026	한양강남점	1,394,092,000	1,220,928,000	12.42
95037	영남유통	5,420,010,060	5,925,918,060	-9.33
96010	신호상사	531,000,000	410,989,940	22.60
96012	서부이화상사	962,000,000	1,031,000,000	-7.17
96020	정보문화사	2,428,010,000	2,350,990,000	3.17

그림 2-3-1

〔그림2-3-1〕 화면의 정보는 매우 단순해 보인다. 가장 쉽게 접근하는 방법은 해당 대리점에 대한 '당월' 및 '전년 동기' 데이터를 읽어 대리점으로 GROUP BY하고

SUM(DECODE...)를 사용하여 '당월'과 '전년동기'를 구분하는 방법이다. 만약 테이블이 서로 다르다면 'UNION, GROUP BY' 방법을 사용하면 될 것이다.

별도의 집계 테이블을 가지고 있지 않다면 다른 방법이 있을 수 없는 것처럼 보인다. 그러나 데이터 양이 그리 많지 않다면 큰 무리가 없겠지만 만약 데이터 양과 대리점 수가 매우 많다면 온라인에서는 부담이 되지 않을 수가 없다.

부분범위처리를 할 수 있는 환경이라면 쉽게 해결하는 방법이 있다. 부분범위처리가 가능한 환경은 오라클을 사용하는 사용자라면 대부분의 개발 툴에서 지원한다. 다만 미들웨어가 개입되는 3층형(3-tier) 환경하에서는 처리하기 곤란하지만 툴에서 직접 SQL을 보내는 2층형 환경에서는 가능하다. 그러나 개발 툴마다 이러한 처리 방식을 기본값(Default)으로 지정하고 있지 않기 때문에 벤더측에 문의하기 바란다.

여기서는 특정 툴에 대한 접근방법까지 다룰 수는 없는 노릇이니 꼭 필요한 사용자들은 저자에게 별도로 요청을 하면 자세한 내용을 보내드릴 것을 약속 드린다.

부분범위처리를 가능하게 하려면 GROUP BY가 있어서는 안 된다. GROUP BY를 하지 않고서도 원하는 결과를 얻으려면 먼저 해당 '대리점' 정보를 읽고 추출되는 대리점마다 저장형 함수를 이용하여 '당월'과 '전년동기'의 매출액을 구한다. 전체범위처리로 실행하게 된 원인인 GROUP BY는 SQL 내부, 즉 저장형 함수로 숨어버렸으므로 메인 SQL은 부분범위처리로 수행된다.

그러므로 모든 대리점에 대해서 처리하는 것이 아니라 단지 운반단위(Array size)만큼 수행된 후 사용자의 다음 요구가 있을 때까지 멈추게 되므로 한번에 처리해야 할 양은 많지 않아 수행속도는 획기적으로 향상된다.

```
CREATE or REPLACE FUNCTION SALE_AMT_FUNC
        (v_agent in varchar2,
        v_indate in varchar2)
    RETURN number is
    RET_VAL number(14);
BEGIN
    SELECT nvl((sum(매출액),0) into RET_VAL
```

```
        FROM 매출
        WHERE 대리점코드 = v_agent
            and 매출일자 like v_indate||'%' ;
        RETURN RET_VAL ;
END SALE_AMT_FUNC ;


SELECT 대리점코드, 대리점명,
        SALE_AMT_FUNC(대리점코드,:input_date) 당월,
        SALE_AMT_FUNC(대리점코드,:input_date-100) 전년동기
FROM 대리점
WHERE 사업장 = :saup ;
```

여기서는 증감률을 SQL에서 구하려면 저장형 함수를 중복해서 수행해야 하며, 이를 피하기 위해 GROUP BY를 하면 부분범위처리가 불가능하게 되므로 SQL에서 구하지 않고 툴의 기능을 사용하는 것으로 했다.

물론 저장형 함수에서 '당월'과 '전년동기' 및 '증감률'을 같이 구해서 나중에 분리하는 방법도 있겠으나 위의 방법은 간단하면서도 불필요한 처리가 개입되지 않았기 때문에 좋은 방법이라 할 것이다. 비록 저장형 함수가 두번에 걸쳐 수행되었지만 각각 자신의 영역만 액세스하여 처리하였으므로 이런 경우는 굳이 하나의 저장형 함수에서 모든 것을 구하려고 애쓸 필요가 없다.

SQL에 있는 :INPUT_DATE는 화면에서 받은 '년월(yyyymm)'이며 전년동기를 구하기 위해 DATE 처리 함수를 사용하지 않고 '-100'을 한 것은 재미있는 발상이다. 연도가 4자리로 되어 있으므로 가령 '200001-100=199901'이 된다.

M:M 관계의 처리를 위해 저장형 함수를 활용하는 형태를 한가지만 소개했지만 훨씬 다양하게 활용할 수 있는 방법은 많이 있다. 예를 들면, M:M 관계의 두 집합 중에서 어느 한쪽은 매우 크고 다른 한쪽은 상대적으로 적다고 가정해 보자. 적은 집합을 GROUP BY하여 1의 집합을 만들고 여기서 추출되는 각 운반단위에 대해서만 다수의

데이터를 가진 M쪽 집합을 저장형 함수에서 구해 출력한다.

　이 방법 또한 모든 집합의 처리를 완료한 후에 출력하는 것이 아니라 소량의 집합만 전체를 처리하고 다량의 집합은 일부씩 처리되므로 온라인 화면 처리에서는 큰 효과를 볼 수가 있다.

　그 밖에도 많은 응용 방법들이 있겠지만 여기서는 이 정도만 소개하기로 한다. 그러나 여러분들은 이 개념들을 충분히 이해한 상태에서 실무를 바라보면 많은 아이디어가 떠오를 것이라 확신한다.

3.3.3. 부분범위처리로의 유도

다수의 사용자를 가지는 시스템의 온라인 정보는 무엇보다 수행속도 문제가 가장 급선무라 할 수 있다. 또한 이러한 시스템은 대부분 많은 양의 데이터를 가지고 있어 개발자들을 고민에 빠지게 한다. 많은 집계 테이블을 생성해 두는 방법도 생각해 볼 수 있으나 그것도 한계가 있다. 물론 집계된 테이블들을 가져가는 것은 어쩔 수 없는 일일 수도 있지만 그 많은 처리 경우를 위해 일일이 집계 테이블을 만들어 둘 수는 없는 노릇이다.

문제 해결의 핵심은 어떻게 하면 최소의 집계 테이블을 가지고서도 최대의 효과를 얻도록 할 것이냐에 있다. 최소의 집계 테이블로 최대의 효과를 낼 수 있으려면 효율적인 처리 절차를 구현할 수 있어야 하는 것은 당연지사라 하겠다. 이 책에 있는 대부분의 내용은 결국 이러한 목적에 부응하는 것들이다.

특히 이 중에서도 부분범위처리를 적절히 이용함으로써 많은 효과를 볼 수 있다. 부분범위처리에 대한 개념은 '대용량 데이터베이스 솔루션 I, 제4장 부분범위처리(Page 152~184)'를 참조하기 바란다.

전체범위처리 방식으로 수행되는 SQL을 부분범위처리 방식으로 전환시키면 경우에 따라 수십, 수백 배 이상의 놀라운 수행속도 향상을 얻을 수 있다. 여기서는 '대용량 데이터베이스 솔루션 I'에서 미처 소개하지 못했던 응용방법을 한가지 더 소개한다.

부분범위처리는 SQL의 내부적인 실행계획에 정렬(Sort) 처리가 들어가 있으면 불가능해진다. 이 말은 어쩔 수 없이 GROUP BY나 SUM, MAX 등의 처리를 해야 한다면 부분범위처리를 할 수 없다는 뜻이 된다. 그러나 불가능이란 없다. 몇 가지 아이디어를 내면 이러한 처리도 충분히 부분범위처리 방식으로 유도할 수가 있다.

바로 앞 장에서 M:M 조인의 해결 방법을 설명하면서 저장형 함수를 이용한 부분범위처리에 대해 기본적인 방법을 소개했다. 이 장에서는 좀더 응용되고 확장된 방법을 세 가지만 제시하고자 한다.

첫번째 소개할 내용은 자신과 1:M 관계를 갖는 집합에서 조건으로 체크하고자 하거나 조건 체크와 그 결과값도 같이 출력하고자 할 때 사용하는 방법이다.

두번째 내용은 드물게 나타나는 경우지만 EXISTS로 인해 전체범위처리로 실행되는 필터(Filter, 여과, 골라내기) 처리를 부분범위처리 방식으로 바꾸는 경우에 사용하는 방법이다.

세번째 방법은 도저히 부분범위처리로 유도할 수 없는 상태일 때 그 원인 부분만 전체범위처리를 하고 나머지 처리를 부분범위처리로 바꾸는 방법이다.
이제 각각의 방법들에 대한 구현 절차를 실무에서 자주 발생하는 사례를 통해 상세히 알아보도록 하자.

가. M집합 체크 시의 부분범위처리

1:M 관계에 있는 집합에서 우리가 추출하고자 하는 데이터는 1쪽이며 M쪽의 데이터는 단지 조건을 체크하기 위해서만 사용된다고 가정하자. 이러한 형태의 처리를 위해서 무조건 조인부터 해놓고 시작하는 사용자들이 매우 많이 있다. 조인을 하면 두개의 집합을 마치 하나의 테이블에서 처리하는 것처럼 사용할 수 있으므로 우선 다음 처리를 생각하기가 편해진다.

그러나 이러한 생각은 매우 위험하다. 1:1 관계의 조인이 아니라면 조인의 결과는 언제나 M쪽 집합의 단위로 변한다고 했다. 우리가 원하는 1쪽 단위로 원복시키기 위해서는 다시 GROUP BY를 하거나 DISTINCT를 사용해야 한다. 물론 결과는 쉽게 얻을 수 있겠지만 내부적으로 많은 불필요한 처리가 발생한다.

저자가 접해 온 개발자들의 많은 SQL에서 난데 없이 DISTINCT가 사용되었거나 SUM, MAX등의 처리도 없으면서도 GROUP BY를 한 경우들은 거의가 이러한 부류에 속하는 것들이었다. 다음과 같은 사례를 살펴보자.

어떤 정보통신회사에서는 월정료를 미납한 고객들의 입금을 독촉하기 위하여 수십명의 상담사원들을 동원해 매일 일정량의 고객들에게 연락을 한다. 미납된 고객은 대략 50만명 정도에 이르며, 하루에 약 2만여명을 처리할 수 있으나 관리자가 수시로 판단하여 한번에 몇 천명의 대상 고객을 선택한다. 또한 관리자는 대상 고객 중에서 미납액의 합계가 자신이 부여한 금액 이상인 고객들만 선택하고자 한다.

고객의 미납정보는 입금되는 순간 달라질 수 있으므로 현시점을 기준으로 하여 선택한다. '고객' 테이블에는 전일까지의 고객 입금 상태만 처리되어 있으며, 실시간으로 변경되는 고객의 입금 정보가 반영되지 않는다. 고객의 미납금을 확인하기 위해서는 반드시 '청구' 테이블을 확인해야 한다. 이러한 요구를 해결하기 위해서 조인을 사용한다면 다음과 같은 SQL로 표현될 것이다.

```
SELECT 고객번호, 고객명, 연락처, ............
FROM ( SELECT x.고객번호, max(x.고객명) 고객명, max(x.연락처) 연락처, .......
       FROM 고객 x, 청구 y
       WHERE x.고객번호 = y.고객번호
         and  x.고객상태 = '연체'
         and  y.납입구분 = 'N'
       GROUP BY x.고객번호
       HAVING sum(y.미납금) between :VAL1 and :VAL2)
WHERE ROWNUM <= 2000 ;
```

그러나 이 SQL은 비록 '고객' 테이블에 '고객상태'가 인덱스로 구성되어 있고, '청구' 테이블에도 '고객번호 + 납입구분'이 인덱스로 되어 있어 불필요한 데이터를 전혀 읽지 않는다고 하더라도 50만 고객을 처리하여 2,000명만 선택한다는 것은 불만이지 않을 수 없다. 조인을 하면 GROUP BY를 하기 전에 먼저 모든 처리범위를 처리하는 '전체범위처리' 방식으로 수행하므로 2,000명을 골라내기 전에 이미 50만명에 대한 처리가 선행될 수밖에 없다는 것이 문제가 된다.

이 불합리한 부분들을 제거하기 위해서 우선 우리가 시도할 수 있는 방법은 EXISTS를 이용한 서브쿼리를 활용하는 방법일 것이다.

```
SELECT 고객번호, 고객명, 연락처, ............
```

```
          FROM 고객 x
          WHERE 고객상태 = '연체'
             and EXISTS ( SELECT ' '
                          FROM 청구 y
                          WHERE y.고객번호 = x.고객번호
                             and  y.납입구분 = 'N'
                          GROUP BY y.고객번호
                          HAVING sum(y.미납금) between :VAL1 and :VAL2)
          and ROWNUM <= 2000 ;
```

이 SQL은 조인을 사용한 경우에 비해 훨씬 유리하다. 전체범위처리 방식으로 수행하게 되었던 원인인 GROUP BY가 조건 체크를 하는 서브쿼리로 숨어버렸기 때문에 '고객' 테이블을 읽는 메인쿼리는 부분범위처리가 가능해진다. 그러므로 '연체' 상태에 있는 고객이 차례로 액세스되면서 서브쿼리를 실행하여 '성공' 여부를 체크하여 만족되는 로우가 2,000이 되면 수행이 멈춘다. 이는 50만명에 대해 처리되던 경우보다 매우 유리할 수밖에 없다.

그러나 이 방법에도 문제가 없는 것은 아니다. 가장 큰 단점은 서브쿼리의 수행 결과를 메인쿼리에서 추출할 수 없다는 것이다. 그러므로 우리가 만약 선택된 고객의 '미납액'의 합계를 같이 출력하기를 원한다면 이 방법은 적절하지가 않다.

또 한가지의 단점은 이러한 EXISTS 처리는 대개 필터 방식으로 처리되는데 이 필터 처리 방식은 대부분 부분범위처리 방식으로 수행되지만, 상황에 따라서 전체범위처리 방식으로 처리되는 경우가 발생한다. 뿐만 아니라 만약 위의 메인쿼리에 또 다른 테이블을 조인하였다면 이 EXISTS 처리는 조인이 성공한 로우들에 대해 수행되는 경우가 자주 일어난다.

이 말은 EXISTS 서브쿼리가 조인할 다른 테이블보다 먼저 수행하여 성공한 로우들만 남은 조인을 수행하는 것이 보다 효율적이겠지만 EXISTS 서브쿼리가 나중에 수행함으로써 불필요한 조인이 발생한다는 것을 의미한다. 그렇다면 조인될 테이블이 M쪽이라면 집합이 늘어난 상태에서 EXISTS 서브쿼리를 수행해야 하므로 부담은 배가된다. 그렇다고 해서 서브쿼리가 나쁘다고 하는 것은 결코 아니다. 상황에 따라 특정한 단점으로 인해 나빠질 수도 있음을 말하는 것이다. 서브쿼리에 대한 좀더 자세한 설명은 다음 장에서 다루어지므로 여기서는 간단히 단점들만 설명하였다.

서브쿼리를 사용하였을 때 이러한 문제가 발생한다면 다음과 같이 저장형 함수를 사용하는 해결 방법이 있다.

```
CREATE or REPLACE FUNCTION CUST_UNPAY_FUNC
    (v_custno in varchar2)
    RETURN number is
    RET_VAL number(14);
BEGIN
    SELECT sum(UNPAY) into RET_VAL
    FROM 청구
    WHERE 고객번호 = v_custno
        and 납입구분 = 'N'
    GROUP BY 고객번호;
    RETURN RET_VAL;
END CUST_UNPAY_FUNC;

SELECT 고객번호, 고객명, 연락처, CUST_UNPAY_FUNC(고객번호), ..........
FROM 고객
WHERE 고객상태 = '연체'
    and CUST_UNPAY_FUNC(고객번호) between :VAL1 and :VAL2
    and ROWNUM <= 2000;
```

물론 이 방법은 EXISTS를 사용했을 때는 얻을 수 없는 '미납액'을 추출할 수 있으며 부분범위처리로 수행되었다. 뿐만 아니라 '고객' 테이블을 어떤 다른 테이블과 추가로 조인을 해야 하는 경우에도 EXISTS를 사용한 경우와는 달리 저장형 함수를 수행하여 성공한 결과들만 조인을 수행하게 된다.

그러나 이 또한 최적의 실행 방법은 아니다. 왜냐하면 조건절에 있는 저장형 함수와 SELECT-LIST에 있는 저장형 함수는 동일 함수임에도 불구하고 각각 별도로 수행되었다. 사실 이것은 상식적으로는 도저히 이해할 수 없는 일이지만 저장형 함수의 수행 메커니즘이 이렇게 되어 있는 이상 어쩔 수 없는 노릇이다. 참고로 이러한 수행 방법은 오라클을 대상으로 테스트한 것이며 다른 데이터베이스에서는 시험해 보지 않았음을 밝혀둔다.

물론 저장형 함수의 중복 수행이 거의 부담이 없는 수준이라면 적용할 수도 있겠지만 그렇지 않다면 절차형 SQL을 사용하는 방법이 최선이다. '고객' 테이블을 읽는 부분을 커서로 선언하여 차례로 패치하면서 해당 고객에 대한 미납액을 '청구' 테이블에서 구하여 주어진 범위 내에 있으면 취하고 그렇지 않으면 버린다. 이러한 처리를 성공한 로우가 2,000이 될 때까지만 수행시키고 종료한다.

나. 전체범위처리로 수행되는 필터처리 해결

다음 장에서 서브쿼리를 설명하면서 자세히 언급하겠지만 EXISTS를 사용한 서브쿼리는 대개의 경우 필터 방식으로 처리된다. 필터 처리는 NESTED LOOPS 조인과 유사한 방법으로 수행되거나 경우에 따라서는 SORT MERGE 조인과 유사한 방법으로 수행한다. 이 두가지 처리 형태는 반드시 어느 것이 유리하다고는 말할 수 없지만 만약 우리가 부분범위처리를 하고자 하는 오퍼레이션에서 SORT MERGE형 필터 방식으로 수행된다면 이미 부분범위처리는 불가능해진다.

이러한 경우에 저장형 함수를 사용하면 NESTED LOOPS형 필터 처리로 바꿀 수가 있다. 실무에서 필터 처리가 전체범위처리로 수행되는 경우는 매우 드물게 나타난다. 또한 SQL의 실행계획에는 항상 'FILTER'로만 표시될 뿐이며 조인에서와 같이 구체적인 처리형식을 구분해 주지를 않으므로 실행계획만으로는 확인할 길이 없다.

또한 사용하는 버전에 따라 차이가 난다. 과거에는 주로 필터 처리를 SORT MERGE 형식으로 처리했으나 최근에 사용되는 버전에서는 매우 드물게 나타난다. 이런 이유로 필자도 언제 항상 SORT MERGE형 필터처리가 발생하는지를 종잡을 수가 없다. 다만 논리적으로 보아 필터 처리로 수행하는 오퍼레이션이 부분범위처리로 수행된다면 바로 응답이 있어야 함에도 불구하고 수행속도에 큰 차이가 난다면 이것은 전체범위처리로 필터 처리가 수행되었을 가능성이 매우 높다는 것이다.

예를 들어 앞서 소개했던 EXISTS 서브쿼리가 전체범위처리 방식으로 수행하는 것으로 밝혀졌다면 저장형 함수를 생성하여 해결할 수가 있다. 이런 경우에 사용하는 저장형 함수도 앞서 소개했던 것과 다르지 않다.

한가지 주의할 점은 어떤 처리를 저장형 함수로 만들었다고 해서 무조건 나중에 수행되는 것은 아니라는 것이다. 이는 마치 우리가 뷰를 생성해 두었다고 해서 항상 뷰가 나중에 수행되거나 먼저 수행하는 것이 아닌 것과 같은 이치이다. 특히 저장형 함수에서 GROUP BY 등에 의해 새로운 집합이 생성되는 경우가 아니라면 조인을 했을 때와 유사하게 수행되는 경우가 자주 발생한다.

이러한 성향은 서브쿼리에서도 유사하게 나타난다. 여기에 대한 자세한 내용은 다음 장에서 언급하겠다.

다. 특정 부분만 부분범위처리로 유도

실무에서 일어나는 복잡한 처리를 하다 보면 부분범위처리를 해야 하겠지만 도저히 방법이 없는 경우가 발생한다. 그렇다고 해서 특정한 처리를 위해서 매번 별도의 집계 테이블을 추가할 수는 없는 노릇이다. 무릇 전체범위처리를 할 수밖에 없는 경우를 분석해 보면 대부분 그 원인은 특정한 처리 때문에 발생한다.

이러한 경우라면 그 원인 부분만 전체범위처리로 수행하고 나머지 처리는 부분범위처리로 유도할 수 있을 것이다. 물론 원인 부분만 전체범위처리로 수행하더라도 수행속도가 이미 온라인 처리로는 곤란하다면 다른 방법을 강구해야 할 것이다. 그렇지 않다면 이 방법을 사용함으로써 별도의 테이블을 추가하지 않고서도 해결할 수 있다는 것은 매우 구미가 당기는 일이 아닐 수 없다.

다음에 소개할 화면은 어떤 수출상사가 국가별로 수출한 실적의 연도별 추이를 조회하는 화면이다. 이 회사가 취급하는 상품은 3,000 종류가 넘는다. 연도별뿐만 아니라 월별로도 분석하는 화면이 많기 때문에 가능한 집계 테이블을 줄이기 위해 모든 집계 테이블들을 월 단위로 생성하였다.

그러나 다년간의 연도별 분석 정보를 월별 데이터에서 집계하기에는 처리범위가 너무 넓기 때문에 각 월별 데이터에는 해당년도 누계(1월부터 해당월까지의 합)를 같이 구해 두었다. 화면에는 기준년도에서부터 6년간의 실적 추이를 조회하고자 한다.

화면에 있는 각 연도별 컬럼들은 해당년도 1월부터 사용자가 입력한 기준년월의 '월'까지의 누계이다. 즉, 사용자가 입력한 당해 연도 기준년월까지의 누계와 같은 기간에 대한 전년도들의 실적을 조회하려는 것이다. 사용자의 선택에 따라 '금액순(기준년도의 수출실적 역순)'이나 '상품코드순'으로 정렬 방법이 달라진다.

'코드순'으로 처리하는 방법은 앞 장의 '3.3.2 M:M 조인의 해결'에서 소개했던 '사업장별 전년대비 매출실적'과 매우 유사한 방법으로 처리할 수 있으므로 여기서는 '금액순'으로 처리하는 경우만 소개하기로 한다.

물론 이 경우에도 '국가+상품+연월+누계금액'으로 인덱스가 구성되어 있다고 한다면 INDEX_DESC 힌트를 사용하여 '코드순'과 거의 유사한 방법으로 처리할 수 있을 것이다. 그러나 지나치게 많은 인덱스를 피하기 위해 여기서는 '국가+상품+연월+수출항'으로 인덱스가 구성될 수밖에 없는 경우로 가정하고 처리방법을 제시하기로 한다.

국가별 수출실적 년도별 추이

국가: 독일 기준년월: 1998 / 06 ● 금액순 ○ 코드순 단위:천원

상 품	1998 년	1997 년	1996 년	1995 년	1994 년	1993 년
전산기기	127,394,092	120,928,000	141,567,800	98,124,560	78,920,100	67,344,200
버튼식전화기	68,174,578	52,748,920	49,214,120	42,156,700	32,980,120	22,876,200
코드리스폰	62,012,300	43,974,330	11,256,700	8,910,770		
통신교환기	55,080,200	55,060,000	43,128,097	22,256,490	1,980,100	897,450
인터폰	30,428,000	48,120,020	35,990,020	22,456,120	19,130,451	15,334,290
사설교환기	28,392,000	36,920,070	67,120,000	46,456,000	35,120,890	28,190,345
원격조절기	7,428,010	5,990,000	3,170,190	2,214,566	1,356,770	1,023,400
광전송장치	7,420,010	5,918,060	4,933,100	42,120,800	37,665,210	33,120,880
트랜시버	4,762,000	3,031,000	2,100,440	987,100	677,234	
키폰	4,415,020	2,180,020	660,200			
모빌텔레폰	2,300,550	1,989,940	1,233,160	1,076,665	998,100	798,245

그림 2-3-2

우리가 가장 먼저 해결해야 할 점은 상품의 종류가 너무 많기 때문에 전 상품에 대해서 6년간의 데이터를 모두 처리한 후에 출력하기엔 수행속도에 대한 부담이 너무 크다는 것이다. 그래서 우리는 '금액순'으로 출력하기 위하여 반드시 전체범위처리를 해야 하는 기준년도를 제외한 나머지 연도는 저장형 함수를 이용하여 부분범위처리로 수행시키고자 한다.

각 연도의 월별 데이터에는 해당 연도의 누계를 가지고 있으므로 우리는 각 연도의 기준월 데이터들만 액세스하면 된다. 연도별 데이터의 액세스는 하나의 SQL에서 'IN'을 사용하여 같이 액세스한 후에 상품으로 GROUP BY하고 나중에 연도별로 분리하는 방법도 생각해 볼 수 있겠으나 연도별로 각각 저장형 함수가 수행되는 것과 처리범위의 차이가 없으므로 여기서는 연도별로 저장형 함수를 수행시키기로 한다.

먼저, 다음과 같은 저장형 함수를 만들어 보자.

```
CREATE or REPLACE FUNCTION GET_YEAR_AMT
        (v_country in varchar2,
         v_goods in varchar2,
         v_yymm in varchar2)
    RETURN number is
    RET_VAL number(14);
BEGIN
    SELECT nvl(sum(수출액),0) into RET_VAL
    FROM 수출실적
    WHERE 국가 = v_country
       and 상품 = v_goods
       and 년월 = v_yymm ;
    RETURN RET_VAL ;
END GET_YEAR_AMT ;
```

이 저장형 함수를 사용하여 다음과 같은 SQL을 생성해 보자.

```
SELECT 상품, 당년금액 * -1,
       GET_YEAR_AMT(:country,상품,(:in_date-100)||''),
       GET_YEAR_AMT(:country,상품,(:in_date-200)||''),
       GET_YEAR_AMT(:country,상품,(:in_date-300)||''),
       GET_YEAR_AMT(:country,상품,(:in_date-400)||''),
       GET_YEAR_AMT(:country,상품,(:in_date-500)||'')
FROM (SELECT 상품, 당년금액 * -1 당년금액
      FROM (SELECT SUM(수출액) 당년금액, 상품
            FROM 수출실적
            WHERE 국가 = :country
              and 년월 = :in_date
            GROUP BY 상품)
      GROUP BY 당년금액 * -1, 상품) ;
```

위의 저장형 함수는 너무나 단순한 내용으로 되어 있으며 주어진 조건과 인덱스의 순서가 일치하므로 불필요한 데이터를 전혀 액세스하지 않는다. 이 저장형 함수를 이용하여 생성한 SQL을 살펴보자.

※ 이 SQL은 두개의 인라인뷰를 사용했다. 먼저 '상품' 별로 당해년도 실적을 집계해야 금액이 많은 순서로 정렬하기 위한 기초 데이터가 생긴다. 이 데이터는 아직 금액의 순서와는 무관하므로 정렬을 위해 'ORDER BY'를 해야 한다. 그러나 인라인뷰 내에는 ORDER BY를 기술할 수가 없으므로 여기서는 대체 기능으로 GROUP BY를 이용했다.

역순으로 정렬하기 위해 구해 둔 '당년금액'에 -1을 곱하여 GROUP BY한 것을 주목하기 바란다. 지금까지의 처리로 어차피 처리되어야 할 당년도 집계와 정렬이 완료되었다. 물론 전체범위처리 방식으로 처리되었다. 그러나 우리가 이 처리를 인라인뷰로 생성하였기 때문에 저장형 함수로 처리한 나머지 연도의 데이터는 부분범위처리가 가능하다.

노파심에서 강조하는 말이지만 이 방법이 유리한 것은 어디까지나 현재 실행 환경이

부분범위처리를 지원할 때만 그러하다. 운반단위까지만 패치가 일어나고 사용자가 다음 요구를 할 때까지 뒷부분의 수행이 멈추어져야만 의미가 있다는 것이다. 만약 한번에 모든 상품이 출력되어야 한다면 유리할 것이 없다는 것을 명심하기 바란다.

저장형 함수의 입력값 '연월'을 구하기 위해 -100, -200,...을 한 것은 앞서 설명하였다. 이 결과값에 ||''을 추가한 것은 연월을 구하기 위해 연산을 하게 되면 NUMBER 타입으로 변경되어 인덱스를 사용할 수 없게 되므로 이것을 피하기 위해 조치한 것이다.

3.3.4. 배타적 논리합(Exclusive OR) 관계의 조인

관계형 데이터베이스를 위한 데이터 모델링은 가능한 단순하고 명확한 관계를 가지도록 하는 것이 매우 중요하다. 이를 위해서는 유사한 엔터티를 가능한 통합하는 것이 유리하다. 유사한 엔터티가 많이 분할되어 있으면 특정 트랜잭션 처리는 약간 단순해질지 몰라도 데이터를 활용하기 위해서는 매우 많은 엔터티들을 복잡하게 연결해야 한다.

이러한 엔터티 통합이나 업무적으로 높은 결합도를 가지는 엔터티들은 대개의 경우 배타적 논리합 관계를 가지는 경우가 많다. 배타적 논리합 관계란 어떤 엔터티의 특정 관계가 두개 이상 엔터티의 합집합과 절대적(Mandatory) 관계를 가지는 것을 말한다. 절대적 관계는 참조하는 엔터티의 모든 요소들이 반드시 참조되는 집합과 관계를 가져야 한다. 그렇다면 두개 이상의 참조되는 엔터티를 가지는 배타적 논리합 관계에서는 <u>참조 엔터티가 그 중 하나의 참조되는 엔터티와 반드시 관계를 가져야 함</u>을 의미한다.

가장 단순한 형태의 배타적 논리합 관계를 한가지 살펴보기로 하자.

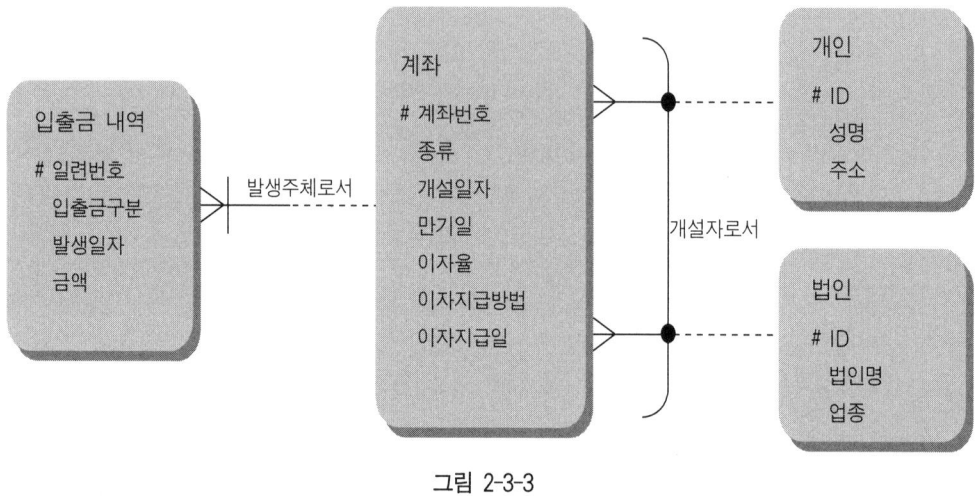

그림 2-3-3

어떤 은행에 개설된 계좌정보는 반드시 '개설자'를 가져야 하며, '개설자'의 엔터티가 '개인'과 '법인'으로 나누어져 있다면 [그림2-3-3]과 같은 배타적 논리합 관계의 데이터 모델이 나타난다. 만약 이러한 배타적 관계를 피하기 위해 '계좌' 엔터티를 '개인

계좌'와 '법인계좌'로 분할한다면 이번에는 '입출금내역' 엔터티에서 배타적 논리합 관계가 일어난다.

이러한 모델링은 매우 나쁜 결과를 초래한다. 실제 데이터의 발생빈도나 양은 자식 엔터티로 내려갈수록 많이 발생한다. 더구나 발생한 데이터를 분석할 때는 더욱 그러하다. 곧 설명하겠지만 배타적 논리합 관계의 조인은 불리한 점이 많다. 이러한 불리한 점이 데이터량이 많고 처리 빈도가 높은 엔터티에 적용되는 것은 바람직하지 않다. 특히 '계좌' 엔터티는 '입출금내역' 엔터티와 같은 자식 엔터티를 더 많이 보유하게 될 것은 자명한 일이며, 이 모든 자식 엔터티가 배타적 논리합 관계를 가진다면 장차 엄청나게 복잡한 처리를 하게 될 것은 불을 보듯이 확실하다.

이와 같이 적절하게 설계된 데이터 모델에서는 당연히 배타적 논리합 관계가 나타난다면 이러한 관계가 조인에 어떠한 영향을 미치는지를 알아보는 것은 매우 중요할 것이다. [그림2-3-3]의 데이터 모델을 조인하는 SQL을 만들어 보자.

```
SELECT x.계좌번호, x.개설일자, nvl(y.성명,z.법인명), ......
FROM 계좌 x, 개인 y, 법인 z
WHERE (x.구분 = '1' AND x.ID = y.ID OR
       x.구분 = '2' AND x.ID = z.ID)
   and  x.개설일자 LIKE :in_date||'%' ;
```

배타적 논리합 관계를 조인하기 위해서는 이와 같이 조인의 연결고리를 'OR'로 처리하거나 'OR'를 없애기 위해 다음과 같이 'IN'을 사용할 수도 있다.

```
SELECT x.계좌번호, x.개설일자, nvl(y.성명,z.법인명), ......
FROM 계좌 x, 개인 y, 법인 z
WHERE x.ID IN (y.ID, z.ID )
   and  x.개설일자 LIKE :in_date||'%' ;
```

이 두개의 SQL은 동일한 결과를 나타낸다. 그러나 결론부터 말하면 이들의 결과는 우리가 원하는 답이 아니다. 언뜻 생각하면 처리 대상의 '계좌'를 읽어 '구분' 값에 따라 '개인'으로 혹은 '법인'으로 조인하면 될 것 같지만 전혀 다른 결과가 나타난다. 이러한 결과가 나온다는 것은 우리가 매우 중요한 부분을 착각하고 있다는 것을 의미하므로 좀 더 자세히 알아보기로 하자.

FROM 절에 기술한 조인 대상들은 결코 선택적일 수 없다. 다시 말해서 언제나 절 대적으로 수행해야 하는 필수 항목이다. OR 조건은 마치

A * (B + C) = (A * B) + (A * C)

가 되듯이

A and (B or C) = (A and B) or (A and C) = **(A and B) union (A and C)**

가 된다. 이런 이유에서 옵티마이져는 연결고리가 OR로 되어 있는 경우에는 연결고리를 별도로 분리하여 각각의 조인 집합을 만들고, 나중에 이들을 결합하여 처리하는 'CONCATENATION' 형태의 실행계획을 수립한다.

그렇다면 앞서 OR로 조인한 SQL은 내부적으로는 마치 다음과 같이 UNION으로 분리된 SQL을 사용한 것처럼 실행되는 것이다.

SELECT x.계좌번호, x.개설일자, nvl(y.성명,z.법인명), ...
FROM 계좌 x, 개인 y, **법인 z**
WHERE x.구분 = '1' AND x.ID = y.ID
    and x.개설일자 LIKE :in_date||'%'
UNION
SELECT x.계좌번호, x.개설일자, nvl(y.성명,z.법인명), ...
FROM 계좌 x, **개인 y**, 법인 z
WHERE x.구분 = '2' AND x.ID = z.ID

and x.개설일자 LIKE :in_date||'%' ;

이 SQL을 살펴보면 왜 앞서 수행한 SQL이 우리가 원하는 결과를 가져다 주지 못했는지를 명확히 알 수가 있다. OR에 의해 분리된 각각의 SQL의 FROM 절에는 아직도 세개의 테이블이 그대로 있다. 그런데도 불구하고 연결고리 조건은 두 테이블간에만 부여되어 있다.

연결고리를 가지고 있지 않았을 때 조인은 어떻게 되는가? 연결고리가 없는 것은 곧 조건이 없다는 뜻, 즉 무조건(無條件)이므로 어떤 로우들과도 조인이 성공한다는 것이 된다.

그러므로 조인 결과는 연결고리가 없는 테이블이 조인에서 누락되는 것이 아니라 그 테이블의 조건에 해당하는 모든 로우들이 추출되는 카테시안 곱만큼의 결과를 얻게 되는 것이다. 이를 피하기 위해서는 UNION된 각각의 집합에 나머지 테이블의 연결고리를 줄 수밖에 없다. 그러나 이 나머지 테이블은 항상 실패하기 때문에 OUTER 조인을 해야 한다.

그렇다면 다음과 같이 OUTER 조인을 추가했다면 우리가 원하는 결과를 얻을 수 있겠는가?

SELECT x.계좌번호, x.개설일자, nvl(y.성명,z.법인명), ……
FROM 계좌 x, 개인 y, 법인 z
WHERE (x.구분 = '1' AND x.ID = y.ID **and z.ID(+) = x.ID**
　　OR
　　　　x.구분 = '2' AND x.ID = z.ID **and y.ID(+) = x.ID**)
　and x.개설일자 LIKE :in_date||'%' ;

물론 이론적으로 접근한다면 이 SQL이 UNION 형태로 풀렸을 때 정상적인 결과를 얻을 수 있는 문장이 된다. 그러나 이 SQL은 실행되지 않는다. "OR나 IN에서는 OUTER 조인을 할 수 없다"는 메시지와 함께 SQL은 에러가 난다.

만약 정상적으로 수행되었다 하더라도 모든 조인된 테이블이 2배씩의 처리가 일어났으므로 이는 우리가 도저히 받아들일 수 없는 방법이라 하겠다. 참고로 IN은 OR와 개념적으로는 동일하며 단지 IN은 '='들에 대한 비교에만 사용할 수 있지만 OR는 LIKE, BETWEEN 등과 같이 사용할 수 있다는 것이 다르다. 그러므로 옵티마이져 입장에서 대부분의 경우 IN과 OR는 동일한 형태로 취급한다.

지금까지 OR를 사용하는 조인에 대한 문제점들이 얼마나 심각한 지를 알아보았다. 그러나 간단 명료한 데이터 모델링을 위해서는 모델간의 배타적 논리합 관계를 배척할 수 없다면 이러한 문제의 해결은 매우 중요한 의미를 가진다고 하겠다. OR 조인의 문제를 해결하기 위해 우리가 가장 손쉽게 적용할 수 있는 방법은 다음과 같이 배타적 관계에 있는 테이블 모두에 OUTER 조인을 하는 것이다.

```
SELECT x.계좌번호, x.개설일자, nvl(y.성명,z.법인명), ......
FROM 계좌 x, 개인 y, 법인 z
WHERE y.ID(+) = decode(x.구분, '1', x.ID)
    and z.ID(+) = decode(x.구분, '2', x.ID)
    and x.개설일자 LIKE :in_date||'%' ;
```

조인 연결고리를 살펴보면 읽은 '계좌' 테이블의 'x.구분'이 '1'이면 'y.ID'는 'x.ID'를 받고, 'z.ID'는 NULL 값을 받으며 '2'일 때는 반대가 된다. 모두 OUTER 조인을 하고 있으므로 받은 값이 NULL인 경우는 데이터를 액세스하지 않지만 조인에는 영향을 미치지 않는다. 그러나 이 방법도 약간의 비효율이 남아 있다.

'계좌' 테이블의 중복 액세스는 해소되었으나, 배타적 관계의 테이블들은 비교할 값이 NULL인 경우에도 항상 액세스를 시도하였기 때문이다. 그렇지만 이러한 오버헤드는 큰 부담이 될 정도는 아니기 때문에 경우에 따라서는 무시하고 사용해도 좋다.

OR 조인을 해소하는 또 한가지 방법은 사용자가 직접 UNION으로 SQL을 분할하는 방법인데 많은 사용자들이 적용하고 있는 방법이기도 하다. 그러나 저자는 이 방법을 별로 추천하고 싶지 않다. 다음 SQL을 보면서 그 이유를 알아보기로 하자.

```
SELECT x.계좌번호, x.개설일자, y.성명, ……
FROM 계좌 x, 개인 y
WHERE x.구분 = '1' AND x.ID = y.ID
    and x.개설일자 LIKE :in_date||'%'
UNION ALL
SELECT x.계좌번호, x.개설일자, z.법인명, ……
FROM 계좌 x, 법인 z
WHERE x.구분 = '2' AND x.ID = z.ID
    and x.개설일자 LIKE :in_date||'%' ;
```

여기서 UNION ALL을 사용한 것은 각각의 집합들이 배타적 관계에 있어 교집합이 없기 때문이다. 이 방법은 앞서와는 반대로 '계좌' 테이블이 중복해서 처리된 대신 배타적 관계에 있는 테이블들은 한번씩만 액세스되었다. 그렇다면 앞서 소개한 방법에 비해 특별히 뒤떨어질 이유는 없어 보인다. 그러나 좀더 자세히 살펴보면 그렇지도 않다.

첫째, 1:M 관계에서는 1쪽의 중복에 비해 M쪽의 중복 액세스 부담이 큰 경우가 대부분이다. 특히 M쪽이 단순한 범위처리가 아니고 다량의 범위를 액세스하여 인라인뷰에서 GROUP BY한 집합이라고 생각해 보라. 그 차이는 더욱 크게 나타날 것이다. 그렇지만 만약 적절한 인덱스가 있어서 분리된 각각의 SELECT에서 서로 중복되지 않는 범위를 액세스할 수 있다면 상황은 달라진다.

가령, 위의 SQL에서 '계좌' 테이블에 '구분＋개설일자＋기타 컬럼'으로 구성된 인덱스가 있다면 불리할 것이 없다는 것이다. 그러나 이러한 해결을 위해서 일부러 이런 인덱스를 생성해 주는 것은 결코 바람직하지 않다. 더구나 '구분' 컬럼은 분포도가 매우 좋지 않을 것이 분명하므로 함부로 인덱스의 선두 컬럼으로 등장시키는 것은 기존 액세스 경로에 많은 영향을 주게 되므로 매우 주의해야 한다.

둘째, 물리적으로 SQL을 분리하는 방법은 만약 다수의 배타적 관계를 가지고 있다면 너무 많은 SQL로 분리해야 한다는 부담을 가지고 있다. 또한 융통성이 저하되므로 만약 상황에 따라 가변적으로 OR 비교 대상이 달라진다면 적용하기가 매우 까다로워질 것이다. 이러한 부담이 문제가 되지 않는 경우에만 SQL을 UNION으로 분리하는 방법을 사용해야 한다.

지금까지 나타난 문제들을 해결하기 위해 저장형 함수를 사용하는 방법이 있다. 이 방법도 SQL 밖에서 별도로 함수를 생성해야 한다는 부담이 없는 것은 아니지만 지금까지 나타난 부담의 대부분을 해결할 수 있는 좋은 방법이 될 것이다.

적용하는 방법은 매우 간단하다. 아래 소개하는 저장형 함수에서처럼 배타적 관계의 테이블들만 IF로 분기하여 처리한다.

```
CREATE or REPLACE FUNCTION GET_NAME_SEL
        (v_idno in varchar2,
         v_type in varchar2)
    RETURN varchar2 is
    RET_VAL varchar2(14);
BEGIN
    IF v_type = '1'
    THEN SELECT 성명 into RET_VAL
        FROM 개인
        WHERE ID = v_idno ;
    ELSE SELECT 법인명 into RET_VAL
        FROM 법인
        WHERE ID = v_idno ;
    RETURN RET_VAL ;
END GET_NAME_SEL ;


SELECT 계좌번호, 개설일자, GET_NAME_SEL(id, 구분), ……
FROM   계좌
WHERE  개설일자 LIKE :in_date||'%' ;
```

배타적 관계의 테이블을 참조하기 위한 저장형 함수는 처음 만들기가 귀찮을 뿐이지 그 활용도는 매우 높기 때문에 결코 부담이라 할 수 없다. 복잡한 가공이 들어가는 저장형 함수는 특수한 목적을 위해 생성하였으므로 상대적으로 활용도가 높지 않겠지만, 이와 같이 배타적 관계의 상위 엔터티를 참조하는 형태는 지극히 일반적인 형태이므로 그 활용도는 매우 높을 수밖에 없다.

상황에 따라 추출하고자 하는 컬럼이 다르다면 몇 개의 저장형 함수를 생성해 두는 것도 좋을 것이며, 필요하다면 '구분자'를 받아 원하는 컬럼값을 리턴하도록 함으로써 보다 활용도가 높은 함수를 생성할 수 있다.

지금까지 소개한 내용은 매우 단순한 형태였지만 실무에서는 보다 응용해서 사용할 수 있을 것이다. 거듭 강조하지만 OR 관계의 조인을 두려워하여 함부로 엔터티를 분할시키는 우를 범해서는 안될 것이다.

4. 서브쿼리(Subquery)를 이용한 데이터 연결

데이터 연결을 위한 남아 있는 방법 중에서 서브쿼리를 활용하는 방법은 나름대로 중요한 존재 가치가 있다. 사용자들에게 "조인과 서브쿼리는 어떻게 다르며 어떤 경우에 활용하는 것이 좋으냐?"라고 물으면 대부분 정확한 답변을 하지 못한다. 그 중에는 "조인과 별로 다를 것이 없으며 오히려 조인에 비해 불리한 점이 많은 것 같으므로 가능한 사용하지 않는 것이 좋지 않느냐?"라고 반문하는 사람이 많다.

그만큼 적용에 대한 기준이 정립되어 있지 않았다는 것이다. 그럴 수밖에 없는 것이 대부분의 매뉴얼에는 단순한 사용 방법만 기술되어 있지 그 활용 방법이나 유사한 다른 방법과의 차별성을 명확하게 설명해 주지 않고 있기 때문이다.

차차 설명되겠지만 서브쿼리는 매우 고유한 특성을 가지고 있으며 그 특성으로 인해 중요한 장점과 단점을 가지고 있다. 그러므로 정확한 개념에 입각해서 적용 여부를 판단하는 것은 마치 바둑을 둘 때 특정 상황에서 어떤 정석을 활용할 것인가를 두고 고민을 해야 하는 것과 다를 바가 없다.

그렇다면 먼저 서브쿼리의 정확한 개념부터 정립해보고, 서브쿼리에서 가장 많이 사용하는 IN, EXISTS를 조인과 상세히 비교해 보기로 한다. 이러한 이해를 바탕으로 서브쿼리의 활용 형태를 유형별 사례와 함께 소개하였으며 마지막으로 우리가 사용 시에 주의해야 할 사항들을 정리해 두었다.

4.1. 개념 및 특징

서브쿼리의 서브(Sub)는 말 그대로 '하위', '부(副)'를 뜻한다. 서브쿼리는 메인 (Main,主)이 되는 메인쿼리(Mainquery)에 종속되는 하위의 쿼리이다. 이 종속(從屬) 이란 의미는 반드시 주(主)의 영역을 초과할 수 없음을 뜻한다. 또한 별도의 정의를 하지 않아도 주영역의 모든 속성을 그대로 상속받을 수 있다.

당연히 주영역은 부영역의 속성을 이용할 수 없다. 만약 동일한 정의가 중복되었다면 자신의 영역에서 지정한 속성이 우선한다. 또한 주영역에 하나 이상의 부영역이 있을 때 이 부영역간에는 서로 속성을 공유할 수 없다. 이러한 차이가 나중에 조인과의 미묘한 차이를 가져오게 한다.

서브쿼리의 특징을 이해하기 위해서는 조인과의 차이점을 규명해 보는 것이 가장 확실할 것이다. 이러한 비교는 우리에게 명확한 개념의 차이와 분명한 활용 방향을 제시해 줄 것이다. 더불어 내부에서 일어나는 좀더 깊은 차이점을 알아보기 위해 옵티마이저가 생성하는 실행계획의 형태를 분석해 보도록 하겠다.

4.1.1. 먼저 수행하는 서브쿼리의 조인과의 차이

조인과 서브쿼리는 서로 매우 많은 유사한 특징을 가지고 있다. 그러나 본질적인 차이는 관련된 집합들의 종속성에 있다. 어떤 집합들을 연결하고자 할 때 조인은 동일한 수준(Level)상에 위치하지만 서브쿼리는 주종 관계를 가진다. 앞서 간단하게 언급했듯이 이러한 차이는 속성들의 상속 여부에 많은 영향을 미치게 하여 활용상의 커다란 차이를 만드는 근본적인 이유가 된다.

속성의 상속 여부가 큰 차이를 보이는 부분은 대부분 연결할 집합들의 관계형태 (Relationship type)에 따라, 혹은 우리가 최종 목표의 집합을 만들기 위해 각 집합들이 담당한 역할의 차이에 따라 결정된다.

속성의 상속에 대해 좀더 자세히 알아보자. 조인은 모든 집합들이 동일선상에 있으므로 상호 집합들간에 속성의 사용이 자유롭다. 그러나 서브쿼리는 주종관계에 있으므로 상당히 제한적일 수밖에 없다. 메인쿼리의 속성을 서브쿼리는 상속받을 수 있으나 서브쿼리의 속성을 메인쿼리가 받을 수 없음은 앞서 설명하였다.

이들간에는 줄 수도 있고 받을 수도 있으나 지금부터 설명하는 내용은 메인쿼리가 서브쿼리의 처리 결과를 받고자 하는 경우에 해당되는 내용이다. 여기서 메인쿼리가 결과를 공급받는다는 것은 서브쿼리가 먼저 수행하였음을 뜻하며, 주느냐? 받느냐? - 먼저 수행하느냐? 나중에 수행하느냐? - 에 대한 문제는 상황에 따라 매우 복잡하게 얽혀 있으므로 다음 장에서 서브쿼리의 실행계획을 설명할 때 언급하기로 한다.

메인쿼리가 서브쿼리에서 받을 수 있는 것은 서브쿼리의 속성이 아니라 서브쿼리의 수행결과가 들어 있는 상수들의 집합일 뿐이다. 물론 이것은 서브쿼리가 먼저 수행되어 메인쿼리에게 상수값들을 공급해 주는 경우에 한정된다.

서브쿼리의 수행결과는 당연히 SELECT-LIST에 있는 컬럼들이다. 여기서 말하는 컬럼은 반드시 테이블이나 뷰의 컬럼일 필요는 없으며 가공되었더라도 상수값이면 되는 논리적인 컬럼을 말한다. 그러나 서브쿼리의 SELECT-LIST에는 아무 컬럼이나 올 수는 없다. 반드시 메인쿼리가 요구하는 컬럼에 대응하는 컬럼만 가능하다.

반드시 부(副)는 주(主)가 요구한 것들에 대해서만 공급할 수 있다는 것이다. 이 말에는 보다 중요한 의미가 내포되어 있다. 요구를 하는 메인쿼리에서 생성할 수 없는 컬럼은 서브쿼리에서 공급받을 수 없다는 것, 즉 메인쿼리의 컬럼이나 이 컬럼들로 가공한 컬럼들에 대응되는 것들만 서브쿼리에 올 수 있다는 것을 의미한다.

실제로 이러한 자격을 가지고 있는 컬럼들은 대부분 이 집합들간에 미리 정의된 연결고리일 수밖에 없다. 이런 이유에서 서브쿼리가 조건절에 사용되는 경우는 대부분 조인과 유사해진다. 연결고리들이 하는 역할은 말 그대로 연결만 한다. 그러나 만약 우리가 연결에만 목적이 있는 것이 아니라 연결된 집합들의 임의의 컬럼들을 사용하고자 한다면 서브쿼리는 적절한 방법이 아니다.

그러나 WHERE 절이 아니라 UPDATE 문의 SET 절에 사용하는 서브쿼리는 상황이 다르다. 분명히 서브쿼리가 처리되어 SET 절에 기술한 메인쿼리의 컬럼이 그 처리 결과를 제공받았지만 사실은 메인쿼리가 먼저 수행되어 그 결과값으로 서브쿼리가 나중에 수행한 것이다. 마찬가지로 자주 사용하는 형태는 아니지만 연결고리 컬럼이 아니면서 서브쿼리와 연결한 경우는 거의 대부분 서브쿼리가 나중에 수행되는 경우이다.

서브쿼리가 먼저 수행하는 경우는 단지 수행된 결과값을 메인쿼리로 제공하기 위한 연결고리로 사용될 뿐이라면 조인보다 유리할 것이 없어 보인다. 수행한 역할은 결국 연결에 소요되었으나 최종적으로 결과를 추출하는 메인쿼리에서는 사용할 수 없다면 각종 제한요소만 더 있을 뿐이지 조인보다 나을 것이 전혀 없어 보인다.

그러나 결코 그렇지 않다. 만약 그랬다면 서브쿼리는 아예 존재하지도 않았을 것이다. 그렇다면 지금부터 언급하는 내용이 바로 서브쿼리의 중요한 특징일 것이며 우리의 활용 방향을 명확히 제시해 주게 될 것이다. 다음과 같은 데이터 모델을 보자.

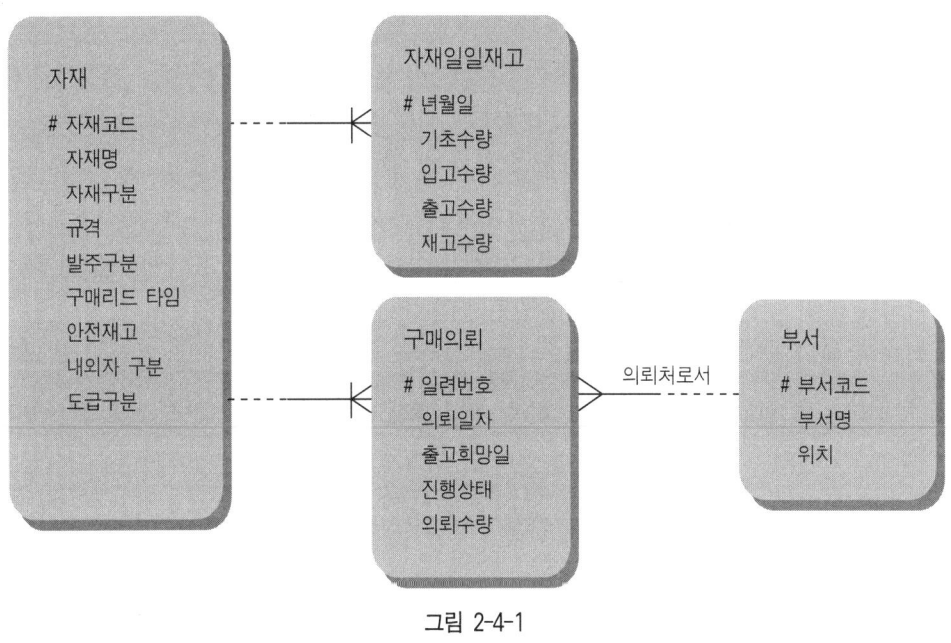

그림 2-4-1

'구매의뢰'와 '자재일일재고'는 '자재' 엔터티를 기준으로 방사형 구조를 가진다. 앞서 M:M 조인의 해결에 대해 몇 번 언급했지만 이러한 구조를 조인으로 해결하려고 해서는 안 된다. 이 데이터 모델을 이용하여 우리는 다음 두가지의 결과를 구하고자 한다.

① '구매의뢰' 테이블에서 '출고희망일자'가 금일부터 일주일 후이고 '진행상태'가 '발주중'인 자재들을 찾아 자재 정보와 금일의 재고상태를 조회하고자 한다.

② 금일 현재고가 '자재' 테이블의 '안전재고' 이하로 남아 있는 자재들에 대해 '출고희망일'이 금일부터 일주일 사이에 있는 '구매의뢰' 정보를 조회하고자 한다.

이 두개의 요구사항을 해결하기 위해 연결해야 할 테이블들은 동일하다. 세개의 테이블들을 모두 조인을 하면 어떤 컬럼이라도 추출할 수 있으므로 조인을 하겠다고 결정한 사람은 문제가 있다.

우선 첫번째 요구사항에 대해서 살펴보자. 액세스해야 할 각각의 집합들을 공통 컬럼인 '자재코드'를 기준으로 해서 관계형태를 분석해 보자. '구매의뢰' 테이블에서 액세스해야 할 '출고희망일자'가 금일부터 일주일 후인 데이터는 '자재코드'와 1:M 관계에 있다. '자재' 테이블은 당연히 '자재코드'와는 1:1이며, '자재일일재고' 테이블은 모델링상에서는 1:M 관계이지만 '금일'의 상수 조건과 결합하면 1:1 관계를 가진다.

그렇다면 이 세개의 집합을 조인하면 최하위 단위인 M쪽을 가지는 '구매의뢰' 테이블의 단위가 된다. 그러나 우리가 추출하고자 하는 집합은 1쪽의 '자재' 정보와 '자재일일재고' 정보이다. 이것은 아직 우리가 원하는 결과가 아니다. 다시 자재별로 한 레코드가 되도록 GROUP BY를 하거나 DISTINCT 함수를 사용해야 한다.

이러한 처리는 비록 원하는 결과는 얻을 수 있었지만 불필요한 처리가 많이 발생하였다. M쪽을 조인하여 조인량이 늘어났고, 이것을 다시 결합하기 위해 추가적인 처리가 발생하였다. 여러분이 작성한 SQL에 SUM, MAX 등의 그룹함수가 사용되지 않았으면서 GROUP BY를 했거나 난데없이 DISTINCT를 한 것들은 대개 이러한 잘못이었을 가능성이 매우 높다.

이러한 경우에는 서브쿼리를 사용하는 것이 옳은 방법이다. 다음의 SQL을 분석해 보자.

```
SELECT  x.자재코드, x.자재명, x.규격, x.안전재고, y.재고수량
FROM    자재 x, 자재일일재고 y
WHERE   y.자재코드 = x.자재코드
    and y.년월일 = to_char(sysdate, 'yyyymmdd')
    and x.자재코드 IN (SELECT 자재코드
```

```
                    FROM 구매의뢰
                    WHERE 진행상태 = '발주중'
                        and 출고희망일자 between to_char(sysdate, 'yyyymmdd')
                                        and to_char(sysdate+6, 'yyyymmdd') ) ) ;
```

언뜻 생각하면 조인이나 이 방법이나 큰 차이가 없는 것처럼 보이지만 중요한 차이가 있다. 만약 여러분이 이 SQL에 대한 실행계획을 출력해보면 서브쿼리를 처리하는 부분에 다음과 같은 형태의 처리 절차가 나타날 것이다.

```
..............................
NESTED LOOPS
  VIEW
    SORT(UNIQUE)
      TABLE ACCESS (BY ROWID) OF '구매의뢰'
        INDEX (RANGE SCAN) OF '인덱스1'
  TABLE ACCESS (BY ROWID) OF '자재'
    INDEX (UNIQUE SCAN) OF '자재_PK'
..............................
```

자식은 하나 이상의 부모를 가질 수 없듯이 서브쿼리의 결과를 메인쿼리에게 제공할 때는 반드시 유일한 값들이어야 한다. 만약 동일한 결과가 하나 이상 존재한다면 카테시안 곱만큼의 결과가 나타나기 때문이다. 이러한 이유로 <u>서브쿼리가 먼저 수행될 때는 논리적으로 유일하다는 확실한 보장이 없을 때는 유일한 값을 만들기 위한 정렬 작업이 내부적으로 항상 일어난다.</u>

의미적으로 보더라도 그럴 수밖에 없다. 어느 쪽이 먼저 수행되는지의 여부에 관계없이 만약 'COL1 IN (1, 1, 2)'라는 조건을 주었다면 논리적으로 볼 때 IN의 집합에 1이 두개가 있더라도 COL1이 1일 때 조건을 만족한다는 사실에는 변함이 없다. 서브쿼리는 SQL로 되어 있다는 것 외에는 상수들의 집합과 다를 것이 없다.

이러한 이유로 서브쿼리와 메인쿼리는 실제 데이터 모델의 관계형태에 상관없이 어떠한 경우에도 절대로 M:M 관계가 발생하지 않는다. 좀더 정확히 말하면 메인쿼리의 기본키에 상관없이 서브쿼리는 언제나 1쪽 집합이 된다는 것이다. 그러나 조인을 사용한다면 대응하는 집합이 M이면 로우 수는 그만큼 증가한다. 이것이 조인과 서브쿼리의 가장 큰 차이점이다.

그렇지만 유사한 점도 매우 많다. 만약 서브쿼리의 집합이 논리적으로 항상 1이 된다면 비록 서브쿼리를 사용했더라도 조인과 동일한 방법으로 처리된다. 다음과 같이 조인과 서브쿼리를 비교해 보자.

```
SELECT  사번, 성명, 주소, 생년월일, 입사일, …………
FROM    사원 x, 부서 y
WHERE   x.부서코드 = y.부서코드
    and 입사일 >= '19970101'
    and 지역 = '경기도' ;


SELECT  사번, 성명, 주소, 생년월일, 입사일, …………
FROM    사원
WHERE   입사일 >= '19970101'
    and 부서코드 IN (SELECT 부서코드
                    FROM 부서
                    WHERE 지역 = '경기도' ) ;
```

위의 두 SQL의 실행계획은 다음과 같이 동일하게 수립된다.

```
SELECT STATEMENT
  NESTED LOOPS
    TABLE ACCESS (BY ROWID) OF '사원'
      INDEX (RANGE SCAN) OF '입사일_INDEX' (NON UNIQUE)
```

```
TABLE ACCESS (BY ROWID) OF '부서'
    INDEX (UNIQUE SCAN) OF '부서_PK' (UNIQUE)
```

두번째의 SQL은 전혀 조인을 한 적이 없지만 NESTED LOOPS 형식의 조인을 한다고 나타난다. 어차피 동일한 실행계획이 수립된다면 우리는 굳이 서브쿼리를 할 필요가 없다. 동일한 처리방식에도 불구하고 서브쿼리를 사용한 두번째 SQL에서는 '부서명'을 추출할 수 없기 때문이다.

이번에는 서브쿼리가 M쪽 집합이 되는 경우의 처리를 비교해 보기로 하자.

```
SELECT 부서코드, 부서명, 관리자, 설립일, 지역, …………
FROM   부서
WHERE  지역 = '경기도'
   and 부서코드 IN (SELECT 부서코드
                   FROM 사원
                   WHERE 입사일 >= '19970101' ) ;
```

이 SQL은 조인을 한 첫번째 SQL과 동일한 실행계획이 아닐 뿐만 아니라 결과도 동일하지 않다. 뒤에서 별도로 설명하겠지만 이 SQL은 메인쿼리가 먼저 수행될 수도 있고 서브쿼리가 먼저 수행되어 결과를 상수값으로 메인쿼리에게 제공할 수도 있다. 그러나 어떤 방향으로 수행하던 서브쿼리의 집합은 항상 1쪽 집합이라고 했다. 조인은 그렇지 못하기 때문에 다음과 같이 사용해야 하는 것은 우리가 이미 알고 있는 사실이다.

```
SELECT distinct y.부서코드, 부서명, 관리자, 설립일, 지역, …………
FROM   사원 x, 부서 y
WHERE  x.부서코드 = y.부서코드
   and 입사일 >= '19970101'
   and 지역 = '경기도' ;
```

이 SQL은 동일한 결과를 얻게 되지만 유일한 레코드를 찾기 위해 불필요한 정렬 처리가 추가되었다. 이와 같이 거의 유사해 보이지만 우리가 찾고자 하는 집합이 어느 쪽인가에 따라 상황은 크게 달라지는 것이다.

4.1.2. 나중 수행하는 서브쿼리의 조인과의 차이

이번에는 서브쿼리가 나중에 수행하는 경우를 가정하고 어떠한 현상이 발생되는지 알아보기로 한다. 조인은 어느 쪽이 먼저 수행하더라도 처리량에는 영향을 주지만 결과는 전혀 다르지 않다. 그러나 동일한 관계를 서브쿼리로 연결하면 조인과는 다른 양상이 나타난다.

결론부터 먼저 말하자면 나중에 수행되는 서브쿼리는 하나의 조건 체크 기능을 수행한다. 좀더 정확히 말하면 굳이 EXISTS를 사용하지 않았더라도 이와 동일한 개념이 된다는 것이다.

다음과 같은 서브쿼리를 사용한 SQL을 생각해 보자.

```
SELECT  자재코드, 자재명, 규격, 안전재고, ............
FROM    자재 x
WHERE   자재구분 = '배관자재'
   and  안전재고 >= (SELECT  재고수량
                    FROM    자재일일재고 y
                    WHERE   y.자재코드 = x.자재코드
                       and  y.년월일 = to_char(sysdate, 'yyyymmdd') ) ;
```

이 SQL은 '배관자재' 중에서 현재고가 '안전재고' 이하로 떨어진 자재들을 찾고자 한다. 서브쿼리의 실행계획을 설명할 때 언급되겠지만 이 SQL은 서브쿼리가 나중에 실행된다. 물론 인덱스 구성에 따라 약간의 차이는 있겠지만 대부분 다음과 유사한 형태의 실행계획이 나타날 것이다.

```
SELECT STATEMENT
  FILTER
    TABLE ACCESS (BY ROWID) OF '자재'
      INDEX (RANGE SCAN) OF '자재구분_INDEX' (NON-UNIQUE)
    TABLE ACCESS (BY ROWID) OF '자재일일재고'
      INDEX (RANGE SCAN) OF '년월일_INDEX' (NON-UNIQUE)
```

이 실행계획에 나타난 FILTER 처리는 우리가 EXISTS를 사용했을 때 주로 나타나는 형태이다. FILTER 처리에 대한 상세한 내용은 뒤에서 별도로 언급하겠다. 위의 서브쿼리에 대한 처리가 FILTER 형식의 처리로 나타나는 이유는 서브쿼리가 M쪽이므로 그대로 연결하면 원래의 메인쿼리의 집합이 늘어나기 때문이다.

메인쿼리의 해당 건마다 서브쿼리에 대응되는 로우가 하나라도 있는 것이 확인되면 해당 건에 대한 처리를 종료함으로써 메인쿼리의 집합은 변하지 않는다.

지금까지 메인쿼리와 서브쿼리가 어느 것이 먼저 수행되느냐에 따른 처리방법의 미묘한 차이들을 규명해 보았다. 다시 한번 강조하지만 서브쿼리의 집합은 언제나 1이 되어야 하므로 먼저 수행될 때는 유일한 집합을 만들어 메인쿼리에 결과를 공급하고, 나중에 수행되면 존재 유무만 판단하는 방식으로 처리한다는 사실을 명심하기 바란다.

또 하나의 큰 차이점은 조인은 반드시 1:1이나 1:M 관계에서 사전에 약속된 기본키와 외부키로만 조인이 가능하나 서브쿼리에는 이러한 제약이 없다. 또 데이터 모델상에서 아무리 멀리 떨어져 있는 M:M 관계도 전혀 상관이 없으며 연결고리가 아닌 컬럼의 연결도 가능하다. 이것이 가능한 가장 큰 이유는 앞서 규명했던 '서브쿼리는 언제나 1쪽 집합이 된다'는 사실 때문이다.

이러한 특징은 조인이 가지지 못하는 매우 의미있는 장점이라 하겠으며 우리가 어떤 상황에서 서브쿼리를 사용해야 하는지를 제시해 주고 있는 것이다.

또 한가지 조인보다 유리한 점은 연결할 여러 개의 집합 중에서 몇 개의 집합이 특정한 조건 체크에만 사용된다거나, 이 집합들이 합심하여 만든 결과는 단지 메인쿼리에 상수값을 제공하는 역할만 할 때는 서브쿼리가 응당 유리하다는 것이다. 다음과 같은 예를 보면 보다 명확해질 것이다.

```
SELECT   a.자재코드, b.자재명, a.년월일, a.재고수량
FROM     자재일일재고 a, 자재 b
WHERE    b.자재코드 = a.자재코드
   and   (a.자재코드, a.년월일) IN (SELECT 자재코드, 의뢰일자
                                FROM 구매의뢰 c
                                WHERE 부서코드 IN ( SELECT 부서코드
                                                FROM 부서 d
                                                WHERE 지역 = '경기도' )
                                  and 진행상태 = '발주중' ) ;
```

이 SQL은 경기도에 위치한 부서들이 구매를 의뢰한 건들 중에서 아직 '발주중'에 있는 것들을 찾아 의뢰한 날짜의 재고상황을 조회하고자 한다. '자재일일재고'와 '구매의뢰'는 M:M 관계에 있어 조인이 불가능하므로 서브쿼리를 사용해야 하는 것은 당연하다. 여기서 눈여겨 볼 것은 '자재' 테이블과 '부서' 테이블의 역할이다. 이 테이블들은 각자 '자재일일재고' 테이블과 '구매의뢰' 테이블에만 관련이 있다. 만약 M:M 관계가 없어 조인으로 해결할 수 있었다면 4개의 테이블들이 모두 동일선상에 놓이게 되므로 상황에 따라 연결 순서가 어떻게 변할지 알 수 없게 된다.

그러나 이러한 서브쿼리는 종속관계가 뚜렷이 구분되므로 처리 순서가 명확해지는 장점이 있다. 먼저 수행하는 서브쿼리는 항상 상수의 집합을 제공하므로 주어진 조건과 추출할 정보가 몇 단계 떨어져 있을 때 데이터가 추출될 테이블의 '미지수' 조건을 관계 형태의 부담없이 해결해 주는 역할을 한다.

이것은 마치 수학에서 방정식을 풀 때 하나의 식에서 풀어지지 않을 때는 다른 식을 세우고 거기서 나온 결과를 대입함으로써 해를 구하는 것과 동일하다고 하겠다. 서브쿼리는 대부분 특정한 목적을 위해 사용된다. 예를 들어 다른 조건들은 모두 주어진 상수

값이 명확한데 처리할 대상 '자재'만은 주어진 조건에서 여러 단계를 복잡하게 연결해야 가능하다고 하자.

우리는 어떤 방법을 동원해서라도 대상 자재를 찾아야 하겠는데 만약 이 과정 중에 M쪽 집합이 들어 있는 순간 전체 집합형태에는 변화가 생겨 버린다. 우리는 당연히 처리 대상 '자재'로 인해 다른 것들이 전체적으로 영향을 받는 것을 원하지 않는다. 그러나 조인은 그렇게 변하게 하므로 이런 경우에는 반드시 서브쿼리를 사용해야 한다는 것을 명심하기 바란다.

이러한 의미는 서브쿼리가 나중에 수행하는 경우에도 마찬가지로 적용된다. 특히 서브쿼리가 나중에 수행되는 경우는 EXISTS 형태로 처리되므로 아무리 복잡한 관계형태를 가지고 있거나 처리할 범위가 매우 넓더라도 만족하는 건이 하나라도 존재하면 해당 건에 대한 처리를 멈추게 되므로 매우 효과적일 수가 있다. 그렇다고 해서 서브쿼리 내에 함부로 GROUP BY 등을 사용하면 이러한 효과는 없어질 수도 있으므로 주의하여야 한다.

지금까지 설명한 것 외에도 조인과 유사한 특징이나 차이점이 몇 가지 더 있으나 뒷부분에서 여러 가지 형태로 설명되므로 여기서는 더 이상의 설명을 생략하기로 한다.

4.2. 서브쿼리의 실행계획

앞서 우리는 메인쿼리와 서브쿼리가 서로 조인 관계에 있는 것과 매우 유사하다는 것을 알아 보았다. 그러나 서브쿼리는 항상 1의 집합을 만들기 위해서 조인과는 다른 형태의 실행계획이 수립되는 경우가 대부분이다. 또한 서브쿼리가 먼저 수행될 수도 있고 나중에 수행될 수도 있음을 언급했었다. 뿐만 아니라 조인과 유사하게 NESTED LOOPS, SORT MERGE 형식의 연결이 일어나기도 하며 필터 형식의 연결이나 해쉬(Hash) 조인 형식으로도 연결이 수행될 수도 있다.

우리는 조인을 할 때 조인 방식이나 조인 순서의 차이가 엄청난 처리량의 변화를 가져온다는 사실을 잘 알고 있다. 서브쿼리도 조인과 마찬가지로 하나의 연결 작업이기 때문에 이러한 차이로 인해 발생하는 차이는 실로 엄청나다. 그럼에도 불구하고 서브쿼리가 어떤 방식으로 처리되는지를 모르면서 적용한다는 것은 정말 있을 수 없는 일이라 하겠다.

사용 형태별로 실행계획이 달라지는 원리는 차차 항목별로 상세히 알아보기로 하고 먼저 잘못된 사용이 얼마나 엄청난 차이를 가져오는지 다음 사례를 통해 피부로 느껴보기 바란다.

이 사례는 어느 통신회사에서 실제로 있었던 일이다. 이 회사의 '고객' 테이블에는 약 500만 명의 고객이 있으며, '청구' 테이블은 고객들에게 매월 청구할 사용료를 저장하는 테이블로써 1년 이상의 데이터를 보관하므로 약 6,000만 건에 이른다. 고객은 본인이 직접 납입자가 되는 경우가 대부분이지만 고객에 따라 납입자가 다를 수도 있다. 다음 SQL은 어떤 납입자가 입금을 했을 때 그 납입자가 지불하기로 한 고객의 청구 정보에 해당월의 납입금을 갱신하고자 한다. 고객 테이블에는 '납입자' 인덱스가 있고, 청구 테이블에는 '고객번호+청구년월'로 인덱스가 구성되어 있다.

```
UPDATE 청구 x
    SET 입금액 = nvl(입금액,0) + :in_amt
WHERE 청구년월 = '199803'
    and 고객번호 IN ( SELECT 고객번호
```

```
        FROM 고객 y
        WHERE 납입자 = :in_cust
           and y.고객번호 = x.고객번호 ) ;
```

언뜻 생각하면 이 SQL은 큰 문제가 없어 보인다. 만약 서브쿼리가 먼저 수행되었다면 주어진 납입자가 요금을 대신 지불해 주는 고객은 많지 않을 것이 분명하므로 서브쿼리에서 찾은 고객에 대해 청구 테이블의 해당월 데이터를 찾아 갱신하는 것은 전혀 문제가 없을 것이다. 그러나 이 SQL이 실제 수행하는데 소요된 시간은 약 16,000초에 이르렀다.

그 이유는 서브쿼리가 나중에 수행되었기 때문이다. 서브쿼리가 나중에 수행되었을 때의 처리 절차를 살펴보자. 서브쿼리에 연결된 컬럼은 '고객번호'이다. 그런데 아직 서브쿼리가 수행되지 않은 상태이므로 이 '고객번호' 컬럼은 '미지수'가 된다. 미지수, 즉 모르는 집합을 인덱스로 읽을 수 없음은 당연하다. 그렇다면 이 SQL에서 '청구' 테이블은 전체 테이블 스캔 방식으로 처리될 수밖에 없다.

6,000만 건이라는 엄청난 데이터를 차례로 액세스하면서 나중에 수행되는 서브쿼리는 메인쿼리가 성공한 집합, 즉 청구년월이 '199803'인 500만 건에 대해 한번씩 수행해야 한다. 서브쿼리의 결과를 받을 수 없어 전체 테이블을 액세스하는 것도 억울한데 먼저 수행한다면 한번만 수행될 서브쿼리마저 500만번을 수행했으니 이 차이는 실로 말로 형언할 수 없을 정도로 크다.

이 SQL의 서브쿼리가 왜 나중에 수행되어야 하는지는 뒤에서 상세히 설명하기로 하겠다. 이번에는 다음과 같이 이 SQL을 약간 수정하여 실행해 보자.

```
UPDATE 청구 x
    SET 입금액 = nvl(입금액,0) + :in_amt
WHERE 청구년월 = '199803'
    and 고객번호 IN ( SELECT 고객번호
                    FROM 고객 y
                    WHERE 납입자 = :in_cust ) ;
```

이 SQL이 수행한 시간은 0.1초에 불과했다. 그 이유는 당연히 서브쿼리가 먼저 수행하였기 때문이다. 이러한 실행계획의 차이가 나타나는 이유는 차차 설명되겠지만 이 엄청난 차이의 원인을 모르고 사용한다는 것이 얼마나 무서운 일인가를 가슴에 깊이 새겨 두기 바란다.

4.2.1. 서브쿼리의 실행 순서

서브쿼리가 제공자의 역할을 할 수 있기 위해서는 몇 가지 원칙을 반드시 준수해야 한다. 만약 반드시 제공자 역할을 할 것으로 생각하여 작성한 SQL에서 확인자 역할을 했다면 그 차이가 얼마나 엄청나게 나타나는지는 앞서 충분히 느꼈을 것으로 생각한다.

제공자 역할을 위해 반드시 준수해야 할 첫번째 원칙은 <u>서브쿼리 내에 메인쿼리의 항목이 존재하지 않아야 한다</u>는 것이다. 다시 말해서 서브쿼리가 다른 집합의 수행 결과를 받지 않고서도 스스로 풀어질 수 있어야 한다는 것이다. 이것은 논리적으로 너무나 당연한 일이다. 이러한 원리는 우리가 중학교 수학시간에 배웠던 방정식과 동일한 원리라 할 수 있다. 가령 다음과 같은 방정식을 생각해 보자.

$$2x + 3y = 20 \quad\text{———①}$$
$$5x + 10 = 30 \quad\text{———②}$$

식 ①은 두개의 미지수가 있으므로 어느 한 미지수를 다른 식에서 제공받지 못하면 결코 해를 얻을 수가 없다. 그러나 식 ②는 다른 식의 결과에 상관없이 독자적으로 해를 얻을 수 있다. 이와 마찬가지로 서브쿼리가 먼저 수행되어 상수집합의 결과를 낼 수 있어야 제공자 역할을 할 수 있는 것이며 이를 위해서는 독자적으로 수행될 수 있어야 한다.

그러나 독자적으로 수행될 수 있다고 해서 반드시 제공자가 되지는 못한다. 첫번째 조건을 만족했다 하더라도 <u>서브쿼리가 제공한 결과를 받는 메인쿼리의 컬럼이 반드시 처리주관 컬럼(Driving Column)이 되어야 한다.</u> 다시 말해서 서브쿼리에게 받은 결과값이 직접 처리범위를 줄여주기 위해 사용되지 못하면 다시 확인자 역할로 떨어지게 된다는 것이다.

여기서 직접 처리범위를 줄여준다는 말에는 매우 깊은 내용이 숨어 있다. 앞서 '여당' 역할, '야당' 역할에 대해서 여러 번 언급되었고 '여당' 내에는 '주류'와 '비주류'가 있다고 했다. 메인쿼리에 있는 컬럼의 이러한 역할과 서브쿼리의 수행순서는 매우 밀접한 상관관계를 가지고 있다.

좀 더 상세한 내용을 알아보기 위해 다음과 같은 SQL을 살펴보기로 하자.

```
SELECT *
FROM TAB1
WHERE COL1 = '111'
    and  COL2 IN (SELECT FLD2
                    FROM TAB2
                    WHERE FLD3 like 'ABC%')
    and  COL3 IN (1,5)
    and  COL4 like '123%' ;
```

메인쿼리 컬럼인 COL2와 비교되는 서브쿼리는 독자적으로 수행될 수 있으므로 일단 첫번째 조건을 만족하고 있다. 그러나 메인쿼리 컬럼들의 인덱스 구조에 따라 그 상황은 크게 달라진다. 이해를 돕기 위해 TAB1의 인덱스 구조를 몇 가지로 구분하여 어떻게 달라지는 지를 알아보기로 하겠다. 다음의 각 상황은 기술한 인덱스가 처리주관 인덱스가 되는 경우를 나타낸 것이다.

① **COL1** : 서브쿼리의 결과를 받는 COL2 컬럼은 처리주관 인덱스에 포함되어 있지 않으므로 무조건 확인자 역할을 한다. 만약 처리주관 인덱스가 'COL1+COL3'이거나 'COL1+COL4', 혹은 'COL3+COL4+COL1' 등이 되더라도 동일하다.

② **COL1+COL2** : 서브쿼리는 제공자 역할을 할 수 있다. '제4장 논리합 연산자의 액세스 효율화'에서 상세히 언급되겠지만 COL2는 여러 개의 점(=)으로 인정되어 '결합처리(Concatenation)' 실행계획을 수립하므로 이 경우는 처리주관 컬럼으로써 소임을 다한다.

③ **COL4+COL2** : 이 경우에도 제공자 역할을 할 수 있다. 그러나 선행하는 컬럼 COL4가 '='이 아닌 'LIKE'로 사용되었기 때문에 '여당'이지만 '주류'가 되지 못하고 '비주류'로써 주류에 의해 액세스된 인덱스 로우를 확인하는 역할을 하고 있으므로 매우 비효율적인 액세스가 발생한다. 가령 서브쿼리에서 10개의 로우를 제공했다고 생각해 보자. 이 각각의 결과에 대해 처리주관범위는 "COL4 like 'ABC%' AND COL2 = 서브쿼리결과값"이 된다. 결합 인덱스

의 원리에 따라 인덱스 선행 컬럼인 COL4가 '='이 아니므로 각각의 결과값마다 COL4가 'ABC%'인 범위를 중복해서 액세스하면서 "COL2 = 서브쿼리결과값"을 체크해낸다. 결과적으로 서브쿼리 수행결과가 '비주류' 측을 지원하는 경우 자신은 한번만 수행되지만 메인쿼리의 주류측은 중복해서 액세스한다는 사실을 명심하기 바란다. 그러므로 여러분들은 자신이 사용한 서브쿼리가 제공자 역할을 하는 것이 유리한지 아니면 차라리 확인자 역할을 하는 것이 유리한지를 판단할 필요가 있다. 만약 메인쿼리가 서브쿼리의 제공값을 받지 않더라도 충분히 처리범위를 줄일 수 있고 서브쿼리의 제공값을 받는 메인쿼리의 컬럼 앞에 '='로 사용되지 않은 컬럼이 있다면 서브쿼리는 확인자 역할을 하는 것이 유리하다. 물론 여기서 말하는 '앞'이란 인덱스에서의 컬럼순서를 의미한다.

④ COL1+COL3+COL2 : 여기서도 COL2는 처리주관 인덱스에 포함되어 있으므로 COL2가 제공자 역할을 할 수 있는 것은 동일하다. IN은 여러 개의 '='을 의미하므로 논리적으로는 COL3와 COL2에 사용된 IN은 '='들의 모임들로 풀려 '결합처리' 실행계획을 수립함으로써 모두가 처리주관 인덱스의 '주류' 역할을 할 것 같지만 결과는 그렇지 않다. 연속으로 사용된 IN은 상황에 따라 '결합처리' 실행계획이 나타날 수도 있고 그렇지 않을 수도 있다. 여기에 대한 자세한 내용은 '제4장 논리합 연산자의 액세스 효율화'를 참조하기 바란다. 특히 IN을 사용한 COL2 앞에 서브쿼리로 IN을 사용한 컬럼이 연속되면 COL2는 '결합처리' 실행계획에 참여하지 못하여 '비주류'로 떨어지게 된다. 이러한 경우에는 앞서 ③번과 같이 메인쿼리의 액세스가 증가하므로 매우 주의해야 할 것이다.

⑤ 이 밖에도 상황에 따라 제공자 역할은 미묘하게 변하는 경우가 있지만 자주 발생하지 않고 또 너무 복잡하면 여러분들이 이해하기 힘들어질 것 같아 더 이상 언급을 하지 않겠다.

그렇지만 한가지 반드시 언급하고 넘어가야 할 중요한 내용이 있다. ②번에서 '서브쿼리는 제공자 역할을 한다'가 아니라 '할 수 있다'라고 표현한 이유가 있다. 제공자 역할을 할 자격이 있다고 해서 반드시 제공자 역할을 하는 것은 아니다. 마치 NESTED LOOPS 조인에서처럼 연결고리 상태에 이상이 없을 때 예하 상수값 조건들간에 경합을 벌려 선행처리 집합을 선택하는 현상에 의해 제공자가 될 수도, 확인자가 될 수도 있다.

이러한 현상이 일어나는 대부분의 경우는 서브쿼리가 메인쿼리 집합과의 관계에서 1쪽이 될 때 나타난다. 앞서 설명했듯이 서브쿼리는 말 그대로 메인쿼리에 '종속'되어 있으므로 절대로 메인쿼리 집합의 크기를 변형시킬 수 없다. 그러므로 이들간의 관계가 1:M이거나 1:1이면 서브쿼리에 변화가 일어날 필요가 없으나 M:1이거나 M:M이면 서브쿼리는 강제로 1의 집합이 되어야 한다.

서브쿼리의 집합에 변화가 일어날 필요가 없다는 것은 메인쿼리와 조인이 될 수 있음을 뜻한다. 그러므로 1:1이나 1:M인 경우는 조인과 같이 연결고리가 존재하며 연결고리에 이상이 있으면 이상이 발생한 쪽이 선행집합이 되고, 양쪽 모두 이상이 없으면 예하 조건들의 경합에 따라 선행 테이블이 결정되는 방법을 따른다.

가령 다음과 같이 인덱스의 효율적인 활용을 위해 제공자 역할을 하는 서브쿼리를 의도적으로 삽입시키고자 했을 때, 만에 하나 이 서브쿼리가 확인자의 역할을 하는 순간 모든 계획은 물거품이 되어 버린다.

```
        SELECT  *
        FROM TAB1
        WHERE  DEPTNO = '1100'
①       and  SALEDATE IN (SELECT YMD
                          FROM YMD_DUAL
                          WHERE YMD between '19980301' and '19980312' )
        and  ITEM LIKE 'ABC%' ;
```
여기서 YMD_DUAL는 몇 십년 간의 일자만 문자타입으로 가지고 있는 일종의 보조 테이블임

이 SQL에 사용된 서브쿼리는 인덱스가 'DEPTNO+SALEDATE+ITEM'으로 구성되어 있을 때 SALEDATE between '19980301' and '19980312'로 사용하는 것보다 액세스 효율을 개선하기 위해 여러 개의 '='을 만들어내는 서브쿼리를 사용한 경우이다.

만약 이 서브쿼리가 제공자 역할을 하지 못하고 확인자 역할을 하는 순간 우리의 모든 계획은 수포로 돌아갈 뿐만 아니라 수행속도는 훨씬 나빠진다. 만약 어떤 이유에 의해서 서브쿼리가 확인자 역할을 하는 실행계획이 수립되었다면 ①에 있는 YMD를 YMD||''로 가공시킨다. 이것은 마치 조인에서 연결고리의 어느 한쪽을 못 쓰게 하는

것과 동일한 효과가 나타나며 연결고리에 이상이 발생한 쪽인 서브쿼리가 먼저 수행되는, 즉 제공자의 역할을 하게 되는 실행계획이 수립된다.

서브쿼리가 항상 1쪽이라면 사실 우리는 굳이 서브쿼리를 사용할 필요가 없었을 것이다. 이러한 경우는 가급적이면 조인을 사용하기 바란다.

거듭 강조하지만 서브쿼리를 사용했을 때 제공자가 되느냐, 확인자가 되느냐는 실로 엄청난 차이를 가져오므로 이러한 판단도 없이 서브쿼리를 사용한다는 것은 상상조차 할 수 없다. 그럼에도 불구하고 대부분의 사용자는 이러한 원리나 활용방법을 알지 못하고 사용해 왔다는 것은 참으로 깊이 반성해야 할 것이다.

특히 여러분이 설계자의 역할을 담당하고 있다면 이러한 원리에 대한 이해를 바탕으로 인덱스를 설계해야 최소의 인덱스로서 다양한 액세스 형태를 처리할 수 있는 종합적인 전략을 세울 수 있음을 명심하기 바란다.

4.2.2. SORT MERGE 형태의 수행

우리가 앞서 알아보았던 서브쿼리의 실행순서는 NESTED LOOPS 형식의 처리에서 의미있는 말이다. 서브쿼리는 상황에 따라 조인의 한 종류인 SORT MERGE와 유사한 형태로 수행되어 어느 것이 먼저 수행되는 상태가 아닐 수도 있다.

SORT MERGE 형태로 수행하는 이유와 효과는 조인에서 설명한 바와 거의 동일하다. 이 조인 방식에 대해 좀더 자세하게 알고자 한다면 '대용량 데이터베이스 솔루션 I, 제2장 조인의 최적화 (Page 113~115)'를 참조하기 바란다.

다음과 같은 SQL을 살펴보자.

```
SELECT *
FROM 사원
WHERE 부서코드 IN (SELECT 부서코드
                   FROM 근태
                   WHERE 일자 between '19980301' and '19980312'
                      and 근태유형 = '무단결근' )
   and 직책 >= '과장' ;
```

데이터 연결에 사용된 '사원' 테이블과 '근태' 테이블은 연결고리인 '부서코드'에서 볼 때 M:M 관계를 가지고 있다. 그렇다면 서브쿼리의 특성상 반드시 1의 집합이 되어야 하므로 먼저 자신만의 처리조건으로써 액세스하여 부서코드별로 유일한 집합을 만들어야 한다.

이 서브쿼리의 처리결과는 상수값의 집합으로써 제공자의 역할을 할 자격이 있으나, 만약 '사원' 테이블의 부서코드에 인덱스가 구성되어 있지 않다면 이 컬럼은 처리주관 조건이 될 수가 없다. 어느 방향으로 수행해도 연결이 수월하지 않으므로 이러한 경우에는 SORT MERGE 형태의 연결이 될 가능성이 매우 높다.

이와 유사하게 비록 서브쿼리 내의 집합이 M이 아니라 1이라 하더라도 서브쿼리의 SELECT-LIST에 있는 연결고리에 인덱스가 구성되어 있지 않고 서브쿼리의 결과를 받는 메인쿼리의 컬럼에도 인덱스가 없다면 SORT MERGE형 처리가 될 가능성이 매우 높다.

SORT MERGE형 연결은 조인에서와 매우 유사하게 실행계획이 수립된다. 한가지 차이점은 서브쿼리가 M의 집합일 때 1의 집합을 만들기 위해서 SORT(UNIQUE)을 수행한 후 머지한다는 차이가 있을 뿐이다.

앞서 예를 들었던 SQL이 SORT MERGE 형태로 수행된다면 다음과 같은 실행계획이 수립될 것이다.

```
SELECT STATEMENT
  MERGE JOIN
     SORT (JOIN)
      └TABLE ACCESS (FULL) OF '사원'
     SORT (JOIN)
       VIEW
         SORT (UNIQUE)
           TABLE ACCESS (BY ROWID) OF '근태'
           └INDEX (RANGE SCAN) OF '유형_일자_IDX' (NON-UNIQUE)
```

실행계획에서 볼 수 있듯이 서브쿼리는 메인쿼리와의 머지를 위해서 자신이 액세스한 로우들을 SORT(UNIQUE) 처리에 의해 1의 집합을 만든다. SORT MERGE 형태로 수행될 때는 다른 집합에서 수행된 결과를 받아서 처리할 수 없으므로 독자적으로 처리범위를 충분히 줄일 수 있을 때 효과적이며 랜덤 액세스가 줄어들기 때문에 경우에 따라서는 매우 효과적일 수도 있다.

연결고리의 조건에 'NOT'을 사용한 경우에도 이러한 형태의 연결이 나타날 수 있다. 여기에 대한 상세한 내용은 '4.3.2. 부정형(Anti) 조인(Page 2-140~2-145)'에서 설명될 것이다.

4.2.3. 필터(Filter) 형식으로 처리되는 경우

필터처리란 말 그대로 '골라내는 작업' 방법을 말한다. 먼저 수행하여 액세스한 로우를 취해야 할지 버려야 할지를 결정하기 위해 버퍼(Buffer)에 저장된 값과 비교하거나 필요시 데이터를 액세스하여 비교한다.

조인은 연결된 로우들을 다음 처리를 위해 보관할 필요가 있지만 필터처리에서는 단지 골라내기 위해서만 사용하므로 체크에 필요한 최소의 정보만 잠시 저장되어 있을 뿐이다. 이러한 처리 방식은 대부분 EXISTS를 사용한 서브쿼리에서 나타난다.

일단 필터처리 방법을 자세히 알아보기 위해 다음과 같은 SQL을 실행시켜 보자.

```
SELECT  *
FROM    ORDER x
WHERE   ORDDATE LIKE '9706%'
    and EXISTS (SELECT 'X'
                FROM    DEPT y
                WHERE   y.DEPTNO = x.SALDEPT
                    and y.TYPE1 = '1' ) ;
```

이 SQL의 실행계획은 대부분 다음과 같이 나타난다.

```
FILTER
    TABLE ACCESS (BY ROWID) OF 'ORDER'
        INDEX (RANGE SCAN) OF 'ORDDATE_INDEX' (NON_UNIQUE)
    TABLE ACCESS (BY ROWID) OF 'DEPT'
        INDEX (UNIQUE SCAN) OF 'DEPT_PK' (UNIQUE)
```

이 실행계획은 FILTER란 용어를 NESTED LOOPS로 바꾸어 보면 우리가 자주 보아오던 NESTED LOOPS 조인과 동일하며 실제 수행하는 방법도 매우 유사하다.

그러나 필터처리는 나름대로 매우 독특한 특징을 가지고 있다.

이러한 실행계획의 수행과정을 TRACE로 세밀하게 분석해본 사용자라면 매우 특이한 현상을 발견했을 것이다. 가령 TRACE 파일에 나타난 각 실행단계별 로우 수가 다음과 같았다고 가정해 보자.

```
ROWS      EXPLAIN PLAN
------    ----------------------------------------------------
 3200     FILTER
 3200       TABLE ACCESS (BY ROWID) OF 'ORDER'
 3201         INDEX (RANGE SCAN) OF 'ORDDATE_INDEX' (NON_UNIQUE)
   10       TABLE ACCESS (BY ROWID) OF 'DEPT'
   10         INDEX (UNIQUE SCAN) OF 'DEPT_PK' (UNIQUE)
```

이 실행계획의 각 단계별 수행내역을 처리한 로우 수를 이용하여 분석해 보자. 먼저

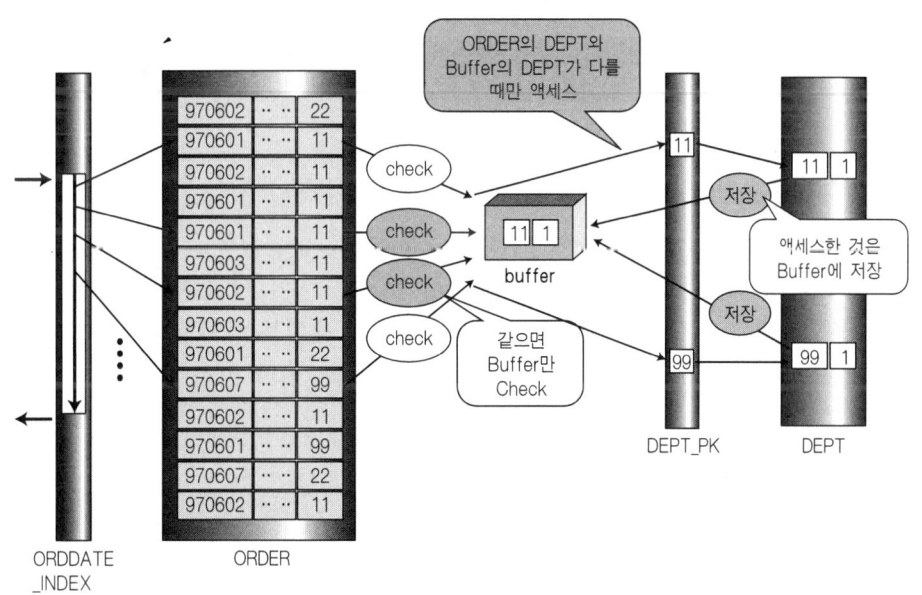

그림 2-4-2

'ORDDATE_INDEX'를 3,201개만큼 차례로 범위처리하면서 3,200건의 'ORDER' 테이블의 로우를 읽었다. 그렇다면 'ORDER' 테이블에서 액세스한 3,200개의 각각의 로우에 대해서 서브쿼리가 수행되어 EXISTS를 체크했으므로 'DEPT' 테이블을 액세스하는 이 서브쿼리도 3,200번 수행되어야 할 것이다. 그런데 이 서브쿼리가 'DEPT' 테이블을 액세스한 것은 단 10회에 불과하다. 자! 이 현상을 어떻게 설명해야 할 것인가?

위의 그림을 보면서 그 실행방법을 자세히 알아보도록 하자.

① 먼저 ORDDATE_INDEX에서 '9706%'를 만족하는 첫번째 로우를 읽고 그 ROWID로 ORDER 테이블의 해당 로우를 액세스한다.
② 그 로우가 가지고 있는 SALDEPT와 버퍼에 있는 DEPT와 비교한 결과가 같지 않으므로 DEPT 테이블의 기본키를 이용해 액세스한 후 체크한다. 체크결과 조건을 만족하면 운반단위에 태우고 아니면 버린다.
③ 액세스한 DEPT 테이블의 비교 컬럼값들을 버퍼에 저장한다.
④ ORDDATE_INDEX의 두번째 로우에 대한 ORDER 테이블 로우를 액세스한 후 버퍼와 체크한다. 이때 ORDER 테이블의 SALDEPT와 버퍼의 DEPT가 동일하면 버퍼와의 비교만 수행하며, DEPT 테이블은 액세스하지 않는다. 버퍼의 DEPT와 일치하지 않을 때만 DEPT 테이블을 액세스하여 비교하고 그 값을 다시 버퍼에 저장한다. 버퍼는 하나의 값만 저장할 수 있으므로 앞서 저장된 값은 갱신된다.
⑤ 이와 같은 방법으로 ORDDATE_INDEX의 처리범위가 완료될 때까지 수행한다.

필터처리는 이와 같은 방법으로 수행하므로 메인쿼리에서 액세스되는 로우가 서브쿼리에서 비교할 컬럼으로 정렬되어 있다면 서브쿼리의 테이블 액세스 양을 많이 감소시킬 수 있다. 이러한 경우는 당연히 조인보다 유리하다. 그러나 거의 정렬되어 있지 않다면 조인보다 별로 유리할게 없다.

필터처리는 NESTED LOOPS 조인과 매우 유사하다고 했다. 랜덤 액세스를 통해 다른 집합과 연결을 한다는 점에서는 더욱 그러하다. 굳이 차이점을 든다면 필터처리는 연결을 시도하다가 성공하는 로우를 만나면 연결작업을 멈추지만 NESTED LOOPS 조인은 조건을 만족하는 모든 로우에 대해 처리한다는 것이 다르다.

뒤에서 설명하겠지만 서브쿼리의 연결방법은 조인에서와 같이 NESTED LOOP형, SORT MERGE형, 해쉬 조인형이 동일하게 존재한다. 유·불리에 대한 판단기준도 조인과 거의 동일하다.

EXISTS를 사용하는 것이 항상 유리한 것은 결코 아니다. EXISTS를 사용한 서브쿼리는 대부분 메인쿼리의 컬럼과 비교하므로 대부분 확인자의 역할을 하게 된다. 그러므로 막연히 EXISTS는 좋은 것이라는 고정관념에 의해 제공자 역할을 담당해야 할 경우까지 EXISTS를 사용하는 우를 범해서는 안될 것이다.

사실 몇 개의 회사에서 이러한 일이 있었다. 관계형 데이터베이스 사용경력이 오래된 개발자가 EXISTS를 사용하여 수행속도를 향상시킨 경험을 너무 과신한 나머지 다른 개발자들에게 EXISTS를 사용하는 것이 매우 유리하다고 전파한 결과 대부분의 사용자들이 웬만한 경우에는 무조건 EXISTS를 사용하고 있었다.
참으로 웃지 못할 일이다. 세상 일이 그렇게 단편적이라면 얼마나 좋겠는가!

여러분들은 이제 어느 정도 서브쿼리에 대한 정확한 개념을 정립했을 것으로 믿는다. 이러한 개념을 바탕으로 본다면, 위의 부류에 속하는 사람들을 볼 때 어떤 생각이 드는가? 여러분들은 하루 빨리 이러한 터널에서 빠져 나오기를 바란다.

4.3. 유형별 활용

지금까지 서브쿼리가 가지고 있는 독특한 개념과 실행계획이 어떻게 수립되는지를 알아보았다. 특히 조인과의 본질적인 차이점을 규명해봄으로써 우리가 어떠한 경우에 서브쿼리를 사용해야 하는지에 대한 기준을 수립할 수 있게 되었다. 또한 서브쿼리의 역할이 제공자인 경우와 확인자인 경우에 따른 처리방법과 이 역할이 잘못되었을 때 발생하는 엄청난 차이점을 직접 피부로 느낄 수 있었을 것이다.

모든 것은 나름대로 존재 이유가 있듯이 서브쿼리만이 가지고 있는 특징으로 인해 발생하는 장점을 최대한 살리기 위해 우리가 어떤 경우에 서브쿼리를 활용해야 하는지 유형별로 살펴보기로 한다.

4.3.1. M:M 관계의 비교

실무에서 어쩔 수 없이 발생하는 M:M 관계의 데이터 연결을 위해서는 앞서 소개했던 UNION, GROUP BY나, 인라인뷰를 이용한 조인, 사용자지정 저장형 함수를 사용하는 방법이 있으며 이에 대한 자세한 해결 방법을 제시했었다. 서브쿼리도 이러한 방법들과 함께 M:M 관계의 처리를 해결해 주는 중요한 방법 중에 한가지다.

서브쿼리가 이러한 관계를 해결해 줄 수 있는 이유는 앞에서 충분히 설명하였다. 서브쿼리는 메인쿼리에 반드시 종속적이어야 하므로 메인쿼리의 집합을 변화시킬 수 없다. 그래서 항상 1의 집합이 되어야 하므로 제공자의 역할을 하는 경우에는 유일한 값을 만들어 제공하게 되고, 확인자 역할을 하는 경우에는 메인쿼리의 각 로우마다 첫번째 연결되는 로우를 만나면 더 이상 연결을 하지 않는 EXISTS 개념이 된다고 했었다.

그러므로 메인쿼리와 데이터 모델상의 관계가 1:1이면 1:1, M:1이면 M:1, M:M이면 M:1, 1:M이면 1:1이 된다. 이러한 이유로 서브쿼리는 절대로 M:M 연결을 일으키지 않는다.

서브쿼리의 최대 단점은 메인쿼리의 SELECT-LIST에 서브쿼리의 수행결과를 기술할 수 없다는 점이다. 이 말은 결국 서브쿼리의 수행결과는 SQL 수행 중에 내부적으로 사용하는 것일 뿐이지 결코 밖으로 추출할 수 없다는 것을 의미한다. 이것이 바로 우리가 언제 서브쿼리를 활용해야 하는가를 결정지어 준다.

M:M 관계의 해결을 위해 사용할 수 있는 다양한 방법들의 활용상의 미묘한 차이를 여기서 상세히 대비해 보기로 하자. 다음 도표는 이러한 방법들의 활용기준을 대비시켜 본 것이다.

구 분	인라인뷰 조인	UNION, GROUP	사용자지정 저장형함수	서브쿼리
M:M 관계의 데이터 연결	O	O	O	O
결과의 추출을 원할 때	O	O	O	X
다양한 추출컬럼이 필요할 때	O	O	△	X
양측 OUTER 조인	X	O	X	X
독자적으로 범위를 줄일 수 있을 때	O	O	O	O
다른 쪽에서 결과를 받는 것이 유리	X	X	O	O
배타적 관계의 연결	X	O	O	△
연결할 집합이 유사하지 않을 때	O	△	O	O
부분범위처리	△	X		△
기본키와 외부키가 아닌 경우의 연결	O	O	O	O
단순히 조건 체크만 원할 때	△	X	△	O
단순히 조건의 상수값만 제공할 때	△	X	△	O

이 표에서도 알 수 있듯이 서브쿼리는 M:M 관계에 있는 데이터 모델의 연결에서 어느 한쪽 집합이 단순히 조건 체크로 사용되거나, 메인쿼리 조건에 상수값을 제공만 하고자 하는 경우에 매우 효과적인 활용 방법이라 하겠다.

경우에 따라서는 부분범위처리로 유도함으로써 수행속도를 현격히 향상시킬 수도 있으며, 특히 배타적 관계에 있는 집합과의 처리에도 효과를 얻을 수 있다. M:M 관계에 있는 데이터 모델에서 제공자 역할을 하는 경우와 확인자 역할을 하는 경우, 특히 EXISTS를 활용한 사례는 앞서 설명한 예가 있었으므로 여기서는 더 이상의 설명은 하지 않기로 하겠다.

지 않기로 하겠다.
4.3.2. 부정형(Anti) 조인

데이터 연결고리 조건에 부정형이 들어 있을 때는 조인이 어렵다. 물론 경우에 따라 연결고리의 일부분에 부정형이 들어 있을 수는 있다. 그러나 전체가 모두 부정형인 조인은 논리적으로 아무런 의미가 없다. 이런 경우의 대부분은 액세스한 집합의 조건을 체크하기 위해 사용된다. 즉, NOT IN이나 NOT EXISTS를 사용하여 조건의 만족 여부를 가려내기 위해 사용한다.

다음과 같은 부정형으로 데이터를 연결하는 SQL을 살펴보자.

```
SELECT *
FROM TAB1
WHERE COL1 like 'ABC%'
    and COL2 NOT IN (SELECT FLD2
                     FROM TAB2
                     WHERE FLD3 between '19980101' and '19980131' ) ;
```

의미상으로 보면 이 SQL은 문제가 전혀 없으며 원하는 결과를 얻을 수 있다. 그러나 이 SQL의 실행계획을 살펴보면 문제점이 나타난다. 실행계획을 살펴보자.

```
SELECT STATEMENT
  FILTER
    TABLE ACCESS (BY ROWID) OF 'TAB1'
      INDEX (RANGE SCAN) OF 'COL1_INDEX' (NON UNIQUE)
    TABLE ACCESS (BY ROWID) OF 'TAB2'
      INDEX (RANGE SCAN) OF 'FLD3_INDEX' (NON UNIQUE)
```

부정형 조인은 연결고리에 해당하는 TAB1의 COL2와 TAB2의 FLD2가 NOT IN

자 역할을 하는 서브쿼리는 항상 나중에 수행된다. 나중에 수행되는 서브쿼리의 처리주관 인덱스는 연결고리인 FLD2 인덱스가 아니라 FLD3 인덱스가 사용되고 있다. 그렇다면 이 말은 메인쿼리가 액세스한 각각의 로우마다 서브쿼리는 동일한 범위를 중복해서 처리한다는 것을 의미한다. 물론 항상 이렇게 실행계획이 수립되는 것은 아니다. 만약 'FLD2+FLD3'로 인덱스가 구성되었거나 FLD3에 인덱스가 없다면 정상적으로 FLD2 인덱스를 사용하는 실행계획이 작성된다.

따지고 보면 이것은 옵티마이져의 잘못이다. 그러므로 이러한 현상은 데이터베이스에 따라 나타나지 않을 수도 있다. 그러나 이러한 잘못된 실행계획이 수립되는 것을 방지하려면 다음과 같이 사용하는 것이 바람직하다.

```
SELECT *
FROM TAB1
WHERE COL1 like 'ABC%'
    and NOT EXISTS (SELECT FLD2
                    FROM TAB2
                    WHERE FLD2 = COL2
                      and FLD3 between '19980101' and '19980131') ;
```

필터형식으로 처리되는 부정형 조인의 최대 장점은 NESTED LOOPS 조인과 같이 선행 집합에서 요구한 로우들에 대해서만 수행한다는 것이다. 다시 말해서 선행집합에서 상수값을 제공받아 처리된다는 것이다. 이러한 처리는 랜덤 액세스가 증가하는 단점을 같이 가지고 있기 때문에 항상 우리는 상수값을 제공받았을 때 수행되는 처리량과 받지 않고 독자적으로 수행될 때의 처리량에 대한 비교를 통해 사용 여부를 판단해야 한다.

또 한가지의 장점은 부분범위처리가 가능하다는 것이다. 비록 부정형으로 연결되었더라도 부분범위처리 자격은 계속 유지된다. 이에 대한 자세한 내용은 다음 장에서 설명하겠다.

이번에는 SORT MERGE 형태로 수행되는 부정형 조인과 해쉬 조인 형태로 수행되는 부정형 조인에 대해 알아보자. 우리는 앞서 '4.2.2. SORT MERGE 형태의 수행'에서 메인쿼리와 서브쿼리가 SORT MERGE 형태로 수행되는 경우를 알아보았다. 필터 형식으로 처리되는 서브쿼리는 랜덤 액세스가 증가하므로 경우에 따라서 매우 비효율적인 처리가 될 수 있다. 가령 다음과 같은 SQL을 가정해 보자.

```
SELECT COUNT(*)
FROM TAB1
WHERE COL1 like 'ABC%'
    and  COL2 NOT IN (SELECT FLD2
                        FROM TAB2
                        WHERE FLD3 between '19980101' and '19980131' ) ;
```

메인쿼리에서 추출한 범위가 매우 넓어 서브쿼리가 랜덤으로 처리할 양이 매우 많아진다고 하자. 만약 서브쿼리의 집합은 FLD3 인덱스로 액세스했을 때 처리량이나 메인쿼리로부터 받은 COL2로 액세스한 것이나 큰 차이가 없다면, 즉 서브쿼리만으로도 처리범위를 충분히 줄일 수 있다면, 우리는 굳이 메인쿼리로부터 COL2를 받아 랜덤 액세스를 할 이유가 없다.

이러한 경우에는 SORT MERGE 조인처럼 각각의 집합을 별도로 액세스하여 정렬시킨 후 연결을 시도하는 것이 훨씬 유리하다. 비록 부정형으로 연결되었지만 문제될 것이 없다. 머지 단계에서 일반적인 머지와 반대로 '머지에 실패한 것'을 추출하기만 하면 동일한 방법이 된다.

이러한 처리 방법으로 유도하기 위해서는 다음과 같이 사용한다.

```
SELECT COUNT(*)
FROM TAB1
WHERE COL1 like 'ABC%'
    and  COL2 IS NOT NULL
    and  COL2 NOT IN (SELECT /*+ MERGE_AJ */ FLD2
```

```
                FROM TAB2
                WHERE FLD3 between '19980101' and '19980131'
                  and  FLD2 IS NOT NULL) ;
```

머지 조건이 되는 컬럼은 반드시 NOT NULL 보장이 되어야 하므로 각각 IS NOT NULL 조건을 추가한다. 서브쿼리에는 MERGE_AJ이라는 힌트를 추가하면 다음과 같은 실행계획이 나타날 것이다.

```
SELECT STATEMENT Optimizer=FIRST_ROWS
  MERGE JOIN (ANTI)
    SORT (JOIN)
      TABLE ACCESS (BY ROWID) OF 'TAB1'
        INDEX (RANGE SCAN) OF 'COL1_INDEX' (NON-UNIQUE)
    SORT (UNIQUE)
      VIEW
        TABLE ACCESS (BY ROWID) OF 'TAB2'
          INDEX (RANGE SCAN) OF 'FLD3_INDEX' (NON-UNIQUE)
```

이 실행계획은 앞서 소개했던 SORT MERGE 조인과 거의 동일하지만 위의 실행계획처럼 단지 **MERGE JOIN (ANTI)**로 표시되는 것만 차이가 난다. 이 조인은 반드시 NOT IN을 사용한 경우만 가능하며 비용기준 옵티마이져로 정의되어야만 한다.

해쉬 조인은 대용량 데이터베이스 솔류션 Ⅲ권에서 상세히 설명하겠다. 해쉬 조인은 SORT MERGE 조인과 유사하지만 정렬작업을 하지 않는다는 큰 장점을 가지고 있어 매우 효과적인 조인 방법이지만 데이터베이스 제품이나 버전에 따라 이 기능을 제공하지 못하는 경우가 많이 있으므로 매뉴얼을 참고하기 바란다.

해쉬 부정형 조인을 위해서는 다음과 같이 기술해야 한다.

```
SELECT COUNT(*)
FROM TAB1
WHERE COL1 like 'ABC%'
    and COL2 IS NOT NULL
    and COL2 NOT IN (SELECT /*+ HASH_AJ */ FLD2
                     FROM TAB2
                     WHERE FLD3 between '19980101' and '19980131'
                       and FLD2 IS NOT NULL) ;
```

힌트를 HASH_AJ으로 기술하는 것을 제외하면 각종 제한사항이나 사용기준들은 MERGE_AJ과 동일하다. HASH_AJ으로 실행계획이 수립되었다면 다음과 같은 형태의 실행계획이 나타날 것이다.

```
SELECT STATEMENT Optimizer=FIRST_ROWS
  HASH JOIN (ANTI)
    TABLE ACCESS (BY ROWID) OF 'TAB1'
      INDEX (RANGE SCAN) OF 'COL1_INDEX' (NON-UNIQUE)
    VIEW
      TABLE ACCESS (BY ROWID) OF 'TAB2'
        INDEX (RANGE SCAN) OF 'FLD3_INDEX' (NON-UNIQUE)
```

이 실행계획의 서브쿼리 부분에서 MERGE_AJ과는 다르게 SORT(UNIQUE) 부분이 나타나지 않는 것은 HASH 조인이 연결을 위해 사전에 준비해 두는 작업은 MERGE_AJ와 유사하지만 실제 연결단계에서는 마치 필터형식처럼 처리되므로 굳이 유일한 집합을 만들 필요가 없기 때문이다.

여러분들은 필터처리보다 MERGE_AJ이 유리한 경우에 HASH_AJ을 사용해보면 그 수행속도는 깜짝 놀랄 만큼 현저하게 향상되는 것을 보게 될 것이다. 그렇다고 해서 항상 이러한 방법이 유리하지는 않다는 것을 명심하기 바라며, 특히 MERGE_AJ이나

HASH_AJ는 언제나 전체범위처리를 하기 때문에 부분범위처리를 하고자 할 때는 사용해서는 안된다는 것을 분명히 기억하기 바란다.

HASH_AJ이나 MERGE-AJ은 'NOT IN'을 사용했을 때만 가능하며 'NOT EXISTS'를 사용한 경우에는 이러한 형태의 실행계획은 수립되지 않는다.

그러므로 여러분들은 부분범위처리를 유지하고 싶은 경우나 서브쿼리가 독자적으로 처리범위를 제대로 줄일 수 없을 때는 'NOT EXISTS', 그 외의 경우 즉, 어차피 부분범위처리가 불가능하면서 독자적으로 처리범위를 줄여줄 수 있을 때, 혹은 메인쿼리와 서브쿼리가 매우 넓은 범위를 가지고 있을 때는 'NOT IN'을 사용하고 HASH_AJ이나 MERGE-AJ으로 유도해야 한다.

4.3.3. 부분범위처리로의 유도

서브쿼리를 이용하여 부분범위처리로 유도하는 방법은 크게 두가지로 나눌 수 있다. 한가지는 제공자 역할을 할 때 부분범위처리로 유도하는 방법이고, 다른 한가지는 확인자의 역할을 할 때 부분범위처리로 유도하는 방법이다.

제공자 역할을 하는 서브쿼리는 원칙적으로 부분범위처리가 곤란하다. 왜냐하면 서브쿼리의 집합이 항상 1의 집합이 되기 위해서 유일한 집합을 만들어야 하므로 어쩔 수 없이 정렬처리를 해야 하는 경우가 많이 발생하기 때문이다. 물론 메인쿼리 집합과의 관계가 1:1이거나 M:1인 경우는 이에 해당하지 않는다.

만약 제공자로서 처리결과를 다른 집합에 제공하고자 할 때 이 집합이 제공받을 집합보다 하위의 집합이라면 조인은 제공받을 집합의 로우 수를 변경시킨다. 그러므로 우리는 이 조인 결과를 다시 GROUP BY해야 한다. 그 결과 모든 처리는 이미 부분범위처리가 불가능해진다.

그러나 비록 상수값을 제공하는 서브쿼리는 부분범위처리가 되지 않더라도 이를 받아 처리하는 메인쿼리는 부분범위처리가 되도록 유도하는 것은 경우에 따라 매우 중요하다. 다음과 같은 SQL을 가정해 보자.

```
SELECT *
FROM TAB1
WHERE (COL1, COL2) IN (SELECT FLD1, FLD2
                       FROM TAB2
                       WHERE FLD3 like '199803%'
                       GROUP BY FLD1, FLD2
                       HAVING sum(FLD4) > 0 ) ;
```

이 SQL의 서브쿼리는 어쩔 수 없이 전체범위처리를 해야 하지만 여기서 처리한 결과를 제공받는 메인쿼리는 부분범위처리로 수행할 수 있다. 물론 이 SQL이 항상 유리한 것은 아니다. 당연히 부분범위처리로 유도함으로써 유리해지는 경우에만 해당하는 말이므로 오해없기 바란다.

이번에는 SQL을 조금 변경시켜 다음과 같은 조인 문장을 만들어 보자.

```
SELECT x.COL1, x.COL2, min(x.COL4), min(x.COL5)
FROM TAB1 x, TAB2 y
WHERE x.COL1 = y.FLD1
    and x.COL2 = y.FLD2
    and x.COL3 between '1110' and '3999'
    and y.FLD3 like '199803%'
GROUP BY COL1, COL2
HAVING sum(FLD4) > 0 ;
```

여기서 TAB1과 TAB2는 1:M의 관계를 갖는다. 우리가 추출하고자 하는 집합은 TAB1의 집합이지만 반드시 TAB2를 연결하여 관련된 하위 데이터들을 체크해보아야 하는 조건을 가지고 있다. 이를 조인으로 처리한 위의 SQL은 GROUP BY를 가지고 있으므로 전체범위처리를 할 수밖에 없다.

전체범위처리를 하게 만든 원인인 TAB2의 처리부분을 서브쿼리로 분리하는 다음과 같은 SQL을 만들어 보자.

```
SELECT COL1, COL2, COL4, COL5
FROM TAB1
WHERE COL3 between '1110' and '3999'
    and EXISTS (SELECT ' '
                FROM TAB2
                WHERE FLD1 = COL1
                    and FLD2 = COL2
                    and FLD3 like '199803%'
                GROUP BY FLD1, FLD2
```

HAVING sum(FLD4) > 0) ;

　　이 SQL은 메인쿼리가 먼저 수행하면서 각 추출된 로우마다 한번씩 서브쿼리가 수행한다. 즉, 서브쿼리는 확인자의 역할을 담당한다. 이로써 전체범위처리가 되게 했던 TAB2의 처리는 서브쿼리에서 담당했기 때문에 메인쿼리는 부분범위처리가 가능해졌다.

4.3.4. ANY, ALL을 활용한 서브쿼리

일반적으로 자주 사용되지는 않지만 알아두면 특별한 경우에 매우 효과적으로 사용할 수 있는 비교 연산자가 있다. 바로 메인쿼리의 어떤 컬럼을 서브쿼리의 결과와 비교할 때 'ALL', 'ANY', 'SOME'을 활용하는 방법이다.

가령 다음과 같이 사용하였다면,

```
SELECT *
FROM TAB1
WHERE COL1 >= ALL (SELECT FLD1
                   FROM TAB2
                   WHERE FLD2 like 'ABC%') ;
```

이 의미는 서브쿼리에서 추출한 모든 FLD1보다 큰 COL1을 가진 데이터, 즉 가장 큰 FLD1보다 같거나 큰 COL1을 가진 집합을 찾는다는 것을 말한다. 그렇다면 물론 다음과 같이 표현할 수 있다.

```
SELECT *
FROM TAB1
WHERE COL1 >= (SELECT MAX(FLD1)
               FROM TAB2
               WHERE FLD2 like 'ABC%') ;
```

대부분 ALL을 사용하는 방법보다 이 방법을 많이 사용하고 있으며 실행계획도 이 방법이 유리하다. ALL을 사용하면 주로 필터처리 방법으로 실행계획이 수립되며 대부분 확인자의 역할을 하게 된다. ALL은 모든 집합을 만족해야 하므로 필터처리가 유리하지 않다. 또한 '= ALL'로 사용하는 경우는 논리적으로 존재하기 어렵기 때문에 ALL을 사용하는 서브쿼리는 권장하지 않겠다.

그렇지만 ANY를 사용하는 것은 유리해지는 경우가 있기 때문에 적절한 경우에 활용하면 효과적이다. ANY는 ALL과 반대로 어느 하나만 만족하면 성공이므로 거의 EXISTS와 동일한 의미로 사용할 수 있다.

다음과 같이 ANY를 활용한 SQL을 사용했다면,

① SELECT *
   FROM TAB1
   WHERE COL1 >= ANY (SELECT FLD1
                      FROM TAB2
                      WHERE FLD2 like 'ABC%') ;

이 SQL은 메인쿼리의 COL1이 서브쿼리 수행결과의 어떠한 값보다 같거나 크다면 성공한다는 것을 뜻한다. 다시 말하면 다음과 같이 서브쿼리의 결과 중에서 최소값보다 같거나 큰 경우의 COL1을 추출하겠다는 것이다.

② SELECT *
   FROM TAB1
   WHERE COL1 >= (SELECT **MIN(FLD1)**
                  FROM TAB2
                  WHERE FLD2 like 'ABC%') ;

이 두개의 SQL이 수행한 결과는 동일하다. 그러나 실행계획적인 측면에서 보면 큰 차이가 있다. ANY를 사용한 경우는 서브쿼리를 확인자의 역할로 사용하겠다는 것이며 MIN을 사용한 경우는 제공자 역할을 부여하겠다는 뜻이다. 그러므로 이 두가지 중에서 어느 것이 반드시 유리하다고는 할 수는 없다.

가령, 서브쿼리에 있는 집합의 처리가 독자적으로 수행되어도 괜찮은 경우라면 ②의 SQL이 유리할 것이며, 그렇지 않다면 ①의 SQL이 유리할 것이다. 특히 부분범위처리로 유도하고자 하는 경우라면 ①이 유리할 것이다. 그것은 ①은 필터형식으로 처리되므로 각각의 메인쿼리 로우에 대해 조건을 만족하는 첫번째 로우를 만나면 더 이상 연결작업이 진행되지 않기 때문이다.

ANY 대신에 SOME을 사용할 수도 있으며 이들은 동일하다. ANY와 ALL은 반드시 =, <>, >, <, >=, <= 연산자와 같이 사용되어야 한다.

4.3.5. 발생 데이터의 목록처리

온라인 화면에서는 사용자가 필요한 검색조건을 선택할 수 있도록 목록을 제공하는 경우가 자주 있다. 가령, 사용자가 '부서', '제품', '오더번호' 등을 선택할 수 있도록 팝업(Pop-up) 윈도우를 제공한다. 어떤 친절한 개발자들은 이러한 목록화면에 나타날 로우들을 단순히 마스터 테이블에서 제공하는 것이 아니라 '발생한 목록'들만 선택할 수 있도록 하기 위해 실제 조회할 데이터가 들어 있는 테이블에서 찾아온다.

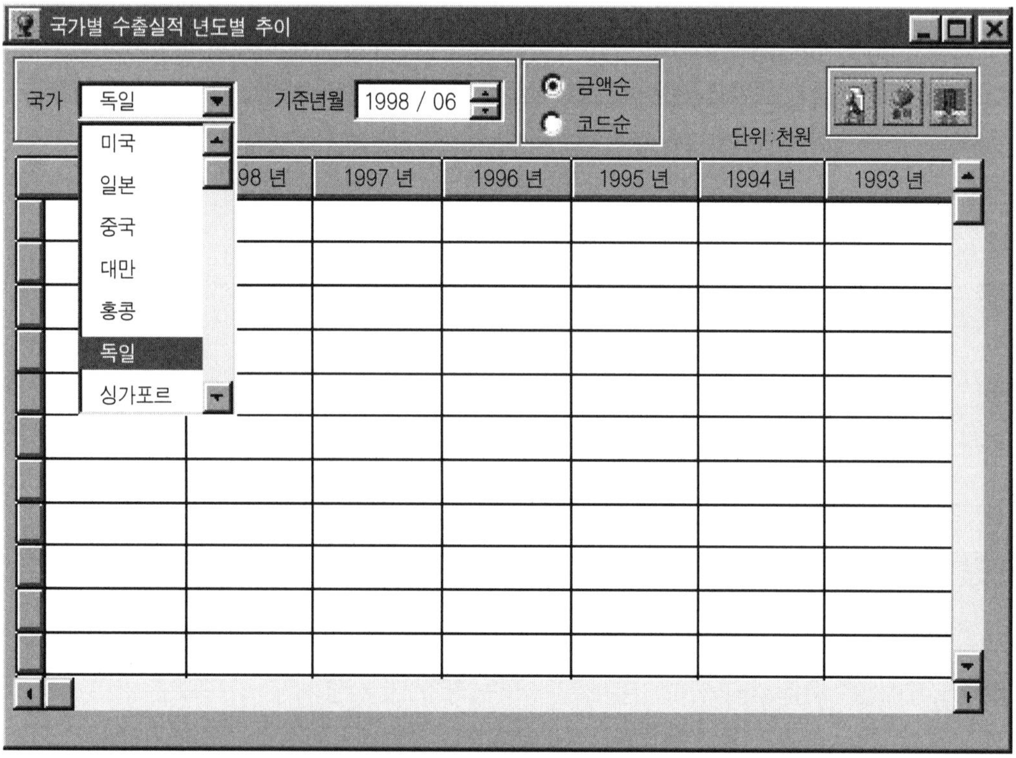

그림 2-4-3

이 그림에 있는 국가 목록을 '국가' 테이블에서 액세스하는 것이 아니라 '수출실적' 테이블에서 다음과 같은 방법으로 찾아온다.

```
SELECT DISTINCT 국가명
FROM 국가 x, 수출실적 y
WHERE x.국가코드 = y.국가코드
    and y.수출년월 between '199301' and '199806' ;
```

물론 원하는 결과는 얻을 수 있겠지만, 단지 국가 목록을 보여주기 위해 처리할 전체 범위를 모두 처리한다는 것은 어떤 이유가 있더라도 받아들일 수 없다. 인라인뷰를 사용하여 다음과 같이 약간 개선했다고 해서 용인받을 수는 없다.

```
SELECT x, 국가명
FROM 국가 x, (SELECT DISTINCT 국가코드
              FROM 수출실적
              WHERE 수출년월 between '199301' and '199806' ) y;
WHERE x.국가코드 = y.국가코드 ;
```

'수출실적' 테이블을 DISTINCT하거나, GROUP BY하거나 문제는 달라지지 않는다. 다음과 같은 처리방법은 이러한 문제를 획기적으로 개선시켜 줄 것이다.

```
SELECT x, 국가명
FROM 국가 x
WHERE EXISTS (SELECT ' '
              FROM 수출실적 y
              WHERE y.국가코드 = x.국가코드
                  and y.수출년월 between '199301' and '199806' ) ;
```

여기서 서브쿼리는 확인자의 역할을 담당하며 필터형식으로 처리되므로 '국가' 테이블에서 액세스한 각 국가마다 '수출실적' 테이블에 첫번째 로우를 확인하는 순간 더 이상 처리를 하지 않는다. 다량의 데이터를 가지고 있는 '수출실적' 테이블에서 전체 범위

를 모두 액세스하는 것이 비해 이 방법은 훨씬 적은 양을 액세스한다.

저자가 수많은 회사의 시스템을 검증하면서 이러한 오류가 너무나 많이 나타나고 있는 것에 무척 놀랐다. 지금 당장 여러분의 애플리케이션을 확인해 보라. 이러한 오류를 생각보다 많은 곳에서 발견할 수 있음에 놀라게 될 것이다.

4.3.6. 액세스 효율화를 위한 서브쿼리

결합 인덱스의 가장 큰 단점은 결합된 컬럼의 순서와 사용된 조건의 연산자에 따라 그 처리량이 매우 크게 달라진다는 것이다. 가령 'A+B+C'로 결합된 인덱스가 있을 때 A는 '=', B는 'LIKE', C는 '='로 사용하였다면 C의 '=' 조건은 B가 '='이 아니므로 처리범위를 줄여 주지 못한다.

이러한 문제점을 해결하기 위해 B의 'LIKE' 조건을 여러 개의 '=' 조건이 되도록 하기 위해서 IN을 사용한다. IN에 대응되는 값은 상수값들일 수도 있고, 서브쿼리가 될 수도 있다. 서브쿼리를 사용하는 경우는 상황에 따라 비교할 값들의 집합이 달라지는 경우에 사용한다.

이러한 방법으로 우리가 원하는 실행계획이 수립되었다면 IN에서 제공한 상수값 만큼 'A=, B=, C='로 수행되는 액세스가 발생하며 이렇게 액세스한 결과를 취합(Concatenation)하여 추출된다. 이 방법은 불필요한 B를 액세스하지 않을 뿐만 아니라 'C=' 조건이 처리주관을 하는 조건으로 다시 살아난다.

이 방법을 잘 활용한다면 기존의 인덱스 구조를 그대로 두고서도 엄청난 수행속도 향상을 얻을 수 있다. 그러나 적용 방법이 그렇게 간단한 것만은 아니다. 상황에 따라 매우 미묘한 변화를 일으키므로 주의해야 한다.

이러한 목적으로 서브쿼리를 활용하는 방법을 상세히 알고자 한다면 '제4장 논리합 연산자의 액세스 효율화(Page 4-1~4-108)'를 참조하기 바란다.

4.4. 서브쿼리 활용시 주의사항

서브쿼리를 사용할 때 우리가 주의해야 할 사항은 각 부분을 설명할 때 구체적으로 언급했었다. 여기서는 지금까지 언급하지 않은 것들 중에서 자주 나타나는 형태를 두가지만 살펴보기로 한다.

첫번째 소개할 내용은 메인쿼리에 여러 개의 테이블을 조인한 경우에 서브쿼리가 실행하는 순서에 대해 주의할 내용이다. 확인자 역할을 하는 서브쿼리는 대부분의 경우 메인쿼리의 집합이 완성된 후에 수행되어진다. 따라서 서브쿼리가 수행된 후에 나머지 조인을 일으키는 것이 액세스 양을 줄일 수 있다면 조인이 끝난 후 서브쿼리가 수행되는 것에 비해 훨씬 효과적이다.

이러한 문제를 해결하기 위해 우리가 주의해야 할 사항과 취할 수 있는 방법이 무엇인지 알아보기로 한다.

두번째 소개할 내용은 MAX나 MIN 값을 가진 로우를 찾고자 할 때 먼저 서브쿼리에서 MIN, MAX 값을 찾은 후에 다시 메인쿼리를 통해 로우를 액세스함으로써 발생하는 비효율적인 처리방법을 해결할 수 있는 대안을 제시한다.

4.4.1. 조인문에서 서브쿼리의 실행순서

메인쿼리에 하나 이상의 집합이 조인되고, 서브쿼리가 확인자의 역할을 할 때 대부분의 실행계획은 가장 마지막에 서브쿼리를 수행하는 방법으로 실행계획이 수립된다. 다음과 같은 SQL을 살펴보자.

```
SELECT *
FROM 급여 x, 사원 y
WHERE x.사번 = y.사번
    and x.급여년월 like '199801%'
    and not exists (SELECT ' '
                    FROM 가족 z
                    WHERE 생년월일 < '19300101'
                      and z.사번 = x.사번) ;
```

이 SQL의 서브쿼리를 살펴보면 '급여' 테이블만 액세스되면 수행이 가능하다. 그렇다면 액세스한 '급여' 테이블의 각 로우마다 서브쿼리를 먼저 수행하여 만족하지 않는 로우는 '사원' 테이블을 조인할 필요가 없다. 그러나 다음과 같은 실행계획이 수립되었다고 생각해 보자.

```
SELECT STATEMENT
  FILTER
    NESTED LOOPS
      TABLE ACCESS (BY ROWID) OF '급여'
        INDEX (RANGE SCAN) OF '급여년월_INDEX' (NON UNIQUE)
      TABLE ACCESS (BY ROWID) OF '사원'
        INDEX (UNIQUE SCAN) OF '사원_PK' (UNIQUE)
    TABLE ACCESS (BY ROWID) OF '가족'
```

INDEX (RANGE SCAN) OF '가족_PK' (UNIQUE)

이 실행계획에는 '사원' 테이블이 서브쿼리보다 먼저 조인되었다. 물론 경우에 따라서는 '사원' 테이블 조인 후 어떤 조건이 있어서 많은 부분을 버리게 된다면 이 실행계획이 유리할 수도 있다. 그러나 위의 SQL에서는 '사원' 테이블 조인 결과는 100% 성공이므로 전혀 서브쿼리를 수행할 대상을 줄여주지 않는다.

그렇다면 '급여' 테이블 액세스 후 바로 서브쿼리가 수행되는 것이 당연히 유리하다. 서브쿼리가 먼저 수행되도록 하는 몇 가지 방법을 소개하겠다. 첫번째 방법은 힌트를 사용하는 방법이다.

```
SELECT /* + PUSH_SUBQ */ *
FROM 급여 x, 사원 y
WHERE x.사번 = y.사번
    and x.급여년월 like '199801%'
    and not exists (SELECT ' '
                    FROM 가족 z
                    WHERE 생년월일 < '19300101'
                    and z.사번 = x.사번) ;
```

그러나 이 방법은 버전에 따라 차이가 심하다. 또한 경우에 따라서는 여러 가지 힌트를 같이 사용해야 하며, 원하는 실행계획으로 유도하기가 무척 힘이 든다. 또 한가지 방법은 다음과 같이 먼저 수행시킬 집합을 인라인뷰로 묶고 나중에 조인할 집합을 연결하여 필요시 힌트를 사용하여 실행계획을 유도하는 방법이다.

```
SELECT /* + ORDERED */  *
FROM ( SELECT * FROM 급여 x
        WHERE x.급여년월 like '199801%'
        and not exists (SELECT ' '
```

```
                FROM 가족 z
                WHERE 생년월일 < '19300101'
                    and z.사번 = x.사번) ) a, 사원 b
WHERE b.사번 = a.사번 ;
```

그러나 불행히도 이러한 강제적인 방법을 동원해도 우리가 원하는 실행계획으로 유도될 가능성은 매우 낮다. 특히 버전에 따라 차이가 있으므로 여기서 더 구체적인 언급은 하지 않겠다.

마지막으로 우리가 사용할 수 있는 방법은 '사용자지정 저장형 함수'를 활용하는 방법이다. 다시 말해서 서브쿼리 부분을 사용자지정 저장형 함수로 생성시키고 이것을 '급여' 테이블의 체크조건으로 사용하는 방법이다. 사용자지정 저장형 함수를 사용하여 이와 유사한 방법으로 처리한 예는 '3.저장형 함수를 이용한 데이터 연결'에서 많이 소개하였으므로 더 자세한 내용은 언급하지 않겠다.

물론 서브쿼리를 먼저 수행시키기 위해 너무 집착할 필요는 없다. 그러나 가끔은 이러한 차이가 매우 큰 영향을 주는 경우가 나타나기도 하므로 여러분들은 예의 주시할 필요가 있다는 점을 명심하기 바란다.

4.4.2. MIN,MAX 값을 가진 로우 액세스

우리가 어떤 SQL에서 MIN이나 MAX를 취한 값을 구하는 것은 매우 쉬운 일이지만 이 값을 가지고 있는 로우를 찾는 것은 그리 쉽지 않다. 이 함수들은 SQL이 수행되는 과정에 해당 컬럼만 사용하는 임시 저장공간을 만들어 결과를 저장한다. 그러므로 로우에 대한 정보는 전혀 가지고 있지 않다.

이러한 이유로 인해 대부분의 사용자들은 먼저 서브쿼리를 수행시켜 MIN이나 MAX 값을 찾아내고 다시 이 결과를 제공자로써 메인쿼리에 공급하여 원하는 로우를 찾는다. 다음 SQL은 어느 금융회사에서 실제로 발생한 사례이다.

```
SELECT 종목, 고객번호, 변경회차, 변경일자, 금액
FROM 변경내역 x
WHERE 변경회차 = (SELECT MAX(y.변경회차)
                FROM 변경내역 y
                WHERE y.고객번호 = x.고객번호
                    and y.변경일자 between '19980101' and '19980131' )
    and 종목 = '15'
    and 변경일자 between '19980101' and '19980131' ;
```

데이터 모델링의 잘못으로 인해 이 SQL처럼 가장 최근에 변경된 정보를 찾기가 매우 힘들어지는 경우를 자주 접하게 된다. 이 SQL은 주어진 변경일자 범위에 발생한 고객들의 마지막 변경 정보들을 찾고자 한다. 물론 원하는 결과는 얻을 수 있겠지만 언뜻 보더라도 상당히 많은 문제점이 보인다.

우선 서브쿼리를 살펴보면 'x.고객번호'를 가지고 있으므로 제공자 역할을 할 수 없음을 알 수 있다. 그렇다면 종목이 '15'이면서 1998년 1월에 발생한 모든 데이터들에 대해서 서브쿼리가 한번씩 수행되어야 한다. 더구나 서브쿼리는 MAX 함수를 사용하였으므로 반드시 전체범위를 처리해야 한다.

물론 필터형식으로 처리되고 메인쿼리에서 액세스한 로우가 고객번호로 정렬되었다

면 서브쿼리가 테이블을 액세스하는 회수는 줄어들 수도 있을 것이다. 그러나 많은 부분이 중복해서 액세스 되는 현상은 피할 수 없고 그만큼 비효율적으로 처리되고 있다. 이를 개선하기 위해서 다음과 같이 SQL을 수정한다면 조금은 좋아질 것이다.

```
SELECT 종목, 고객번호, 변경회차, 변경일자, 금액
FROM 변경내역 x
WHERE (고객번호,변경회차) IN (SELECT 고객번호, MAX(변경회차)
                FROM 변경내역 y
                WHERE 종목 = '15'
                  and 변경일자 between '19980101' and '19980131'
                GROUP BY 고객번호) ;
```

이 SQL은 서브쿼리가 제공자 역할을 수행하여 액세스할 대상을 메인쿼리에 제공하였으므로 앞의 사례에 비하면 매우 효과적이다. 그러나 '변경내역' 테이블의 일부 로우들을 두번에 걸쳐 액세스한 것은 불만이다. 이러한 문제까지 해결하기 위해 다음과 같은 SQL을 만들어 보자.

```
      SELECT '15'               종목,
             고객번호,
             substr(추출값,1,3)    변경회차,
             substr(추출값,4,8)    변경일자,
             substr(추출값,12,15)  금액
      FROM (SELECT 고객번호,
①                  MAX(RPAD(변경회차,3)||변경일자||금액) 추출값
            FROM 변경내역
            WHERE 종목 = '15'
              and 변경일자 between '19980101' and '19980131'
            GROUP BY 고객번호) ;
```

이 SQL은 앞서 서브쿼리에서 MAX(변경회차)를 찾는 부분을 약간 활용하여 ①과 같이 변경회차를 RPAD로 고정길이를 만들고 추출할 값들을 결합하여 이것의 MAX를 취하였다. 뒤에 오는 변경일자나 금액이 어떤 값이 되든 변경회차가 가장 큰 것이 결합한 값도 가장 크다. 마지막에 오는 금액은 고정길이가 아니지만 '변경일자'가 고정길이므로 나중에 잘라낼 때 문제가 되지 않는다.

이 결과를 인라인뷰로 묶고 마지막 SELECT-LIST에서 SUBSTR으로 잘라내어 우리가 원하는 결과를 얻었다. 이 방법은 필요한 처리범위를 단 한번만 액세스하였으므로 앞의 어떤 경우보다 효율적이다.

이러한 형태는 약간만 응용하면 다른 유사한 많은 부분에 활용할 수 있을 것이므로 확실하게 이해하기 바란다. 또한 데이터 모델링을 할 때 이러한 부분이 설계에 반영되는 것은 매우 중요하다. 앞의 사례는 특수한 방법을 사용하여 해결하였지만 실무에서는 훨씬 더 복잡한 경우도 많이 발생하기 때문이다.

참고로, 이력관리 데이터 모델에서 가장 마지막에 발생한 데이터를 자주 참조한다면 마지막임을 나타내는 속성(Attribute)을 추가해 주는 것이 좋다. 이 속성을 추출(derived) 컬럼으로 생각할 필요는 없다. 물론 주변의 여러 정보를 이용해 복잡하게 가공하여 만들어 낼 수가 있다면 추출 컬럼이라고 할 수도 있을 것이다. 그러나 저자는 비록 이렇게 생성할 수 있는 컬럼이라고 하더라도 매우 복잡한 가공을 하거나 다른 많은 집합들과 비교해야 판단되는 경우라면 이러한 컬럼은 독립적이고 고유한 속성을 가진 '창조적인 컬럼'으로 규정하고 싶다.

엔터티(Entity)는 우리가 의미를 부여함으로써 창조되는 집합이듯이 속성 또한 우리가 독창적인 의미를 부여함으로써 탄생할 수 있는 것이다.

지금까지 데이터 연결의 다양한 방법에 대해서 매우 세밀한 부분까지 알아보았다. 앞서 여러 번 강조했듯이 데이터란 혼자 만으로서 가치보다 종합적으로 처리함으로써 보다 높은 가치를 가지게 된다. 그러므로 데이터의 복합적인 연결이야말로 우리가 최종적으로 처리할 목표를 위해 가장 기본적인 바탕이라 할 것이다.

특히 우리가 부딪히는 실무는 너무나 많은 변수와 변화들로 이루어져 있다. 이러한 복잡한 처리를 개발자 자신이 처리하겠다는 생각은 이제 더 이상 해서는 안 된다. 우수한 성능을 가지고 있는 데이터베이스가 가능한 모든 것을 처리하도록 하기 위해서는 SQL을 자꾸 분리해서는 안 된다. 비록 바로 다음 라인에 기술되었다 하더라도 SQL과 SQL 사이에는 깊이를 가늠할 수 없는 계곡이 있다고 했다.

그 계곡을 건너기 위해서는 수많은 사용자의 절차형 처리가 필요해지고 수행속도는 점점 나빠진다. 데이터베이스에게 종합적인 일을 시키려면 가능한 SQL은 합쳐져야 한다. SQL을 합치려면 어떤 방법으로 데이터를 연결할 것인지가 최대의 관건이며, 우리가 항상 사용하는 조인이 아니라도 많은 연결 방법이 있음을 알아보았다.

특히 이 연결 방법들은 나름대로의 독특한 특성을 가지고 있어 우리가 하고자 하는 일의 특성에 따라 어떤 방법을 선택하느냐는 매우 중요하다. 이는 마치 바둑에서 어떤 정석을 선택하느냐에 따라 큰 차이를 내는 것과 같다. 여러분들은 아마 이 장을 읽고 자신이 얼마나 무원칙하게 데이터를 연결해 왔는지를 뼈저리게 느꼈을 것이다.

다시 한번 당부하지만 각각의 데이터 연결방법의 기본 개념을 확실히 이해하는 것이 우선적으로 필요하다. 그런 다음 실무에서 많은 적용을 통해 그 차이점과 효과를 몸소 체득함으로써 여러분들은 한 단계 발전할 수 있을 것이라 확신한다.

제 3 장
인라인뷰의 활용

1. 단계적인 조인을 위한 활용
2. 순환(RECURSIVE)관계 전개 시의 조인
3. 방사형 조인의 해결
4. OUTER 조인 시의 처리
5. 실행 계획의 제어
6. 부분범위처리로의 유도
7. 사용자지정 저장형 함수 사용시의 활용
8. SQL 기능확장을 위한 중간집합 생성
9. 상이한 집합의 통일
10. 기타 특이한 형태의 활용사례

제 3 장

인라인뷰의 활용

관계형 데이터베이스 이용자들은 자신의 활용 능력이 높아져 갈수록 SQL 위력을 실감하게 되고 급기야 웬만한 경우는 SQL만으로 처리하려고 한다. 물론 이러한 현상은 바람직한 모습이라고 말할 수도 있다. 그러나 자신이 구현한 SQL이 내부적으로 어떠한 경로로 수행되며, 어떻게 해야 효율적인 처리를 할 수 있게 되는지에 대한 지식도 없이, 어떻게 해서든지 결과만 얻으면 된다는 식으로 접근하는 것이 바로 문제라고 하겠다.

저자가 많은 프로젝트에서 수많은 개발자들이 구현한 SQL들을 검증해 보면 한숨이 나올 때가 한두 번이 아니다. 그야말로 소설을 써 놓은 것처럼 엄청난 분량의 SQL이 비일비재하다. 특히 최근에 와서 이러한 경향을 부채질한 가장 큰 이유는 바로 인라인뷰의 등장에서 비롯된다.

일차로 생성해 둔 집합에 추가적인 처리를 하고 싶으면 괄호[()]를 쳐서 인라인뷰를 생성하고 다른 집합을 조인한다. 그러다가 또 다른 처리가 있으면 UNION을 하거나 조인하여 괄호를 쳐 또 다른 인라인뷰를 생성하면서 계속 집합을 확장해 간다. 그래서 SQL은 마치 소설책처럼 길어진다.

물론 이렇게 한다면 우리가 만들지 못하는 집합은 없다. 그러나 문제의 핵심은 우리가 최종 결과의 집합을 얻기 위해 얼마나 효율적으로 접근하였느냐에 있는 것이다. 개발자들이 함부로 사용한 SQL을 검증하면서 실행계획을 확인해 보면 정말 엄청난 일이 내부적으로 수행되는 것을 쉽게 발견할 수가 있다. 그래서 저자는 개발자들에게 농담 삼아 "아무리 말 못하는 기계(컴퓨터)지만 너무 불쌍하지 않느냐?"는 말을 자주 한다. 학교 다닐 때 수학을 잘 못하는 사람들이 문제를 풀 때 바로 해법에 접근하지 못하고 이것 저것 풀어헤치는 것과 다를 것이 무엇이냐고 질타하곤 한다.

당연히 당사자는 기분이 상하겠지만 저자는 무시하고 애써 이런 말을 하고자 한다. 그것은 좀더 많은 생각을 하고, 보다 더 기본을 알고 접근하라는 뜻에서 그렇게 한 것이다. 이 틈에 지면을 빌려서 그 동안 저자의 이러한 독설에 기분이 상해 있는 사람들에게 본심을 전하고 이해를 구하고자 한다.

인라인뷰는 오라클에서 사용하는 개념이지만 다른 데이터베이스에도 이와 유사한 개념을 가지고 있으므로 같이 적용하는 데 문제는 없다. 다만 오라클처럼 하나의 SQL에 묶여지는 것이 아니라 잠시 임시 테이블에 저장된 형태로 사용한다는 것과 용어들이 서로 다르다는 차이가 있다. 이러한 형태가 오히려 유리한 경우도 있으므로 어느 방법이 좋다고는 말할 수 없다.

여기서는 구문(Syntax)상의 차이에 대해서는 자세히 언급하지 않겠다. 대부분의 사용자들은 자신이 사용하고 있는 데이터베이스의 구문을 잘 알고 있을 것이기 때문이다. 또한 약간씩 차이가 나는 구문별로 일일이 설명할 수는 없는 노릇이므로 오라클의 인라인뷰를 이용해 설명하기로 한다.

이 장에서는 인라인뷰의 개념을 정확히 이해하고 우리가 실무에서 인라인뷰를 활용하는 것이 유리해지는 중요한 형태들을 10가지로 정리하였다. 거듭 말하지만 SQL의 활용 폭을 넓히기 위해서는 인라인뷰의 활용이 필수적이며 이의 적절한 사용은 여러분이 개발하고 있는 애플리케이션 전반에 매우 큰 영향을 가져다 줄 것이다. 각 형태마다 가지는 특수성을 정확히 이해하여 한 차원 높은 SQL 활용 능력을 얻을 수 있기를 기대한다.

1. 단계적인 조인을 위한 활용

하나의 SQL에서 다양한 처리를 하고자 하거나, 어떤 애플리케이션의 대부분의 처리를 SQL로 하고자 한다면 조인은 필수적이다. 우리가 SQL에서 원하는 결과를 얻기 위해서는 반드시 관련 테이블(물론 뷰 등을 포함)들을 모두 조인해야만 한다. 일단 조인이 되면 그 결과는 관련된 모든 테이블들을 모아서 하나의 테이블로 만들어 둔 것과 같아진다. 즉, 조인이 되고 나면 추출된 모든 컬럼들을 이용하여 처리 가능한 모든 것을 가공할 수가 있다.

이것은 우리 모두가 너무나 잘 알고 있는 사실들이다. 그러나 우리는 이러한 사실이 주는 영향에 대해서 좀더 자세하게 알아둘 필요가 있다. 조인된 결과를 가공하게 되면 가공을 하기 전에 모든 조인이 먼저 수행된다. 즉, 먼저 조인이 100% 수행된 후에 가공이 시작된다는 것이다. 대부분의 조인은 1:M 관계의 형태를 가지며 이 조인 결과는 M쪽 테이블의 로우 수가 된다는 것을 눈여겨볼 필요가 있다.

만약 다음과 같이 1:M 조인이 발생하였고 그 결과를 GROUP BY하여 우리가 원하는 결과를 얻었다면 일견 하나의 SQL에서 모든 처리를 하였으므로 매우 잘 작성된 SQL로 생각할 수도 있겠지만 이것은 불필요한 일이 매우 많이 발생하였다는 것을 알아야 한다.

```
SELECT y.DEPT_NAME, SUM(x.SALE_QTY), SUM(x.SALE_AMT)
FROM SALE x, DEPT y
WHERE x.DEPT_CD = y.DEPT_CD
    and x.YYMM = :IN_DATE
    and x.SAUP = :SAUP
GROUP BY y.DEPT_NAME ;
```

위의 예는 하나의 SQL에서 DEPT 테이블의 부서명과 SALE 테이블에서 매출수량과 금액을 집계하였다. 그러나 자세히 살펴보면 여기서 매우 불필요한 연결작업이 많이 발생하였음을 알 수 있다. 가령 SALE 테이블에 부여한 조건을 만족하는 로우가

10,000건이며 이 회사는 총 20개의 판매부서를 가지고 있다고 가정해 보자.

만약 SALE 테이블에 'YYMM+SAUP'으로 구성된 인덱스가 있다면 인덱스를 경유해서 10,000건을 액세스할 것이고 그렇지 않다면 전체 테이블을 액세스하여 10,000건을 가려낼 것이다. 어떤 방법으로 수행되든지 간에 가려낸 각각의 로우들은 DEPT 테이블과 조인을 수행한다. 이때 DEPT 테이블의 입장에서 보면 무척 억울할 수밖에 없다. 처리에 필요한 부서는 최대 20개에 불과하지만 자신이 조인한 횟수는 10,000회가 발생했다는 것은 당연히 손해를 본 것이다.

과거에 우리가 3세대 언어로 이와 같은 경우를 처리할 때는 SALE 테이블을 정렬시켜 READ하면서 부서코드를 임시로 저장해 두었다가 부서가 변할 때만 부서명을 찾으려 했을 것이다. 그러나 4세대 언어인 SQL에서는 이러한 방식의 처리가 쉽지 않다. 왜냐하면 SQL은 처리과정을 직접 기술하는 것이 아니라 결과의 집합을 요구만 하는 것이기 때문이다.

위의 처리를 가장 최적으로 수행하는 방법은 다음과 같다.

① SALE 테이블만 먼저 액세스하여 DEPT_CD로 GROUP BY한다.
② GROUP BY한 결과는 부서 수 만큼으로 줄어든다. 이 집합을 인라인뷰로 만든다.
③ 이 인라인뷰와 DEPT 테이블을 조인한다.

이러한 절차로 수행한다면 DEPT 테이블은 단지 최대 20회만의 조인이 발생한다. 10,000 회의 조인이 20회 이하로 줄어든 만큼 액세스 효율은 향상된다. 이 방법을 SQL로 표현해 보면 다음과 같다.

```
SELECT y.DEPT_NAME, S_QTY, S_AMT
FROM (SELECT DEPT_CD, SUM(SALE_QTY) S_QTY, SUM(SALE_AMT) S_AMT
      FROM SALE
      WHERE YYMM = :IN_DATE
        and SAUP = :SAUP
      GROUP BY DEPT_CD ) x, DEPT y
WHERE x.DEPT_CD = y.DEPT_CD ;
```

이와 같이 대부분의 인라인뷰의 사용은 인라인뷰를 수행한 결과의 집합이 GROUP BY 등에 의해 원시 데이터와는 무언가 다른 형태로 만들어지는 경우에 주로 의미가 있다. 이번에는 좀더 발전한 사례를 들어보자.

```
SELECT DEPT_CD, SUM(SALE_QTY) total,
       SUM(DECODE(SUBSTR(SALE_DATE,7,2), '01' ,SALE_QTY)) S_01,
       SUM(DECODE(SUBSTR(SALE_DATE,7,2), '02' ,SALE_QTY)) S_02,
       ..............................................................
       SUM(DECODE(SUBSTR(SALE_DATE,7,2), '30' ,SALE_QTY)) S_30,
       SUM(DECODE(SUBSTR(SALE_DATE,7,2), '31' ,SALE_QTY)) S_31
FROM SALE
WHERE YYMM = :IN_DATE
   and SAUP = :SAUP
GROUP BY DEPT_CD ;
```

이 사례는 하나의 SQL에서 우리가 애플리케이션에서 최종적으로 추출하고자 하는 결과를 모두 얻게 되었으므로 매우 잘 구현된 것처럼 보인다. 그러나 여기에도 매우 불필요한 처리가 내재되어 있다. 한가지씩 면밀하게 분석해 보자.

앞서 가정했던 대로 한다면 10,000건의 로우가 이 처리에 참가한다. 문제는 액세스의 효율화에 있는 것이 아니라 SUM(DECODE...) 처리를 한 SELECT-LIST에 있다. 앞서 제1장에서 SUM(DECODE...) 활용법에서 설명했듯이 SUM 함수의 ()내에 들어 있는 처리는 추출된 각각의 로우마다 수행된다. 즉, DECODE 처리는 10,000건 * 31일을 한 310,000번이 수행되는 것이다. DECODE 처리는 매우 유용하지만 생각보다 오버헤드가 심하다. 0.1초를 다투는 온라인에서는 이러한 부하는 큰 짐이 된다.

그렇다고 해서 과거 3세대 언어에서처럼 첨자를 생성하여 일일이 집계를 하는 것은 너무 많은 부담을 안게 된다. 하지만 우리는 어떻게 해서든지 일자별로 옆으로 나열하지 않으면 안 된다. 생각을 조금만 바꾸어 보자. 일자별로 옆으로 나열하기 위해서 반드시 낱개의 로우마다 DECODE 처리를 하여 각 로우가 집계될 위치를 찾아가야 할 것인가?

그렇지는 않다. 간단한 변화를 통해 우리는 획기적으로 DECODE의 수행횟수를 감소시킬 수가 있다. 그것은 어차피 수행해야 하는 GROUP BY에서 먼저 최대한 로우 수를 줄여준 후에 그 결과를 DECODE 처리하는 방법이다. 다시 말해서 DEPT_CD로만 GROUP BY하지 말고 일자까지, 즉 SUBSTR(SALE_DATE,7,2)까지 GROUP BY에 포함시킨다.

여러분은 이것이 조삼모사(朝三暮四)에 불과할 것이라 생각할지 모르겠으나 큰 차이가 있다. 왜냐하면 GROUP BY에 어떤 컬럼이 추가되어 수행되더라도 정렬처리를 위한 작업이 약간 더 필요할 뿐 그 부하는 거의 증가하지 않기 때문이다. 필요하다면 여러분이 직접 테스트해 보기 바란다.

```
SELECT DEPT_CD, SUM(S_QTY) total,
       SUM(DECODE(DD, '01' ,S_QTY)) S_01,
       SUM(DECODE(DD, '02' ,S_QTY)) S_02,
       ................................
       SUM(DECODE(DD, '30' ,S_QTY)) S_30,
       SUM(DECODE(DD, '31' ,S_QTY)) S_31
FROM ( SELECT DEPT_CD, SUBSTR(SALE_DATE,7,2) DD, SUM(SALE_QTY) S_QTY
       FROM SALE
       WHERE YYMM = :IN_DATE
         and SAUP = :SAUP
       GROUP BY DEPT_CD, SUBSTR(SALE_DATE,7,2) )
GROUP BY DEPT_CD ;
```

이 SQL은 어떻게 보면 오히려 SQL의 길이도 늘어났고, GROUP BY도 두번 수행해야 하며 31개의 SUM(DECODE...)도 없어지지 않았으므로 더 불리해진 것처럼 보일 수도 있을 것이다. 그러나 절대로 그렇지 않다. 자세한 수행 절차와 각 단계별 일의 양을 검증해 보자.

먼저 인라인뷰의 수행 상태를 추적해 보자. SALE 테이블의 10,000건을 액세스하여

DEPT_CD, SUBSTR(SALE_DATE,7,2)로 GROUP BY하면 그 결과는 620개의 로우(20개 부서 * 31일)에 불과하다. 이 정도의 로우를 다시 DEPT_CD로 GROUP BY하는 것은 거의 무시할 만큼 미미하다. DECODE의 수행 횟수는 크게 감소하였으며 최종 추출되는 각 라인의 컬럼마다 단 한번씩만 연산이 수행되었다.

좀더 자세히 살펴보면, SUBSTR 함수도 현격히 줄어들었다. SUM(DECODE...) 내에서 일자를 비교하기 위해 310,000회나 수행하였던 SUBSTR이 GROUP BY 내에서 수행함으로써 10,000회로 감소하였다. 또한 수행결과의 집합이 물리적으로 저장되었으므로 외부에 있는 SELECT에서는 SUBSTR을 사용하지 않고 상수값 'DD'를 이용해 비교할 수 있게 되었다.

이 결과는 그 전의 SQL에 비해 훨씬 효율적으로 수행되었음은 너무나 당연하다. 여러분들은 반드시 이 사례를 깊이 숙지하여 실무에 활용하기 바란다. 저자가 개발자들이 작성한 많은 애플리케이션을 접하면서 이 사례를 활용하는 것이 유리해지는 경우를 너무나 많이 보아왔기 때문이다.

우리가 이 사례에서 명심할 것은 최종 결과의 집합을 추출하기 위해 어디까지를 중간집합으로 생성한 후 나머지 부분을 수행하는 것이 유리한 지를 심사 숙고하는 것이다. 데이터의 가공을 위해서 어디까지가 반드시 필요한 정보이며, 나중에 처리할 수 있도록 하기 위해서는 어떻게 해야 하는 것이 좋은지를 깊이 생각하는 것은 매우 중요한 일이다.

앞으로 이와 같은 사례는 계속해서 여러분에게 제시될 것이다. 적절한 중간집합을 만들고 다시 다음 단계의 집합을 만들어감으로써 집합을 통해 우리가 원하는 목적지에 최적으로 도달할 수 있는 방법을 배운다. 이는 분명히 절차형 처리로 목적지에 도달하는 것과 큰 차이가 있다.

여러분이 집합을 통하여 자신의 목적을 쉽게 달성할 수 있을 때 비로소 관계형 데이터베이스의 참맛을 느끼게 될 것이며 진정한 활용가치를 알게 될 것이다.

2. 순환(Recursive)관계 전개시의 조인

우리가 순환관계라고 부르는 구조에는 1:1, 1:M, M:M 구조로 나누어진다. 이 중에서 일반적으로 M:M 순환관계로 되어 있는 구조를 통상 BOM(Bill Of Material) 구조라고 부른다. 이러한 순환관계는 실제 업무에서 많이 발생하는 형태지만 시스템에 적용된 예는 매우 드문 편이다. 이러한 순환관계의 활용은 우리에게 매우 많은 장점들을 제공하지만, 고도의 기술적인 뒷받침이 없는 상태에서는 적용이 매우 어렵다.

순환관계의 자세한 활용 방법은 다음에 나올 Ⅲ권에서 다루어질 것이므로 이 개념을 정확히 이해하지 못한 독자들은 이 책이 출판되면 탐독해 보기 바란다. 순환관계 구조를 애플리케이션에 구현함에 있어서 과거 3세대 언어에서처럼 개발자가 많은 양의 절차형 처리를 하는 방법도 있겠지만, SQL을 이용하여 보다 쉽게 접근하는 방법도 있다.

물론 이러한 구문은 ANSI 표준이 아니므로 데이터베이스 제품에 따라 처리방법이 달라진다. 여기서는 SQL 내에서 순환구조를 전개할 수 있는 구문, 즉 "CONNECT BY ... START WITH"를 가진 오라클에서의 사용 예를 살펴보기로 한다.

이 구문은 복잡한 전개처리를 위해 단지 한두 줄을 SQL에 삽입함으로써 가능하게 하는 매우 강력한 기능임에는 틀림없으나 몇 가지 중대한 제한을 가지고 있다. 그 중 가장 큰 제한사항은 조인을 한 집합은 전개할 수 없다는 것이다.

일반적으로 1:1이나 1:M 구조의 순환관계는 정보를 가진 테이블 내에 순환구조를 풀 수 있는 컬럼을 가지게 되며, 대부분 별도의 조인을 하지 않고서도 원하는 정보를 얻을 수가 있다. 그러나 M:M 구조에서는 구조를 가진 테이블과 정보를 가진 테이블이 별도로 분리되어 있다.

순환구조를 풀기 위해서는 구조를 가진 테이블을 이용해야 하지만 우리는 구조만을 원하는 것이 아니라 관련된 정보도 같이 추출하기를 원하므로 반드시 정보를 가진 테이블과 조인하지 않을 수 없다.

다음 데이터 모델을 살펴보자.

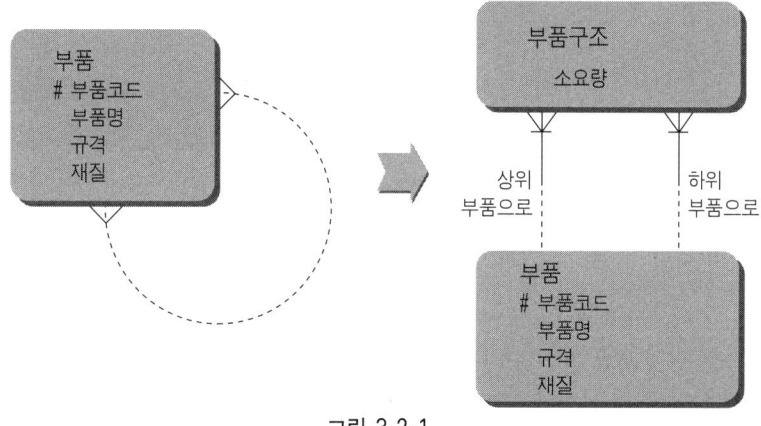

그림 3-2-1

위의 ERD는 M:M 순환구조를 BOM 구조로 풀어낸 데이터 모델이다. 어떤 부품의 하위구조를 찾아 리스트를 출력하는 단순한 SQL을 만들어 보자.

```
SELECT LPAD(' ',2 * LEVEL)||x.부품코드, x.소요량, y.부품명
FROM 부품구조 x, 부품 y
WHERE x.하위부품코드 = y.부품코드
CONNECT BY PRIOR x.하위부품코드 = x.상위부품코드
START WITH x.상위부품코드 = 'PA101' ;
```

앞서 설명했듯이 이 SQL은 조인한 집합을 전개했으므로 에러가 발생한다. 그렇다면 다음과 같이 전개한 결과를 인라인뷰로 생성한 후 그 결과와 조인하는 SQL을 만들어 보자.

```
SELECT LPAD(' ',2 * LEVEL)||x.부품코드, x.소요량, y.부품명
FROM ( SELECT LEVEL, 부품코드, 소요량
       FROM 부품구조
       CONNECT BY PRIOR 하위부품코드 = 상위부품코드
       START WITH 상위부품코드 = 'PA101' ) x, 부품 y
WHERE y.부품코드 = x.부품코드 ;
```

인라인뷰에 의해 생성된 집합은 그것이 일반적인 SQL이든 전개에 의해 생성되었든 간에 하나의 집합인 것은 분명하다. 그러므로 당연히 집합과 집합간에 조인하는 것이 문제될 이유는 있을 수가 없다. 사실 인라인뷰가 없었던 시절에는 이러한 기본적인 문장을 구현하는 것도 쉽지가 않았다.

뷰를 활용한다고 해도 매우 어렵다. 왜냐하면 SQL 바깥에서 부여하는 조건을 뷰 내에 삽입하여 생성할 수가 없으며, 특히 전개에서는 부여된 조건이 주로 'START WITH' 절에 사용되어야 하므로 더욱 어려워진다.

위의 SQL을 실무적으로 조금 더 활용해 보자. BOM을 전개하여 하위 구성부품을 찾아 재고를 확인해본 결과, 남아 있는 재고가 안전재고 이하이면 대체품목을 찾아 대체시켜야 하고, 대체품목의 재고마저도 안전재고 이하이면 '긴급구매'를 표시하는 SQL을 생성해 보자. 여기서는 편의상 '부품' 테이블 내에 안전재고와 현재고가 관리되고 있다고 가정한다.

```
SELECT LPAD(' ',2*LVL)|| DECODE(SW, '2', 부품코드Z, 부품코드X) 부품코드, 소요량,
       DECODE(SW, '2', 부품명Z, 부품명X) 부품명,
       DECODE(SW, '1', '출고가능', '2', '대체가능', '긴급구매') 조달상태
FROM ( SELECT LVL, x.부품코드 부품코드X, z.부품코드 부품코드Z, 소요량,
              DECODE(LEAST(y.안전재고,y.현재고), y.안전재고, '1',
              DECODE(LEAST(z.안전재고,z.현재고), z.안전재고, '2', '3')) SW,
              x.부품명 부품명X, z.부품명 부품명Z
       FROM ( SELECT LEVEL LVL, 부품코드, 소요량
              FROM 부품구조
              CONNECT BY PRIOR 하위부품코드 = 상위부품코드
              START WITH 상위부품코드 = 'PA101' ) x, 부품 y, 부품 z
       WHERE y.부품코드 = x.부품코드
       AND z.부품코드(+) = y.대체품목코드 ) ;
```

이와 같이 BOM 구조의 조인은 인라인뷰를 사용함으로써 제한사항을 쉽게 해결할

수가 있다. 만약 위의 예에서 대체품목이 하나 이상 존재하여 대체품목이 별도의 테이블로 분할되어 있으며 각 대체품목들은 우선순위를 가진다고 하자. 어떤 품목의 재고가 부족하여 대체품목을 찾을 때는 우선순위에 입각해서 출고 가능한 대체품목을 하나만 찾아내야 한다면 어떻게 하나의 SQL에서 처리할 수 있을까?

이런 정도의 처리를 최적의 경로로 수행되는 하나의 SQL로 즉시 구현할 수 있다면 상당히 높은 수준의 개발자라고 할 수 있겠다. 독자 여러분들은 다음에 저자가 제시하는 방법을 참조하기 전에 잠시 자신이라면 어떻게 처리할 것인가를 연구해 보기 바란다.

이때 먼저 우리가 주의해야 할 사항은 대체품목은 하나 이상이므로 그냥 조인을 하면 조인 결과는 대체품목의 수만큼 증가한다는 것이다. 우리는 우선순위에 따라 차례로 처리하다가 가용재고가 있는 대체품목을 하나만 얻고자 하므로 미리 모두를 조인한 후에 처리한다면 불필요한 액세스가 발생한다.

이러한 비효율을 방지하기 위해서 우리가 사용할 수 있는 방법은 사용자지정 저장형 함수를 사용하는 것이다. 이 방법은 '제 2장 데이터연결의 다양한 방법, 3.저장형 함수를 이용한 데이터 연결(Page 2-65~2-111)'에서 설명한 바 있으므로 여기서는 간단한 설명만 하기로 한다.

사용자지정 저장형 함수에 제공되는 입력변수에는 부품코드와 부품테이블의 현재고가 안전재고를 넘는지에 대한 스위치 값을 준다. 저장형 함수 내에서는 입력변수를 받아 안전재고 이상인 경우는 그대로 함수를 빠져 나오고 그렇지 않은 경우에는 해당조건에 대한 대체품목을 읽는다. 이때 '부품코드+우선순위'로 결합된 인덱스를 경유하여 액세스 되게 한다. 조건절에는 '현재고 >= 안전재고'와 'ROWNUM = 1'을 기술한다.

특히 여기서 우리가 주의할 사항은 추출할 SELECT-LIST의 컬럼에 MIN이나 MAX 등의 그룹합수를 사용해야만 이 SQL은 항상 성공하게 된다는 것이다. 그렇게 해야 만약 만족하는 대체품목이 하나도 존재하지 않을 때의 처리가 간편해진다.

만약 만족하는 대체품목이 없을 때 0를 리턴(Return)하려 한다면 'NVL(MAX(현재고),0)'와 같이 기술한다. 이러한 방법은 'ROWNUM = 1'에 의해 우선순위에 따라 처리되다가 조건을 만족하는 첫번째 로우를 만나면 SQL이 종료되므로 불필요하게 뒤에 있는 로우를 액세스하지 않는다.

언뜻 생각하면 굳이 사용자지정 저장형 함수를 사용하지 않아도 다음과 같은 인라인 뷰를 사용하면 가능할 것처럼 보이지만 이것은 잘못된 생각이다.

```
SELECT ......................................................
FROM ( SELECT .........................
       FROM 부품구성
       CONNECT BY .......... START WITH ...... ) x, 부품 y,
     ( SELECT / * + INDEX(w 부품_우선순위_IDX) * /
              부품코드, NVL(MAX(현재고),0) 현재고
       FROM 대체품목 w
       WHERE 현재고 >= 안전재고
         and ROWNUM = 1 ) z
WHERE y.부품코드 = x.부품코드
  and z.부품코드(+) = y.부품코드 ;
```

위의 SQL은 먼저 부품구성 테이블을 전개한 후 부품 테이블을 조인하고, 해당 부품코드의 대체품목을 우선순위 순서로 찾아 조건을 만족하는 첫번째 로우만 처리할 것처럼 보이지만 그것은 우리의 희망 사항일 뿐이다.

그 이유는 ROWNUM의 특이성에 기인한다. 일반적으로 대부분의 뷰나 인라인뷰는 뷰의 바깥에서 부여한 조건과 뷰를 생성시킨 SELECT 구문을 병합(머지)하여 수행한다. 즉, 바깥에서 부여한 조건이 뷰 내로 파고드는 형태로 수행한다.

그러나 뷰나 인라인뷰에 ROWNUM을 사용하면 뷰 내의 조건이 먼저 적용된 집합에 대해 파고든 조건이 나중에 적용된다. 그러므로 위의 예제에서는 밖에서 파고드는 부품코드 조건이 적용되기 전에 '현재고 >= 안전재고 and ROWNUM = 1'이 먼저 적용되므로 우리가 원하는 결과를 얻을 수 없게 되는 것이다.

'뷰'에 대한 상세한 내용은 '대용량 데이터베이스 솔루션 I, 제 5장 뷰의 특징과 활용(Page 424~470)'을 참조하기 바란다.

3. 방사형 조인의 해결

앞서 '제 2장 데이터 연결의 다양한 방법'에서 언급했듯이 조인을 할 때 어떤 테이블을 기준으로 해서 1:M의 관계를 가지는 테이블이 하나 이상 조인되면 M:M 조인이 일어난다고 설명했다. 물론 M:M 조인이 일어나더라도 다시 원하는 컬럼으로 GROUP BY를 하면 우리가 원하는 집합을 도출할 수는 있다.

그러나 그렇게 하는 것은 올바른 해결책이 아니다. 결과를 얻을 수 있다고 해서 내부적으로 수십, 수백, 아니 수천 배 이상의 처리가 불필요하게 발생해도 괜찮다는 것은 전문가로서는 도저히 있을 수 없는 일이다. 독자 여러분은 그렇게 생각하지 않는가? 당연히 저자와 같은 생각을 하고 있으리라 믿어 의심치 않는다.

이것은 어쩌면 '도덕성, 인간미'에 해당하는 일이라 생각한다. 심하게 이야기하면 아무리 많은 자원을 소비해서라도 답만 얻으면 된다는 생각이나, 자신을 위해서라면 남이야 어떻게 돼도 괜찮다고 생각하는 도덕성을 상실한 사람이나 다른 것이 무엇이겠는가?

실무에서는 데이터 모델링의 잘못으로 인해 방사형 조인이 나타나거나, 혹은 특수한 업무요구에 따라 어쩔 수 없이 방사형 조인이 발생하는 경우가 드물지 않다. 대부분 이러한 경우의 처리는 절차형 언어를 사용하여 필요에 따라 SQL을 삽입(Embedded)하여 해결하고 있다.

물론 처리가 매우 복잡한 경우는 그렇게 처리할 수도 있겠지만 가능한 하나의 SQL로 처리하는 것이 여러 가지로 유리하다. 기회가 있을 때마다 언급하지만 SQL이 분리되면 SQL과 SQL 사이에는 빙하가 갈라져 있는 수천 길의 '크레바스(Crevasse)'처럼 엄청난 계곡이 숨어 있기 때문이다.

그러므로 우리가 그 계곡을 메우기 위해서는 많은 양의 절차형 처리를 채워 넣지 않을 수 없다. 이러한 접근 방법이야말로 4세대 언어를 3세대 언어처럼 사용하게 하는 원인이 될 것이며, 당연히 생산성 저하와 수행속도의 부담을 가져올 것이다.

3.1. 방사형 조인의 문제점

우리가 데이터 연결을 하고자 할 때 조인만으로 모든 것을 해결하려고 해서는 안 된다는 것을 여러 번 강조했었다. 언제나 유리한 방법이란 결코 존재하지 않는다. 지금까지 주어진 상황에 따라서 유·불리가 미묘하게 바뀌는 것을 많이 살펴보았다.

인라인뷰는 데이터 연결의 중요한 정석 중의 한가지 방법이다. 특히 방사형 조인을 해결하는 중요한 방법 중의 하나이며 상황에 따라 주의해야 할 사항이 많으므로 정확히 알고 적용해야 한다.

다음과 같은 데이터 모델을 살펴보자.

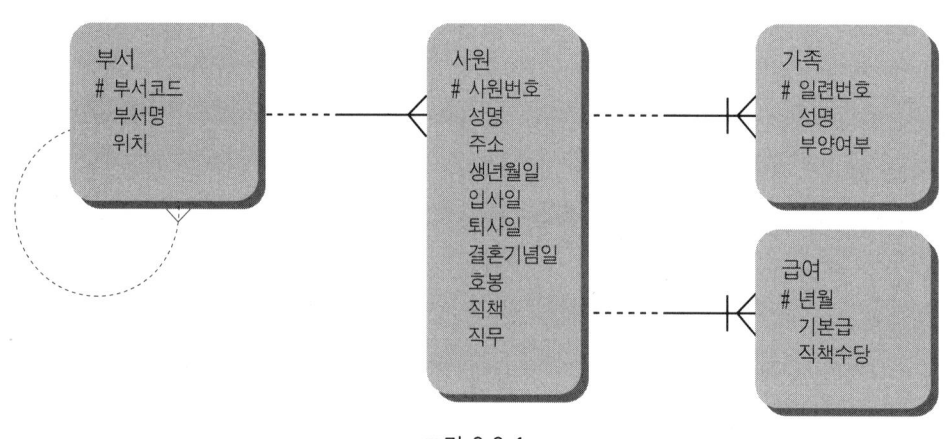

그림 3-3-1

이 데이터 모델은 '사원' 테이블을 기준으로 보면 방사형 구조로 되어 있다. 다시 말해서 '사원' 테이블과 '가족' 테이블은 1:M 구조를 가지고, 마찬가지로 '사원' 테이블과 '급여' 테이블도 1:M 구조를 가진다. 그렇다면 이 세 테이블의 관계는 '1:M:M', 즉 방사형 구조가 된다는 것이다.

이러한 구조는 실무에서 너무나 흔하게 나타난다. 물론 이 3개의 테이블을 같이 조인하지 않으면 문제는 발생하지 않는다. 그러나 만약 다음과 같이 어떤 부서에 속한 사원들을 찾아 각 사원별로 3개월간 평균 급여와 부양가족 수를 구한 후 '평균급여 * 부양가족수 * 0.12'를 계산식으로 하여 가족수당을 구한다고 가정해 보자.

다음과 같이 억지로 조인하여 처리하면 가능할 것처럼 생각되지만 에러가 발생하여 처리할 수가 없다.

```
SELECT 부서명, b.사원번호,
        avg(substr(distinct d.rowid||급여총액,19,15)) *
        count(distinct c.rowid) * 0.12
FROM 부서 a, 사원 b, 가족 c, 급여 d
WHERE b.부서코드      = a.부서코드
    and c.사원번호(+)  = b.사원번호
    and d.사원번호(+)  = b.사원번호
    and a.부서코드    = :dept_cd
    and c.부양여부(+)  = 'Y'
    and d.년월(+) between to_char(to_date(indate||'10','yyyymmdd')-90,'yyyymm')
            and :indate ;
```

앞서 설명했듯이 어떤 기준 집합의 상위집합을 조인하면 로우가 증가하지 않으나 하위집합을 조인하면 로우 수는 하위집합의 조인되는 수만큼 증가하게 된다. 즉, 어떤 기준집합(A)이 M쪽일 때 상위집합(B)인 1쪽을 조인하면 'M * 1 = M'이 된다. 다시 말해서 'A'의 집합에는 변화가 없다. 좀더 쉽게 설명하기 위해 최하위집합(C)을 기준으로 생각해 보면,

$$C * B = N * 1$$
$$\qquad = N$$

이 된다. 여기서 조인된 결과의 집합을 'CB'라고 하자. 이 집합은 하위집합(C)에 대해서는 상위집합(A)이 반드시 단 하나씩 연결되므로 결과는 하위집합의 로우 수를 증가시키지 않는다. 즉 어떤 N에 대해서 연결되는 상위집합은 항상 1이므로 조인결과는 항상 N이 되는 것이다. 이 집합 CB에 다시 최상위집합(A)을 연결하면,

CB * A = N * 1
　　　= N

이 된다. 그러므로 전체를 조인한 결과를 다시 표현해 보면

C * B * A = (N * 1) * 1
　　　　　= N

이 된다. 이와 같이 계층형으로 구성된 1:1 혹은 1:M 조인에서는 아무리 많은 집합간에 조인을 하더라도 최종적으로는 가장 하위집합의 로우 단위로 결과가 나타나게 된다는 것을 알 수 있다. 그러나 방사형 조인은 1:M들이 연결되지만 이와는 전혀 다른 결과들이 나타나게 된다는 것에 주의해야 한다.

만약 상위집합(A)에 하위집합 'B'와 또 다른 하위집합 'C'가 조인된다면, 먼저 'A'와 'B'의 조인 결과는

A * B = 1 * N
　　　= N

이 된다. 여기서 조인된 결과의 집합을 'AB'라고 하자. 이 집합은 상위집합(A)에 대해서는 하위집합(B)이 여러 개가 연결되므로 결과는 하위집합(B)의 로우 수만큼 나타난다. 그러나 이 집합 AB에 다시 하위집합(C)을 연결하면,

AB * C = N * M
　　　 = NM

이 된다. 즉 카테시안 곱만큼의 로우가 추출된다.

이런 이유 때문에 위의 예제에서는 'AVG(SUBSTR(DISTINCT d.ROWID||급여

총액),19,15)' 나 'COUNT(DISTINCT c.ROWID)' 등과 같은 방법을 사용하여 억지로 결과를 얻으려고 한 것이다.

이와 같이 방사형 조인은 조인결과가 카테시안 곱으로 나타나므로 이러한 관계의 테이블들을 직접 조인해서는 안 된다. 어느 한쪽 집합만 M의 집합을 가지도록 하거나, 모든 집합을 연결고리 컬럼별로 한 로우씩 가지도록, 다시 말해서 모두가 1의 집합이 되도록 해야만 한다는 것을 명심하기 바란다.

3.2. 인라인뷰를 이용한 해결

방사형 조인의 문제를 해결하기 위하여 다음과 같이 M쪽에 해당하는 모든 집합을 연결고리 컬럼으로 GROUP BY하여 1쪽 집합과 1:1이 되도록 인라인뷰를 만들어 조인하는 SQL을 생성해 보자.

```
SELECT 부서명, b.사원번호, AVG_AMT * DECODE(b.직무, 'A1', 0.12, 0.11) * 가족수
FROM 부서 a, 사원 b,
     ( SELECT 사원번호, COUNT(*) 가족수
       FROM 가족
       WHERE 부양여부 = 'Y'
       GROUP BY 사원번호 ) c,
     ( SELECT 사원번호, AVG(급여총액) AVG_AMT
       FROM 급여
       WHERE 년월 between to_char(TO_DATE(:INDATE||'10', 'yyyymmdd')-90, 'yyyymm')
                     and :INDATE
       GROUP BY 사원번호 ) d
WHERE b.부서코드    = a.부서코드
  and c.사원번호(+) = b.사원번호
  and d.사원번호(+) = b.사원번호
  and a.부서코드 = :DEPT_CD ;
```

이 SQL은 앞서 발생했던 M:M 조인이 일어나지 않는다. 두개의 인라인뷰 내에는 사원번호로 GROUP BY하였으므로 '사원' 테이블과 모두 1:1의 관계를 가지기 때문이다. 그러므로 두개의 인라인뷰와 사원 테이블을 조인한 결과는 사원 테이블과 동일한 로우 단위를 가지며 '부서' 테이블은 이보다 상위 집합이므로 전체를 모두 조인한 결과는 사원테이블의 로우 단위가 된다.

이와 같은 방법으로 처리하여 우리가 원하는 방사형 조인의 문제를 해결할 수는 있

다. 그러나 이 방법은 매우 주의해서 사용해야 한다. 사실 여기서 언급하고자 하는 주제는 이러한 방법이 해결책이 될 수 있다는 것보다는 너무나 많은 사람들이 함부로 이렇게 사용함으로써 발생하는 문제에 대해 경종을 울리고자 함이다.

괄호를 쳐서 인라인뷰만 생성하면 하나의 집합이 된다는 장점에 현혹되어 인라인뷰가 출시된 이후로 대부분의 개발자들이 무책임(?)하게 함부로 집합들을 만들어 연결시킨다. 그 결과 과거에는 상상도 할 수 없었던 많은 처리가 SQL 내로 흡수되었지만 그에 대한 반대 급부가 크게 증가했다.

이러한 문제의 대부분은 GROUP BY된 인라인뷰를 함부로 조인했기 때문이다. 자신이 처리할 모든 대상 테이블들을 모은 다음 M쪽이 되는 모든 집합들은 열심히 인라인뷰로 1의 집합을 만들어 FROM 절에 나열한다. 그리고 WHERE 절에서 관련된 집합의 모든 조인 조건을 기술한다. 효율성을 따지지 않고 결과만 생각한다면 참으로 강력하고 편리한 방법이다.

이러한 방법으로 만들지 못할 집합은 없다. 그러나 거의 대부분의 개발자들은 이러한 SQL에 수립되는 실행계획의 적절성 따위 관심 밖이며, 설사 실행계획을 확인했더라도 어떠한 문제를 가지고 있는지, 어떠한 처리방법으로 실행되어야 좋은지를 알지 못하고 있는 실정이다.

복잡하고 길게 작성된 SQL을 살펴보면 대개의 경우 이러한 형태로 작성되어 있다. 물론 이러한 방법이 매우 유리한 경우도 분명히 있다. 문제의 핵심은 어떠한 상황하에서는 유리하지만 어떠한 상황에서는 매우 불리해지는 지를 정확히 파악하고 사용해야 한다는 것이다.

이러한 기준을 제시하기 위해 다음 장에서는 이러한 유형의 실행계획 수립 양태와 주의할 점, 그리고 유·불리의 기준을 상세하게 설명하고자 한다. 여러분들은 이러한 활용 기준을 반드시 숙지하여 결과를 얻을 수가 있다고 해서 대책없이 함부로 사용하는 잘못을 범하지 않기를 바란다.

3.3. GROUP BY된 인라인뷰의 조인 문제점

우리가 원하는 결과를 얻었다고 해서 모든 것이 끝난 것은 결코 아니라고 했다. 보다 중요한 것은 SQL이 어떤 처리절차로 수행되도록 실행계획이 수립되었느냐에 있다. 먼저 앞에서 제시한 SQL의 처리범위를 분석해 보면서 어떤 처리경로로 수행되는 것이 가장 효율적인가를 생각해 보자.

이 작업의 처리범위는 사용자가 부여한 '부서' 조건이 주관한다. 만약 어떤 회사의 전체 부서가 200개소이고 사원이 3,000명이며, 조건으로 주어진 부서의 사원이 50명이라고 가정해 보자. 만약 이 SQL이 '부서' 테이블과 '사원' 테이블의 연결은 NESTED LOOPS 형태로 조인되고, 이들이 인라인뷰들과는 각각 SORT MERGE 형태로 조인되도록 실행계획이 수립되었다고 했을 때의 처리방법을 살펴보기로 하자.

① '부서' 테이블의 기본키를 이용해 '부서' 테이블의 하나의 로우를 액세스한다.
② '사원' 테이블에 '부서코드'를 첫번째로 하는 인덱스가 있다면 이 인덱스를 범위처리(Range Scan)하면서 '사원' 테이블의 로우들을 읽는다(인덱스가 없다면 전체 테이블 스캔).
③ 해당 부서에 대한 처리가 끝나면 이들을 사원번호 순으로 정렬시켜 내부적으로 저장한다.
④ '가족' 테이블 전체를 스캔하여 부양가족이 'Y'가 아닌 로우를 찾아 사원번호순으로 정렬하여 내부적으로 저장한다.
⑤ 정렬된 두개의 집합을 차례로 스캔하면서 머지(Merge)하여 성공한 집합을 저장한다.
⑥ 이 집합을 다시 사원번호 순으로 정렬하여 저장한다.
⑦ '급여' 테이블의 '년월'을 첫번째로 하는 인덱스가 있다면 이 인덱스를 경유하여 급여테이블을 읽는다(경우에 따라서는 인덱스가 있더라도 전체 테이블을 스캔할 수도 있음).
⑧ 액세스한 결과를 사원번호 순으로 정렬하여 저장한다.
⑨ 두개의 집합을 사원번호로 머지하여 결과를 추출한다.

이 처리방법을 자세히 살펴보면 불필요한 처리가 많이 포함되어 있음을 알 수 있다. '가족' 테이블과 '급여' 테이블에서 액세스한 로우를 살펴보면 결국은 버려지게 될 다른 부서의 사원들까지 처리하였음을 발견할 수 있으며, 또한 이들을 모두 정렬해야 하는 부담까지 생겼다.

  물론 테이블이 크지 않고 랜덤 액세스가 별로 없으므로 사용자에게 부담이 될 만큼 수행속도가 나빠지는 것은 아니겠지만 이 방법은 그렇게 좋은 방법이라 할 수가 없다. 위의 처리절차 중에서 ②의 처리는 경우에 따라서 전체 테이블을 스캔하면서 골라내는 필터 처리 방법으로 수행되는 경우도 있다. 다음의 실행계획은 이러한 방법으로 수립된 실행계획을 보여주고 있다.

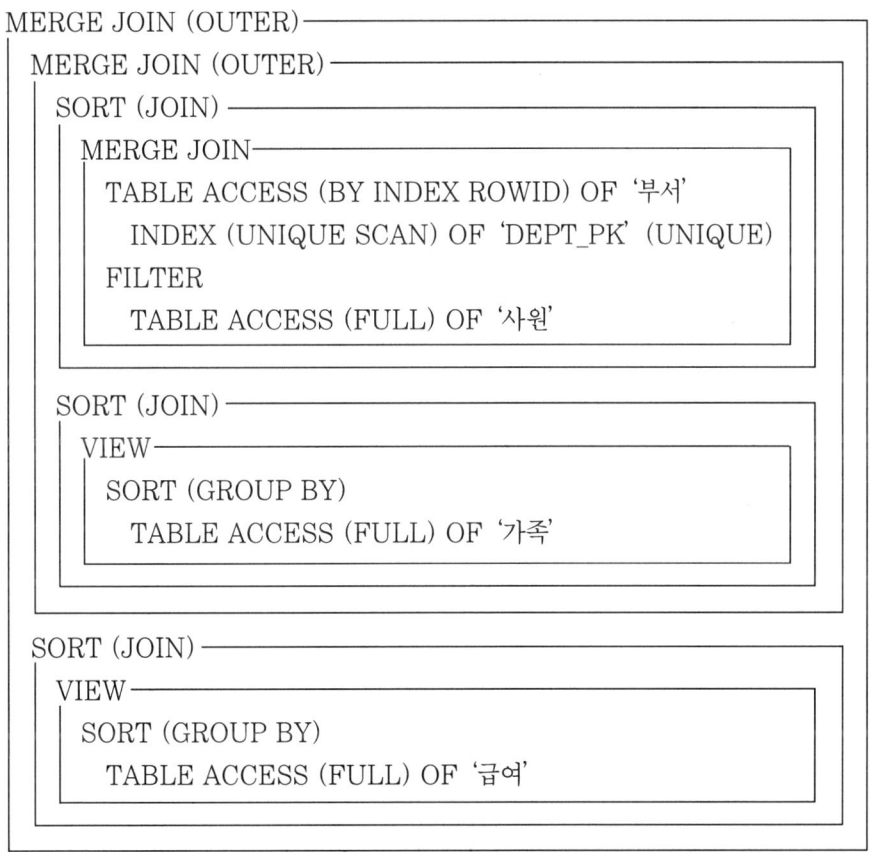

  이 방법은 만약 전체 테이블을 스캔하고 있는 테이블이 크다면 문제가 매우 많은 처리 방법이다. 이러한 방법은 먼저 수행된 집합의 조건을 받지 않아도 충분히 자신의 범

위를 줄일 수 있을 때, 다시 말해서 인라인뷰 내에 상수값으로 주어진 조건만으로도 충분이 처리범위가 줄어진다면 매우 효율적인 방법이 된다.

이것은 이 방법을 사용하는 데 있어서 매우 중요한 사용 기준이므로 독자 여러분들은 반드시 명심해야 할 것이다. 만약 자신이 이미 보유하고 있는 상수 조건만으로는 너무 처리범위가 넓지만 먼저 처리된 집합에서 조건을 받았을(위의 예에서 사원번호와 같은) 때 매우 처리범위가 좁아진다면 다음과 같은 처리방법으로 수행되는 것이 훨씬 유리하다. 다음은 모든 처리를 NESTED LOOPS 형태로 조인하는 처리절차를 기술한 것이다.

① '부서' 테이블의 기본키를 이용해 '부서' 테이블의 하나의 로우를 액세스한다.
② '사원' 테이블에 '부서코드'를 첫번째로 하는 인덱스가 있다면 이 인덱스를 범위처리(Range Scan)하면서 '사원' 테이블의 로우를 읽는다(인덱스가 없다면 전체 테이블 스캔).
③ 액세스한 '사원번호'는 '가족' 테이블의 인라인뷰 내로 들어가서 해당 사원에 대한 가족사항을 범위처리하여 부양가족 수를 COUNT한다.
④ 이번에는 해당 사원번호가 '급여' 테이블의 인라인뷰 내로 들어가서 해당 사원의 3개월간의 로우를 액세스하여 평균 급여를 구한다. 물론 이때 '사원번호+년월'로 구성된 인덱스가 있는 것이 보다 효율적이다.
⑤ 해당 사원번호의 처리가 완료되면 운반단위에 저장한다.
⑥ 다시 ②번으로 돌아가서 다음 사원번호에 대해서 ⑤번까지 처리를 반복하며 해당 부서의 사원이 모두 완료되면 처리를 멈춘다.

이 처리방법은 앞서 제시한 방법에 비해 보다 효율적인 것을 알 수 있다. 비록 얼마간의 랜덤 액세스는 발생하였지만 불필요한 로우는 전혀 액세스하지 않았으므로 매우 적절한 처리 방법이라 할 수 있다. 여러분들은 SQL을 작성한 후 반드시 실행계획을 출력해 보고 이러한 방법으로 수행되는지를 확인해 보아야 한다.

여러분들은 만약 수립된 실행계획이 우리가 원하는 방법이 아니라면 다양한 방법을 이용하여 자신이 바라는 실행계획으로 유도할 수 있어야 한다. 실행계획을 확인하는 방법이나 자신이 원하는 실행계획이 작성되도록 다양하게 제어하는 방법은 Ⅲ권에서 다루기로 한다.

   참고로 이러한 처리절차로 DBMS가 실행계획을 수립했다면 어떠한 형태로 나타나는지 그 예를 들어 보기로 하겠다. 아래 예는 항상 나타나는 실행계획이 아니며 가장 이상적으로 수립된 경우를 가정한 것임에 유의하기 바란다.

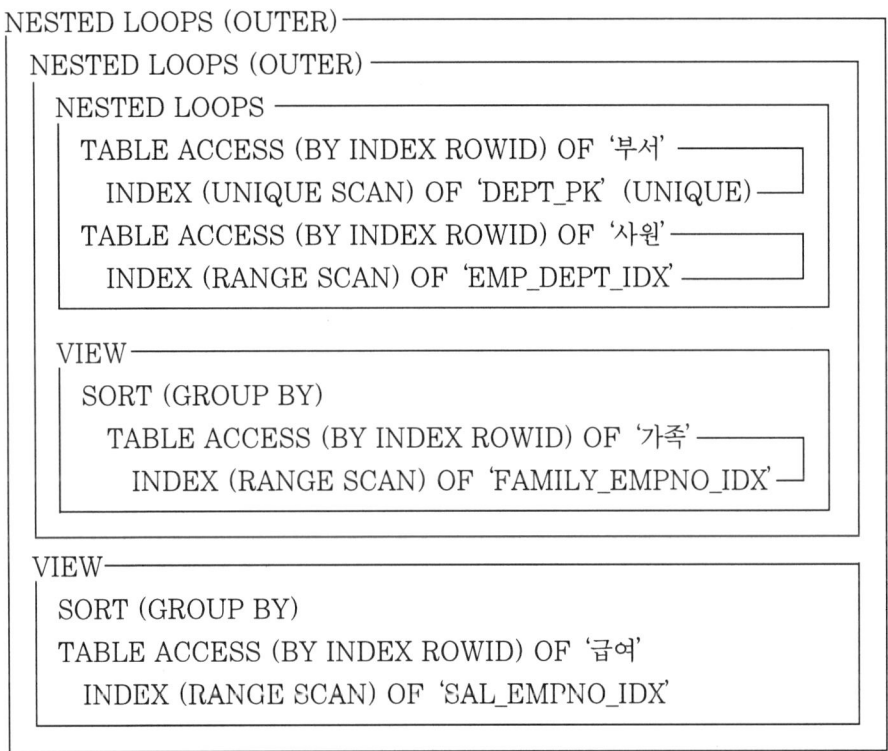

   여러분들은 앞에서 설명한 절차와 이 실행계획을 서로 비교해 보면서 이해를 높이기 바란다. 그러나 모든 문제가 이것으로 해결되는 것은 아니다. <u>문제는 옵티마이져가 이와 같은 절차로 실행계획을 수립해 주느냐에 있다.</u> 불행히도 바보 같은 옵티마이져는 아무리 힌트를 사용하여 최적의 경로로 유도해도 때로는 한사코 이러한 실행계획을 수립하려 하지 않는다.

이렇게 효율적이지 못한 실행계획이 수립되는 것은 데이터베이스 제품이나 버전에 따라 차이가 있음은 물론이다. 그러므로 여러분들은 SQL을 작성한 후 경우에 따라서는 수립된 실행계획을 확인할 필요가 있다. 만약 우리가 힌트 등을 이용하여 강제로 우리가 원하는 처리절차로 유도하려 한다면 다음과 같이 보다 처리량을 증가시키는 실행계획이 나타날 수도 있으므로 매우 주의해야 한다.

다음의 사례는 위의 SQL을 NESTED LOOPS 형태의 조인으로 유도하고 옵티마이져가 인덱스를 사용하지 않는 실행계획을 수립하였기에 강제로 특정 인덱스를 사용하도록 하였지만 아주 비효율적인 실행계획이 수립된 경우이다.

우리는 이 사례를 통해 경우에 따라서는 옵티마이져가 우리가 생각하는 것보다 그리 똑똑하지 못하다는 것을 알 수 있으며, 잘못 수립된 실행계획이 얼마나 엄청난 일량을 증가시켜 주는지 주의깊게 지켜볼 일이다.

```
SELECT STATEMENT
    NESTED LOOPS (OUTER)
        NESTED LOOPS (OUTER)
            NESTED LOOPS
                TABLE ACCESS (BY INDEX ROWID) OF '부서'
                    INDEX (RANGE SCAN) OF 'PK_DEPT' (UNIQUE)
                TABLE ACCESS (BY INDEX ROWID) OF '사원'
                    INDEX (RANGE SCAN) OF 'EMP_DEPT_IDX'
            VIEW
                SORT (GROUP BY)
                    TABLE ACCESS (BY INDEX ROWID) OF '급여'
                        INDEX (FULL SCAN) OF 'SAL_EMPNO_IDX'
        VIEW
            SORT (GROUP BY)
                TABLE ACCESS (FULL) OF '가족'
```

이 실행계획은 오라클의 특정 버전에서 힌트를 사용하여 실제로 생성시켜 본 것이다. 조인 방법만 NESTED LOOPS로 했을 때는 '가족' 테이블의 인라인뷰와 '급여' 테이블의 인라인뷰 모두가 전체 테이블 스캔을 하는 실행계획이 수립되었기 때문에 일단 '급여' 테이블의 인라인뷰만 '사원번호+년월'로 된 인덱스를 사용하도록 힌트를 사용하였다.

그 결과 요구한 인덱스가 사용되기는 했지만 'FULL SCAN'으로 인덱스를 사용한 것에 주의하기 바란다. 이것은 무엇을 뜻하는가? 이것은 바로 전에 처리된 '사원' 테이블의 '사원번호'를 인라인뷰 내의 WHERE 절 조건으로 사용하지 못하고 GROUP BY를 한 후에 체크했다는 것을 의미한다. 그러나 이것은 불필요한 액세스가 발생하므로 비효율적인 처리 방법이지만 경우에 따라서는 큰 문제가 아닐 수도 있다.

앞서 우리는 GROUP BY된 인라인뷰가 독자적으로 먼저 수행되더라도 처리범위가 넓지 않은 경우라면 문제가 되지 않는다는 것을 알아보았다. 그러나 경우에 따라서는 GROUP BY된 인라인뷰가 NESTED LOOPS 조인에서 나중에 수행되는 형태도 자주 나타난다.

이러한 형태에서 나타나는 실행계획은 매우 독특한 특징을 가지고 있어 앞으로 우리가 유·불리를 판단하는 중요한 기준이 될 것이므로 세부적인 처리절차를 살펴볼 필요가 있겠다. 다음 장에서 이러한 실행계획의 처리절차를 알아보기로 한다.

3.4. GROUP BY된 인라인뷰의 NESTED LOOPS 조인

원래 NESTED LOOPS 형태의 조인은 먼저 수행한 집합에서 성공한 각각의 로우마다 나중에 수행되는 집합이 반복해서 수행된다. 그러므로 언뜻 생각하면 마치 앞서 제시했던 실행계획은 각각의 사원마다 '가족' 테이블의 인덱스를 'FULL SCAN'하여 GROUP BY를 한 다음 해당 사원만 남기고 나머지는 모두 버리는 것을 반복하는 것처럼 보이지만 실제로는 그렇게 수행되지 않는다.

다음 실행계획의 상세한 수행 절차를 살펴보기로 하자.

```
NESTED LOOPS
    TABLE ACCESS (BY INDEX ROWID) OF 'TAB1'
        INDEX (RANGE SCAN) OF 'INDEX_1'
    VIEW
        SORT (GROUP BY)
            TABLE ACCESS (FULL) OF 'TAB2'
```

① 먼저 굵은 글씨로 표시된 부분을 다음과 같은 방법으로 처리해 둔다.
- ◆ 'TAB2'를 전체 테이블을 차례로 스캔하여 조건을 체크한다.
- ◆ 조건을 만족한 로우들은 GROUP BY가 수행되고 결과는 내부적으로 저장된다.

② INDEX_1을 이용하여 인덱스의 첫번째 로우를 랜덤 액세스로 읽는다. 이때 랜덤 액세스에 직접 영향을 주지 못한 컬럼의 조건이 인덱스 컬럼에 있다면 체크하고 성공하면 다음 단계로 가고, 실패하면 다음 인덱스 로우를 읽는다.

③ 1차로 인덱스를 읽고 체크하여 성공한 로우는 인덱스에 들어 있는 ROWID를 이용하여 TAB1을 읽는다. 이때 아직 체크되지 못한 조건이 남아 있다면 테이블의 컬럼을 체크하고 성공하면 다음 단계로, 실패하면 ②로 돌아간다.

④ 성공한 로우는 ①의 집합(GROUP BY해 둔 집합)에서 조인되는 로우를 찾는다.

⑤ 조인이 성공하면 운반단위에 저장하고 실패하면 ②로 돌아간다.

기술한 처리절차에서 알 수 있듯이 NESTED LOOPS 조인의 나중에 위치한 집합이라고 해서 반드시 전체를 반복 수행하는 것은 아니다. 이와 같이 전체 테이블 스캔을 반복하지 않고 단 한번만 처리하여 결과를 저장해 두고 그 결과와 반복적인 조인을 한다는 사실은 테이블이 크지 않거나 다른 집합에서 조건을 받지 않고서도 나름대로 자신의 처리 범위를 줄일 수만 있다면 충분히 활용할 수 있는 방법이라 할 것이다.

위에서 설명한 실행계획의 수행방법은 우리가 인라인뷰를 활용할 때 매우 빈번하게 나타나기 때문에 좀더 자세한 설명을 하기로 한다. 이 실행계획의 최대 관점은 GROUP BY가 일어나는 집합이 어떠한 조건 범위를 가지고 수행하였느냐에 있다. 만약 위의 예에서처럼 전체 테이블을 스캔하여 처리한다면 결코 좋은 실행계획을 얻을 수가 없다.

이 부분을 좀더 명확히 하기 위하여 다음의 SQL을 살펴보기로 하자.

```
SELECT a.사원번호, AVG_AMT * DECODE(a.직무, 'A1', 0.12, 0.11)
FROM 사원 a,
     ( SELECT 사원번호, AVG(급여총액) AVG_AMT
       FROM 급여
       WHERE 년월 BETWEEN '199801' AND '199803'
       GROUP BY 사원번호 ) b
WHERE b.사원번호 = a.사원번호
    and  a.부서코드 = '1110' ; ─────── ⓐ
```

만약 조건에 주어진 부서의 사원이 10명이라고 가정했을 때 '급여' 테이블은 30개의 로우만 액세스되는 것이 가장 효율적일 것이다. 그러나 앞서 설명했듯이 '급여' 테이블은 부서코드 조건으로 '사원' 테이블을 액세스한 10명의 사원번호를 자신의 액세스 주관조건(Driving Condition)으로 사용하지 못하고 '년월'만을 주관조건으로 하여 인덱스 사용여부를 결정하게 된다.

물론 '급여' 테이블에 '년월'을 선두로 하는 인덱스가 있다면 인덱스를 범위처리하는 실행계획이 수립되겠지만 불필요하게 다른 사원번호도 같이 액세스해야만 한다. 설사 '년월+사원번호'로 인덱스가 되어 있어도 마찬가지가 된다.

그러므로 인라인뷰 내의 처리가 우리가 원하는 인덱스로 처리된 것처럼 보이더라도 실제로는 '사원' 테이블에서 액세스한 '사원번호'가 주관조건이 되지 않았다는 것에 주의하기 바란다. 그런데 우리가 ⓐ의 조건이 AND a.사원번호 LIKE '111%'였다면 이때는 직접 인라인뷰 내에 '사원번호' 조건이 기술되지 않았지만 주관조건으로 사용된다.

그 이유는 비록 'a.사원번호'를 조건으로 부여했지만 연결고리가 'b.사원번호=a.사원번호'로 되어 있으므로 논리적으로 보면 굳이 'b.사원번호'를 조건으로 주지 않더라도 인라인뷰 내에 조건으로 사용할 수 있기 때문이다. 즉, 우리가 '사원' 테이블과 연계시키지 않고서도 인라인뷰 내에 이 조건을 기술할 수 있기 때문이다.

이처럼 옵티마이져가 수립해 주는 실행계획은 매우 오묘하며 상황에 따라 매우 효율적이기도 하지만 그렇지 않은 경우도 자주 발생하므로 잘 알고서 사용해야 할 것이다. 어쨌든 인라인뷰 내에 GROUP BY를 사용하면 심각한 형태의 실행계획이 수립될 수도 있음에도 불구하고 실무에서는 상황을 감안하지 않고 너무 방만하게 함부로 사용되고 있다는 것이 큰 문제라 할 것이다.

3.5. 방사형 조인의 기타 해결방법

방사형 조인이란 양쪽 M집합 입장에서 보면 결국 M:M 조인을 말한다. 우리는 앞서 '제2장 데이터 연결의 다양한 방법, 2.UNION, GROUP BY을 이용한 데이터 연결 (Page 2-31~2-64)'에서 제시했던 방법을 기억할 것이다. 이 방법의 최대 장점은 M:M 조인과 양측 OUTER 조인이 동시에 해결되는 것이다.

여러분은 이 방법의 장단점과 여기서 제시한 인라인뷰를 활용한 방법의 장단점을 정확히 이해하고 상황에 따라 어떤 것을 적용해야 하는지를 결정하기 바란다. 방사형 조인의 해결방법으로 UNION, GROUP BY를 활용하는 방법은 더 이상 구체적으로 언급하지 않겠다.

또 다른 해결방법을 알아보기 위해 다음과 같은 상황을 가정해 보자. 만약 여러분이 방사형 조인을 반드시 NESTED LOOPS 형태로 처리해야만 하는 경우라면 어떻게 처리할 것인가? 다시 말해서, 먼저 처리된 집합에서 조건을 제공받지 않을 때 처리범위가 지나치게 넓어진다면 어떻게 할 것인가?

앞서 제시했던 모든 M쪽 집합을 GROUP BY한 인라인뷰를 만들어 조인하는 방법은 먼저 수행한 집합을 각각의 인라인뷰 내의 조건으로 제공할 수가 없으므로, 이러한 조건을 제공받지 않을 때 처리범위가 지나치게 넓어진다면 도저히 사용할 수 없는 방법이다.

우리가 잘 알고 있듯이 NESTED LOOPS 조인의 장점은 먼저 실행한 집합에서 제공한 상수값을 받아서 그 조건범위만 액세스할 수 있다는 것이다. 방사형 조인에서도 이와 같이 먼저 수행한 집합에서 상수값을 받아야만 처리범위가 좁아질 수 있다면 앞서 제시한 방법으로는 효율적인 액세스는 불가능하다.

이러한 문제를 해결하는 방법으로는 두가지를 사용할 수가 있다. 한가지는 차례로 GROUP BY한 후 조인을 해나가는 방법이다. 두번째 방법은 M쪽 집합들을 사용자지정 저장형 함수를 사용하여 1집합을 만드는 방법이다. 이 방법은 제2장에서 충분히 설명하였으므로 여기서는 생략한다.

첫번째 방법을 좀더 자세히 알아보기로 하자. 앞서 해결책으로 제시했던 SQL을 다음과 같이 변형시켜 보자.

```
SELECT min(부서명), x.사원번호,
       AVG(급여총액) * min(DECODE(직무, 'A1', 0.12, 0.11) * 가족수)
FROM (SELECT b.사원번호, min(부서명) 부서명,
             min(b.직무) 직무, COUNT(c.사원번호) 가족수
      FROM 부서 a, 사원 b, 가족 c
      WHERE b.부서코드 = a.부서코드
        and c.사원번호(+) = b.사원번호
        and a.부서코드 = :DEPT_CD
        and c.부양여부 = 'Y'
      GROUP BY b.사원번호 ) x, 급여 y
WHERE y.사원번호(+) = x.사원번호
  and y.년월 between to_char(TO_DATE(:INDATE||'10', 'yyyymmdd')-90, 'yyyymm')
                 and :INDATE
GROUP BY x.사원번호 ;
```

이 SQL을 분석해 보자. 인라인뷰에 들어 있는 3개의 테이블은 계층형 구조를 가지므로 최하단위 계층인 '가족' 테이블의 로우 단위로 생성된다. 입력받은 부서에 대하여 '사원' 테이블이 연결되고, 그 사원에 대해서 '가족' 테이블이 연결되었으므로 불필요한 조인은 전혀 발생하지 않았다. 이 조인 결과를 '사원번호'로 GROUP BY한 것이 인라인뷰의 집합이므로 이 집합은 사원별로 한 로우씩을 가진다.

인라인뷰의 집합과 '급여' 테이블은 1:M 관계를 가지며 인라인뷰의 '사원번호'가 '급여' 테이블에 상수값으로 제공되어 '급여' 테이블은 해당 사원만 처리하므로 불필요한 액세스는 발생하지 않았다. 이 조인 결과는 '급여' 테이블의 로우 단위가 되므로 다시 '사원번호'로 GROUP BY하여 최종 결과를 추출하였다.

어차피 '가족' 테이블이나 '급여' 테이블은 한번은 GROUP BY를 해야 하므로 불필요하게 추가된 작업은 없다. 이 처리방법은 NESTED LOOPS 조인의 특징을 살려

앞서 처리한 결과를 다음 처리 대상이 받아서 처리하도록 유도한 것이다.

　이로써 가정했던 상황에 대한 문제는 해결되었다. 그러나 이 방법도 완전한 것은 아니다. 조인할 대상이 너무 많으면 문장이 복잡해지는 단점을 가지고 있다. 그러나 대부분의 경우 이것은 문제가 되지 않는다.

　이번에는 실무에서 발생할 수 있는 좀더 복잡한 상황을 가정해 보기로 하자. 만약 주어진 조건이 어느 특정 부서가 아니라 특정 사업장에 속한 모든 사원, 혹은 전체 사원에 대해 처리를 하고자 한다면 앞서 소개한 사례에 비해 처리범위는 매우 증가하게 된다. 이런 경우에도 앞에서 제시한 방법이 가장 효율적인 것일까?

　그렇지 않다. 처리해야 할 사원들의 수가 너무 많을 경우 위의 예처럼 각 사원별로 처리하게 되면 랜덤 액세스가 지나치게 증가한다. 어차피 대부분의 사원에 대해 처리해야 한다면 처음에 제시했던 방법인 SORT MERGE 형태의 처리방법이 훨씬 유리하다. 그러나 꼭 그런 것만도 아니다. 또 다른 변수가 있다.

　단지 이 방법은 어쩔 수 없이 모든 범위를 처리하지 않으면 안 되는 배치 처리형 애플리케이션에서는 유리할지 몰라도 온라인 화면 애플리케이션에서 이러한 결과를 추출하고자 한다면 이보다 더 좋은 방법이 있다.

　그것은 바로 부분범위처리 개념을 활용하는 것이다. 즉, 온라인 화면은 비록 사용자가 넓은 범위의 처리 조건을 부여했더라도 화면에는 먼저 일정량의 데이터가 가장 **빠른** 방법으로 추출되는 것이 중요하다. 그렇다면 주어진 전체 사원 모두를 처리하지 않고 일단 일정량이 추출된 후 사용자가 다음 화면을 스크롤했을 때 다음 일정량이 처리되도록 유도한다면 우리는 보다 **빠른** 수행속도를 얻을 수 있을 것이다.

　좀더 자세한 내용은 이 장의 6절에 있는 '부분범위처리로의 유도' 부분을 참조하기 바란다.

4. OUTER 조인시의 처리

OUTER 조인은 어떤 집합을 기준으로 해서 조인되는 다른 집합과의 연결에 실패했더라도 그 결과를 추출하는 조인을 말한다. 이러한 형태의 조인은 실무에서 자주 등장하기도 하며 그 처리를 위해 우리는 약간의 주의를 기울일 필요가 있다.

데이터베이스 제품에 따라 이러한 OUTER 조인을 사용할 수 없는 제품도 있다. 만약 이러한 제품에서 반드시 OUTER 조인을 하고자 한다면 매우 복잡하고 비효율적인 처리방법을 동원해야 한다. 여기서는 OUTER 조인을 제공하지 않는 경우는 취급하지 않을 것이다.

4.1. OUTER 조인과 조인 실패의 원인

SQL에서 OUTER 조인을 기술하는 방법은 데이터베이스에 따라 차이가 있지만 본질적인 내용은 거의 동일하다. 여기서는 오라클에서 사용하는 방법을 기준으로 설명하기로 하며 OUTER 조인을 할 때 인라인뷰를 사용하는 것이 유리해지는 이유와 활용시에 우리가 주의해야 할 사항들이 무엇인가에 대해 설명하기로 한다.

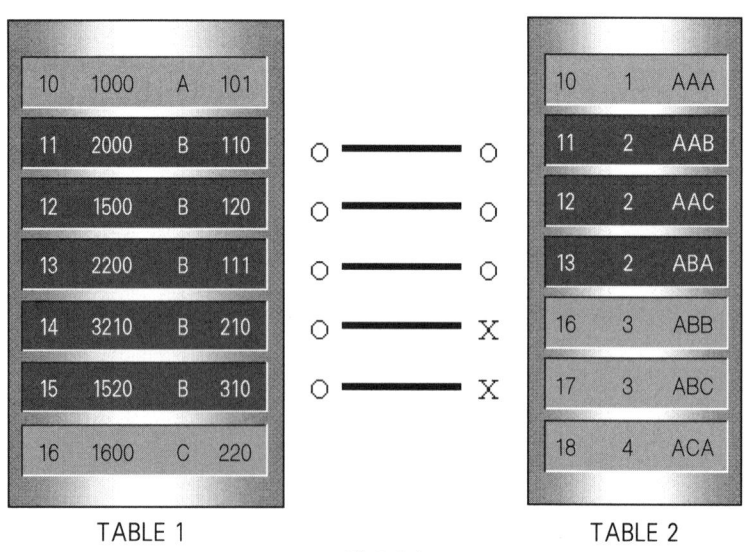

그림 3-4-1

위의 테이블들을 이용하여 다음과 같은 조인 SQL을 만들어 보자.

SELECT x.COL1, x.COL2, x.COL4, y.COL3
FROM TABLE1 x, TABLE2 y
WHERE x.COL1 = y.COL1
    and x.COL3 = 'B'
    and y.COL2 = '2' ;

이 조인의 결과는 당연히 다음과 같이 양쪽 집합에 모두 존재하는 것들만 나타난다.

x.COL1	x.COL2	x.COL4	y.COL3
11	2000	110	AAB
12	1500	120	AAC
13	2200	111	ABA

만약 우리가 COL1이 14,15와 같이 TABLE2에 대응하는 값이 없는 경우에도 추출하기를 원한다면 OUTER 조인을 사용해야만 한다는 것은 잘 알고 있다. 그렇다면 아래와 같이 연결조건에 OUTER 조인 표시인 '(+)'를 하고 결과를 확인해 보자.

SELECT x.COL1, x.COL2, x.COL4, y.COL3
FROM TABLE1 x, TABLE2 y
WHERE x.COL1 = y.COL1(+)
    and x.COL2 = 'B'
    and y.COL2 = '2' ;

이 SQL을 수행한 결과는 OUTER 조인을 했음에도 불구하고 하지 않았을 때와 동일한 결과가 나타난다. 만약 여러분들이 SQL의 실행계획을 확인해 본다면 분명히 OUTER 조인을 수행하는 것으로 되어 있을 것이다. 그럼에도 불구하고 왜 OUTER 조인된 결과가 나타나지 않는 것일까?

그 이유는 매우 간단하다. 연결조건은 OUTER 조인을 하였으므로 두개의 집합은 당연히 OUTER 조인이 되었다. 즉 COL1이 14,15인 로우들도 조인에는 성공하였다. 그러나 이러한 TABLE2의 집합은 모두 NULL 값을 가지게 되므로 SQL의 마지막 라인에 있는 AND y.COL2 = '2' 의 조건을 만족하지 않게 되었기 때문이다.

4.2. OUTER 조인 실패의 해결

대부분의 개발자들이 OUTER조인의 정확한 개념과 특징을 알지 못해 실무에서 잘못을 저지르고 있는 것을 자주 발견할 수 있다. 이 문제는 간단한 몇 가지 방법으로 해결할 수가 있다. 첫번째 방법은 다음과 같이 OUTER 조인되는 집합(앞의 예에서는 TABLE2)에 사용된 모든 조건에 OUTER 조인 표시를 해주는 것이다.

```
SELECT x.COL1, x.COL2, x.COL4, y.COL3
FROM TABLE1 x, TABLE2 y
WHERE x.COL1 = y.COL1(+)
    and x.COL2 = 'B'
    and y.COL2(+) = '2' ;
```

이러한 방법이 문제를 해소해 주는 원리는 당연하다. OUTER 조인은 반드시 조인되는 집합의 모든 조건에 '(+)' 기호가 표시되어야 하기 때문이다. AND y.COL2 = '2' 의 조건에서 y.COL2와 대응되는 값은 '2' 이다. 이 값은 비록 X집합의 값은 아니지만 X집합의 값으로 간주할 수 있다.

왜냐하면 일반적으로 '상수값' 은 어느 누구의 집합도 아니다. 바꾸어 말하면 어느 누구의 집합이라고 할 수도 있다는 뜻이 된다. 이러한 방법은 Y의 모든 조건이 X의 집합과 OUTER 조인되었으므로 우리가 원하는 결과를 얻게 해준다.

이 방법은 매우 간단하여 쉽게 사용할 수 있지만 치명적인 약점을 가지고 있다. 만약 다음과 같이 Y집합의 조건을 'IN' 으로 사용하고 OUTER 조인을 해보자.

```
SELECT x.COL1, x.COL2, x.COL4, y.COL3
FROM TABLE1 x, TABLE2 y
WHERE x.COL1 = y.COL1(+)
    and x.COL2 = 'B'
    and y.COL2(+) IN ( '1' , '2' ) ;
```

여러분들은 이 SQL이 수행될 수 없음을 발견하게 될 것이다. 그것은 OUTER 조인에서 'IN'이나 'OR'를 사용면 에러를 발생시키기 때문이다. 물론 'IN'으로 비교한 조건이 상수값이든 서브쿼리든 관계없이 이러한 에러는 발생한다. 이 문제를 해결하기 위해 이용할 수 있는 매우 간단한 방법이 있다.

두번째 방법을 알아보자. 이 방법은 OUTER 조인된 결과가 다시 버려지게 된 원인을 제거함으로써 원래 목적대로 결과를 보존하게 하는 방법이다. 앞서 설명했듯이 y.COL2 = '2' 에 의해 버려졌던 로우는 다음과 같은 방법으로 다시 살릴 수 있다.

```
SELECT x.COL1, x.COL2, x.COL4, y.COL3
FROM TABLE1 x, TABLE2 y
WHERE x.COL1 = y.COL1(+)
    and x.COL2 = 'B'
    and (y.COL2 = '2' OR y.COL2 IS NULL) ;
```

즉, 집합Y에서 연결되지 못한 로우의 컬럼값들은 모두 NULL이므로 이와 같이 NULL인 경우도 허용하도록 조건을 추가함으로써 간단히 해결할 수 있는 것이다. 물론 이 방법은 'IN'이나 'OR'를 사용한 경우에도 전혀 문제가 되지 않는다. Y.COL2를 'OR' 조건으로 사용하였지만 이 조건은 원래 야당 역할을 하는 체크조건으로 사용되기 때문에 처리주관 범위에는 전혀 영향을 주지 않는다.

세번째 방법은 뷰를 활용하는 방법이다. 뷰는 비록 물리적으로는 존재하지 않으나 수학적인 의미에서 보면 테이블과 조금도 다르지 않은 하나의 집합이다. 그런 의미에서 다음과 같이 뷰를 만들고 이 집합과 OUTER 조인을 하면 문제를 해결할 수가 있다.

```
CREATE or REPLACE VIEW VIEW1 AS
    SELECT COL1, COL2, COL3
    FROM TABLE2
    WHERE COL2 IN ('1','2');

SELECT x.COL1, x.COL2, x.COL4, y.COL3
FROM TABLE1 x, VIEW1 y
WHERE x.COL1 = y.COL1(+)
    and x.COL2 = 'B' ;
```

앞서 우리가 테이블을 이용해 직접 OUTER 조인을 했을 때는 TABLE2의 전체집합이 바로 Y가 되었지만 뷰와 조인을 할 때는 COL2 IN ('1','2')인 것만을 가지는 뷰 집합이 전체집합이 되었다.

우리가 이미 잘 알고 있듯이 뷰란 단지 뷰를 생성할 때 'AS' 다음에 있는 SELECT 문장을 저장하고 있다가 어떤 SQL에서 뷰를 사용하면 이 SQL과 저장해 두었던 SELECT 문장을 합성하여 실행계획이 수립될 뿐이다. 그러므로 테이블을 직접 사용한 SQL과 뷰를 통해 내부적으로 합성된 내용이 동일하다면 같은 실행결과를 얻게 되는 것은 지극히 당연하다.

그럼에도 불구하고 TABLE2의 COL2 조건에 OUTER 조인 표시를 하지 않아도 되는 것은 바로 SQL이 지극히 수학의 집합론을 기초로 하고 있다는 것을 웅변적으로 보여주고 있는 것이다. 그러나 이 방법은 먼저 뷰를 생성시켜야 하므로 자주 사용하는 집합이 아니라면 번거롭고 관리하기가 어렵다. 이러한 문제를 해결하기 위해 다음과 같이 인라인뷰를 사용하는 것이 훨씬 유리하다.

```
SELECT x.COL1, x.COL2, x.COL4, y.COL3
```

```
FROM TABLE1 x, (SELECT COL1, COL3
                  FROM TABLE2
                  WHERE COL2 IN ('1','2')) y
WHERE x.COL1 = y.COL1(+)
    and x.COL2 = 'B' ;
```

이 방법은 굳이 먼저 뷰를 생성시키지 않고서도 우리가 원하는 결과를 얻었다. 그러나 우리가 주의해야 할 사항은 아직도 남아 있다. 저자가 많은 개발자들의 SQL을 검증하면서 너무 함부로 OUTER 조인을 사용하고 있는 것에 놀라지 않을 수가 없었다. OUTER 조인은 반드시 사용해야 하는 경우에만 사용하는 것이 좋다.

우리가 함부로 사용한 OUTER 조인은 실행계획을 크게 변경시킬 수가 있으며 이로 인해 수행속도에 막대한 영향을 미칠 수도 있다. 다음 장에서는 OUTER 조인이 실행계획에 미치는 영향을 자세하게 알아보기로 하겠다.

4.3. OUTER 조인의 실행계획

우리가 무심코, 혹은 혹시나 해서 함부로 사용하는 OUTER 조인은 SQL의 실행계획에 막대한 영향을 줄 수 있다. 이러한 영향은 조인 방법에 따라 크게 달라지므로 정확히 알고 사용하면 문제를 발생시키지 않을 수도 있다. 그런 의미에서 주제와는 약간 벗어나지만 여기서 잠시 OUTER 조인이 실행계획에 주는 영향에 대해 언급하고 넘어가기로 하겠다.

OUTER 조인은 물론 모든 조인 방법(Nested Loops, Sort Merge, Hash, Star 등)에서 적용할 수 있다. 그 중에서 특히 NESTED LOOPS 조인을 할 때는 OUTER 조인 여부가 조인의 순서에 큰 영향을 미치므로 주의해야 한다. 다음 그림을 살펴보자.

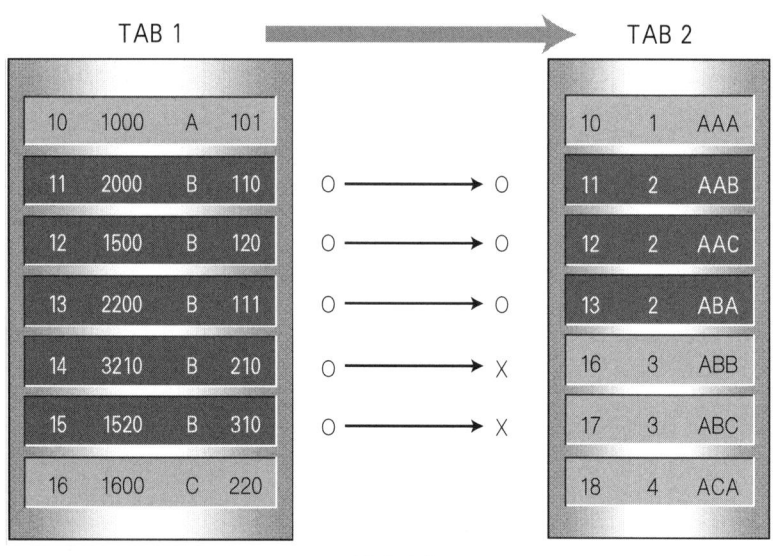

그림 3-4-2

그림에서 확인할 수 있는 것처럼 TAB1이 먼저 액세스하여 TAB2를 OUTER 조인하는 경우는 우리가 원하는 결과를 얻을 수 있다. 이 말은 OUTER 조인되는 집합이 나중에 수행되는 것이 유리한 경우에는 OUTER 조인을 하든, 하지 않든 전혀 상관이 없음을 뜻한다.

일반적인 조인과의 차이는 단지 조인 후 성공한 집합을 만들 때 조인에 실패한 경우 (위의 그림에서 'X' 표시)에도 무조건 성공으로 리턴한다는 것뿐이다. 우리가 잘 알고 있듯이 이미 액세스한 결과가 성공이든, 실패든 일의 양은 달라지지 않는다.

그러나 반대 방향으로 조인한다고 가정했을 때의 그림을 살펴보자.

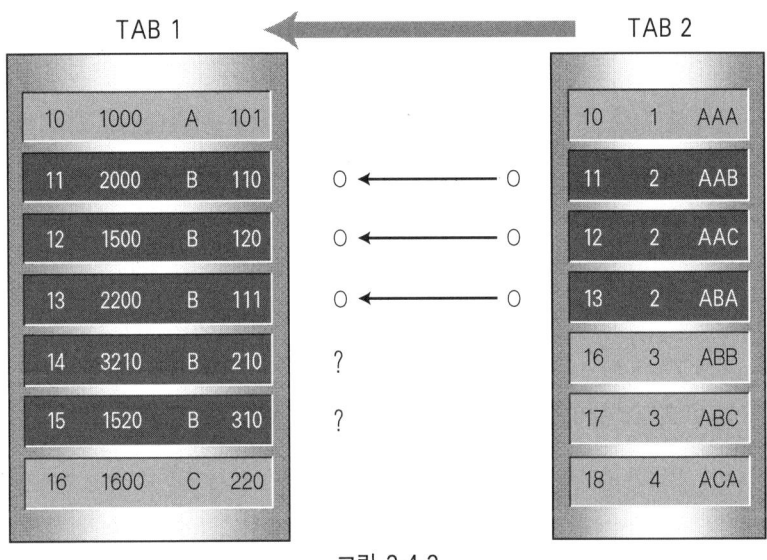

그림 3-4-3

이 그림에 명확히 나타나 있듯이 TAB2가 먼저 수행되어 TAB1을 연결하려 한다면 TAB2에 없는 TAB1의 집합을 액세스하는 것은 논리적으로 불가능하다. 그러므로 NESTED LOOPS 형태의 조인에서 조인의 순서는 무조건 TAB1이 먼저 수행되고 OUTER 조인된 TAB2는 나중에 수행할 수밖에 없다.

그러므로 우리가 막연한 두려움 때문에 함부로 OUTER 조인을 시켰을 때 만약 조인의 순서가 우리가 원하지 않는 방향으로 수행된다면 엄청난 일량이 증가할 수가 있다는 사실을 명심해야 할 것이다.

이 밖에 SORT MERGE 조인 등은 조인의 순서가 처리에 영향을 미치지 않으므로 이러한 현상은 문제가 되지 않는다. 그렇다고 해서 NESTED LOOPS 조인이 유리한 경우를 SORT MERGE 조인으로 수행시킨다는 것은 있을 수 없는 일이다.

아직도 많은 설계자나 개발자는 데이터의 일관성(Integrity)에 관심이 적은 것으로 보인다. 개발 과정에서도 마찬가지이다. 개발을 위한 견본(Sample) 데이터의 일관성을 유지시키지 않은 상태에서 개발이 진행된다. 이러한 잘못은 개발 과정에서 프로그램별 단위 테스트를 할 때 원하는 결과를 얻을 수 없게 만든다. 그러다 보니 개발자는 프로그램 테스트 결과를 얻기 위해서 함부로 OUTER 조인을 사용하지 않을 수 없다.

데이터가 맞지 않는 것은 데이터 처리를 제대로 해서 해결해야 하는 것이다. 애플리케이션의 로직(Logic)을 함부로 변경시켜 해결하는 것은 곤란하다. 과거 우리가 수 많은 예외사항을 복잡하게 처리하여 겨우 시스템을 가동시켰다가 조금만 업무가 변경되더라도 매일 밤을 세워가며 수정해야 했던 전철을 다시 밟아서는 안 된다.
특히 관계형 데이터베이스의 처리는 일반적으로 비절차형 처리를 기본으로 하므로 이러한 방식의 처리는 더 많은 문제점을 가져다 줄 것임을 명심해야 한다.

자주 등장하는 또 한가지의 문제점은 OUTER 조인을 하기는 했지만 잘못된 결과를 얻는다는 것이다. 앞서 언급했듯이 OUTER 조인되는 집합의 모든 조건에는 반드시 '(+)'을 표시해야 함에도 불구하고 연결조건에만 표시되어 있는 경우가 빈번히 나타나며 막연한 불안감 때문에 습관적으로 OUTER 조인을 시키거나 위치를 잘못 기술하는 사례도 빈번히 발생하고 있었다.

4.4. 하나 이상 집합과의 OUTER 조인

지금까지 OUTER 조인을 보다 정확하고 쉽게 사용할 수 있는 방법에 대해 설명했다. 덧붙여서 반드시 뷰나 인라인뷰를 사용해야 하는 사례를 한가지 더 소개하기로 한다. OUTER 조인을 해야 할 집합이 하나 이상의 집합과 연결되어야 하는 경우는 정상적으로 OUTER 조인이 수행되지 않는다.

다음과 같은 데이터 모델을 살펴보자.

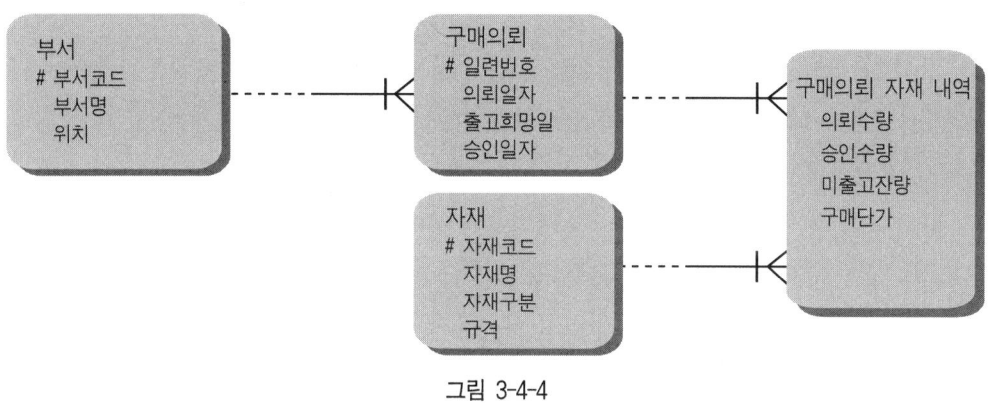

그림 3-4-4

위의 데이터 모델에서 '구매의뢰' 테이블의 기본키는 '부서코드＋일련번호'로 구성되어 있으며 '구매의뢰 자재내역' 테이블은 '구매의뢰' 테이블과 '자재' 테이블의 기본키를 상속받아 '부서코드＋일련번호＋자재코드'로 구성되어 있음을 알 수 있다.

우리는 다음과 같이 부서 위치가 '서울'인 부서들에 대해 '자재구분'이 '소모품'인 자재들의 1개월간 의뢰내역을 집계해 보고자 한다. 단, 여기서는 비록 의뢰된 적이 없는 자재라 할지라도 반드시 출력하고자 한다. 다음과 같은 SQL을 생성해 보자.

SELECT a.부서코드, MIN(a.부서명), c.자재코드, MIN(c.자재명), SUM(d.의뢰수량)
FROM 부서 a, 구매의뢰 b, 자재 c, 구매의뢰자재내역 d
WHERE b.부서코드 = a.부서코드
   and d.부서코드(+) = b.부서코드

```
            and d.일련번호(+) = b.일련번호
            and d.자재코드(+) = c.자재코드
            and a.위치        = '서울'
            and c.자재구분     = '소모품'
            and b.의뢰일자 between '19980101' and '19980131'
    GROUP BY a.부서코드, c.자재코드 ;
```

이 SQL을 분석해 보자. 주어진 조건들과 각 테이블들간의 연결조건들을 기술하고 GROUP BY하여 집계를 하였다. SELECT-LIST의 '부서명'이나 '자재명'에 있는 MIN 함수는 GROUP BY절에 기술하지 않기 위하여 사용했다. 여기서 '구매의뢰자재내역' 테이블의 연결조건인 기본키에 '(+)' 표시를 하여 OUTER 조인을 한 것을 눈여겨 보기 바란다.

자세히 살펴보면 '부서코드'와 '일련번호'는 비교되는 상대값이 '구매의뢰' 테이블의 컬럼이고, '자재코드'는 '자재' 테이블의 컬럼인 것을 알 수 있다. 이 SQL을 실행시키면 에러가 발생한다. 그 이유는 <u>어떤 집합이 OUTER 조인될 때 비교되는 상대집합은 반드시 하나가 되어야 하기 때문이다</u>. 반드시 그렇게 되어야 하는 논리적인 이유는 없으나 데이터베이스 제품에 따라 내부적인 처리방법의 차이로 인해 발생시키는 에러로 생각된다.

물론 '부서', '구매의뢰', '구매의뢰자재' 테이블간의 연결에는 OUTER 조인을 할 필요는 없다. 그럼에도 불구하고 '구매의뢰자재' 테이블의 모든 연결고리 컬럼에 '(+)' 표시를 한 것은 만약 '자재' 테이블과의 OUTER 조인을 위해서 '자재코드'만 '(+)'를 해서는 정상적인 OUTER 조인이 불가능하기 때문이다.

이러한 경우의 해결을 위해서 다음과 같은 인라인뷰는 위력을 발휘한다.

```
SELECT x.부서코드, MIN(x.부서명), y.자재코드, MIN(y.자재명), SUM(x.의뢰수량)
FROM (SELECT a.부서코드, a.부서명, c.자재코드, c.의뢰수량
        FROM 부서 a, 구매의뢰 b, 구매의뢰자재 c
        WHERE b.부서코드 = a.부서코드
```

```
            and c.부서코드 = b.부서코드
            and c.일련번호 = b.일련번호
            and a.위치 = '서울'
            and b.의뢰일자 between '19980101' and '19980131' ) x, 자재 y
WHERE y.자재코드 = x.자재코드(+)
    and y.자재구분 = '소모품'
GROUP BY x.부서코드, x.자재코드 ;
```

 이 SQL은 인라인뷰 집합의 로우 단위에 변화가 없으므로 인라인뷰를 사용한 것이나 그냥 모두를 조인한 것이나 별로 달라질 것이 없다. 그러나 중요한 변화는 앞서 제한 요소였던 OUTER 조인으로 연결되는 상대값이 서로 다른 집합의 컬럼이었던 것이 이제 동일한 집합이 되었다는 점이다. 이로 인해 제한요소가 제거되었기 때문에 이 SQL은 정상적으로 수행하게 된다.

 이와 같이 인라인뷰는 비록 물리적으로는 존재하지 않으나 집합적으로 볼 때는 그 하나 하나가 훌륭한 독립적인 집합이다. SQL은 집합을 토대로 만들어졌기 때문에 이러한 방법의 활용은 보다 쉽고 단순하게 높은 수준의 SQL을 활용할 수 있도록 도와준다.

 여러분의 머리 속을 어지럽히는 절차형 사고에서 하루 빨리 벗어나서 "어떤 집합을 만들어 어떤 집합과 연결하면 어떤 집합이 나온다"는 방식으로 생각하는 집합적 사고 훈련이 필요하다는 것을 다시 한번 강조한다.

5. 실행계획의 제어

우리가 인라인뷰를 사용하는 것이 유리한 또 하나의 경우는 SQL의 실행계획을 제어할 때 사용하는 것이다. 관계형 데이터베이스는 사용자의 SQL을 옵티마이져가 자료사전을 이용해 분석·해석하여 처리절차, 즉 실행계획을 수립한다. 사용자가 요구한 결과는 어떠한 실행계획에 의해 수행되더라도 결과는 동일하다. 그러나 수행속도는 매우 큰 차이를 가져올 수 있다. SQL은 단지 '요구'에 지나지 않으며 소위 '프로그램 로직'은 옵티마이져에 의해 생성된다.

그렇다면 정말 중요한 것은 바로 이 실행계획의 효율성에 있을 수밖에 없다. 그러나 수많은 설계자나 개발자들 중에서 과연 실행계획을 정확히 알고 필요에 따라 적절한 제어를 하면서 개발하는 사람들이 얼마나 될까? 저자가 검증해 본 SQL의 수는 백만 개가 훨씬 넘으며 접해본 개발자는 몇 천명에 이른다. 그럼에도 불구하고 제대로 알고 사용하는 사람을 꼽으라면 10명 이상이 못 되는 것이 현실이다.

옵티마이져의 세계는 참으로 넓고 오묘하다. 생각보다 너무나 많은 경우의 수를 가지고 있다. 데이터 모델링에서부터 SQL의 사용, 인덱스, 클러스터의 구성, 실행계획의 제어에 이르는 모든 것을 이해하고 사용하기란 정말 쉽지가 않다. 저자는 강의가 있을 때마다 "정말 자신 있게 알려고 한다면 최소한 300,000개 이상의 SQL을 심층적 분석해 보아야 한다"고 강조한다. 그 만큼 다양하고도 어렵다.

그러나 전문가 수준까지는 아니더라도 중요한 형태의 실행계획은 예측하고 제어할 수 있어야 하지 않겠는가? 그렇지 못하다면 그게 어디 프로그래머라 할 수가 있겠는가? 눈 뜬 장님이나 다를 것이 무엇이겠는가!

이 말에 여러분들이 공감한다면 '대용량 데이터베이스 솔루션 I'과 이 책을 충분히 이해하고 열심히 실행계획을 분석해 본다면 얼마 지나지 않아 SQL에서 나는 '새소리, 물소리'가 들릴 것이다.

실행계획은 SQL 문장, 인덱스 구조, 통계정보, 데이터베이스 제품, 버전에 따라 상당한 차이를 보인다. 또 계속해서 추가, 변경, 발전해 가고 있다. 또한 제품 벤더(Vendor)에서 선전하듯이 사용자는 SQL만 제대로 사용하면 옵티마이져가 알아서 해

주는 것도 아니다. 경우에 따라 차이는 있겠지만 상당히 잘못된 실행계획이 자주 수립되며, 또 그렇게 될 수밖에 없는 많은 이유도 있다. 이런 이유 때문에 우리는 모든 실행계획을 예측하지는 못하더라도 잘못된 실행계획의 원인을 찾아 바로잡아 줄 수는 있어야 한다.

옵티마이져의 문제를 크게 인식하지 못하는 원인은 문제가 없어서라기 보다는 사용자가 가장 최적의 실행경로를 알지 못하기 때문에 문제점이 있는지를 모르고 있다는 것이 오히려 맞는 말일 것이다.

이 책의 전반에서 이러한 해결 방법을 언급하고 있으므로 여기서는 단지 옵티마이져가 좀처럼 우리가 원하는 실행계획을 수립하지 않을 때 인라인뷰를 사용하여 실행계획을 제어하는 경우에 대한 활용만 언급하기로 하겠다. 앞서 우리가 방사형 조인의 해결 ([그림 3-3-1], Page 3-14 참조)에서 들었던 데이터 모델을 이용해 다음과 같은 SQL을 생성하였다.

```
SELECT a.사원번호, MIN(a.성명), MIN(급여총액), NVL(COUNT(*),0) 고령자수
FROM 사원 a, 급여 b, 가족 c
WHERE c.사원번호(+) = b.사원번호
    and c.생년월일(+) < '19280101'
    and a.사원번호 = b.사원번호
    and b.년월 = '199801'
    and b.급여총액 >= 3500000
GROUP BY a.사원번호 ;
```

이 SQL은 1998년 1월 급여가 3,500,000원 이상을 지급받은 사원들의 만 70세 이상의 고령자 가족 수를 구하고자 하는 것이다. 이 SQL이 논리적으로 수행할 수 있는 처리 방법을 분석해 보자. 먼저 우리가 생각할 수 있는 방법은 '사원' 테이블을 선행 집합으로 하는 NESTED LOOPS 조인이다. 이 방법은 다음과 같은 절차로 수행된다.

① '사원' 테이블을 '전체 테이블 스캔' 방법으로 읽어 내려간다.

② 각각의 사원번호에 대해 '급여' 테이블의 지급년월이 '199801'인 로우를 기본키로 한건씩 (Unique Scan) 찾아 급여총액을 체크하여 만족하면,

③ 해당 사원번호에 대해 '가족' 테이블의 기본키를 이용해 범위처리(Range Scan)하여 테이블을 읽고 생년월일을 체크한다.

④ 이 때 '가족' 테이블에 만족하는 로우가 없어도 결과는 추출된다. (Outer 조인)

이 방법은 큰 잘못 없이 처리된 것처럼 보이지만 사실은 불필요하게 수행된 처리가 많이 보인다. 첫째, '사원' 테이블이 먼저 읽혀서 '급여' 테이블에게 '사원번호'를 공급하여 기본키를 사용하게 하였지만 별로 도움이 되지 못하였다.

왜냐하면 어차피 모든 사원에 대해 처리해야 했으므로 '사원' 테이블로부터 받은 '사원번호'가 별로 처리범위를 줄여주지 못했기 때문이다. 만약 '급여' 테이블에 '년월' 인덱스가 있고 이 테이블이 먼저 처리된다면 이번에는 '사원' 테이블의 모든 로우가 랜덤 액세스를 해야 하므로 마찬가지 현상이 일어난다.

둘째, '가족' 테이블에는 만 70세 이상의 고령자는 매우 적을 것이므로 이러한 가족을 가진 '사원' 또한 많지 않을 것이다. 그럼에도 불구하고 모든 사원에 대해 액세스가 시도되었다. 그 결과 실제 성공하는 로우는 많지 않음에도 불구하고 위의 방법은 결과적으로 모든 사원에 대해서, 그것도 1:M 조인을 해서 액세스한 후 '생년월일'을 체크하여 대부분이 버려지게 되었다. 이 SQL을 NESTED LOOPS 조인과 SORT MERGE 조인으로 수행한다면 각각 다음과 같은 실행계획이 나타날 것이다.

◆ **NESTED LOOPS 조인시**
```
SELECT STATEMENT
  SORT (GROUP BY)
    NESTED LOOPS (OUTER)
      NESTED LOOPS
        TABLE ACCESS (BY INDEX ROWID) OF '급여'
          INDEX (RANGE SCAN) OF '급여_년월_IDX' (NON-UNIQUE)
        TABLE ACCESS (BY INDEX ROWID) OF '사원'
```

```
            INDEX (UNIQUE SCAN) OF '사원_PK' (UNIQUE)
         TABLE ACCESS (BY INDEX ROWID) OF '가족'
            INDEX (RANGE SCAN) OF '가족_PK' (UNIQUE)
```

◆ **SORT MERGE 조인시**
```
  SELECT STATEMENT
    SORT (GROUP BY NOSORT)
      MERGE JOIN
        MERGE JOIN (OUTER)
          SORT (JOIN)
            TABLE ACCESS (BY INDEX ROWID) OF '급여'
              INDEX (RANGE SCAN) OF '급여_년월_IDX' (NON-UNIQUE)
          SORT (JOIN)
            TABLE ACCESS (BY INDEX ROWID) OF '가족'
              INDEX (RANGE SCAN) OF '가족_생년월일_IDX' (NON-UNIQUE)
        SORT (JOIN)
          TABLE ACCESS (FULL) OF '사원'
```

우리는 이 실행계획에서 앞서 예측했던 불필요한 처리가 수행되고 있음을 확인할 수 있다. 그렇다면 가장 이상적인 방법은 '사원'이나 '급여' 테이블이 불필요한 로우를 읽지 않으면서 랜덤 액세스를 최소화하고, '가족' 테이블은 만 70세 이상의 고령자만 액세스하고 고령자가 없는 사원들에 대해서는 처리하지 않는 것이다.

이러한 방법으로 처리되려면 다음과 같은 절차로 수행되어야 할 것이다.

① 먼저 '가족' 테이블의 '생년월일' 인덱스를 범위처리하여 만 70세 이상인 로우만 액세스하여 사원번호로 GROUP BY하여 내부적으로 저장한다.
② 이번에는 '급여' 테이블을 '년월' 인덱스로 범위처리하여 '급여총액'을 체크하여 만족한 로우만 사원번호별로 정렬하여 저장한다.

③ 주어진 조건에 비추어 볼 때 저장된 두개의 집합은 크지 않다는 것을 알 수 있다. 이 집합들은 사원번호로 머지 된다. (Merge Outer 조인)
④ 머지된 소량의 사원번호에 대해서만 '사원' 테이블의 기본키로 액세스한다. (Nested Loops 조인)

다시 말해서 이 방법은 '급여', '가족' 테이블은 SORT MERGE 조인을 하고 그 결과와 '사원' 테이블은 NESTED LOOPS 조인을 하는 것이다. 우리는 이 방법이 보다 효율적이라는 것을 쉽게 알 수 있다. 그러나 문제는 옵티마이져가 제대로 이런 절차의 실행계획을 수립해 주느냐에 있다.

만약 옵티마이져가 세개의 테이블을 모두 SORT MERGE 조인을 하거나 모두 NESTED LOOPS 조인을 하여 좀처럼 위의 절차대로 실행계획이 수립되지 않는다면 다음과 같은 방법을 사용하여 이를 해결할 수 있다.

```
SELECT /* + ORDERED USE_NL(x y) */
        y.사원번호, y.성명, 급여총액, 고령자수
FROM ( SELECT /* + USE_MERGE(b c) */
              b.사원번호, 급여총액, 고령자수
       FROM 급여 b, (SELECT 사원번호, NVL(COUNT(*),0) 고령자수
                    FROM 가족
                    WHERE 생년월일 < '19280101'
                    GROUP BY 사원번호 ) c
       WHERE c.사원번호(+) = b.사원번호
         and b.년월 = '199801'
         and b.급여총액 >= 3500000 ) x, 사원 y
WHERE y.사원번호 = x.사원번호 ;
```

이 SQL은 스스로 처리범위를 줄일 수 있는 '급여' 테이블과 '가족' 테이블을 인라인뷰로 묶어서 SORT MERGE 조인이 되도록 힌트를 사용하였고, 이 처리 결과와 '사

원' 테이블은 NESTED LOOPS 조인이 일어나도록 힌트를 사용한 것이다. 특히 조인의 효율성을 위해 '가족' 테이블은 먼저 인라인뷰에서 GROUP BY하였다.

만약 이 실행계획이 우리가 원하는 대로 생성되었다면 다음과 같은 형태로 나타날 것이다.

```
SELECT STATEMENT
  NESTED LOOPS
    MERGE JOIN (OUTER)
      SORT (JOIN)
        TABLE ACCESS (BY INDEX ROWID) OF '급여'
          INDEX (RANGE SCAN) OF '급여_년월_IDX' (NON-UNIQUE)
      SORT (JOIN)
        VIEW
          SORT (GROUP BY)
            TABLE ACCESS (BY INDEX ROWID) OF '가족'
              INDEX (RANGE SCAN) OF '가족_생년월일_IDX' (NON-UNIQUE)
    TABLE ACCESS (BY INDEX ROWID) OF '사원'
      INDEX (UNIQUE SCAN) OF '사원_PK' (UNIQUE)
```

만약 이 SQL이 NESTED LOOPS 조인으로 실행되었다면 다음과 같은 실행계획이 생성될 것이다.

```
SELECT STATEMENT
  NESTED LOOPS
    NESTED LOOPS (OUTER)
      TABLE ACCESS (BY INDEX ROWID) OF '급여'
        INDEX (RANGE SCAN) OF '급여_년월_IDX' (NON-UNIQUE)
      VIEW
```

```
SORT (GROUP BY)
    TABLE ACCESS (BY INDEX ROWID) OF '가족'
        INDEX (RANGE SCAN) OF '가족_생년월일_IDX' (NON-UNIQUE)
    TABLE ACCESS (BY INDEX ROWID) OF '사원'
        INDEX (UNIQUE SCAN) OF '사원_PK' (UNIQUE)
```

사실 NESTED LOOPS 조인으로 수행된 이 실행계획도 그렇게 비효율적이라고 할 수는 없다. '급여' 테이블은 꼭 필요한 만큼만 액세스하였고, '가족' 테이블은 먼저 만 70세 이상만 읽어 GROUP BY한 후에 '급여' 테이블과 OUTER 조인하였다. 여기에서 최종적으로 성공한 로우들만 '사원' 테이블을 기본키로 액세스하였으므로 매우 훌륭한 실행계획이라 할 수 있다.

이와 같이 SQL의 형태를 어떻게 구사했느냐, 혹은 어떤 실행계획이 수립되었느냐는 매우 중요하며 상황에 따라 차이가 있다. 만약 데이터 양이 매우 많은 테이블이었다면 그 차이는 더욱 크게 나타날 것이다.

지금까지 인라인뷰를 사용하여 실행계획을 제어하는 몇 가지 방법을 소개하였다. 그러나 이 사례는 지극히 빙산의 일각에 불과하다. 실무에서는 훨씬 더 복잡하고 다양한 방법으로 실행계획을 제어할 수 있어야 한다. 특히 인라인뷰는 좀처럼 우리가 원하는 실행계획으로 유도하기 힘든 경우에 사용하여 효과를 볼 수 있다. 다만 여러분들이 주의할 점은 인라인뷰를 함부로 전가의 보도처럼 사용해서는 안 된다는 것이다.

인라인뷰를 사용한다는 것은 기존 SQL의 형태를 바꾸는 것을 의미한다. 그러므로 먼저 인덱스 구조의 문제인지, 혹은 옵티마이져 모드(Mode) 때문인지, SQL의 사소한 코딩 잘못인지를 체크할 필요가 있다. 또한 컬럼의 사용제한(Suppressing)이나 힌트를 사용하여 적절히 유도할 수 있는지 확인해 보고, 그래도 원하는 실행계획으로 유도할 수 없을 때만 사용하기 바란다.

6. 부분범위처리로의 유도

　부분범위처리(Partial Range Scan)란 SQL에서 주어진 조건의 전체 범위를 모두 처리한 후에 결과를 추출하는 것이 아니라, 차례대로 처리해 가다가 결과의 로우 수가 운반단위(Array Size)를 채우게 되면 일단 결과는 추출되고, 사용자의 다음 요구가 있을 때까지 더 이상의 처리를 멈추게 되는 처리방법을 말한다.

　이 방법은 처리범위가 아무리 넓어도 영향을 받지 않으므로 사용자가 부여한 조건의 처리범위가 매우 넓을 때 놀라운 효과를 발휘한다. 이 부분범위처리에 대한 상세한 내용은 '대용량 데이터베이스 솔루션 I 의 제4장 부분범위처리(Page 152~185)'에 설명되어 있으니 참조하기 바란다.

　거기에는 실무에서 나타날 수 있는 부분범위처리 유도방법을 다양한 형태로 소개하고 있다. 그러나 저자가 '대용량 데이터베이스 솔루션 I'을 집필할 때는 인라인뷰가 제공되지 않았으므로 여기서 소개하고자 하는 인라인뷰를 활용하여 부분범위처리로 유도하는 방법은 언급되어 있지 않았다.

　인라인뷰를 활용하여 부분범위처리로 유도하는 방법은 여러 가지가 있다. 먼저 소개하는 방법은 '전체 집합 정렬처리를 특정부분 정렬처리로 유도'하는 방법이다. 앞서 예로 들었던 [그림 3-3-1](Page 3-14)의 데이터 모델을 가지고 다음과 같은 SQL을 생성해 보자.

```
SELECT a.부서명, b.사원번호, b.성명, c.년월, c.급여총액
FROM 부서 a, 사원 b, 급여 c
WHERE b.부서코드 = a.부서코드
    and  c.사원번호 = b.사원번호
    and  a.위치    = '서울'
    and  b.직책    = '과장'
    and c.년월 between '199001' and '199712'
ORDER BY a.부서명, b.입사일, c.년월 ;
```

이 SQL에서는 서울에 근무하는 과장들의 입사일 순으로 8년간의 급여총액을 조회하고자 한다. 우리가 원하는 결과를 얻기 위해서 이와 같은 SQL을 작성하는 것은 너무나 당연해 보인다. 특히 부분범위처리를 방해하는 정렬처리를 해야 하는 컬럼은 세 테이블에 각각 분산되어 있고, 추출하려는 로우의 단위는 최하위 집합인 '급여' 테이블이므로 우리는 어쩔 수 없이 모든 집합을 조인한 후에 ORDER BY를 사용하지 않을 수가 없다.

그러나 원가계산을 해보면 분명히 불필요한 작업이 들어가 있다. 서울에 근무하는 과장들은 많지 않은 집합임은 분명하다. 그렇지만 '급여' 테이블과 조인하는 순간 로우는 약 100배 가량 증가한다. 이렇게 증가된 집합을 정렬한 후 결과를 추출한다면 좋은 수행속도를 얻을 수가 없다.

만약 적은 집합이 되는 '부서'와 '사원' 테이블의 조인 결과만 먼저 정렬시키고 다량의 집합이 되는 '급여' 테이블은 기본키인 '사원번호+년월' 인덱스를 경유함으로써 동일한 결과를 얻을 수 있다면 이것이 가장 이상적인 실행방법이 될 것이다.

다음과 같이 인라인뷰를 활용하여 SQL을 변형시켜 보자.

```
SELECT /* + ORDERED USE_NL(x y) */
       x.부서명, x.입사일, x.사원번호, x.성명, y.년월, y.급여총액
FROM (SELECT a.부서명, b.입사일, b.사원번호, b.성명
      FROM 부서 a, 사원 b
      WHERE b.부서코드 = a.부서코드
        and a.위치    = '서울'
        and b.직책    = '과장'
      ORDER BY a.부서명, b.입사일) x, 급여 y
WHERE y.사원번호 = x.사원번호
  and y.년월 between '199001' and '199712' ;
```

그러나 이 SQL은 정상적으로 수행되지 않는다. 왜냐하면 인라인뷰 내에서는 ORDER BY를 사용할 수 없기 때문이다. 이러한 문제는 GROUP BY를 사용하는 간

단한 방법으로 해결할 수 있다. 다음과 같이 SQL을 바꾸어 보자.

```
SELECT /* + ORDERED USE_NL(x y) */
        x.부서명, x.입사일, x.사원번호, x.성명, y.년월, y.급여총액
FROM (SELECT a.부서명, b.입사일, b.사원번호, MAX(b.성명)
      FROM 부서 a, 사원 b
      WHERE b.부서코드 = a.부서코드
        and a.위치    = '서울'
        and b.직책    = '과장'
      GROUP BY a.부서명, b.입사일, b.사원번호) x, 급여 y
WHERE y.사원번호 = x.사원번호
  and y.년월 BETWEEN '199001' AND '199712' ;
```

이 SQL은 정상적으로 우리가 원하는 결과를 추출한다. 여기서 힌트를 사용한 것은 반드시 인라인뷰가 먼저 수행되고, 그 결과와 '급여' 테이블을 NESTED LOOPS 조인을 시키기 위해서 사용했다.

인라인뷰 내에 사용한 GROUP BY는 최하위 집합의 기본키인 '사원번호'가 있으므로 GROUP BY한 것이나 그렇지 않은 것이나 데이터 단위는 동일하다. 그렇지만 이 GROUP BY는 ORDER BY를 대신해 주는 역할을 한다. 만약 여러분들이 GROUP BY한 컬럼을 다시 ORDER BY하는 SQL을 실행시키고 그 실행계획을 조회해 보라.

GROUP BY를 위한 정렬만 수행되지 그 결과를 다시 ORDER BY하는 처리는 하지 않는다. 다시 말해서 이 SQL에서 ORDER BY를 추가한 것이나 삭제한 것이나 동일한 실행계획이 나타난다는 것이다.

이 말은 곧 GROUP BY가 ORDER BY를 대신할 수 있다는 것을 의미한다. 주제에서 약간 벗어나는 것 같지만 한가지 더 짚고 넘어가기로 하자. 만약 여러분들이 위의 경우에서 입사일만 역순(Descending)으로 정렬시키고자 한다면 어떻게 해야 할 것인가? 다음과 같이 GROUP BY 문장만 바꾸어 준다. 만약 입사일이 문자 타입이라면,

GROUP BY a.부서명, b.입사일 * -1, b.입사일, b.사원번호

DATE 타입이라면 다음과 같이 사용한다.

GROUP BY a.부서명, b.입사일-SYSDATE, b.입사일, b.사원번호

본론으로 돌아가서 위에서 제시한 SQL을 좀더 상세하게 분석해 보자. 먼저 수행되는 인라인뷰는 GROUP BY가 들어 있으므로 어쩔 수 없이 부분범위처리를 할 수가 없다. 그러나 이 집합은 매우 적으므로 전체범위처리(Full Range Scan)를 하더라도 별로 문제되지 않는다.

이 인라인뷰에서 만들어진 결과의 집합은 '급여' 테이블에게 차례로 상수값을 제공하여 NESTED LOOPS 조인을 수행한다. 이 '급여' 테이블이 연결되는 처리에는 정렬작업이 포함되어 있지 않으므로 부분범위처리가 가능하다. 그러므로 운반단위가 채워지면 일단 결과는 추출되고 멈추게 된다.

이와 같이 완전한 부분범위처리는 아니지만 적은 집합을 전체범위로 처리하더라도 데이터가 많은 집합은 부분범위처리로 유도하는 것은 매우 고급 수준에 속하는 활용 방법이라 하겠다.

두번째 사례는 앞서 소개한 SQL과 겉모양은 매우 유사해 보이고 당연히 부분범위처리를 할 것처럼 보이지만 다음 예제는 부분범위처리가 곤란하다. 이 예제는 앞서 페이지 3-27에서 설명한 바 있다.

SELECT a.사원번호, AVG_AMT * DECODE(a.직무, 'A1', 0.12, 0.11)
FROM 사원 a,
    (SELECT 사원번호, AVG(급여총액) AVG_AMT
      FROM 급여
      WHERE 년월 between '199801' and '199803'
      GROUP BY 사원번호) b

```
WHERE b.사원번호 = a.사원번호
    and a.부서코드 = '1110' ;
```

이러한 경우를 부분범위처리로 유도하는 방법은 두가지가 있다. 하나는 사용자지정 저장형 함수를 사용하는 방법이고, 다른 한가지는 SELECT-LIST에 인라인뷰를 사용하는 방법이다.

사용자지정 저장형 함수를 사용하는 자세한 방법은 '제2장 데이터연결의 다양한 방법, 3. 저장형 함수를 이용한 데이터 연결(Page 2-65~2-111)'을 참조하기 바란다. 이 방법은 인라인뷰를 사용했을 때와는 달리 저장형 함수 내의 SQL에 직접 조건을 기술할 수가 있으므로 선행되는 집합의 로우마다 모든 해당 조건을 받아서 처리할 수가 있다.

위의 SQL을 이 방법을 사용하여 다시 작성해 보자.

```
CREATE or REPLACE FUNCTION AVG_AMT_FUNC
    (v_empno varchar2)
        RETURN number IS
        V_avg_amt number;
BEGIN
    SELECT avg(급여총액) into v_avg_amt
    FROM 급여
    WHERE 사원번호 = V_EMPNO
        and 년월 between '199801' and '199803' ;
    RETURN v_avg_amt;
END AVG_AMT_FUNC;

SELECT 사원번호,
        AVG_AMT_FUNC(사원번호) * DECODE(직무, 'A1', 0.12, 0.11)
FROM 사원
WHERE 부서코드 = '1110' ;
```

여기서 만약 저장형 함수에서 처리된 결과가 없을 때(Fail, Not found)는 리턴값이 NULL이 되면 버전에 따라서 그 해당사원은 아예 추출되지 않는 경우도 있으므로 확인해 보기 바란다. 물론 위의 예제처럼 'AVG'라는 그룹함수를 사용하면 절대로 실패(Fail)가 일어나지 않으므로 걱정할 것이 없다.

이처럼 인라인뷰를 저장형 함수로 사용하여 우리가 수행시킨 SQL에는 정렬작업이 없어졌으므로 부분범위처리가 가능하게 되었다. 그러나 문제는 아직도 남아 있다. 저장형 함수의 단점은 반드시 하나의 상수값만 리턴하도록 되어 있기 때문에 만약 여러 개의 값이 리턴되어야 한다면 매우 곤란한 일이 생긴다. 이 부분에 대한 해결 방법은 '제2장 데이터연결의 다양한 방법, 3. 저장형 함수를 이용한 데이터 연결'을 참조하기 바란다.

저장형 함수의 이러한 단점을 해소할 수 있는 방법은 바로 지금부터 언급하고자 하는 SELECT-LIST에 인라인뷰를 사용하는 방법이다. 이 방법은 조인을 이용하지 않고 그러면서도 물리적인 저장형 함수를 생성하지 않고서도 SELECT-LIST에 직접 인라인뷰를 삽입한다. 그러나 데이터베이스 제품이나 버전에 따라 사용가능하지 않을 수도 있다.

다음은 오라클 버전8에서 사용한 예이다.

```
SELECT 사원번호,
       CURSOR ( SELECT AVG(급여총액) * DECODE(a.직무, 'A1', 0.12, 0.11),
                       MIN(급여총액), MAX(급여총액)
                FROM 급여 b
                WHERE b.사원번호 = a.사원번호
                  and b.년월 BETWEEN '199801' AND '199803' )
FROM   사원 a
WHERE 부서코드 = '1110' ;
```

사이베이스에서는 'CURSOR'라는 명령어를 사용하지 않아도 된다. 여기서 소개한 예는 이러한 기능의 가장 단순한 사용에 불과하며 훨씬 다양하게 활용할 수 있는 많은 기능들이 추가되어 있다.

예를 들면, 위의 예와는 조금 다른 명령어를 사용해야 하지만 이러한 인라인뷰에서 하나 이상의 로우들을 추출할 수도 있고 문자배열(Varray) 타입으로 지정한 오브젝트 타입과 다양한 연결이 가능하기도 하다. 그러나 대부분의 제품에서 이제 막 제공되기 시작한 기능이기 때문에 예기치 못한 버그(Bug)들이 나타나고 있는 것에 주의해야 한다.

FROM 절에 사용하는 인라인뷰는 나름대로 훌륭한 장점이 있다. 만약 앞서 제기했던 문제점인 WHERE 절에 조건이 회귀적(Nested)으로 파고들지 못하는 부분만 해결된다면 가장 유리하다고 할 수 있겠다.

이 문제는 논리적으로 보면 당연히 가능하겠지만 데이터베이스 벤더측에서 해결해 주지 않으니 사용자측인 우리로서는 어쩔 수 없는 노릇이다. 사실 저자는 여러 접촉 창구를 통해 이러한 부분에 대한 보완을 요청했었지만 아직까지 가시적인 결과를 얻지 못하고 있다.

SELECT-LIST에서 인라인뷰를 사용하는 방법은 마치 '사용자지정 저장형 함수'와 유사한 효과를 낼 수 있을 뿐만 아니라 하나 이상의 값을 리턴할 수도 있으며, 기타 SQL 내에서 복잡한 가공을 하는 데 매우 큰 기여를 할 수가 있다.

7. 사용자지정 저장형 함수 사용시의 활용

　사용자지정 저장형 함수의 활용은 많은 공통적인 업무규칙(Business Rule)들을 일일이 애플리케이션에서 반복적으로 작성하지 않고 쉽게 사용할 수 있게 한다. 이러한 장점은 개발 생산성이나 향후 유지·보수에도 막대한 영향을 미친다. 그러나 불행하게도 저자가 검증해 본 많은 시스템 중에서 제대로 활용되는 경우를 찾아보기란 대단히 어려웠다.

　가장 큰 원인 중에 한가지는 설계자들의 수준에 있는 것이 아닌가 생각한다. 과거 우리는 파일 레이아웃(File Layout), 코드 설계, 프로그램 명세서만 나오면 설계는 끝이라고 생각했지만 이제 더 이상 그렇게 해서는 안 된다. 수많은 업무규칙을 면밀하게 분석하여 데이터베이스가 제공하는 각종 기능들을 적절히 이용하여 설계단계에서 정의해야 한다.

　어떤 경우는 저장형 프로시저(Stored Procedure) 혹은 저장형 함수로, 또 어떤 경우는 테이블을 생성할 때 부여하는 제약조건(Constraints)을 사용하는 것이 좋고, 아니면 뷰를 사용할 수도 있을 것이다. 만약 미들웨어(Middleware)를 사용한다면 미리 'RPC(Remote Procedure Call)'를 정의해 두어야 할 것이다.

　이와 같은 작업은 설계자의 역할이지 더 이상 프로그래머의 역할은 아니다. 또한 우리가 명심해야 할 것은 프로그램 개발에 들어가기 전에 설계되어야 한다는 점이다. 이미 개발 중이라면 이러한 기능의 추가가 이미 개발해 놓은 프로그램 전반에 많은 영향을 미치게 되기 때문이다.

　이러한 관점에서 사용자지정 저장형 함수의 다양한 사용을 진지하게 고려해 보아야 한다. 그러나 여기서는 저장형 함수의 활용 방법을 설명하고자 하는 것이 아니므로 자세한 내용은 데이터베이스가 제공한 사용자 매뉴얼을 참조하기 바란다.

　다만 이 장에서는 이러한 기능을 활용함에 있어 매뉴얼에는 나와 있지 않지만 매우 중요한 차이를 발생시키는 부분을 조명해 보고, 그 해결 방법을 제시하려고 한다.

　앞 장에서 생성해 두었던 'AVG_AMT_FUNC' 함수를 이용하여 다음과 같은 SQL을 수행시켰다고 하자.

```
SELECT 사원번호,
       AVG_AMT_FUNC(사원번호),
       AVG_AMT_FUNC(사원번호) * DECODE(직무, 'A1', 0.12, 0.11),
       기본급 / AVG_AMT_FUNC(사원번호)
FROM   사원
WHERE  부서코드 = '1110' ;
```

이 SQL의 특징은 저장형 함수에서 처리한 결과를 SELECT-LIST의 여러 컬럼에서 사용하고 있다는 것이다. 그러나 이러한 중복 사용은 동일한 작업이 반복해서 수행하는 문제가 생긴다. 이런 문제를 해결하기 위하여 다음과 같이 인라인뷰 내에서 한번만 저장형 함수를 기술하고 메인 SELECT-LIST에서 그 결과를 반복시켜 보자.

```
SELECT 사원번호,
       AVG_AMT,
       AVG_AMT * DECODE(직무, 'A1', 0.12, 0.11),
       기본급 / AVG_AMT
FROM ( SELECT 사원번호, AVG_AMT_FUNC(사원번호) AVG_AMT
       FROM 사원
       WHERE 부서코드 = '1110' ) ;
```

이 방법은 언뜻 보기에 매우 좋은 아이디어처럼 보인다. 그러나 그것은 매우 큰 착각이다. 물론 집합적으로 본다면, 인라인뷰 집합에서 처리된 결과값을 이용해 마지막 추출 단계에서 가공한 것이므로 저장형 함수는 각 사원별로 한번씩만 수행될 것처럼 보인다.

그러나 그것은 단지 우리의 생각일 뿐이다. 이 SQL의 수행상태를 TRACE하여 확인해 보면 SELECT-LIST에 저장형 함수를 나열한 이전의 방법과 동일한 횟수만큼 수행되는 것을 발견할 수 있다. 그렇다면 우리는 여기서 인라인뷰의 수행 방법에 대한 중요한 원칙을 찾아낼 수가 있을 것이다.

그것은 바로 인라인뷰 내의 집합의 최종 내용이 원시 집합과 동일한 레벨이라면, 즉

GROUP BY 등에 의해 집합의 레벨이 변경되지 않으면, 그건 단지 표현 형태를 그렇게 한 것에 불과한 것이며 실제로는 풀어서 작성된 것과 동일하다는 것을 알 수 있다.

이것은 마치 수학에서 '2 + 3 + 5'를 계산한 값이나 '(2 + 3) + 5'를 계산한 값은 동일한 것과 다르지 않다. 물론 '2 * 3 + 5'와 '2 * (3 + 5)'는 당연히 다르듯이 반드시 특정 결과를 얻은 후에 다른 연산을 해야 할 때만 괄호[()]가 의미를 가지는 것과도 같은 의미라 하겠다.

그렇다면 이러한 원리를 바탕으로 우리는 재미있는 발상을 해볼 수가 있다. 만약 '2 + 3 + 5'를 '(2 + 3) * 1 + 5'로 식을 가져간다면 괄호는 의미를 가지게 된다. 이와 같이 괄호를 - 즉 인라인뷰를 - 강제로 의미를 가진 별도의 집합을 만들기 위해서 다음과 같이 SQL을 사용해 보자.

```
SELECT 사원번호,
       AVG_AMT, AVG_AMT * DECODE(직무, 'A1', 0.12, 0.11),
       기본급 / AVG_AMT
FROM ( SELECT 사원번호, AVG_AMT_FUNC(사원번호) AVG_AMT
       FROM 사원
       WHERE 부서코드 = '1110'
       GROUP BY 사원번호) ;
```

놀랍게도 이 SQL은 각 사원별로 단 한번씩만 저장형 함수가 수행된다. 불필요하게 추가시킨 작업으로 보이는 GROUP BY가 삽입되었으나 수행속도는 오히려 향상될 수도 있다.

GROUP BY를 했다는 것은 전체범위처리 방식으로 처리되므로 인라인뷰에서 처리한 결과가 바로 추출되지 못하고 내부적으로 저장된 후 2차 가공을 거쳐야 운반단위로 옮겨질 수 있다는 것을 뜻한다. 다시 말해서 GROUP BY를 함으로써 내부적인 저장이 일어나기 때문에 인라인뷰 내에 있던 함수의 수행 결과는 이제 더 이상 함수가 아니라 내부적으로 저장된 집합의 상수값을 의미한다.

이러한 이유로 SELECT-LIST에서 2차 가공을 할 때는 더 이상 함수를 수행할 필요가 없어지는 것은 너무나 당연한 이치라고 하겠다. 어차피 먼저 가공해야 할 집합이 GROUP BY를 해야 한다면 우리는 전혀 이러한 부담을 갖지 않아도 좋다. 그러나 만약 추가한 GROUP BY가 부담이 된다면 다른 방법을 강구할 수밖에 없다. 이러한 경우에는 SQL에서는 함수의 수행 결과만 추출하고 나머지 가공은 SQL의 수행 결과를 패치(Fetch)한 후에 처리하는 것이 바람직하다.

한가지 더 실무에서 자주 사용하게 되는 예를 살펴보기로 하자. 저장형 함수의 최대 단점은 하나의 상수값만 리턴할 수 있다는 것이라고 언급했었다. 저장형 함수를 많이 활용하다 보면 불행히도 이러한 경우를 자주 겪게 된다. 가령 위의 예제를 조금 수정하여 함수 내에서 '평균급여'와 기간 내의 '최대급여'를 구하고자 한다고 가정해 보자.

이를 해결하기 위해 두개의 저장형 함수를 만들거나 구분자를 받아 하나의 함수에서 두가지 처리를 하도록 함수를 생성하더라도 함수를 여러 번 나열하는 것은 좋은 방법이 아니다. 저장형 함수는 처리할 로우 수만큼 반복 수행되기 때문에 절대로 무거워서는 안된다. 게다가 함수를 불필요하게 여러 번 수행시킴으로써 동일한 액세스를 반복한다는 것은 도저히 견딜 수 없는 일이다. 결론적으로 하나의 함수에서 한번의 수행으로 하나이상의 상수값을 얻도록 해야 한다는 것이다.

그렇게 하기 위해서는 저장형 함수에서 컬럼 값들을 결합(Concatenation)하여 하나의 상수값으로 만들어 리턴한 후 다시 분할하여 최종 출력시키는 방법을 사용한다. 다음과 같은 사용자 정의 저장형 함수를 생성시켜 보자.

```
CREATE or REPLACE FUNCTION AVG_MAX_AMT_FUNC
    (v_empno varchar2)
    RETURN varchar2 IS
    V_avg_amt varchar2(30);
BEGIN
    SELECT RPAD(avg(급여총액),15)||RPAD(max(급여총액),15) into v_avg_amt
    FROM 급여
    WHERE 사원번호 = v_empno
```

```
        and 년월 between '199801' and '199803' ;
    RETURN v_avg_amt;
END AVG_MAX_AMT_FUNC;


SELECT 사원번호, 성명, substr(AMT,1,15), substr(AMT,16,15)
FROM ( SELECT 사원번호, 성명,
                AVG_MAX_AMT_FUNC(사원번호) AMT
        FROM 사원
        WHERE 부서코드 = '1120' ) ;
```

이러한 방법은 우리가 원하는 목적은 일부 달성하였으나 지적했던 것처럼 컬럼을 분할시키면서 실제로는 로우마다 두번씩 함수가 실행되었다. 해결 방법은 앞서 제시했던 인라인뷰 내에 GROUP BY를 추가시키거나 패치 후에 분할시키는 방법을 사용해야 한다.

사용자지정 저장형 함수의 사용은 상황에 따라 다음과 같이 GROUP BY 절에 사용되는 경우가 있다. 이 경우는 필연적으로 함수가 GROUP BY 절과 SELECT-LIST에 모두 위치할 수밖에 없다. 그렇다면 우리는 이러한 반복 수행을 감수할 수밖에 없는 것일까?

```
SELECT 직무, 평균급여, 인원수, 최대기본급, 최대기본급/평균급여 * 100
FROM ( SELECT 직무, AVG_AMT_FUNC(사원번호) 평균급여,
                count(*) 인원수,
                max(기본급) 최대기본급
        FROM 사원
        WHERE 부서코드 = '1120'
        GROUP BY 직무, AVG_AMT_FUNC(사원번호) ) ;
```

이 SQL에는 저장형 함수가 몇 번에 걸쳐 기술되었다. 특히 인라인뷰 내에 두개, 메

인 SQL에 두번 사용되었다. 그러나 결과부터 말하면 여기서는 단 한번만 저장형 함수가 수행된다. 왜냐하면 SELECT-LIST는 SQL의 가장 마지막 단계에서 처리되는 부분이기 때문이다.

다시 말하면 GROUP BY에 의해 내부적으로 집합이 저장되고 그 저장된 집합을 이용하여 SELECT-LIST의 요구사항을 처리하여 추출하므로 SELECT-LIST에 기술된 함수는 다시 수행되지 않는다. 물론 메인 SQL에 있는 함수의 처리 결과인 '평균급여'도 당연히 상수값이므로 다시 수행하지 않는다. 그렇다면 이러한 경우는 굳이 인라인뷰를 사용하지 않고 다음과 같이 직접 반복해서 기술해도 문제되지 않는다.

```
SELECT 직무,
       AVG_AMT_FUNC(사원번호),
       count(*),
       max(기본급),
       max(기본급) / AVG_AMT_FUNC(사원번호) * 100
FROM 사원
WHERE 부서코드 = '1120'
GROUP BY 직무, AVG_AMT_FUNC(사원번호) ;
```

그러나 아무래도 이렇게 풀어 쓰는 방법보다는 앞서 제시한 인라인뷰를 사용하는 것이 훨씬 간략해 보이고, 'MAX(기본급)'과 같은 처리가 반복되지 않으므로 보다 유리하다고 할 수 있겠다.

8. SQL 기능확장을 위한 중간집합 생성

SQL을 잘 활용하면 우리가 애플리케이션에서 많은 절차를 기술하여 처리해야 하는 것을 대부분 하나의 SQL로 처리할 수가 있다. 옵티마이져는 SQL 단위로 최적화를 지원하기 때문에 실행계획만 잘 제어할 수 있다면 훨씬 생산적이고 효율적으로 사용할 수 있는 것이다.

그 중에서 우리가 온라인 화면에서 조회하는 경우, 그 내용물의 합계나 소계를 구하는 경우가 자주 발생한다. 이러한 경우에도 하나의 SQL로 처리할 수 있음은 앞서 '제 2장 데이터 연결의 다양한 방법, 1.4. 조인을 이용한 소계처리(Page 2-27~2-30)'에서 구체적인 방법을 설명했었다.

여기서는 보다 더 복잡한 경우의 처리를 한가지 소개하기로 하겠다. 다음의 사례는 저자가 컨설팅한 어느 회사의 사례로서 개념을 명확하게 하기 위하여 내용을 간략하게 표현한 것이다.

TAB 1

ITEM	SEQ	AMT	YMD
A	1	100	19980301
A	2	200	19980305
A	3	150	19980301
B	1	100	19980302
B	2	120	19980305
B	3	200	19980312
D	1	100	19980303
D	2	300	19980307
D	3	200	19980311
...	...	...	......

TAB 2

ITEM	AMT	YM
A	250	199803
C	300	199803
D	500	199803
A	200	199804
...	...	......

그림 3-8-1

그림에 있는 테이블들에 대해 알아보자. TAB1 테이블은 기본키가 'ITEM+SEQ'로 되어 있고, TAB2는 이것을 월별로 ITEM으로 집계해 둔 테이블이다. 물론 정상적으로 수행되었다면 당연히 TAB1을 집계한 것과 TAB2는 일치해야 하겠으나 무엇인가 잘못된 처리로 인해 이들의 일관성이 깨지는 경우가 자주 발생하였다.

또한 그림과 같이 TAB1에는 있는 ITEM이 TAB2에는 존재하지 않거나 반대로 TAB2에는 있지만 TAB1에는 없는 경우도 있을 수가 있다. 그래서 사용자는 다음과 같이 일관성이 흐트러진 항목들을 찾아 차이를 보여주고, 그 아래에 집계원 데이터가 되는 TAB1의 내역들을 출력하고 싶어 한다.

개발자는 이러한 요구를 절차형 처리를 주로 사용하여 프로그래밍하였는데 코딩량이 많고 매우 복잡하였으며, 수행속도 또한 아주 심각했다. 자! 만약 여러분이라면 다음과 같은 출력을 하기 위해 어떤 방법으로 처리할 것인가?

만약 여기서 제시하는 방법을 보기 전에 자신이 먼저 해결해 보고 싶다면 '제 2장 데이터 연결의 다양한 방법, 1.4 조인을 이용한 소계처리(page 2-27)와 2.UNION, GROUP BY를 이용한 데이터 연결(Page 2-31~2-64)'을 참조하기 바란다.

ITEM	SEQ	TAB1_AMT	TAB2_AMT	차이
A	TOT	450	450	0
	1	100		
	2	200		
	3	150		
B	TOT	420		420
	1	100		
	2	120		
	3	200		
C	TOT		300	-300
D	TOT	600	500	100
	1	100		
	2	300		
	3	200		

이와 같이 결과를 하나의 SQL로 해결하고자 할 때 우리가 가장 먼저 주의해야 할 사항은 비교해야 할 두 집합간에는 '양방향 OUTER 조인'이 되어야 한다는 것이다. 이에

대한 해결책이 우선적으로 강구되어야 할 것이며 TAB1의 집계 결과와 TAB2를 비교한 후, 다시 그 내역을 같이 추출할 수 있는 아이디어가 필요할 것이다.

만약 여러분이 지금까지 공부한 내용을 제대로 숙지했고 어느 정도 응용력을 길렀다면 충분히 이 문제를 풀 수 있을 것이라 생각한다. 관계형 데이터베이스는 집합적으로 접근해야 한다고 여러 번 강조하였다. 저자가 생각하기에는 대부분의 개발자들이 집합적인 사고력이 부족해 보인다. 특히 SQL이란 '조건에 맞는 데이터를 읽어온다' 는 사고가 아니라 '다양한 관계의 집합들을 이용해 데이터베이스에게 자신의 요구사항을 요청하는 것' 이라는 생각으로 접근해야 한다.

가능한 독자 여러분은 저자가 다음에 제시하는 SQL을 참조하지 말고, 설사 며칠이 걸리더라도 혼자서 풀어본다면 향후 여러분들의 개발능력 향상에 매우 큰 도움이 되리라 믿어 의심치 않는다.

문제를 스스로 해결해 보았다면 다음에 제시한 SQL과 비교해 보자.

```
SELECT min(decode(No, 1, item))      Item,
       min(decode(No, 1, 'TOT', seq)) seq,
       sum(decode(sw, 0, amt))        t1_amt,
       sum(decode(sw, 2, amt))        t2_amt,
       sum((1-sw) * decode(No,1,amt)) 차이
FROM ( SELECT item, No, decode(No,1,'TOT',seq) seq, sum(amt) amt, 0 sw
       FROM (SELECT item, seq, amt
             FROM TAB1
             WHERE ymd like '199803%' ) x, COPY_T y
       WHERE y.No <= 2
       GROUP BY item, No, decode(No,1,'TOT',seq)
    UNION ALL
       SELECT item, 1 No, 'TOT' seq, amt, 2 sw
       FROM TAB2
       WHERE ym = '199803' )
```

GROUP BY item, No, seq ;

위의 SQL에서 주의 깊게 살펴보아야 할 몇 가지 사항을 짚어보기로 하자. 먼저 TAB1에서 가공한 집합과 TAB2 집합과의 양방향 OUTER 조인에 대한 문제는 두 집합의 합집합(Union all)을 구하여 GROUP BY함으로써 해결하였다. 이 방법은 제1장에서 UNION GROUP BY를 이용한 데이터 연결에서 충분히 설명하였다.

특히 TAB1의 집합에서는 TAB2와 비교하는 것뿐만 아니라 그 내역도 추출해야 하므로 COPY_T 테이블을 이용하여 집합을 두가지로 복제하였다. 복제된 집합 중에서 하나는 TAB2의 집합과 1:1이 되도록 하였고, 다른 한가지는 원래 집합을 그대로 두도록 DECODE를 이용하여 GROUP BY하였다.

이와 같이 인라인뷰를 사용하면 특수 목적을 위한 임의의 중간 집합을 다양하게 생성할 수 있으며, 이러한 집합들을 적절하게 조인하여 전체 집합을 확장하고 DECODE를 사용하여 상황에 따라 다양한 IF처리를 한다면 그야말로 SQL의 확장은 무한하다 할 수 있겠다.

9. 상이한 집합의 통일

　복잡한 현실의 업무를 처리하다 보면 데이터 모델상으로는 서로 다르지만 몇 가지 서로 상이한 부분만 보정하면 통일된 방식으로 처리할 수 있는 경우가 많이 나타난다. 복잡한 것을 복잡하게 풀어내는 것은 대단한 것이 아니다. 복잡하게 얽혀 있는 것을 분석하여 핵심을 꿰뚫어 보고, 거기에 상큼한 아이디어를 가미하여 복잡하고 변화 무쌍한 것들을 단순·명확하게 해결할 수 있는 것, 이것이 바로 실력이라고 생각한다.

　저자가 개발자들의 프로그램을 검증할 때 항상 느끼는 것은 너무 논리의 골격이 없다는 것이다. 한치 앞을 보지 못하고 눈앞에 있는 복잡한 경우의 수를 처리하기에 급급하다 보니 처리 절차가 너무 길고 복잡하게 얽히게 된다. 가끔 저자는 "여러분들은 다시 중학교에 가셔야 겠어요. 도대체 이렇게 인수분해를 잘 못하면서 어떻게 문제를 풀 수 있겠어요?"라는 농담을 자주 한다.

　각각의 경우의 수에 대해서 나열식으로 처리한 프로그램은 개발 생산성을 저하시킬 뿐만 아니라 유지·보수에도 매우 힘이 든다. 업무 변경이 일어나서 어딘가 수정을 하면 다른 곳에서 문제가 생긴다. 매일 늦게 까지 열심히 일을 하지만 실력은 항상 제자리를 맴돌고 있다. 이것이 현실이다.

　수학에서 분수를 계산할 때 적절한 통분을 해야 답이 간단해진다. 그렇다고 무조건 분모들을 곱해서 통분하면 분모 값이 너무 커진다. 그렇다면 어떤 분모를 가진 것들끼리, 무엇의 배수로 통분하느냐에 따라 최소의 분모 값으로 가장 단순한 답을 얻게 되느냐가 결정될 것이다.

　바로 이러한 이치는 정보시스템에서도 마찬가지라 할 것이다. 데이터 모델링에서 엔터티를 하나 결정할 때도 그럴 것이고, 속성을 정의할 때도 마찬가지다. 기능 모델링에서 기능을 정의할 때도, 화면 하나를 구성할 때도 그러할 것이며, 프로그램에서 처리 절차를 생성할 때는 더욱 그러할 것이다.

　특히 SQL은 기존의 언어와는 달리 절차형으로 처리하기가 매우 힘이 든다. SQL은 '집합과 관계'로 이루어졌다고 해도 지나친 말이 아니다. 그러므로 우리가 경우의 수마다 나열해서 처리하는 것을 피하기 위해서는 더욱 공통화를 할 필요가 있는 것이다. 이런 의미에서 여기서는 SQL에서 어떤 집합이나 컬럼값, 조건들을 공통화시키는 대표적인 사례들을 살펴보고 앞으로 여러분들이 실무에 응용할 수 있도록 하는 데 초점을 맞추도록 하겠다.

9.1. 유사한 집합의 통일

먼저 서로 유사한 집합을 동일한 집합으로 통일시켜 처리를 단순화시키는 사례부터 소개하기로 한다. 이 사례를 위해서 다음의 데이터 모델을 살펴보자.

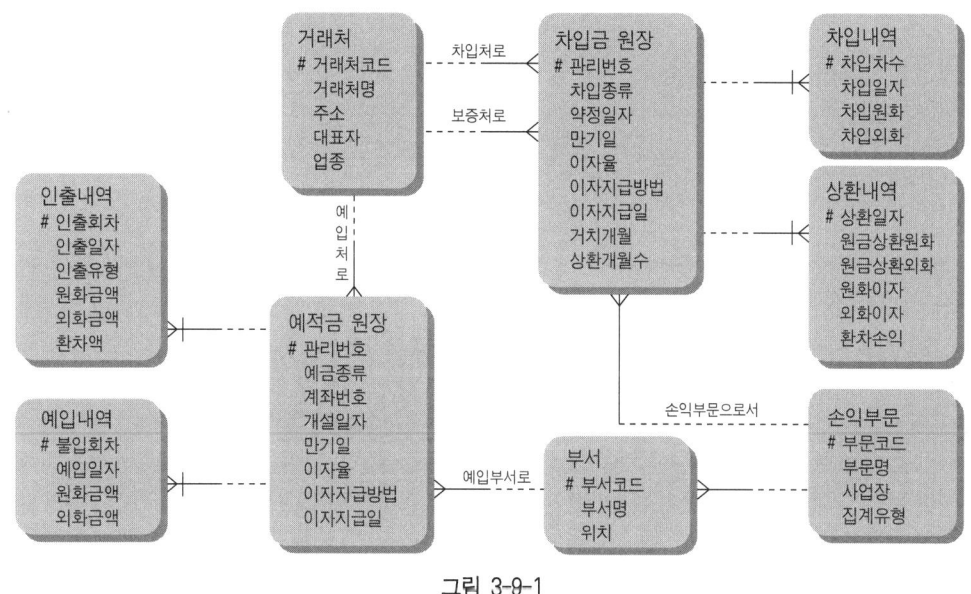

그림 3-9-1

이 데이터 모델은 서로 닮아 있는 부분이 많다. '차입금 원장'과 '예적금 원장'이 그렇고 이들에 달려 있는 각종 내역 엔터티들도 유사한 부분이 많다. 물론 굳이 데이터 모델을 통합할 수도 있겠지만, 가만히 살펴보면 내용적으로 어쩔 수 없이 분리되어야 하는 부분이 적지 않다.

또한 실제 업무에서는 이 보다 훨씬 복잡한 다른 관계들을 가질 것이므로 위의 데이터 모델은 충분히 인정될 수 있는 형태라고 볼 수도 있다.

이 데이터 모델을 토대로 몇 가지 사례를 모아보자. 다음 [그림 3-9-2]는 어떤 특정한 기간에 '상환' 및 '예입'으로 출금된 현황을 조회하는 화면이다. 두가지가 모두 발생했거나 어느 한쪽만 발생한 날짜도 있을 것이다. 사용자는 '상환'된 내역을 먼저 조회하고 '예입'된 현황은 나중에 조회하기를 바라고 있다. 또한 추출될 항목은 다음 도표에서와 같이 공통적으로 사용되기를 희망한다.

구 분	상 환	예 입
일 자	상환일자	예입일자
종 류	차입종류	예금종류
은 행	차입처	예입처
개 시 일	약정일자	개설일자
만 기 일	만기일	만기일
금 액	원금상환원화 + 원화이자	원화금액
손익부문	손익부문	손익부문

여기서 특히 '예적금'인 경우에 '손익부문'은 '부서' 테이블을 경유해야 찾아올 수 있으며, '금액'란은 외화인 경우에는 데이터 모델에는 나타나 있지 않지만 '일별환율' 테이블에서 적용환율을 찾아 원화로 환산해야 한다고 가정하자.

기간별 상환/예입 출금 내역

기간 98/03/05 ~ 98/03/10

구분	일자	종류	은행명	개시일	만기일	금액	손익부문
상환	03/05	단기차입	조흥은행	97/11/12	98/03/05	50,000,000	영업1부
			신한은행	97/11/20	98/03/06	80,000,000	영업2부
			외환은행	97/12/01	98/03/31	200,000,000	연구소
			국민은행	97/12/01	98/03/31	70,200,000	제조1부
		외화차입	외환은행	96/11/01	99/12/31	600,000,000	수출부
	03/07	단기차입	상업은행	97/12/01	98/03/07	50,000,000	비서실
			제일은행	97/12/15	98/03/10	50,000,000	창원1공장
예입	03/05	정기적금	조흥은행	95/01/12	98/12/31	1,200,000	관리부
			서울은행	96/03/01	99/03/31	2,500,000	홍보실
	03/06	목적신탁	대한투자	98/03/06	99/12/31	200,200,000	영업1부

그림 3-9-2

다음과 같은 SQL을 작성해 보자.

SELECT w.구분,
　　　　to_char(to_date(w.일자, 'yymmdd'), 'mm/dd'),
　　　　y.계정과목명,　　x.은행명,
　　　　w.개시일,　　　　w.만기일,
　　　　w.원화금액,　　　z.부문명
FROM (SELECT '상환'　　　　구분,
　　　　　　　b.상환일자　　일자,
　　　　　　　a.차입종류　　종류코드,
　　　　　　　a.차입처　　　거래처코드,
　　　　　　　a.개설일자　　개시일,
　　　　　　　a.만기일,
　　　　　　　b.원금상환원화 + b.원화이자 +
　　　　　　　(b.원금상환외화 + b.외화이자) * c.환율　원화금액,
　　　　　　　b.부문코드
　　　　FROM 차입금원장 a, 상환내역 b, 일별환율 c
　　　　WHERE a.관리번호 = b.관리번호
　　　　　and c.환율일자 = b.상환일자
　　　　　and c.환율종류 = 'TTB'
　　　UNION ALL
　　　　SELECT '예금'　　　　구분,
　　　　　　　b.예입일자　　일자,
　　　　　　　a.예금종류　　종류코드,
　　　　　　　a.예입처　　　거래처코드,
　　　　　　　a.개설일자　　개시일,
　　　　　　　a.만기일,
　　　　　　　b.원화금액,

```
              b.부문코드,
       FROM 예적금원장 a, 예입내역 b, 부서 c
       WHERE b.관리번호 = a.관리번호
           and c.부서코드 = a.예입부서 ) w, 거래처 x, 계정과목 y, 손익부문 z
   WHERE x.거래처코드 = w.거래처코드
       and y.계정과목 = w.종류코드|| '00'
       and z.부문코드 = w.부문코드
       and w.일자 between '980305' and '980310' ;
```

    이 SQL은 컬럼이 서로 상이하거나 조인해야 할 대상이 서로 다른 경우, 이를 인라인 뷰에서 먼저 통일된 집합을 만든 후에 공통 컬럼으로 조건을 부여하고, SELECT-LIST 에서도 같이 가공하였다. 이 SQL에서 '계정과목' 테이블과 인라인뷰에서 구해 둔 '종류코드'에 '00'을 결합해서 비교한 것은 명칭을 '계정과목' 테이블에서 찾아오기 위한 것이며, '종류코드'에 '00'을 결합하면 해당 계정과목코드가 되도록 코드를 부여했다고 가정한 것이다.

    이처럼 서로 상이한 집합이지만 적절하게 컬럼을 가공하거나, 상수값 혹은 치환한 값을 컬럼으로 만들거나, 필요한 다른 집합을 조인, GROUP BY 등을 이용하여 통일시킴으로써 인라인뷰는 아주 명확한 하나의 집합이 되었다. 즉, 원래 그렇게 생긴 테이블이 있었다고 생각하고 다음 처리를 하면 그만큼 쉽게 원하는 집합을 만들 수 있다.

    WHERE 절에 부여한 조건은 실행계획을 수립할 때 UNION된 각각의 SELECT 문에 분배하여 이미 주어진 조건들과 같이 판단된다. 예를 들어, '일자' 조건은 상환처리 SELECT 문에는 '상환일자' 조건으로, 예입처리 SELECT 문에는 '예입일자' 조건으로 만들어진다.

    물론 각 테이블의 인덱스 구조에 따라 각각의 SELECT 문은 나름대로 실행계획이 다르게 수립될 수 있다. 그러므로 인라인뷰 내의 컬럼에 함부로 연산이나 함수 등을 사용하여 가공을 하였다면 메인 SELECT 문의 WHERE 절에서 아무리 정상적으로 사용하더라도 인덱스를 사용할 수 없으므로 주의해야 한다.

    가령 한쪽 집합은 일자가 'YYMMDD' 형식으로 되어 있으나 대응하는 다른 쪽 집합의 컬럼은 'YYMM'로 되어 있을 때 우리가 두집합의 컬럼을 통일하기 위하여 'SUBSTR(YYMMDD,1,4)'로 가공하였다면 인덱스를 사용하지 못하게 된다는 것이다. 이러한 실수는 실무에서 자주 나타나고 있으므로 주의해서 사용하기 바란다.

이런 경우의 해결은 당연히 상세한 쪽인 'YYMMDD' 형식으로 통일해야 한다. 왜냐하면 이렇게 했을 때는 양쪽 모두에 가공을 할 필요가 없기 때문이다. 만약 'YYMM' 형식의 결과가 필요하다면 WHERE 절에서 YYMMDD LIKE :COL||'%' 으로 기술하면 인덱스 사용에 문제가 발생하지 않는다. 물론 전혀 인덱스를 사용할 필요가 없는 컬럼이라면 그렇게 할 필요는 없다.

만약 어느 한쪽에만 부여되는 조건이 있다면 해당 SELECT 문에 삽입하거나 다른 SELECT 문의 해당 컬럼에 조건으로 부여하는 상수값을 대응시키는 방법을 사용할 수도 있을 것이다. 어쨌든 인라인뷰의 바깥에서 부여하는 조건들은 UNION된 모든 SELECT 문에 동일하게 적용되므로 부여한 조건이 각각의 SELECT 문에 배분했다고 생각했을 때 문제가 없는지를 항상 살펴볼 필요가 있다는 것을 명심하기 바란다.

9.2. UNION을 사용한 인라인뷰의 주의사항

인라인뷰의 사용은 일반적으로 GROUP BY나 UNION과 어울려 사용되는 경우가 대부분이다. 그 중에서 특히 UNION을 사용하는 경우에 비효율적인 처리가 가장 많이 발생하고 있다. 여기에서 개발자들이 함부로 사용하여 비효율적인 처리를 양산하는 대표적인 주의사항을 몇 가지 소개하니 여러분은 앞으로 이러한 잘못을 저지르지 말기 바란다.

```
SELECT COL3, SUM(result1), SUM(result2)
FROM ( SELECT COL3, SUM(QTY) as result1, 0 as result2
       FROM TAB1
       WHERE DAT1 between :VAL1 and :VAL2
         and COL2 IN ( '1' , '2' )
       GROUP BY COL3
     UNION
       SELECT COL3, 0 as result1, SUM(QTY) as result2
       FROM TAB1
       WHERE DAT1 between :VAL1 and :VAL2
         and COL2 = '5'
         and COL4 = 'A'
       GROUP BY COL3 )
WHERE others_conditions
GROUP BY COL3 ;
```

이 SQL은 크게 세가지 잘못을 저질렀다. 첫번째는 불필요하게 UNION을 사용했다는 것이고, 두번째는 UNION보다는 'UNION ALL'을 사용해야 한다는 것, 그리고 마지막으로 불필요한 GROUP BY가 더 수행되었다는 것이다.

먼저 UNION된 각 SELECT 문을 보자. 동일한 테이블로 구성되어 있으나 조건이 약간 상이할 따름이다. 각 집합의 범위가 서로 중복된 부분이 있다면 분명히 불필요한 액세스가 추가로 발생한 것이다. 사실 불필요한 액세스가 발생하였는지에 대한 판단은 그렇게 간단하지가 않다. 왜냐하면 인덱스의 구성에 따라 전혀 달라지기 때문이다.

가령 TAB1의 인덱스가 DAT1으로만 되어 있거나 'DAT1+COL2'로 되어 있다면 동일한 범위를 두번에 걸쳐 액세스하게 된다. DAT1으로만 되어 있을 때는 너무나 당연한 말이겠으나 'DAT1+COL2'로 되어 있을 때는 왜 그렇게 되는가? 그 이유가 이해가 되지 않는다면 관계형 데이터베이스의 인덱스에 대한 공부를 다시 해야 할 것이다. 이러한 독자들은 '대용량 데이터베이스 솔루션Ⅰ, 제 1장 인덱스의 활용 (Page 38~46)'을 참조하기 바란다.

인덱스의 선행 컬럼이 = 이나 IN과 같은 '점(點)'으로 되어 있지 않고 BETWEEN이나 LIKE 등과 같은 '선(線)'으로 비교되면 뒤에 오는 컬럼의 조건은 단순한 체크 기능으로 전락한다. 그러므로 여기서는 각 SELECT마다 DAT1의 BETWEEN 범위를 수행하여 COL2 조건을 체크하므로 두번에 걸쳐 수행된다. 이러한 문제를 해결하기 위해서 다음과 같이 사용하는 것이 필요하다.

```
SELECT COL3,
        sum(decode(COL2, '5', NULL, QTY)) result1,
        sum(decode(COL2||COL4, '5A', QTY)) result2,
FROM TAB1
WHERE DAT1 between :VAL1 and :VAL2
    and COL2 IN ( '1', '2', '5' )
GROUP BY COL3
HAVING others_conditions ;
```

이 SQL은 훨씬 단순해지고 DAT1의 범위도 한번만 처리하므로 많이 개선된 형태라 하겠다. 그러나 인덱스가 'DAT1+COL2'로 되어 있고 COL2가 '1', '2', '5'인 데이터가 많지 않다면 인덱스의 선행 컬럼이 BETWEEN으로 사용되어 COL2의 불필요한 데이터도 같이 액세스하게 된 것이 마음에 걸린다. 그렇다고 이 부분을

```
         ...........................................
         WHERE DAT1 IN (SELECT YMD||''
                         FROM YMD_DUAL
                         WHERE YMD between :VAL1 and :VAL2 )
           and COL2 IN ( '1', '2', '5' )
         ...........................................
```
여기서 YMD_DUAL는 몇 십년 간의 일자만 문자타입으로 가지고 있는 일종의 보조 테이블임

처럼 서브쿼리를 이용한 IN을 사용하여 '점'으로 만들어 준다고 해결되겠는가? 그렇지 않다. '제4장, 2. IN을 활용한 액세스 효율화(Page 4-33~4-100)'에서 자세히 설명되겠지만 결합된 인덱스에 서브쿼리를 사용한 IN이 있을 때 또 다른 IN이 반복해서 나타나면 우리가 원하는 범위만 처리하는 실행계획이 수립되지 않는다. 이러한 경우는 다음과 같은 방법으로 작성해야 한다.

```
         ...........................................
         WHERE (DAT1, COL2) in ( SELECT YMD, to_char(NO)
                                  FROM YMD_DUAL x, COPY_T y
                                  WHERE x.YMD between :VAL1 and :VAL2
                                    and y.NO in (1, 2, 5) )
         ...........................................
```

이 SQL은 서브쿼리 내에서 먼저 모든 '점' 집합을 만들어 메인쿼리에 '=' 조건을 공급함으로써 우리가 반드시 읽어야 할 데이터만 액세스하게 된다. 그러나 만약 인덱스 구조가 'COL2+DAT1'으로 구성되어 있다면 상황이 전혀 달라진다.

인덱스 선행 컬럼인 COL2가 이미 IN으로 된 조건을 가지고 있으므로 뒤에 오는 DAT1 컬럼의 BETWEEN 조건은 정상적으로 제 역할을 하게 된다. 그러므로 최초에 제시한 UNION으로 분리된 상태로 되어 있더라도 불필요한 액세스가 발생하지 않는다. 물론 그 다음 제시한 UNION을 없앤 SQL도 마찬가지로 문제가 없다.

이와 같이 인덱스의 구성에 따라, SQL이 어떻게 작성되었느냐에 따라 미묘하게 달라진다. 이러한 차이를 알고 사용해야 한다. 또한 인덱스 구조를 결정할 때도 이러한 점을 감안하여 전략적으로 접근해야 할 것이다.

이번에는 'UNION' 보다 'UNION ALL'이 유리한 점에 대해서 따져 보도록 하자. 수학에서 말하는 '합집합'은 'UNION'이다. UNION은 두개의 집합을 무조건 결합(Union all)한 다음에 그 결과의 집합을 대상으로 다시 로우 단위로 유일한 집합을 찾는다.

물론 경우에 따라서는 이와 같이 중복된 부분을 제거해야 할 필요도 있겠지만 대부분 중복된 부분을 가지지 않으면서도 UNION을 사용하고 있다. 'UNION ALL'은 두개의 집합을 무조건 결합한다. 이 처리방법은 추가적으로 중복성을 체크하지 않으므로 훨씬 유리하다. 좀더 자세한 내용을 알고 싶다면 '대용량 데이터베이스 솔루션 I (Page 157~159)'을 참조하기 바란다.

마지막으로, 불필요한 GROUP BY가 추가된 부분에 대해 살펴보자. UNION되는 각 집합에 공통적인 GROUP BY 컬럼이 있을 때 이를 각각에서 GROUP BY를 하여 UNION한다면 대부분의 경우 결과의 집합에서 다시 GROUP BY를 해야 한다. 어차피 원시 데이터 로우는 최소한 한번씩은 반드시 GROUP BY되어야 하므로 굳이 인라인뷰에서 먼저 실시할 필요가 없다. 많은 사람들이 먼저 GROUP BY한 후에 다시 GROUP BY하는 것이 일량을 줄일 수 있을 것이라고 착각하고 있다.

물론 앞서 소개한 적이 있었지만 1차로 GROUP BY한 결과의 집합과 조인을 하고자 한다거나 그 집합을 GROUP BY해 두지 않으면 여러 번 동일한 처리를 반복해야 하는 경우, 혹은 저장형 함수의 중복 수행을 방지하고자 할 때 주로 사용하는 것이 바람직하다.

상이한 집합을 통일시키는 데 사용하는 또 다른 예를 한가지 더 들어보기로 하겠다. 이 사례 또한 실무상에서 아주 빈번하게 나타나는 형태이다.

SELECT CUST_CD, sum(QTY)

```
       FROM ( SELECT CUST_CD, QTY
              FROM TAB1
              WHERE DAT1 between :VAL1 and :VAL2
                   and COL2 = '1'
              UNION ALL
              SELECT y.BUSINESS_NO as CUST_CD, QTY
              FROM TAB1 x, TAB2 y
              WHERE x.KEY1 = y.KEY2
                   and x.DAT1 between :VAL1 and :VAL2
                   and x.COL2 = '2' )
       WHERE others_conditions
       GROUP BY CUST_CD ;
```

실제 사례보다 많이 단순화시킨 SQL이지만 여기서 언급하고자 하는 것은 다른 집합과의 연결 대상이 다르다고 해서 무조건 SELECT를 분리하는 것이 과연 바람직한 것인지 조명해보자는 것이다.

이 SQL은 COL2가 '1'일 때는 자기 테이블의 거래선코드(CUST_CD)를 사용하고 '2'인 경우에는 TAB2에 있는 사업자번호(BUSINESS_NO)로 집계하고자 한다. 언뜻 생각하면 위의 SQL은 매우 효율적인 것처럼 보일 수도 있다. '2'인 경우만 조인하면 되므로 '1'인 경우를 분리하여 불필요한 조인을 방지한 것은 나무랄 것이 못 된다.

그렇지만 TAB1이 동일한 범위를 두번에 걸쳐 액세스하였다면 문제가 된다고 보아야 한다. 물론 앞서 설명했듯이 인덱스 구조가 'COL2+DAT1'로 되어 있거나, 아니면 'DAT1+COL2'로 되어 있을 때 DAT1의 BETWEEN 조건을 IN으로 바꾸어 준다면 더 이상 문제삼을 수는 없다.

그러나 인덱스가 DAT1로만 되어 있거나 DAT1이 COL2가 아닌 다른 컬럼과 결합되어 있다면 중복 액세스가 발생한다. 이러한 경우의 해결 방법을 찾아보자.

```
       SELECT decode(x.COL1, '1' ,CUST_CD, y.BUSINESS_NO), sum(QTY)
```

```
FROM TAB1 x, TAB2 y
WHERE (x.COL2 = '1' or
        x.COL2 = '2' and y.KEY2 = x.KEY1)
    and x.DAT1 between :VAL1 and :VAL2
    and others_conditions
GROUP BY decode(x.COL1, '1' ,CUST_CD, y.BUSINESS_NO) ;
```

이 SQL은 논리적으로만 본다면 TAB1 테이블의 DAT1 처리 범위를 한번만 액세스하여 COL2가 '1'이면 그대로 있고 '2'이면 TAB2와 조인하는 것처럼 보인다. 그러나 그것은 단지 우리의 희망사항일 뿐이다.

조인의 연결고리에 'OR'가 있을 때의 실행계획은 대개의 경우 매우 문제가 많이 발생한다. 대부분의 실행계획은 UNION을 사용한 경우와 유사하게 'OR'를 두개의 별도의 처리로 나누어 수행하여 그 결과를 결합(Concatenation)시킨다. 그러므로 이러한 처리는 대부분 중복된 처리를 발생시키므로 가능한 조인의 연결조건에 'OR'를 사용하는 것은 피하는 것이 바람직하다. 다른 방법을 시도해 보자.

```
SELECT nvl(y.BUSINESS_NO, x.CUST_CD), sum(QTY)
FROM TAB1 x, TAB2 y
WHERE y.KEY2(+) = decode(x.COL2, '2' , x.KEY1)
    and x.DAT1 between :VAL1 and :VAL2
    and others_conditions ......
GROUP BY nvl(y.BUSINESS_NO, x.CUST_CD) ;
```

이 방법은 조금 전의 것에 비해 훨씬 효율적이다. 한번만 범위 처리하는 TAB1이 액세스 되면서 COL2가 '1'이면 NULL로, '2'이면 KEY1 값으로 조인한다. 물론 TAB2의 연결고리인 KEY2에는 NULL 값이 존재하지 않으므로 무조건 실패한다. 이를 위하여 OUTER 조인을 시켰으므로 우리가 원하는 결과를 얻을 수는 있다.

그러나 이 방법도 완전하게 최적이라고는 말할 수가 없다. 왜냐하면, 어차피 실패할

COL2가 '1'인 경우에도 TAB2의 액세스를 시도했기 때문이다. 이것은 아주 적은 부담일 수도 있겠지만 경우에 따라서는 티끌 모아 태산이 될 수도 있는 것이다.

이러한 문제까지 해결하기 위해서는 앞서 소개했던 방법 중에 '사용자지정 저장형 함수'를 사용하여 COL2가 '1'인 경우는 바로 함수를 빠져 나오도록 하고 '2'인 경우만 TAB2를 SELECT하도록 하는 방법을 이용하는 것이다. 여러분이 직접 테스트해 보기 바라며 여기서는 답안을 제시하지 않겠다.

관계형 데이터베이스를 잘 사용하는 것은 SQL을 잘 활용하는 것이라 해도 과언이 아니며, SQL을 확장하여 사용하려면 인라인뷰 등을 이용하여 '집합적'으로 처리하는 방법을 숙달시켜야 한다. 거듭 당부하지만 이러한 집합적인 사고로 인식전환을 시키지 않으면 세월이 흐르더라도 항상 낮은 수준의 활용의 벽을 넘지 못하게 된다는 것을 명심하기 바란다.

10. 기타 특이한 형태의 활용사례

지금까지 인라인뷰를 활용함으로써 많은 효과를 볼 수 있는 형태들을 살펴보았다. 이 외에도 매우 다양한 형태의 활용방법이 많이 있다. 여기서는 앞서 언급하지 못했던 활용형태 중 실무에서 자주 사용되는 사례들을 몇 가지만 모아 보았다.

여기에 소개하는 사례들은 사용에 도움을 주는 것만 아니라 비효율적으로 사용된 사례도 몇 가지 언급하여 잘못된 사용을 미연에 방지하고자 하였다.

10.1. 실행계획의 분리

온라인 조회 화면에서는 사용자에게 받는 입력조건에 따라 사용되어야 할 인덱스의 선택이나 처리범위의 크기가 매우 유동적일 수밖에 없다. 사용자의 요구는 상황에 따라 매우 다양하다. 가령 몇 개의 조건을 부여할 수 있을 때, 모든 경우가 다 입력되는 경우도 있겠지만 그 중 일부만 입력될 수도 있을 것이다. 뿐만 아니라 LIKE나 〉,〈=, 혹은 BETWEEN으로 처리범위를 부여할지도 모른다.

우리는 관계형 데이터베이스의 결합 인덱스의 단점을 잘 알고 있다. 비록 마지막으로 추출되는 결과는 소량이더라도 어떤 인덱스가 어떤 연산자에 의해 처리되었느냐에 따라 엄청난 처리범위의 변화가 발생한다는 사실은 사용자가 부여한 임의의 조건과 어떻게 조화시킬 수 있을 것인가에 대한 심각한 고민을 하게 만든다.

우리는 이렇게 다양한 형태를 수용할 수 있는 SQL을 제공해야 하며, 이러한 모든 형태마다 항상 최적의 실행계획이 수립되도록 하지 않으면 안 된다. 이것이 현실이고 우리의 고민이다.

물론 사용자가 어떤 형태로 조건을 부여해도 수용할 수 있는 SQL을 만들어내는 것은 그리 어렵지 않다. 동적(Dynamic) SQL을 생성하거나 LIKE :입력값||'%'를 사용하여 설사 조건이 입력되지 않더라도 결과에는 영향을 미치지 않도록 할 수는 있다. 여기서는 이 방법에 대한 구체적인 처리방법이나 주의사항에 대해서는 언급하지 않겠다.

그러나 문제의 핵심은 이렇게 다양한 상황에 따라 최적의 실행계획을 어떻게 만들어

내느냐에 있다. 동적 SQL을 사용한다면 실행 순간마다 최적의 실행계획은 새로 수립된다. 물론 전략적으로 잘 구성된 인덱스가 있다는 전제하에서 가능하다.

그러나 동적 SQL은 사용하기가 번거롭고 불필요한 파싱을 증가시키기 때문에 꼭 필요한 경우에만 사용하는 것이 바람직하다. 다시 말해서 처리주관 인덱스를 도저히 종잡을 수 없을 때 사용하는 것이 좋다는 것이다.

비록 부여되는 조건은 다양하지만 처리주관 인덱스는 단 몇 가지로 명확하게 구분될 수 있다면 굳이 동적 SQL을 사용하지 않고서도 처리할 수 있는 방법이 있다. 여기서 한 가지 주의할 점은 이러한 판단의 기준은 처리주관 인덱스의 종류에 두어야 한다는 것이다. 아무리 부여된 조건이 많더라도 거기에 현혹될 필요는 없다. 처리주관 인덱스에 속하지 않는 조건들은 단지 야당 역할을 하는 체크조건일 뿐이다.

이러한 야당 역할을 하는 조건들은 처리범위에 거의 영향을 미치지 않으므로 LIKE나 BETWEEN 등을 이용하여 어떠한 값이 입력되더라도(입력되지 않는 경우도 포함) 자신의 역할을 수행하도록 함으로써 이러한 문제를 해결할 수 있다.

다음과 같은 가정을 해보자. 사용자가 부여할 수 있는 조건은 '관리부서', '기준일자', '계약번호', '계약구분'이며, 모든 조건은 입력될 수도 있고, 입력되지 않을 수도 있다. 그러나 '관리부서'나 '계약번호'는 둘 중에 반드시 한가지는 입력되어야 한다. 만약 기준일이 입력되지 않은 경우에는 현재 월을 기준으로 한다. '계약구분'은 NULL을 허용하지만 다른 컬럼은 NOT NULL로 정의되어 있다.

이것을 해결하기 위해 만약 다음과 같은 SQL을 사용하였다면 문제는 매우 심각해질 것이다.

```
SELECT 계약번호, 관리부서명, 계약일, 고객형태, 계약구분, 고객주소
FROM 계약 x, 부서 y
WHERE y.부서코드 = x.관리부서
    and 계약번호 LIKE :계약번호|| '%'
    and 관리부서 LIKE :관리부서|| '%'
    and 계약일 LIKE nvl(:기준일, to_char(sysdate, 'yyyymm') || '%' )
    and NVL(계약구분, 'X') = NVL(:계약구분, 'X') ;
```

물론 이 SQL을 이용하여 우리가 원하는 결과를 얻을 수는 있다. 그러나 옵티마이져는 입력된 값을 먼저 결합(Binding)하지 않고 변수값 그대로 파싱을 하기 때문에 부여된 입력값에 따라 실행계획이 달라지지 않는다. 다시 말해서 단 한가지의 실행계획만 수립된다는 것이다. 만약 옵티마이져가 인덱스 구성을 참조했을 때 '계약번호'가 선행컬럼인 인덱스를 사용하겠다는 실행계획을 수립했다고 가정해 보자.

당연히 사용자가 부여한 조건에 '계약번호'가 들어 있는 경우는 문제가 없겠지만 '계약번호'를 입력하지 않은 경우는 어떻게 되겠는가? 그야말로 곤란한 상황이 된다. 처리주관 인덱스는 '계약번호'인데 값은 가지고 있지 않으니 전체 인덱스를 처음부터 모두 액세스해야 하는 최악의 상황이 나타나고 말았다. 이러한 문제는 설사 다른 인덱스가 처리주관 인덱스가 되더라도 마찬가지가 된다.

자! 그렇다면 동적 SQL을 사용하지 않고 이것을 해결할 수 있는 방법을 알아보기로 하자. 그것은 바로 UNION ALL을 사용한 인라인뷰를 활용하는 방법이다.

```
SELECT 계약번호, 관리부서명, 계약일, 고객형태, 계약구분, 고객주소
FROM (SELECT *
      FROM 계약
      WHERE :계약번호 > ' '
         and 계약번호 = :계약번호
         and 관리부서 LIKE :관리부서||'%'
         and 계약일 LIKE nvl(:기준일, to_char(sysdate,'yyyymm'))||'%'
         and NVL(계약구분,'X') = NVL(:계약구분,'X')
      UNION ALL
      SELECT *
      FROM 계약
      WHERE :계약번호 IS NULL
         and 관리부서 = :관리부서
         and 계약일 LIKE nvl(:기준일, to_char(sysdate,'yyyymm'))||'%'
         and NVL(계약구분,'X') = NVL(:계약구분,'X')
```

and ROWNUM <= 300) x, 부서 y
WHERE y.부서코드 = x.부서코드 ;

이 SQL은 처리주관 인덱스의 유형에 따라 UNION ALL로 분류하였다. 분류된 각 각의 SELECT 문의 WHERE 절에는 상수값과 상수값을 비교한 조건, 즉 :계약번호 > ' '나 :계약번호 IS NULL과 같은 조건은 필터처리에 의해 가장 먼저 가려내므로 어떤 상황에서도 항상 한가지 SELECT만 수행되고 나머지는 공집합이 된다. 이렇게 공집합이 되는 경우는 테이블 액세스가 발생하지 않으므로 수행속도에 전혀 영향을 주지 않는다.

UNION으로 분할된 SELECT 문은 별개의 실행계획을 수립하여 각각의 수행결과를 결합하는 방식으로 처리된다. 혹자는 굳이 UNION으로 SELECT를 구분하지 말고 OR를 사용하면 하나의 SELECT로 동일한 목적을 이룰 수 있을 것이라고 생각할 수도 있으나 그것은 옵티마이져의 특징을 모르고서 추측한 상상에 지나지 않는다.

참고로 조건문에서 '계약구분' 조건만 굳이 LIKE를 사용하지 않고 다음과 같이

and NVL(계약구분, 'X') = NVL(:계약구분, 'X')

로 기술한 것은 이 컬럼이 NULL 값을 허용하는 컬럼이기 때문이다. NULL 값을 가진 컬럼이 조건에 사용되면 LIKE '%'와 같이 모든 경우를 허용한다고 표현하더라도 처리 대상에서 제외된다.

이것을 무시하면 '계약구분' 조건이 들어오지 않았을 때 이 값이 NULL을 가진 로우는 결코 추출할 수 없게 되므로 주의하기 바란다. 특히 여러분들이 테이블 설계시에 함부로 NULL 허용 컬럼으로 지정하면 그만큼 처리가 어려워진다는 사실도 이번 기회에 알아두기 바란다.

그리고 두번째 SELECT 문에서 ROWNUM <= 300을 추가한 것은 처리범위가 너무 넓어 사용자에게 부담만 되고 네트워크 부하만 가중된다면 이와 같이 방호벽을 만들 수도 있음을 예시한 것이므로 오해없기 바란다.

10.2. 배치 집계처리로 온라인 액세스

　이번에 소개할 내용은 매우 특이한 형태의 활용으로 실무에 응용하면 많은 도움을 얻을 수 있을 것이다. 다량의 데이터들을 이용해 고도로 가공된 정보를 추출하고자 할 때 액세스의 효율화만으로는 원하는 수행속도를 얻을 수 없는 경우가 있다.
　이러한 경우에는 대개 집계 테이블이나, 진행관리용 테이블을 추가하는 반정규화(Denormalization) 처리가 필요하다. 제 I 권에서도 약속했고, II권을 편찬하면서도 애초에는 반정규화 처리를 다루기로 했으나 지면상 도저히 불가능해서 다음으로 넘기기로 하였다. 독자들의 넓은 양해를 바란다.

　그 대신 이러한 집계 테이블을 추가하는 좋은 비법을 한가지 소개하기로 하겠다. 집계 테이블을 추가하면 매우 넓은 범위의 처리도 현격히 수행속도를 감소시킬 수는 있으나 여러 가지 반대 급부가 따른다. 온라인 처리의 수행속도를 감소시키며, 데이터가 처리되는 모든 경우에 대해 일일이 다양한 처리를 해야 한다. 이렇게 애써 처리한 로직의 어디가 잘못되었는지 일정 시간이 지나고 나면 데이터의 일관성 깨어져 있곤 한다.
　만약 과거 데이터를 소급해서 변경하는 경우는 너무 많은 데이터의 변경이 일어나고 처리방법이 매우 복잡해지는 등 신경쓰이는 것이 한두 가지가 아니다. 물론 배치로 처리하면 간단해지겠지만 사용자는 현재 시점까지의 데이터를 봐야 한다고 고집을 부린다. 참으로 난감한 일이 아닐 수 없다. 배치처리를 하게 되면 전일까지의 데이터만 유효하니 그렇게 할 수도 없다.

　이런 문제를 동시에 해결할 수는 없는 것일까? 그러나 쉬운 일이 아니다. 배치처리와 현재까지의 데이터를 참조하는 것은 마치 동전의 양면과 같아서 서로 양립할 수가 없다. 데이터베이스 트리거(Database Trigger)를 사용하면 조금 쉬워지겠지만 이것 또한 관리하기가 만만치 않고 수행속도에 대한 부담은 여전히 떨쳐버릴 수 없다.
　이러한 모든 문제를 일거에 해결할 수 있는 한가지 방법을 소개하려고 한다. 즉, 데이터 집계는 배치처리로 하고 결과는 현재까지의 데이터를 참조할 수 있도록 하자는 것이다. 이런 당찬 계획을 세워 놓고 이에 대한 가장 핵심적인 문제를 해결할 수 있는 아이디어를 찾아보자. 그러면 해답을 얻을 수 있을 것이다.

먼저 집계 테이블을 다음과 같은 형태로 만들어 준다.

집계일자	COL1	COL2
19980131	AAA	523
19980131	ABC	321
19980131	BAC	567
19980228	AAA	234
19980228	ABC	255
19980228	BAC	742
19980331	AAA	351
19980331	ABC	255
19980331	BAC	633
19980407	AAA	140
19980407	ABC	230

그림 3-10-1

집계 테이블의 '집계일자'는 해당월의 시작일부터 집계한 처리 일자까지를 의미한다. 예를 들어 오늘 집계한 데이터가 1998년 1월 5일까지라면 '집계일자'는 '19980105'로 입력되고 데이터는 '19980101~19980105'까지의 합계가 저장된다. 물론 이 데이터의 작업은 전일까지의 집계에 당일 데이터를 집계하여 이미 존재하면 UPDATE, 그렇지 않으면 INSERT한다.

물론 이러한 처리를 위해서 '대용량 데이터베이스 솔루션 I, 5.다중처리의 활용 (Page 186~214)'에서 소개한 방법을 사용하면 보다 효과적일 것이다.

만약 '집계일자'가 해당 월의 말일이라면 이제 더 이상 UPDATE는 일어나지 않고 그 달의 집계 데이터로 남는다. 예를 들면 1998년 1월 31일 집계라면 '집계일자'는 당연히 '19980131'이 되고 이 데이터는 이제 1998년 1월을 의미하는 데이터가 된다. 다음 날이 되어서 1998년 2월 1일자의 처리 시에는 '집계일자'가 '19980201'인 새로운 데이터가 등록된다. 마찬가지 방법으로 2월 데이터는 최종 작업일을 일자로 가지며 계속 누적되다가 다음 달이 되면 다시 마감된다.

이러한 방법으로 데이터가 처리되었을 때 오늘이 4월 9일이고 어제 마침 H/W에 이상이 발생하여 '집계일자'는 '19980407'까지만 생성되었다면 위의 그림과 같은 형태의 데이터가 생성되어 있을 것이다.

이러한 상태에서 우리는 연초부터 지금 이 순간까지의 집계와 월계, 당일계를 모두 구하려고 한다. 다음과 같은 방법을 사용하면 비록 어제(4월 8일)의 집계작업이 되어 있지 않았더라도 문제없이 원하는 결과를 얻을 수가 있다.

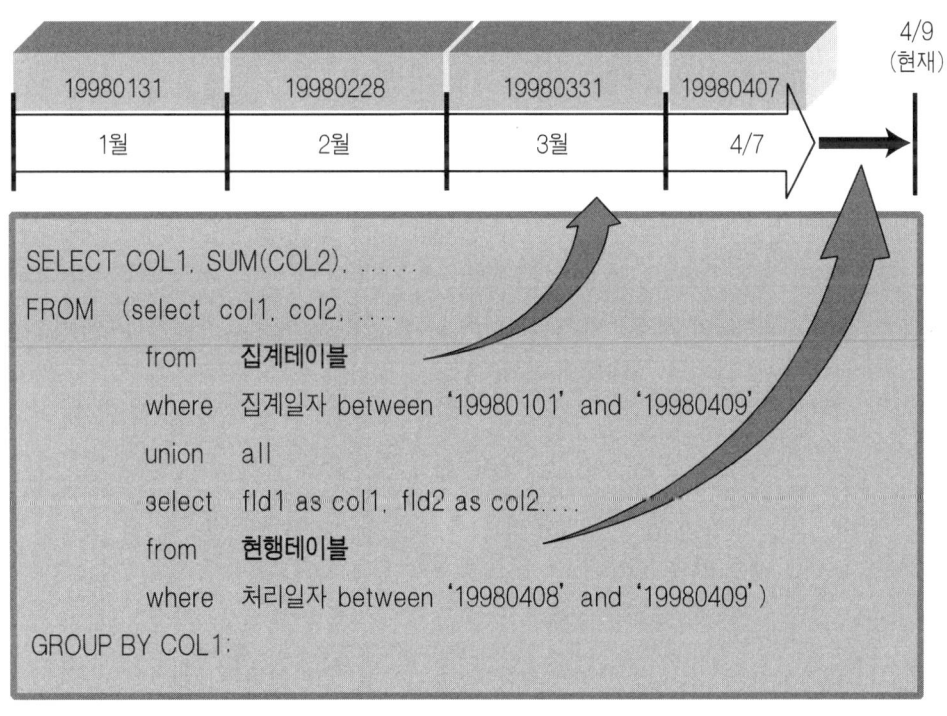

그림 3-10-2

만약 집계작업이 수행되지 않았다면 단지 '현행 테이블'을 액세스하는 범위만 약간 증가할 뿐이다. 우리가 인라인뷰의 내용을 하나의 테이블로 간주해 버리면 위의 내용은 사실 매우 단순해진다. 다시 말해서 '집계 테이블'과 '현행 테이블'의 데이터를 모아서 하나의 테이블로 만들어 두었다고 생각을 바꾸면 쉬워진다는 것이다.

위의 SQL에서 '현행 테이블'을 액세스할 시작일(위의 예에서는 4월 8일)을 찾기 위해서는 '집계 테이블'에서 마지막으로 집계된 일자를 찾아야 한다. 마지막 집계일자는 다음과 같이 인덱스를 역순으로 읽어서 찾게 되며, 물론 이 작업은 위의 SQL이 수행되기 전에 먼저 수행되어 있어야 할 것이다.

```
SELECT /* + INDEX_DESC(A 집계일자_인덱스) */
        집계일자 INTO :시작일
FROM 집계테이블 A
WHERE 집계일자 <= '99991231'
    and ROWNUM = 1 ;
```

이와 같이 인라인뷰를 이용하여 '집계 테이블'과 '현행 테이블'을 마치 하나의 테이블처럼 만들어 사용하는 방법은 자주 사용한다면 매번 길게 코딩을 해야 한다는 단점이 있다. 물론 사용 경우마다 특수하게 처리해야 할 내용이 많이 있다면 이 방법이 적절할 수도 있겠으나, 대부분의 경우는 일단 하나의 테이블처럼 만든 집합을 이용해 다음 처리를 하게 되므로 거의 동일한 인라인뷰를 사용하게 된다.

그렇다면 매번 인라인뷰를 작성할 것이 아니라 아예 '뷰'를 생성해 둔다면 개발자는 마치 그러한 테이블을 미리 만들어 둔 것과 거의 동일하게 사용할 수 있으므로 매우 간편할 것이다. 그러나 이 방법은 우리에게 매우 해결하기 곤란한 문제를 요구한다. '집계 테이블'과 '현행 테이블'을 UNION한 뷰를 생성하는 것은 전혀 어려울 것이 없다. 그러나 다음과 같은 문제가 있다.

UNION한 뷰를 사용하는 액세스쿼리의 조건은 UNION된 각각의 SELECT 문의 조건으로 동일한 형태로 파고든다. 예를 들어 다음과 같이 UNION한 뷰를 가정해 보자.

CREATE VIEW 집계_뷰 (발생일자, 제품코드, 수량) AS

```
    SELECT 집계일자, 제품코드, 집계수량
    FROM 집계테이블
 UNION ALL
    SELECT 처리일자, 제품코드, 처리수량
    FROM 현행테이블 ;
```

이 뷰를 액세스하는 쿼리의 조건을 다음과 같이 부여했다면,

```
SELECT *
FROM 집계_뷰
WHERE 발생일자 BETWEEN '19980101' AND '19980409' ;
```

이 액세스쿼리와 뷰쿼리는 병합되어 내부적으로는 다음과 같은 SQL이 만들어져서 수행된다.

```
SELECT 집계일자, 제품코드, 집계수량
FROM 집계테이블
WHERE 집계일자 BETWEEN '19980101' AND '19980409'
UNION ALL
SELECT 처리일자, 제품코드, 처리수량
FROM 현행테이블
WHERE 처리일자 BETWEEN '19980101' AND '19980409' ;
```

여기서 '집계 테이블'은 조건으로 받은 처리 시작일부터 종료일까지의 범위를 액세스하며 여기에 대한 불만은 없다. 비록 종료일이 자신이 보유한 일자보다 크더라도 처리할 범위는 영향받지 않는다. 그러나 '현행 테이블'은 '집계' 처리가 되지 않은 일자부터 액세스해야 하겠지만 '집계 테이블'과 같은 시작일을 액세스한다면 우리의 목적을 달성할 수 없다.

액세스쿼리에서 부여한 조건은 항상 양쪽 모두에 공급되므로 자신이 부여한 조건이 각 SELECT마다 다른 범위를 가지도록 할 수 있는 방법이 필요하다. 언뜻 생각하면 약간의 DECODE를 사용하면 가능할 것 같지만 절대 불가능하다. 인덱스를 사용할 수 없도록 한다면 만들어낼 수 있을지도 모르지만 그것은 결코 우리가 원하는 해결책이 아니다.

이러한 문제를 해결하기 위해서 우리는 중학교 수학시간에 배웠던 부등식의 연산을 이용하려 한다. 다음과 같은 AND와 OR로 결합된 부등식을 연산해 보자.

① 10 <= X <= 1000 AND X >= 900
② 10 <= X <= 1000 OR X >= 900

이 두가지 부등식 연산을 그림으로 표현해 보자.

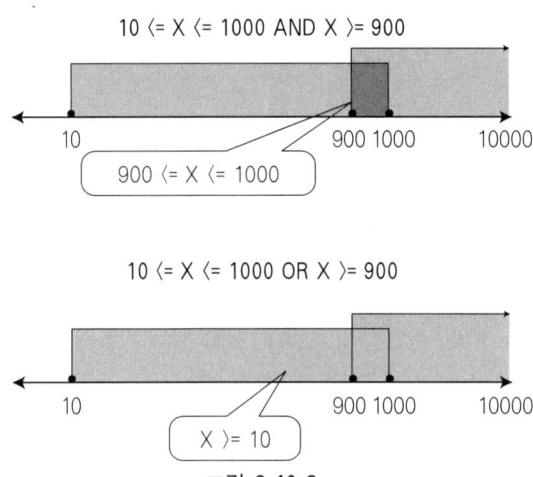

그림 3-10-3

그림에서 알 수 있듯이 AND는 매우 넓은 범위들의 집합들이 연산되더라도 만족하는 범위는 교집합이 되며 그 처리범위는 반드시 필요한 만큼으로 줄어든다. 그러나 OR는 합집합이 되어 그 처리범위는 크게 증가한다. 이와 같이 AND와 OR의 차이는 마치 '하늘과 땅' 만큼이나 크다.

이러한 원리를 이용하여 우리는 부등식의 AND 연산으로 유도하고자 한다. 다시 말해서 액세스쿼리에 AND 조건을 추가하여 각 SELECT 문의 부등식 연산의 결과가 달라지도록 유도한다는 것이다. 이를 위해 다음과 같은 방법으로 뷰를 생성한다.

```
CREATE VIEW 집계_뷰 (발생일자1, 발생일자2, 제품코드, 수량) AS
    SELECT 집계일자, '99999999', 제품코드, 집계수량
    FROM 집계테이블
  UNION ALL
    SELECT 처리일자, 처리일자, 제품코드, 처리수량
    FROM 현행테이블 ;
```

이 뷰를 살펴보면 매우 재미있는 컬럼이 추가되어 있는 것을 발견할 수 있을 것이다. 발생일자를 두개로 나누어 '집계 테이블'에는 '99999999'로, '현행 테이블'에는 '처리일자'를 중복해서 정의하였다. 이 이유는 다음에서 곧 밝혀진다.

이 뷰를 이용하여 다음과 같은 액세스쿼리를 만들어 보자.

```
SELECT *
FROM 집계_뷰
WHERE 발생일자1 BETWEEN '19980101' AND '19980409'
    and 발생일자2 >= '19980408' ;
```

이 SQL은 두개의 조건을 가지고 있다. 앞서와 같은 방법으로 이 액세스쿼리와 뷰쿼리가 머지되면 다음과 같은 내부적인 SQL이 생성된다.

```
   SELECT 집계일자, 제품코드, 집계수량
   FROM 집계테이블
   WHERE 집계일자 BETWEEN '19980101' AND '19980409'
①     and '99999999' >= '19980408'
```

```
    UNION ALL
    SELECT 처리일자, 제품코드, 처리수량
    FROM 현행테이블
② WHERE 처리일자 BETWEEN '19980101' AND '19980409'
③        and 처리일자 >= '19980408' ;
```

'발생일자2'로 부여한 조건은 각각의 SELECT 문으로 공급되어 '집계 테이블'은 뷰쿼리에서 '99999999'라는 상수값을 이 컬럼으로 정의했으므로 ①과 같은 모습으로 머지되고, '현행 테이블'에서는 '처리일자'를 이 컬럼으로 정의했으므로 ③과 같이 나타난다.

①의 조건은 영원한 '참'이므로 부등식의 AND 연산의 원리에 따라 기존 집합에 전혀 영향을 미치지 않게 한다. ③의 조건은 동일한 컬럼에 두개의 조건이 부여되었으므로 부등식의 AND 연산에 의해 처리일자는 '19980408'에서 '19980409'를 처리범위로 가지게 된다. 물론 앞에서 설명한 예에서와 같이 '현행 테이블'의 처리 시작일이 되는 '19980408'은 INDEX_DESC를 이용하여 먼저 처리해 두어야 한다.

이와 같이 적절한 뷰를 생성하여 약간의 조건만 추가하면 마치 그러한 테이블이 이미 존재하고 있었던 것처럼 간편하게 사용할 수 있으므로 매우 효율적으로 활용할 수 있다. 이로써 데이터 처리는 '배치'로 하고 액세스는 현재 시간까지 온라인으로 처리할 수 있게 한다는 애초의 당찬 목표를 드디어 달성하게 되었다.

참고로 ③에서와 같이 동일한 컬럼이 하나 이상 조건을 가지면 먼저 논리연산을 하여 하나의 조건으로 만든 후 실행계획을 수립하는 것은 아니다. 그렇다면 두개의 조건 중에서 한가지는 '여당' 조건이 되고, 다른 한가지는 '야당' 조건이 될 수밖에 없다. 만약 ②의 조건이 여당 역할을 담당한다면 우리의 의도는 물거품이 되어 버린다.

더구나 이러한 문제는 실행계획으로서는 판별할 수도 없다. 실행계획에는 사용하는 인덱스만 나타나 있을 뿐이므로 동일한 컬럼이 중복 조건을 가질 때는 어느 조건을 사용했는지 알 수 없기 때문이다. 그러므로 이를 판별하기 위해서는 외부적으로 나타나는 수행속도로 짐작하거나 TRACE 정보를 통해 액세스한 양을 조사해 보아야만 알 수가 있다.

　물론 비용기준 옵티마이져를 사용하는 경우 적절한 통계정보만 생성되어 있다면 이러한 일이 발생하지 않을 것이다. 그러나 현실은 그렇지 못하다. 물론 데이터베이스마다 옵티마이져의 정밀도의 차이가 있겠지만 비용기준 옵티마이져를 사용했음에도 불구하고 제대로 정확한 선택을 하지 못하는 경우가 많이 있다.

　규칙기준 옵티마이져를 사용하는 경우는 훨씬 심하게 나타난다. 그러나 기준이 명확하므로 이러한 문제는 의외로 간단하게 해소할 수 있다. 오라클의 규칙기준 옵티마이져는 이와 같이 동일한 컬럼이 하나 이상의 조건을 가질 때 순위(Ranking)의 차이가 있으면 보다 양호한 순위를 가진 조건이 선택되고 같은 순위를 가진다면 먼저 사용된 조건을 사용한다. 버전에 따라 차이가 있겠지만 저자가 테스트한 바로는 비용기준 옵티마이져인 경우에도 대부분 규칙기준 옵티마이져와 유사한 선택을 하고 있다.
　그렇다면 앞서 사용한 액세스쿼리는 다음과 같이 조건 순서를 바꾸어 사용하는 것이 보다 유리할 것이다.

```
SELECT *
FROM 집계_뷰
WHERE 발생일자2 >= '19980408'
    and 발생일자1 BETWEEN '19980101' AND '19980409' ;
```

　이 SQL은 '발생일자2'가 먼저 코딩되었으므로 규칙기준 옵티마이져에서는 ①은 상수값끼리 비교되었으므로 당연히 상관이 없을 것이며, '현행 테이블' 액세스는 ③의 조건이 처리주관 조건이 되고 ②의 조건은 야당 역할을 하게 되어 우리가 원하는 처리 범위를 정상적으로 액세스한다.

　이상으로 우리는 인라인뷰의 다양한 활용방법을 형태별로 알아보았다. 실무에서 나타나는 인라인뷰는 거의 대부분 이러한 형태를 활용하고 약간 응용함으로써 해결할 수 있다. 지금까지 소개한 활용형태는 단순히 활용할 수 있는 종류를 나열한 것이 아니다.

바꾸어 말하면 소개된 활용형태들은 "이런 경우에 사용해야만 의미가 있다"는 기준을 제시한 것이다.

지금까지 대부분의 사용자들은 유·불리에 대한 기준이나 원리에 대한 이해나 활용원칙도 없이 그저 처리해가다가 필요하면 괄호로 묶어 둔 후 또 다른 집합과 연결하고, 필요하면 또 괄호를 치는 방식으로 마치 소설책을 쓰듯이 처리하는 경우가 많았다. 관계형 데이터베이스는 많은 처리를 대신해 줄 수 있으므로 자신이 직접 처리를 하려고 애쓰지 말고 많은 일을 해달라고 부탁하는 방법으로 구현되어야 한다.

이러한 부탁을 하는 유일한 통신수단이 SQL이고, 이 SQL을 통해 보다 많은 요구를 하기 위해서는 인라인뷰의 활용 능력이 필수적이다. 최근의 개발방법의 흐름은 분명히 SQL이 커지고 있다는 것이다. 이것이 바람직한 현상임에는 틀림없으나 덩치만 커졌지 내실이 없다는 것이 문제다. 자신이 요구한 많은 양의 처리가 어떻게 수행될 지를 전혀 모르고 사용해서는 안된다. 사실을 명심하고 이 장에서 언급된 활용개념을 깊이 숙지하여 사용하기 바란다.

제 4 장
논리합 연산자의 액세스 효율화

1. 논리합(OR, IN) 연산자의 이해
2. IN을 활용한 액세스
3. 중복된 IN 조건의 활용
4. IN을 고려한 결합 인덱스의 선정

제 4 장

논리합 연산자의 액세스 효율화

　　데이터의 액세스 효율에 가장 큰 영향을 미치는 것은 역시 인덱스를 효율적으로 활용함에 있다고 할 것이다. 다시 말해서 액세스 효율이란 우리가 찾고자 하는 데이터의 액세스를 위해 불필요한 부분을 액세스하지 않고 반드시 읽어야 할 부분만 처리하는 데 있다는 것이다.

　　관계형 데이터베이스는 옵티마이져에 의해 생성되는 실행계획에 따라 처리범위가 좌우된다. 이는 결국 인덱스 구조의 적절성과 사용된 연산자의 형태에 따라 매우 큰 영향을 받는다. 가장 중요한 요인은 인덱스의 구조라 하겠지만 현실의 다양한 조건을 모두 만족하는 인덱스 구조를 만들기란 참으로 어렵다. 물론 만들 수 없어서라기 보다는 그렇게 했을 때 너무 많은 인덱스를 필요로 하게 되며 많은 인덱스는 데이터 변경, 추가, 삭제시 부하를 가중시키기 때문에 우리가 수용할 수 없는 것이다.

　　그렇다면 가장 최소의 인덱스로서 최대의 효율을 얻을 수 있도록 하는 전략은 무엇보다 절실히 필요하다고 하겠다. 바로 이러한 부분에 적용하여 우리의 고민을 해결해 줄 수 있는 것이 IN을 활용하여 인덱스 액세스를 효율화시키는 방법이다.

　　IN을 단지 하나의 연산자로만 생각하지 말고 여러 개의 '='이라는 생각으로 접근한다. 특히 대부분의 관계형 데이터베이스에서 사용하고 있는 B*_TREE 구조의 인덱스, 특히 '결합인덱스'에서는 '=' 연산자가 다음 컬럼의 조건에 미치는 영향은 실로 막대하다. 비록 어떤 조건이 처리주관 인덱스 컬럼에 포함되어 있더라도 자신보다 앞선 컬럼이

'='이 아니라면 그 조건은 직접적으로 처리범위를 줄여주는 데 기여하지 못한다.

바꾸어 말하면 자기보다 앞선 컬럼이 '=' 조건으로 변하는 순간 액세스할 범위는 현격하게 줄어들 수 있음을 의미한다. 그렇지만 이미 LIKE나 BETWEEN, 〉 등으로 사용된 범위조건을 우리 마음대로 '='로 바꿀 수는 없는 노릇이다. 그러나 비록 이러한 조건이 '연속선'을 의미하지만 'IN'을 사용함으로써 '연속점'으로 바꾸어 줄 수가 있다. 여기서 말하는 '연속점'이란 결국 여러 개의 '='을 의미한다.

이러한 원리에 의해 '연속선'이 '연속점'으로 바뀌는 순간 다음 컬럼의 조건이 제 역할을 하도록 부활되어 우리가 원하는 액세스 효율화는 달성된다. 그러나 개념은 매우 단순하지만 이에 대한 적용은 그리 간단하지만은 않다. 이 장에서는 이러한 부분에 관련된 다양한 원리와 활용 기준들을 알아보고 여러분들이 실무에 적용하고 응용할 수 있도록 하는데 초점을 맞추기로 한다.

이 장에서는 여러분의 이해를 돕기 위해 IN의 액세스 효율성과 밀접한 관련이 있는 인덱스에 대해 약간의 부연 설명을 하겠지만, 보다 자세한 인덱스 원리에 대해서는 본서의 전편 '대용량 데이터베이스 솔루션 I'을 참고하기 바란다.

저자가 컨설팅을 하면서 접한 많은 개발자들이 가지고 있는 하나의 공통점은 특정한 하나의 기능이나 장점에 감동한 나머지 해당 기능의 놀라운 순(純)효과의 단면만을 기억에 남겨두게 된다. 그러나 그 기능에 대한 적절한 용도와 장단점을 정확히 이해하지 못하고 이에 대한 집착 및 막연한 추종으로 인해 모든 경우에서 거의 동일한 방법을 사용하려고 한다는 것이다.

마치 심한 두통으로 고생하던 환자에게 아스피린을 투약하여 신통하게 두통을 없애 주었더니 이 아스피린의 효험에 감탄한 환자는 다음부터 복통 또는 타박상 등 모든 병에 아스피린을 사용하려는 경우와 다를 바가 없다.

어떤 기능이든 나름대로의 용도와 특징, 그리고 약점은 반드시 있게 마련이다. 이에 대한 정확한 이해를 바탕으로 '허와 실'을 알고 활용해야 할 것이며, 발생 가능한 위험요소를 찾아 제거할 수 있는 응용력까지 갖추도록 해야 한다는 것을 명심하기 바란다.

1. 논리합(OR, IN) 연산자의 이해

　지금까지는 조건들이 주로 'AND'로 연결된 경우에 대해서만 언급해 왔다. 앞에서 가끔 설명했듯이 AND와 OR는 매우 큰 차이를 가지고 있다. 특히 액세스 처리방법이나 처리범위는 상상하기 어려울 정도로 큰 차이가 나타난다. 이 장에서는 OR나 IN 연산자에 대해 본격적으로 그 특성을 파악해 보고자 한다.

　적용상의 차이는 약간 있겠지만 OR나 IN은 개념적으로는 거의 동일한 연산자이다. 이들은 AND에 비해 자주 처리범위를 증가시키거나, 처리방법의 분리를 유발시켜 대부분의 경우 비효율적인 처리가 발생할 가능성이 높아진다. 이러한 이유로 인해 우리는 여러 SQL에서 OR 연산자를 자주 사용하지 않는 것이 좋다는 결론을 가지고 있다. 그렇다면 정말 OR 연산자는 수행속도에 장애물로만 존재하고 있는 것일까?

　반드시 그렇다고 말할 수는 없다. 이는 OR 연산자의 원리를 정확히 이해하지 못하고 단지 조건을 나열하는 정도로 함부로 사용했기 때문에 옵티마이져가 비효율적인 실행계획을 수립할 확률이 높아져서 발생한 당연한 결과이다.

　실무에서는 우리가 OR 연산자를 사용하는 것이 나쁘다고 해서 사용하지 않을 수는 없다. 물론 우리가 설계상의 잘못으로 인해 불필요하게 이러한 연산자를 사용해야만 하는 경우도 있을 것이며, 개발자의 잘못이 원인이 될 수도 있을 것이다. 그러나 적절하게 설계되었더라도 상황에 따라 OR나 IN을 사용해야 하는 경우는 자주 발생한다.

　이 연산자들의 단순 결합은 비효율을 발생시키지 않도록 할 수 있으나 복잡하게 결합된 형태는 매우 큰 문제를 야기시킨다. 그러므로 우리는 이러한 연산자를 줄일 수 있는 다양한 방법과 나쁜 영향을 미치는 경우와 그렇지 않은 경우를 명확히 이해할 필요가 있다. 뿐만 아니라 바둑의 고수가 빈삼각을 이용해 호수(好手)를 만들어 낼 수 있듯이 이러한 연산자를 특이한 방법으로 활용하여 오히려 액세스 효율을 증가시킬 수 있는 방법들도 많이 있으므로 이 장에서는 논리합 연산자의 정확한 활용방법뿐만 아니라 이를 극복하여 최대의 효율을 얻도록 하는 다양한 방법들을 제시하고자 한다.

1.1. OR와 IN의 비교

논리합 연산자인 OR와 IN은 매우 유사한 개념을 가지고 있다. 굳이 이들간의 구분을 짓고자 한다면 OR는 IN을 포함하고 있다고 말할 수 있다. 다시 말해서 OR는 어떠한 조건간의 논리합 관계도 표현할 수 있지만, IN은 하나의 컬럼이 여러 개의 점(點), 즉 '=' 조건을 가지고 있는 경우에만 사용할 수 있다.

IN을 사용해 표현할 수 있는 것은 당연히 OR로 표현할 수가 있다. 다음과 같은 조건을 생각해 보자.

```
SELECT ............................
FROM TAB1
WHERE COL1 IN ( '1' , '5' , '7' )
    and COL2 = '111' ;
```

이 SQL은 OR를 사용하여 다음과 같이 표현할 수 있다.

```
SELECT ............................
FROM TAB1
WHERE (COL1 = '1' OR COL1 = '5' OR COL1 = '7' )
    and COL2 = '111' ;
```

이 두가지 결과는 동일하며 추후에 설명하겠지만 옵티마이져가 수립하는 실행계획도 동일하다. 그러나 이와 같은 경우는 IN을 사용하는 것이 OR를 사용한 것보다 훨씬 단순·명료하다는 것은 누구나 쉽게 알 수가 있다. 그러나 다음과 같이 비교할 컬럼이 다르거나 연산자가 '='이 아닌 경우에는 IN으로 대체시킬 수 없다.

```
SELECT ............................
FROM TAB1
```

```
WHERE (COL1 = '1' OR COL2 = '500' OR COL2 LIKE '7%' )
      and COL2 = '111' ;
```

이 내용들은 누구나 알 수 있는 것들이지만 의외로 SQL에서 IN과 OR의 차이점을 정확히 설명할 수 있는 사람이 많지 않기 때문에 이를 명확히 하자는 의미에서 설명한 것이다.

결론적으로 IN을 사용할 수 있는 경우라면 OR보다 IN을 사용하는 것이 좋다. IN은 경우에 따라서 서브쿼리를 사용하여 보다 유연한 확장이 가능하며 옵티마이져나 사용자 입장에서도 불리할 것이 없기 때문이다.

IN은 반드시 하나의 컬럼이 비교되어야 하지만 OR는 여러 개의 컬럼이 올 수 있으므로 나중에 인덱스 구성에 대한 전략을 수립할 때도 IN이 유리하다. OR는 반드시 '점'을 의미하지는 않으므로 이러한 OR를 '점'으로 바꾸는 방법은 뒤에서 별도로 언급하겠다.

OR 연산자는 정말 다른 방법이 도저히 없는 경우를 제외하고는 사용하지 않는 것이 바람직하다. 심지어 필자는 교육시에 농담삼아 이러한 말을 자주 한다. "3세대 언어를 사용하면서 자주 IF를 사용하는 사람이나 SQL을 사용하면서 자주 OR를 사용하는 사람은 남에게 피해주지 말고 빨리 채소장수나 하러 가라"는 독설을 자주 한다.

많은 OR를 사용해야 처리를 할 수 있는 사람은 논리력이 부족한 사람이라고 저자는 단언한다. 옵티마이져는 특히 복잡한 OR에 매우 취약하다. 처리량의 대부분이 옵티마이져의 판단에 따라 좌우되는 관계형 데이터베이스를 제대로 사용하려면 옵티마이져가 싫어하는 일은 되도록 피해주는 것이 바람직하다.

그러나 IN을 사용한 경우에는 개념은 비록 OR에 속하지만 다수의 '='이라는 독특한 의미로 인해 매우 효율적인 처리로 유도할 수 있으므로 활용 목적상의 차이는 매우 크다고 하겠다.

1.2. AND와 OR 연산자의 특성

　AND 연산자는 많이 사용할수록 집합의 정의역 범위를 줄여주지만 반대로 OR 연산자는 집합의 범위를 크게 만든다. 즉, 일의 양을 결정하는 처리주관 조건에 OR 연산자가 나타나면 처리할 정의역이 넓어져 일량이 증가하게 되지만, 반대로 AND 연산자는 처리주관 범위를 줄여주므로 처리할 일량이 감소하여 수행속도는 향상된다.

　하지만 이것은 이 연산자가 처리주관 조건에 사용되었을 때에 한해 적용되는 말이다. 다시 말해서 처리주관 조건이 아닌 경우에는 전혀 해당되지 않는다는 것을 의미한다. 이 말에는 매우 중요한 활용원칙이 담겨 있다. 아무리 복잡하게 사용된 OR 조건이라 하더라도 처리주관 조건이 아니라면 걱정할 필요가 없다는 것은 역으로 말해서 우리가 어떤 SQL을 사용할 때 반드시 처리주관 조건이 무엇인지를 알고 사용해야 함을 뜻한다.

　사실 이러한 판단은 쉽지가 않다. 처리주관 조건은 인덱스의 구조에 따라 달라지므로 인덱스 구조를 바꾸면 언제든지 달라질 수 있음을 의미하기 때문이다. 현재 정의된 인덱스가 감히 최적의 구조라고 말할 수 있는가? 그렇다면 지금 처리주관 조건이 아니라고 해서 함부로 OR를 사용해도 정말 괜찮은가?

　이러한 질문에 자신 있게 대답하기란 쉽지 않을 것이다. 그러므로 우리는 가능한 OR 조건을 사용하지 않도록 애를 쓸 필요가 있다. 어쩔 수 없이 사용해야 하는 경우라면 나중에 인덱스 전략 수립에 감안해야 할 것인지를 염두에 두어야 할 것이다.

　만약 여러분이 인덱스 전략을 수립해야 하는 단계에 있다면 가능한 OR를 없앨 수 있는 방법이 있는지를 최대한 찾아보고 - 경우에 따라서 SQL을 분리하는 방법도 있을 것임 - 여기에 대한 대비책을 세워야 할 것이다.

　처리주관 조건에 확실히 속하지 않는다면 OR 연산자는 나쁜 영향을 미치지 않는다. 오히려 경우에 따라서는 유리해질 수도 있다. 우리가 잘 알고 있는 부분범위처리에서는 처리주관 범위는 '좁을수록' 유리하고, 체크조건은 '넓을수록' 유리하다. 그러므로 체크 조건에서 사용되는 OR 연산자는 조건 범위가 넓어지게 하므로 오히려 수행속도에 도움을 준다. 이와 같이 동일한 연산자라 할지라도 적용 부분에 따라 극과 극으로 달라질 수 있으므로 사용자의 이러한 이해 정도가 시스템에 미치는 영향은 매우 크다고 하겠다.

처리주관 조건에 사용되지 않은 OR 연산자는 그렇다고 하더라도, 처리주관 조건에 OR 연산자를 사용하지 않을 수 없음은 현실이며 이러한 경우의 사용은 어떻게 해야 할 것인가?

여기에 대한 자세한 해답은 앞으로 계속해서 설명될 것이나 먼저 결론부터 말한다면 절대 그렇지 않다는 것이다. 정확한 원리를 알고 적절한 방법으로 사용한다면 옵티마이져의 최적 실행계획에 도움을 줄 수 있는 방법들이 많이 있으며 큰 부담없이 활용할 수 있다.

1.3. 논리합 연산자의 실행계획

논리합 연산자를 처리주관 조건으로 할 때는 각각 별도의 최적화 실행계획으로 분리한 후 이들을 결합(Concatenation)하는 실행계획을 수립한다. OR로 분리된 각각의 조건은 나름대로의 최적화 실행계획을 수립하므로 서로 다를 수 있다. 분리된 실행결과를 통합하는 방법은 별도의 머지 작업이나 정렬작업을 필요로 하지 않는다.

논리합 연산자가 사용된 처리주관 조건은 분리된 각 조건의 처리방법이 어느 한가지 방법의 진부분 집합이 되면 그 처리방법에 귀속된다. 다시 말하면 어느 한쪽은 인덱스를 사용할 수 있으나 어느 한쪽은 '전체 테이블 스캔'을 해야 한다면 이 실행계획은 두가지로 구분되지 않고 '전체 테이블 스캔'으로 통합된다는 것이다.

그 이유는 당연히 '전체 테이블 스캔'은 특정 인덱스를 경유하여 액세스하는 범위를 포함하고 있기 때문이다. 다음과 같은 SQL을 생각해 보자.

SELECT *
FROM TAB1
WHERE B LIKE 'S%' OR A = '1';

만약 'A' 컬럼과 'B' 컬럼이 각각 별도의 인덱스로 구성되어 있다면 이 SQL의 실행계획은 다음과 같이 나타날 수 있다.

```
Execution Plan
---------------------------------------------------------------
0      SELECT STATEMENT
1   0     CONCATENATION
2   1        TABLE ACCESS (BY ROWID) OF 'TAB1'
3   2           INDEX (RANGE SCAN) OF 'A_INDEX' (NON-UNIQUE)
4   1        TABLE ACCESS (BY ROWID) OF 'TAB1'
5   4           INDEX (RANGE SCAN) OF 'B_INDEX' (NON-UNIQUE)
```

이 실행계획을 보면 OR를 기준으로 하여 별도의 처리방법을 가진 두개의 실행계획이 수립되었고 그 결과를 결합하고 있는 것을 확인할 수 있다. 그러나 항상 이러한 실행계획이 나올 수 있는 것은 아니다. 만약 비용기준 옵티마이져를 사용했을 때 B LIKE 'S%' 조건의 처리범위가 넓어 옵티마이져가 '전체 테이블 스캔'을 하기로 했다면 앞서 설명했듯이 실행계획은 분리되지 않고 '전체 테이블 스캔'으로 귀속된다.

결합처리 실행계획을 좀더 상세히 알아보기 위해 다음 그림을 살펴보자.

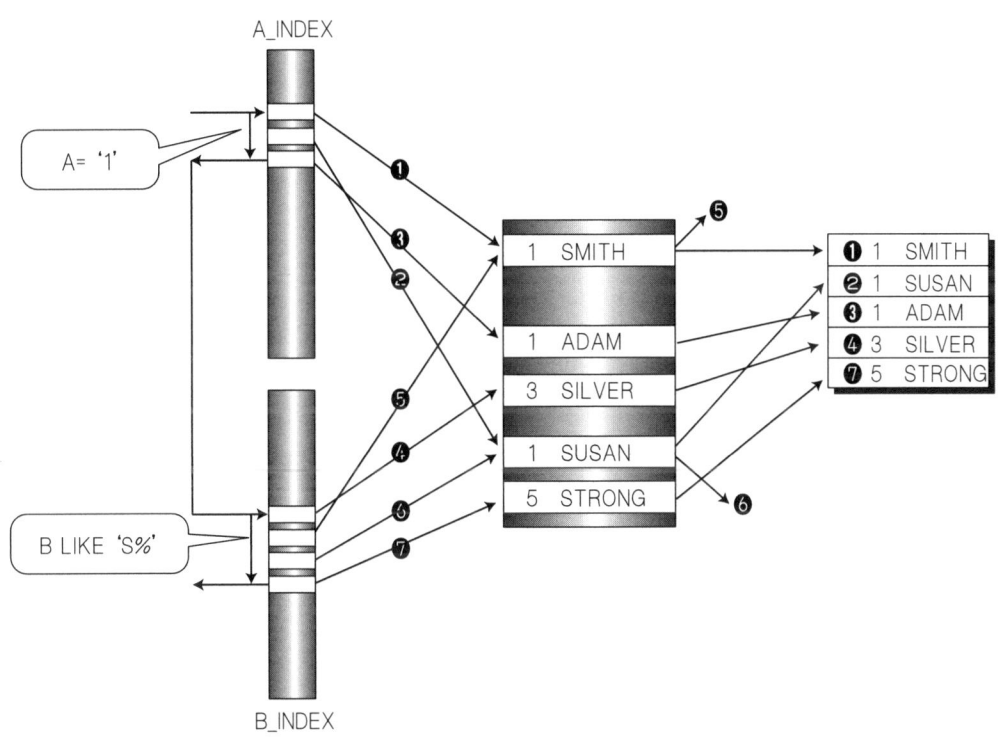

그림 4-1-1

먼저 'A_INDEX'의 시작점에서부터 처리가 시작된다. 인덱스를 경유해 테이블을 액세스하여 만약 처리주관 조건이 아닌 또 다른 조건이 있다면 체크하여 만족하는 로우를 운반단위에 저장한다. 같은 방법으로 다음 로우를 처리하다가 A = '1'이 아니면 'B_INDEX'를 사용하는 실행계획으로 점프하여 실행은 계속된다.

이때 'B_INDEX'를 경유해 액세스한 것 중에는 이미 'A_INDEX'에 의해 처리된 것이 있을 수도 있으므로 A = '1'인 로우는 버리고 아니면 운반단위에 저장한다. 이와 같은 방법으로 'B_INDEX'의 처리범위가 완료될 때까지 처리한다.

여기서 우리는 다음과 같은 중요한 몇 가지 사항을 발견할 수 있게 되었다.

① 비록 서로 다른 인덱스를 액세스하지만 마치 하나의 인덱스를 경유할 때와 큰 차이가 없다.
② 각각의 처리된 집합을 결합하기 위해서 별도의 머지 작업이나 정렬처리가 필요하지 않으므로 부분범위처리가 아직도 유효하다.
③ 분기된 처리범위 간에 공통부분(교집합)이 많이 존재하면 불필요한 액세스가 일어난다.
④ 실행계획 분리 시에는 WHERE 절에서 나중에 기술된 조건이 먼저 수행된다는 점이다. 이것은 오라클에서 나타나는 현상이며 다른 제품에서는 미처 확인하지 않은 사항이다. 여러분이 사용하고 있는 데이터베이스에서 실행계획을 확인해 보면 차이가 있는지 쉽게 알 수 있을 것이다(참고로 사이베이스에서는 기술된 조건부여 순서와 상관없이 인덱스 컬럼값의 순서대로 나타나며 이를 위한 정렬처리 작업이 추가되어 부분범위처리가 불가능해진다).

이 네가지 특징이 의미하는 바는 매우 크다. 첫번째 특징은 정상적으로 실행계획의 분기가 일어난다면 OR 연산자도 거의 문제점을 가지지 않는다는 것을 보여주고 있다. 두번째 특징은 비록 OR 연산자를 사용했더라도 - 결합처리 실행계획이 수립되었다 하더라도 - 정렬처리 작업이 포함되지 않는다면 부분범위처리는 유효하다는 것이다. 이것은 우리가 어떤 SQL을 부분범위처리로 유도하고자 할 때 매우 유용하게 활용할 수 있음을 뜻한다.

세번째 특징은 우리가 정상적으로 실행계획이 수립된 경우라도 OR 연산자의 사용이 불리한 경우를 보여 주고 있으며, 역으로 이와 같은 문제가 발생하지 않는다면 전혀 부담이 없음을 의미하고 있다. 여기에 대한 상세한 설명은 바로 뒤에서 계속하겠다.

네번째 특징은 추출될 집합을 정렬하지 않고서도 이들의 순서를 조절할 수 있음을 뜻한다. 특히 WHERE 절의 기술 순서를 조정하여 정렬처리를 대신함으로써 정렬처리 없이 원하는 순서로 추출할 수도 있어 부분범위처리의 한가지 활용방법으로 이용할 수 있다.

그러나 OR 연산자는 단순 OR의 나열인 경우에만 결합처리 실행계획을 수립하며 다음과 같이 복잡하게 OR가 사용된 경우에는 거의 이러한 실행계획을 수립하지 않고 '전체 테이블 스캔'을 하게 되므로 주의해야 한다.

```
SELECT *
FROM TAB1
WHERE (:SW = '1' AND B LIKE 'ABC%')
    OR (:SW = '2' AND (B = 'SMITH' OR B LIKE 'CC%')) ;
```

OR 연산자를 사용할 때의 주의사항은 뒤에서 좀더 상세하게 설명하기로 한다. 만약 동일한 컬럼에 대한 결합처리 실행계획, 즉 IN 연산자를 사용한 경우의 실행계획도 OR 연산자와 거의 유사한 형태로 나타난다. 다음과 같은 SQL을 살펴보자.

```
SELECT *
FROM TAB1
WHERE A IN ('5', '1') ;
```

만약 'A' 컬럼이 인덱스로 구성되어 있고 옵티마이져가 이 인덱스를 처리주관 인덱스로 사용한다면 SQL의 실행계획은 다음과 같이 나타난다.

```
Execution Plan
-----------------------------------------------------------
0      SELECT STATEMENT
1   0    CONCATENATION
2   1      TABLE ACCESS (BY ROWID) OF 'TAB1'
3   2        INDEX (RANGE SCAN) OF 'A_INDEX' (NON-UNIQUE)
4   1      TABLE ACCESS (BY ROWID) OF 'TAB1'
5   4        INDEX (RANGE SCAN) OF 'A_INDEX' (NON-UNIQUE)
```

이 실행계획을 그림으로 나타내면 아래와 같다.

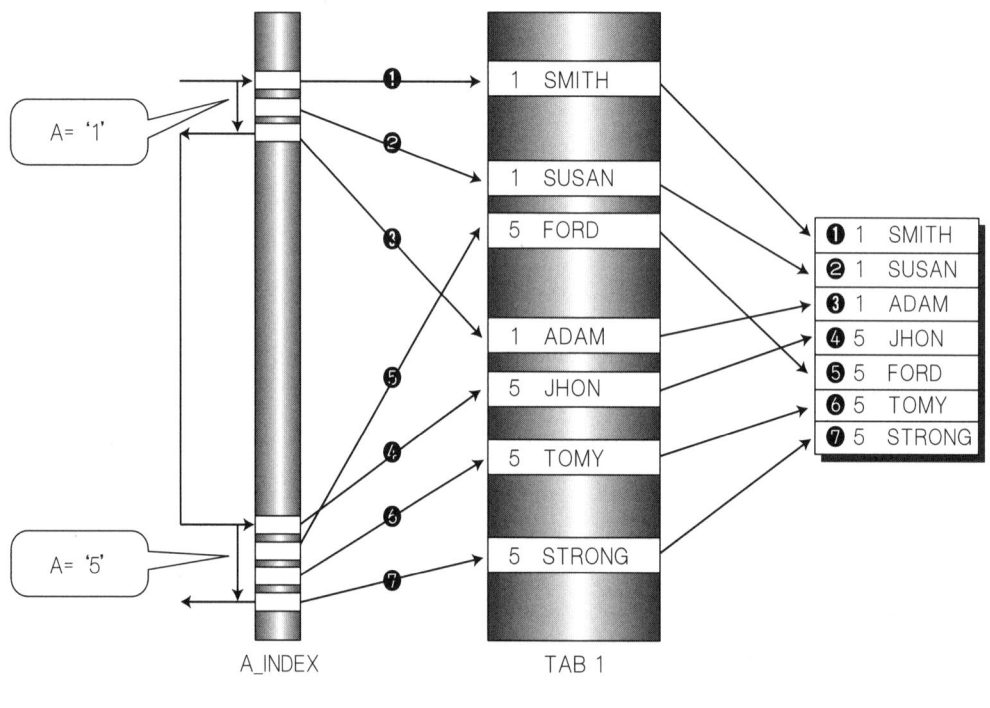

그림 4-1-2

이 그림을 살펴보면 앞서 OR를 사용한 경우와 거의 동일하다는 것을 알 수 있다. 굳이 차이를 말한다면 하나의 컬럼만 사용되었으므로 앞의 예와는 다르게 모든 액세스가 동일한 로우를 액세스하지 않는다는 것, 즉 공통부분이 전혀 없으므로 불필요한 액세스는 전혀 발생하지 않는다는 것뿐이다.

이 액세스는 BETWEEN '1' AND '5'와 같이 연속된 모든 범위를 액세스하는 것보다 훨씬 유리하다는 것을 알 수 있다. 이것이 우리가 IN을 활용하는 목적이다. 여기에 대한 상세한 내용은 앞으로 다양하게 설명될 것이다.

1.4. OR 연산자 사용시의 주의사항

앞서 살펴보았듯이 처리주관 조건으로 사용되는 OR 연산자는 적절한 실행계획만 수립된다면 거의 문제점이 없다. 그러나 OR의 특수성으로 인해 발생할 수 있는 몇 가지 사항들은 이러한 문제를 발생시키지 않기 위해 우리가 유의해야 할 매우 중요한 사항들이므로 반드시 명심해 두어야 할 것이다.

다음은 우리가 OR 연산자 사용에 관해 몇 가지 유의해야 할 사항을 나열한 것이니 참고하기 바란다.

- ◆ 데이터 모델링 단계에서 속성 결정시 OR 연산자 사용 가능성을 고려하라.
- ◆ OR의 적용범위를 가급적 축소하라.
- ◆ 복잡한 OR는 옵티마이져에게 혼선을 유발시켜 의도치 않은 실행계획을 만들 수 있으므로 간단한 OR를 사용하라.
- ◆ 상수쪽을 DECODE 등으로 가공하여 OR 연산자를 없애도록 노력하라.
- ◆ 필터링(Filtering)을 통하여 분리 실행계획을 만들고자 할 경우에는 UNION ALL을 사용하여 SQL을 분리하라.

상기 참고사항에 대한 이해를 돕기 위해 저자가 컨설팅 수행 중에 접했던 몇 가지 사례를 들어 설명하기로 한다.

1.4.1. 실행계획 분할 방법

우리는 가끔 동일한 SQL에서 입력된 조건값에 따라 처리주관 인덱스의 사용을 분리해야 하는 경우가 발생한다. 앞서 '제3장 인라인뷰의 활용'에서 설명한 적이 있지만 동적 SQL을 사용하거나 처리주관 조건에 따라 의도적으로 분할시키는 방법이 있다.

그러나 많은 사용자들이 OR 연산자를 이용하여 이러한 문제를 해결해 보려고 시도함으로써 더욱 큰 문제를 일으키는 경우가 자주 나타나므로 여기서는 이러한 접근방법이 어떤 문제를 가지고 있는지 실제 사례를 통해 살펴보기로 한다.

어느 회사에서는 다음 그림과 같이 '거래처별 매출현황'을 조회하고자 한다. 해당 테이블은 현재 96년부터 98년 2월까지의 데이터를 보유하고 있으며, 전체 로우 수는 약 40만건 정도에 이른다.

| 거래처 | 대한물산 | 조회년도 | 1997 |

구 분	매 출 액	순 이 익	순이익률
1월	3,120,456,700	321,387,140	10.29
2월	3,810,200,000	213,543,300	5.60
3월	4,120,800,000	311,874,200	7.56
4월	3,920,100,000	100,123,000	2.55
5월	4,280,000,200	372,100,100	8.69
6월	4,150,200,000	229,800,200	5.54
7월	3,940,920,000	211,323,000	5.36
8월	4,200,100,600	401,412,200	9.55
9월	4,310,000,000	421,125,300	9.77
10월	4,620,000,000	310,000,000	6.71
11월	4,280,100,000	400,900,000	9.36
12월	4,728,600,000	448,500,000	9.49

그림 4-1-3

여기서 특기할 사항은 거래처의 평균 분포도는 1% 이하였지만 주거래 대상 업체인

'대한물산 (거래처코드:101)'과의 거래는 전체의 60%가 넘는다. 현재 거래처별 조회시의 속도 향상을 위해 '거래처코드＋매출일자'로 인덱스를 생성하여 운용중이다.

이렇게 특정 거래처에 대해서만 높은 분포도를 가진 경우에 인덱스 스캔의 비효율이 발생한다는 인덱스의 특성을 어느 정도 알고 있던 한 개발자는 아주 기발한 SQL을 사용하였다.

자료량이 많아 인덱스 범위가 넓은 '대한물산'의 자료를 검색할 때는 넓은 범위의 인덱스 스캔으로 인한 랜덤 액세스를 줄이기 위해 인덱스 사용을 막아 '전체 테이블 스캔'으로 실행계획을 수립하고, 그렇지 않은 경우에는 이 인덱스를 사용하도록 실행계획을 유도하고자 하였다.

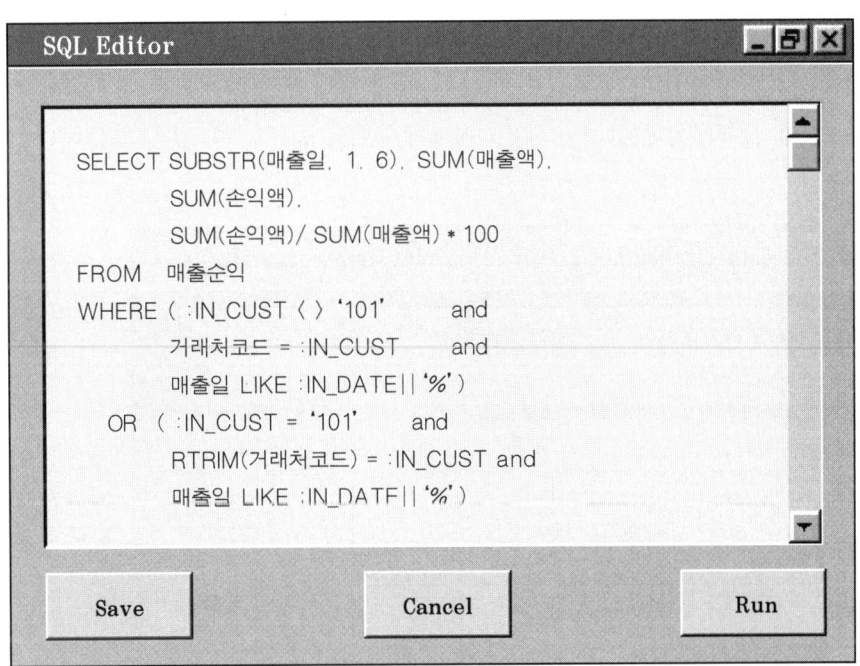

그림 4-1-4

이러한 방법을 사용한 개발자는 어떠한 조건이 입력되더라도 상황에 맞는 최적의 실행계획을 수립할 수 있다고 믿고 있었다. 이 SQL의 OR로 분기된 각 조건들을 살펴보면 상수값의 비교를 이용해 거래처코드가 '101'이면 거래처코드 컬럼이 인덱스를 사용하지 못하도록 RTRIM으로 가공하여 '전체 테이블 스캔'으로 유도하려 했고, 거래처코드가 '101'이 아니면 인덱스 스캔을 하고자 한 의도라고 생각되어진다. 그러나 이와 같은 방법은 정적(靜的) SQL의 파싱 원리를 제대로 이해하지 못했기 때문에 일어난 지극히 잘못된 구현 방법이다.

사례와 같이 바인딩 변수(예, :IN_CUST)가 사용된 SQL 문장을 파싱할 때는 변수인 상태로 실행계획을 수립하고, 실행되는 순간 입력된 상수값을 바인딩하여 실행한다. 다시 말해서 입력된 상수값을 감안하지 않고 변수인 상태로 실행계획을 수립한다는 것이다.

대부분의 응용 프로그램에서 사용되는 정적 SQL의 파싱은 이러한 방법으로 파싱되므로 아무리 우수한 옵티마이져라 할지라도 바인딩 변수에 어떠한 값이 들어올지 모르는 상태에서는 모든 경우에 최적인 실행계획을 결코 만들어 줄 수는 없다. 이러한 이유로 옵티마이져는 어떤 값이 입력되든 상관이 없는 하나의 실행계획만 수립하게 된다. 이것은 두가지의 실행계획이 하나의 SQL 실행계획으로 공존할 수 없기 때문이다.

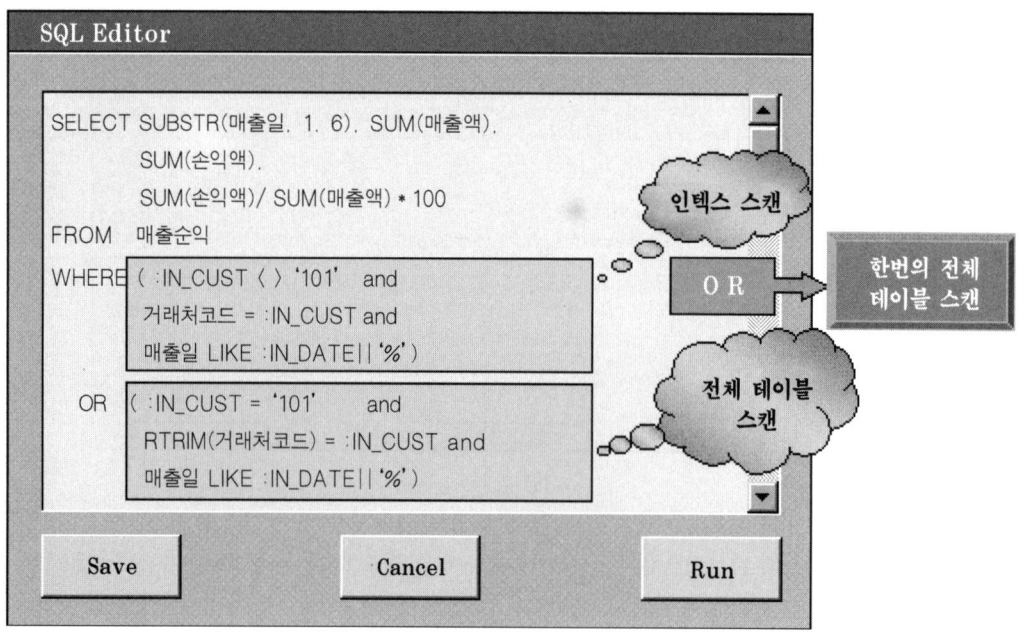

그림 4-1-5

위의 그림과 같이 '인덱스를 사용'하는 처리방법은 '전체 테이블 스캔'에 포함되므로 이 SQL의 실행계획은 '전체 테이블 스캔' 방법이 된다.

하나의 SQL 내에서 OR를 사용하여 입력된 값에 따라 처리방법을 다르게 할 수 있다는 발상은 3세대 언어의 개념을 아직 버리지 못했기 때문이다. 이러한 문제를 해결하기 위해서는 다음과 같은 방법을 이용해 우리가 원하는 실행계획을 만들 수 있다.

가장 손쉽게 분리된 실행계획을 수립할 수 있는 방법은 다음 그림과 같이 별도의 실행계획을 갖는 각 SQL을 구성한 다음 UNION ALL로 결합시키는 방법이다.

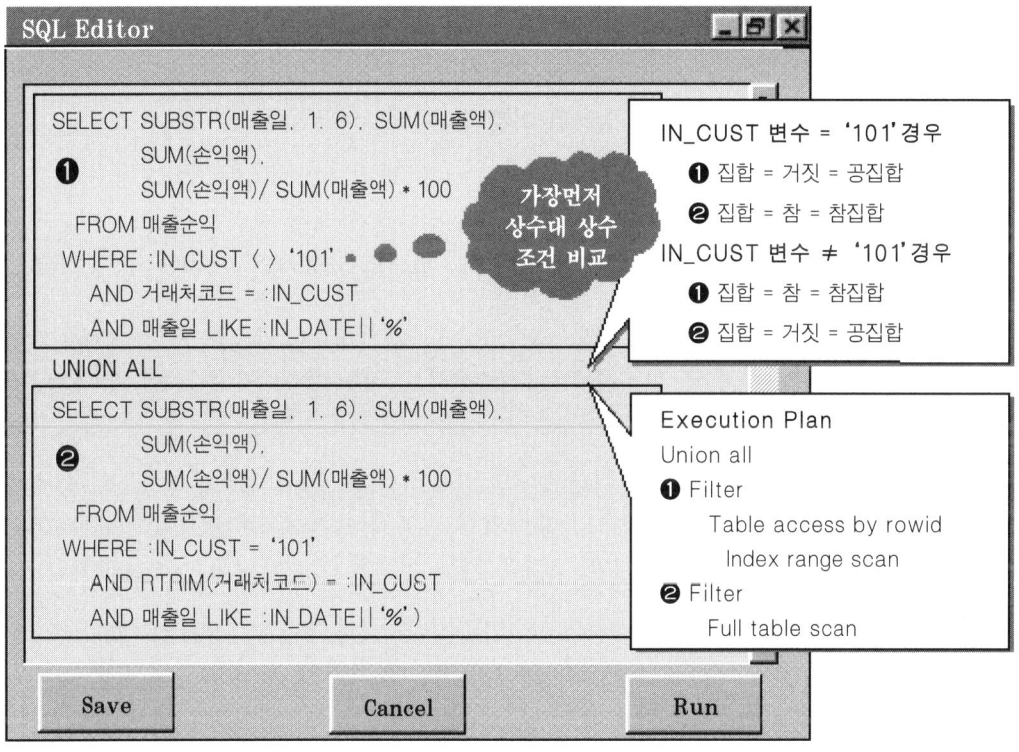

그림 4-1-6

이와같이 입력값에 의해 서로 배타적인 논리합이 되도록 하여, 즉 항상 어느 한쪽만 '참집합'이 되고 다른 쪽은 '공집합'이 되도록 하여 원하는 실행계획이 수립되도록 하는 방법은 이미 소개한 적이 있다.

1.4.2. OR 연산자의 해소

우리가 실무에서 어쩔 수 없이 OR 연산자를 사용해야 하는 경우에도 약간의 아이디어를 낸다면 OR를 없애거나 단순 OR로 바꿀 수가 있다. 이것은 프로그래머가 반드시 알아두어야 할 중요한 SQL 사용 원칙이라 하겠다. 앞서 여러 번 언급했듯이 옵티마이져는 OR를 싫어하므로, 아니 자신을 위해서라도 사용자는 가능한 OR 연산자를 줄일 수 있는 방법을 연구하는 것이 바람직하다.

OR 연산자를 함부로 사용할 경우, 애써 줄여둔 정의역이 OR에 의해 한 순간에 물거품이 될 수 있다. 뿐만 아니라 향후 자세히 설명하겠지만 인덱스 구성 전략에도 매우 큰 영향을 미치므로 될 수 있는 한 OR 연산자의 사용을 억제하는 것은 관계형 데이터베이스를 사용하는 사람들의 기본적인 도리라 하겠다.

여기서는 OR를 감소시킬 수 있는 몇 가지 대표적인 사례를 중심으로 OR 연산자를 억제하면서 원하는 목적을 이룰 수 있는 방법들을 설명하고자 한다. 이러한 방법은 마치 우리가 컬럼의 변형이 일어나 인덱스를 사용하지 못하게 되는 것을 막기 위해 다양한 방법을 동원하여 '상수값' 쪽을 가공함으로써 컬럼의 가공을 하지 않도록 하는 것과 유사하다.

우리가 작성하는 많은 애플리케이션에서는 사용자가 선택한 '구분'에 따라 내부적인 처리 조건이나 범위가 달라지는 경우가 빈번하게 발생한다. 물론 각각의 경우마다 SQL을 별도로 작성하는 방법도 있겠지만 그것은 너무 번거롭고 생산성과 유지보수성을 떨어뜨린다.

이러한 경우의 수를 처리하기 위해서 대부분의 사용자들은 너무나 무감각하게 함부로 OR를 사용하고 있다. 저자가 이러한 사용자들에게 "이러한 작성방법이 어떠한 영향을 주게 되는지 아느냐?"고 물으면 거의 대부분의 사용자들은 SQL이 파싱되면 결국은 동일한 것이 아니냐고 오히려 반문한다.

이것은 사용자들이 그만큼 옵티마이져가 생성해 주는 실행계획에 대해서 무지하다는 것을 웅변적으로 말해 주고 있다고 생각한다. 옵티마이져는 해보기 전에 판단해야 하고 논리적으로 발생 가능한 모든 경우를 감안해야 하므로 막연하게 작성한 조건은 옵티마이져의 판단 능력을 저하시키는 직접적인 원인이 된다.

다음 그림을 살펴보자.

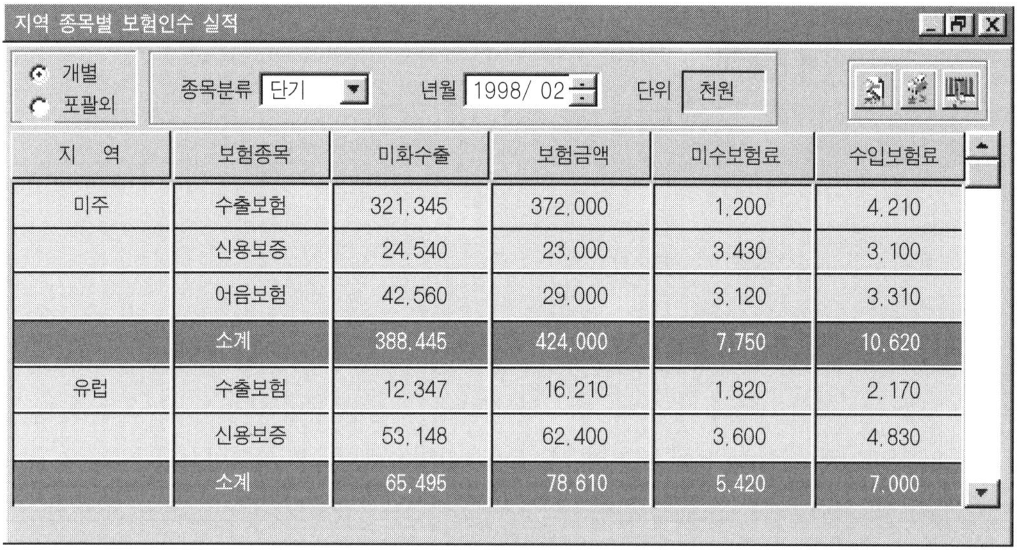

지역 종목별 보험인수 실적					
종목분류 단기 년월 1998/02 단위 천원					
지 역	보험종목	미화수출	보험금액	미수보험료	수입보험료
미주	수출보험	321,345	372,000	1,200	4,210
	신용보증	24,540	23,000	3,430	3,100
	어음보험	42,560	29,000	3,120	3,310
	소계	388,445	424,000	7,750	10,620
유럽	수출보험	12,347	16,210	1,820	2,170
	신용보증	53,148	62,400	3,600	4,830
	소계	65,495	78,610	5,420	7,000

그림 4-1-7

보험 인수실적을 관리하는 테이블에는 '개포준구분'이라는 컬럼이 있으며, 개별(10), 포괄(20), 준포괄(30) 등의 값을 가지고 있다. 사용자가 화면에서 선택한 구분값에 따라 '개별'일 경우와 '포괄 또는 준포괄' 등을 포함한 '포괄외'의 두가지 경우로 조회하고자 한다. 여기서는 이 사례 설명의 목적상 성능 및 인덱스와 관련한 설명은 생략한다.

개발자는 이 화면을 위한 SQL의 조건절을 다음과 같이 사용하였다.

```
SELECT ............................
FROM TAB1 x, TAB2 y, TAB3 z
WHERE join_conditions ............
    and ((:선택구분 = '1'
        and 개포준구분 = '10'
```

                and 인수일자 between to_char(to_date(:기준일, 'yyyymmdd') - 60, 'yyyymmdd')
                            and :기준일
            and 종목코드 = :종목)
            OR
            (:선택구분 = '2'
            and 개포준구분 between '20' and '30'
            and 인수일자 between to_char(to_date(:기준일, 'yyyymmdd') - 120, 'yyyymmdd')
                            and :기준일
            and 종목코드 = :종목)) ;

이와 같은 방법을 사용하는 것은 3세대 언어를 사용해왔던 사용자의 입장에서 보면 너무나 당연한 표현 방법일 것이며, 이러한 형태로 작성한 것이 특별히 큰 문제를 일으킬 것으로 생각하지 않는 것이 어쩌면 더 보편적일지도 모른다. 그러나 사용자의 요구를 받아서 실제 프로그래밍은 데이터베이스가 작성해 주는 관계형 데이터베이스에서는 결코 작은 문제가 아니다.

다음과 같이 OR를 없앤 SQL과 위의 SQL을 서로 비교해 보자.

    SELECT ....
    FROM TAB1 x, TAB2 y, TAB3 z
    WHERE join_conditions ....
        and 개포준구분 IN (DECODE(:선택구분, '1', '10', '20'),
                        DECODE(:선택구분, '2', '30'))
        and 인수일자 between to_char(to_date(:기준일, 'yyyymmdd')- 60 * :선택구분, 'yyyymmdd')
                    and :기준일
        and 종목코드 = :종목 ;

이 SQL은 위의 SQL에 비해 비교할 수 없을 만큼 단순하고 명확해졌다. 옵티마이져 입장에서 보면 '종목코드'는 '=', '개포준구분'은 'IN', 그리고 '인수일자'는

'BETWEEN'을 사용했다는 것만 생각하면 된다. 비교되는 상수값이 제 아무리 복잡하게 얽혀 있더라도 실행계획을 수립할 때는 전혀 감안할 필요가 없다.

이 SQL의 '개포준구분'을 IN으로 통합한 부분에서 두번째 DECODE를 사용한 구문은 ':선택구분'이 '1'인 경우 NULL이 된다. 나중에 보다 상세하게 설명하겠지만, IN을 사용한 경우에 비교값이 NULL인 경우는 전혀 액세스에 부담을 주지 않으므로 걱정할 필요가 없다.

여러분 자신이 옵티마이져라고 생각하고 이 두가지 SQL을 한번 비교해 보기 바란다. 이 얼마나 단순하고 명확한가! 물론 실무에는 훨씬 복잡한 형태가 발생할 수도 있겠지만 대부분의 경우 이와 유사한 방법으로 OR 연산자를 해소할 수가 있으므로 많은 생각을 통해 실무에 응용해 보기 바란다.

이러한 적용이 최적화에 미치는 영향이 매우 크므로 좀더 색다른 사례를 한가지 더 들어보기로 하겠다. 다음과 같은 SQL을 가정해 보자.

```
SELECT CHULNO, CUSTNO, CHULDATE, UNCOST
FROM CHULGOT
WHERE ( :SW = 1 AND
            (STATUS LIKE '1%' OR STATUS LIKE '2%' ) )
    OR ( :SW = 2 AND
            (STATUS LIKE '3%' ) )
ORDER BY STATUS ;
```

이 SQL은 STATUS 컬럼이 인덱스를 가지고 있더라도 '전체 테이블 스캔'으로 실행계획이 작성된다. 물론 데이터베이스 제품이나 버전에 따라 그렇지 않을 수도 있겠지만 대부분의 경우 그렇게 된다. 그 이유는 단순하게 나열된 OR 연산자가 아니라, 위의 예처럼 OR 분기 내에 다시 OR가 분기된 복잡한 형태는 대부분 '전체 테이블 스캔' 방식으로 처리되기 때문이다.

더구나 사용된 조건을 보더라도 이 SQL의 처리범위는 좁지 않다는 것을 알 수 있다.

뿐만 아니라 'ORDER BY'가 사용되어 부분범위처리도 불가능해졌기 때문에 이대로는 도저히 수행속도를 향상시킬 방법이 없어 보인다. 만약 이 테이블이 매우 많은 데이터를 가졌다면, 그리고 온라인 화면에서 사용해야 한다면 이것은 보통 심각한 문제가 아닐 것이다. 그러나 아이디어만 있으면 항상 돌파구는 있게 마련이다. 다음과 같은 SQL로 바꾸어 보자.

```
SELECT CHULNO, CUSTNO, CHULDATE, UNCOST
FROM CHULGOT
  WHERE STATUS LIKE DECODE(:SW, 1, '2%')
     OR STATUS LIKE DECODE(:SW, 1, '1%', '3%') ;
```

이 SQL은 이제 단순하게 나열된 OR 연산자로 바뀌었다. ORDER BY는 아예 없애 버렸다. 그러나 결과는 동일하게 나타난다. 뿐만 아니라 부분범위로 처리되므로 수행속도는 놀랄 만큼 개선되었다. 자! 이 SQL이 어떻게 위의 SQL을 대체할 수 있는지 살펴보기로 하자.

먼저 실행계획부터 살펴보자.

```
      CONCATENATION
①        TABLE ACCESS BY ROWID CHULGOT
             INDEX (RANGE SCAN) STATUS_INDEX
②        TABLE ACCESS BY ROWID CHULGOT
             INDEX (RANGE SCAN) STATUS_INDEX
```

이 실행계획은 우리가 원하는 결합처리 방법으로 수립되었다. 이번에는 조건절이 왜 동일한 형태를 의미하는지 살펴보자. 잘 이해가 되지 않는 사람들을 위해 한가지 경우씩 검토해 보자. 만약 변수 :SW에 입력값으로 '1'이 들어왔다면 그 순간의 조건절은 다음과 같은 형태가 될 것이다.

```
WHERE STATUS LIKE '2%'
    OR STATUS LIKE '1%' ;
```

결합처리 실행계획의 원리에 따라서 '1%'를 처리하는 실행계획은 ①이며, '2%'는 ②에서 처리한다. 그러므로 추출되는 로우는 자연히 STATUS로 정렬되어 나타나므로 ORDER BY를 할 필요가 없다.

이번에는 :SW변수에 '2'가 입력된 경우를 살펴보자. 이 경우의 조건절은

```
WHERE STATUS LIKE NULL
    OR STATUS LIKE '3%' ;
```

이므로 우리가 원하는 조건과 동일하다. 이 경우도 역시 '3%'인 처리를 계속하다가 이 범위가 완료되면 NULL인 조건을 찾게 되나 이 경우는 전혀 처리범위를 가지지 않으므로 즉시 전체 처리가 종료된다.

혹자는 만약 STATUS가 NULL을 허용하며 실제로 NULL을 가진 데이터가 매우 많을 때를 걱정할지 모르지만 그것은 NULL의 특성을 모르는 사람의 기우에 불과하다. NULL은 반드시 'IS NULL'로 표현할 때만 NULL인 경우를 찾아주기 때문에 위의 예처럼 'STATUS LIKE NULL'로 된 조건은 NULL을 하나의 바인딩 상수로 간주하기 때문에 이 조건을 만족하는 처리범위는 언제나 존재하지 않는다. 그러므로 단 한번의 인덱스 랜덤 액세스만 수행하고 종료된다.

또 어떤 사람은 NULL을 조건으로 가지면 인덱스 사용이 불가능해져 이 처리방법이 '전체 테이블 스캔' 방식이 될지도 모른다고 걱정할 수도 있다. 그러나 이 또한 기우에 지나지 않는다. 처리주관 조건이 'IS NULL'이나 'IS NOT NULL'로 사용된 문장을 파싱할 때 인덱스 사용을 하지 않는 실행계획을 수립한다는 것이지 여기서와 같이 이미 실행계획이 수립된 후 바인딩하는 과정에는 해당하지 않는다.

이 말에 의심이 가는 사람들은 'WHERE STATUS = NULL' 혹은 'WHERE STATUS = :변수'로 작성된 SQL의 실행계획을 확인해 보기 바란다.

이 밖에도 OR 연산자를 해소할 수 있는 방법은 다양하게 있으나 생략한다. 상기 예제 보다 고급화된 IN의 응용법은 인덱스와 관련해 뒷부분에서 자세히 설명하기로 하고 여기서는 원리 소개 정도로 가름하겠다.

1.4.3. 데이터 모델링 시의 유의사항

데이터 모델링에서 우리가 속성(Attribute)을 정의할 때 누구나 판단할 수 있는 명확한 속성도 있지만 우리가 어떻게 정의하느냐에 따라 달라지는 속성들 또한 매우 많이 있다. 앞으로 설명할 사례에 있는 예를 든다면 '출고일자', '입고일자', 출문일자' 등의 컬럼을 각각의 고유한 속성으로 볼 수도 있고, '발생일자'라는 통합된 개념으로 정의할 수도 있다.

이러한 경우 반드시 어느 것이 정답이라고 말할 수는 없다. 그러나 어떻게 결정했느냐에 따라 추후에 미치는 영향은 매우 크게 나타난다. 당장 달라지는 것은 각각을 고유한 속성으로 인정할 때는 현 엔터티에 그대로 있어야 하지만 '발생일자'로 개념을 통합한다면 하나 이상의 값을 가지므로 '제1정규화'에 의해 새로운 엔터티로 분할된다.

만약 분할된 엔터티가 또 다른 엔터티의 부모 엔터티가 된다면 모델링 상의 차이는 더욱 크게 나타난다. 이러한 모델링 상의 차이는 본서에서는 더 이상 언급하지 않겠다. 곧 이어 '데이터모델링 & 데이터베이스 설계'에 관한 책을 추가로 편찬할 계획을 가지고 있으므로 추후 여기서 언급하기로 한다.

이러한 판단에 따른 영향은 애플리케이션에서 데이터를 액세스할 때도 큰 차이를 미치며, 그 인덱스 구성상의 차이나 액세스 효율에 대한 차이에도 물론 큰 영향을 미치게 된다. 이와 같은 차이를 보다 구체적으로 설명하기 위해 어떤 자동차 회사에서 있었던 생산출고 시스템의 사례를 통해 모델링 단계의 중요함과 설계 시에 고려해야 할 OR 연산자와의 관련성을 설명하기로 하겠다.

이들이 관리하고 있는 테이블 중 하나인 '차대별 진행내역' 테이블은 차량의 각종 작업 진행사항을 관리하는 테이블로 다음과 같이 구성되어 있었다.

차대 번호	생산 라인	차종 코드	……	투입 일시	출고 일시	고객 입문일시	출문 일시	……	야적장 이동일시

표에서 알 수 있듯이 다양한 형태의 진행상태별 발생일시가 여러 개의 컬럼으로 나누어져 있다. 이 테이블을 사용하여 처리하는 경우는 매우 다양하지만 다음 그림과 같이

특정일자에 발생한 진행현황을 조회하는 경우를 살펴보자.

일간 차대별 진행현황					
⊙ 승용 ○ 상용 발생일 19980203					
차종	차대번호	투입일시	출고일시	입문일시	출문일시
다이너트	13127-001217	971201 11:10	971201 12:15	980201 14:02	980203 13:50
	13127-001219	971201 13:04	971201 14:03	980202 10:12	980203 16:13
	13127-032321	980109 21:11	980109 23:10	980203 14:02	980204 17:10
	13127-032349	980201 23:51	980202 03:15	980203 17:02	
	13127-032350	980203 03:01	980203 09:10		
그랜더스	13139-001117	980202 21:11	980202 23:07	980203 10:52	980203 14:38
	13139-001119	980203 23:46			

그림 4-1-8

이 결과를 출력하기 위해서 해당 프로그램의 SQL 문장은 다음과 같이 사용될 수밖에 없었다.

SELECT . . .
FROM HCMT_010 . . . .
WHERE (투입일시 like :v_date||'%'
    OR 출고일시 like :v_date||'%'
    OR 입문일시 like :v_date||'%'
    OR 출문일시 like :v_date||'%'
    OR ....)
    AND 생산라인 = :v_line ;

OR를 사용한 조건들의 인덱스 사용 유무는 AND로 사용한 다른 조건들과 미묘한 관계가 있으므로 일단 '생산라인' 컬럼은 어떤 인덱스에도 구성되어 있지 않다고 생각해 보자. 이러한 경우 이 SQL의 수행속도를 위해서는 조건에 등장한 투입일시, 출고일시, 입문일시 등 모든 일시가 선행컬럼이 되는 인덱스들이 각각 별도로 존재하지 않으면 안 된다. 만약 하나의 컬럼이라도 인덱스가 구성되어 있지 않다면 괄호 내에 있는 모든 OR 조건들은 모두 처리주관 조건의 자격을 상실하며 AND로 사용된 다른 컬럼도 인덱스를 가지지 않았으므로 이 SQL은 '전체 테이블 스캔'으로 처리된다.

그 이유는 앞서 설명했듯이 '인덱스 가능 OR 인덱스 가능 OR ... OR 인덱스 불가능'의 논리합은 '인덱스 불가능'일 수밖에 없기 때문이다. 그러므로 단 한가지의 일시라도 인덱스를 가지지 않았다면 다른 OR 조건의 인덱스는 모두 의미를 상실한다.

만약 '생산라인'이 독자적으로 인덱스가 생성되어 있다면 괄호 내의 OR 조건들은 처리주관 자격이 없으므로 '생산라인' 인덱스만 처리주관 인덱스가 된다. 그러나 '생산라인' 컬럼은 너무 분포도가 넓으므로 이렇게 독자적인 인덱스를 만들지는 않을 것이다. 그렇다면 '생산라인'과 '일시'를 결합하는 인덱스를 생성할 필요가 있다. 이러한 경우에도 우리는 모든 '일시' 컬럼들과 일일이 결합 인덱스를 만들지 않으면 안 된다.

가령 '생산라인+투입일시', '생산라인+출고일시', ..., '생산라인+출문일시'와 같이 모든 일시 컬럼과 결합된 인덱스를 생성해야 한다. 만약 이 중에서 하나의 일시라도 '생산라인' 컬럼과 결합되어 있지 않았다면 애써 결합해둔 다른 인덱스는 모두 의미를 상실하고 처리범위는 '생산라인' 조건만으로 정해진다.

이것은 매우 중요한 의미를 가진다. 엄청난 개수의 인덱스를 생성했음에도 불구하고 무용지물이라면 얼마나 억울한가! 실무에서는 이보다 더한 경우도 생길 수 있다. 가령 '공정+XX일시+관리부서+...'과 같이 많은 컬럼이 결합된 인덱스가 있다고 가정했을 때 두번째 인덱스 컬럼에 모든 일자를 넣어 하나씩 인덱스를 추가해야 한다고 생각해 보라.

사실 다량의 데이터가 발생하는 테이블에서 처리범위를 줄여주는 데 가장 큰 역할을 하는 조건은 바로 '일자'와 관련된 조건들이다. 대부분의 테이블은 특별한 경우가 아니면 함부로 과거의 이력 데이터를 삭제할 필요가 없기 때문에 일자를 무시한 처리는 범위를 지속적으로 증가하게 만든다.

그러므로 웬만한 인덱스는 일자를 구성 컬럼으로 가지게 마련이며, 이러한 각 인덱스마다 모든 종류의 일자별로 인덱스가 추가되어야 한다면 어찌 견딜 수가 있겠는가?

이 한가지 사례만 보더라도 우리가 데이터 모델링을 할 때 하나의 속성을 정의하는 것조차 가볍게 생각해서는 안 된다는 것을 깊이 명심해야 할 것이다.

이러한 특성은 우리가 설계를 할 때나 SQL을 작성하거나, 인덱스 구성 전략을 세울 때에도 매우 주의해야 할 사항이므로 좀더 설명하기로 하겠다. 'A조건 and (B조건 or C조건 or D조건)'처럼 사용된 유형은 실무에서 자주 나타나는 형태이다. 이 형태는 굳이 수학적 전개방법을 동원하지 않더라도 '(A and B) or (A and C) or (A and D)'로 해석할 수 있다.

이 형태는 각각의 괄호 내의 집합들이 OR 연산자로 묶여 있다. 만약 인덱스가 'A+B', 'A+C', 'A+F'로만 구성되어 있다고 가정하면, (A and B)는 'A+B' 인덱스를, (A and C)는 'A+C' 인덱스를, (A and D)는 결합된 인덱스가 없으므로 이 중 어느 한 인덱스의 'A' 조건범위만 처리할 수 있다. 결국 이 처리범위는 'A+B'와 'A+C' 처리범위를 모두 포함하고 있으므로 'A' 조건만 처리하는 방법으로 귀속된다.

이와 같이 OR 연산자가 인덱스 구성 전략에 미치는 영향은 너무나 크다. 그렇다면 역시 이러한 문제의 본질은 데이터 모델상에 있다고 해야 할 것이다. 그렇다고 해서 이와 같은 방법의 데이터 모델이 무조건 잘못되었다고 단정할 수 있는가? 그렇지는 않을 것이다. 특이한 상황에서는 이러한 속성 정의가 문제되지 않을 수도 있다.

그러나 설계를 할 때 논리적으로 문제가 없다고 해서 어느 방법이나 괜찮다는 생각을 버리고, 미래에 발생할 액세스나 활용성, 유연성을 어떻게 고려해야 할 것인지를 미리 검토해보는 것은 매우 중요하다. 시스템이란 설계만 하고 끝나는 것이 아니지 않은가? 결국은 애플리케이션을 개발하여 사용자에게 제공해야 하기 때문에 이러한 부분을 무시한 설계는 결코 있을 수 없다.

활용 측면의 안목까지 고려한 설계가 이루어질 때 비로소 실무 활용에서 뛰어난 효율과 편의를 보장받게 되는 것이다.

지금까지 발생한 문제에 대한 해결책으로 다음과 같은 방법을 사용해 보자. 일시와 관련한 컬럼들의 속성정의 관점을 약간 상향 조정하여 '발생일시'라는 개념으로 정의해 보자. 이 순간 '발생일시'는 하나 이상의 값을 가지므로 제1정규화에 의해 다음과 같이 별도의 테이블로 분리된다.

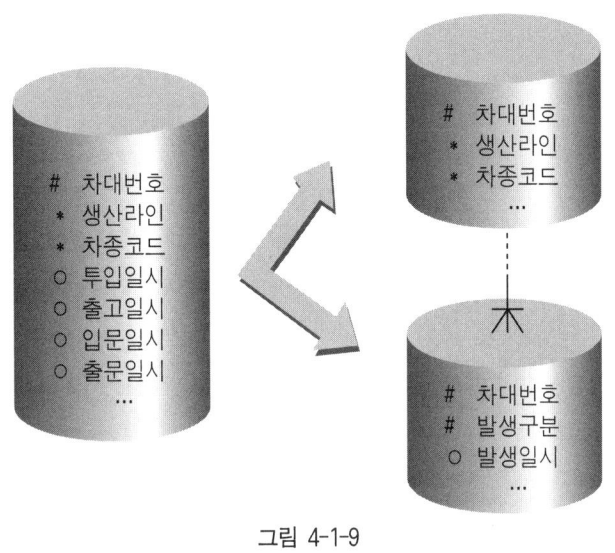

그림 4-1-9

대부분의 설계자들은 테이블을 분리함으로써 짧지만 로우 수가 증가하는 것보다 컬럼들이 옆으로 나열됨으로써 길지만 로우 수가 줄어드는 것을 선호하는 경향이 있다. 그러나 이것은 매우 잘못된 생각임을 알아야 한다. '면적'이라는 개념에서 보면 '면적 = 가로 * 세로'이다. 결국은 어느 방법이나 액세스 양은 거의 동일할 수밖에 없다.

짧지만 로우 수가 많을 때 수행속도가 늦어지는 것은 액세스가 비효율적으로 발생되도록 했기 때문이다. 물론 이러한 문제를 해결하기 위해서는 고도의 인덱스 전략이 필요하며, 정확한 실행계획을 수립하게 할 필요가 있다. 그렇지만 약간의 기술을 보유하고 있다면 대부분의 문제는 해결 가능하지만 길게 나열한 컬럼으로 정의한 경우에는 해결이 매우 어려울 뿐 아니라 SQL의 기능을 효율적으로 활용하기 어렵다.

데이터를 액세스하는 단위는 로우이기 때문에 자신이 원하는 몇 개의 컬럼을 액세스하기 위해서 항상 다른 컬럼(분리되었다면 로우)을 같이 액세스해야 한다. 또한 앞서 설명했듯이 인덱스 구성이 매우 복잡해지고 인덱스 개수가 크게 증가한다. 뿐만 아니라 조건에 따라 SELECT-LIST에 출력할 값에 따라 항상 SQL이 달라져야 하므로 개발 생산성, 유지보수성, 유연성 등 모든 부분에 문제를 야기시킨다.

저자는 가끔 어떤 시스템을 검증하면서 옆으로 200~300개씩 유사한 컬럼을 나열하거나 50여개의 컬럼값들을 1,000바이트(Byte)가 넘는 하나의 컬럼에 모아서 정의해 놓은 데이터 모델을 보고 정말 눈앞이 캄캄한 적이 한두 번이 아니었다. 우리 속담에 "산에 가야 범을 잡을 수 있다"고 했다. 로우 수를 무서워 해서는 결코 우수한 시스템을 구축할 수 없다. 데이터 모델상에 대한 보다 자세한 사항은 다음에 데이터베이스 설계에 관련한 책을 집필할 때 반영하기로 하겠다.

본론으로 돌아와서, 새로 추가된 테이블에는 '차대번호+발생구분'을 기본키로 하고 '발생일시+발생구분' 인덱스 정도만 가지면 여러 가지 경우의 액세스 유형에 대한 수행 속도를 보장받을 수 있을 것이다. 만약 '생산라인'이나 '차종코드'가 조건으로 자주 사용된다면 이 컬럼들을 새로운 테이블에 추가하는 물리적 설계를 검토할 수도 있을 것이다.

어쨌든 이로 인해 인덱스 개수가 현격하게 감소되었고, SQL은 다음과 같이 간결하게 사용할 수 있게 되며 액세스 경로 또한 매우 효율적으로 수행된다.

```
SELECT . . .
FROM HCMT_010 x, ADDED_TABLE y
WHERE x.차대번호 = y.차대번호
    and x.발생일시 like :v_date|| '%'
    and y.생산라인 = :v_line ;
```

이 SQL은 조인이 추가되었으므로 이에 대한 부담을 걱정할 수도 있다. 조인을 하면 성능에 치명적이므로 조인을 줄이기 위해 필사적인(?) 노력을 하는 사람들을 만나는 경우가 더러 있다. 이러한 사람들에게 저자는 "조인을 무서워 하고 포기한다면, 무엇 때문에 관계형 데이터베이스를 사용하느냐?"고 반문한다.

우리는 앞서 데이터 연결의 다양한 방법에 대해서 상세하게 알아보았고, '대용량 데이터베이스 솔루션 I'에서 조인 성능향상을 위한 여러 가지 원리를 알아보았다. 조인을 한다고 해서 성능에 문제를 주는 것이 아니며 꼭 필요한 조인만 정확한 연결고리로 연결할 경우에는 오히려 성능을 개선하는데 도움을 주는 경우가 많이 있다.

물론 위의 SQL에서처럼 '생산라인'은 '발생일시'와 서로 다른 테이블에 존재하기 때문에 둘 중에 하나는 반드시 체크기능을 하는 야당 역할을 할 수밖에 없다. 이때 여당(처리주관 조건)의 처리범위가 넓고, 야당 역할에서 많은 범위를 줄여준다면 이러한 컬럼의 추가는 검토되어야 한다고 앞서 언급했었다.

또 다른 입장에서 위의 SQL에 대한 개선을 생각해 보자. 두 테이블의 정보를 조인하여 집계나, 정렬을 함으로써 부분범위처리가 불가능한 경우라면 '제3장 인라인뷰의 활용'에서 설명했던 방법으로 조인량을 줄일 수 있다.

상기 SQL에서는 HCMT_010과 ADDED_TABLE 테이블은 1:M 관계이고 선행처리 테이블이 ADDED_TABLE이므로 ADDED_TABLE의 동일한 여러 건의 차대번호에 대해 HCMT_010 테이블이 중복해서 액세스된다.

이러한 중복 액세스를 줄이기 위해 선행처리 테이블에서 처리한 집합을 차대번호별로 GROUP BY하여 그 집합과 HCMT_010 테이블과 조인하면 불필요한 조인을 피할 수 있다.

```
SELECT ...
FROM HCMT_010 x,
     (SELECT 차대번호, decode(발생구분,'1',발생일시) 투입일시,
                     decode(발생구분,'2',발생일시) 출고일시,
                     decode(발생구분,'3',발생일시) 입문일시,
                     decode(발생구분,'4',발생일시) 출문일시,
                     ......................................
      FROM ADDED_TABLE
      WHERE 발생일시 like :v_date||'%'
      GROUP BY 차대번호) y
```

```
WHERE x.차대번호 = y.차대번호
    and x.생산라인 = :v_line
..............................................
```

지금까지 데이터 모델링 단계에서 우리가 판단한 컬럼의 정의가 액세스 단계에서 어떤 영향을 미치는지 자세하게 살펴보았다. 이와 같이 설계 시에 실시하는 컬럼 하나의 정의도 우리는 막연한 판단력으로 결정해서는 안 된다. 미래에 발생할 활용도와 액세스 효율을 고려한 설계가 개발에 미치는 영향을 인정한다면 설계자들은 보다 확실한 판단의 근거를 자신의 것으로 소화해야 할 것이다.

OR 연산자는 반드시 있어야 할 필수적인 연산자이지만 동전의 양면과 같이 특효약과 극약의 두가지 상반된 속성을 가지고 있다. 그러므로 정확한 이해를 바탕으로 효과적으로 활용해야 한다는 점을 명심하기 바란다.

2. IN을 활용한 액세스 효율화

　　IN 연산자는 OR 연산자의 한가지 유형에 불과하지만 매우 독특한 특성을 가지고 있다. OR 연산자는 처리주관 조건이 될 때 이를 단순화시킬 수 있는 방법이나 효율적인 결합처리 실행계획이 수립되도록 함으로써 정상적인 수행속도를 보장받을 수 있다는 것에 대해 설명했었다.

　　그러나 IN 연산자는 여기에서 한 걸음 더 나아가 현재 비효율적인 처리방법을 현격하게 향상시킬 수 있는 중요한 도구로 활용하고자 하는 것이다. 기존의 인덱스를 변경시키지 않고서도 결합인덱스를 스캔할 때 불필요한 범위를 액세스하는 것을 생략(Skip)할 수 있도록 '징검다리'를 놓아준다.

　　'선분'은 무한대의 '점'으로 연결되어 있으므로 수학적으로 본다면 선분을 점으로 표현한다는 것은 불가능하다. 그러나 좀더 자세히 살펴보면 의외로 점들의 모임을 선분으로 표현한 경우가 매우 많다는 것에 유의할 필요가 있다.

　　예를 들어 '매출금액'처럼 점으로 표현하기엔 너무 많은 종류의 값을 가지거나 '무게'와 같이 소수점 몇 자리까지 나타날지 모르는 엄청난 종류의 숫자를 점으로 표현하는 것은 곤란하다. 그러나 '부서코드'나 '일자', '매출구분'과 같은 컬럼은 그 종류가 그리 많지 않기 때문에 충분히 점으로 표현할 수 있다는 것이다.

　　물론 언뜻 생각하기에는 많은 개수의 점으로 표현하는 것보다 단순하게 선으로 표현하는 것이 유리하다고 생각할 수도 있으나, 점이 가진 특성 때문에 상황에 따라서는 점이 주는 상승효과가 매우 크다는 사실을 활용하고자 한다. 그러나 모든 것에는 동전의 양면이 있듯이 점이 항상 선보다 좋은 것은 결코 아니다.

　　각자 나름의 존재가치가 분명히 있으므로 상황에 따라 어떻게 적용함으로써 우리가 원하는 최적화를 도출할 수 있느냐에 대한 문제는 남아 있다. 이런 의미에서 지금부터 이들의 본질적인 특성을 규명해 보고, 그 활용방법 및 주의사항에 대해 상세하게 알아보기로 한다.

2.1. IN의 결합처리 실행계획

우리는 '대용량 데이터베이스 솔루션 I'권, 제1장 액세스 효율의 향상(Page 38~47)'에서 결합 인덱스를 사용할 때 조건의 연산자의 '=' 여부에 따라 처리할 범위가 매우 미묘하고도 크게 변하는 것을 살펴보았다. 그 이유는 하나 이상의 컬럼으로 결합된 인덱스는 구성된 컬럼 순으로 '종속 정렬' 되어 있으므로 어떤 인덱스 컬럼의 조건이 '='이 아니라면 그 뒤에 오는 조건은 어떤 연산자를 가지더라도 이미 정렬상태가 파괴되므로 그 조건의 특정범위에서 처리를 중단할 수 없기 때문이다.

다시 한번 다음 그림을 보면서 이러한 특징을 되새겨 보자.

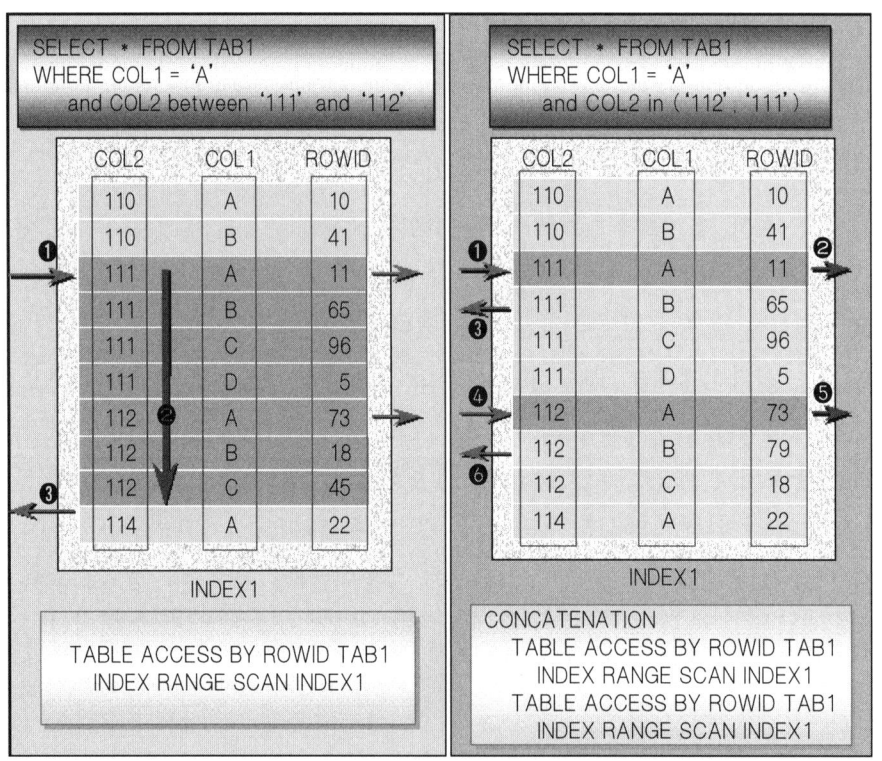

그림 4-2-1

이 그림은 'COL2+COL1' 형태로 결합하여 인덱스를 생성한 상황에서 똑 같은 결과를 얻는 두가지 유형의 SQL을 실행하였을 때 인덱스 액세스 효율의 차이가 어떻게 달라지는지를 표현한 것이다.

그림의 좌측 SQL은 COL2를 BETWEEN 연산자로 사용한 경우이고, 우측 SQL은 IN을 사용한 경우이다. 결론부터 말하면 그림에서 알 수 있듯이 IN을 사용한 경우보다 BETWEEN을 사용한 경우의 액세스 양이 많다. 이유는 상식적인 수준에서 이해할 수 있다.

'COL2+COL1'으로 구성된 이 인덱스의 로우들을 자세히 살펴보면 COL2가 '111'일 때 COL1은 A, B, C, D로 정렬되어 있다. 마찬가지로 COL2가 '112'인 경우에도 COL1은 A, B, C, D로 정렬되어 있다. 그러나 우리가 액세스할 범위가 되는 COL2 값이 '111'과 '112' 사이에는 COL1이 정렬되어 있지 않다는 것을 알 수 있다. 바로 이것이 액세스량을 늘어나게 하는 원인이 된다.

인덱스 스캔은 처리할 범위의 첫번째 인덱스 로우를 랜덤 액세스로 찾은 다음 차례로 내려가다가 논리적으로 더 이상 내려갈 필요가 없어지면 스캔을 멈추게 된다. 그렇다면 문제의 초점은 어디서 멈출 수 있느냐에 있다. 액세스한 COL1 이 'A'가 아니면 멈출 수 있어야 불필요한 - COL1이 'A'가 아닌 - 로우를 액세스하지 않겠지만 선행 컬럼인 COL2의 BETWEEN 범위에 있는 COL1은 정렬이 파괴되어 있으므로 어쩔 수 없이 다음 로우를 계속해서 읽지 않을 수 없다.

결국 COL2의 조건 범위에 있는 모든 로우를 읽어야 하므로 COL1 = 'A'라는 조건은 액세스 범위를 직접 줄여주는 데 사용되지 못하고 단지 읽어둔 인덱스 로우를 취할 것인지, 버릴 것인지를 결정하는 체크조건으로만 사용되었다. 이러한 현상을 저자는 정치에 빗대어 '여당 내 야당 역할' 혹은 '비주류'라고 자주 표현한다. 그렇다면 여기서 '주류'에 해당하는 컬럼은 COL2이고, '비주류'에 해당하는 컬럼은 COL1이라는 말이 된다.

만약 옵티마이져가 COL2='111'에서 COL1='A'를 액세스한 후에 COL1이 'A'가 아니면 점프해서 COL2='112'인 영역의 COL1='A'를 찾을 수 있다면 그 사이에 있는 로우들을 액세스하지 않을 수 있으므로 불만을 가질 필요가 없을 것이다. 그러나 옵티마이져는 결코 그렇게 할 수가 없다. 그 이유는 COL2 가 '111'과 '112' 사이에 있는 값은 선분을 의미하므로 논리적으로 '111' 다음이 반드시 '112'라는 보장을 할 수 없기 때문이다.

다시 말해서, COL2가 문자형 자료 형태일 경우 '111' 다음에 '1111', '1115' 등이 얼마든지 있을 수 있으며 숫자 형태일 경우에도 111.2, 111.003 등이 있을 수 있다는 것을 감안하지 않을 수가 없다는 것이다.

옵티마이져가 다음 처리로 점프할 수 없는 이유가 COL2가 선분이기 때문이라는 것은 역으로 COL2를 점으로 만들어 줄 수만 있다면 점프가 가능하다는 것을 의미하고 있다. 바로 여기서 IN의 역할이 대두된다. IN은 '점'이다. 점은 하나 밖에 없는, 즉 '='이다.

그림의 우측에 있는 COL2 IN ('112', '111')는 옵티마이져에게 단 두개의 '점'만 있음을 보장해 주었기 때문에 결합처리(Concatenation) 실행계획을 수립할 수 있게 한다. 우리는 앞서 결합처리 실행계획이 수행되는 방법을 그림을 통해 자세히 알아보았다. 결합처리 실행계획은 반드시 처리해야 할 부분만 액세스하도록 여러 개의 단위 액세스로 분리되어 전체적으로는 이들을 단순 결합하는 방법으로 수행한다.

이와 같이 IN은 어쩔 수 없이 인덱스의 선행 컬럼이 '='이 아닌 조건을 가질 때 이를 여러 개의 '='로 대치시킬 수 있는 수단으로써 활용할 수 있음을 보여주고 있다. 이러한 활용은 훨씬 적은 인덱스를 가지고 보다 많은 액세스에 대응할 수 있으므로 우리가 인덱스 구성 전략을 수립할 때 매우 유용하게 사용할 수 있는 것이다.

IN이 실행계획에 미치는 원리는 이미 설명되었지만 약간 다른 측면에서 좀더 실무적인 형태를 한가지 더 살펴보기로 하자. 어떤 인덱스가 '상품+부서코드+매출일자'로 구성되었다고 가정해 보자.

이 인덱스는 다음 그림과 같이 각 인덱스 구성 컬럼에 종속적으로 정렬되어 저장될 것이며 이 테이블은 로우 수가 매우 많다고 가정한다. 우리가 원하는 데이터를 찾기 위해 다음과 같은 SQL을 실행하였을 때 이 인덱스가 사용된다면 다음 그림과 같이 수행할 것이다.

```
SELECT *
FROM TAB1
WHERE 상품 = 'PRINTER'
    and 매출일자 between '19980302' and '19980303' ;
```

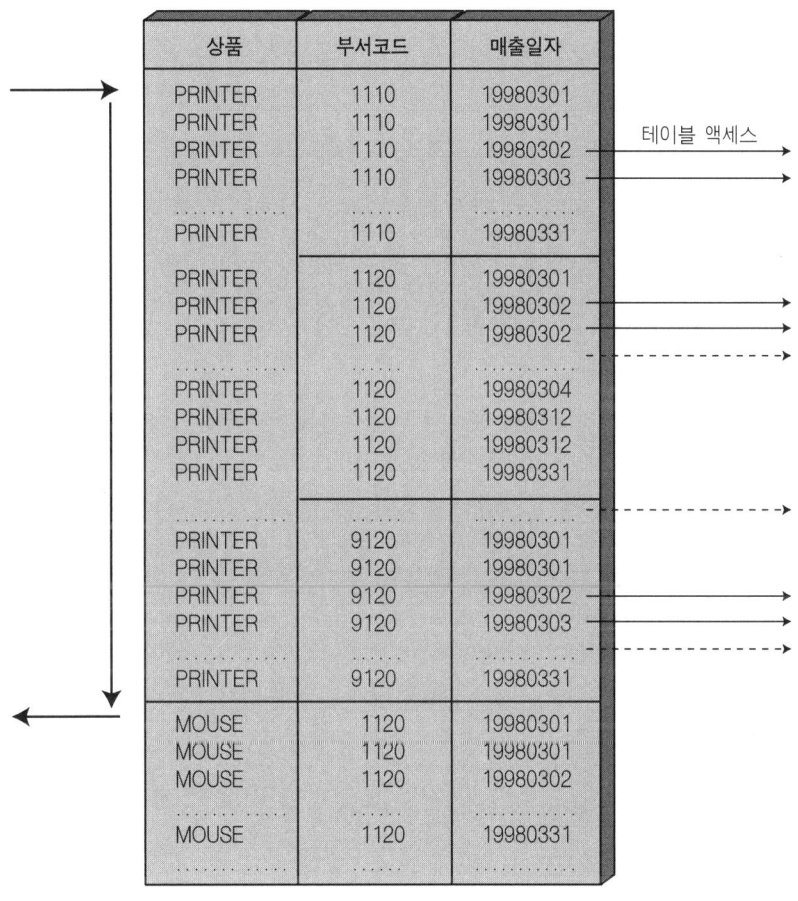

그림 4-2-2

이 테이블에서 상품이 'PRINTER'인 로우가 10만 건이라 가정하고 영업부서는 30가지이며 이 상품에 대한 각 부서별 하루 평균 매출건수는 약 10건이라고 가정하자. 이러한 가정이라면 상기 SQL은 약 600건의 로우를 추출하게 될 것이다. 그러나 불행하게도 처리주관 범위는 100,000 로우가 된다는 문제가 생긴다. 그것은 인덱스의 두번째 구성 컬럼인 '부서코드'가 조건을 가지고 있지 않으므로 '주류'는 '상품' 컬럼만 가능하며 '매출일자'는 '비주류' 역할만 했기 때문이다.

물론 '상품+매출일자' 인덱스를 추가한다면 전혀 문제가 없겠지만 이런 인덱스를 추가하지 않겠다는 전략을 세웠다면 이 문제를 어떻게 해결할 것인가? 다음과 같이 조건을 추가한다고 해서 해결될 수 있는가?

```
SELECT *
FROM TAB1
WHERE 상품 = 'PRINTER'
    and 부서코드 like '%'
    and 매출일자 between '19980302' and '19980303' ;
```

이 방법은 전혀 도움이 안 된다. 부서코드 > ' '를 추가하더라도 마찬가지다. '매출일자' 조건이 부활하려면 선행 컬럼인 '부서코드'가 '='이 되어야 의미가 있다. 그렇다면 어떻게 없던 부서코드를 '=' 조건으로 추가할 수 있는가? 다음과 같은 SQL을 만들어 보자.

```
SELECT *
FROM TAB1
WHERE 상품 = 'PRINTER'
    and 부서코드 IN (SELECT 부서코드 FROM 부서
                    WHERE 부서구분 = '영업')
    and 매출일자 between '19980302' and '19980303' ;
```

이 SQL은 놀라운 수행속도의 향상을 가져온다. 그것은 제공자 역할을 하는 서브쿼리가 먼저 수행하여 그 결과값을 메인쿼리에게 여러 개의 '=' 조건으로 제공하여 '매출일자' 조건이 '주류'로서 화려한 부활을 했기 때문이다.

서브쿼리에서 제공받은 결과값은 30가지이므로 실제 수행은 '상품=, 부서코드=, 매출일자 between'이 30개로 분리되어 수행한다. 이 분리된 실행계획의 연산자 사용형태를 보면 모두가 '주류' 역할을 하게 됨을 알 수 있다. 한가지 주의할 점은 내용적으로는 분명히 결합처리 실행계획으로 수행한 것이 확실하지만 실행계획을 확인해 보면 어디에서도 'CONCATENATION'이란 단어를 찾을 수 없다. 이 실행계획은 우리가 조인을 했을 때와 유사하게 다음과 같이 나타난다.

Execution Plan
----
0   SELECT STATEMENT
1   0   **NESTED LOOPS**
2   1   TABLE ACCESS (BY ROWID) OF '부서'
3   2   INDEX (RANGE SCAN) OF '부서구분_INDEX' (NON UNIQUE)
4   1   TABLE ACCESS (BY ROWID) OF 'TAB1'
5   4   INDEX (RANGE SCAN) OF 'INDEX1' (NON UNIQUE)

만약 서브쿼리가 유일한 값이라는 보장이 없다면 다음과 같이 나타난다.

Execution Plan
----
0   SELECT STATEMENT
1   0   **NESTED LOOPS**
2   1   VIEW
3   2   SORT(UNIQUE)
4   3   TABLE ACCESS (BY ROWID) OF '부서'
3   4   INDEX (RANGE SCAN) OF '부서구분_INDEX' (NON UNIQUE)
4   1   TABLE ACCESS (BY ROWID) OF 'TAB1'
5   4   INDEX (RANGE SCAN) OF 'INDEX1' (NON UNIQUE)

이 실행계획이 'CONCATENATION'으로 표현되지 않는 것은 파싱을 할 때 분리될 개수를 알 수 없기 때문이다. 분리될 개수는 서브쿼리 수행결과에 따라 달라지므로 이와 같은 방법으로 표현되는 것이다. 만약 여러분이 영업부서를 '상수값'을 사용하여 부서코드 IN ('5110', '5120', ..., '5490')으로 지정하였다면 이때는 실행계획에 'CONCATENATION'이 나타날 것이다.

여기서 사용된 IN 서브쿼리는 반드시 먼저 한번 수행되어 공급자 역할을 해주어야만 우리가 의도하는 인덱스 액세스 효율을 보장받을 수 있다. 이에 대한 자세한 설명은 이 장의 '3.4.2. 공급자 역할을 못하는 서브쿼리의 해결(Page 4-91~4-94)'에서 언급하기로 한다.

2.2. 실행계획 개선의 유형

IN이 액세스량을 감소시켜 주는 원리에 대해 살펴보았다. 지금부터 본격적으로 실무에서 응용할 수 있는 방법들을 몇 가지 유형별로 소개하겠다. 가장 손쉽게 활용할 수 있는 방법으로는 우리가 이미 징검다리 역할을 할 값들을 알고 있는 경우, 이러한 '상수값'들을 IN을 이용해 제공함으로써 현격한 수행속도의 차이를 맛볼 수 있는 방법이다.

그러나 사용자가 부여한 조건에 따라 그 개수가 유동적으로 변하는 경우는 미리 모든 상수값을 부여할 수가 없다. 이러한 경우에는 조건에 따라 자동적으로 징검다리의 개수가 변하도록 하는 방법을 사용해야 한다. 먼저 상수값을 미리 지정하는 경우를 살펴보자.

2.2.1. 상수값을 이용한 IN 조건 추가

앞서 기본 원리를 설명하면서 이미 많은 부분이 언급되었지만 좀더 다양한 활용이나 우리가 주의할 사항이 몇 가지 더 있으므로 다시 한번 자세하게 살펴보기로 하겠다. 가장 자주 사용하는 형태는 앞서 예로 들었던 BETWEEN이나 LIKE, 〉 등의 연속선의 범위를 IN을 활용하여 점으로 대치하는 방법이다.

물론 이 방법을 사용할 수 있으려면 점으로 표현할 수 있는 개수가 부담이 되지 않아야 하며 고정적일 필요가 있다. 만약 설계의 변경이나 조건의 변화에 따라 부여할 상수값이 변한다면 가능한 사용하지 않는 것이 좋다.

가령, TAB1테이블에 있는 '처리구분' 컬럼은 '1', '2', '3', '4'만 가지며 현재 사용하기에 가장 유리한 인덱스가 '상품+처리구분+판매일자'이라고 할 때 다음과 같이 사용된 SQL은

```
SELECT *
FROM TAB1
WHERE 상품 = 'PRINTER'
    and 처리구분 between '2' and '3'
    and 판매일자 like '199804%';
```

아래와 같이 바꾸어 주는 것이 훨씬 유리하다는 것은 앞서 이미 설명되었다.

SELECT *
FROM TAB1
WHERE 상품 = 'PRINTER'
    and 처리구분 IN ('2', '3')
    and 판매일자 like '199804%' ;

만약 '처리구분' 조건이 아예 없었다면 "and 처리구분 IN ('1', '2', '3', '4')"를 추가함으로써 해결된다는 사실도 이미 알고 있다. 뿐만 아니라 추출될 결과값이 처리구분별로 정렬되기를 원한다면, **"and 처리구분 IN ('4', '3', '2', '1')"** 을 추가하면 해결된다는 것도 설명했다.

그러나 여기에는 두가지 중요한 사항이 남아 있다. 첫번째는 '처리구분'과 같은 컬럼이 NULL 값을 가지고 있다면 아무 조건도 없을 때의 개선방법으로 사용할 수 없다는 것이다. 즉, "and 처리구분 IN ('4', '3', '2', '1', NULL)"로 적용하더라도 여기에 있는 NULL은 결코 처리구분이 NULL인 로우를 추출할 수 없으므로 원하는 결과를 얻을 수 없다.

그렇다고 해서 "and **NVL**(처리구분, '0') IN ('4', '3', '2', '1', '0')"을 사용한다면 원하는 결과는 얻을 수 있지만 이 조건을 추가한 목적이 사라진다. 그 이유는 우리가 잘 알고 있듯이 함수로 가공된 컬럼은 인덱스를 사용할 수 없게 되므로 우리가 원하는 결합처리 실행계획을 얻을 수 없다.

그렇다면 설계 시에 이 컬럼의 구분값을 정의할 때 NULL의 사용 여부를 명확히 하는 방법밖에 없다. 우리는 어떤 구분을 위한 컬럼값을 'O, X'로 할 수도, '1, 2'로 할 수도, 혹은 'O, NULL'이나 'NULL, X' 등 어떤 값으로 정의할 수도 있다. 이러한 정의는 나름대로 고유한 장점과 단점을 가지고 있으므로 설계자의 판단에 따라 향후 구현단계에서 '약'이 되기도 하고, '독'이 되기도 한다.

여기서는 이러한 판단기준에 대한 자세한 설명은 생략하기로 하고 한가지 원칙만 강조하고자 한다. 향후 독자적인 컬럼으로 인덱스를 구성할 전략을 가진 컬럼은 인덱스 액세스를 이용할 좋은 분포도를 가진 경우는 '상수값'을 부여하고 인덱스를 사용하지 않는 것이 훨씬 유리한 넓은 분포도를 가진 경우는 NULL로 지정하여 인덱스 저장량을 줄이고 수행속도를 향상시킬 수 있도록 한다.

반대로 독자적인 인덱스를 생성하기 곤란한 컬럼, 즉 결합 인덱스로 생성될 컬럼은 절대 NULL 값을 허용하지 말고 반드시 '상수값'을 부여하라는 것이다. 비록 특정한 값이 전체의 대부분을 사용한다고 할지라도 NULL을 사용하면 다른 경우들과 같은 방법으로 조건절에서 사용할 수 없으므로 불필요한 OR를 발생시키거나 인덱스를 사용할 수 없게 만든다.

이것은 여러분이 테이블을 설계할 때 매우 주의해야 할 적용 원칙이므로 반드시 숙지해 두기 바란다.

두번째는 구분컬럼의 값은 그 종류가 많지 않지만 사용자가 입력한 조건에 따라 그 개수가 변한다면 어떻게 할 것인가에 대한 해결책이다. 서브쿼리를 활용하는 방법을 생각해 볼 수도 있겠지만 이 구분값을 별도로 가진 테이블이 없다면 억지로라도 이러한 값이 만들어지도록 서브쿼리를 작성해야 하므로 매우 번거롭다. 또한 뒤에서 설명되겠지만 상수값을 가진 IN과 서브쿼리를 가진 IN은 여러 가지 차이가 있으므로 가능한 상수값을 조건으로 주는 것이 유리하다.

다음과 같은 SQL을 가정해 보자.

SELECT *
FROM TAB1
WHERE 상품 = 'PRINTER'
    and 처리구분 between :VAL1 and :VAL2
    and 판매일자 like '199804%';

이 SQL의 '처리구분'은 사용자가 부여한 조건에 따라 처리대상이 달라진다. 이러한 상황에서 고정된 상수값으로 IN 조건을 만들기 위해서는 다음과 같은 방법을 이용한다. 먼저 구분값의 종류만큼 변수를 생성해 두고 SQL 수행 전에 사용자가 입력한 조건에 따라 구분값을 채워둔다.

물론 해당사항이 없는 경우는 당연히 NULL이 들어 있어야 한다.

SELECT *
FROM TAB1
WHERE 상품 = 'PRINTER'
    and 처리구분 IN (:VAL1,:VAL2, :VAL3, :VAL4)
    and 판매일자 like '199804%' ;

가령 '1', '2'가 들어왔다면 이 조건은 "and 처리구분 IN ('1', '2' ,null,null)"이 된다. 이 처리결과는 "and 처리구분 IN ('1', '2')"로 작성된 경우와 동일하며 액세스량에도 차이가 없다. 바인딩 변수로 지정된 경우와 상수값으로 지정된 경우에 대한 자세한 설명은 뒤에서 별도로 언급하기로 하겠다.

이와 같이 구분값의 종류가 많지 않다면 굳이 서브쿼리를 사용하지 않더라도 우리가 원하는 실행계획을 얻을 수 있다. 그러나 여기서 주의할 사항은 IN을 사용하는 것이 무조건 유리한 것은 결코 아니라는 것이다.

IN은 인덱스의 구성순서가 자신의 바로 다음에 위치한 컬럼이 조건을 가지고 있을 때 이 컬럼의 효율을 증가시킬 수 있을 뿐이며, 뒤에서 상세하게 언급하겠지만 잘못 사용된 IN은 오히려 부하를 가중시킨다는 사실을 명심해야 할 것이다.

2.2.2. 서브쿼리를 이용한 IN 조건 추가

　IN으로 비교할 값의 종류가 너무 많거나 사용자가 부여한 조건에 따라 지정할 값의 변화가 너무 심한 경우는 앞서 제시했던 상수값을 이용하여 IN 조건을 추가하기가 곤란하다. 이러한 경우는 서브쿼리를 이용하여 매우 유연하게 대처할 수가 있다. 여기서 말하는 서브쿼리란 반드시 제공자 역할을 하는 경우에만 해당한다.
　만약 결합인덱스의 액세스 효율을 향상시키기 위해 징검다리 역할로 부여한 IN 서브쿼리가 확인자 역할을 해버린다면 우리는 전혀 얻는 것이 없을 뿐만 아니라 쓸데없이 부하만 가중시키게 된다. 이런 의미에서 여러분들은 앞서 '제2장 데이터연결의 다양한 방법, 4. 서브쿼리를 이용한 데이터 연결(Page 2-112~2-163)'에서 설명했던 서브쿼리의 '제공자 역할'과 '확인자 역할'에 대한 개념을 충분히 숙지한 다음에 활용하기 바란다.

　서브쿼리가 제공자 역할을 하기 위해서는 서브쿼리 내에 메인쿼리의 컬럼을 갖지 않아야 하며, 서브쿼리가 제공한 값을 받은 메인쿼리의 컬럼이 반드시 처리주관 조건이 되어야 한다고 했다. 그러므로 우리가 액세스 효율을 위해 고의적으로 추가한 서브쿼리가 정말 제공자 역할을 하고 있는지 확인하는 것은 매우 중요하다.

　앞서 실행계획 원리를 설명하면서 서브쿼리를 사용하여 IN 조건을 추가한 경우를 간단하게 소개하고 이러한 경우에 나타나는 실행계획의 형태를 설명했다. 여기서는 보다 실무적으로 활용되는 다양한 형태를 유형별로 나누어 그 응용방법을 설명하기로 한다. 여기서 분류한 유형은 '현존하는 테이블을 활용하는 방법'과 어떤 시스템에서도 활용할 수 있는 일종의 '모조(Dummy) 테이블을 활용하는 방법', 그리고 여러 가지 테이블들의 조인을 이용해 '임의의 집합을 생성하여 제공하는 방법'이 있다.
　이러한 방법들은 나름대로 특징을 가지고 있으며, 적절히 활용하면 어떠한 형태의 징검다리라도 쉽게 만들어낼 수 있다. 여러분들은 이러한 방법을 이용해 자신의 의도가 적중하는 순간 놀라운 수행속도의 향상을 경험할 수 있을 것이다.

가. 현존하는 테이블을 활용하는 방법

이 방법은 이미 존재하고 있는 테이블, 즉 '부서', '공정', '제품' 등과 같이 부모 역할을 하는 테이블이나, 보통 우리가 '코드성' 테이블이라고 부르는 '직책', '불량원인', '근태사유' 등과 같은 테이블들을 이용하여 '연속선'을 다수의 '점'으로 만들어 낸다. 다음과 같은 SQL을 생각해 보자.

```
SELECT *
FROM TAB1
WHERE 상품 = 'PRINTER'
    and 부서 LIKE '210%'
    and 판매일자 BETWEEN '19980401' AND '19980415' ;
```

이 SQL을 살펴보면 '상품'은 '='로 사용되었으나 '부서'와 '판매일자'는 그렇지 못하다. 여기서 우리는 이 컬럼들의 인덱스 구성형태에 따라 어떠한 차이점과 문제를 가지고 있는지 살펴보기로 하자.

① 상품+부서+판매일자 : 부서가 '='로 사용되지 않았으므로 판매일자 조건은 '주류'가 아니라 '비주류' 역할만 수행한다.
② 상품+판매일자+부서 : 판매일자가 '='이 아니므로 부서 조건은 '주류'가 아니다.
③ 부서+상품+판매일자 : 부서가 '='로 사용되지 않았으므로 상품 및 판매일자 조건 모두 '주류'가 아니다. 만약 부서만 '='이 되면 상품, 판매일자가 같이 다시 '주류'로 살아난다.
④ 판매일자+상품+부서 : 판매일자가 '='로 사용되지 않았으므로 상품 및 부서 조건 모두 '주류'가 아니다. 만약 판매일자만 '='이 되면 상품, 부서가 같이 다시 '주류'로 살아난다.
⑤ 부서+판매일자+상품 : 부서가 '='로 사용되지 않았으므로 판매일자 조건은 '비주류' 역할만 수행한다. 이미 판매일자가 '비주류'이므로 설사 판매일자가 '='로 사용되었더라도 상품은 '비주류'가 된다.
⑥ 판매일자+부서+상품 : 판매일자가 '='로 사용되지 않았으므로 부서와 상품 조건은 '비주류' 역할만 수행한다.

위의 경우에서 ①~④는 선행컬럼을 여러 개의 '점'으로 만들어 주면 쉽게 최적화를 얻을 수 있다. 만약 ①과 ③인 경우는 다음과 같이 처리하여 연속점으로 만들어 준다.

SELECT *
FROM TAB1
WHERE 상품 = 'PRINTER'
    and 부서 IN (**SELECT 부서**
               FROM 부서테이블
               WHERE 부서 LIKE '210%')
    and 판매일자 BETWEEN '19980401' AND '19980415' ;

사용자가 부여한 부서 LIKE '210%' 조건은 서브쿼리 내로 그대로 들어가고 그 대신 메인쿼리의 부서는 IN으로 연산자가 바뀌었다. 즉, 서브쿼리가 LIKE를 '='로 바꾸어 주는 역할을 한 것이다. 물론 이 서브쿼리가 제공자 역할을 하지 않는다면 오히려 부하는 늘어난다.

만약 ②와 ④인 경우라면 어떻게 할 것인가? 이 경우는 판매일자를 IN으로 바꾸어야 하는데 현존하는 테이블로서는 원하는 일자를 만들기가 쉽지 않다. 여기에 대한 해결책은 바로 이어서 설명된다.

그러나 아직 또 다른 문제는 남아 있다. 그것은 ⑤와 ⑥의 경우에 대한 해결책이다. 언뜻 생각하면 이러한 경우도 '부서'와 '판매일자'를 모두 IN 조건으로 바꾸면 쉽게 해결할 수 있을 것 같지만 천만의 말씀이다. 중복해서 사용된 IN 조건은 좀처럼 결합처리 실행계획을 수립하려 하지 않는다.

이렇게 중복해서 사용된 IN 조건은 상수값을 사용한 경우와 서브쿼리를 사용한 경우에 따라 달라진다. 또한 인덱스 컬럼의 순서에 따라 미치는 영향이 다르고 결합인덱스의 컬럼 개수에 따라서도 달라진다.

뿐만 아니라 데이터베이스 제품이나 버전에 따라서도 달라지므로 이쯤 되면 이러한 방법도 만만하게 볼 것이 아니라는 걱정을 하게 만든다. 여기에 대한 자세한 설명과 해결책은 별도로 설명하겠다.

나. 모조(Dummy) 테이블을 활용하는 방법

우리가 만들고자 하는 서브쿼리의 결과를 현존하는 테이블에서 얻을 수 없는 경우는 몇 가지 모조 테이블을 만들어 활용한다. 다음에 소개할 이러한 모조 테이블들은 어떤 시스템에서도 활용할 수 있으므로 마치 시스템 테이블처럼 DBA가 만들어 두고 모든 시스템에서 사용할 수 있게 하는 것이 좋다.

여기서 소개할 모조 테이블은 '일자'를 공급하기 위해 생성한 테이블과 우리가 앞서 데이터 복제를 위해 사용했던 'COPY_T' 등이 있다. COPY_T는 앞에서 여러 번 언급했기 때문에 여기서는 설명하지 않겠다. '일자'를 제공하기 위한 테이블을 만들어 보자.

이미 '일자'를 기본키로 하는 '달력' 테이블이 있다면 이것을 사용해도 좋으나 그렇지 않다면 다음과 같은 테이블을 생성한다.

```
SQL> CREATE TABLE YMD_DUAL
        (ymd varchar2(8) ,
         ymd_date date ) ;
SQL> INSERT INTO YMD_DUAL
        SELECT to_char(to_date('19591231','yyyymmdd')+ROWNUM, 'yyyymmdd'),
               to_date('19591231','yyyymmdd')+ROWNUM
        FROM some_table
        WHERE ROWNUM <= 36500 ;
```

여기서 some_table은 로우 수가 36500이 넘는 어떤 테이블이어도 좋다. 이로서 우리는 1960년 1월 1일부터 100년간의 일자를 가지는 테이블을 생성하였다. 이 테이블의 일자는 물론 윤년이 감안된 일자가 생성된다. 컬럼을 DATE 타입과 'yyyymmdd'의 문자타입으로 두 가지를 생성한 것은 일자의 정의된 타입에 따라 선택해서 사용하기 위한 것이다.

여러분들은 반드시 100년간의 일자를 생성할 필요는 없으며 필요에 따라 판단해서 생성하면 될 것이다. 그러나 활용도를 높이기 위해서 가능한 많은 기간을 생성해 두는 것이 바람직하다.

우리는 당연히 다음과 같이 이 테이블의 인덱스를 생성해 주는 것이 좋다.

SQL〉 CREATE UNIQUE INDEX YMD_DUAL_PK1 ON YMD_DUAL (YMD) PCTFREE 0;
SQL〉 CREATE UNIQUE INDEX YMD_DUAL_PK2 ON YMD_DUAL
           (YMD_DATE) PCTFREE 0;

이 테이블은 영원히 액세스할 때만 사용될 뿐이지 데이터 증가에 대한 비용이 발생하지 않으므로 부담없이 생성해 두어도 좋다. 일자 없이 '년월'만으로 정의된 테이블도 많이 있으므로 이러한 테이블에서 활용하기 위해 이번에는 월별로 한 로우씩 가지는 모조 테이블을 생성해 두자.

SQL〉 CREATE TABLE YM_DUAL (YM6, YM4)
       as SELECT DISTINCT substr(ymd,1,6), substr(ymd, 3,4)
          FROM YMD_DUAL ;

이 테이블에도 마찬가지로 인덱스를 각각 생성해 둔다. 여기서 일자를 6자리와 4자리로 생성한 것은 설계된 컬럼에 따라 'yyyymm' 형식이나 'yymm' 형식으로 정의된 경우를 모두 사용할 수 있도록 하기 위한 것이다.

이러한 테이블의 효용성과 활용도를 높이기 위해 '공휴일'이나 '생산기준일' 등의 컬럼을 추가하여 특수한 목적으로 사용할 때 활용하는 방법도 고려해 볼 일이다.

이와 같이 생성된 모조 테이블들을 이용하여 앞서 '판매일자'의 범위 조건을 IN으로 바꾸어 보자.

SELECT *
FROM TAB1
WHERE 상품 = 'PRINTER'
    and 판매일자 IN (SELECT YMD
                FROM YMD_DUAL

WHERE YMD BETWEEN '19980401' AND '19980415')
and 부서 like '210% ;

이번에는 COPY_T를 이용하는 사례를 살펴보기로 하자. 다음 SQL의 '불량구분' 컬럼은 유형에 따라 'A01,A02, ..., A15, B01,B02, ...,B12, K01, ...' 형식으로 정의되어 있으며 첫자리에 따라 불량구분의 개수는 다르며 최대 20개를 넘지 않는다고 가정하고 다음과 같은 SQL을 살펴보자.

SELECT *
FROM TAB2
WHERE 상품 = 'PRINTER'
   and 불량구분 LIKE :TYPE|| '%'
   and 생산일자 between :DATE1 and :DATE2 ;

TAB2의 인덱스 중에서 이 SQL에 가장 유리한 인덱스가 '상품+불량구분+생산일자' 라고 한다면 '불량구분'의 범위를 입력된 조건에 따라 '='을 만들어 주어야 한다. 사용자에게 부여받은 조건은 불량유형을 의미하는 불량구분의 첫 자리만 입력된다. 이러한 경우에 우리가 가장 쉽게 처리할 수 있는 방법은 다음과 같다.

SELECT *
FROM TAB2
WHERE 상품 = 'PRINTER'
   and 불량구분 IN (SELECT :TYPE||NO2
                   FROM COPY_T
                   WHERE NO2 <= '20')
   and 생산일자 between :DATE1 and :DATE2 ;

이 방법에는 약간의 문제가 있다. 그것은 입력된 :TYPE의 값에 따라 서브쿼리에서 불필요한 값들이 추가로 제공될 수 있다는 것이다. 만약 :TYPE이 'B'였다면 12개만 생성될 것이 20개가 생성되어 그만큼의 불필요한 액세스를 시도하게 된다. 이것은 분명히 손해라고 하겠지만 그 개수가 많지 않다면 사실 그 차이는 거의 무시할 만큼 미미하다. 그러나 이것이 불만이라면 다음과 같이 조건을 추가하여 해결한다.

```
SELECT *
FROM TAB2
WHERE 상품 = 'PRINTER'
    and 불량구분 IN ( SELECT :TYPE||NO
                    FROM COPY_T
                    WHERE NO <= decode(:TYPE, 'A', 15, 'B', 12, ......, 'K', 20 )
    and 생산일자 between :DATE1 and :DATE2 ;
```

이 방법에도 불리한 점은 있다. 만약 나중에 '불량구분'의 종류가 증가한다면 일일이 애플리케이션을 수정해야 한다는 부담이 생긴다. 이것은 결코 적은 부담이 아니므로 사용자 여러분들이 판단하여 결정할 일이다.

이 밖에도 다양한 방법으로 자신이 원하는 징검다리를 얼마든지 만들어낼 수가 있다. 그러나 범위조건은 무조건 IN으로 바꾸어야 한다는 생각은 매우 위험하다. 반드시 인덱스 전략이 굳어진 다음에 이 인덱스 구성으로는 비효율이 발생될 수밖에 없을 때만 추가해야 한다.

그러므로 인덱스가 확정되지 않은 상태에서 개발자가 임의로 삽입한 서브쿼리는 오히려 혼란만 가중시킬 위험이 있으므로 이러한 방법의 적용은 개발시가 아니라 튜닝시에 적용하는 방법임을 명심해야 할 것이다. 물론 인덱스 구성이 확실하다면 개발 시에 적용하는 것도 문제가 되지 않는다. 그러나 나중에 인덱스 구조에 변화가 생기면 사용된 SQL을 추출하여 종합적으로 검증해 보는 것이 필요하다.

다. ROWNUM을 활용하는 방법

ROWNUM은 어떤 SQL에서도 사용할 수 있는, 그러면서도 서로 다른 값을 가지는 가상(Pseudo)의 컬럼이다. 물론 사용자에게 허용하지 않는 데이터베이스 제품도 있다. ROWNUM에 대한 개념은 '대용량 데이터베이스 솔루션 I (Page 178 ~183)'에서 자세히 설명했으므로 참고하기 바란다.

이 컬럼은 규칙적이면서 서로 다른 값을 제공하므로 우리가 원하는 값으로 가공하여 다양한 집합을 생성할 수 있다. 다음과 같은 활용 사례를 살펴보자. 테이블 TAB3는 '용도구분' 컬럼의 값이 다음 그림과 같이 정의되어 있다.

분류1	101	102	103	104
분류2	201	202	203	204
분류3	301	302	303	
분류4	401	402	403	404
분류5	501	502	503	504
분류6	601	602	603	604
분류7	701	702	703	
분류8	801	802	803	804

그림 4-2-3

우리는 다음 SQL이 사용할 인덱스가 '자재+용도구분+구매일자'로 구성되어 있을 때 IN을 사용한 최적화를 위해 어떤 방법으로 우리가 원하는 서브쿼리의 집합을 만들어 낼 것인가?

SELECT *
FROM TAB3
WHERE 자재 = 'KH101'

and 구매일자 between :DATE1 and :DATE2 ;

다음과 같은 방법을 사용해 보자.

```
SELECT *
FROM TAB3
WHERE 자재 = 'KH010'
    and 용도구분 IN ( SELECT CEIL(ROWNUM/4)|| '0' ||MOD(ROWNUM,4)+1
                    FROM TAB3
                    WHERE ROWNUM <= 32 )
    and 구매일자 between :DATE1 and :DATE2 ;
```

여기서 서브쿼리에 사용된 테이블은 총 로우 수가 32건 이상인 어떤 테이블이어도 상관이 없다. 물론 서브쿼리가 만든 집합에는 '304', '704' 와 같은 불필요한 값이 추가되어 있으나 무시할 수 있다. 그러나 굳이 이러한 값을 제외시키고자 한다면 서브쿼리 조건에 추가하면 될 것이다.

이 외에도 우리가 활용할 수 있는 방법은 너무나 많이 있겠지만 여기서는 더 이상의 활용 사례는 소개하지 않겠다. 여기서 소개한 내용은 활용 방향을 제시해 주는 것에 불과하며, 여러분이 실무에 적용할 때는 상황에 따라 원하는 집합을 어떻게 만들어낼 수 있는가에 생각을 집중한다면 다양한 아이디어가 떠오를 것으로 믿는다.

SQL을 작성할 때는 먼저 메인쿼리를 원래의 범위조건으로 작성해 두고, 서브쿼리를 별도로 생성하여 원하는 집합이 정상적으로 나타나는지를 확인해 본 다음 메인쿼리에 삽입하는 순서로 작성하는 것이 보다 쉬운 접근 방법일 것이다.

라. 임의의 집합을 생성하는 방법

우리가 앞서 데이터 복제를 통해 다양한 집합을 만들 수 있었듯이 이러한 방법을 사용하여 IN 조건을 위한 서브쿼리의 집합을 만들 수 있다. 가령 바로 앞에서 소개했던 ROWNUM을 활용한 방법을 다음과 같은 형태로 처리할 수도 있다.

```
SELECT *
FROM TAB3
WHERE 자재 = 'KH010'
    and 용도구분 IN ( SELECT to_number(x.NO2)||y.NO2
                FROM COPY_T x, COPY_T y
                WHERE x.NO2 <= '08'
                    and y.NO2 <=decode(x.NO2,'03','03','07','03','04' ))
    and 구매일자 between :DATE1 and :DATE2 ;
```

이 SQL의 서브쿼리는 X집합의 '01' ~ '08'의 로우와 Y집합의 '01' ~ '04'의 로우가 카테시안 곱만큼 복제되어 나타나며, X집합이 '03'과 '07'인 경우는 Y집합이 '01' ~ '03'이고 나머지 경우는 '01' ~ '04'가 되므로 우리가 원하는 집합이 생성되었다.

이번에는 좀더 특이한 경우를 살펴보기로 하자. 뒤에서 별도로 설명하겠지만 중복 사용된 IN은 좀처럼 결합처리 실행계획을 만들려고 하지 않는다. 다음과 같은 SQL을 살펴보자.

```
SELECT *
FROM TAB3
WHERE 자재 = 'KH010'
    and 용도구분 IN ('A', 'B')
    and 구매일자 between :DATE1 and :DATE2
    and 부서코드 = '1110' ;
```

이 SQL을 위해 가장 유리한 인덱스가 '자재+용도구분+구매일자+부서코드'로 구성되어 있다고 가정하자. 이 SQL의 실행계획은 두번째 컬럼까지만 분리된 다음과 같은 실행계획이 나타날 것이다.

```
Execution Plan
-------------------------------------------------------
0           SELECT STATEMENT
1     0         CONCATENATION
2     1             TABLE ACCESS (BY ROWID) OF 'TAB3'
3     2                 INDEX (RANGE SCAN) OF 'INDEX1' (NON-UNIQUE)
4     1             TABLE ACCESS (BY ROWID) OF 'TAB3'
5     4                 INDEX (RANGE SCAN) OF 'INDEX1' (NON-UNIQUE)
```

이 실행계획은 두번째 컬럼까지 실행계획이 분리되었으므로 세번째 컬럼인 '구매일자' 까지만 제 역할을 하고, 마지막에 있는 '부서코드'의 조건은 제 역할을 하지 못했다. 이를 해결하기 위해서 다음과 같이 '구매일자' 조건을 IN 서브쿼리로 바꾸어보자.

```
SELECT *
FROM TAB3
WHERE 자재 = 'KH010'
    and 용도구분 IN ( 'A', 'B' )
    and 구매일자 IN (SELECT YMD
                    FROM YMD_DUAL
                    WHERE YMD between :DATE1 and :DATE2 )
    and 부서코드 = '1110' ;
```

그러나 이 SQL의 실행계획은 아래와 같이 나타나며, 이것은 오히려 처리할 범위가 넓어진다. 물론 서브쿼리는 제공자 역할을 하고 있다. 그러나 제공자로부터 받은 결과를 필요한 부분만 액세스하도록 실행계획이 분리되지 못하고 단 한번의 범위처리(Range Scan)만 하였다. 이 말은 인덱스의 첫번째 컬럼인 '자재' 조건만 '주류'가 되고 나머지는 모두 '비주류'가 되었음을 의미한다.

```
Execution Plan
---------------------------------------------------------------
  0           SELECT STATEMENT
  1    0        NESTED LOOPS
  2    1          VIEW
  3    2            SORT (UNIQUE)
  4    3              INDEX (RANGE SCAN) OF 'YMD_INDEX' (NON-UNIQUE)
  5    1          TABLE ACCESS (BY ROWID) OF 'TAB3'
  6    5            INDEX (RANGE SCAN) OF 'INDEX1' (NON-UNIQUE)
```

이와 같이 IN으로 제공한 조건이 정상적으로 실행계획을 분리하지 못하면 오히려 처리범위는 늘어나게 된다. 이러한 문제를 해결하기 위해 다음과 같은 SQL을 수행시켜 보자.

```
SELECT *
FROM TAB3
WHERE 자재 = 'KH010'
    and (용도구분, 구매일자) IN (SELECT decode(y.NO2, '01', 'A', 'B'), YMD
                               FROM YMD_DUAL x, COPY_T y
                               WHERE YMD between :DATE1 and :DATE2
                                 and y.NO2 <= '02' )
    and 부서코드 = '1110' ;
```

이 SQL의 실행계획은 다음과 같이 나타난다. 이 실행계획은 앞서 소개했던 것과 거의 동일하다. 그러나 실질적인 수행절차에는 큰 차이가 있다.

Execution Plan
----
0   SELECT STATEMENT
1   0   NESTED LOOPS
2   1   VIEW
3   2   SORT (UNIQUE)
4   3   NESTED LOOPS
5   4   INDEX (RANGE SCAN) OF 'YMD_DUAL_PK1' (UNIQUE)
6   4   INDEX (RANGE SCAN) OF 'COPY_PK' (UNIQUE)
7   1   TABLE ACCESS (BY ROWID) OF 'TAB3'
8   7   INDEX (RANGE SCAN) OF 'INDEX1' (NON-UNIQUE)

이 실행계획을 살펴보면 서브쿼리가 먼저 수행되어 그 결과를 메인쿼리에 제공하였다. 메인쿼리는 그 결과를 이용해 범위처리를 한 것은 동일해 보인다. 그러나 이번에 제공한 값은 여러 개의 '용도구분=, 구매일자='을 제공했으므로 결과적으로 메인쿼리의 전체 컬럼은 모두 '='로 수행되어 모든 조건이 '여당'의 '주류' 역할을 하게 된다.

이와 같이 여러 개의 IN이 중복된 경우에도 서브쿼리에서 우리가 원하는 집합을 만들어 동시에 '='을 제공함으로써 해결할 수가 있는 것이다. 우리가 만들 수 있는 집합이란 참으로 끝이 없다. 여러분들이 길고 장황한 절차형 처리를 위해 고생하지 말고 이러한 집합을 만들어 자유롭게 자신이 원하는 처리를 이끌어 내는 수준에 이르면 진정 관계형 데이터베이스 활용의 참맛을 느낄 수 있을 것이다.

2.3. IN 조건에서의 상수와 변수의 차이

앞서 '2.2.1. 상수값을 이용한 IN 조건 추가'에서 약속했던 IN 조건에 '상수값'을 지정한 경우와 '변수값'을 지정한 경우의 차이를 좀더 자세하게 알아보기로 한다. 옵티마이져가 SQL을 파싱할 때 상수값을 받았다는 것은 처리할 대상이 확정되었음을 의미한다. 그러나 변수값을 받은 경우는 실행 시에 어떤 값이 바인딩되어 실행될 지를 알 수 없는 상태에서 파싱하여야 하므로 이 두가지는 논리적으로 보더라도 분명 큰 차이가 있다.

먼저 상수값으로 지정한 경우의 몇 가지 특성을 살펴보자. 다음에 소개한 SQL1〉과 SQL2〉는 거의 동일한 형태의 SQL이지만 IN 조건에 있는 상수의 위치를 다르게 하였고 동일한 값을 중복하여 나열하였다.

각각의 처리 결과와 실행계획을 비교하여 살펴보자.

```
SQL1〉 SELECT empno,ename,sal
      FROM EMP
      WHERE empno IN (7900, 7876, 7900, 7566) ;
```

```
EMPNO   ENAME       SAL
-----   --------    --------
7566    JONES       2975
7876    ADAMS       1100
7900    JAMES        950
```

3 Rows Selected

Execution Plan
----
    0   SELECT STATEMENT
    1   0   **CONCATENATION**
    2   1   TABLE ACCESS (BY ROWID) OF 'EMP'
    3   2   INDEX (UNIQUE SCAN) OF 'EMP_PRIMARY_KEY' (UNIQUE)

4	1	TABLE ACCESS (BY ROWID) OF 'EMP'
5	4	INDEX (UNIQUE SCAN) OF 'EMP_PRIMARY_KEY' (UNIQUE)
6	1	TABLE ACCESS (BY ROWID) OF 'EMP'
7	6	INDEX (UNIQUE SCAN) OF 'EMP_PRIMARY_KEY' (UNIQUE)

SQL2〉 SELECT empno,ename,sal
　　　FROM EMP
　　　WHERE empno IN (7876, **7900**, 7566, **7900**)

EMPNO	ENAME	SAL
7566	JONES	2975
7900	JAMES	950
7876	ADAMS	1100

3 Rows Selected.

Execution Plan

0		SELECT STATEMENT
1	0	**CONCATENATION**
2	1	TABLE ACCESS (BY ROWID) OF 'EMP'
3	2	INDEX (UNIQUE SCAN) OF 'EMP_PRIMARY_KEY' (UNIQUE)
4	1	TABLE ACCESS (BY ROWID) OF 'EMP'
5	4	INDEX (UNIQUE SCAN) OF 'EMP_PRIMARY_KEY' (UNIQUE)
6	1	TABLE ACCESS (BY ROWID) OF 'EMP'
7	6	INDEX (UNIQUE SCAN) OF 'EMP_PRIMARY_KEY' (UNIQUE)

위의 두개의 SQL은 동일한 형태의 실행계획이 나타나지만 엄밀하게 말하면 약간은 다른 점이 있다. 우리는 앞서 IN 조건에 사용된 상수값의 역순으로 실행계획 순서가 결

정된다고 했었다. 이것은 틀림없는 사실이나 만약 동일한 값이 중복되었다면 뒤에 오는 중복값을 무조건 무시하고 실행계획 순서를 결정한다.

이런 원칙에 따라 위에 있는 두 SQL의 IN 조건에 있는 중복값이 없다고 생각하고 보면 SQL1은 empno IN (7900,7876,7566)이므로 추출된 로우는 기술된 상수값의 역순으로 나타난다. SQL2는 empno IN (7876,7900,7566)이 되므로 이 두 SQL의 실행계획과 결과는 동일하지만 추출되는 순서는 서로 다르다. 이와 같이 만약 여러분이 동적(Dynamic) SQL을 사용하여 수행시킬 때 중복된 상수값이 만들어지더라도 중복된 실행을 하지 않으므로 조금도 걱정할 필요가 없다.

이제부터는 변수를 사용했을 때의 처리방법을 살펴보기로 하자. 실무에서는 대부분의 경우 상수값을 지정하기보다는 변수를 사용하는 경우가 많다. 다음과 같은 SQL을 수행시켜 보자.

```
SELECT 부서코드, sum(매출액),...
FROM TAB4
WHERE 사업장 = '서울'
    and 매출구분 IN ( :b1, :b2,: b3, :b4, :b5 )
    and 매출일자 like :c1||'%'
GROUP BY 부서코드 ;
```

이 SQL의 실행계획은 나중에 바인딩되는 값에 상관없이 항상 다음과 같이 고정된 형태로 나타난다.

```
Execution Plan
-----------------------------------------------------------
    SELECT STATEMENT
        SORT (GROUP BY)
            CONCATENATION
                TABLE ACCESS (BY ROWID) OF 'TAB4'
```

```
            INDEX (RANGE SCAN) OF 'T_IDX' (NON-UNIQUE)
        TABLE ACCESS (BY ROWID) OF 'TAB4'
            INDEX (RANGE SCAN) OF 'T_IDX' (NON-UNIQUE)
        TABLE ACCESS (BY ROWID) OF 'TAB4'
            INDEX (RANGE SCAN) OF 'T_IDX' (NON-UNIQUE)
        TABLE ACCESS (BY ROWID) OF 'TAB4'
            INDEX (RANGE SCAN) OF 'T_IDX' (NON-UNIQUE)
        TABLE ACCESS (BY ROWID) OF 'TAB4'
            INDEX (RANGE SCAN) OF 'T_IDX' (NON-UNIQUE)
```

변수값을 사용한 경우는 나중에 바인딩된 값의 종류와 중복에 따라 미묘한 차이가 있으므로 다음과 같은 경우를 가정해 보자.

① 각각 다른 조건값이 지정된 경우. 즉, (:b1, :b2, :b3, :b4, :b5) → ('A', 'B', 'C', 'D', 'E')
② 중복된 조건값이 지정된 경우. 즉, (:b1, :b2, :b3, :b4, :b5) → ('A', 'B', 'A', ' ', ' ')

변수로 지정된 SQL은 파싱을 할 때는 어떤 값이 입력될 지를 알 수 없으므로 무조건 각각의 변수값에 대해 실행계획을 분리한다. 그렇다면 이미 생성된 실행계획을 수행하면서 중복처리나 NULL들을 처리해야 하기 때문에 상수값을 사용한 경우와는 처리방법이 달라질 수밖에 없다.

중복이 발생하지 않은 ①번 경우는 특별한 문제가 발생할 이유가 없다. 문제는 ②번과 같이 중복이 발생했을 때 그 중복된 값이 NULL이냐 아니냐에 따라 매우 큰 차이가 발생한다는 것이다. 다음 그림은 이러한 경우의 수행 결과를 오라클의 SQL_TRACE를 통해 살펴본 것이다.

Rows	Execution Plan
0	SELECT STATEMENT
12	SORT (GROUP BY)
0	CONCATENATION
0	TABLE ACCESS (BY ROWID) OF 'TAB4'
0	INDEX (RANGE SCAN) OF 'T_IDX' (NON-UNIQUE)→ :b5 = ' '
0	TABLE ACCESS (BY ROWID) OF 'TAB4'
0	INDEX (RANGE SCAN) OF 'T_IDX' (NON-UNIQUE)→ :b4 = ' '
73764	TABLE ACCESS (BY ROWID) OF 'TAB4'
73765	INDEX (RANGE SCAN) OF 'T_IDX' (NON-UNIQUE)→ :b3 = 'A'
34475	TABLE ACCESS (BY ROWID) OF 'TAB4'
34476	INDEX (RANGE SCAN) OF 'T_IDX' (NON-UNIQUE)→ :b2 = 'B'
0	TABLE ACCESS (BY ROWID) OF 'TAB4'
73765	INDEX (RANGE SCAN) OF 'T_IDX' (NON-UNIQUE)→ :b1 = 'A'

그림 4-2-4

이 그림을 자세히 살펴보면 아주 재미있는 사실을 발견할 수 있다. NULL('')인 값의 중복은 전혀 액세스가 일어나지 않는 반면에 어떤 존재하는 값에 대한 중복은 불필요한 액세스가 발생하고 있다. 여기서 주목해야 할 부분은 중복된 값에 대한 처리시 인덱스 액세스는 반복적으로 발생하지만 테이블 액세스는 중복하지 않는 다는 점이다.

이것은 일단 실행계획이 인덱스를 액세스하는 것으로 결정되어 있기 때문에 무조건 수행한 다음 바인딩된 다른 값들과 비교하여 같은 값이 있는 경우는 이미 처리했으므로 더 이상 테이블 액세스를 하지 않는다는 의미라고 해석할 수 있다. 그러나 이 말은 논리적으로 맞지 않는다.

인덱스 액세스를 하지 않고서도 얼마든지 다른 바인딩 값과 비교할 수 있으므로 굳이 인덱스를 스캔한 다음에 비교할 하등의 이유가 없다. 결론적으로 데이터베이스의 잘못이다. 이러한 현상이 모든 데이터베이스에서 나타나는 것은 당연히 아니다. 오라클에서 이러한 현상이 나타나는 것이 확인되었으며 다른 데이터베이스는 아직 확인되지 않았으므로 만약 오라클이 아닌 데이터베이스를 사용하고 있다면 확인해 보기 바란다.

변수값에 어떤 값도 입력되지 않았을 때, 즉 NULL('')을 가질 때는 전혀 문제가 없으므로 이러한 문제를 피하기 위해서는 여러분이 변수값에 상수값을 정의할 때 중복된 값이 발생하지 않도록 주의하기만 하면 충분히 해결될 수 있다.

2.4. IN 조건 대상 컬럼의 선정

　우리가 SQL을 사용하면서 액세스할 조건으로 당연히 IN을 사용해야 하는 경우도 있지만, 이 장에서 다루고 있는 액세스 효율을 위해서 '연속선'을 '다수의 점'으로 대치하기 위해 사용할 수도 있다. 후자의 경우에는 상황에 따라 매우 전략적이고 미묘한 차이를 가지고 있어 함부로 사용하면 오히려 부하가 가중되므로 정확히 알고 사용해야 한다고 여러번 강조했었다.

　여기서는 여러분들이 언제, 어떠한 경우에, 어떤 컬럼에 IN 조건을 부여해야 하는 지를 좀더 명확하게 하기 위하여 별도의 단원으로 분리하여 설명하고자 하는 것이다.

　조건절에 IN을 사용했다고 해서 모두가 실행계획에 참여할 수 있는 것은 아니다. 일단 어떤 인덱스를 사용하더라도 그 인덱스에 포함되어 있지 않은 컬럼은 '영원한 야당'이므로 실행계획 수립에는 결코 참여할 수 없다. 그러나 현재의 인덱스 구조가 최적이 아니라고 가정한다면 언젠가는 다시 '여당'이 될 수도 있으므로 나중에 인덱스 구조가 변경된다면 상황은 달라질 수도 있다.

　이 말은 IN 활용 전략은 인덱스 구조와 아주 밀접한 관계를 가지고 있으므로 먼저 인덱스 구조를 확실히 하는 것이 선행되어야 한다는 것을 의미한다. 물론 현재의 문제가 많은 인덱스 구조에서도 IN을 사용하면 불필요한 액세스가 일어나지 않도록 하여 현격한 수행속도의 향상을 얻을 수는 있다. 그러나 IN 조건의 전략은 현재의 인덱스를 기준으로 결정되었기 때문에 그 기반이 되는 인덱스의 구성 전략이 변경되면 뿌리 채 흔들릴 수밖에 없다는 것이다.

　기초공사가 튼튼하지 않으면 쉽게 무너진다. "뿌리 깊은 나무는 바람에 흔들리지 않는다"는 속담처럼 기반이 제대로 잡혀 있지 않은 상태에서 활용만 무성하면 그 뿌리에 이상이 생기는 순간 전체가 무너져 버린다. 이러한 의미에서 먼저 출판한 '대용량 데이터베이스 솔루션 I'에서 인덱스 구성의 전략에 대해 많은 설명을 하였다.

　이 장의 뒷부분에는 인덱스 전략을 수립할 때 IN의 활용이 어떻게 가미되어야 할 것인지에 대해 별도로 설명해 두었다.

　지금부터는 인덱스 구조는 안정적이라고 가정한 상태에서 현존하는 여러 인덱스를 감안했을 때 어떤 인덱스의 효율을 위해 어떤 컬럼에 IN 조건을 추가할 것인지를 전략적으로 판단하는 방법에 대해 예제와 더불어 상세히 알아보기로 하겠다.

TAB1은 현재 다음과 같은 3개의 인덱스를 가지고 있다. 어떤 사용자가 작성한 SQL이 다음과 같다면 우리는 어떻게 IN 조건을 적용하는 것이 최선이겠는가?

- INDEX1 : COL1 + COL2 + COL3
- INDEX2 : COL2 + COL4
- INDEX3 : COL3 + COL4 + COL5 + COL1

```
SELECT . . . . . . .
FROM TAB1
WHERE COL1 = :val1
    and COL2 LIKE :val|| '%'
    and COL3 IN ( '1', '5' )
    and COL4 BETWEEN :date1 AND :date2 ;
```

이 물음에 대한 정답은 '알 수 없다' 이다. 보다 더 정확한 답은 '지금으로서는 알 수 없다' 라고 해야 할 것이다. 그 이유는 현재로선 이 컬럼들의 분포도를 알지 못하기 때문이다. 혹자는 INDEX1을 사용하는 것이 가장 좋은 것이 아니냐고 할지도 모른다. 그러나 그것은 참으로 막연한 생각이다. 물론 우리가 'COL1+COL2+COL3'를 인덱스로 지정한 것은 이 3개의 컬럼이 모두 상수값을 받은 경우에는 매우 좋은 분포도를 가지기 때문일 것이다.

그러나 중간에 있는 COL2의 조건인 :val2가 아예 입력되지 않거나 매우 넓은 범위가 주어진다면 이 컬럼을 서브쿼리를 사용한 IN 조건을 추가하라도 과연 처리범위가 좁아질 것인가? 이러한 판단은 그 테이블의 데이터를 실제로 분석해 보지 않고서는 아무도 결론을 내리지 못할 것이다.

만약 COL1의 분포도가 아주 양호하여 COL1만 입력되면 처리범위가 매우 좁아질 수 있다면 상황은 전혀 달라질 것이다.

COL1의 분포도가 매우 넓다고 할 때 INDEX1을 사용하는 것은 잘못이라고 할 수 있겠는가? 이 또한 COL2 조건의 입력 여부나 분포도, COL3의 처리범위에 따라 COL2를 IN 조건으로 대치하면 매우 좁은 분포도를 가질 수도 있는 것이다.

INDEX2도 COL4 조건의 처리범위가 넓지 않다면 COL2 조건을 IN 조건으로 대치하여 수행속도를 향상시킬 수가 있다.

INDEX3는 어떠한가? 별로 처리범위가 좋을 것 같지 않은 선행 컬럼만 조건이 부여되었고 COL1은 '='로 사용되었지만 COL5 조건이 없어서 제 역할을 할 수가 없다. 그렇다고 해서 이 인덱스는 최고의 효율을 낼 자격이 없는가? 만약 COL5가 많은 종류를 갖지 않는다면 모든 종류를 IN 조건으로 부여하여 징검다리를 놓아 COL1 조건을 부활시키면 이 인덱스가 가장 유리할 수도 있다.

물론 이러한 적용은 쉽게 결합처리 실행계획이 만들어지지 않는다. 첫번째 컬럼인 COL3가 이미 IN으로 사용되었고 COL4는 BETWEEN으로 사용되었으므로 이 컬럼도 IN으로 바꾸어야 한다. 그렇다면 COL5의 IN 조건과 함께 결국 3개의 IN 조건이 중복되는데 이때는 대개의 경우 결합처리 실행계획이 만들어지지 않는다. 그러나 이것이 가장 좁은 처리범위를 가지게 된다면 충분히 우리의 목적을 달성할 수 있는 비법이 있다. 이 방법은 뒤에서 중복된 IN 조건의 해결방법을 제시할 때 언급되므로 참조하기 바란다.

이와 같이 우리는 범위처리 조건이라고 해서 무조건 IN으로 대치시키는 것이 아니다. 현재의 인덱스 구조와 데이터의 분포도 분석을 통해 가장 유리한 인덱스를 결정한 다음 이 인덱스가 최적의 처리범위를 액세스할 수 있도록 적절한 방법으로 IN 조건을 추가하는 것이다.

여러분이 보다 종합적이고 효율적인 인덱스를 구성했다면 억지로 IN을 사용하여 힘들게 징검다리를 놓아야 하는 일은 크게 감소할 것이다. 그러므로 비효율적인 인덱스를 구성해 두고 복잡하고 번거롭게 IN을 가지고 해결하려는 생각은 옳지 못한 것임을 명심하기 바란다.

또한 여러분들은 우리가 자주 사용하는 컬럼들의 개략적인 분포도는 알고 있어야 한다. 각각의 개별적인 컬럼의 분포도뿐만 아니라 이들이 다른 컬럼과 결합했을 때의 결합 분포도 알고 있어야 한다. 이것은 일부러 외워두려고 해서 알 수 있는 것이 아니다. 최소한 자신이 처리할 조건에서 추출할 데이터가 얼마나 되는지, 각 컬럼의 조건에 따른 처리범위가 얼마나 되는지를 평소에 조금만 신경을 쓰면서 적용한다면 저절로, 너무나 당연히 알게 되는 것이다.

그러나 불행히도 시스템 개발 완료가 눈앞에 있는 상황인데도 불구하고 이러한 상황을 알고 있는 개발자가 거의 없다는 것은 무엇을 말하는가? 그것은 그렇게 수 많은 애플리케이션을 개발하면서도 추출되는 결과만 생각했지 데이터의 처리가 어떻게 일어나는지는 전혀 관심 밖이었다는 것을 의미한다.

어쩌면 이것은 너무나 당연한 것일지도 모른다. 기껏 수십, 수백 건의 테스트 데이터를 가지고 개발을 진행하니 모든 것이 그저 잘 되고 있는 것처럼 보이는 것은 너무나 당연하다. 문제가 보이지 않으니 문제가 있는지를 알지 못하게 되는 것은 당연지사이며 앞으로 가야 할 길은 구만 리인데 문제가 없다고 생각하는 상태에서 언제 뒤를 돌아볼 겨를이나 있겠는가?

이것이 바로 실패의 원인이다. 개구리를 솥에 넣고 매우 천천히 온도를 상승시키면 삶아져 죽을 때까지도 거기서 빠져 나오지 않는다고 한다. 저자는 수많은 프로젝트를 컨설팅하면서 이와 유사한 상황을 많이 보아왔다. 여러분들은 절대로 이러한 전철을 밟지 않도록 하기 바란다.

관계형 데이터베이스는 처리방법을 스스로 만들어 주지만 일을 시키는 우리가 이 테이블의 데이터가 대략 얼마나 되는지, 부서별로는 몇 건의 데이터를 가지는지, 혹은 부서별로 1개월에 얼마 정도가 발생하는지 등을 전혀 모르고 있다면, 과연 이것이 있을 수 있는 일이라고 생각하는가?

저자는 이러한 사람들을 접하면 정말 화가 난다. 가곡을 전공하는 사람들은 사석에서 노래를 시키면 절대로 가곡을 부르지 않는다는 말을 들은 적이 있다. 그것은 그들이 가곡을 그만큼 소중히 하기 때문일 것이다. 이처럼 우리는 데이터와 처리 효율을 소중히 할 줄 알아야 한다. 결과만 얻을 수 있다고 함부로 사용한다면 이런 사람들은 정보시스템을 할 자격이 없다고 외치고 싶다.

내용이 마치 잔소리처럼 흘렀지만 저자는 꼭 이러한 말을 하고 싶었다는 것을 독자 여러분들의 넓은 아량으로 이해해 주기를 바라 마지 않는다.

2.5. 결합인덱스 컬럼 수에 따른 차이

결합인덱스의 컬럼 수에 따라 결합처리 실행계획의 수립 상태가 달라진다. 이러한 현상은 오라클에서 나타나고 있지만 다른 데이터베이스에서는 확인하지 못하였다. 그러나 유사한 상황이 발생할 가능성은 매우 높다.

결합인덱스의 컬럼이 3개 이하일 때는 대부분의 경우 정상적으로 결합처리 실행계획이 수립되지만 4개 이상인 경우는 상황에 따라 현격한 차이가 발생한다. 다음과 같은 아주 평범한 SQL을 살펴보자.

```
SELECT ................
FROM TAB1
WHERE 제품 = 'KH1101'
    and 부서코드 = '2110'
    and 매출구분 IN ( '1', '5', '7' ) ;
```

만약 TAB1의 인덱스가 '제품+부서코드+매출구분'으로 구성되었다면 3개로 분리된 정상적인 결합처리 실행계획이 수립된다. 그러나 '제품+부서코드+매출구분+매출일자'로 구성되었다면 다음과 같은 실행계획이 수립된다.

```
TABLE ACCESS (BY ROWID) OF 'TAB1'
    INDEX (RANGE SCAN) OF 'INDEX1' (NON-UNIQUE)
```

이 실행계획은 세번째 컬럼인 '매출구분'이 IN으로 사용되었음에도 불구하고 3개로 분리된 실행계획이 수립되지 않았으므로 두번째 컬럼까지만 '주류'가 되고 '매출구분'은 단지 체크기능만 수행할 뿐이며 전혀 인덱스 처리범위를 줄여주지 못한다. 그렇지만 다음과 같이 네번째 컬럼이 조건으로 부여되면 정상적인 결합처리 실행계획이 수립된다.

```
SELECT ..................
FROM TAB1
WHERE 제품 = 'KH1101'
    and 부서코드 = '2110'
    and 매출구분 IN ( '1' , '5' , '7' )
    and 매출일자 like '199805%' ;
```

더욱 재미있는 사실은 이 네번째 컬럼의 연산자가 '='처럼 하나의 점이거나, LIKE, BETWEEN, 〉, 〈, 〉=, … 등과 같은 <u>연속선이면 정상적인 실행계획이 나타난다.</u> 그러나 연속선이 아닌 여러 개의 점, 즉 또 다른 IN 조건이 나타나면 이 조건은 '주류'가 되지 못한다.

이러한 문제점을 해결하기 위해 우리는 'USE_CONCAT'라는 힌트를 사용할 수 있다. 다음과 같이 힌트를 사용해 보자.

```
SELECT / * + USE_CONCAT * / ..................
FROM TAB1
WHERE 제품 = 'KH1101'
    and 부서코드 = '2110'
    and 매출구분 IN ( '1' , '5' , '7' ) ;
```

이 SQL은 힌트에 의해 결합인덱스가 4개의 컬럼을 가지고 있지만 정상적인 결합처리 실행계획을 수립해 준다. 비록 4개 이상의 결합인덱스 컬럼을 가지고 있으면서 3개의 조건만 사용하고 힌트를 사용하지 않았더라도 다음과 같은 경우에는 정상적인 결합처리 실행계획이 수립된다.

```
SELECT ..................
FROM TAB1
WHERE 제품 = 'KH1101'
```

```
       and 부서코드 IN ( '2110', '1210' )
       and 매출구분 BETWEEN '3' and '5' ;
```

그 이유는 IN 조건 다음 컬럼이 이어진 연속선이기 때문이다. 이것은 앞서 설명했던 '연속선'의 원리가 그대로 적용되고 있음을 보여주고 있다.

이와 같이 인덱스 컬럼의 개수에 따라, 혹은 연산자에 따라 결합처리 실행계획이 정상적으로 수립되지 않을 수가 있으므로 사용자는 주의해서 사용해야 한다. 우리가 예상했던 결합처리 실행계획이 수립되지 않았을 때 그 차이는 크게 나타날 수도 있으므로 이러한 우려가 예상된다면 반드시 실행계획을 확인하는 습관을 가져야 할 것이다. 뿐만 아니라 인덱스 구성전략을 수립할 때도 감안되어야 할 것이며 필요에 따라 힌트를 사용하도록 개발자들에게 주지시킬 필요도 있을 것이다.

2.6. 동일한 실행계획의 처리범위 차이

우리는 지금까지 실행계획이 동일하면 처리범위도 동일해진다고 믿고 있었다. 물론 이것은 틀린 말이 아니다. 그러나 다음과 같은 사실은 우리에게 매우 큰 혼란을 가져다 준다.

아래의 두가지 SQL을 비교해 보자.

```
SQL1〉 SELECT *
      FROM TAB1
      WHERE 지역 = '서울'
          and 구분 IN ( '3' , '1' )
          and 발생일자 between '19980601' and '19980602' ;


SQL2〉 SELECT *
      FROM TAB1
      WHERE 지역 = '서울'
          and 구분 IN ( '3' , '1' )
          and 발생일자 IN ( '19980601' , '19980602' ) ;
```

여기에서 사용된 TAB1의 인덱스가 '지역+구분+발생일자+부서코드'로 구성되어 있다면, 위의 두 SQL의 실행계획은 다음과 같이 동일한 형태로 나타나는 것을 확인할 수 있을 것이다.

```
CONCATENATION
   TABLE ACCESS (BY ROWID) OF 'TAB1'
      INDEX (RANGE SCAN) OF 'INDEX1' (NON-UNIQUE)
   TABLE ACCESS (BY ROWID) OF 'TAB1'
      INDEX (RANGE SCAN) OF 'INDEX1' (NON-UNIQUE)
```

동일하게 보이는 실행계획임에도 불구하고 만약 주어진 조건의 '지역'과 '구분'의 처리범위가 매우 넓으나 2일간의 '발생일자'에 해당하는 데이터는 많지 않다면 위의 두 SQL이 실행한 수행속도는 매우 큰 차이가 나게 될 것이다. 그것이 사실이라면 실행계획은 동일하게 보이지만 실제로 수행되는 절차에는 무엇인가 다른 것이 분명히 숨어 있다는 것을 의미한다.

이러한 차이의 원인을 규명하기 위해서 먼저 SQL1이 수행한 절차를 그림으로 나타내 보자.

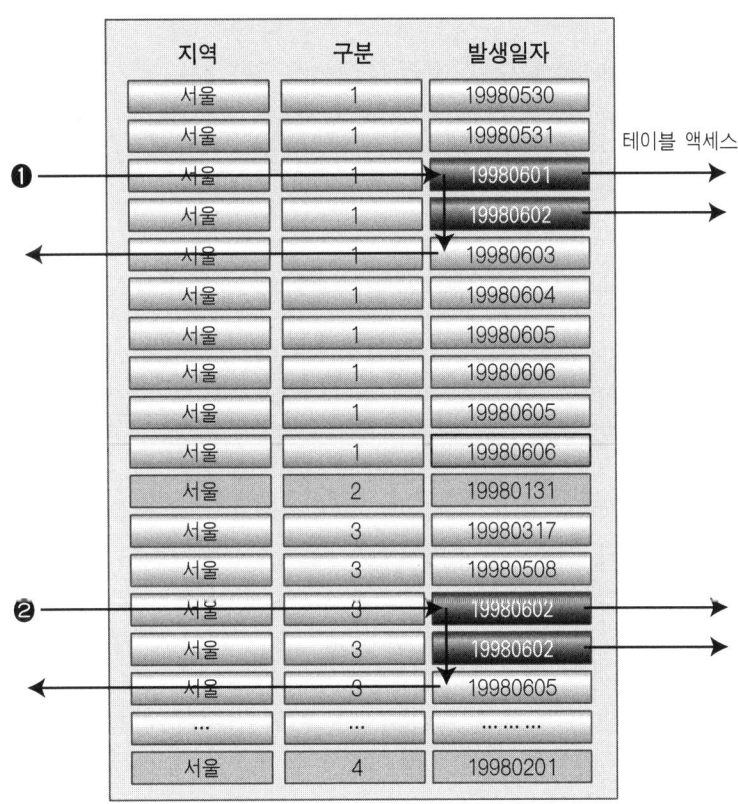

그림 4-2-5

이 그림은 ①과 ②로 분리된 결합처리 실행계획으로 수행하는 절차를 보여주고 있다. 이 실행계획이 꼭 필요한 부분만을 액세스하는 이유는 분리된 각각의 실행계획이 확보한 조건을 확인해 보면 아주 명확해진다. 이 실행계획이 확보한 조건은 '지역= and 구분= and 발생일자 between'이므로 모든 조건이 '주류' 역할을 하였기 때문이다.

그러나 SQL2가 실행한 처리절차를 그림으로 살펴보자.

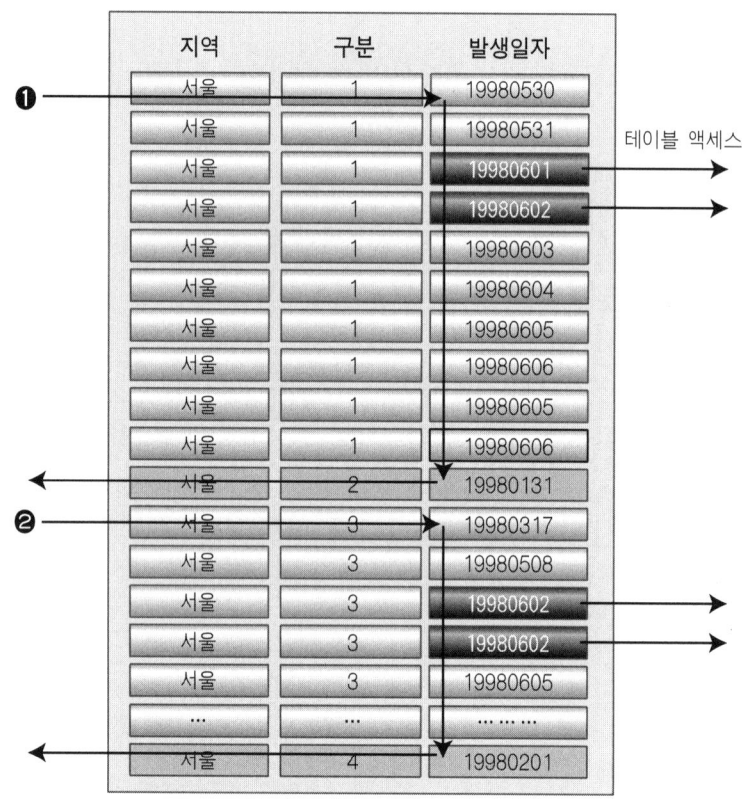

그림 4-2-6

이 그림도 마찬가지로 ①과 ②로 분리된 결합처리 실행계획으로 수행하는 절차를 보여주고 있다. 이 실행계획이 불필요한 부분들을 많이 액세스하는 이유는 분리된 각각의 실행계획이 확보한 조건을 확인해 보면 아주 명확해진다. 이 실행계획이 확보한 조건은 '지역= and 구분= and 발생일자 IN'이므로 '지역'과 '구분' 조건만 '주류' 역할을 했고 '발생일자'는 '비주류' 역할을 하였기 때문이다.

그 이유는 결합인덱스의 컬럼이 4개 이상이면서 연속된 IN을 사용했기 때문에 뒤에 사용된 IN 조건이 결합처리 실행계획으로 분리되지 못하여 단지 체크기능만 담당했기 때문이다. 이것은 매우 중요한 의미를 가진다. SQL1의 BETWEEN은 '연속선'을 의미하므로 '시작점'과 '끝점'을 가진다. 그러므로 시작점에서 출발하여 스캔하다가 끝점을 만나는 순간 처리를 종료할 수가 있다.

그러나 SQL2의 IN은 각각이 '독립된 점'으로 그 컬럼의 범위를 의미하지 않으므로 단순히 체크기능만 하게 되는 것이다. 물론 논리적으로 보면 IN 조건에 있는 점들을 정렬하여 가장 앞선 점에서 출발하여 마지막 점까지 수행한 후 종료할 수는 있다. 그러나 옵티마이져는 그렇게 하지 않으므로 <u>IN 조건이 인덱스 내에서 체크기능으로 사용된다면 LIKE나 BETWEEN과 같은 연속점보다 훨씬 불리해진다.</u>

이것은 여러분들이 반드시 명심해야 할 사항이다. 마치 우리가 손으로 각목을 격파할 때 각목이 부러지지 않으면 손을 다치게 되는 원리와 비슷하다. 그것은 각목이 손을 때린 것과 같은 효과가 생기기 때문이다.

만약 결합인덱스의 컬럼이 3개 이하였거나 힌트를 사용하여 다음과 같은 실행계획이 수립되었다면 SQL2도 매우 효율적인 액세스를 하게 된다. 그것은 IN 조건이 결합처리 실행계획에서 제 역할을 했기 때문이다.

```
CONCATENATION
    TABLE ACCESS (BY ROWID) OF 'TAB1'
        INDEX (RANGE SCAN) OF 'INDEX1' (NON-UNIQUE)
    TABLE ACCESS (BY ROWID) OF 'TAB1'
        INDEX (RANGE SCAN) OF 'INDEX1' (NON-UNIQUE)
    TABLE ACCESS (BY ROWID) OF 'TAB1'
        INDEX (RANGE SCAN) OF 'INDEX1' (NON-UNIQUE)
    TABLE ACCESS (BY ROWID) OF 'TAB1'
        INDEX (RANGE SCAN) OF 'INDEX1' (NON-UNIQUE)
```

이 실행계획은 분리된 각각의 처리단위가 모두 '='연산자를 가지고 처리되므로 더 이상 불필요한 액세스가 발생하지 않는다. 이와 같이 우리는 IN 조건을 사용했을 때 우리가 원하는 만큼으로 실행계획이 분리되었는지를 확인할 필요가 있다.

특히 결합처리 실행계획을 수립하는 데 도움을 주지 못하는 조건을 억지로 IN으로 바꾸면 오히려 불리해진다는 사실은 반드시 명심해 두어야 할 사용 원칙이라 하겠다.

중복 사용된 IN은 경우에 따라 매우 복잡한 현상이 일어나므로 함부로 사용해서는 안될 것이며 다음 장에서 설명하는 내용들을 충분히 숙지한 후에 적용하는 것이 바람직하다.

3. 중복된 IN 조건의 활용

저자가 어떤 회사에 컨설팅을 하면서 IN을 활용하여 액세스 효율을 극대화하는 몇 가지 방법을 개발자들에게 간단히 설명해준 적이 있었다. 지금까지 그렇게도 문제를 일으키던 악성 프로그램이 인덱스 조정도 없이 단 몇 라인의 추가로 현격하게 수행속도가 향상되는 것을 본 그들은 매우 놀라워 하였다.

며칠 후 다시 한번 방문하여 수정한 프로그램을 살펴보고 정말 놀라지 않을 수 없었다. SQL의 웬만한 범위 조건들은 모두 IN으로 그림(?)을 그려 놓았기 때문이다. 그래서 잠시 이솝 우화를 얘기해 주었다. "어느 욕심쟁이가 하루에 하나씩 황금알을 낳는 거위에게 알을 더 많이 낳으라고 너무 많은 모이를 주었더니 아예 알을 낳지 않게 되었더라"는 얘기 말이다.

이 얘기는 IN을 추가함으로써 수행속도가 향상된다고 해서 우리가 함부로 너무 많이 적용하면 오히려 수행속도는 나빠지는 것과 정말 조금도 다르지 않다. 중복된 IN은 그 카테시안 곱만큼의 실행계획으로 분리되어야 하기 때문에 옵티마이져는 너무 지나치게 분리될 우려가 있으면 가급적 더 이상의 분리된 실행계획을 수립하려 하지 않는다.

이러한 이유 때문에 너무 많이 사용된 IN 조건은 모두가 결합처리 실행계획 수립에 참여하지는 못한다. 더구나 결합처리 실행계획에 참여하지 못하는 IN 조건은 비주류로 사용되어 오히려 악영향을 미치게 되므로 우리가 여러 개의 IN을 사용하고자 할 때는 반드시 그들이 어떠한 역할을 하게 되는지를 알고서 사용해야 한다.

이 장에서는 중복 사용된 IN 조건이 결합처리 실행계획에 참여할 수 있는 기준과 약간의 보조장치를 곁들이면 우리의 의도대로 유도할 수 있는 방법, 그리고 도저히 방법이 없는 경우에도 이를 해결할 수 있는 몇 가지 방법들이 설명될 것이다. 이러한 활용원리만 이해한다면 액세스 효율 향상을 위해 IN을 활용하는 방법은 여러분들이 애플리케이션을 개발하는 데 있어서 하나의 확실한 무기가 될 것이다.

3.1. 중복 사용된 상수값 IN 조건의 실행계획

처리주관 인덱스에 속한 컬럼 중에서 중복 사용된 IN 조건이 있다고 해서 모든 IN이 항상 결합처리 실행계획으로 분리되는 것은 아니다. 인덱스를 구성하고 있는 컬럼의 개수와 주어진 값이 상수값이냐, 서브쿼리냐에 따라 차이가 있다.

중복 사용된 IN 조건이 실행계획에 미치는 영향을 알아보기 위해서 상수값으로 부여된 IN 조건의 몇 가지 형태를 살펴보기로 하자. 여기서 말하는 상수값이란 변수인 경우도 포함한다.

```
SQL1〉 SELECT *
       FROM TAB1
       WHERE 지역 = '서울'
           and 구분 IN ( '3', '1' )
           and 발생일자 IN ( '19980601', '19980602' ) ;

SQL2〉 SELECT *
       FROM TAB1
       WHERE 지역 IN ( '서울', '부산' )
           and 구분 IN ( '3', '1' )
           and 발생일자 IN ( '19980601', '19980602' ) ;
```

만약 TAB1의 인덱스가 '지역+구분+발생일자'로 되어 있다면 SQL1은 4개, SQL2는 8개의 분리된 실행계획이 나타난다. 분리된 각각의 액세스는 모든 컬럼이 '=' 조건을 가지게 된다. 그러나 만약 인덱스가 '지역+구분+발생일자+부서코드'와 같이 4개의 컬럼으로 구성되어 있다면 SQL1은 '구분'까지만 분리되어 2개로 분리된 실행계획이 나타나고, SQL2는 '지역', '구분'까지만 분리되어 4개로 분리된 실행계획이 나타난다.

여기서 우리가 얻을 수 있는 IN 조건의 실행계획 수립 규칙은,

① 인덱스 컬럼이 3개 이하인 경우에 상수값(변수 포함)으로 된 IN 조건은 정상적인 결합처리 실행계획을 수립한다.
② 4개 이상의 컬럼으로 구성된 결합인덱스가 상수값으로 부여된 IN 조건을 가진 경우에는 <u>두번째 컬럼까지는 정상적으로 분리되지만</u> 세번째 컬럼부터는 분리 실행계획을 수립하지 않는다.

결합인덱스 컬럼 수가 3개 이하인 경우는 상수값으로 부여된 IN 조건이 어떠한 경우에도 정상적인 실행계획을 수립하므로 더 이상 언급을 하지 않겠다. 그 대신에 앞으로는 결합인덱스의 컬럼 수가 4개 이상인 경우에 대해서만 언급하기로 하겠다. 다음과 같은 SQL을 실행시켜 보자.

```
SQL1> SELECT *
      FROM TAB1
      WHERE 지역 = '서울'
         and 구분 IN ( '3' , '1' )
         and 발생일자 IN ( '19980601' , '19980602' )
         and 부서코드 LIKE '211%' ;
```

이 SQL은 정상적인 4개의 분리된 결합처리 실행계획이 나타난다. 여기에 있는 LIKE 대신에 BETWEEN이나 =, >, <, >=, <=을 사용해도 결과는 동일하다. 그렇다면 우리는 다음과 같은 실행계획 수립원칙을 얻을 수 있다.

③ 4개 이상의 컬럼으로 구성된 결합인덱스가 상수값으로 부여된 IN 조건을 가진 경우에 중복된 IN 조건 뒤에 <u>'연속선'에 해당하는 조건이 오면 정상적으로 분리된</u> 실행계획을 수립한다.

만약 이와 같이 중복된 IN 조건 다음 컬럼의 조건이 '연속선'이 아니라면 앞서 설명했듯이 'USE_CONCAT' 힌트를 사용하여 우리가 원하는 만큼 분리된 실행계획을 얻을 수가 있다. 이 말을 실행계획 수립원칙으로 정리한다면,

④ 상수값으로 부여된 IN 조건을 가진 경우에 정상적으로 분리되지 않는 실행계획이 수립된다면 'USE_CONCAT' 힌트를 사용하여 정상적으로 분리시킬 수 있다.

USE_CONCAT 힌트는 데이터베이스 제품에 따라, 혹은 버전에 따라 제공되지 않을 수도 있으니 만약 힌트가 작동되지 않는다면 매뉴얼을 참조해 보기 바란다.

상수값(변수값 포함)을 사용한 IN 조건은 설사 중복되었더라도 정상적인 결합처리 실행계획을 수립한다. 물론 필요에 따라 힌트를 사용함으로써 충분히 우리가 원하는 실행계획으로 유도할 수 있다. 그러나 서브쿼리를 사용한 IN 조건이 포함되면 상황은 크게 달라진다. 이러한 경우는 힌트를 사용해도 우리가 원하는 실행계획을 얻기 힘들며, 오히려 경우에 따라 매우 이상한 형태의 실행계획이 수립되기도 하므로 매우 주의해야 할 것이다.

다음 장에서 우리는 보다 자주 사용하게 될 서브쿼리를 사용한 IN 조건이 포함된 경우에 IN을 활용하는 방법에 대해 상세하게 알아보기로 한다.

3.2. 서브쿼리를 포함한 중복 IN 조건의 실행계획

중복 사용된 IN 조건에 서브쿼리가 포함되어 있으면 상수값들만 있을 때와는 큰 차이가 있다. 특히 서브쿼리의 IN 조건과 상수값의 IN 조건의 순서에 따라 실행계획은 크게 달라진다.

서브쿼리가 있는 중복 사용된 IN 조건이 실행계획에 미치는 영향을 알아보기 위해서 몇 가지 형태를 살펴보기로 하자.

```
SELECT ..................
FROM   TAB2
WHERE 제품 = 'KH2200'
    and 부서코드 IN ( SELECT 부서코드
                   FROM 부서
                   WHERE 부서코드 LIKE '21%' )
    and 매출구분 IN ( '1', '5', '7' ) ;
```

여기서 사용되는 인덱스가 3컬럼으로 구성된 '제품＋부서코드＋매출구분'이거나, 4컬럼으로 구성된 '제품＋부서코드＋매출구분＋매출일자'이든 간에 세번째 컬럼인 '매출구분'의 IN 조건은 실행계획을 분리하는 데 기여하지 못한다. 그러나 이 컬럼이 '연속선'에 해당하는 조건 연산자를 사용했거나 '부서코드'를 상수값으로 조건을 부여하였다면 우리가 원하는 실행계획을 얻을 수 있다.

이번에는 약간 다른 SQL을 한번 더 살펴보기로 하자.

```
SELECT ..................
FROM   TAB2
WHERE 제품 IN ( 'KH2200', 'MS3120' )
    and 부서코드 IN ( SELECT 부서코드
                   FROM 부서
```

                    WHERE 부서코드 LIKE '21%')
        and 매출구분 BETWEEN '3' AND '5' ;

이 SQL의 실행계획은 다음과 같이 나타난다.

Execution Plan
----
    0   SELECT STATEMENT
    1   0   CONCATENATION
    2   1   NESTED LOOPS
    3   2   **TABLE ACCESS (BY ROWID) OF '부서'**
    4   3   **INDEX (RANGE SCAN) OF '부서_PK' (UNIQUE)**
    5   2   TABLE ACCESS (BY ROWID) OF 'TAB2'
    6   5   INDEX (RANGE SCAN) OF 'INDEX1' (NON-UNIQUE)
    7   1   NESTED LOOPS
    8   7   **TABLE ACCESS (BY ROWID) OF '부서'**
    9   8   **INDEX (RANGE SCAN) OF '부서_PK' (UNIQUE)**
   10   7   TABLE ACCESS (BY ROWID) OF 'TAB2'
   11   10   INDEX (RANGE SCAN) OF 'INDEX1' (NON-UNIQUE)

이 실행계획을 자세히 분석해 보면 특이한 현상이 나타나 있는 것을 발견하게 된다. 인덱스의 첫번째 컬럼인 '제품'의 IN 조건에 의해 크게 2개로 실행계획이 분리되었고, 서브쿼리는 각각의 실행계획마다 수행하여 '='을 공급했다. 그 결과 세번째 컬럼인 '매출구분'이 연속선에 해당하므로 이 조건이 '주류' 역할을 할 수 있게 되었다.

이 실행계획은 우리가 원하는 대로 세번째 컬럼이 제 역할을 하게 되었지만, 서브쿼리가 두번에 걸쳐 수행된 것에 주의하기 바란다. 물론 여기서는 우리가 얻은 것에 비해 서브쿼리의 중복 수행은 아주 미미하므로 큰 문제가 없다.

그러나 만약 이 서브쿼리가 무시할 수 없는 부담이 되는 경우거나 앞 컬럼의 IN 조건이 너무 많은 종류의 상수값을 가진다면 서브쿼리의 중복 수행은 크게 증가하므로 주의하여야 한다. 이에 대한 해결방법은 뒤에서 설명될 것이다.

위의 상황들을 종합해 보면 우리는 다음과 같은 실행계획 수립원칙을 얻을 수 있다.

⑤ 서브쿼리의 뒤에 위치한(인덱스 컬럼 순서에서) 컬럼이 IN 조건을 가지면 실행계획의 분리에 도움을 주지 못한다. 이러한 경우는 IN을 사용하지 말고 LIKE나 BETWEEN 등을 사용하는 것이 좋다. 이렇게 하기 곤란한 경우는 다음 장에서 제시하는 방법을 사용해야 한다.

⑥ 서브쿼리의 앞에 위치한(인덱스 컬럼 순서에서) 컬럼이 IN 조건을 가지면서 실행계획 분리에 참여한다면 서브쿼리는 각각의 분리된 실행계획마다 중복해서 수행한다.

지금까지 설명한 중복된 IN의 실행계획의 수립상태를 다음 도표를 통해서 정리해둔다. 아직 확실히 이해하지 못한 사람들은 이 도표를 보고 다시 한번 정리해보기 바란다. 여기에서 사용된 인덱스는 COL1,COL2,COL3,COL4 순으로 구성되었다고 가정한다.

조건 유형	3개 이하	4개 이상	힌트 사용시
◆ COL1 = constant ◆ COL2 IN (constants..) ◆ COL3 IN (constants..)	정상적인 분리	COL2까지만 분리	가능
◆ COL1 = constant ◆ COL2 IN (subquery..) ◆ COL3 IN (constants..)	COL2까지만 분리	COL2까지만 분리	불가능
◆ COL1 = constant ◆ COL2 IN (subquery..) ◆ COL3 = constant	정상적인 분리	정상적인 분리	
◆ COL1 = constant ◆ COL2 IN (subquery..) ◆ COL3 LIKE constant	정상적인 분리	정상적인 분리	
◆ COL1 IN (constants..) ◆ COL2 IN (constants..) ◆ COL3 = constant	정상적인 분리	정상적인 분리	
◆ COL1 IN (constants..) ◆ COL2 IN (subquery..) ◆ COL3 = constant	정상적인 분리	정상적인 분리	

◆ COL1 IN (subquery..) ◆ COL2 IN (constants..) ◆ COL3 = constant	COL1까지만 분리	COL1까지만 분리	불가능
◆ COL1 IN (constants..) ◆ COL2 IN (subquery..) ◆ COL3 LIKE constant	정상적인 분리	정상적인 분리	
◆ COL1 IN (subquery..) ◆ COL2 = constant ◆ COL3 IN (constants..)	COL3는 분리되지않음	COL3는 분리되지 않음	불가능
◆ COL1 IN (constants..) ◆ COL2 = constant ◆ COL3 IN (constants..)	정상적인 분리	COL3는 분리되지 않음	가능
◆ COL1 = constant ◆ COL2 = constant ◆ COL3 IN (constants..)	정상적인 분리	COL3는 분리되지 않음	가능

이와 같이 중복 사용된 IN 조건에 서브쿼리가 포함되어 있으면 우리가 원하는 실행계획으로 분리되지 않는 경우가 많이 나타난다. 그렇다고 해서 얼마나 많은 '점'이 나타날지, 얼마나 유동적으로 변할지를 알 수 없으면서 상수나 변수로 지정할 수는 없는 노릇이다.

이러한 중복된 IN 조건을 필요로 하는 경우는 대부분 적절하지 못한 인덱스 구성에 기인한다. 바꾸어 말하면 인덱스 구성 전략을 세울 때 이러한 문제가 발생되지 않도록 감안해야 한다는 것을 의미한다.

실제로 저자가 어떤 회사의 전체적인 인덱스 전략을 새로 수립해 보면, 대부분의 경우 IN 조건의 중복이 되지 않아도 최적의 액세스 경로를 가지도록 할 수 있었으며, 특이한 경우 인덱스의 개수를 줄이기 위해 전략적으로 서브쿼리를 삽입하도록 하는 정도로만 한두 개의 인덱스에서 발생한다.

거듭 강조하지만 본질적인 문제를 그대로 방치한 채 IN 조건을 사용하여 모든 문제를 해결하려는 것은 향후에 보다 큰 문제를 일으킨다는 것을 명심하고 접근하기 바란다.

3.3. 결합처리 실행계획이 불가능한 형태의 해결

중복 사용된 IN 조건이 상수값(변수 포함)으로 기술되어 있는 경우에는 설사 결합인덱스의 컬럼 수에 따라 정상적인 실행계획의 분리가 일어나지 않았더라도 힌트를 사용하여 충분히 해결할 수가 있었다.

그러나 서브쿼리가 포함되어 있는 경우는 힌트로서도 분리할 수 없는 형태가 있다는 것을 앞서 설명했다. 여기서는 이러한 경우의 해결방법을 제시하고자 한다. 이 방법의 핵심 아이디어는 우리가 '모든 점을 서브쿼리에서 생성하여 메인쿼리에 공급해 주는' 방법이다.

지금까지 사용한 방법은 옵티마이져가 우리가 원하는 분리된 실행계획을 수립해 주도록 하는 방법이었으나 옵티마이져가 이를 거부한다면 굳이 아쉬운 소리를 할 필요가 있겠는가? 옵티마이져 대신에 우리가 그러한 '점 집합'을 만드는 서브쿼리를 사용하여 메인쿼리에게 제공자 역할을 하도록 한다면 분리된 실행계획과 다를 것이 없다.

'점 집합'이란 모두가 '='인 조건을 의미하므로 메인쿼리는 항상 '=' 조건에 따라 수행하므로 불필요한 액세스가 발생하지 않는다. 이러한 '점 집합'을 만드는 방법은 앞서 우리가 원하는 임의의 집합을 만들었던 다양한 방법들이 동원된다. 가령 데이터를 복제하거나 인라인뷰, 사용자지정 저장형 함수 등을 활용하는 것이다.

그러면 지금부터 사례를 통해 다양한 활용 방법들을 알아보기로 한다. 다음과 같은 SQL을 살펴보자.

```
SELECT ..................
FROM TAB2
WHERE 제품 = 'KH2200'
    and 부서코드 LIKE :DEPT||'%'
    and 매출구분 IN ('1', '5')
    and 매출일자 BETWEEN :S_DATE and :E_DATE ;
```

여기에서 사용될 TAB2의 인덱스는 '제품+부서코드+매출구분+매출일자'라고 가정하자. 이 테이블에 지난 몇 년간의 데이터가 들어 있다고 한다면 마지막에 위치한 '매출일자'의 조건은 전체 처리범위를 줄이는 데 큰 영향을 미친다. 그러나 이 컬럼이 '주류' 역할을 하기 위해서는 선행 컬럼들인 '부서코드', '매출구분' 조건이 범위조건이 되어서는 안 된다.

이미 '매출구분'은 IN 조건으로 사용되었으며 '부서코드'는 어떤 값을 부여받을지 모르기 때문에 서브쿼리를 사용할 수밖에 없다. 그러나 앞서 설명했듯이 서브쿼리 다음에 다시 '연속선'이 아닌 IN 조건이 오면 설사 힌트를 사용하더라도 분리된 실행계획을 얻을 수 없다.

이러한 문제를 쉽게 해결할 수 있는 다음 방법을 살펴보자.

```
      SELECT ..................
      FROM   TAB2
      WHERE  (제품, 부서코드, 매출구분, 매출일자) IN
①             (SELECT 'KH2200',
②                     부서코드,
③                     NO,
④                     YMD
              FROM    부서 x, COPY_T y, YMD_DUAL z
              WHERE   부서코드 LIKE :DEPT||'%'
                and   y.NO IN ( '1', '5' )
                and   YMD BETWEEN :S_DATE and :E_DATE );
```

이 SQL은 서브쿼리에서 모든 '점 집합'을 만들어 메인쿼리에 공급하고 있음을 알 수 있다. 우리는 '점 집합'을 만들기 위해서 '부서' 테이블과 데이터 복제용 모조 테이블인 'COPY_T', 그리고 매출일자를 위해 'YMD_DUAL' 테이블을 조인하였다. 이 조인은 서로 연결고리를 가지고 있지 않으므로 카테시안 곱만큼의 로우가 추출된다.

이 서브쿼리에서 추출되는 데이터는

◆ 부서코드 조건을 만족하는 부서코드의 수 *
◆ COPY_T의 2 개의 로우('1', '5') *
◆ YMD_DUAL 테이블에서 조건을 만족하는 일자 수

만큼, 즉 이들의 카테시안 곱만큼의 조합이 생긴다. 그러나 서브쿼리의 조인은 액세스한 소량의 데이터끼리 복제되는 형식으로 처리되므로 이 수행속도는 거의 무시할 정도에 지나지 않는다.

조인된 결과를 ①~④와 같이 서브쿼리의 SELECT-LIST에서 우리가 원하는 값으로 가공하여 메인쿼리에 공급한다. 이로써 메인쿼리는 반드시 액세스해야 할 대상만 '=' 조건으로 수행하므로 불필요한 액세스는 전혀 발생하지 않았다.

그러나 여기서 우리가 반드시 주의해야 할 사항은 이 서브쿼리가 제대로 제공자 역할을 했는지를 확인하는 것이다. 만약 확인자 역할을 했다면 우리의 모든 계획은 수포로 돌아갈 뿐만 아니라 오히려 부하는 크게 증가한다는 사실을 명심해야 한다. 위의 SQL은 다음과 유사한 형태로 실행계획이 수립되어야 한다.

```
Execution Plan
-----------------------------------------------------------
   0      SELECT STATEMENT
   1   0     NESTED LOOPS
   2   1       VIEW
   3   2         SORT (UNIQUE)
   4   3           NESTED LOOPS
   5   4             NESTED LOOPS
   6   5               TABLE ACCESS (FULL) OF 'COPY_T'
   7   5               INDEX (RANGE SCAN) OF '부서_PK' (UNIQUE)
   8   4             INDEX (RANGE SCAN) OF 'YMD_DUAL_PK1' (UNIQUE)
   9   1       TABLE ACCESS (BY ROWID) OF 'TAB2'
  10   9         INDEX (RANGE SCAN) OF 'INDEX1' (NON-UNIQUE)
```

이 실행계획을 살펴보면 2~8까지의 처리는 서브쿼리의 수행 내용이며 그 결과를 제공받아서 9~10에서 메인쿼리가 수행되고 있음을 보여주고 있다.

만약 이 서브쿼리가 제공자 역할을 하지 않는 실행계획이 수립된다면 서브쿼리를 인라인뷰로 묶고 메인쿼리와 조인시켜 'ORDERED' 힌트를 적용한다. 이 경우는 TAB2가 FROM 절의 가장 뒷부분에 위치시켜야 함은 물론이다.

그렇게 해도 우리가 원하는 실행계획이 나오지 않는다면 인라인뷰에 GROUP BY를 시킨 다음에 'ORDERED' 힌트를 적용해 보라. 거의 대부분의 경우 우리가 원하는 실행계획이 나타날 것이다.

이와 같이 옵티마이져가 분리된 실행계획을 수립하지 못하는 경우에도 충분히 우리가 원하는 실행계획으로 유도할 수가 있는 것이다. 적용 방법은 그리 어렵지 않을 것으로 생각되지만 문제는 우리가 원하는 서브쿼리의 집합을 얼마나 자유자재로 만들어 낼 수 있느냐에 있다. 이것은 결국 SQL을 집합적으로 처리하는 능력에 좌우된다는 것을 의미하는 것이라 하겠다.

3.4. IN 활용 시의 주의사항

우리는 지금까지 IN의 활용방법과 거기에 따르는 여러 가지의 주의사항에 대해 알아보았다. 특히 서브쿼리를 사용하는 경우에는 '제2장 데이터 연결의 다양한 방법, 4.서브쿼리를 이용한 데이터 연결(Page 2-112~2-123)'에서 설명한 서브쿼리의 특징을 잘 알고 사용해야 한다.

이 장에서는 이외에도 실무에서 자주 발생하는 주의 사항들을 유형별로 소개하고자 한다.

3.4.1. IN 서브쿼리로 인한 메인쿼리의 중복 처리

공급자 역할을 하기 위해 적용한 서브쿼리가 확인자 역할을 하게 되면 부하가 크게 증가한다는 사실은 이제 우리 모두가 잘 알고 있다. 그러나 IN 서브쿼리가 우리가 원하는 공급자 역할을 했음에도 불구하고 오히려 부하를 크게 증가시키는 경우도 있다는 사실을 알아야 한다.

"이것은 또 무슨 말이냐"고 짜증을 낼 만한 이러한 사항은 그러나 조금만 생각해보면 너무나 당연히 발생할 수밖에 없다는 점을 이해하게 된다. 서브쿼리가 제대로 공급자의 역할을 하여 메인쿼리에게 결과를 제공했음에도 불구하고 메인쿼리가 이 결과값을 제대로 사용할 수 없게 인덱스가 구성되어 있는 경우에 이러한 문제는 발생한다.

좀더 쉽게 설명한다면 서브쿼리가 제공한 결과값이 '주류' 역할을 하지 못하고 '비주류' 역할을 하게 됨으로써 제공받은 각각의 값들마다 메인쿼리가 중복해서 수행하게 된다는 것이다.

가령 서브쿼리가 먼저 수행하여 메인쿼리의 A컬럼에 '1', '5', '7'을 제공했는데 이를 제공받은 메인쿼리의 인덱스가 'B+A'로 구성된 상황에서 메인쿼리의 조건이 B > '111'로 되어 있다면 액세스는 다음과 같이 일어난다.

① B > '111' and A = '1'
② B > '111' and A = '5'

③ B > '111' and A = '7'

여러분들이 잘 알고 있듯이 'B+A'로 구성된 인덱스의 선행 컬럼인 'B'가 '=' 연산자를 가지지 않았으므로 각 액세스마다 모든 B > '111' 조건에 대한 스캔이 일어나고 'A' 컬럼의 귀중한 '=' 조건은 단지 '비주류' 역할만 하였다. 어차피 이렇게 될 바에야 차리리 서브쿼리가 확인자 역할을 하는 것이 유리했을 것이다. 만약 서브쿼리가 아니라 상수값으로 된 IN 조건이었다면 위의 경우는 분리 실행계획을 수립하지 않는다.

이것은 정말 중요한 사항이다. 만약 서브쿼리가 매우 많은 로우를 제공한다면 상상을 초월하는 비효율이 발생된다. 이처럼 우리가 제공한 서브쿼리가 의도대로 제 역할을 하지 못하면 이렇게 큰 문제가 발생한다는 사실은 우리가 반드시 명심해야 하는 중요한 활용 원칙이다.

좀더 자세한 내용을 알아보기 위해 다음과 같은 사례를 살펴보기로 하자.

```
SELECT  *
FROM    ORD_ITEM_T
WHERE   주문일자 BETWEEN '19980501' and '19980510'
    and 제품코드 IN (SELECT 제품코드
                    FROM PRODUCT
                    WHERE 제품명 LIKE 'SM%')
    and 금액 > 1000000 ;
```

ORD_ITEM_T 테이블에는 'ORD_ITEM_IDX'라는 인덱스가 '주문일자+제품코드'로 구성되어 있으며, PRODUCT 테이블에는 'PRODUCT_NAME_IDX'라는 유일인덱스가 '제품명' 컬럼으로 구성되어 있다. 여기에서 '제품코드'를 찾는 서브쿼리는 액세스 효율화를 위해 추가한 것이 아니라 사용자가 입력한 '제품명'으로 '제품코드'를 찾기 위해 삽입한 것이다.

이러한 SQL은 실무에서 너무나 빈번하게 사용되는 매우 일반적인 문장이라 하겠다. 이 SQL의 실행계획을 확인해 보자.

```
Rows       Execution Plan
-------    --------------------------------------------------------
      0    SELECT STATEMENT
    530      NESTED LOOPS
    530        TABLE ACCESS (BY ROWID) OF 'PRODUCT'
    531          INDEX (RANGE SCAN) OF 'PRODUCT_NAME_IDX' (UNIQUE)
    260        TABLE ACCESS (BY ROWID) OF 'ORD_ITEM_T'
  56800          INDEX (RANGE SCAN) OF 'ORD_ITEM_IDX' (NON-UNIQUE)
```

이 실행계획을 살펴보면 서브쿼리가 먼저 수행하여 메인쿼리에 결과를 제공했음을 알 수 있다. 그러나 메인쿼리의 처리주관 인덱스가 엄청나게 불필요한 액세스가 발생한 것을 발견할 수 있다.

이러한 문제가 발생한 원인은 서브쿼리가 먼저 수행되어 공급자 역할을 했지만 메인쿼리의 'ORD_ITEM_IDX' 인덱스의 선행컬럼인 '주문일자'가 '='이 아니므로 서브쿼리가 공급한 530개의 각 로우마다 '주문일자 BETWEEN ... and 제품코드 = ...'으로 수행되었다. 그 결과 제품코드는 선행컬럼이 '='이 아니므로 단지 체크기능만을 수행하게 되어 메인쿼리는 530회에 걸쳐 '주문일자 BETWEEN' 범위를 중복해서 스캔하였기 때문이다.

이러한 문제를 해결하기 위해 다음과 같은 방법을 사용해 보자. 이 방법은 '주문일자'를 별도의 서브쿼리로 바꾸면 중복된 IN이 발생하여 분리된 실행계획을 얻을 수 없으므로 서브쿼리에서 모든 점을 만들어 공급하는 방법을 사용한다.

```
SELECT *
FROM ORD_ITEM_T
WHERE (주문일자, 제품코드 ) IN
        (SELECT YMD, 제품코드
         FROM YMD_DUAL x, PRODUCT y
         WHERE x.YMD BETWEEN '19980501' and '19980510'
```

　　　　　　and y.제품명 LIKE 'SM%')
　　　and 금액 > 1000000 ;

　　이와 같이 우리가 애써 부여한 IN 서브쿼리가 원하는 대로 제공자 역할을 수행하여 메인쿼리에 상수를 공급하였더라도 이 컬럼의 선행컬럼 조건이 '='이 아니라면 매우 큰 문제가 발생하게 된다.

　　이것은 IN은 좋은 것이라는 막연한 기대감으로 함부로 추가해서는 안된다는 것을 웅변적으로 보여주고 있다. 이러한 상황은 서브쿼리가 제공한 상수값을 받은 컬럼의 바로 앞 컬럼에만 해당하는 것이 아니라, 앞에 위치한 모든 컬럼이 '='로 사용되어야 함을 의미한다.

　　실행계획만 확인할 때는 서브쿼리가 정상적으로 제공자 역할을 했으므로 문제가 없는 것으로 지레짐작하기 쉽다. 그러므로 우리는 항상 서브쿼리에서 제공받은 값이 어떤 위치에서 어떤 역할을 하게 되는지를 살펴보아야 한다는 것을 명심하기 바란다.

3.4.2. 공급자 역할을 못하는 서브쿼리의 해결

공급자 역할을 위해 추가된 서브쿼리가 확인자로 사용되면 심각한 문제를 유발시킨다는 것은 앞서 여러 번 언급했었다. 여기서는 이러한 문제가 발생하지 않도록 유도하는 몇 가지 방법을 소개하기로 한다.

다음 SQL은 어떤 이유에 의해서 공급자 역할을 위한 서브쿼리가 확인자 역할을 하게 된 경우이다. 이 SQL에 사용된 인덱스는 '종목코드+계약일+계약순번' 이라고 가정한다.

```
SELECT 종목코드, count(*), sum(계약금액)/1000
FROM 계약내역
WHERE 종목코드 IN ( SELECT 종목코드
                    FROM 종목 )
    and 계약일 = to_char(sysdate, 'yyyymmdd')
GROUP BY 종목코드 ;
```

이 SQL은 어떤 이유에 의해서 아래와 같은 실행계획이 수립되었다. 그 이유는 옵티마이져 모드와 통계정보 유무, 데이터베이스 버전에 따라 다양하므로 굳이 설명하지는 않겠다.

```
Execution Plan
-----------------------------------------------------
  0      SELECT STATEMENT
  1  0     SORT (GROUP BY)
  2  1       NESTED LOOPS
  3  2         TABLE ACCESS (FULL) OF '계약내역'
  4  2         INDEX (UNIQUE SCAN) OF '종목_PK' (UNIQUE)
```

이 실행계획에서 우리는 공급자 역할을 하도록 부여한 서브쿼리가 확인자 역할을 하였음을 확인할 수 있다. 그 결과 매우 다량의 데이터를 가지고 있는 '계약내역' 테이블은 '전체 테이블 스캔'을 하였고 서브쿼리는 불필요하게 반복 수행하였다.

이러한 잘못된 실행계획을 막기 위해 우리가 조치할 수 있는 몇 가지 방법을 소개한다.

① 서브쿼리의 조건에 확실한 선처리 조건을 부여하는 방법

```
SELECT 종목코드, count( * ), sum(계약금액)/1000
FROM 계약내역
WHERE 종목코드 IN ( SELECT 종목코드
                FROM 종목
                WHERE 종목코드 > ' ' )
    and 계약일 = to_char(sysdate, 'yyyymmdd')
GROUP BY 종목코드 ;
```

Execution Plan

```
0      SELECT STATEMENT
1  0     SORT (GROUP BY)
2  1       NESTED LOOPS
3  2         INDEX (RANGE SCAN) OF '종목_PK' (UNIQUE)
4  2         TABLE ACCESS (BY ROWID) OF '계약내역'
5  4           INDEX (RANGE SCAN) OF 'INDEX1' (NON-UNIQUE)
```

이 실행계획은 우리가 의도하는 절차대로 수립되었으며 매우 양호한 수행속도를 나타낸다. 물론 이러한 방법은 옵티마이져가 서브쿼리의 수행순서를 찾는 기준의 차이가 있기 때문에 데이터베이스 제품에 따라 차이가 있을 수 있다.

② 서브쿼리에 있는 SELECT-LIST 컬럼을 가공시키는 방법

이 방법은 아래와 같이 IN의 서브쿼리에 사용된 SELECT-LIST인 '종목코드'를 강제로 가공시켜 서브쿼리가 나중에 수행될 때 사용할 연결고리를 못쓰게 함으로써 옵티마이져가 서브쿼리를 먼저 수행하게 한다. 이 또한 데이터베이스 제품에 따라 약간의 차이가 있을 수 있으므로 여러분이 사용하고 있는 데이터베이스에서 확인해 보기 바란다.

```
SELECT 종목코드, count( * ), sum(계약금액)/1000
FROM 계약내역
WHERE 종목코드 IN ( SELECT 종목코드||''
                    FROM 종목 )
   and  계약일 = to_char(sysdate,'yyyymmdd')
GROUP BY 종목코드 ;
```

이 SQL의 실행계획이 우리가 원하는 대로 수립되었다면 ①의 실행계획과 동일하게 나타난다.

③ 서브쿼리를 GROUP BY시키는 방법

서브쿼리에 메인쿼리의 컬럼을 가지지 않고 그룹함수를 사용했다면 서브쿼리가 먼저 수행할 가능성이 매우 높다. 이와 같은 옵티마이져 특성을 이용하여 서브쿼리가 먼저 실행되도록 유도한다.

```
SELECT 종목코드, count( * ), sum(계약금액)/1000
FROM 계약내역
WHERE 종목코드 IN ( SELECT 종목코드
                    FROM 종목
                    GROUP BY 종목코드 )
```

```
        and 계약일 = to_char(sysdate, 'yyyymmdd' )
   GROUP BY 종목코드 ;
```

이 SQL의 서브쿼리에서 액세스할 데이터 양은 매우 적을 것이므로 우리가 서브쿼리에 추가한 GROUP BY에 대한 부가적인 부하를 우려할 필요는 없다.

참고로 서브쿼리를 그룹화시키는 방법으로 DISTINCT 함수를 사용하는 것은 좋은 방법이 아니다. 이 함수는 메인쿼리가 먼저 수행되어 서브쿼리를 체크하는 방법으로서도 충분히 처리할 수 있기 때문에 절대적으로 공급자가 될 필요가 없기 때문이다. 이 경우 서브쿼리는 EXISTS를 사용했을 때와 같은 용도로 사용된다.

④ 힌트(PUSH_SUBQ)를 사용하는 방법

다음과 같이 서브쿼리를 먼저 수행시켜 달라는 'PUSH_SUBQ' 힌트를 사용하여 서브쿼리가 먼저 수행되도록 할 수가 있다.

```
   SELECT /*+ PUSH_SUBQ */ 종목코드, count(*), sum(계약금액)/1000
   FROM 계약내역
   WHERE 종목코드 IN ( SELECT 종목코드
                        FROM 종목 )
        and 계약일 = to_char(sysdate, 'yyyymmdd' )
   GROUP BY 종목코드 ;
```

그러나 어떤 이유에선지 모르지만 이 힌트는 제대로 작동하지 않는 경우가 많다. 아마 데이터베이스 버그(Bug)라 생각된다. 버전이 높아지면 달라질 것으로 기대한다.

3.4.3. 논리합 연산자에서 'STOP KEY' 의 비효율

조건을 만족하는 첫번째 로우를 찾으면 더 이상 처리를 하지 않고 멈추도록 하기 위해서 EXISTS나 ROWNUM을 사용한다. 만약 처리주관 범위가 IN이나 OR일 때, 즉 결합처리 실행계획이 수립된 경우에 ROWNUM을 사용하면 처리를 멈추지 못하고 전체 범위를 모두 처리한다. 이러한 문제는 오라클에서 나타나고 있으며 다른 데이터베이스에서는 아직 확인하지 못하였다.

이해를 돕기 위해 간단한 SQL 사례를 살펴보기로 하자. 다음 SQL은 1998년 1월에 발생한 계약 중에서 종목코드가 '01' 이거나 '02' 또는 '04' 인 데이터를 한건만 추출하고자 한다.

```
SELECT *
FROM 계약내역
WHERE  종목코드 IN ( '01', '02', '04' )
    and  계약일자 BETWEEN '19980101' and '19980131'
    and  ROWNUM =1;
```

이 SQL에서 사용하는 인덱스가 '종목코드+계약일자' 로 구성되어 있다면 실행계획은 다음과 같이 나타날 것이다.

```
Rows      Execution Plan
------    ------------------------------------------------------
     0    SELECT STATEMENT
     1      COUNT
     0        CONCATENATION
  4680        FILTER
  4680          TABLE ACCESS (BY ROWID) OF '계약내역'
  4681            INDEX (RANGE SCAN) OF 'INDEX1' (NON-UNIQUE)
```

```
3927            FILTER
3927              TABLE ACCESS (BY ROWID) OF '계약내역'
3928                INDEX (RANGE SCAN) OF 'INDEX1' (NON-UNIQUE)
6720            FILTER
6720              TABLE ACCESS (BY ROWID) OF '계약내역'
6721                INDEX (RANGE SCAN) OF 'INDEX1' (NON-UNIQUE)
```

이 실행계획을 살펴보면 정상적으로 분리되어 결합처리 실행계획이 수립되었음을 확인할 수 있다. 그러나 분리된 각각의 액세스에는 필터(Filter) 처리가 들어 있다. 또 하나 특이한 것은 두번째 줄에 있는 'COUNT'에 'STOPKEY'가 빠져 있다는 사실이다.

우측에 실행된 '로우 수(Rows)'를 살펴보면 놀라운 일이 일어났다. 분리된 실행계획마다 모두 전체범위를 처리했다. 논리적으로 보면, 조건에서 'ROWNUM = 1'만 처리하라고 했으므로 분리된 액세스 중에서 어느 하나가 조건을 만족하면 처리를 멈출 수 있다. 분리된 각 액세스에 있는 필터처리는 'ROWNUM = 1'을 체크하자는 것이 분명한데 왜 첫번째 로우를 만났지만 멈추지 않았는가?

그렇다면 필터처리는 'ROWNUM = 1'이면 멈출 수 있다는 논리적인 측면은 무시하고 단순히 지금 처리하고 있는 로우의 ROWNUM을 체크하여 1이면 취하고 아니면 버리는 일을 끝까지 계속했다는 것을 의미한다. ROWNUM이 1인 로우는 하나뿐이므로 ROWNUM이 1인 로우가 지나간 다음에는 영원히 1은 다시 올 수 없다. 그렇다면 분리된 다른 액세스에서는 분명히 'ROWNUM = 1'이 없을 것이지만 이러한 체크작업은 끝까지 계속되었다.

이것은 도저히 이해할 수 없는 방법이지만 이러한 일은 발생하고 있으며 10년 전부터 지금까지도 개선되지 않고 있다. 또 한가지 도저히 이해할 수 없는 일은 위의 SQL에서의 필터처리는 인덱스만 액세스하고도 ROWNUM을 체크할 수 있음에도 불구하고 반드시 테이블을 액세스한 다음에야 ROWNUM을 체크하고 있다는 사실이다.

이러한 문제는 어떠한 변명을 하더라도 인정할 수 없는 버그임에는 분명하지만 우리는 이를 피해갈 수 있는 방법을 사용하지 않을 수 없다. 다음 SQL은 결합처리 실행계획을 수립하지 않도록 하기 위해서 이번에는 IN 조건을 BETWEEN으로 대치시켰다.

이 방법은 선행 컬럼인 '종목코드'가 '='이 아니므로 '계약일자'는 단지 체크기능으로만 사용되었으나 다행스럽게도 첫번째 성공한 로우를 만나면 처리를 멈출 수 있으므로 문제는 심각하지 않을 수도 있다.

SELECT *
FROM 계약내역
WHERE 종목코드 BETWEEN '01' and '04'
    and 종목코드 <> '03'
    and 계약일자 between '19980101' and '19980131'
    and ROWNUM =1 ;

```
Rows     Execution Plan
-----    ----------------------------------------------------
    0    SELECT STATEMENT
    1      COUNT(STOPKEY)
    1        TABLE ACCESS (BY ROWID) OF '계약내역'
  680         INDEX (RANGE SCAN) OF 'INDEX1' (NON-UNIQUE)
```

그러나 이 SQL은 최적의 방법이 아니다. 만약 인덱스를 아무리 스캔하더라도 'ROWNUM = 1'을 만나지 못한다면 액세스 양은 매우 증가할 것이다. 좀더 쉽게 설명하기 위해서 위의 SQL을 다음과 같이 바꾸어 보자.

SELECT *
FROM 계약내역
WHERE 종목코드 BETWEEN '01' and '04'
    and 종목코드 <> '03'
    and 계약일자 between **'19990101' and '19990131'**
    and ROWNUM =1 ;

이 SQL은 '계약일자' 조건을 아직 데이터가 발생하지 않은 1999년을 조건으로 부여하였다. 물론 '계약일자'를 첫번째로 하는 인덱스가 있다면 문제가 없겠지만 앞서 가정했던 '종목코드+계약일자' 인덱스만 사용할 수 있다면 문제는 심각하다. '종목코드'가 '='이 아니므로 '01'부터 '04' 사이에 있는 모든 인덱스 로우를 액세스하여 '03'이면 버리고, '계약일자' 조건을 만족하는지를 체크한다.

그러나 아무리 액세스하더라도 1999년 데이터는 아직 발생하지 않았으므로 모든 인덱스 로우를 스캔할 때까지도 ROWNUM이 1인 로우를 찾지 못한다. 그렇다면 우리는 어쩔 수 없이 '계약일자'를 선두로 하는 인덱스를 추가해야만 하는가? 다음 SQL을 살펴보자.

```
SELECT *
FROM ( SELECT * FROM 계약내역
       WHERE 종목코드 = '01'
           and 계약일자 between '19990101' and '19990131'
           and ROWNUM =1
    UNION ALL
       SELECT * FROM 계약내역
       WHERE 종목코드 = '02'
           and 계약일자 between '19990101' and '19990131'
           and ROWNUM =1
    UNION ALL
       SELECT * FROM 계약내역
       WHERE 종목코드 = '04'
           and 계약일자 between '19990101' and '19990131'
           and ROWNUM =1 )
WHERE ROWNUM = 1 ;
```

이 SQL의 실행계획은 다음과 같이 나타난다.

```
ROWs    Execution Plan
-----   -------------------------------------------------------
  0     SELECT STATEMENT
  0       COUNT (STOPKEY)
  0         VIEW
  0           UNION-ALL
  0             COUNT(STOPKEY)
  0               TABLE ACCESS (BY ROWID) OF '계약내역'
  1                 INDEX (RANGE SCAN) OF 'INDEX1' (NON-UNIQUE)
  0             COUNT(STOPKEY)
  0               TABLE ACCESS (BY ROWID) OF '계약내역'
  1                 INDEX (RANGE SCAN) OF 'INDEX1' (NON-UNIQUE)
  0             COUNT(STOPKEY)
  0               TABLE ACCESS (BY ROWID) OF '계약내역'
  1                 INDEX (RANGE SCAN) OF 'INDEX1' (NON-UNIQUE)
```

이 SQL은 길이가 늘어난 것이 흠이지만 실행한 일량은 현저하게 감소했다. 실행계획을 살펴보면 'COUNT(STOPKEY)'가 각 실행단계마다 들어 있다는 사실을 확인하기 바란다. 자주 발생하지는 않지만 이러한 문제를 해결하지 못해 애를 태우는 사용자들을 가끔 만날 수 있었고 그들에게는 이러한 해결책이 한줄기 빛처럼 반가웠을 것이라 여겨진다.

이외에도 아주 드물게 나타나는, 특히 특정 버전에서 나타나는 특수한 사례들이 많지만 너무 복잡해질 것 같아 더 이상의 사례는 언급하지 않겠다. 만약 여러분이 개발하는 중에 이해할 수 없는 실행계획이 나타난다면 저자에게 문의하면 성실하게 답변할 것을 약속 드린다.

노파심에서 마지막으로 한번 더 강조하는데 IN을 사용함으로써 기존의 정의들을 수정하지 않고서도 손쉽게 액세스 효율을 얻을 수는 있지만 결코 모든 문제를 해결하는 방법으로 사용해서는 안 된다는 점을 거듭 당부한다. 모든 액세스 효율을 결합인덱스만으로 해결하려 하면 너무 많은 인덱스가 필요하므로 이것을 보조하는 기능으로 사용해야 할 것이다.

반드시 먼저 인덱스 구성부터 전략적으로 확실하게 수립한 후에 적용할 것이며 주의할 사항들을 충분히 이해한 후에 활용하기 바란다.

4. IN을 고려한 결합 인덱스의 선정

지금까지 IN의 특성과 IN을 활용하여 인덱스 액세스 효율을 높이는 여러 가지 방법들을 살펴보았다. 또한 이 방법을 활용하기 전에 반드시 전략적인 인덱스를 구성하는 것이 필요하다고 여러 번 강조하였다. 여기서는 지금까지 우리가 이해한 특성과 활용기준을 바탕으로 인덱스를 선정하는 과정에서 IN의 활용을 고려하여 효과적인 인덱스 정책을 수립할 수 있는 방안을 살펴보기로 하자.

인덱스를 선정하는 작업은 스포츠 감독이 해야 하는 일처럼 매우 복합적인 사고와 판단력 그리고 자료에 대한 분석력 등을 필요로 하는 어렵고도 중요한 작업이다. 관계형 데이터베이스는 데이터베이스가 스스로 처리절차를 생성하는 방식으로 되어 있기 때문에 애플리케이션만 잘 작성한다고 해서 좋은 시스템이 구축되는 것이 아니다.

프로그래머들의 윗 단계에 있는 설계자가 전체를 바라보는 입장에서 감안할 요소들을 취합하고 여러 가지 특성들을 분석하여 옵티마이져의 특성에 맞도록 전략적인 구성을 해야 한다. 그럼에도 불구하고 어느 개발 프로젝트에서나 이러한 역할을 수행하고 있는 사람들을 찾아보기란 여간 어려운 것이 아니다.

관계형 데이터베이스에서는 자신이 직접 처리하려고 애쓰지 말고 데이터베이스가 많은 일을 효율적으로 할 수 있도록 만들어 주는 것이 바로 성공의 비결이다. SQL이야말로 우리가 데이터베이스에게 이러한 역할을 부탁하는 유일한 통신 수단이며 이 요구를 받아서 효율적인 처리를 만들어 주기 위해서 절대적으로 필요한 것이 전략적으로 잘 구성된 인덱스라고 하겠다.

이러한 측면에서 저자는 '대용량 데이터베이스 솔루션 I, 제1장 액세스 효율의 향상 (Page 4~213)'에서 많은 내용을 설명했었다. 여기서는 이 내용을 토대로 하여 우리가 인덱스 선정을 위한 유형을 조사하고 분석하며 종합적인 전략을 수립하는 단계에서 IN의 특성을 어떻게 활용할 것인지 알아보기로 한다.

4.1. 액세스 유형의 파악

전략적인 인덱스를 선정하기 위해서는 먼저 사용된 모든 액세스 형태를 수집해야 한다. 액세스 형태를 수집한다는 것은 해당 테이블을 사용하고 있는 모든 SQL들을 수집하여 인덱스 구성에 영향을 미치는 요소들을 추출하는 것을 말한다.

이러한 요소들을 찾아내기 위해서는 '줄기'와 '가지'를 구별할 수 있는 '눈'을 가지고 있어야 한다. '가지'를 '줄기'로 오인하면 불필요한 요소가 인덱스에 영향을 미치게 되며, '줄기'를 '가지'로 오인하면 중요한 요소가 누락되어 완벽한 인덱스를 구성할 수 없다.

여기서 말하는 '줄기'와 '가지'를 선별하여야 한다는 말은 SQL에서 사용된 많은 조건들 중에서 옵티마이져에게 영향을 미치는 요소인지, 그렇지 않은 요소인지를 가려낼 수 있어야 한다는 것을 뜻한다. 이것은 결코 쉽지 않다. 옵티마이져에 대한 깊은 이해가 바탕이 되지 않고서는 식별할 수가 없다.

보인다고 해서 모두가 볼 수 있는 것은 아니다. 'X-RAY' 사진은 일반인들도 볼 수 있고 전문의도 볼 수 있지만, 일반인의 눈에는 보이지 않는 것이 전문의들의 눈에는 보인다. 이와 마찬가지로 보고 판단할 수 있으려면 전문적인 지식이 필요하다. 그래야 진정한 핵심 요소를 볼 수 있다. 여러분이 이러한 전문의의 눈을 가지려면 '대용량 데이터베이스 솔루션 Ⅰ~Ⅱ'를 완벽히 이해하고 실무에서 많은 적용과 훈련을 통해 자신의 것으로 소화해야 한다.

인덱스 선정에 필요한 요소들을 찾기 전에 먼저 실시해야 할 일은 현재 사용된 SQL들을 개선하는 일이다. 비효율적으로 작성된 SQL을 그대로 인정하여 인덱스 전략 요소로 추출할 수는 없다. 다시 말해 적절하지 못한 SQL에 의해 불필요하게 발생한 일들을 그대로 인정하여 인덱스에 감안해서는 안 된다는 것이다. 가령 어떤 테이블의 인덱스는 5개지만 이 테이블을 사용하는 SQL은 500개가 넘을 수도 있다.

적절하지 못한 SQL을 위해 인덱스를 추가할 수는 없는 노릇이다. 그러므로 우리는 먼저 적절하지 못한 SQL의 최적 구현방법에 대한 솔루션을 찾아야 한다. 그러기 위해서는 프로그래머가 하고자 하는 업무를 파악하여 보다 단순·명료하게 접근할 수 있는 아이디어를 줄 수 있어야 한다. 그렇다면 설계자는 모든 면에서 개발자보다 한수 위에 있어야 할 것이다.

　설계자는 한수 위의 기량을 가지고 낮은 시야의 개발자들을 선도할 수 있어야 한다. 그렇게 해야만 발전이 있다. 이러한 핵심요원(Key Man)을 보유하지 못한 프로젝트는 전부가 제 각각이다. 무엇이 옳은 길이고 무엇이 잘못된 길인지 아무도 모른다. 선악의 구별을 못하는 30점짜리 양산 체제가 굳어진다. 이러한 현상은 저자가 접한 대부분의 프로젝트에서 나타나고 있는 현상이라고 할 수 있다.

　각 테이블별로 조사된 무수히 많은 SQL들을 1차로 개선한 후 '가지'를 치고 액세스에 영향을 주는 '줄기'를 찾으면 십여 가지의 액세스 유형으로 줄어든다. 이제 우리는 무수히 많은 SQL을 대상으로 전략을 세울 것이 아니라 정제된 이 액세스 유형을 모두 만족시킬 수 있도록 전략을 수립하기만 하면 된다. 그러나 인덱스 선정을 하다 보면 많은 갈등을 겪게 된다.

　사용된 컬럼과 액세스 형태는 유사하지만 어느 한쪽에 초점을 맞추면 다른 쪽이 피해를 보게 되기 때문이다. 그렇다고 해서 모든 액세스 유형에 대해 인덱스를 생성하면 너무 많은 인덱스가 생성될 것이다. 우리의 목적은 최소의 인덱스로 최대의 효과를 얻을 수 있도록 하는 것이다.

4.2. 인덱스 선정시의 IN 조건 활용

사용된 컬럼은 유사하지만 연산자를 다양하게 가지는 경우는 인덱스 개수를 늘이게 하는 주범이다. 그 이유는 결합인덱스의 특성에 기인한다. 우리가 잘 알고 있듯이 결합인덱스는 자신보다 앞선 컬럼이 '='을 갖지 않으면 자신의 범위는 '주류' 역할을 할 수 없게 된다는 사실을 주목해야 한다.

이러한 문제를 모두 만족하도록 하려면 너무 많은 인덱스가 생성되어질 수밖에 없다. 많은 인덱스는 여러 가지 측면에서 우리에게는 큰 부담이 아닐 수 없다. 우리의 이러한 고민을 해결해 줄 수 있는 방법으로 IN의 활용은 매우 큰 의미를 가지고 있다.

전략적인 인덱스 구성을 위해 IN을 활용하는 방법은 상황에 따라 많은 변수를 가지고 있으므로 설명이 매우 복잡할 것으로 생각된다. 여기서는 어떤 특정한 상황을 가정하여 이를 해결할 수 있는 여러 가지 방법들을 조명해 봄으로써 설명을 대신하기로 하겠다.

예를 들어, 우리가 조사한 액세스 형태들 중에서 A, B, C, D 컬럼을 자주 사용하는 유형들이 다음과 같은 다양한 연산자를 사용한다고 가정해 보자.

① A =, B like, C =, D in
② A =, B =, D like
③ A =, B like, C between
④ A =, B between, D =

'대용량 데이터베이스Ⅰ, 1.인덱스의 활용, 다.인덱스 선정 절차(Page52~72)'에서 설명했던 원칙에 준해서 인덱스 컬럼의 순서를 결정한다면, 가장 먼저 위치할 컬럼은 'A'라는 것은 쉽게 판단할 수 있다. 그러나 두번째 컬럼으로 'B'를 선택하면 가장 유리하겠지만 ①,③,④번의 경우 그 뒤에 위치할 'C'나 'D'컬럼이 제 역할을 할 수 없다는 것이 고민이다.

그 이유는 두번째 컬럼인 'B'가 '='로 사용되지 않았기 때문이다. 그렇다고 해서 두번째 컬럼으로 'C'를 선택하면 ①번은 좋아지겠지만 ②, ④번에게는 거의 도움이 되지 못하고 ③번은 '=' 조건을 가지지 않으므로 마찬가지로 다음 컬럼에 나쁜 영향을 미친다.

이번에는 'D' 컬럼이 두번째 오도록 한다면 ①, ④번은 좋아지겠지만 ③번에게는 거의 도움이 되지 못하고 ②번은 '=' 조건을 가지지 않으므로 마찬가지로 다음 컬럼에 나쁜 영향을 미친다.

물론 'A' 컬럼만으로도 충분히 처리범위가 줄어든다면 결론은 간단해지겠지만 그렇지 않은 경우에는 이와 같은 고민을 하지 않을 수가 없다. 하나의 인덱스로는 위의 경우를 모두 만족할 수 없다면 다음과 같이 여러 개의 인덱스를 생성해야만 이러한 문제를 모두 해결할 수 있을 것이다.

인 덱 스	컬 럼 순 서	사 용 유 형
INDEX1	A + C + D + B	①
INDEX2	A + B + D	②
INDEX3	A + B + C	③
INDEX4	A + D + B	④

그러나 이것은 너무 많은 인덱스를 생성해야 하므로 받아들일 수가 없다. 다른 컬럼들이 사용된 많은 액세스 유형이 아직도 더 많이 남아 있다고 생각하면 우리는 더욱 받아들일 수 없을 것이다. 바로 이러한 경우에 적절한 IN의 활용이 감안되면 모든 경우를 만족하면서도 인덱스 개수를 현격하게 줄일 수 있다.

이러한 판단은 각 컬럼들의 분포도나 종류에 따라 당연히 차이가 나므로 여기서는 몇 가지 가정을 토대로 판단해 보고자 한다.

① 'B' 컬럼의 분포도가 좋을 때

이 경우의 인덱스 결정은 너무 간단하다. 모든 액세스 유형이 최소한 'A' 컬럼은 '='을 가지고 'B' 컬럼은 '=', 'LIKE', 'BETWEEN'을 가지고 있다. 선행컬럼인 'A'가 '='이므로 'B' 컬럼의 범위는 '주류' 역할을 수행할 수 있다. 이 두 컬럼이 결합한 범위가 좁다면 우리는 더 이상 다른 컬럼들의 조건에 연연할 필요가 없다. 즉, 'A+B'로 구성된 하나의 인덱스만으로도 모든 경우를 해결할 수 있다는 것이다.

그러나 그렇게 쉽게 생각할 수만은 없다. 'B' 컬럼의 분포도가 좋다고는 하지만 그것은 어디까지나 'B ='로 사용했을 때를 말하는 것이다. 다시 말해서 'A =, B LIKE'나 'A =, B BETWEEN'이 얼마나 넓은 범위를 갖는지를 조사해 보아야 판단할 수 있다. 이 결합된 분포도가 문제가 없다면 더 이상의 인덱스를 가질 필요가 없다.

그러나 이 분포도가 좋지 않다면 다른 여러 가지 경우를 분석해 보아야 한다. 이러한 경우는 다음에 가정할 내용과 유사하게 판단될 것이므로 다음 가정에서 다루기로 한다.

② 'A+B' 결합인덱스로는 분포도가 넓을 때

이러한 경우에서 우리가 한번 시도해 보고 싶은 방법은 인덱스를 'A+B+D+C'로 생성하고 IN 조건을 활용하는 전략이다. 물론 이 경우는 'B'의 범위를 상수값의 IN 조건이나 서브쿼리 IN 조건으로 대치할 수 있어야 한다. 각 액세스 유형별로 처리방법을 살펴보자.

- ◆ 유형① : 'B' 컬럼의 조건을 IN으로 했을 때 IN 조건은 중복되므로 만약 상수조건으로 IN을 사용할 수 있다면 힌트를 사용하여 결합처리 실행계획으로 유도할 수 있으나 서브쿼리가 포함되어 있다면 '3.3결합처리 실행계획이 불가능한 형태의 해결(Page 4-79~4-84)'에서 설명한 서브쿼리에서 모든 점 집합을 만들어 메인쿼리에 제공하는 방법을 사용한다.
- ◆ 유형② : 'A', 'B' 컬럼 모두 '='을 사용하였으므로 최적의 액세스 효율을 얻을 수 있다.
- ◆ 유형③ : 'B' 컬럼이 LIKE를 사용하여 범위처리를 하였으므로 상수값 IN이나 서브쿼리를 사용하여 IN 조건으로 바꾸고, 'D' 컬럼은 사용되지 않았으므로 서브쿼리를 이용하여 모든 'D'를 추출해야 하지만 중복된 IN을 사용하였으므로 정상적인 결합처리 실행계획을 얻을 수 없다. 그러므로 '유형①'처럼 서브쿼리에서 모든 점 집합을 만들어 메인쿼리에 제공하는 방법을 사용한다.
- ◆ 유형④ : 'B' 컬럼만 IN 조건으로 바꾸면 최적의 액세스 효율을 얻을 수 있다.

③ 'D' 컬럼이 좋은 분포도를 가질 때

만약 'D' 컬럼이 좋은 분포도를 가진다면 이 컬럼을 중용하는 방법도 고려해 볼 수도 있다. 유형 ①, ②, ④번이 모두 'D' 컬럼을 가지고 있으며 '='이나 IN으로 사용하는 경우가 많으므로 뒤에 오는 컬럼에게 좋은 영향을 미칠 수 있다. 인덱스를 'A+D+B+C'로 생성했을 때 유형별로 사용 방법을 검토해 보자.

- ◆ 유형① : 'D' 컬럼이 IN 조건을 가지고 있으므로 'B' 컬럼의 조건은 힌트만 사용하면 쉽게 최적의 액세스 효율을 얻을 수 있다. 이때 'C' 컬럼의 조건을 살리기 위해서 'B' 컬럼을 IN으로 바꾸어야 하겠지만 이 경우는 굳이 그럴 필요가 없겠다. 'D' 컬럼의 분포도가 좋다고 가정했기 때문에 'B' 컬럼까지만 '주류'가 되어도 충분할 것이다. 더구나 'C' 컬럼은 비록 결합처리 실행계획에는 참여하지 못하지만 인덱스 스캔을 하면서 체크되어 나름대로 도움이 되므로 충분히 원하는 속도를 얻을 수 있을 것이다.
- ◆ 유형② : 'D' 컬럼의 분포도가 좋으므로 설사 'B' 컬럼이 '주류'가 되지 못하더라도 큰 문제는 없을 것이다. 그러나 만약 'D LIKE' 조건이 넓은 범위를 가질 수 있다면 IN 조건으로 바꾸어 최적을 얻을 수 있다.
- ◆ 유형③ : 'D' 컬럼이 사용되지 않았고 'B' 컬럼이 BETWEEN으로 사용되었으므로 이 두 컬럼을 IN으로 바꾸면 중복된 IN을 사용하게 된다. 이 컬럼들을 IN 조건으로 바꾸었을 때 원하는 속도를 얻을 수 있다면 앞서 설명한 서브쿼리에서 모든 점 집합을 만들어 메인쿼리에 제공하는 방법을 사용한다. 그렇지 못하다면 'A+B+C'나 'A+C+B' 인덱스를 추가하는 것을 검토해 볼 수 있다. 물론 이렇게 인덱스를 추가하더라도 IN 조건의 추가는 발생한다.
- ◆ 유형④ : 'A'와 'D' 컬럼이 '='로 사용되었으므로 최적의 액세스 효율을 얻을 수 있다.

이 외에도 데이터 분포도의 분석 결과에 따라 또 다른 결정을 할 수 있지만 더 이상의 경우에 대해서는 언급을 하지 않겠다. 여러분들은 여기서 제시하지 않은 다른 상황을 가정하여 그러한 상황에서는 어떠한 결정을 할 수 있는지 직접 검토해보기 바란다.

우리가 몇 가지 경우에 대해 세부적인 전략 수립 방법을 살펴보았듯이 적절한 IN 조건의 활용을 같이 검토함으로써 훨씬 적은 인덱스로도 우리가 원하는 최적화에 도달할 수 있다. 이것이 인덱스 구성 전략에서 IN의 특성을 활용하는 방법이다.

   지금까지 우리가 IN의 특수성을 활용하여 액세스 효율화를 얻을 수 있는 다양한 방법들과 주의할 사항, 전략적인 활용 방법들에 대해 알아보았다. 모든 일이 그렇듯이 적절하게 활용하면 '약'이 되지만 잘못 사용하면 '독'이 될 수 있음을 명심하기 바란다. 무엇보다 중요한 것은 정확한 개념을 확실히 파악하여 자신의 것으로 완벽하게 소화한다면 보다 큰 응용의 세계가 펼쳐질 것이라 확신한다.

   이상으로 대용량 데이터베이스 솔루션Ⅱ를 마치고 Ⅲ에서 다시 만날 수 있기를 바란다. 저자는 이 책을 통해 무한한 능력을 가진 데이터베이스가 보다 많은 일을 보다 효율적으로 수행할 수 있도록 하는 효과적인 요구 방법을 제시하고자 노력했다.

   우리는 애써 복잡하게 처리하려는 생각을 이제는 버려야 한다. 어떻게 하면 데이터베이스에게 우리의 역할을 전가할 수 있느냐에 초점을 맞추어 생각해야 한다. 이것이 관계형 데이터베이스를 제대로 활용하는 기본 원칙이다. 그렇게 하기 위해서는 머리 속을 맴도는 절차형 접근방법을 과감하게 버리고 집합적인 사고로 전환해야만 한다.

   물론 이것은 쉽지 않다. 그러나 아픔이 있어야 발전이 있다. 이 책은 이러한 사고의 전환을 도와주는 징검다리가 될 것이다. 그런 의미에서 가급적 실제 사례를 통해 설명하고자 노력했다.

   처음 기획했던 것에 비해 내용이 많이 늘어나 Ⅲ권에서 다시 여러분을 만나기로 하고 여기서 접기로 한다. 약간의 보완 과정을 거쳐 곧 이어 Ⅲ권에서 다시 만날 것을 약속드린다.

찾 아 보 기

ㄱ

가상(Pseudo) 컬럼	*4-52*
개략적인 분포도	*4-65*
개별화(Customizing)	*1-49~50*
결합 컬럼의 분포도	*1-32, 4-64*
결합(Binding)	*3-83*
결합분포도	*1-32, 4-64*
결합인덱스	*1-19, 4-32, 4-27, 4-66*
결합처리 불가능한 형태	*4-83*
결합처리 실행계획	*1-17, 2-53, 2-106*
	2-128, 4-34, 4-67
경선방법	*1-15~18*
계층형 구조의 조인	*3-16*
고정된 양식처리	*2-24, 2-49*
공급자 역할	*4-87*
공급자 역할을 못하는 서브쿼리	*4-91*
공집합	*4-17*
관계없는 테이블들간의 조인	*2-20, 2-37*
관계형태(Relationship Type)	*2-113*
교집합	*3-90, 4-10*
규칙기준 옵티마이져	*1-16~19, 1-21, 3-93*
그룹 함수의 특징	*1-138~141*

ㄴ

넓이균형 히스토그램	*1-27*
네트워크 트래픽	*1-47~51*
논리연산	*3-92*
논리적인 연결고리	*1-5*
논리적인 컬럼	*1-86*
논리합 연산자의 실행계획	*4-8*
논리합(OR, IN) 연산자	*4-1~108*
높이균형 히스토그램	*1-27*

ㄷ

다수의 점	*4-46, 4-63*
다중처리 기법	*1-141*
단계적인 조인	*3-1~7*
단순 DECODE	*1-104*
단순 OR	*4-11, 4-18*
단순결합	*4-36*
대분류의 확장	*1-84*
데이터 딕셔너리	*1-11*
데이터 복제	*2-29, 3-67, 4-54*
데이터 분포도	*4-105~107*
데이터모델링 시의 유의사항	*4-25*
데이터베이스 트리거	*3-85*
데이터베이스 호출	*1-39, 1-45, 2-20*

데이터의 연결	2-2	버켓(Bucket)	1-27, 1-30, 4-94, 4-96
데이터의 일관성(Integrity)	3-40	병렬처리에서 SQL의 역할	1-57~59
독립된 점	4-73	보관커서(Hold Cursor)	1-40
동적 분산(Dynamic Partitioning)	1-57	부등식의 연산	3-90~91
동적(Dynamic) SQL	1-32, 3-60, 4-60	부모 엔터티	4-25
드라이빙(Driving) 인덱스	1-19	부분범위처리(Partial Range Scan)	2-93~134, 2-146, 3-31, 3-51, 4-6
		부정형(Anti) 조인	2-140
		분리된 실행계획	4-17

ㅁ

메인쿼리	4-45	분포도	1-27, 1-31, 4-63, 4-105
메인쿼리의 부분범위처리	2-94~98	분할된 엔터티	4-25
메인쿼리의 중복	4-87	뷰 쿼리(View Query)	1-144, 3-91
모조(Dummy) 테이블	4-45, 4-48	뷰쿼리의 병합	1-144~146
목록처리	2-152~154	비동치형 조인(범위조인)	2-8, 2-10
문자배열(Varray)	3-57	비용기준 옵티마이져	1-19, 1-26~30, 3-93
물리적 모델링	1-157, 4-30	비절차형 처리	1-37, 3-40
물리적인 연결고리	1-5	비주류	2-128, 4-35, 4-38, 4-46, 4-88
미들웨어	1-49, 3-58	빌트인(Built-in) 함수	2-68

ㅂ   ㅅ

바인딩 변수	4-16, 4-44	사용자지정 저장형 함수	3-12, 3-29, 3-58
반복 DECODE의 감소	1-104~113	사용제한(Suppressing)	1-63, 3-50
반정규화(Denormalization)	3-85	상수값을 이용한 IN 조건	4-41
방사형 구조	2-5, 2-7, 2-41, 3-14	상이한 집합의 통일	3-68
방사형 조인	3-13~33	서브쿼리	2-112~163
배치 집계처리로 온라인	3-85	서브쿼리 GROUP BY	4-93
배타적 논리합	2-104, 4-17	서브쿼리를 이용한 IN	4-45~47
버그(Bug)	3-57, 4-94, 4-96	서브쿼리의 부분범위처리	2-146~148

서브쿼리의 수행순서	*2-127~131*
서브쿼리의 실행계획	*2-124~137*
서브쿼리의 중복 수행	*4-79~82*
서브쿼리의 특징	*2-112~123*
선분의 의미	*4-33, 4-36*
선택성(Selectivity)	*1-3*
선행 컬럼	*4-35, 4-89*
선행(Driving)집합	*1-11*
선행처리 집합	*1-15~16*
선형계획법(Linear Programming)	*1-29*
소계 처리	*2-27~30*
속성(Attribute)	*2-162, 4-24*
속성의 상속	*2-113, 4-25*
수정가능 조인뷰(Modifiable Join View)	*1-142*
수정가능 조인뷰의 제한	*1-143*
수정가능 조인뷰의 활용	*1-153*
수직분할	*1-156*
순위(Ranking)	*1-21, 3-93*
순환(Recursive)관계 조인	*3-9*
순환관계	*3-8~10*
실행계획 개선의 유형	*4-41*
실행계획 분할	*4-14*
실행계획 제어	*3-44*
실행계획의 분리	*3-81*
실행시간 파싱(Run Time Parsing)	*1-40*
3층형(3-Tier) 구조	*1-46, 2-90*

ㅇ

액세스 유형	*4-30, 4-102*
액세스 쿼리 병합	*1-144~146*
액세스 쿼리(Access Query)	*1-144, 1-158, 3-91*
야당 역할	*3-35, 3-82, 4-31*
양측 OUTER 조인	*2-34, 2-40, 3-58*
여당 역할	*2-128, 4-31*
여당내 야당 역할	*4-35*
연속선	*4-2, 4-46, 4-68, 4-73*
연속점	*4-2*
옵티마이져 목표	*1-5, 1-30*
옵티마이져 역할	*1-6~9*
옵티마이져 최적화 절차	*1-10*
옵티마이져 한계	*1-31~34*
옵티마이져(Optimizer, 최적기)	*1-5, 1-19~34*
옵티마이징 팩터(Optimizing Factor)	*1-3, 1-7*
운반단위(Array Size)	*2-90, 3-51*
이쿼조인(Equijoin)	*2-8*
인덱스 구성 전략	*4-28*
인덱스 구조	*4-63*
인덱스 머지	*1-19*
인덱스 선정시의 IN 조건 활용	*4-104*
인덱스 스캔	*4-35*
인덱스 컬럼의 순서	*4-104*
인덱스의 선행 컬럼	*3-75*
인덱스의 정렬 순서	*1-42*
인라인뷰	*3-1~94*
일관성	*3-65*

임의의 집합	4-45, 4-54	제약조건(Constraints)	2-32, 3-58
2층형(2-Tier) 구조	1-46, 2-90	조인 순서 결정	1-16
		조인과 서브쿼리의 차이	2-113

ㅈ

		조인의 기본개념	2-3~5
		조인의 방향	3-38~40
저장형 프로시저(Stored Procedure)	3-58	종속 정렬	4-34
저장형 함수(Stored Function)	2-65, 3-55	종속성(Dependency)	1-156
저장형 함수의 단점	3-56	주관조건(Driving Condition)	3-27
저장형 함수의 수행횟수	2-75	주류	2-128, 4-35, 4-46, 4-72, 4-105
저장형 함수의 활용	2-80~111	줄기	4-102
적절한 통분	3-68	중간집합	3-7
전략적인 인덱스	4-102	중복 IN 조건	4-75~82
전체 집합 정렬	3-51	중복 액세스	4-31
전체 집합 확장	1-78	중분류의 다양한 가공	1-86
전체 테이블 스캔	3-22, 4-8, 4-21, 4-92	중분류의 확장	1-85
전체결과 최적화(All_rows)	1-29, 1-44	진부분 집합	4-8
전체범위처리	3-54	집계 테이블	3-85, 3-88
전후간의 로우 비교	2-54~57	집합의 통일	3-69
절대적(Mandatory) 관계	2-104	집합적인 사고	1-85, 4-103
절차형 SQL의 처리경로 최적화	1-44	징검다리 역할	4-33, 4-41, 4-45
절차형 사고 방식	1-36		
점 집합	4-33, 4-36, 4-84		

ㅊ

점의 상승효과	4-33		
정렬영역크기(Sort_area_size)	1-57	처리순서 결정	1-12~18
정적 분산(Static Partitioning)	1-57	처리주관 무자격 컬럼	1-15
정적(Static) SQL	4-16	처리주관 범위(Driving Range)	1-3
제1정규화	4-25, 4-29	처리주관 조건의 결정	1-15~18
제공자의 역할	2-113~120, 2-129, 2-137, 4-47, 4-55, 4-85	처리주관 컬럼(Driving Column)	2-127
		첨자 LOOP 형 처리	2-17

초기결과 최적화(First_rows)	*1-29*
최적 경로 선택	*1-4, 1-11*
최적화 절차	*1-18*
최하위 집합	*3-15~16*

ㅋ

카테시안(Cartesian) 곱	*2-5, 2-13, 2-52, 3-16, 4-54, 4-85*
컴파일 시간 파싱(Compile Time Parsing)	*1-40*
클라이언트/서버	*1-46, 2-26*
클러스터링 팩터	*1-42*
키보존(Key Preserved) 테이블	*1-147~152*

ㅌ

통계 정보	*1-3, 1-26*
특수목적의 중간집합	*3-67*
특정부분 부분범위처리	*2-99*
특정부분 정렬처리	*3-51*

ㅍ

파싱(Parsing)	*1-39, 4-58*
패키지(Package)	*1-50*
평균 분포도	*1-21, 1-26*
평균분산(Uniformly Distributed)	*1-32*
표준형 SQL(ANSI standard SQL)	*1-49*
필터(Filter)	*2-98, 2-134, 3-21, 4-13, 4-95*

ㅎ

합집합(Union all)	*3-67, 3-77, 4-17, 4-98*
해쉬조인(Hash Join)	*2-36, 2-124, 2-144*
핵심요원(Key Man)	*4-103*
확인자 역할	*1-160, 2-120, 2-148, 2-156, 4-85*
확장 UPDATE문	*1-129~141, 1-160*
히스토그램(Histogram)	*1-27, 1-33*
힌트(Hint)	*1-63, 4-94*

A

ALL 연산자	*2-149, 2-151*
ALL_ROWS	*1-29*
ALL_UPDATABLE_COLUMNS	*1-153*
AND 연산자	*4-3, 4-6*
AND와 OR 연산자	*4-6*
ANTI JOIN	*2-140*
ANY 연산자	*2-149, 2-150*
ANSI standard SQL	*1-49*
ARRAY SIZE	*2-90, 3-51*
ASCII 함수	*1-74*
ATTRIBUTE	*2-162, 4-24*

B

BETWEEN 조인	*1-55, 2-10, 2-18*
BINDING 함수	*3-83*
BOM(Bill Of Material)	*3-8*
BREAK ON	*1-154*

BUG	3-57, 4-94, 4-96
BUCKET	1-27, 1-30, 4-94, 4-96
BUILT-IN 함수	1-61, 2-68
B_TREE 인덱스	4-1

C

CARTESIAN	2-5, 2-13, 2-52, 3-16, 4-54, 4-85
CASE 문	1-61
CEIL 함수	1-73
CLIENT/SERVER	1-46, 2-26
COMPILE TIME PARSING	1-40
CONCATENATION	2-58 2-106, 4-39, 4-58
CONCATENATED INDEX	1-19, 4-1, 4-27
CONNECT BY ... START WITH	3-9~10
CONSTRAINTS	2-32, 3-58
COPY_T	1-54, 2-13~18, 2-55
COST_BASED OPTIMIZER	1-19, 1-26~30
COUNT(DECODE...)	1-115, 1-120
COUNT와 SUM의 비교	1-120~123
CURSOR	3-56

D

DB TRIGGER	3-85
DBA_UPDATABLE_COLUMNS	1-154
DBMS CALL	1-39, 1-45, 2-20
DECODE 함수	1-61, 1-69, 3-6, 3-66
DECODE와 GROUP BY	1-110

DECODE의 ELSE	1-103
DENORMALIZATION	3-85
DEPENDENCY	1-156
DISTINCT 함수	2-94, 2-116, 2-153, 4-94
DRIVING COLUMN	2-127
DRIVING CONDITION	3-27
DRIVING INDEX	1-19
DRIVING RANGE	1-3
DUMMY TABLE	4-45, 4-48
DYNAMIC PARTITIONING	1-57
DYNAMIC SQL	1-32, 3-60, 4-81

E

ELSE 없는 IF	1-103
EQUIJOIN	2-8
ERP 패키지	1-49
EXISTS	2-96, 2-134, 2-141, 2-153, 4-94
EXCLUSIVE OR	2-104~110

F

FILTER	2-98, 2-120, 2-134, 4-95
FIRST_ROWS	1-29
FLOOR 함수	1-73

G

GRANT	1-153, 1-156
GREATEST 함수	1-55, 1-74, 2-62

GROUP BY 문의 MIN	*1-122*		

H

HASH JOIN (ANTI)	*2-144*
HASH_AJ	*2-144*
HASH JOIN	*2-36, 2-124, 2-144*
HEIGHT_BALANCED HISTOGRAM	*1-27*
HINT	*1-63, 4-94*
HISTOGRAM	*1-27, 1-33*
HOLD CURSOR	*1-40*

I

IN 연산자	*4-11, 4-33*
IN 을 활용한 액세스 효율화	*4-3, 4-33*
IN 의 결합처리 실행계획	*4-4*
IN 조건 대상 컬럼의 선정	*4-63*
IN 조건 중복	*4-65, 4-75*
IN 조건의 상수와 변수	*4-58*
IN 조건의 체크기능	*4-71*
IN 활용시 주의사항	*4-87*
INDEX_DESC	*2-84, 2-100, 3-88, 3-92*
IN으로 OUTER 조인	*3-35*
IN을 고려한 결합 인덱스	*4-101*
IN의 실행계획 수립규칙	*4-76~82*
IN의 활용 전략	*4-63*

K

KEY Man	*4-103*
KEY PRESERVED TABLE	*1-147~152*

L

LEAST 함수	*1-74*
LINEAR PROGAMMING	*1-29*
LOOP 형 처리	*2-17*

M

MANDATORY 관계	*2-104*
M:M 관계	*2-9, 2-35, 2-46, 2-89,* *2-118, 2-138*
M:M 순환관계	*3-8*
M:M 조인	*2-35, 2-41, 2-46, 2-89, 3-18*
M:M 조인의 해결	*2-89, 2-138*
MAX 값 액세스	*1-97~99, 2-160*
MERGE JOIN (ANTI)	*2-143*
MERGE_AJ	*2-144*
MIDDLEWARE	*1-49, 3-58*
MIN 값 액세스	*2-160*
MINUS	*1-78*
MODIFIABLE JOIN VIEW	*1-142*
MONTH_DUAL	*2-42*

N

NESTED LOOPS 서브쿼리	2-119
NESTED LOOPS 조인	1-14, 3-21, 3-31, 3-46, 4-39
NULL	3-34, 3-56, 3-84, 4-21, 4-42, 4-61
NULL 값의 UPDATE	1-137~140
NULL 값의 처리	1-101
NVL 함수	1-101
NETWORK TRAFFIC	1-46~50

O

OPTIMIZER	1-5, 1-19~34
OPTIMIZING FACTOR	1-3, 1-7
OPTIMIZER_MODE	1-30, 3-50
OR 분기	4-21
OR 연산자	4-3, 4-6, 4-13
OR 연산자 주의사항	4-13
OR 연산자의 해소	4-18~24
OR, IN의 OUTER 조인	2-107~111
ORDERED	2-158, 3-48, 3-52, 4-86
ORDER BY 대체용 GROUP BY	2-102
OR와 IN의 비교	4-4~7
OUTER 조인	1-147, 2-22, 2-41, 3-32~43

P

PACKAGE	1-50
PARSING	1-39, 4-58
PARTIAL RANGE SCAN	2-93~103, 2-146, 3-31, 3-51, 4-6
P-CODE	2-68
PSEUDO	4-52
PUSH_SUBQ	2-158, 4-94

R

RECURSIVE	3-9
ROWNUM	2-13, 2-83, 3-12, 4-52, 4-95
ROWNUM의 활용	4-52
RPAD 함수	3-61
RPC(Remote Procedure Call)	3-58
RELATIONSHIP TYPE	2-11~3
RULE_BASED OPTIMIZER	1-16, 1-19, 1-21
RUN TIME PARSING	1-40

S

SELECT-LIST 컬럼 가공	4-93
SELECT-LIST의 인라인뷰	3-56
SET 절의 서브쿼리	1-137
SIGN 함수	1-71
SOME	2-151
SORT_AREA_SIZE	1-57
SORT MERGE 조인	1-14, 2-132, 3-29, 3-38, 3-47

SORT MERGE형 서브쿼리	2-132	UNION	3-73~77
SORT MERGE형 필터처리	2-98	UNION ALL	3-67, 3-77, 4-17, 4-98
SORT(UNIQUE)	2-117, 2-133, 4-85	UNION , GROUP BY	2-31~64, 2-53
SQL 기능확장용 중간집합	3-64	UNION 한 뷰	3-88
SQL 내 IF 처리	1-59~61	UPDATE문 활용	1-128~163
SQL 수행 횟수	1-39	USER_UPDATABLE_COLUMNS	1-153
SQL 에러(Error)와 실패(Fail)	1-138~141	USE_CONCAT	4-68, 4-77
SQL 학습방법	1-124		
SQL 활용 당위성	1-38		
SQL 활용도 향상	1-67~127	**V**	
SQL의 개선	4-102	VARRAY	3-57
SQL의 활용	1-1	VIEW QUERY	1-144
STATIC PARTITIONING	1-57		
STATIC SQL	4-16	**W**	
STORED FUNCTION	2-65, 3-55, 3-58		
STORED PROCEDURE	3-58	WITH CHECK OPTION	1-152, 1-158
STOPKEY	4-95~100	WIDTH_BALANCED HISTOGRAM	1-27
STORED PROCEDURE	3-58		
STORED FUNCTION	2-65, 3-55	**Y**	
SUM(DECODE...) 주의사항	1-100~127		
SUM(DECODE...)와 GROUP BY	1-114	YMD_DUAL	4-48, 4-55, 4-89
SUM(DECODE...)의 기본형	1-78		
SUM(DECODE...)의 확장	1-82		
SUM(DECODE...)의 활용	1-77, 3-5		
SUPPRESSING	1-63		

U

UNIFORMLY DISTRIBUTED   1-32